42

胡适研究资料

HUSHI YANJIUZILIAO

陈金淦 编

中国社会科学院
文学研究所 总纂

中国文学史资料全编

现代卷

知识产权出版社

内容提要：

胡适，原名嗣糜，学名洪骍，中国现代著名学者、作家。本书分生平资料，创作自述和文学主张，研究论文选编，著译年表和著译目录，研究资料目录索引等五个部分，全面收集了关于胡适的研究资料。

责任编辑：马　岳　　　**责任校对：**董志英
装帧设计：段维东　　　**责任出版：**卢运霞

图书在版编目（CIP）数据

胡适研究资料 / 陈金淦　编．—北京：知识产权出版社，2010.1
（中国文学史资料全编·现代卷）
ISBN 978-7-80247-616-5
Ⅰ．胡…　Ⅱ．陈…　Ⅲ．① 胡适（1891～1962）—人物研究　② 胡适（1891～1962）—文学研究　Ⅳ．K825.4　I206.6
中国版本图书馆 CIP 数据核字（2009）第 204189 号

中国文学史资料全编·现代卷
胡适研究资料
陈金淦　编

出版发行：知识产权出版社

社　　址：北京市海淀区马甸南村 1 号　　邮　　编：100088
网　　址：http://www.ipph.cn　　邮　　箱：bjb@cnipr.com
发行电话：010-82000860 转 8101/8102　　传　　真：010-82005070/82000893
责编电话：010-82000860 转 8171　　责编邮箱：mayue@cnipr.com
印　　刷：北京市凯鑫印刷有限公司　　经　　销：新华书店及相关销售网点
开　　本：720mm×960mm　1/16　　印　　张：40
版　　次：2010 年 1 月第 1 版　　印　　次：2010 年 1 月第 1 次印刷
字　　数：609 千字　　定　　价：80.00 元

ISBN 978-7-80247-616-5 / K·051（2740）

汇纂工作小组

名单

（按姓氏笔画排列）

王润贵　刘跃进　刘福春　严　平

张大明　杨　义　欧　剑　段红梅

编 辑 说 明

中国社会科学院文学研究所向来重视文学史料的系统整理与深入研究，建所50多年来，组织编纂了很多资料丛书，包括《古本戏曲丛刊》、《古本小说丛刊》、《中国现代文学史资料汇编》、《近代文学史料汇编》、《当代文学史料汇编》以及《文艺理论译丛》、《现代文艺理论译丛》、《古典文艺理论译丛》等。其中，介绍国外文艺理论的3套丛书，已经汇编为《文学研究所学术汇刊》9种30册，交由知识产权出版社出版。该书出版后，国内一些重要媒体刊发评介文章，给予充分肯定。为满足学术研究的需要，2007年初，中国社会科学院文学研究所与知识产权出版社商定继续合作，编辑出版《中国文学史资料全编》，将以往出版的史料著作汇为一编，统一装帧，集中出版。

这里推出的《中国文学史资料全编·现代卷》就是其中的一种。本卷主要以《中国现代文学史资料汇编》为基础而又有所扩展。《中国现代文学史资料汇编》的编纂工作启动于1979年，稍后列入国家第六个五年计划社科重点项目。该编分为《中国现代文学运动、论争、社团资料丛书》、《中国现代作家作品研究资料丛书》、《中国现代文学书刊资料丛书》即甲乙丙3种，总主编陈荒煤，副主编许觉民、马良春，编委有丁景唐、马良春、王景山、王瑶、方铭、许觉民、刘增杰、孙中田、孙玉石、沈承宽、芮和师、张大明、张晓翠、杨占陞、陈荒煤、唐弢、贾植芳、徐迺翔、常君实、鄂基瑞、薛绥之、魏绍昌，具体组织主要由徐迺翔、张大明负责。此项目计划出书约200种。至 20世纪末，前后20多年间，这套书由数家出版社陆陆续续出版了80余种，还有数十种虽然已经编就，由于种种原因，迄今尚未出版。“现代卷”包括上述已经出版的图书和若干种当时已经编好而尚未出版的图书。

这项工作得到了中国社会科学院文学研究所和知识产权出版社的高度重视，为此成立了汇纂工作小组。杨义、刘跃进、严平、张大明、刘福春等具体负责学术协调工作，于2007年11月，向著作权人发出《征求〈中国文学史资料全编·现代卷〉版权的一封信》，很快得到了绝大多数编者的授权，使这项工作得以如期顺利开展。为此，我们向原书的编者表示由衷的谢意。为尽快将这套书推向社会，满足学界和社会的急需，除原版少量排印错误外，此次重印一律不作任何修改，保留原书原貌，待全部出齐，视市场情况出版修订本。为此，我们也诚挚地希望广大读者能给予充分谅解。

《中国文学史资料全编·现代卷》出版后，我们将尽快启动“古代卷”、“近代卷”和“当代卷”的编纂工作，希望能继续得到专家学者的大力支持和热心参与。

现代卷汇纂工作组

目　录

生平资料

创作自述和文学主张

研究论文选编

著译年表和著译目录

研究资料目录索引

生平资料

胡适传略

胡适，原名嗣穈，学名洪骍，参加“庚款”留学考试时改名胡适，字适之。曾用过期自胜生、希彊、铁儿、蝶儿、骍、冬心、适庵、适广、藏晖、天风、Q、QV、H.S.C 等笔名。1891 年 12 月 17 日生于上海，世为安徽绩溪人，出身官僚地主兼茶商家庭。其父胡传，清岁贡生，曾在东北、广东、江苏和台湾等地任职，官至淞沪厘卡总巡、台东直隶州知州。

1895 年在绩溪老家进私塾读书，受过九年的旧式教育，打下了较为坚实的旧学基础。除诵读经史以外，课余还广泛涉猎了二三十部古典小说。其时，思想上受到范缜《神灭论》影响，从“拜神”转为“无神”。1904 年到上海读书，先后就读于梅溪学堂、澄衷学堂、中国公学和中国新公学等校。在澄衷期间接触严复译本《天演论》，受到进化论影响，二哥为他起了“适之”的字。与此同时，还受到梁启超学术思想“无穷的恩惠”。在中国公学参加了“竞业学会”，并在学会创办的白话刊物《竞业旬报》上发表过不少文章，其中有长篇白话章回小说《真如岛》。从第 24 期至第 40 期担任《竞业旬报》的主编。1908 年至 1910 年，在读书的同时，胡适还曾先后担任中国新公学和华童公学的英文和国文教员。在上海读书期间，他常跟同窗友好唱和，写过二百来首诗，被称为“少年诗人”。

1910 年夏，考取第二期“庚款”留美，同时录取的有竺可桢、赵元任等一共 70 人。开始入绮色佳的康乃尔大学习农科，1912 年转入文科，至 1914 年 6 月得文学士学位毕业。毕业后继续留校研究哲学。

1915 年 9 月到纽约进哥伦比亚大学，跟该校哲学系主任、实用主义哲学家杜威学习哲学。从此，胡适成了杜威的忠实信徒，他一生的学术观点和政治活动受到杜威哲学思想的深刻影响和直接支配。1917 年 5 月，以《中国古代哲学方法之进化史》的博士论文结束了学业。

在美国留学期间，胡适曾先后担任《学生英文月报》、《留美学生季报》等刊物的主编，同时还进行了一些学术著述、外国名著翻译和诗歌创作活动。诗歌创作方面，除收入《去国集》的一些文言诗词以外，1916 年开始“尝试”作白话诗。

1917 年夏，胡适离美回国，9 月被北京大学聘请为教授，主讲中国哲学史。后来，他把这门课的讲稿整理付印出版，这就是《中国哲学史大纲》（上卷）。

五四时期，作为统一战线中资产阶级知识分子的代表人物，胡适也积极投身于新文化运动和文学革命运动，参与了对封建主义文化思想的批判和斗争。早在 1915 年，他就在美国和友人讨论“诗国革命”和“文学革命”的问题。1916 年上半年与《新青年》主编陈独秀建立了联系，下半年在《寄陈独秀》的一封信中提出“欲言文学革命，须从八事入手”的意见。不久，胡适根据陈的建议，将他关于文学革命的意见写成《文学改良刍议》一文，提出“八不主义”和以白话文学为正宗的主张，在《新青年》和《留美学生季报》同时发表。这是胡适关于文学改革的一个纲领性的意见，也是提倡白话文学的第一篇正式宣言。尽管胡适的倡议还有“改良”和不彻底的一面，但当时陈独秀、钱玄同和刘半农等人都撰文热烈响应和积极支持。陈独秀发表《文学革命论》一文正式提出文学革命的口号后，胡适又写了《历史的文学观念论》、《建设的文学革命论》等文。这样，就出现了一场轰轰烈烈的文学革命和白话文运动。

在理论倡导的同时，胡适还进行了一些“尝试性”的文学创作实践。他写过小说（如《一个问题》），编写过剧本（如《终身大事》），而写得较多的是新诗。他的《尝试集》1920 年 3 月出版，是新文学史上第一部白话新诗集。《尝试集》中的诗带有“缠脚时代”的特点，本身也有个发展过程，不尽理想，但是它在新诗发展史上起过一定的拓荒作用，故出版后受到读者欢迎，连续再版，至 1940 年达 16 次之多，产生了较为广泛的影响。

胡适也积极支持并参与了“打倒孔家店”的斗争。1918年起，参加了《新青年》的编辑工作。他赞扬陈独秀是攻击孔教最有力的“健将”，推崇吴虞为“四川省只手打孔家店的老英雄”。他对鲁迅的暴露家族制度和反对封建礼教的小说创作，给予了很高的评价。胡适紧密配合“新青年社”的其他同人，撰写了《贞操问题》、《“我的儿子”》等文，批判以“三纲五常”为中心内容的封建伦理道德。在反对封建主义文化思想的同时，他还翻译了易卜生的剧本，撰写了《易卜生主义》等文，宣传自由博爱、个性解放以及婚姻自主、男女平等一类思想，这在五四时期具有反封建的积极意义。

胡适在中国古典小说名著《水浒》、《三国演义》、《西游记》、《儒林外史》和《镜花缘》等的考证、研究和出版方面，也做了不少有益的工作。他给好几部小说写了序跋，推动和促进了亚东图书馆将中国古典小说名著分段、加新式标点符号出版发行，扩大了以白话小说为文学正宗的影响。他还给有的古典小说作者编了年谱，写了传记。他撰写过《〈水浒传〉考证》、《〈水浒传〉后考〉《〈红楼梦〉考证〉、《〈西游记〉考证〉和《〈醒世姻缘〉考证》等一批考证研究文章，虽然其中夹杂着资产阶级唯心主义观点和实验主义的考据方法，有不少错误的论断，但是也不乏正确的见解，产生过积极的影响。他的《五十年来中国之文学》、《国语文学史》和《白话文学史》一类文学史的论著，《诗经“言”字解》、《吾我篇》、《尔汝篇》以及《国语文法概论》等语言文字学、文法学方面的论著，也都有一定的学术价值。他还翻译了都德、莫泊桑、契诃夫、高尔基等人的一批外国文学名著。

作为资产阶级知识分子的代表人物，胡适在新文化运动中是有一定成绩和贡献的。当然，他所属的阶级的两重性在他身上也有鲜明的反映。他一贯以杜威的实用主义哲学为理论根据，鼓吹改良主义，反对革命群众运动。在反对封建主义文化思想方面反映了他的软弱性和不彻底性，在反对帝国主义的斗争中更暴露了他的妥协性和买办性。特别是马克思主义传播之后，他公开表示抵制和反对。1919年7月，胡适连续写了几篇文章，宣扬“多研究些问题，少谈些主义”的改良主义观点，诋毁马克思主义阶级斗争的理论，挑起了一场“问题与主义”的论争。他想改变《新青年》的性质和方向，把新文化运动纳入资产阶级右的轨道。思想的分歧促使“新青年社”和新文化运动统一战线出现分化，经过几次争议之后，作为同人刊物的《新青年》杂志不得不于1922年停刊。1922年5月，胡适和一批资产阶级文人另行创办综合性的政治文化刊物《努力周报》。他在该刊发表了《我们的政治主张》和《联省自治与军阀割据》等文，鼓吹“好政府主义”，维护封建军阀势力的利益。1925年，参加段祺瑞政府的“善后会议”，发表《爱国运动与求学》一类文章，反对学生参加反帝爱国运动。

这期间，胡适政治上的倾向在学术思想上也有所反映。他开列一大批“国学书目”和“青年必读书”，号召大家钻故纸堆，进研究室，把“整理国故”引向歧途，诱使青年脱离政治斗争，跟封建复古势力的倒行逆施遥相呼应。

1923年，胡适跟徐志摩等人发起组织“新月社”。1926年7月，他辞去北大教授职务，以“中英庚款顾问委员会”委员的身分，经西伯利亚，取道苏、德、法等国去英国参加中英庚款会议，并到欧美各国游历考察，至1927年5月经日本回国。回国后，担任“新月社”在上海新开办的“新月书店”的董事长。

“四·一二”政变后，胡适虽然仍旧打着自由主义文人的旗号，但实际上逐渐依附并投靠蒋介石政权。1927年6月，他担任“中华教育文化基金董事会”（管理“庚款”事务的组织）董事并兼任秘书，后来又兼任该组织下属的“编译委员会”主任委员。同年10月任国民党政府大学院大学委员会委员，参与筹备“中央研究院”。1928年春担任中国公学校长，并兼任东吴大学法学院和光华大学教授。同年跟徐志摩、梁实秋等在上海创办《新月》月刊，宣扬人性论，抵制和反对无产阶级文学运动。1929年，因发表了《人权与约法》、《知难，行亦不易》和《新文化运动与国民党》等对国民党当局稍露微词、希望有所改良的文章，引起蒋介石的误会，曾遭到“警告”和批评。1931年出版《胡适文选》，在长篇序言《介绍我自己的思想》中，攻击马克思主义，用他自己在一封信中的话说，“其中有二三百字是骂唯物史观的辩证法的”。这年5月，辞去中国公学校长职务，11月离沪到北平重新担任北京大学教授。次年出任北大文学院院长兼中文系主任。

1932年5月，他跟丁文江、蒋廷黻等创办综合性政治文化周刊《独立评论》。在创刊宣言中，胡适标榜他们"不倚傍任何党派"，富有"独立精神"。实际上这个刊物亲蒋、反共、主张对日妥协的政治倾向性还是很鲜明的。他曾一度加入宋庆龄、蔡元培等发起组织的"中国民权保障同盟"，并担任北平分会会长。后因政治态度与同盟宗旨相违背，被开除出盟。蒋介石统治集团曾给予胡适各种头衔和名号，如全国财政委员会委员，全国经济委员会教育专门委员会委员，农村复兴委员会委员，华北政务委员会委员，东北政治委员会委员等。他曾几次受到蒋介石的召见，"垂询大局"，献计献策。1934年主编天津《大公报·星期论文》，所发表的文章多数是"独立评论社"成员的时论。1935年"一二·九"运动中，他撰写《为学生运动进一言》、《再论学生运动》等文，责难革命群众运动，支持军警镇压学生的暴行。1936年"双十二"事变后，他致电张学良，要求其"悬崖勒马"，并作《张学良的叛国》等文攻击张、杨，诬蔑中共。

抗日战争爆发后，胡适被委任为国防参议会参议员，并以非正式的外交使命赴欧美争取援助。1938年至1942年出任国民党政府驻美国大使。大使任后继续留居美国，被国民党政府聘请为行政院高等顾问。1943年应聘为美国国会图书馆东方部名誉顾问。1944年至1945年，应聘在哈佛大学讲"中国思想史"。1945年春，担任中国出席联合国会议代表团代表。

抗战胜利后，国民党政府任命他为国立北京大学校长，并先后主编上海《大公报·文史周刊》和《申报·文史周刊》。1946年10月参加国民党政府"制宪国民大会"，为大会主席团成员。1947年，蒋介石政权几次想让胡适出任"国府委员"、"考试院长"和"行政院长"，他则认为："我因为很愿意帮国家政府的忙，所以不愿意加入政府。"1948年3月当选为"中央研究院"院士。同年3月至4月，在蒋介石政府的第一届"国民大会"上，蒋曾有过要胡参加"总统竞选"的动议，后因有人反对而作罢。同年12月中旬，北平和平解放前夕，蒋介石派专机将胡接往南京，准备派其赴美求援。1949年1月，被聘为国民党政府"总统府"资政，蒋"引退"后辞去。4月去美国定居。6月，国民党政府"代总统"曾公布其为"外交部长"，未就任。11月在台湾创办《自由中国》杂志，担任发行人。1950 年 5 月，被聘为美国普林斯登大学葛思德东方图书馆馆长兼教授，为期两年。1954 年 7 月，蒋介石委任其为所谓“光复大陆设计委员会”副主任委员。1958 年 4 月回台湾就任“中央研究院”院长。次年 2 月，又兼任台北“国家长期发展科学委员会”主席。1962 年 2 月 24 日，在台北病逝。从抗战后期到晚年，在学术方面主要从事《水经注》的研究。

胡适一生著述很多，文史哲各个方面都有一定的成就和贡献。他的文学创作和学术研究主要集中前期。前期的主要论著有:《胡适文存》三集 17 卷,《中国哲学史大纲》(上卷)、《尝试集》、《短篇小说》(翻译，共二集)、《先秦名学史》(英文本，即博士论文)、《国语文学史》、《白话文学史》、《胡适论学近著》(在台湾作为《胡适文存》第四集)、《章实斋先生年谱》、《淮南王书》、《四十自述》、《藏晖室札记》(后改名《胡适留学日记》)、《中国章回小说考证》、《齐白石先生年谱》(与黎锦熙、邓广铭合编)等。编选编校的有:《词选》、《神会和尚遗集》、《中国新文学大系·建设理论集》等。台湾出版的胡适论著有:《丁文江的传记》、《中国新文学运动小史》、《胡适之先生诗歌手迹》、《胡适手稿》(影印本，共十集)、《中国中古思想史长编》、《尝试后集》、《胡适言论集》、《胡适演讲集》、《胡适的自传》，以及《诗选》(古典诗歌编选)等。1979 年—1980 年，北京中华书局出版了《胡适来往书信选》三册。

(1981 年 1 月)

胡适生平和活动大事记

1891 年（光绪 17 年）

胡适字适之。安徽绩溪人，12 月 17 日生于上海，当时取名嗣穈。

父胡传，字铁花（1841—1895），清岁贡生，治理学，精边疆地理，曾在东北、广东、上海、台湾等处任职，官至淞沪厘卡总巡、台东直隶州知州。母冯顺弟（1873—1918）是胡传的第二房“填房”。胡适排行第四。

1892 年（光绪 18 年） 2 岁

2 月，胡传奉调去台湾，胡适母子由上海搬居川沙（川沙开设胡家的茶叶店）。

1893 年（光绪 19 年） 3 岁

2 月，随母去台湾，先住台南，继迁台东。

1894 年（光绪 20 年） 4 岁

父母教认方块字，一年时间识字近千。

7 月，中日甲午战争爆发，中国失利，危及台湾。

1895 年（光绪 21 年） 5 岁

年初，随母离台返绩溪老家，开始进家塾读书。最初读其父编纂的《学为人师》和四言韵文《原学》，后来陆续诵读《律诗六钞》和《四书》、《五经》等。

4 月，清政府与日本签订“马关条约”，割让台澎。

8 月，胡传协助刘永福在台抗击日本侵占，退至厦门后病殁。

1899 年（光绪 25 年）　9 岁

是年得《第五才子》（即《水浒传》）残本，开始阅读中国古典小说。后来陆续看了《三国演义》、《正德皇帝下江南》、《七剑十三侠》、《双珠凤》、《红楼梦》、《儒林外史》、《聊斋志异》等二三十部小说。

1901 年（光绪 27 年）　11 岁

开始点读《资治通鉴》，受范缜《神灭论》影响，使其“从拜神到无神”。

1902 年（光绪 28 年）　12 岁

学会将《聊斋》一类古文故事翻译成白话和土语讲给本家姊妹听，无形中根据古文的文理受到翻译的训练。

1904 年（光绪 30 年）　14 岁

2 月，随兄去上海进梅溪学堂。开始接触梁启超主编的《新民丛报》和邹容的《革命军》。

是年，日俄战争爆发，产生仇俄和排满情绪。

1905 年（光绪 31 年）　15 岁

春，改进澄衷学堂。始读严复译的《天演论》和《群己权界论》，受进化论影响，三哥为其起了“适之”的字。

1906 年（光绪 32 年）　16 岁

夏，考取中国公学（中国留日学生创办的一所私立学校）。教师有于右任、马君武、王云五等。同学有朱经农、任鸿隽等。参加中国公学学生组织的“竞业学会”。

10 月，《竞业旬报》创刊，从第一期开始，胡适用期自胜生、希彊、铁儿等笔名发表白话译著（包括小说），并开始写诗。

1907 年（光绪 33 年） 17 岁

“发愤读诗，想要做个诗人”，写有《弃父行》、《谢皋羽西台》等诗篇，在中国公学有“少年诗人”的盛名，出国前的两三年时间写了大约二百来首诗。

1908 年（光绪 34 年） 18 岁

7 月，主编《竞业旬报》24 至 40 期。他说，这是一个“发表思想和整理思想”，以及“白话文的训练”的机会。

9 月，中国公学闹学潮，另成立中国新公学。胡适担任新公学英文教员，学生有饶毓泰、杨杏佛、张奚若等。

1909 年（宣统元年） 19 岁

1 月，《竞业旬报》停刊。

10 月，新公学解散，经王云五介绍到华童公学教国文。

1910 年（宣统 2 年） 20 岁

7 月，在北京考取庚款留美官费生，由洪骍改名胡适。同时录取的有赵元任、竺可桢等。

8 月 16 日，由上海登船去美。

9 月，抵绮色佳入康乃尔大学农科。

1911 年（宣统 3 年） 21 岁

因为学习外文，对歌德、雪莱、海涅等人的诗歌有所涉猎，也读了大仲马、司各得等的小说，对外国文学产生了较为浓厚的兴趣。

除写诗外，开始研究古书，5 月作《诗经言字解》。

本年起开始写《藏晖室札记》。

1912 年（民国元年） 22 岁

2 月，弃农学文，改入康乃尔大学文学院。

9月，开始翻译外国文学名著，第一篇为都德的《最后一课》。

11月，发起组织“政治研究会”。

1913年（民国2年）　23岁

5月，被推举为世界学生会会长。

开始在《留美学生年报》（后改为“季报”）上发表诗文。

1914年（民国3年）　24岁

5月，作《论英诗人卜郎吟之乐观主义》，得“卜郎吟征文奖金”。

6月，参加赵元任、杨杏佛等发起的“中国科学社”，一度参加《科学》杂志的编辑工作。

6月17日，参加康乃尔大学毕业式，得文学士学位。继续留校研究哲学。

9月，被推举为《学生英文月报》主笔之一。

本年在《留美学生季报》上发表《大雪放歌》、《自杀篇》等，后收入《尝试集》附录《去国集》。

1915年（民国4年）　25岁

8月，作《论句读及文字符号》、《论如何使吾国文言易于教授》等文。

9月17日，作《送梅觐庄往哈佛大学》，提出“新潮之来不可止，文学革命其时矣”。9月21日作《依韵和叔永戏赠诗》，提出“诗国革命何自始？要须作诗如作文”。与任鸿隽、梅光迪、杨铨、唐钺等讨论“文学革命”。

21日，赴纽约进哥伦比亚大学哲学系，系主任为实用主义哲学家杜威。

1916年（民国5年）　26岁

2月，与梅光迪讨论“文学改良”，提出“宜从三事入手”（“须言之有物”、“须讲文法”、当用“文之文字”）。

3日，开始与《新青年》主编陈独秀通信。

4月5日，作《吾国历史上的文学革命》一文。

13日，作《沁园春　誓诗》，提出“为大中华，造新文学，此业吾曹欲让谁”。

17日，作《吾国文学三大病》一文。

7月6日，作《白话文言之优劣比较》，记述在美友人讨论文学改良之法。

22日，作第一首白话诗《答梅觐庄》。

29日，作《答梅觐庄白话诗之起因》。

8月21日，寄陈独秀信提出文学革命八条件。

9月，作《尝试歌》(即《尝试篇》)。

11月，作《文学改良刍议》。

本年写了《蝴蝶》、《中秋》、《江上》、《十二月五夜月》等白话诗，后来收入《尝试集》。

1917年（民国6年）　27岁

本年主编《留美学生季报》。

《文学改良刍议》分别在《新青年》2卷5期和《留美学生季报》春季号发表，陈独秀撰写《文学革命论》为之声援。

4月，博士论文《中国古代哲学方法之进化史》脱稿。

5月，发表《历史的文学观念论》。通过博士学位的最后考试。

6月，离美回国。7月10日抵达上海。

8月，应蔡元培之邀任北京大学教授，讲授“中国古代哲学史”。

12月，回绩溪与江冬秀结婚。

本年写了《一念》、《鸽子》、《老鸦》、《人力车夫》等自由体白话诗。

1918年（民国7年）　28岁

本年起参与《新青年》编辑工作。与鲁迅开始有交往（见《鲁迅日记》)。

3月，有《论短篇小说》的演讲。被选为北大英文部教授会主任。

4月，发表《建设的文学革命论》，提倡“国语的文学，文学的国语”。

5月，作《易卜生主义》，与罗家伦合译《娜拉》。

9月，作《文学进化观念与戏剧改良》。

11月，母亲病逝，回绩溪奔丧。

12月，《每周评论》创刊，参与编辑工作。

1919年（民国8年） 29岁

1月，被聘为《新潮》杂志顾问。

2月，作《差不多先生传》。《中国哲学史大纲》（卷上）出版。被选为“国语统一筹备会”会员。

3月，与蔡元培、陶行知等议定，以北京大学、江苏教育会等五团体名义邀请杜威来华讲学。4月底去上海迎接杜威，并陪同在各地讲学，宣传实用主义哲学。

4月，创作剧本《终身大事》。在教育部“国语统一筹备会”成立会上，与马裕藻、钱玄同等提出《请颁行新式标点符号议案》，通令全国采用。

5月，在上海拜会孙中山。

6月，陈独秀被捕，接编《每周评论》，发表《多研究些问题，少谈些“主义”》，挑起“问题与主义”论争。他后来说，这是“我和马克思主义者冲突的第一回合”（《胡适的自传》）。

7月，作《孙文学说》的书评。

8月，作《我为什么要做白话诗》（后作为《尝试集》自序）。作《清代学者的治学方法》，提出“大胆的假设，小心的求证”的方法。作《论国故学》，支持并大力倡导“整理国故”。

10月，翻译都德、莫泊桑、契诃夫等的《短篇小说》第一集出版。作《谈新诗》。

12月，撰写《国语文法概论》。

本年在北大代理教务长。出版了《中国哲学史大纲》（卷中）。

1920年（民国9年） 30岁

3月，《尝试集》出版。上海《神州日报》、《学灯》、《星期评论》、《晨报副刊》等出现评价有争议的文章。

4 月，作《吴敬梓传》。

本月起在国语讲习所讲“国语文学史”十五次。

夏，应南京高等师范暑期学校之邀去南京讲学。

7 月，《〈水浒传〉考证》脱稿。

9 月，《新青年》迁移上海出版，实际成为上海共产主义小组刊物。胡适不满，提出“宣言不谈政治”或者“停刊”的主张，遭到鲁迅等人的反对。

12 月，与顾颉刚讨论辨伪文字。

1921 年（民国 10 年） 31 岁

2 月，作《发起〈读书杂志〉的缘起》。

3 月，完成《〈红楼梦〉考证》初稿（11 月 12 日改完）。

6 月，作《〈水浒传〉后考》。

7 月 11 日，杜威来中国两年后回美，胡适作《杜威先生与中国》。

7 月 16 日，应商务印书馆之邀去上海，与郑振铎、沈雁冰、叶圣陶、郭沫若等见面。

12 月，作《〈西游记〉序》。《胡适文存》第 1 集出版。

1922 年（民国 11 年） 32 岁

1 月，《章实斋先生年谱》出版。

2 月，作《题〈学衡〉》。

3 月，作《五十年来中国之文学》。

5 月 7 日，新创办的《努力周报》出版，共出 75 期。在第 2 期上发表《我们的政治主张》，鼓吹“好人政府”。

5 月 30 日，与清废帝溥仪晤谈。事后写诗《有感》和《宣统与胡适》的短文。

本月有《跋〈红楼梦考证〉》和《〈三国志演义〉序》等文。

7 月，在济南讲《再论中学的国文教学》。

9 月，作为《努力周报》副刊的《读书杂志》出版，共出 13 期。第 20 期《努力周报》上发表《骂人》一文，就翻译问题批评郁达夫，引起同创造社之间的笔战。

10月1日，发表反共文章《国际的中国》。

本月，英文版《先秦名学史》(即《中国古代哲学方法之进化史》)出版。《尝试集》4版，有较大增删，并写了《四版自序》。

11月3日，写完《吴敬梓年谱》。

本年担任北京大学教务长并代理文科学长。

1923年(民国12年) 33岁

1月，《国学季刊》创刊，1卷至2卷1期为主任编委。作《〈国学季刊〉发刊宣言》。

2月，作《〈西游记〉考证》和《读王国维先生的〈曲录〉》。

3月，写《一个最低限度的国学书目》。译莫理孙小说《楼梯上》。

4月底到杭州烟霞洞疗养，《努力周报》编务由高一涵代理。

5月，作《孙行者与张君劢》，参与"科学与玄学"论战。《〈镜花缘〉的引论》脱稿。

年底，"科学与玄学"论战文章结集为《科学与人生观》一书出版，胡适为之作序。

本年，翻译了契诃夫小说《洛斯奇尔的提琴》和《苦恼》。

作《西湖》、《南高峰上看日出》、《送高梦旦先生诗为仲洽书扇》、《梅树》、《秘魔崖日夜》等诗篇。

1924年(民国13年) 34岁

2月，作《古史讨论的读后感》。

4月，泰戈尔来华，与之常有接触，后来曾撰写《追忆泰戈尔在中国》。

8月，与丁文江在北戴河疗养。

11月5日，就冯玉祥"北京政变"驱逐溥仪出宫一事，写信给外交部长王正廷，攻击冯玉祥。

11月，《胡适文存》第2集出版。

12月，《现代评论》创刊，为主要撰稿人。

本年还作《林琴南先生的白话文》和《词的起源》等文。

1925年（民国14年）　　34岁

2月，参加段祺瑞御用“善后会议”。

9日，作《题章士钊胡适合照》。

2月，应《京报副刊》编者之约，开“青年必读书”10部，其中有《老子》、《墨子》、《论语》、《论衡》、《崔东壁遗书》五部国学书。

3月，应聘为“中英庚款顾问委员会”委员。《〈三侠五义〉序》脱稿。

5月，被选为中华图书馆协会董事兼财政委员会委员、索引委员会书记。

8月27日，作《老章又反叛了》。

31日，作《爱国运动与求学》，指责“五卅”惨案后的爱国学生运动。

9月，在武汉大学讲《谈谈〈诗经〉》。

10月，作《重印〈文木山房集〉序》。

11月，被推举为北京图书馆委员会书记。

12月，作《〈儿女英雄传〉序》。

1926年（民国15年）　　35岁

2月—5月，作为“中英庚款顾问委员会”中国委员，陪同英国委员到上海、汉口、南京、杭州、北京等地考察访问。

5月24日，从天津写信给鲁迅、周作人、陈源，想调解他们之间的“笔战”纠纷，认为他们的争议是“大水冲了龙王庙，一家人认不得一家人”。

6月，作《我们对于西洋近代文明的态度》和《〈海上花列传〉序》。

7月，辞去北大教授职务，经西伯利亚，取道苏联、德、法等国，去英国参加10月召开的“中英庚款顾问委员会”全体会议。旅欧期间，在巴黎国立图书馆和伦敦英国博物院阅读了150多卷敦煌写本，发现数万字的“神会语录”。给张慰慈、徐志摩等写了《欧游道中寄书》，谈了对苏联的看法。在英国作了10次学术讲演。

12月31日，乘船离英去美。

1927年（民国16年） 37岁

1月上旬，在船上作《海外读书杂记》。

1月12日抵纽约。在美国居留了三个月。参加“我们这个时代应该是什么时代”的“两周讨论会”。在“泛太平洋俱乐部”作《中国之文艺复兴》的讲演。作《“整理国故”与“打鬼”》。4月中旬离美途经日本，闻悉“四·一二”政变，对蒋介石的“清党反共”表示赞同。

5月底回到上海，担任新创办的新月书店董事长。

春间，北京文化学社将《国语文学史》油印讲义排印出版。

6月，被选为管理美国“退还”庚款的“中华教育文化基金董事会”董事。

7月，《词选》出版。在上海美国学校讲《中国禅宗小史》。

8月，作《亡友钱玄同先生成仁周年纪念歌》、《漫游的感想》、《菩提达摩考》等。

10月，应蔡元培邀请，任大学院大学委员会委员，并参与筹备中央研究院。作《〈左传真伪考〉的提要与批评》。《戴东原的哲学》出版。

11月，作《〈官场现形记〉序》、《重印〈乾隆壬子本红楼梦〉序》。

12月，作《白话诗人王梵志》。在上海东亚同文书院讲《中国近三百年的四个思想家》。

1928年（民国17年） 38岁

2月，上海东吴大学法学院及光华大学聘为哲学课讲座教授。

作《考证〈红楼梦〉的新材料》、《与曾孟朴论翻译》。

3月，《新月》杂志创刊，共出4卷7期，胡适一度担任主编。

作《〈小雨点〉序》、《白居易时代的禅宗世系》。

4月，游庐山，作《庐山游记》。作《元稹白居易的文学主张》、《跋〈宋刻本白氏文集影本〉》。

任中国公学校长兼文理学院院长。

6月，《白话文学史》出版。

7月，作《论长脚韵》。

9月，与高一涵、罗隆基等发起筹办《吴淞月刊》，作《发刊词》。作《〈宋人话本八种〉序》、《跋〈白屋文话〉》。

10月，作《参同契的年代》。

11月，写《关于〈镜花缘〉的通信》。

12月，写完《入声考》。

1929年（民国18年） 39岁

1月19日，赴北平，探望梁启超，到时梁已病逝。

1月，作《三年不见他》（诗）和《中国科学社的社歌》。

3月，作《高梦旦先生六十岁生日》、《和丹翁捧圣诗》。

4月，作《中国公学校史》、《三百年中的女作家》等文。

5月，作《人权与约法》、《知难，行亦不易》，对国民党当局稍露微词。

6月，作《〈百二十回本忠义水浒传〉序》。

7月，作《我们什么时候才有宪法？》。

11月，作《新文化运动与国民党》。

12月，作《〈人权论集〉序》。

中国笔会在上海成立，为发起人之一。

本年，因为发表几篇对国民党政府稍有批评、希望有所改良的文章，引起蒋介石的不满。潘公展领头写文章批评，并结集了两本《评胡适反党义近著》给以"警告"，国民党上海市党部和中央教育部也曾训令"将胡适撤职惩处"，遭到鲁迅所说的像贾府焦大一样被塞了一嘴马粪的境遇。

本年，将《中国哲学史大纲》上卷改名《中国古代哲学史》，作为"万有文库"本出版。

1930年（民国19年） 40岁

1月，《人权论集》出版。作《〈胡适文存〉十三版自序》。

2月至8月，写成《中国中古思想史长编》（7章）。

4月，作《我们走哪条路》一文，认为中国人民的苦难跟封建主义和帝国主义无关，根源在于贫穷、疾病、愚昧、贪污和扰乱"五大敌人"。

5月，辞去中国公学校长职务。

6月，开始撰写《四十自述》，第一篇为《我的母亲的订婚》。

7 月，到南京参加“中华教育文化基金董事会”年会。董事会决议组织“编译委员会”，由胡兼主任委员，主持编译欧美文化名著。

9 月,《胡适文存》第 3 集出版。

11 月 21 日，作《四十自述》第 2 篇《九年的家乡教育》。

27 日，作《〈胡适文选〉自序》即《介绍我自己的思想》。他后来承认：此文“有二三百字是骂唯物史观的辩证法的”(《胡适来往书信选》)。文章结尾说：“我这里千言万语，也只是要教人一个不受人惑的方法。被孔丘朱熹牵着鼻子走，固然不算高明；被马克思列宁斯大林牵着鼻子走，也算不得好汉。”反共反马克思主义的态度很鲜明。

28 日，离沪去北平担任北京大学教授。

12 月，作《论〈春秋〉答钱玄同》、《从拜神到无神》(《四十自述》之三）等文。校编的《神会和尚遗集》出版。

1931 年（民国 20 年） 41 岁

1 月，出任北大文学院长兼中文系主任。

2 月，作《评〈梦家诗集〉》和《论〈诗经〉答刘大白》等。

3 月，作《明成祖御制佛曲残本跋》、《跋〈西游记〉本的〈西游记传〉》等。作《四十自述》之四《在上海（一）》。

4 月，作《与钱穆先生论老子问题书》。

5 月，作《赵万里校辑宋金元人词序》。《中国文学史选例》出版。

7 月，在北平跟周作人、谢冰心、章锡琛等发起成立“著作人出版人联合会”。

8 月，与丁文江到北戴河避暑。作《答丁在君》、《恭颂赤脚大仙》、《丁先生买帽》、《答和在君》等诗。作《在上海（二）》。

9 月，作《辨伪举例——蒲松龄的生年考》。“九一八”事变后，发起“自觉救国会”，反对对日绝交和作战。

10 月，蒋介石召见胡适与丁文江，“垂询大局”。

11 月，写信给宋子文，主张在谈判中承认日本提出的“五项原则”，进行妥协让步。

12 月，徐志摩去世，作《追悼志摩》和《狮子》等悼念诗文。作《〈醒世姻缘〉考证》。被国民党政府任命为华北政务委员会委员。

本年，《胡适文选》和《淮南王书》出版。

1932 年（民国 21 年） 42 岁

5 月，与丁文江、蒋廷黻、傅斯年等创办《独立评论》，由胡任主编，共出 244 期，是 30 年代胡适等人亲蒋、反共和主张对日妥协的重要言论阵地。《中国中古思想小史》出版。

6 月，作《论对日外交方针》、《赠与今年的大学毕业生》等文。

7 月，作《论学潮》、《英庚款的处理》等。作《日本东京所见〈中国小说书目提要〉序》。

8 月，作《领袖人才的来源》、《汪精卫与张学良》等政论。

9 月，作《我怎样到外国去》(《四十自述》)。

10 月，“国联”调查中日问题报告书公布后，作《一个代表世界公论的报告》。

12 月，在武汉大学讲《中国历史的一个看法》。在武汉赠送《淮南王书》给蒋介石。

本年被聘为德国普鲁士科学院通讯会员。

1933 年（民国 22 年） 43 岁

1 月 1 日，改定《评论近人考据老子年代的方法》。

22 日，作《乾隆庚辰本脂砚斋重评〈石头记〉抄本》。

30 日，中国民权保障同盟北平分会成立，胡适为执行委员和会长。

2 月，作《民权的保障》，并在《字林西报》发表谈话，反对释放政治犯，违背民权保障同盟的宗旨。

3 月 3 日，总盟执委会议决将胡适开除出盟。

12 日，作《日本人应该醒醒了》，提出：“日本人决不能用暴力征服中国。日本只有一个方法可以征服中国，即悬崖勒马，彻底停止侵略中国，反过来征服中国民族的心。”

17 日，作《我们可以等候五十年》。

6 月 18 日，从上海乘船经美去加拿大参加第五届“太平洋国际学会”。在船上作《〈四十自述〉自序》和《〈短篇小说第二集〉译者自序》。

7 月，在芝加哥大学讲《中国文化的趋势》，演讲稿汇编为《中国的文艺复兴》一书。

担任国立北平图书馆委员会委员长。

8月，在加拿大班府参加“太平洋国际学会”。

9月，《四十自述》和翻译《短篇小说》第二集出版。

10月，乘船离开温哥华经日本回国。作《陈独秀与文学革命》。

12月3日，准备作为《四十自述》一章的《逼上梁山》脱稿。

1934年（民国23年）　44岁

1月，作《报纸文字应该完全用白话》、《清季外交史料序》。作《和周启明打油诗》两首。

3月，作《国府主席林森先生》、《〈辞通〉序》等。

本月起主编天津《大公报·星期论文》，撰稿人多数是《独立评论》成员。

4月23日开始选“每天一首诗”，后成《诗选》。

5月19日，《说儒》脱稿。

本月作《罗北勇公年谱》。

5月—6月，有三论《信心与反省》。

7月1日，作《〈西游记〉的第八十一难》。

7月9日，作《所谓“中小学文言运动”》。

9月，作《大众语在哪儿？》。

10月，作《校勘学方法论》。

11月，去南京参加考铨会议。

12月，在北师大讲《中国禅学的发展》。

本年与唐擘黄合译杜威《哲学的改造》一书出版。

1935年（民国24年）　45岁

1月初南行抵香港，接受香港大学法学名誉博士学位。在香港讲演引起广州当局误会。

9日抵广州，取消在广州的讲演。

11日去广西，停留十余天，作《飞行小赞》和《寄题相思岩》等诗。

2月，开始写《南游杂忆》。

3 月，作《我是完全赞成陈序经先生的全盘西化论》、《试评所谓“中国本位的文化建设”》。

4 月，作《楞伽宗考》。

7 月，沿平绥路旅游，作《平绥路旅行小记》。

8 月，作《记辜鸿铭》。

9 月，被选为国民党政府中央研究院第一届评议会评议员。

10 月，主编的《中国新文学大系》第 1 卷《建设理论集》出版。《南游杂忆》出版。

12 月，“一二·九”运动爆发后，连续写了《为学生运动进一言》、《再论学生运动》等文，责难爱国学生运动。

本月，《胡适论学近著》出版。

1936 年（民国 25 年）　　46 岁

1 月 5 日，丁文江煤气中毒逝世，作诗文多篇哀悼。

2 月 5 日，作《谈谈“胡适之体”的诗》。

3 月，作《〈歌谣周刊〉复刊词》。

4 月，作《颜李学派的程廷祚》。

6 月，作《〈封神演义〉的作者》、《〈两千年中西历对照表〉序》。

7 月 3 日，作《敦煌石室写经题记与敦煌杂录序》。

14 日，离上海经日本去美参加第六次“太平洋国际学会”。途中作《〈藏晖室札记〉自序》、《车中望富士山》（诗）等。会上当选为副会长。

9 月，参加哈佛大学三百周年纪念会，作《中国的印度化》的讲演。

11 月初从旧金山启程回国。途中作《高梦旦先生小传》。

本月，《独立评论》因第 229 号发表张奚若《冀察不应以特殊自居》，被北平当局责令停刊，后经胡适“道歉”于翌年 4 月复刊。

12 月，“双十二”事件后，一方面发电报给张学良，要他“悬崖勒马”，“若执迷不误……将为国家民族之罪人”。同时作《张学良的叛国》，攻击张杨，诬蔑中国共产党。

14 日，在复苏雪林的信中，对于苏的诬蔑攻击鲁迅，他说：“同情于你的愤慨，但我以为不必攻击其私人行为。”认为“应当注重使政府更健全，此釜底抽薪之法，不能全靠笔舌”。

1937年（民国26年） 47岁

1月1日，作《新年的几个期望》。

19日，《与魏建功书谈〈水经注〉》，这是研究《水经注》的开始。

3月，作《全国歌谣调查的建议》。

4月，作《读经平议》。

5月，作《〈缀白裘〉序》、《跋定远方氏所藏〈岳宗武奏草卷事〉》。

7月，"七七"事变翌日，应邀离平去庐山参加蒋介石召开的"庐山谈话会"，倡议"和平"解决中日争端，反对抗战。作《戏答胡健中》等诗。

8月，任命为"国防参议会"参议员。

9月，以非正式的外交使命赴美。

10月1日，在旧金山电台发表《中国在目前的危机中对美国的期望》。

20日，会见美国总统罗斯福。

本年，与蔡元培、王云五合编的《张菊生先生七十生日纪念论文集》出版。

1938年（民国27年） 48岁

上半年，继续在美国和加拿大各地作游历演讲，谋求西方对中国抗战的同情和支持。

6月，当选为"国民参政会"参政员。

7月下旬，由美抵英国伦敦。

8月4日，作诗寄留在北平的周作人，劝其"识得重与轻"。

9月17日，国民党政府任命为驻美全权大使。

10月，由欧洲返美就任大使。

31日，作《题在自己的照片上，送给陈光甫》的诗，表示："做了过河卒子，只能拼命向前。"

1939年（民国28年） 49岁

继续担任驻美大使。

4月，《藏晖室札记》出版。

10月，主持匹兹堡大学“孔子纪念堂”揭幕典礼。

12 月 24 日，在华盛顿美国历史学会讲《中国与日本的现代化运动——文化冲突的比较研究》。

1940 年（民国 29 年） 50 岁

继续担任驻美大使。

1 月 25 日，在纽约在华基督教大学联合理事会，讲《中国基督教大学和美国朋友》。

3 月 5 日，中央研究院院长蔡元培病逝，胡适当选为院长候选人。

4 月 7 日，在纽约伦理文化学会讲《不朽的看法》。

6 月，耶鲁、勃朗第克、柏令马等 8 所大学均赠以名誉学位。

10 月 20 日，参加杜威 80 岁生日庆贺活动，作《工具主义的政治哲学》一文。

1941 年（民国 30 年） 51 岁

2 月 6 日，“皖南事变”后发表谈话，支持国民党政府“解散”新四军，并致电蒋介石拥护其反共政策。

5 月，作《一个史学家看中国绘画》。

7 月，发表《颜习斋哲学及其与程朱陆王之异同》。

1942 年（民国 31 年） 52 岁

3 月 8 日，作《记鲍廷博给吴骞札中的戴东原自刊本水经注》。

9 月 8 日，辞免驻美大使职务。国民党政府聘其为行政院高等顾问（未回国就任）。

9 月 18 日，离开华盛顿移居纽约。

10 月，发表英文稿《中国思想史纲要》。

1943 年（民国 32 年） 53 岁

1 月，应聘为美国国会图书馆东方部名誉顾问。

2 月 28 日，作《易林断归崔篆的判决书——考证学方法论举例》。

5 月，作《古代中国与近代欧洲绘画介绍辞》。

6月，翻译美国朗菲罗的《一支箭，一只曲子》。作《曹魏创立的“校事”制》、《曹魏外官的“任事”制》。

7月，作《孙吴的“校事”制》、《两汉人临文不讳考》等。

8月，作《记〈论衡〉不避汉讳》、《补记曹魏的“校事”》等。

11月，作《〈群书治要〉里的〈晋书〉》。

12月，开始作《戴震对江永的始终敬礼》、《蒋学镛的〈樗庵存藁〉八卷》等系统考证和研究《水经注》的文章，为100多年来戴东原偷窃赵东潜《水经注》校本一事翻案。作《伟纳英译〈西游记〉序言》、《〈清代名人传略〉序》。

本年下半年写了一组《海外读书笔记》，后来发表在上海《大公报·文史周刊》上。

1944年（民国33年）　54岁

3月与7月，分别作《孙逸仙》、《近代中国的创始人——孙逸仙的故事》等有关孙中山的文章。

5月6日，《跋〈陈励的全民七校水经注稿本跋〉》初稿脱稿。

6月，作《古德意著〈中国人名简史〉书评》。

9月起，应聘前往哈佛大学讲“中国思想史”，至翌年夏。

12月，有《和杨联升诗》二首。

本年还有《全祖望、赵一清、戴震三人对〈水经注〉的研究》、《戴震未见赵一清书的十组证据》等研究《水经注》的文章。

1945年（民国34年）　55岁

3月，国民党政府任命为中国出席旧金山联合国会议代表团代表。4月，出席联合国制宪会议。

4月21日，作《考范缜发表〈神灭论〉，在梁天监六年》。

7月，作《记但明伦道光壬寅（1842）刻的〈聊斋志异〉新评》、《〈春在堂随笔〉有关〈聊斋志异〉的札记》、《蒲松龄注意折狱》等文。

8月24日，日本投降前夕，电劝毛泽东“放弃武力，准备为中国建立一个不靠武装的第二政党”。

9月，国民党政府任命为国立北平大学校长（回国前由傅斯年代理)。

作《跋全谢山赠赵东潜校〈水经注〉序》, 发表《戴东原赵东潜〈水经注〉疑案的考证》。

10月, 作《一九一一——一九一二年的中国革命》。

11月, 作为中国代表团的首席代表出席在伦敦召开的联合国教科文组织会议。

11月24日, 作《跋赵一清朱墨校的朱谋讳〈水经注笺〉》。

12月, 作《孙潜校〈水经注〉的跋语》、《跋葛思德藏书库藏的岑氏懼盈斋抄四库本〈赵一清水经注释〉》、《章寿康刻本〈赵一清水经注释〉》等文。

1946年(民国35年) 56岁

1月, 作《何义门校〈水经注〉》。

3月, 作《跋北平图书馆藏的朱墨本〈水经注笺〉》、《试论朱墨校本朱笺里保存的全祖望赵一清两家改定水经注的纪录》、《补记朱墨校本一事》、《论赵一清的〈水经注释稿本〉的最后状态》等文。

4月, 作《跋赵一清〈水经注释〉抄刻本四种》。

5月28日, 作《赵元任夫妇银婚诗》。

6月1日, 由美启程回国, 7月5日抵上海。途中, 改旧稿《〈全民七校水经注四十卷〉作伪证据十项》、《证明〈全校水经注〉的〈题辞〉是伪造的》。

7月底到北平。

8月, 作《戴东原〈书水经注后〉全文的发现》、《〈汉书·地理志〉的诗古义》、《跋戴震自定〈水经注〉的"附考"——戴氏未见全赵两家〈水经注〉的证据》等文。

9月, 就任北大校长。

10月, 主编上海《大公报·文史周刊》。作《〈文史〉的引子》、《考据学的责任与方法》、《海外读书笔记》(六)等。

11月, 去南京参加国民党政府"制宪国民大会", 任大会主席团成员, 参加伪宪法的起草。作《记沈炳巽〈水经注〉最后校本的过录本》。

12月27日, 作《记海盐朱氏家藏明抄本〈水经注〉》。

年底，美兵强奸北大女生沈崇事件发生后，发表谈话压制学生运动，为美国驻兵中国辩护，声称："此次不幸事件为一法律问题，而美军退出中国，则为一政治问题，不可并为一谈。"

1947 年（民国 36 年）　　57 岁

1 月，发表书评《〈水经注〉引得》。作《论杨守敬判断〈水经注〉案的谬妄》、《六十年前洞庭山里一个故事——林屋山民送米图卷子序》等。

2 月，蒋介石政权为争取美援和舆论需要，想叫胡适出任"国府委员"和"考试院长"。他从策略上考虑，认为："我因为很愿意帮国家政府的忙，所以不愿意加入政府。"几次面蒋力辞。

4 月，写完《杂记赵一清〈水经注释刻本〉依戴震本修改的例子》，并作《与钟凤年先生讨论〈水经注〉疑案的一封信》、《伪全校本诬告沈炳巽并且侮辱全祖望》、《伪全校本假活宋本而留下作伪的铁证》等研究《水经注》的文章。

5 月，邀集北大、清华等校教授 40 余人，组织"独立时论社"，在 30 多家报纸和电台发表时政评论，鼓吹资产阶级改良主义和自由主义，反共反苏，反对革命斗争。

6 日，作《天津市立图书馆所藏全氏五校本目次》。

18 日，作《眼前"两个世界"的明朗化》。

6 月 5 日，作《跋天津图书馆藏的明抄残本〈水经注〉》。

7 月，作《跋赵氏朱墨校本〈水经注笺〉》、《赵一清所见宋刻春秋分记》、《赵书剜改的一例》等。

7 月 20 日，作《两种根本不同的政党》。

8 月，作《我们必须选择我们的方向》。

9 月，访问常熟瞿家，作《记铁琴铜剑楼瞿氏藏明抄本〈水经注〉》。

28 日，作《争取学术独立的十年计划》。

10 月，作《记金圣叹本〈水浒传〉里避讳的谨严》。

11 月，《藏晖室札记》改名《胡适留学日记》出版，作《〈胡适留学日记〉重印自序》。

作《跋北京大学藏的〈戴东原文〉一册》、《与钟凤年先生讨论〈水经注〉的信（一）》等。

12月，蒋介石委托王世杰邀胡适出任行政院长，未允。

本月起，主编《申报·文史周刊》，在创刊号上发表《发刊小引》。

1948年（民国37年） 58岁

1 月，作《全祖望戴震改定水经各水次第的对照表》、《天津的全校本似另有一首册》、《〈水经注〉古本现存卷数总表》等。

1月，在《申报·文史周刊》第5期上发表鲁迅1922年致胡适信两封。

21日，作《国际形势里的两个问题——给周鲠生先生的一封信》，表明自己"抛弃了20多年对苏俄的梦想"。

2月14日，发表《曹雪芹的籍贯》一文。

2月18日，作《〈水经注〉的校订史可以说明校勘学方法》。

3月4日，作《试考〈水经注〉写成的年月》。

25日，参加中央研究院评议会，当选为第一届人文组院士。

3月底至4月，参加蒋介石政府第一届"国民大会"。蒋曾要胡参加总统竞选，他经过犹豫后表示同意，后因国民党内部有人反对而作罢。

5月，作《中央图书馆藏〈戴东原与段若膺手札〉跋》、《〈戴子高手札〉跋》、《〈汉书·地里志稽疑刊本〉后记》等。

7月，作《浙江省进书送到四库全书馆的年月表》的《校记》、《再跋戴震自定〈水经〉的"附考"》、《与钟凤年先生讨论〈水经注〉信》（二封）、《北宋时的〈水经注〉已不完全了》、《戴震自定〈水经〉一卷的现存两本》、《跋孔继涵〈水经释地稿本〉》、《孟森先生审判〈水经注〉案的错误》等。

8月，被选为北平研究院学术会议会员。

作《罗尔纲〈师门五年记〉序》、《从〈牟子理惑论〉推论佛教初入中国的史迹》、《自由主义是什么？》、《跋杨守敬〈论水经注案的手札两封〉》、《记赵一清的〈水经注〉的第一次写定本——天津图书馆藏的赵一清全祖望的〈水经注〉稿本第一跋》等文。

9月，作《水经注疏》、《〈水经注疏〉删要续补》。

10月，作《中央图书馆所藏〈直隶河渠书稿本〉详目》、《与顾起潜讨论〈水经注〉的通信》等。

11 月，作《记中央图书馆藏的〈直隶河渠稿本二十六册〉》、《全氏七校水经本目次考异》、《跋中央研究院藏的奉代孙锵原校的薛福成董沛刻本〈全氏七校水经注〉》等文。

12 月 15 日，在北平被中国人民解放军包围的情况下，蒋介石派专机将胡适接到南京。

本月，作《〈水经注〉版本展览目录》、《答陈垣先生论〈水经注〉》、《合众图书馆所藏的全谢山〈水经注〉残抄本》、《四百年来〈水经注〉研究的小史》等文。

1949 年　　59 岁

1 月 15 日，国民党政府聘其为“总统府”资政。蒋介石“引退”后辞去资政名义，去上海。

2 月，作《戴震的官本〈水经注〉最早引起的猜疑》、《全谢山〈水经题辞〉写成的年月》等。

3 月，与黎锦熙、邓广铭合编的《齐白石先生年谱》出版，书前有 3 月 9 日的《序》。

作《上海合众图书馆有叶揆初先生藏的全谢山〈水经注〉三种》。

3 月下旬，曾去台湾安置家属。

4 月 6 日，乘船离上海去美国定居。

14 日，作《陈独秀的最后见解》。

6 月，国民党政府“代总统”李宗仁曾任命其为外交部长，坚辞不就。

7 月，在华盛顿通知国民党政府驻美大使馆，取消一切政治性约会。

9 月，作《象棋小考》、《试考董沛所见全氏的〈水经注〉校本》。

10 月 2 日，作《全谢山改定〈水经注〉卷五的经文有先后各本的异同》。

20 日，参加杜威九十岁生日宴会，讲《东方来的敬礼》。

11 月，在台湾创办《自由中国》杂志，任发行人。创刊号有胡适执笔的《〈自由中国〉的宗旨》。该刊一直出至 1960 年因主编雷震被捕而停刊。

1950 年　　　　60 岁

1 月，作《朱子语类的历史》。

3 月，作《跋所谓黄友补录本〈全校水经注〉》、《所谓全氏双韭山房三世校本水经注》。

5 月，被聘为普林斯登大学葛思德东方图书馆馆长兼教授，为期两年。

6 月，作《熊会贞〈水经注疏〉的遗言》、《李文魁〈述整理水经注疏之经过》。

夏，作《史达林策略下的中国》，为蒋介石政权的失败总结历史教训。

9 月，次子胡思杜在北京宣布与其脱离父子关系。答记者问，攻击新中国。

1951 年　　　　61 岁

4 月，在“美国哲学会议”上讲《十年来中美关系急趋恶化的原因》，要美国记取“历史教训”。

6 月，作《我与葛思德东方书库的关系》。

9 月，复信臧启芳讨论《红楼梦》。有《给潘夏先生论〈红楼梦〉的一封信》。

本年，在美国全国社会科学协会作《共产主义在中国》的反共演讲。

1952 年　　　　62 岁

2 月，联合国教科文组织聘其为“世界人类科学文化史编辑委员会”委员。

春，作《普林斯登葛思德东方书库》一文，介绍其收藏。

7 月，作《朱子论死生与鬼神》、《考朱子答廖子晦最后一书的年分》、《朱子论禅家的方法》等文。

9 月，作《全祖望〈水经注〉五校本的首卷》、《谢山五校本的序目》、《〈汉书地理志稽疑〉补目》等。又作《六祖坛经原作“檀经”考》。

月底，初选 1922 年以来诗作 44 首拟编为《尝试后集》。

10 月 22 日，作《试考〈双韭山房书目〉所记水经注各本》。

11 月 19 日，由美抵台湾讲学两个月。

12月1、5、6日，分三次在台湾大学讲《治学方法》。

3、8日，分两次在省立师范学院讲《杜威哲学》。

19日，在台湾大学文学院讲《〈水经注〉考》。

本月，作《〈傅孟真先生遗著〉序》。

1953年　　63岁

1月3日，在新竹讲《三百年来世界文化的趋势与中国应采取的方向》。

4日，在联合国同志会讲《五十年来的美国》。

11日，在蔡元培84岁生日纪念会讲《禅宗史的一个新看法》。

12日，在师范学院讲《传记文学》。

17日，离台返美。

4月，作《禅宗在中国：它的历史和方法》、《冯舒（己苍）校柳佥本水经注》等。

6月，作《宗密的〈神会略传〉》。

8月，作《校赵一清〈渭水下篇〉后记》、《平定张穆〈赵戴水经注校案〉》、《跋段玉裁的〈东原先生札册跋〉》等。

9月30日，作《关于宋明刊本〈水经注〉》。

10月，作《吴琯刻本〈水经注〉四十卷》。

11月24日，作《追念吴稚晖先生》。

本年，将《胡适论学近著》作为《胡适文存》第四集，在篇目上作了删节，出版《胡适文存》四部合印本，书前有7月写的《胡适文存四部合印本自序》。

1954年　　64岁

1月18日，由美返回台北参加台湾“国民会议”第二次会议。

3月12日，在台湾大学讲《中国古代政治思想史的一个新看法》。

15日，在省立一女中讲《白话文的意义》。

4月4日，作《〈明清名贤百家书札真迹〉序》。

5日，离台返美。

中旬，参加哥伦比亚大学200周年纪念会，讲《古代亚洲的权威与自由的冲突》。并为哥伦比亚大学所属东方学会及远东学会联合年会，提供论文《中国思想史上的怀疑精神》和《老子其人其书的年代考证》各一篇。

5月，作《跋〈清代学人书札诗笺十二册〉》、《大明实录》等文。发表反共文章《共产党宣传和中国的沦陷》。

6月13日，在耶鲁大学举行的“容闳毕业一百年纪念会”上，讲《容闳毕业一百年后》。

7月16日，台湾聘其充任所谓“光复大陆设计委员会”副主任委员。

9月3日，作《宁鸣而死，不默而生》，说范仲淹这句话比亨利柏得烈类似的话“不自由，毋宁死”要早740年。

10月1日，作《司徒雷登著〈在中国五十年〉序》，希望美国“继续拒绝承认中共政权”。

10月—11月，与杨联升、洪煨莲通信讨论《水经注》。

11月，作《〈水经注〉里的南朝年号》、《所谓〈全氏双韭山房三世校本水经注〉》、《记袁廷梼过录的宋元祐刻本的原题记》等文。

12月作《介绍一本最值得读的自传》(即《〈沈宗瀚的克难苦学记〉序》)。

本年，《四十自述》附录了《逼上梁山》，由台湾“自由中国社”出版，并作《〈四十自述〉自由中国版自记》。

1955年　　65岁

2月，到匹兹堡大学讲《对近代西洋文化的东方看法》。

3月，在美国史威特布雷尔学院和查洛士城国际问题研究所，作《自由中国之重要性》的反共演讲。受台北“中央研究院”院长朱家骅委托，在纽约召集国外院士谈话会。

5月12日，有复洪业讨论《水经注》的长信。

7月14日，作《赵一清水经注释的校刻者曾用戴震校本校改赵书吗？》

11月14日，作《董显光〈日本的幽默〉序》。

12月中旬起，写《丁文江的传记》，至翌年3月12日脱稿。

12月，为了对新中国开展的“胡适思想批判”进行辩解和诬蔑，作《四十年来中国文艺复兴运动留下的抗暴消毒力量——中共清算胡适思想的历史意义——》。

1956 年　　66 岁

4、5 月间，与杨联升讨论王莽“定天下之号日新”的问题。

6 月 2 日，作《新文学·新诗·新文字》。

9 月起应邀到加州大学讲学 4 个月。

12 月，台北“中央研究院”史语所出版《庆祝胡适先生六十五岁论文集》一本。

本年，《丁文江的传记》除在《自由中国》半月刊刊载部分章节外，单行本出版。

1957 年　　67 岁

2 月 12 日，作《戴震试补渭水中篇的脱文》。

7 月，作《跋孙锵原校〈全氏七校水经注本的后记〉》、《俞平伯的〈红楼梦辨〉》。

9 月 26 日，作为台湾当局出席联合国大会代表团代表，在大会作反共演讲。

11 月，台湾当局任命为“中央研究院”院长。

12 月 31 日，作《〈胡适留学日记〉台北版自记》。

1958 年　　68 岁

1 月 10 日，作《〈中国古代哲学史〉台北版自记》。

15 日，作《关于戴震的官本水经注的杂件》。

2 月 9 日，作《记〈永乐大典〉目录六十卷》、《〈洪武正韵〉的韵目》等。

3 月 4 日，在哥伦比亚大学讲《中国哲学的创始者》。

14 日，在耶鲁大学讲《中国文化史上一种科学治学方法的发展研究》。

4 月 8 日，由美抵台北就任“中央研究院”院长，并主持第 3 次院士会议。

26 日，在台北地质学会年会上讲《历史科学的方法》。

5月4日，在文艺协会讲《中国文艺复兴运动》。

6月，将《〈中国新文学大系〉导言》和《逼上梁山》编为《中国新文学运动小史》一书出版，书前有《自序》。

9日，在台北“中央研究院”30周年纪念会上，讲《有证据的知识，才是真正的知识》。

10日，作《〈梁任公先生年谱长编〉序》。

16日由台去美。

7月，作《菩提达摩南宗定是非论》。

8月4日，作《〈宋高僧传〉里的〈唐洛京荷泽寺神会传〉》。

9月5日，在华盛顿主持“中基会”年会。

10月11—12日，在纽约召集院士谈话会。

11月5日由美回到台北。

20日，《新校定敦煌写本〈神会和尚遗著〉两种》脱稿。

27日，作《江阴南菁书院小史》。

12月，将罗尔纲《师门辱教记》改名《师门五年记》，自费印出，12月7日作《后记》。

本年录音英文口述自传。

1959年　　69岁

1月，作《林肯一百五十年的生日纪念》。

2月，担任台北“国家长期发展科学委员会”主席。作《王梵志的道情诗》、《假历史与真历史——用四百年〈水经注〉的研究史作说明的例子——》等。

28日，应施友忠之请做《文学革命的经过》的讲话录音。

3月，作《史语所藏的杨希闵过录的何焯、沈大成两家的〈水经注〉校本》、《跋中央研究院历史语言研究所藏的〈毅军函札〉中的袁克定给冯国璋的手札》、《记乾隆本〈汉书〉》等。

5月，作《记日本“入唐求法”诸僧的目录里的“南宗”资料》、《兴福寺永超的〈东城传灯目录〉里的“南宗”资料》、《〈三珠戏语〉与珠算的年代》、《数术记遗》、《“深沙神”在唐朝的盛行》等文。

3月—5月，作《注〈汉书〉的薛瓒》。

6月，作《记郭象的自然主义》、《关于江阴南菁书院的史料》、《论初唐盛唐还没有雕板书》等。

7月1日，主持第四次"中央研究院"院士会议。

7日，参加夏威夷大学的"东西方哲学会议"，讲《中国哲学里的科学与精神》。该校授予人文学博士学位。这是一生获得的35个荣誉学位的最后一个。

9月，在华盛顿主持"中基会"第30次年会。

10月14日返回台北。

20日在台北"中国教育学会"、"中国哲学会"讲《杜威的哲学思想》。

31日，作《跋金门新发现〈皇明监国鲁王圹志〉》。

11月，作《记美国普林斯顿大学的葛思德东方书库藏的〈碛砂藏经〉原本》、《北宋惟白和尚关于〈西天祖师偈颂来历〉及〈宝林传圣胄集〉等书的记载》、《〈吕氏春秋〉可能是26篇被割裂成为160篇的》等文。

29日，应台北"教育部科学委员会"及"中华科学协进会"之邀，讲《科学精神与科学方法》。

12月8日，在新闻学校讲《新闻记者的修养》。

27日，在图书馆学会年会上讲《找书的快乐》。

本年4月—12月，与日本入矢义高讨论"神会语录"的信六封。

1960年　　70岁

1月9日，作《王国维〈水经注笺跋〉后记》。

2月5日，为日本铃木大拙90岁纪念论文集，作《有关禅宗早期历史的唐代原始资料，应作一系统的研究》一文脱稿。

9日，在史语所学术演讲会上，讲《禅宗史的假历史与真历史》。

11日，在"爱迪生纪念会"，讲《终身做科学实验的爱迪生》。作《〈全唐文〉里的禅宗假史料》。

17日，作《〈涧于日记〉里的薛福成与薛刻全校〈水经注〉》。

2月20日—3月下旬，参加台湾"国民大会"第3次会议，为"主席团主席"。

3 月 16 日，《神会和尚语录的第 3 个敦煌写本：〈南阳和尚问答杂征义：刘澄集〉》一文脱稿。

4 月 5 日，作《北平图书馆的两个敦煌本》。

12 日，作《校写〈五更转〉后记》。

20 日，作《〈丁文江的传记〉校勘后记》。

30 日，作《〈清末民初洋学学生题名录初辑〉序》。

本月，还作《记〈永宪录〉排印本》、《〈永宪录〉里与〈红楼梦〉故事有关的事》等文。

6 月，作《与周法高论所谓景宋宝祐〈五灯会元〉的底本的信》、《与黄彰健论刘世珩翻刻〈五灯会元〉的年代的信》、《记中央图书馆藏的宋宝祐本〈五灯会元〉》等文。

7 月 9 日，离台去美。

10 日，在华盛顿大学"中美学术合作会议"讲《中国的传统与将来》。

8 月 29 日，作《王荆公的有为主义》。

9 月 2 日，在华盛顿参加"中基金"年度会议。

10 月 18 日，离美经日本回台。

11 月，作《〈詹天佑先生年谱〉序》、《所谓"曹雪芹小像"的谜》。

12 月，作《〈续传灯录〉的作者居顶和尚》、《记宋宝祐刻本〈五灯会元〉的刻工》、《记〈恭仁山庄善本书影〉里的〈五灯会元书影〉》、《杨守敬〈留真谱〉初稿里的〈五灯会元书影〉》、《记宋椠本容安书院藏与求古楼藏贞治戊申刻本〈五灯会元〉》等文。

本年上半年，与入矢义高讨论"神会语录"的信三封，其中一次讨论《五更转》是神会的作品，修正自己的《词的起源》说。

本年 11 月至下年初，与苏雪林、高扬等讨论关于《红楼梦》的信四封。

1961 年　　　　71 岁

1 月 10 日，在台北"美军军官眷属俱乐部"，讲《四十年来的文学革命》。

2 月 4 日，作《追忆泰戈尔在中国》。

2 月，作《影印〈乾隆甲戌脂砚斋重评石头记〉的缘起》、《胡天猎先生影印〈乾隆壬子年活字版百二十回〈红楼梦〉序》、《跋〈红楼梦书录〉》等。

5 月，作《跋毛子水藏的有正书局石印的戚蓼生序本〈红楼梦〉的小字本》、《跋乾隆甲戌脂砚斋重评〈石头记〉影印本》、《康熙朝的杭州织造》等。还作《衢州府有白居易“传法堂碑”》、《〈四进士〉戏本》等。

8 月，作《慧宗与灵坦都是神会的弟子？》、《跋裴休的〈唐故圭峰定慧禅师传法碑〉》、《白居易〈唐东都奉国寺禅德大师照公塔铭〉》、《宗密自记他的〈园觉经〉及后来作疏的始末》、《伦敦大英博物院藏的十一本〈阎罗王授记经〉》等。

9 月，作《顾炎武〈山东考古录〉四条》。

10 月，作《沈德符〈野获编〉二七记明朝的〈僧家考祖〉》。

11 月，作《题刘铨福家的“竹楼藏书图”》。

1962 年　　72 岁

2 月 20 日，有《〈红楼梦〉问题最后一信》。

24 日，上午主持台北“中央研究院”第五次会议。下午六时半在欢迎新院士酒会上心脏病猝发去世。

四十自述

自　序

我在这十几年中，因为深深的感觉中国最缺乏传记的文学，所以到处劝我的老辈朋友写他们的自传。不幸得很，这班老辈朋友虽然都答应了，终不肯下笔。最可悲的一个例子是苏长民先生，他答应了写他的50自述作他50岁生日的纪念；到了生日那一天，他对我说："适之，今年实在太忙了，自述写不成了；明年生日我一定补写出来。"不幸他庆祝了50岁的生日之后，不上半年，他就死在郭松龄的战役里，他那富于浪漫意味的一生就成了一部人间永不能读的逸书了！

梁启超先生也曾同样的允许我。他自信他的体力精力都很强，所以他不肯写他的自传。谁也不料那样一位生龙活虎一般的中年作家，只活了55岁！虽然他的信札和诗文留下了绝多的传记材料，但谁能有他那样"笔锋常带感情"的健笔，来写他那55年最关重要又最有趣味的生活呢！中国近世历史与中国现代文学就都因此受了一桩无法补救的绝大损失了。

我有一次见着梁士诒先生，我很诚恳的劝他写一部自叙，因为我知道他在中国政治史与财政史上，都曾扮演过很重要的脚色，所以我希望他替将来的史家留下一点史料。我也知道他写的自传也许是要替他自己洗刷他的罪恶；但这是不妨事的，有训练的史家自有防弊的方法；最要紧的是要他自己写他心理上的动机，黑幕里的线索，和他站在特殊地位的观察。前两个月，我读了梁士诒先生的讣告，他的自叙或年谱大概也就成了我的梦想了。

此外，我还劝过蔡元培先生，张元济先生，高梦旦先生，陈独秀先生，熊希龄先生，叶景葵先生。我盼望他们都不要叫我失望。

前几年，我的一位女朋友忽然发愤写了一部六七万字的自传，我读了很感动，认为是中国妇女的自传文学的破天荒的写实创作。但不幸她在一种精神病态中把这部稿本全烧了。当初她每写成一篇寄给我看时，我因为尊重她的意思，不曾替她留一个副本，至今引为憾事。

我的《四十自述》，只是我的“传记热”的一个小小的表现。这40年的生活可分作三个阶段，留学以前为一段，留学的7年（1910—1917）为一段，归国以后（1917—1931）为一段。我本想一气写成，但因为种种打断，只写成了这第一段的6章。现在我又出国去了，归期还不能确定，所以我接受了亚东图书馆的朋友们的劝告，先印行这几章。这几章都先在《新月》月刊上发表过，现在我都从头校改过，事实上的小错误和文字上的疏忽，都改正了。我的朋友周作人先生，葛祖兰先生，和族叔堇人先生，都曾矫正我的错误，都是我最感谢的。

关于这书的体例，我要声明一点。我本想从这40年中挑出十来个比较有趣味的题目，用每个题目来写一篇小说式的文字，略如第一篇写我的父母的结婚。这个计划曾经得死友徐志摩的热烈的赞许，我自己也很高兴，因为这个方法是自传文学上的一条新路子，并且可以让我（遇必要时）用假的人名地名，描写一些太亲切的情绪方面的生活。但我究竟是一个受史学训练深于文学训练的人，写完了第一篇，写到了自己的幼年生活，就不知不觉的抛弃了小说的体裁，回到了谨严的历史叙述的老路上去了。这一变颇使志摩失望，但他读了那写家庭和乡村教育的一章，也曾表示赞许；还有许多朋友写信来说这一章比前章更动人。从此以后，我就爽性这样写下去了。因为第一章只是用小说体追写一个传记，其中写那太子会颇有用想象补充的部分，虽经堇人叔来信指出，我也不去更动了。但因为传闻究竟与我自己的亲见亲闻有别，所以我把这一章提出，称为“序幕”。

我的这部《自述》虽然至今没写成，几位旧友的自传，如郭沫若先生的，如李季先生的，都早已出版了。自传的风气似乎已开了。我很盼望我们这几个三四十岁的人的自传的出世，可以引起一班老年朋友的兴趣，可以使我们的文学里添出无数的可读而又可信的传记来。我们抛出几块砖瓦，只是希望能引出许多块美玉宝石来；我们赤裸裸的叙述我们少年时代的琐碎生活，为的是希望社会上做过一番事业的人也会赤裸裸的记载他们的生活，给史家做材料，给文学开生路。

胡适

二二，六，二七，在太平洋上。

我的母亲的订婚

一

太子会[1]是我们家乡秋天最热闹的神会，但这一年的太子会却使许多人失望。

神伞一队过去了。都不过是本村各家的绫伞，没有什么新鲜花样。去年大家都说，恒有绸缎庄预备了一顶珍珠伞。因为怕三先生说话，故今年他家不敢拿出来。

昆腔今年有四队，总算不寂寞。昆腔子弟都穿着“半截长衫”，上身是白竹布，下半是湖色杭绸。每人小手指上挂着湘妃竹柄的小纨扇，吹唱时纨扇垂在笙笛下面摇摆着。

扮戏今年有六出，都是“正戏”，没有一出花旦戏。这也是三先生的主意。后村的子弟本来要扮一出《翠屏山》，也因为怕三先生说话，改了《长坂坡》。其实7月的日光底下，甘糜二夫人脸上的粉已被汗洗光了，就有潘巧云也不会怎样特别出色。不过看会的人的心里总觉得后村很漂亮的小棣没有扮潘巧云的机会，只扮作了糜夫人，未免太可惜了。

今年最扫兴的是没有扮戏的“抬阁”。后村的人早就练好了两架“抬阁”，一架是《龙虎斗》，一架是《小上坟》。不料三先生今年回家过会

[1] 太子会是皖南很普通的神会，据说太子神是唐朝安史乱时保障江淮的张巡许远。何以称“太子”，现在还没有满意的解释。

场，他说抬阁太高了，小孩子热天受不了暑气，万一跌下来，不是小事体。他极力阻止，抬阁就扮不成了。

粗乐和昆腔一队一队的过去了。扮戏一出一出的过去了。接着便是太子的神轿。路旁的观众带着小孩的，都喊道，“拜呵！拜呵！”许多穿着白地蓝花布褂的男女小孩都合掌拜揖。

神轿的后面便是拜香的人！有的穿着夏布长衫，捧着柱香；有的穿着短衣，拿着香炉挂，炉里烧着檀香。还有一些许愿更重的，今天来“吊香”还愿；他们上身穿白布褂，扎着朱青布裙，远望去不容易分别男女。他们把香炉吊在铜钩上，把钩子钩在手腕肉里，涂上香灰，便可不流血。今年吊香的人很多，有的只吊在左手腕上，有的双手都吊；有的只吊一个小香炉，有的一只手腕上吊着两个香炉。他们都是虔诚还愿的人。悬着挂香炉的手腕，跟着神轿走多少里路，虽然有自家人跟着打扇，但也有半途中暑热走不动的。

冯顺弟搀着她的兄弟，跟着她的姑妈，站在路边石磴上看会。她今年 14 岁了。家在十里外的中屯，有个姑妈嫁在上庄，今年轮着上庄做会，故她的姑丈家接她姊弟来看会。

她是个农家女子，从贫苦的经验里得着不少的知识，故虽是 14 岁的女孩儿，却很有成人的见识。她站在路旁听着旁人批评今年的神会，句句总带着三先生。“三先生今年在家过会，可把会弄糟了。”“可不是呢？抬阁也没有了。”“三先生还没有到家，八都的鸦片烟馆都关门了，赌场也都不敢开了。7 月会场上没有赌场，又没有烟灯，这是多年没有的事。”

看会的人，你一句，他一句，顺弟都听在心里。她心想，三先生必是一个了不得的人，能叫赌场烟馆不敢开门。

会过完了，大家纷纷散了。忽然她听见有人低声说，“三先生来了！”她抬起头来，只见路上的人都纷纷让开一条路；只听见许多人都叫“三先生”。

前面走来了两个人。一个高大的中年人，面容紫黑，有点短须，两眼有威光，令人不敢正眼看他；他穿着苎布大袖短衫，苎布大脚管的袴子，脚下穿着苎布鞋子，手里拿着一杆旱烟管。和他同行的是一个老年人，瘦瘦身材，花白胡子，也穿着短衣，拿着旱烟管。

顺弟的姑妈低低说，“那个黑面的，是三先生；那边是月吉先生，他的学堂就在我们家的前面。听人说三先生在北边做官，走过了万里长城，还走了几十日，都是没有人烟的地方，冬天冻杀人，夏天热杀人；冬天冻塌鼻子，夏天蚊虫有苍蝇那么大。三先生肯吃苦，不怕日头不怕风，在万里长城外住了几年，把脸晒的象包龙图一样。”

这时候，三先生和月吉先生已走到她们面前，他们站住说了一句话，三先生独自下坡去了；月吉先生却走过来招呼顺弟的姑妈，和她们同行回去。

月吉先生见了顺弟，便问道，“灿嫂，这是你家金灶舅的小孩子吗？”

“是的。顺弟，诚厚，叫声月吉先生。”

月吉先生一眼看见了顺弟脑后的发辫，不觉喊道，“灿嫂，你看这姑娘的头发一直拖到地！这是贵相！是贵相！许了人家没有？”

这一问把顺弟羞的满脸绯红，她牵着她弟弟的手往前飞跑，也不顾她姑妈了。

她姑妈一面喊，“不要跌了！”回头对月吉先生说，“还不曾许人家。这孩子很稳重，很懂事。我家金灶哥总想许个好好人家，所以今年 14 岁了，还不曾许人家。”

月吉先生说，“你开一个八字给我，我给她排排看。你不要忘了。”

他到了自家门口，还回过头来说：“不要忘记，叫灿哥抄个八字给我。”

二

顺弟在上庄过了会场，她姑丈送她姊弟回中屯去。7 月里天气热，日子又长，他们到日头快落山时才起身，走了 10 里路，到家时天还没全黑。

顺弟的母亲刚牵了牛进栏，见了他们，忙着款待姑丈过夜。

“爸爸还没有回来吗？”顺弟问。

“姊姊，我们去接他。”姊姊和弟弟不等母亲回话，都出去了。

他们到了村口，远远望见他们的父亲挑着一担石头进村来。他们赶上去喊着爸爸，姊姊弟弟每人从挑子里拿了一块石头，捧着跟他走。

他挑到他家的旧屋基上，把石子倒下去，自己跳下去，把石子铺平，才上来挑起空担回家去。

顺弟问，“这是第三担了吗？”

她父亲点点头，只问他们看的会好不好，戏好不好，一同回家去。

顺弟的父亲姓冯，小名金灶。他家历代务农，辛辛苦苦挣起了一点点小产业，居然有几亩自家的田，一所自家的屋。金灶十三四岁的时候，长毛贼到了徽州，中屯是绩溪北乡的大路，整个村子被长毛烧成平地。金灶的一家老幼都被杀了，只剩他一人，被长毛掳去。长毛军中的小头目看这个小孩子有气力，能吃苦，就把他脸上刺了“太平天国”四个蓝字，叫他不能逃走。军中有裁缝，见这个孩子可怜，收他做徒弟，叫他跟着学裁缝。金灶学了一手好裁缝，在长毛营里混了几年，从绩溪到宁国、广德，居然被他逃走出来。但因为面上刺了字，捉住他的人可以请赏，所以他不敢白日露面。他每日躲在破屋场里，挨到夜间，才敢赶路。他吃了种种困苦，好容易回到家乡，只寻得一片焦土，几座焦墙，一村的丁壮留剩的不过二三十人。

金灶是个肯努力的少年，他回家之后，寻出自家的荒田，努力耕种。有余力就帮人家种田，做裁缝。不上 10 年，他居然修葺了村里一间未烧完的砖屋，娶了一个妻子。夫妻都能苦做苦吃，渐渐有了点积蓄，渐渐挣起了一个小小的家庭。

他们头胎生下一个女儿。在那大乱之后，女儿是不受欢迎的，所以她的名字叫做顺弟，取个下胎生个弟弟的吉兆。隔了好几年，果然生了一个儿子，他们都很欢喜。

金灶为人最忠厚；他的裁缝手艺在附近村中常有雇主，人都说他诚实勤谨。外村的人都尊敬他，叫他金灶官。

但金灶有一桩最大的心愿，他总想重建他祖上传下来、被长毛烧了的老屋。他一家人都被杀完了，剩下他这一个人，他觉得天留他一个人是为中兴他的祖业的。他立下了一个誓愿：要在老屋基上建造起一所更大又更讲究的新屋。

他费了不少工夫，把老屋基扒开，把烧残砖瓦拆扫干净，准备重新垫起一片高地基，好在上面起造一所高爽干燥的新屋。他每日天未明就起来了；天刚亮，就到村口溪头去拣选石子，挑一大担回来，铺垫地基。

来回挑了三担之后，他才下田去做工；到了晚上歇工时，他又去挑三担石子，才吃晚饭。农忙过后，他出村帮人家做裁缝，每天也要先挑三担石子，才去上工；晚间吃了饭回来，又要挑三担石子，才肯休息。

这是他的日常功课，家中的妻子女儿都知道他的心愿，女流们不能帮他挑石头，又不能劝他休息，劝他也没有用处。有时候，他实在疲乏了，挑完石子回家，倒在竹椅上吸旱烟，眼望着十几岁的女儿和几岁的儿子，微微叹一口气。

顺弟已是懂事的了，她看见她父亲这样辛苦做工，她心里好不难过。她常常自恨不是个男子，不能代她父亲下溪头去挑石头。她只能每日早晚到村口去接她父亲，从他的担子里捧出一两块石头来，拿到屋基上，也算是分担了他的一点辛苦。

看看屋基渐渐垫高了，但砖瓦木料却全没有着落。高敞的新屋还只存在她一家人的梦里。顺弟有时做梦，梦见她是个男子，做了官回家看父母，新屋早已造好了，她就在黑漆的大门外下轿。下轿来又好象做官的不是她，是她兄弟。

三

这一年，顺弟 17 岁了。

一天的下午，金灶在三里外的张家店做裁缝，忽然走进了一个中年妇人，叫声“金灶舅”。他认得她是上庄的星五嫂，她娘家离中屯不远，所以他从小认得她。她是三先生的伯母，她的丈夫星五先生也是八都的有名绅士，所以人都叫她“星五先生娘”。

金灶招呼她坐下。她开口道：“巧极了，我本打算到中屯看你去，走到了张家店，才知道你在这里做活。巧极了。金灶舅，我来寻你，是想开你家顺弟的八字。”

金灶问是谁家。

星五先生娘说：“就是我家大侄儿三哥。”

“三先生？”

“是的，三哥今年 47，前头讨的七都的玉环，死了十多年了。玉环生下了儿女一大堆，——三个儿子，三个女，——现在都长大了。

不过他在外头做官，没有个家眷，实在不方便。所以他写信来家，要我们给他定一头亲事。”

金灶说，“我们种田人家的女儿那配做官太太？这件事不用提。”

星五先生娘说：“我家三哥有点怪脾气。他今年写信回来说，一定要讨一个做庄稼人家的女儿。”

“什么道理呢？”

“他说，做庄稼人家的人身体好，不会象玉环那样痨病鬼。他又说，庄稼人家晓得艰苦。”

金灶说：“这件事不会成功的。一来呢，我们配不上做官人家。二来，我家女人一定不肯把女儿给人做填房。三来，三先生家的儿女都大了，他家大儿子大女儿都比顺弟大好几岁，这样人家的晚娘是不容易做的。这个八字不用开了。”

星五先生娘说：“你不要客气，顺弟很稳重，是个有福气的人。金灶舅，你莫怪我直言，顺弟今年 17 岁了，眼睛一眏，20 岁到头上，你那里去寻一个青年郎？填房有什么不好？三哥的信上说了，新人过了门，他就要带上任去。家里的儿女，大女儿出嫁了；大儿子今年做亲，留在家里；二女儿是从小给了人家了；三女儿也留在家里。将来在任上只有两个双胞胎的十五岁小孩子，他们又都在学堂里。这个家也没有什么难照应。”

金灶是个老实人，他也明白她的话有驳不倒的道理。家乡风俗，女儿十三四岁总得定亲了，十七八岁的姑娘总是做填房的居多。他们夫妇因为疼爱顺弟，总想许个念书人家，所以把她耽误了。这是他们做父母的说不出的心事。所以他今天很有点踌躇。

星五先生娘见他踌躇，又说道：“金灶舅，你不用多心。你回去问问金灶舅母，开个八字。我今天回娘家去，明朝我来取。八字对不对，辰肖合不合，谁也不知道。开个八字总不妨事。”金灶一想，开个八字诚然不妨事，他就答应了。

这一天，他从张家店回家，顺弟带了弟弟放牛去了，还没有回来。他放下针线包和熨斗，便在门里板凳上坐下来吸旱烟。他的妻子见他有心事的样子，忙过来问他。他把星五嫂的话对她说了。

她听了大生气，忙问，“你不曾答应她开八字？”

他说，“我说要回家商量商量。不过开个八字给他家，也不妨事。”

她说，“不行。我不肯把女儿许给快 50 岁的老头子。他家儿女一大堆，这个晚娘不好做。做官的人家看不起我们庄户人家的女儿，将来让人家把女儿欺负煞，谁家来替我们伸冤？我不开八字。”

他慢吞吞地说，“顺弟今年 17 岁了，许人家也不容易。三先生是个好人。——”

她更生气了，“是的，都是我的不是。我不该心高，耽误了女儿的终身。女儿没人家要了，你就想送给人家做填房，做晚娘。做填房也可以，三先生家可不行。他家是做官人家，将来人家一定说我们贪图人家有势力，把女儿卖了，想换个做官的女婿。我背不起这个恶名。别人家都行，三先生家我不肯。女儿没人家要，我养她一世。”

他们夫妻吵了一场，后来金灶说，“不要吵了。这是顺弟自家的事，吃了夜饭，我们问问她自己。好不好？”她也答应了。

晚饭后，顺弟看着兄弟睡下，回到菜油灯下做鞋。金灶开口说，“顺弟，你母亲有句话要问你。”

顺弟抬起头来，问妈有什么话。她妈说，“你爸爸有话问你，不要朝我身上推。”

顺弟看她妈有点气，不知道是怎么一回事，只好问爸爸。她爸对她说，“上庄三先生要讨个填房，他家今天叫人来开你的八字。你妈嫌他年纪太大，47 岁了，比你大 30 岁，家中又有一大堆儿女。晚娘不容易做，我们怕将来害了你一世，所以要问问你自己。”

他把今天星五嫂的话说了一遍。

顺弟早已低下头去做针线，半晌不肯开口。她妈也不开口，她爸也不说话了。

顺弟虽不开口，心里却在那儿思想。她好像闭了眼睛，看见她的父亲在天刚亮的时候挑着一大担石头进村来；看见那大块屋基上堆着他一担一担的挑来的石头；看见她父亲晚上坐在黑影地里沉思叹气。一会儿，她又仿佛看见她做了官回来，在新屋的大门口下轿。一会儿，她的眼前又仿佛现出了那紫黑面孔，两眼射出威光的三先生。……

她心里这样想：这是她帮她父母的机会到了。做填房可以多接聘金。前妻儿女多，又是做官人家，聘金财礼总应该更好看点。她将来总还可以帮她父母的忙。她父亲一生梦想的新屋总可以成功。……三先生是个好人，人人都敬重他，只有开赌场烟场馆的人怕他恨他。……

她母亲说话的声音打断了她的思想。她妈说，“对了我们，有什么话不好说？你说吧！”

顺弟抬起眼睛来，见她爸妈都望着她自己。她低下头去，红着脸说道：“只要你们俩都说他是个好人，请你们俩作主。”她接着又加上一句话，“男人家47岁也不能算是年纪大。”

她爸叹了一口气。她妈可气的跳起来了，忿忿的说，“好呵！你想做官太太了！好罢！听你情愿吧！”

顺弟听了这句话，又羞又气，手里的鞋面落在地上，眼泪直滚下来。她拾起鞋面，一声不响，走到她房里去哭了。

经过了这一番家庭会议之后，顺弟的妈明白她女儿是愿意的了，她可不明白她情愿卖身来帮助爹妈的苦心，所以她不指望这门亲事成功。

她怕开了八字去，万一辰肖相合，就难回绝了；万一八字不合，旁人也许要笑她家高攀不上做官人家。她打定主意，要开一张假八字给媒人拿去。第二天早晨，她到祠堂蒙馆去，请先生开一个庚帖，故意错报了一天生日，又错报了一个时辰。先生翻开《万年历》，把甲子查明写好，她拿回去交给金灶。

那天下午，星五先生娘到张家拿到了庚帖，高兴得很。回到了上庄，她就去寻着月吉先生，请他把三先生和她的八字排排看。

月吉先生看了八字，问是谁家女儿。

“中屯金灶官家的顺弟。”

月吉先生说，“这个八字开错了。小村乡的蒙馆先生连官本（俗称历书为官本）也不会查，把八个字抄错了四个字。”

星五先生娘说，“你怎么知道八字开错了？”

月吉先生说，“我算过她的八字，所以记得。大前年村里七月会，我看见这女孩子，她不是灿嫂的侄女吗？圆圆面孔，有一点雀斑，头发很长，是吗？面貌并不美，倒稳重得很，不像个庄稼人家的孩子。我那时问灿嫂讨了她的八字来算算看。我算过的八字，三五年不会忘记的。”

他抽开书桌的抽屉，寻出一张字条来，说，“可不是呢？在这里了。”他提起笔来，把庚帖上的八字改正，又把三先生的写出。他排了一会，对星五先生娘说，“八字是对的，不用再去对了。星五嫂，你的眼力不差，这个人配得上三哥。相貌是小事，八字也是小事，金灶官家的规矩好。你明天就去开礼单。三哥那边，我自己写信去。”

过了两天，星五先生娘到了中屯，问金灶官开“礼单”。她埋怨道，“你们村上的先生不中用，把八字开错了，几几乎误了事。”

金灶嫂心里明白，问谁说八字开错了的。星五先生娘一五一十的把月吉先生的话说了。金灶夫妻很诧异，他们都说，这是前世注定的姻缘。金灶嫂现在也不反对了。他们答应开礼单，叫她隔几天来取。

冯顺弟就是我的母亲，三先生就是我的父亲铁花先生。在我父亲的日记上，有这样几段记载：

光绪十五年（1889）二月十六日，行五十里，抵家。……

二十一日，遣媒人订约于冯姓，择定三月十二日迎娶。……

三月十一日，遣舆诣七都中屯迎娶冯氏。

十二日，冯氏至。行合卺礼。谒庙。

十三日，十四日，宴客。……

四月初六日，往中屯，叩见岳丈岳母。

初七日，由中屯归。……

五月初九日，起程赴沪，天雨，行五十五里，宿旌之新桥。

十九，六，廿六。

九年的家乡教育

一

我生在光绪十七年十一月十七日（1891年12月17日），那时候我家寄住在上海大东门外。我生后两个月，我父亲被台湾巡抚邵友濂调往台湾；江苏巡抚奏请免调，没有效果。我父亲于十八年二月底到台湾，我母亲和我搬到川沙住了一年。十九年（1892）二月二十六日我们一家（我母，四叔介如，二哥嗣秬，三哥嗣秠）也从上海到台湾。我们在台南住了十个月。十九年五月，我父亲做台东直隶州知州，兼统镇海后军各营。台东是新设白州，一切草创，故我父不能带家眷去。到十九年底，我们才到台东。我们在台东住了整一年。

甲午（1894）中日战争开始，台湾也在备战的区域，恰好介如四叔来台湾，我父亲便托他把家眷送回徽州故乡，只留二哥嗣秬跟着他在台东。我们于乙未年（1895）正月离开台湾，二月初十日从上海起程回绩溪故乡。

那年四月，中日和议成，把台湾割让给日本。台湾绅民反对割台，要求巡抚唐景崧坚守。唐景崧请西洋各国出来干涉，各国不允。台人公请唐为台湾民主国大总统，帮办军务刘永福为主军大总统。我父亲在台东办后山的防务，电报已不通，饷源已断绝。那时他已得脚气病，左脚已不能行动。他守到闰五月初三日，始离开后山。到安平时，刘永福苦苦留他帮忙，不肯放行。到六月廿五日，他双脚都不能动了。七月初三日他死在厦门，成为东亚第一个民主国的第一个牺牲者！

这时候我只有三岁零八个月。我仿佛记得我父亲死信到家时，我母亲正在家中老屋的前堂，她坐在房门口的椅子上。她听见读信人读到我父亲的死信，身子往后一倒，连椅子倒在房门槛上。东边房门口坐的珍伯母也放声大哭起来，一时满屋都是哭声，我只觉得天地都翻覆了！我只仿佛记得这一点凄惨的情状，其余都不记得了。

二

我父亲死时，我母亲只有23岁。我父初娶冯氏，结婚不久便遭太平天国之乱，同治二年（1863）死在兵乱里。次娶曹氏，生了三个儿子，三个女儿，死于光绪四年（1878）。我父亲因家贫，又有志远游，故久不续娶。到光绪十五年（1889），他在江苏候补，生活稍稍安定，才续娶我的母亲。我母亲结婚后三天，我的大哥嗣稼也娶亲了。那时我的大姊已出嫁生了儿子。大姊比我母亲大七岁。大哥比她大两岁。

二姊是从小抱给人家的。三姊比我母亲小三岁，二哥三哥（孪生的）比她小四岁。这样一个家庭里忽然来了一个17岁的后母，她的地位自然十分困难，她的生活自然免不了苦痛。

结婚后不久，我父亲把她接到了上海同住。她脱离了大家庭的痛苦。我父又很爱她，每日在百忙中教她认字读书，这几年的生活是很快乐的。我小时也很得我父亲钟爱，不满三岁时，他就把教我母亲的红纸方字教我认。父亲作教师，母亲便在旁作助教。我认的是生字，她便借此温她的熟字。他太忙时，她就是代理教师。我们离开台湾时，她认得了近千字，我也认得了七百多字。这些方字都是我父亲亲手写的楷字，我母亲终身保存着，因为这些方块红笺上都是我们三个人的最神圣的团居生活的记念。

我母亲23岁就做了寡妇，从此以后，又过了23年。这23年的生活真是十分苦痛的生活，只因为还有我这一点骨血，她含辛茹苦，把全副希望寄托在我的渺茫不可知的将来，这一点希望居然使她挣扎着活了23年。

我父亲在临死之前两个多月，写了几张遗嘱，我母亲和四个儿子每人各有一张，每张只有几句话。给我母亲的遗嘱上说穈儿（我的名字叫嗣穈，穈字音门）天资颇聪明，应该令他读书。给我的遗嘱也教我努力读书上进。这寥寥几句话在我的一生很有重大的影响。我11岁的时候，二哥和三哥都在家，有一天我母亲向他们道："穈今年11岁了。你老子叫他念书。你们看看他念书念得出吗？"二哥不曾开口，三哥冷笑道："哼，念书！"二哥始终没有说什么。我母亲忍气坐了一会，回到了房里才敢掉眼泪。她不敢得罪他们，因为一家的财政权全在二哥的手里，我若出门求学是要靠他供给学费的。所以她只能掉眼泪，终年不敢哭。

但父亲的遗嘱究竟是父亲的遗嘱，我是应该念书的。况且我小时候很聪明，四乡的人都知道三先生的小儿子是能够念书的。所以隔了两年，三哥往上海医肺病，我就跟他出门求学了。

三

我在台湾时，大病了半年，故身体很弱。回家乡时，我号称五岁了，还不能跨一个七八寸高的门槛。但我母亲望我念书的心很切，故到家的时候，我才满三岁零几个月，就在我四叔父介如先生（名玠）的学堂里读书了。我的身体太小，他们抱我坐在一只高凳子上面。我坐上了就爬不下来，还要别人抱下来。但我在学堂并不算最低级的学生，因为我进学堂之前已认得近一千字了。

因为我的程度不算“破蒙”的学生，故我不须念《三字经》，《千字文》，《百家姓》，《神童诗》一类的书。我念的第一部书是我父亲自己编的一部四言韵文，叫做《学为人诗》，他亲笔抄写了给我的。这部书说的是做人的道理。我把开头几行抄在这里：

为人之道，在率其性。
子臣弟友，循理之正；
谨乎庸言，勉乎庸行；
以学为人，以期作圣。……

以下分说五伦。最后三节，因为可以代表我父亲的思想，我也抄在这里：

五常之中，不幸有变，
名分攸关，不容稍紊。
义之所在，身可以殉。
求仁得仁，无所尤怨。
古之学者，察于人伦，
因亲及亲，九族克敦；
因爱推爱，万物同仁。
能尽其性，斯为圣人。
经籍所载，师儒所述，
为人之道，非有他术：
穷理致知，返躬践实，
黾勉于学，守道勿失。

我念的第二部书也是我父亲编的一部四言韵文，名叫《原学》，是一部略述哲理的书。这两部书虽是韵文，先生仍讲不了，我也懂不了。

我念的第三部书叫做《律诗六钞》，我不记是谁选的了。30 多年来，我不曾重见这部书，故没有机会考出此书的编者；依我的猜测，似是姚鼐的选本，但我不敢坚持此说。这一册诗全是律诗，我读了虽不懂得，却背的很熟。至今回忆，却完全不记得了。

我虽不曾读《三字经》等书，却因为听惯了别的小孩子高声诵读，我也能背这些书的一部分，尤其是那五七言的《神童诗》，我差不多能从头背到底。这本书后面的七言句子，如：

人心曲曲湾湾水，
世事重重叠叠山。

我当时虽不懂得其中的意义，却常常嘴上爱念着玩，大概也是因为喜欢那些重字双声的缘故。

我念的第四部书以下，除了《诗经》，就都是散文的了。我依诵读的次序，把这些书名写在下面：

(4)《孝经》。
(5)朱子的《小学》，江永集注本。
(6)《论语》。以下四书皆用朱子注本。
(7)《孟子》。
(8)《大学》与《中庸》(《四书》皆连注文读)。
(9)《诗经》，朱子集传本(注文读一部分)。
(10)《书经》，蔡沈注本(以下三书不读注文)。
(11)《易经》，朱子《本义》本。
(12)《礼记》，陈澔注本。

读到了《论语》的下半部，我的四叔父选了颍州府阜阳县的训导，要上任去了，就把家塾移交给族兄禹臣先生(名观象)。四叔是个绅董，常常被本族或外村请出去议事或和案子；他又喜欢打纸牌（徽州纸牌，每副一百五十五张），常常被明达叔公，映基叔，祝封叔，茂张叔等人邀出去打牌。所以我们的功课很松，四叔往往在出门之前，给我们“上一进书”，叫我们自己念；他到天将黑时，回来一趟，把我们的习字纸加了圈，放了学，才又出门去。

四叔的学堂里只有两个学生，一个是我，一个是四叔的儿子嗣秫，比我大几岁。嗣秫承继给瑜婶。（星五伯公的二子，珍伯瑜叔，皆无子，我家三哥承继珍伯，秫哥承继瑜婶。）她很溺爱他，不肯管束他，故四叔一走开，秫哥就溜到灶下或后堂去玩了。（他们和四叔住一屋，学堂在这屋的东边小屋内。）我的母亲管的严厉，我又不大觉得念书是苦事，故我一个人坐在学堂里温书念书，到天黑才回家。

禹臣先生接受家塾后，学生就增多了。先是五个，后来添到十多个，四叔家的小屋不够用了，就移到一所大屋——名叫来新书屋——里去。最初添的三个学生，有两个是守瓒叔的儿子，嗣昭，嗣逵。嗣昭比我大两三岁，天资不算笨，却不爱读书，最爱“逃学”，我们土话叫做“赖学”。他逃出去，往往躲在麦田或稻田里，宁可睡田里在挨饿，却不愿念书。先生往往差嗣秫去捉；有时候，嗣昭被捉回来了，总得挨一顿毒打；有时候，连嗣秫也不回来了，——乐得不回来了，因为这是“奉命差遣”，不算是逃学！

我常觉得奇怪，为什么嗣昭要逃学？为什么一个人情愿挨饿，挨打，挨大家笑骂，而不情愿念书？后来我稍懂得世事，才明白了。瓒叔自小在江西做生意，后来在九江开布店，才娶妻生子；一家人都说江西话，回家乡时，嗣昭弟兄都不容易改口音；说话改了，而嗣昭念书常带江西音，常常因此吃戒方或吃“作瘤栗”。（钩起五指，打在头上，常打起瘤子，故叫做“作瘤栗”。）这是先生不原谅，难怪他不愿念书。

还有一个原因。我们家乡的蒙馆学金太轻，每个学生每年只送两块银元。先生对于这一类学生，自然不肯耐心教书，每天只教他们念死书，背死书，从来不肯为他们“讲书”。小学生初念有韵的书，也还不十分叫苦。后来念《幼学琼林》，《四书》一类的散文，他们自然毫不觉得有趣味，因为全不懂得书中说的是什么。因为这个缘故，许多学生常常赖学；先有嗣昭，后来有个士祥，都是有名的“赖学胚”。他们都属于这每年两元钱的阶级。因为逃学，先生生了气，打的更利害。越打的利害，他们越要逃学。

我一个人不属于这“两元”的阶级。我母亲渴望我读书，故学金特别优厚，第一年就送六块钱，以后每年增加，最后一年加到十二元。这样的学金，在家乡要算“打破纪录”的了。我母亲大概是受了我父亲的叮嘱，她嘱托四叔和禹臣先生为我“讲书”：每读一字，须讲一字的意思；每读一句，须讲一句的意思。我先已认得了近千个“方字”，每个字都经过父母的讲解，故进学堂之后，不觉得很苦。念的几本书虽然有许多是乡里先生讲不明白的，但每天总遇着几句可懂的话。我最喜欢朱子《小学》里的记述古人行事的部分，因为那些部分最容易懂得，所以比较最有趣味。同学之中有念《幼学琼林》的，我常常帮他们的忙，教他们不认得的生字，因此常常借这些书看；他们念大字，我却最爱看《幼学琼林》的小注，因为注文中有许多神话和故事，比《四书》《五经》有趣味多了。

有一天，一件小事使我忽然明白我母亲增加学金的大恩惠。一个同学的母亲来请禹臣先生代写家信给她的丈夫；信写成了，先生交她的儿子带回家去。一会儿，先生出门去了，这位同学把家信抽出来偷看。他忽然过来问我道：“穈，这信上第一句‘父亲大人膝下’是什么意思？”他比我只小一岁，也念过《四书》，却不懂“父亲大人膝下”是什么！这时候，我才明白我是一个受特别待遇的人，因为别人每年出两块钱，我去年却送十块钱。我一生最得力的是讲书：父亲母亲为我讲方字，两位先生为我讲书。念古文而不讲解，等于念“揭谛揭谛，波罗揭谛”，全无用处。

四

当我九岁时，有一天我在四叔家东边小屋里玩耍。这小屋前面是我们的学堂，后边有一间卧房，有客便住在这里。这一天没有课，我偶然走进那卧房里去，偶然看见桌子下一只美孚煤油板箱里的废纸堆中露出一本破书。我偶然捡起了这本书，两头都被老鼠咬坏了，书面也扯破了。但这一本破书忽然为我开辟了一个新天地，忽然在我的儿童生活史上打开了一个新鲜的世界！

这本破书原来是一本小字木板的《第五才子》，我记得很清楚，开始便是“李逵打死殷天锡”一回。我在戏台上早已认得李逵是谁了，便站在那只美孚破板箱边，把这本《水浒传》残本一口气看完了。不看尚可，看了之后，我的心里很不好过：这一本的前面是些什么？后面是些什么？这两个问题，我都不能回答，却最急要一个回答。

我拿了这本书去寻我的五叔，因为他最会“说笑话”（“说笑话”就是“讲故事”，小说书叫做“笑话书”），应该有这种笑话书。不料五叔竟没有这书，他叫我去寻宋焕哥。宋焕哥说，“我没有《第五才子》，我替你去借一部；我家中有部《第一才子》，你先拿去看，好吧？”《第一才子》便是《三国演义》，他很郑重的捧出来，我很高兴的捧回去。

后来我居然得着《水浒传》全部。《三国演义》也看完了。从此以后，我到处去借小说看。五叔，宋焕哥，都帮了我不少的忙。三姊夫（周绍瑾）在上海乡间周浦开店，他吸鸦片烟，最爱看小说书，带了不少回家乡；他每到我家来，总带些《正德皇帝下江南》，《七剑十三侠》一类的书来送给我。这是我自己收藏小说的起点。我的大哥（嗣稼）最不长进，也是吃鸦片烟的，但鸦片烟灯是和小说书常作伴的，——王叔，宋焕哥，三姊夫都是吸鸦片烟的，——所以他也有一些小说书。大嫂认得一些字，嫁妆里带来了好几种弹词小说，如《双珠凤》之类。这些书不久都成了我的藏书的一部分。

三哥在家乡时多；他同二哥都进过梅溪书院，都做过南洋公学的师范生，旧学都有根柢，故三哥看小说很有选择。我在他书架上只寻得三部小说：一部《红楼梦》，一部《儒林外史》，一部《聊斋志异》。二哥有一次回家，带了一部新译出的《经国美谈》，讲的是希腊的爱国志士的故事，是日本人做的。这是我读外国小说的第一步。

帮助我借小说最出力的是族叔近仁，就是民国12年和顾颉刚先生讨论古史的胡堇人。他比我大几岁，已“开笔”做文章了，十几岁就考取了秀才。我同他不同学堂，但常常相见，成了最要好的朋友。他天才很高，也肯用功，读书比我多，家中也颇有藏书。他看过的小说，常借给我看。我借到的小说，也常借给他看。我们两人各有一个小手折，把看过的小说都记在上面，时时交换比较，看谁看的书多。这两个折子后来都不见了，但我记得离开家乡时，我的折子上好像已有了30多部小说了。

这里所谓“小说”，包括弹词，传奇，以及笔记小说在内。《双珠凤》在内，《琵琶记》也在内；《聊斋》，《夜雨秋灯录》，《夜谭随笔》，《兰苕馆外史》，《寄园寄所寄》，《虞初新志》等等也在内。从《薛仁贵征东》，《薛丁山征西》，《五虎平西》，《粉妆楼》一类最无意义的小说，到《红楼梦》和《儒林外史》一类的第一流作品，这里面的程度已是天悬地隔了。我到离开家乡时，还不能了解《红楼梦》和《儒林外史》的好处。但这一大类都是白话小说，我在不知不觉之中得了不少的白话散文的训练，在十几年后于我很有用处。

看小说还有一桩绝大的好处，就是帮助我把文字弄通顺了。那时正是废八股时文的时代，科举制度本身也动摇了。二哥三哥在上海受了时代思潮的影响，所以不要我“开笔”做八股文，也不要我学做策论经义。他们只要先生给我讲书，教我读书。但学堂里念的书，越到后来，越不好懂了。《诗经》起初还好懂，读到《大雅》，就难懂了；读到《周颂》，更不可懂了。《书经》有几篇，如《五子之歌》，我读的很起劲；但《盘庚》三篇，我总读不熟。我在学堂九年，只有《盘庚》害我挨了一次打。后来隔了十多年，我才知道《尚书》有今文和古文两大类，向来学者都说古文诸篇是假的，今文是真的；《盘庚》属于今文一类，应该是真的。但我研究《盘庚》用的代名词最杂乱不成条理，故我总疑心这三篇书是后人假造的。有时候，我自已想，我的怀疑《盘庚》，也许暗中含有报那一个“作瘤栗”的仇恨的意味罢？

《周颂》，《尚书》，《周易》等书都是不能帮助我作通顺文字的。但小说书却给了我绝大的帮助。从《三国演义》读到《聊斋志异》和《虞初新志》，这一跳虽然跳的太远，但因为书中的故事实在有趣味，所以我能细细读下去。石印本的《聊斋志异》有圈点，所以更容易读。到我十二三岁时，已能对本家姊妹们讲说《聊斋》故事了。那时候，四叔的女儿巧菊，禹臣先生的妹子广菊多菊，祝封叔的女儿杏仙，和本家侄女翠蘋定娇等，都在十五六岁之间；她们常常邀我去，请我讲故事。我们平常请五叔讲故事时，忙着替他点火，装旱烟，替他捶背。现在轮到我受人巴结了。我不用人装烟捶背，她们听我说完故事，总去泡炒米，或做蛋炒饭来请我吃。她们绣花做鞋，我讲《凤仙》，《莲香》,《张鸿渐》,《江城》。这样的讲书，逼我把古文的故事翻译成绩溪土活，使我更了解古文的文理。所以我到 14 岁来上海开始作古文时，就能做很像样的文字了。

五

我小时身体弱，不能跟着野蛮的孩子们一块儿玩。我母亲也不准我和他们乱跑乱跳。小时不曾养成活泼游戏的习惯，无论在什么地方，我总是文诌诌地。所以家乡老辈都说我“像个先生样子”，遂叫我做“穈先生”。这个绰号叫出去之后，人都知道三先生的小儿子叫做穈先生了。既有“先生”之名，我不能不装出点“先生”样子，更不能跟着顽童们“野”了。有一天，我在我家八字门口和一班孩子“掷铜钱”，一位老辈走过，见了我，笑道：“穈先生也掷铜钱吗？”我听了羞愧的面红耳热，觉得大失了“先生”的身分！

大人们鼓励我装先生样子，我也没有嬉戏的能力和习惯，又因为我确是喜欢看书，所以我一生可算是不曾享过儿童游戏的生活。每年秋天，我的庶祖母同我到田里去“监割”（顶好的田，水旱无扰，收成最好，佃户每约田主来监割，打下谷子，两家平分），我总是坐在小树下看小说。十一二岁时，我稍活泼一点，居然和一群同学组织了一个戏剧班，做了一些木刀竹枪，借得了几付假胡须，就在村田里做戏。我做的往往是诸葛亮、刘备一类的文角儿；只有一次我做史文恭，被花荣一箭从椅子上射倒下去，这算是我最活泼的玩艺儿了。

我在这 9 年（1895—1904）之中，只学得了读书写字两件事。在文字和思想（看下章）的方面，不能不算是打了一点底子。但别的方面都没有发展的机会。有一次我们村里“当朋”（八都凡五村，称为“五朋”，每年一村轮着做太子会，名为“当朋”。）筹备太子会，有人提议要派我加入前村的昆腔队里学习吹笙或吹笛。族里长辈反对，说我年纪太小，不能跟着太子会走遍五朋。于是我失掉了这学习音乐的唯一机会。30 年来，我不曾拿过乐器，也全不懂音乐；究竟我有没有一点学音乐的天资，我至今还不知道。至于学图画，更是不可能的事。我常常用竹纸蒙在小说书的石印绘像上，摹画书上的英雄美人。有一天，被先生看见了，挨了一顿大骂，抽屉里的图画都被搜出撕毁了。于是我又失掉了学做画家的机会。

但这 9 年的生活，除了读书看书之外，究竟给了我一点做人的训练。在这一点上，我的恩师就是我的慈母。

每天天刚亮时，我母亲就把我喊醒，叫我披衣坐起。我从不知道她醒来坐了多久了。她看我清醒了，才对我说昨天我做错了什么事，说错了什么话，要我认错，要我用功读书。有时候她对我说父亲的种种好处，她说："你总要踏上你老子的脚步。我一生只晓得这一个完全的人，你要学他，不要跌他的股。"（跌股便是丢脸，出丑）她说到伤心处，往往掉下泪来。到天大明时，她才把我的衣服穿好，催我去上早学。学堂门上的锁匙放在先生家里；我先到学堂门口一望，便跑到先生家里去敲门。先生家里有人把锁匙从门缝里递出来，我拿了跑回去，开了门，坐下念生书。十天之中，总有八九天我是第一个去开学堂门的。等到先生来了，我背了生书，才回家吃早饭。

我母亲管束我最严，她是慈母兼任严父。但她从来不在别人面前骂我一句，打我一下。我做错了事，她只对我一望，我看见了她的严厉眼光，就吓住了。犯的事小，她等到第二天早晨我眼醒时才教训我。犯的事大，她等到晚上人静时，关了房门，先责备我，然后行罚，或跪罚，或拧我的肉。无论怎样重罚，总不许我哭出声音来。她教训儿子不是借此出气叫别人听的。

有一个初秋的傍晚，我吃了晚饭，在门口玩，身上只穿着一件单背心。这时候我母亲的妹子玉英姨母在我家住，她怕我冷了，拿了一件小衫出来叫我穿上。我不肯穿，她说："穿上吧，凉了。"我随口回答："娘（凉）什么！老子都不老子呀。"我刚说了这句话，一抬头，看见母亲从家里走出，我赶快把小衫穿上。但她已听见这句轻薄的话了。晚上人静后，她罚我跪下，重重的责罚了一顿。她说："你没了老子，是多么得意的事！好用来说嘴！"她气的坐着发抖，也不许我上床去睡。我跪着哭，用手擦眼泪，不知擦进了什么微菌，后来足足害了一年多的眼翳病。医来医去，总医不好。我母亲心里又悔又急，听说眼翳可以用舌头舔去，有一夜她把我叫醒，她真用舌头舔我的病眼。这是我的严师，我的慈母。

我母亲23岁做了寡妇，又是当家的后母。这种生活的痛苦，我的笨笔写不出一万分之一二。家中财政本不宽裕，全靠二哥在上海经营调度。大哥从小就是败子，吸鸦片烟，赌博，钱到手就光，光了就回家打主意，见了香炉就拿出去卖，捞着锡茶壶就拿出去押。我母亲几次邀了本家长辈来，给他定下每月用费的数目。但他总不够用，到处都欠下烟债赌债。每年除夕我家中总有一大群讨债的，每人一盏灯笼，坐在大厅上不肯去。大哥早已避出去了。大厅的两排椅子上满满的都是灯笼和债主。我母亲走进走出，料理年夜饭，谢灶神，压岁钱等事，只当做不曾看见这一群人。到了近半夜，快要“封门”了，我母亲才走后门出去，央一位邻舍本家到我家来，每一家债户开发一点钱。做好做歹的，这一群讨债的才一个一个提着灯笼走出去。一会儿，大哥敲门回来了。我母亲从不骂他一句。并且因为是新年，她脸上从不露出一点怒色。这样的过年，我过了六七次。

大嫂是个最无能而又最不懂事的人，二嫂是个很能干而气量很窄小的人。她们常常闹意见，只因为我母亲的和气榜样，她们还不曾有公然相骂相打的事。她们闹气时，只是不说话，不答话，把脸放下来，叫人难看；二嫂生气时，脸色变青，更是怕人。她们对我母亲闹气时，也是如此。我起初全不懂得这一套，后来也渐渐懂得看人的脸色了。我渐渐明白，世间最可厌恶的事莫如一张生气的脸；世间最下流的事莫如把生气的脸摆给旁人看。这比打骂还难受。

我母亲的气量大，性子好，又因为做了后母后婆，她更事事留心，事事格外容忍。大哥的女儿比我只小一岁，她的饮食衣料总是和我的一样。我和她有小争执，总是我吃亏，母亲总是责备我，要我事事让她。后来大嫂二嫂都生了儿子了，她们生气时便打骂孩子来出气，一面打，一面用尖刻有刺的话骂给别人听。我母亲只装做不听见。有时候，她实在忍不住了，便悄悄走出门去，或到左邻立大嫂家去坐一会，或走后门到后邻度嫂家去闲谈。她从不和两个嫂子吵一句嘴。

每个嫂子一生气，往往十天半个月不歇，天天走进走出，板着脸，咬着嘴，打骂小孩子出气。我母亲只忍耐着，忍到实在不可再忍的一天，她也有她的法子。这一天的天明时，她就不起床，轻轻的哭一场。她不骂一个人，只哭她的丈夫，哭她自己苦命，留不住她丈夫来照管她。她先哭时，声音很低，渐渐哭出声来。我醒了起来劝她，她不肯住。这时候，我总听见前堂（二嫂住前堂东房）或后堂（大嫂住后堂西房）有一扇房门开了，一个嫂子走出房向厨房走去。不多一会，那位嫂子来敲我们的房门了。我开了房门，她走进来，捧着一碗热茶，送到我母亲床前，劝她止哭，请她喝口热茶。我母亲慢慢停住哭声，伸手接了茶碗。那位嫂子站着劝一会，才退出去。没有一句话提到什么人，也没有一个字提到这十天半个月来的气脸，然而各人心里明白，泡茶进来的嫂子总是那十天半个月来闹气的人。奇怪的很，这一哭之后，至少有一两个月的太平清静日子。

我母亲待人最仁慈，最温和，从来没有一句伤人感情的话。但她有时候也很有刚气，不受一点人格上的侮辱。我家五叔是个无正业的浪人，有一天在烟馆里发牢骚，说我母亲家中有事总请某人帮忙，大概总有什么好处给他。这句话传到了我母亲耳朵里，她气的大哭，请了几位本家来，把五叔喊来，她当面质问他她给了某人什么好处。直到五叔当众认错赔罪，她才罢休。

我在我母亲的教训之下住了九年，受了她的极大深刻的影响。我14 岁（其实只有 12 岁零两三个月）就离开她了，在这广漠的人海里独自混了 20 多年，没有一个人管束过我。如果我学得了一丝一毫的好脾气，如果我学得了一点点待人接物的和气，如果我能宽恕人，体谅人，——我都得感谢我的慈母。

十九，十一，廿一夜。

从拜神到无神

一

纷纷歌舞赛蛇虫，
酒醴牲牢告洁丰。
果有神灵来护佑，
天寒何故不临工？

这是我父亲在郑州办河工时（光绪十四年，1888 年）做的十首《郑工合龙纪事诗》的一首。他自己有注道：“霜雪既降，凡俗所谓‘大王’、‘将军’代身临工者皆绝迹不复见矣。”“大王”、“将军”都是祀典里的河神；河工区域内的水蛇虾蟆，往往被认为大王或将军的化身，往往享受最隆重的祠祭礼拜。河工是何等大事，而国家的治河官吏不能不向水蛇虾蟆磕头乞怜，真是一个民族的最大耻辱。我父亲这首诗不但公然指斥这种迷信，并且用了一个很浅近的证据，证明这种迷信的荒诞可笑。这一点最可表现我父亲的思想的倾向。

我父亲不曾受过近世自然科学的洗礼，但他很受了程颐朱熹一系的理学的影响。理学家因袭了古代的自然主义的宇宙观，用“气”和“理”两个基本观念来解释宇宙，敢说“天即理也”，“鬼神者，二气（阴阳）之良能也”。这种思想，虽有不彻底的地方，很可以破除不少的迷信。况且程朱一系极力提倡“格物穷理”，教人“即物而穷其理”，这就是近世科学的态度。我父亲做的《原学》，开端便说：

> 天地氤氲，万物化生。

这是采纳了理学家的自然主义的宇宙观。他做的《学为人诗》的结论是：

> 为人之道，非有他术：
> 穷理致知，反躬践实，
> 黾勉于学，守道勿失。

这是接受了程朱一系格物穷理的治学态度。

这些话都是我四五岁时就念熟了的。先生怎样讲解，我记不得了；我当时大概完全不懂得这些话的意义。我父亲死得太早，我离开他时，还只是三岁小孩，所以我完全不曾受着他的思想的直接影响。他留给我的，大概有两方面：一方面是遗传，因为我是“我父亲的儿子”。一方面是他留下了一点程朱理学的遗风；我小时跟着四叔念朱子的《小学》，就是理学的遗风；四叔家和我家的大门上都贴着“僧道无缘”的条子，也就是理学家庭的一个招牌。

我记得我家新屋大门上的“僧道无缘”条子，从大红色褪到粉红，又渐渐变成了淡白色，后来竟完全剥落了。我家中的女眷都是深信神佛的。我父亲死后，四叔又上任做学官去了，家中的女眷就自由拜神佛了。女眷的宗教领袖是星五伯娘，她到了晚年，吃了长斋，拜佛念经，四叔和三哥（是她过继的孙子）都不能劝阻她，后来又添上了二哥的丈母，也是吃长斋念佛的，她常来我家中住。这两位老太婆做了好朋友，常劝诱家中的几房女眷信佛。家中人有病痛，往往请她们念经许愿还愿。

二哥的丈母颇认得字，带来了《玉历钞传》,《妙庄王经》一类的善书，常给我们讲说目连救母游地府，妙庄王的公主（观音）出家修行等等故事。我把她带来的书都看了，又在戏台上看了《观音娘出家》全本连台戏，所以脑子里装满了地狱的惨酷景象。

后来三哥得了肺痨病，生了几个孩子都不曾养大。星五伯娘常为三哥拜神佛，许愿，甚至于招集和尚在家中放焰口超度冤魂。三哥自己不肯参加行礼，伯娘常叫我去代替三哥跪拜行礼。我自己幼年身体也很虚弱，多病痛，所以我母亲也常请伯娘带我去烧香拜佛。依家乡的风俗，我母亲也曾把我许在观音菩萨座下做弟子，还给我取了一个佛名，上一字是个“观”字，下一字我忘了。我母亲爱我心切，时时教我拜佛拜神总须诚心敬礼。每年她同我上外婆家去，十里路上所过庙宇路亭，凡有神佛之处，她总教我拜揖。有一年我害肚痛，眼睛里又起翳，她代我许愿：病好之后亲自到古塘山观音菩萨座前烧香还愿。后来我病好了，她亲自跟伯娘带了我去朝拜古塘山。山路很难走，她的脚是终年疼的，但她为了儿子，步行朝山，上山时走几步便须坐下歇息，却总不说一声苦痛。我这时候自然也是很诚心的跟着她们礼拜。

我母亲盼望我读书成名，所以常常叮嘱我每天要拜孔夫子。禹臣先生学堂壁上挂着一幅朱印石刻的吴道子画的孔子像，我们每晚放学时总得对他拜一个揖。我到大姊家去拜年，看见了外甥章砚香（比我大几岁）供着一个孔夫子神龛，是用大纸匣子做的，用红纸剪的神位，用火柴盒子做的祭桌，桌子上贴着金纸剪的香炉烛台和供献，神龛外边贴着许多红纸金纸的圣庙匾额对联，写着“德配天地，道冠古今”

一类的句子。我看了这神龛，心里好生羡慕，回到家里，也造了一座小庙。我在家中寻到了一只燕窝匣子，做了圣庙大庭；又把匣子中间挖空一方块，用一只小匣子糊上去，做了圣庙的内堂，堂上也设了祭桌，神位，香炉，烛台等等。我在两厢又添设了颜渊子路一班圣门弟子的神位，也都有小祭桌。我借得了一部《联语类编》，抄出了许多圣庙联匾句子，都用金银锡箔做成匾对，请近仁叔写了贴上。这一座孔庙很费了我不少的心思。我母亲见我这样敬礼孔夫子，她十分高兴，给我一张小桌子专供这神龛，并且给我一个铜香炉；每逢初一和十五，她总教我焚香敬礼。

这座小神庙，因为我母亲的加意保存，到我27岁从外国回家时，还不曾毁坏。但我的宗教虔诚却早已摧毁破坏了。我在十一二岁时便已变成了一个无神论者。

二

有一天，我正在温习朱子的《小学》，念到了一段司马温公的家训，其中有论地狱的话，说：

形既朽灭，神亦飘散，虽有坐烧舂磨，亦无所施。……

我重读了这几句话，忽然高兴的直跳起来。《目连救母》，《玉历钞传》等书里的地狱惨状，都呈现在我眼前，但我觉得都不怕了。放焰口的和尚陈设在祭坛上的十殿阎王的画像，和十八层地狱的种种牛头马面用钢叉把罪人叉上刀山，叉下油锅，抛下奈何桥去喂饿狗毒蛇，——这种种惨状也都呈现在我眼前，但我现在觉得都不怕了。我再三念这句话："形既朽灭，神亦飘散，虽有判烧舂磨，亦无所施。"我心里很高兴，真像地藏王菩萨把锡杖一指，打开地狱门了。

这件事我记不清在哪一年了，大概在11岁时。这时候，我已能够自己看古文书了。禹臣先生教我看《纲鉴易知录》，后来又教我改看《御批通鉴辑览》。《易知录》有句读，故我不觉吃力。《通鉴辑览》须我自己用朱笔点读，故读的很迟缓。有一次二哥从上海回来，见我看《御批通鉴辑览》，他不赞成；他对禹臣先生说，不如看《资治通鉴》。于是我就点读《资治通鉴》了。这是我研究中国史的第一步。我不久便很喜欢这一类历史书，并且感觉朝代帝王年号的难记，就想编一部《历代帝王年号歌诀》！近仁叔很鼓励我做此事，我真动手编这部七字句的历史歌诀了。此稿已遗失了，我已不记得这件野心工作编到了那一朝代。但这也可算是我的整理国故的破土工作。可是谁也想不到司马光的《资治通鉴》，竟会大大的影响我的宗教信仰，竟会使我变成一个无神论者。

有一天，我读到《资治通鉴》第 136 卷，有一段范缜（齐梁时代人，死时约在西历 510 年）反对佛教的故事，说：

> 缜著《神灭论》，以为“形者神之质，神者形之用也。神之于形，犹利之于刀。未闻刀没而利存，岂容形亡而神在哉？”此论出，朝野喧哗，难之，终不能屈。

我先已读司马光论地狱的话了，所以我读了这一段议论，觉得非常明白，非常有理。司马光的话教我不信地狱，范缜的话使我更进一步，就走了无鬼神的路。范缜用了一个譬喻，说形和神的关系就像刀子和刀口的锋利一样；没有刀子，便没有刀子的“快”了；那么，没有形体，还能有神魂吗？这个譬喻是很浅显的，恰恰合一个初开知识的小孩子的程度，所以我越想越觉得范缜说的有道理。司马光引了这 35 个字的《神灭论》，居然把我脑子里的无数鬼神都赶跑了。从此以后，我不知不觉的成了一个无鬼无神的人。

我那时并不知道范缜的《神灭论》全文载在《梁书》（卷四八）里，也不知道当时许多人驳他的文章保存在《弘明集》里。我只读了这 35 个字，就换了一个人。大概司马光也受了范缜的影响，所以有“形既朽灭，神亦飘散”的议论；大概他感谢范缜，故他编《通鉴》时，硬把《神灭论》摘了最精彩的一段，插入他的不朽的历史里。他决想不到，八百年后这 35 个字竟感悟了一个十二岁的小孩子，竟影响了他一生的思想。

《通鉴》又记述范缜和竟陵王肖子良讨论“因果”的事，这一段在我的思想上也发生了很大的影响。原文如下：

> 子良笃好释氏，招致名僧，讲论佛法。道俗之盛，江左未有。或亲为众僧赋食行水，世颇以为失宰相体。
>
> 范缜盛称无佛。子良曰，“君不信因果，何得有富贵贫贱？”缜曰，“人生如树花同发，随风而散，或拂帘幌，坠茵席之上；或关篱墙，落粪溷之中。坠茵席者，殿下是也。落粪溷者，下官是也。贵贱虽复殊途，因果竟在何处？”子良无以难。

这一段议论也只是一个譬喻，但我当时读了只觉得他说的明白有理，就熟读了记在心里。我当时实在还不能了解范缜的议论的哲学意义。他主张一种“偶然论”，用来破坏佛教的果报轮回说。我小时听惯了佛家果报轮回的教训，最怕来世变猪变狗，忽然看见了范缜不信因果的譬喻，我心里非常高兴，胆子就大的多了。他和司马光的神灭论教我不怕地狱；他的无因果论教我不怕轮回。我喜欢他们的话，因为他们教我不怕。我信服他们的话，因为他们教我不怕。

三

我的思想经过了这回解放之后，就不能虔诚拜神拜佛了。但我在我母亲面前，还不敢公然说出不信鬼神的议论。她叫我上分祠里去拜祖宗，或去烧香还愿，我总不敢不去，满心里的不愿意，我终不敢让她知道。

我 13 岁的正月里，到大姊家去拜年，住了几天，到 15 日早晨，才和外甥砚香回我家去看灯。他家的一个长工挑着新年糕饼等物事，跟着我们走。

半路上到了中屯外婆家，我们进去歇脚，吃了点心，又继续前进。中屯村口有个三门亭，供着几个神像。我们走进亭子，我指着神像对砚香说，“这里没有人看见，我们来把这几个烂泥菩萨拆下来抛到茅厕里去，好吗？”

这样突然主张毁坏神像，把我的外甥吓住了。他虽然听我说过无鬼无神的话，却不曾想到我会在这路亭里提议实行捣毁神像。他的长工忙劝阻我道："糜舅，菩萨是不能得罪的。"我听了这话，更不高兴，偏要拾石子去掷神像。恰好村子里有人下来了，砚香和那长工就把我劝走了。

我们到了我家中，我母亲煮面给我们吃，我刚吃了几筷子，听见门外锣鼓响，便放下面，跑出去看舞狮子了。这一天来看灯的客多，家中人都忙着照料客人，谁也不来管我吃了多少面，我陪着客人出去玩，也就忘了肚子饿了。

晚上陪客人吃饭，我也喝了一两杯烧酒。酒到了饿肚子里，有点作怪。晚饭后，我跑出大门外，被风一吹，我有点醉了，便喊道："月亮，月亮，下来看灯！"别人家的孩子也跟着喊，"月亮，月亮，下来看灯！"

门外的喊声被屋里人听见了，我母亲叫人来唤我回去。我怕她责怪，就跑出去了。来人追上去，我跑的更快。有人对我母亲说，我今晚上喝了烧酒，怕是醉了。我母亲自己出来唤我，这时候我已被人追回来了。但跑多了，我真有点醉了，就和他们抵抗，不肯回家。母亲抱住我，我仍喊着要月亮下来看灯。许多人围拢来看，我仗着人多，嘴里仍旧乱喊。母亲把我拖进房里，一群人拥进房来看。

这时候，那位跟我们来的章家长工走到我母亲身边，低低的说："外婆（他跟着我的外甥称呼），糜舅今夜怕不是吃醉了吧？今天我们从中屯出来，路过三门亭，糜舅要把那几个菩萨拖下来丢到茅厕里去。他今夜嘴里乱说话，怕是得罪了神道，神道怪下来了。"

这几句话，他低低的说，我靠在母亲怀里，全听见了。我心里正怕喝醉了酒，母亲要责罚我；现在我听了长工的话，忽然想出了一条妙计。我想："我胡闹，母亲要打我；菩萨胡闹，她不会责怪菩萨。"于是我就闹的更凶，说了许多疯话，好像真有鬼神附在我身上一样！

我母亲着急了，叫砚香来问，砚香也说我日里的确得罪了神道。母亲就叫别人来抱住我，她自己去洗手焚香。向空中祷告三门亭的神道，说我年小无知，触犯了神道，但求神道宽洪大量，不计较小孩子的罪过，宽恕了我。我们将来一定亲到三门亭去烧香还愿。

这时候，邻舍都来看我，挤满了一屋子的人，有些妇女提着"火篰”（徽州人冬天用瓦罏装炭火，外面用篾丝作篮子，可以随身携带，名为火篰），房间里闷热的很。我热的脸都红了，真有点像醉人。

忽然门外有人来报信，说，“龙灯来了，龙灯来了！”男男女女都往外跑，都想赶到十字街口去等候看灯。一会儿，一屋子的人都散完了，只剩下我和母亲两个人。房里的闷热也消除了，我也疲倦了，就不知不觉的睡着了。

母亲许的愿好象是灵应了。第二天，她教训了我一场，说我不应该瞎说，更不应该在神道面前瞎说。但她不曾责罚我，我心里高兴，万想不到我的责罚却在一个月之后。

过了一个月，母亲同我上中屯外婆家去。她拿出钱来，在外婆家办了猪头供献，备了香烛纸钱，她请我母舅领我到三门亭里去谢神还愿。我母舅是个虔诚的人，他恭恭敬敬的摆好供献，点起香烛，陪着我跪拜谢神。我忍住笑，恭恭敬敬的行了礼。——心里只怪我自己当日扯谎时，不曾想到这样比挨打还更难为情的责罚！

直到我 27 岁回家时，我才敢对母亲说那一年元宵节，附在我身上胡闹的不是三门亭的神道，只是我自己。母亲也笑了。

十九，十二，廿五，在北京。

在上海（一）

一

光绪甲辰年（1904）的春天，三哥的肺病已到了很危险的时期，他决定到上海去医治。我母亲也决定叫我跟他到上海去上学。那时我名为 14 岁，其实只有 12 岁有零。这一次我和母亲分别之后，14 年之中，我只回家三次，和她在一块的时候还不满六个月。她只有我一个人，只因为爱我太深，望我太切，所以她硬起心肠，送我向远地去求学。临别的时候，她装出很高兴的样子，不曾掉一滴眼泪。我就这样出门去了，向那不可知的人海里，去寻求我自己的教育和生活，——孤零零的一个小孩子，所有的防身之具只是一个慈母的爱，一点点用功的习惯，和一点点怀疑的倾向。

我在上海住了六年（1904—1910），换了四个学校（梅溪学堂，澄衷学堂，中国公学，中国新公学）。这是我一生的第二个阶段。

我父亲生平最佩服一个朋友——上海张焕纶先生（字经甫）。张先生是提倡新教育最早的人，他自己办了一个梅溪书院，后来改做梅溪学堂。二哥三哥都在梅溪书院住过，所以我到了上海也就进了梅溪学堂。我只见过张焕纶先生一次，不久他就死了。现在谈中国教育史的人，很少能知道这一位新教育的老先锋了。他死了22年之后，我在巴黎见着赵诒琡先生（字颂南，无锡人），他是张先生的得意学生，他说他在梅溪书院很久，最佩服张先生的人格，受他的感化最深。他说，张先生教人的宗旨只是一句话："千万不要仅仅做个自了汉。"我在巴黎乡间的草地上，听着赵先生谈话，想着赵先生夫妇的刻苦生活和奋斗精神，——这时候，我心里想：张先生的一句话影响了他的一个学生的一生，张先生的教育事业不算是失败。

梅溪学堂的课程是很不完备的，只有国文，算学，英文三项。分班的标准是国文程度。英文算学的程度虽好，国文不到头班，仍不能毕业。国文到了头班，英文算学还很幼稚，却可以毕业。这个办法虽然不算顶好，但这和当时教会学堂的偏重英文，都是过渡时代的特别情形。

我初到上海的时候，全不懂上海话。进学堂拜见张先生时，我穿着蓝呢的夹袍，绛色呢大袖马褂，完全是个乡下人。许多小学生围拢来看我这乡下人。因为我不懂话，又不曾"开笔"做文章，所以暂时编在第五班，差不多是最低的一班。班上读的是文明书店的《蒙学读本》，英文班上用《华英初阶》，算学班上用《笔算算学》。

我是读了许多古书的，现在读《蒙学读本》，自然毫不费力，所以有功夫专读英文算学。这样过了六个星期。到了第42天，我的机会来了。教《蒙学读本》的沈先生大概也瞧不起这样浅近的书，更料不到这班小孩子里面有人起来驳正他的错误。这一天，他讲的一课书里有这样一段引语：

传曰，二人同心，其利断金。同心之音，其臭如兰。

沈先生随口说这是《左传》上的话。我那时已勉强能说几句上海话了，等他讲完之后，我拿着书，走到他的桌边，低声对他说，这个“传曰”是《易经》的《系辞传》，不是《左传》。先生脸红了，说，“侬读过《易经》？”我说读过。他又问，“阿曾读过别样经书？”我说读过《诗经》、《书经》、《礼记》。他问我做过文章没有，我说没有做过。他说，“我出个题目，拨侬做做试试看。”他出了“孝弟说”三个字，我回到座位上，勉强写了一百多字，交给先生看。他看了对我说，“侬跟我来。”我卷了书包，跟他下楼走到前厅。前厅上东面是头班，西面是二班。沈先生到二班课堂上，对教员顾先生说了一些话，顾先生就叫我坐在末一排的桌子上。我才知道我一天之中升了四班，居然做第二班的学生了。

可是我正在欢喜的时候，抬头一看，就得发愁了。这一天是星期四，是作文的日子。黑板上写着两个题目：

论题：原日本之所由强。

经义题：古之为关也将以御暴，今之为关也将以为暴。

我从来不知道“经义”是怎样做的，所以想都不敢去想他。可是日本在天南地北，我还不很清楚，这个“原日本之所由强”又从那里说起呢？既不敢去问先生，班上同学又没有一个熟人，我心里颇怪沈先生太卤莽，不应该把我升得这么高，这么快。

忽然学堂的茶房走到厅上来，对先生说了几句话，呈上一张字条。先生看了字条，对我说，我家中有要紧事，派了人来领我回家，卷子可以带回去做，下星期四交卷。我正在着急，听了先生的话，抄了题目，逃出课堂，赶到门房，才知道三哥病危，二哥在汉口没有回来，店里（我家那时在上海南市开一个公义油栈）的管事慌了，所以派人来领我回去。

我赶到店里，三哥还能说话。但不到几个钟头，他就死了，死时他的头还靠在我手腕上。第三天，二哥从汉口赶到。丧事办了之后，我把升班的事告诉二哥，并且问他“原日本之所由强”一个题目应该参考一些什么书。二哥检了《明治维新三十年史》，壬寅《新民丛报汇编》……一类的书，装了一大篮，叫我带回学堂去翻看。费了几天的功夫，才勉强凑了一篇论说交进去。不久我也会做经义了。几个月之后，我居然算是头班学生了，但英文还不曾读完《华英初阶》，算学还只做到“利息”。

这一年梅溪学堂改为梅溪小学，年底要办毕业第一班。我们听说学堂里要送张在贞、王言、郑璋和我四个人到上海道衙门去考试。我和王郑二人都不愿意去考试，都不等到考试日期，就离开学堂了。

为什么我们不愿受上海道的考试呢？这一年之中，我们都经过了思想上的一种激烈变动，都自命为“新人物”了。二哥给我的一大篮子的“新书”，其中很多是梁启超先生一派人的著述；这时代是梁先生的文章最有势力的时代，他虽不曾明白提倡种族革命，却在一班少年人的脑海里种下了不少革命种子。有一天，王言君借来了一本邹容的《革命军》，我们几个人传观，都很受感动。借来的书是要还人的，所以我们到了晚上，等舍监查夜过去之后，偷偷起来点着蜡烛，轮流抄了一本《革命军》。正在传抄《革命军》的少年，怎肯投到官厅去考试呢？

这一年是日俄战争的第一年。上海的报纸上每天登着很详细的战争新闻，爱看报的少年学生都感觉绝大的兴奋，这时候中国的舆论和民众心理都表同情于日本，都痛恨俄国，又都痛恨清政府的宣告中立。仇俄的心理增加了不少排满的心理。这一年，上海发生了几件刺激人心的案子。一件是革命党万福华在租界内枪击前广西巡抚王之春，因为王之春从前是个联俄派。一件是上海黄浦滩上一个宁波木匠周生有，被一个俄国水兵无故砍杀。这两件事都引起上海报社的注意；尤其是那年新出现的《时报》，天天用简短沉痛的时评替周生有喊冤，攻击上海的官厅。我们少年人初读这种短评，没有一个不受刺激的。周生有案的判决使许多人失望。我和王言郑璋三个人都恨极了上海道袁海观，所以联合写了一封长信去痛骂他。这封信是匿名的，但我们总觉得不愿意去受他的考试。所以我们三个人都离开梅溪学堂了（王言是黟县人，后来不知下落了；郑璋是潮阳人，后改名仲诚，毕业于复旦，不久病死）。

二

我进的第二个学堂是澄衷学堂。这学堂是宁波富商叶成忠先生创办的，原来的目的是教育宁波的贫寒子弟；后来规模稍大，渐渐成了上海一个有名的私立学校，来学的人便不限止于宁波人了。这时候的监督是章一山先生，总教是白振民先生。白先生和我二哥是同学，他看见了我在梅溪作的文字，劝我进澄衷学堂。光绪乙巳年（1905），我就进了澄衷学堂。

澄衷共有12班，课堂分东西两排，最高一班称为东一斋，第二班为西一斋，以下直到西六斋。这时候还没有严格规定的学制，也没有什么中学小学的分别。用现在的名称来分，可算前六班为中学，其余六班为小学。澄衷的学科比较完全多了，国文、英文、算学之外，还有物理、化学、博物、图画诸科。分班略依各科的平均程度，但英文、算学程度过低的都不能入高班。

我初进澄衷时，因英文、算学太低，被编在东三斋（第五班）。下半年便升入东二斋（第三班），第二年（丙午，1906）又升入西一斋（第二班）。澄衷管理很严，每月有月考，每半年有大考，月考大考都出榜公布，考前三名的有奖品。我的考试成绩常常在第一，故一年升了四班。我在这一年半之中，最有进步的是英文、算学。教英文的谢昌熙先生，陈诗豪先生，张镜人先生，教算学的郁耀卿先生，都给了我很多的益处。

我这时候对于算学最感兴趣，常常在宿舍熄灯之后，起来演习算学问题。卧房里没有桌子，我想出一个法子来，把蜡烛放在帐子外床架上，我伏在被窝里，仰起头来，把石板放在枕头上做算题。因为下半年就要跳过一班，所以我须要自己补习代数。我买了一部丁福保先生编的代数书，在一个夏天把初等代数习完了，下半年安然升班。

这样的用功，睡眠不够，就影响到身体的健康。有一个时期，我的两只耳朵几乎全聋了。但后来身体渐渐复原，耳朵也不聋了。我小时身体多病，出门之后，逐渐强健。重要的原因我想是因为我在梅溪和澄衷两年半之中从来不曾缺一点钟体操的功课。我从来没有加入竞赛的运动，但我上体操，总很用气力做种种动作。

澄衷的教员之中，我受杨千里先生（天骥）的影响最大。我在东三斋时，他是西二斋的国文教员，人都说他思想很新。我去看他，他很鼓励我，在我的作文稿本上题了“言论自由”四个字。后来我在东二斋和西一斋，他都做过国文教员。有一次，他教我们班上买吴汝纶删节的严复译本《天演论》来做读本，这是我第一次读《天演论》，高兴的很。他出的作文题目也很特别，有一次的题目是“物竞天择，适者生存，试申其义”。（我的一篇，前几年澄衷校长曹锡爵先生和现在的校长葛祖兰先生曾在旧课卷内寻出，至今还保存在校内。）这种题目自然不是我们十几岁小孩子能发挥的，但读《天演论》，做“物竞天择”的文章，都可以代表那个时代的风气。

《天演论》出版之后，不上几年，便风行全国，竟做了中学生的读物了。读这书的人，很少能了解赫胥黎在科学史和思想史上的贡献。他们能了解的只是那“优胜劣败”的公式在国际政治上的意义。在中国屡次战败之后，在庚子辛丑大耻辱之后，这个“优胜劣败，适者生存”的公式确是一种当头棒喝，给了无数人一种绝大的刺激。几年之中，这种思想像野火一样，延烧着许多少年人的心和血。“天演”、“物竞”、“淘汰”、“天择”等等术语，都渐渐成了报纸文章的熟语，渐渐成了一班爱国志士的“口头禅”。还有许多人爱用这种名词做自己或儿女的名字。陈炯明不是号竞存吗？我有两个同学，一个叫孙竞存，一个叫杨天择。我自己的名字也是这种风气底下的纪念品。我在学堂里的名字是胡洪骍。有一天的早晨，我请我二哥代我想一个表字，二哥一面洗脸，一面说：“就用‘物竞天择，适者生存’的‘适’字，好不好？”我很高兴，就用“适之”二字。（二哥字绍之，三哥字振之。）后来我发表文字，偶然用“胡适”作笔名，直到考试留美官费时（1910）我才正式用胡适的名字。

我在澄衷一年半，看了一些课外的书籍。严复译的《群己权界论》，像是在这时代读的。严先生的文字太古雅，所以少年人受他的影响没有梁启超的影响大。梁先生的文章，明白晓畅之中，带着浓挚的热情，使读的人不能不跟着他走，不能不跟着他想。有时候，我们跟他走到一点上，还想往前走，他却打住了，或是换了方向走了。在这种时候，我们不免感觉一点失望。但这种失望也正是他的大恩惠。因为他尽了他的能力，把我们带到了一个境界，原指望我们感觉不满足，原指望我们更朝前走。跟着他走，我们固然得感谢他；他引起了我们的好奇心，指着一个未知的世界叫我们自己去探寻，我们更得感谢他。

我个人受了梁先生无穷的恩惠。现在追想起来，有两点最分明。第一是他的《新民说》，第二是他的《中国学术思想变迁之大势》。梁先生自号“中国之新民”，又号“新民子”，他的杂志也叫做《新民丛报》，可见他的全部心思贯注在这一点。“新民”的意义是要改造中国的民族，要把这老大的病夫民族，改造成一个新鲜活泼的民族。他说：

> 未有四肢已断，五脏已瘵，筋脉已伤，血轮已涸，而身犹能存者；则亦未有其民愚陋怯弱涣散混浊而国犹能立者。……苟有新民，何患无新制度，无新政府，无新国家！（《新民说》叙论）

他的根本主张是：

> 吾思之，吾重思之，今日中国群治之现象殆无一不当从根柢处摧陷廓清，除旧而布新者也。（《新民议》）

说的更沉痛一点：

> 然则救危亡求进步之道将奈何？曰，必取数千年横暴混浊之政体，破碎而齑粉之，使数千万如虎如狼如蝗如蛾如蜮如蛆之官吏失其社鼠城狐之凭藉，然后能涤荡肠胃以上于进步之途也！必取数千年腐败柔媚之学说，廓清而辞辟之，使数百万如蠹鱼如鹦鹉如水母如畜犬之学子毋得摇笔弄舌舞文嚼字，为民贼之后援，然后能一新耳目以行进步之实也！而其所以达此目的之方法有二：一曰无血之破坏，二曰有血之破坏。……中国如能为无血之破坏乎？吾馨香而祝之。中国如不能不为有血之破坏乎？吾衰绖而哀之。（《新民说·论进步》）

我们在那个时代读这样的文字，没有一个人不受他的震荡感动的。他在那个时代（我那时读的是他在壬寅癸卯做的文字）主张最激烈，态度最鲜明，感人的力量也最深刻。他很明白的提出一个革命的口号：

破坏亦破坏，不破坏亦破坏！（同上）

后来他虽然不坚持这个态度了，而许多少年人却冲上前去，不肯缩回来了。

《新民说》的最大贡献在于指出中国民族缺乏西洋民族的许多美德。梁先生很不客气的说：

五色人相比较，白人最优。以白人相比较，条顿人最优。以条顿人相比较，盎格鲁撒逊人最优。(《叙论》)

他指出我们所最缺乏而最须采补的是公德，是国家思想，是进取冒险，是权利思想，是自由，是自治，是进步，是自尊，是合群，是生利的能力，是毅力，是义务思想，是尚武，是私德，是政治能力。他在这十几篇文字里，抱着满腔的血诚，怀着无限的信心，用他那支“笔锋常带情感”的健笔，指挥那无数的历史例证，组织成那些能使人鼓舞，使人掉泪，使人感激奋发的文章。其中如《论毅力》等篇，我在25年后重读，还感觉到他的魔力。何况在我十几岁最容易受感动的时期呢？

《新民说》诸篇给我开辟了一个新世界，使我彻底相信中国之外还有很高等的民族，很高等的文化；《中国学术思想变迁之大势》也给我开辟了一个新世界，使我知道《四书》《五经》之外中国还有学术思想。梁先生分中国学术思想史为七个时代：

一、胚胎时代　春秋以前
二、全盛时代　春秋末及战国
三、儒学统一时代　两汉
四、老学时代　魏晋
五、佛学时代　南北朝，唐

六、儒佛混合时代　宋元明

七、衰落时代　近二百五十年

我们现在看这个分段，也许不能满意（梁先生自己后来也不满意，他在《清代学术概论》里，已不认近 250 年为衰落时代了）。但在 25 年前，这是第一次用历史眼光整理中国旧学术思想，第一次给我们一个“学术史”的见解。所以我最爱读这篇文章。不幸梁先生做了几章之后，忽然停止了，使我大失所望。甲辰以后，我在《新民丛报》上见他续作此篇，我高兴极了。但我读了这篇长文，终感觉不少的失望。第一，他说“全盛时代”，说了几万字的绪论，却把“本论”（论诸家学说之根据及其长短得失）全搁下了，只注了一个“阙”字。他后来只补作了“子墨子学说”一篇，其余各家始终没有补。第二，“佛学时代”一章的本论一节也全没有做。第三，他把第六个时代（宋元明）整个搁起不提。这一学术思想史中间缺了三个最要紧的部分，使我眼巴巴的望了几年。我在那失望的时期，自己忽发野心，心想：“我将来若能替梁任公先生补作这几章缺了的中国学术思想史，岂不是很光荣的事业？”我越想越高兴，虽然不敢告诉人，却真打定主意做这件事了。

这一点野心就是我后来做《中国哲学史》的种子。我从那时候起，就留心读周秦诸子的书。我二哥劝我读朱子的《近思录》，这是我读理学书的第一部。梁先生的《德育鉴》和《节本明儒学案》，也是这个时期出来的。这些书引我去读宋明理学书，但我读的并不多，只读了王守仁的《传习录》和《正谊堂丛书》内的程朱语录。

我在澄衷的第二年，发起各斋组织“自治会”。有一次，我在自治会演说，题目是“论性”。我驳孟子性善的主张，也不赞成荀子的性恶说。我承认王阳明的性“无善无恶，可善可恶”是对的。我那时正读英文的《格致读本》（The Science Readers），懂得了一点点最浅近的科学知识，就搬出来应用了！孟子曾说：

> 人性之善也，犹水之就下也。人无有不善，水无有不下。

我说：孟子不懂得科学，——我们在那时候还叫做“格致”，——不知道水有保持水平的道理，又不知道地心吸力的道理。“水无有不下”，并非水性向下，只是地心吸力引他向下。吸力可以引他向下，高明的蓄水塔也可以使自来水管里的水向上。水无上无下，只保持他的水平，却又可上可下，正像人性本无善无恶，却又可善可恶！

我这篇性论很受同学的欢迎，我也很得意，以为我真用科学证明告子王阳明的性论了！

我在澄衷只住了一年半，但英文和算学的基础都是在这里打下的。澄衷的好处在于管理的严肃，考试的认真。还有一桩好处，就是学校办事人真能注意到每个学生的功课和品行。白振民先生自己虽不教书，却认得个个学生，时时叫学生去问话。因为考试的成绩都有很详细的记录，故每个学生的能力都容易知道。天资高的学生，可以越级升两班；中等的可以半年升一班；下等的不升班，不升班就等于降半年了。这种编制和管理，是很可以供现在办中学的人参考的。

我在西一斋做了班长，不免有时和学校办事人冲突。有一次，为了班上一个同学被开除的事，我向白先生抗议无效，又写了一封长信去抗议。白先生悬牌责备我，记我大过一次。我虽知道白先生很爱护我，但我当时心里颇感觉不平，不愿继续在澄衷了。恰好夏间中国公学招考，有朋友劝我去考；考取之后，我就在暑假后（1906 年）搬进中国公学去了。

廿，三，十八，北京。

在上海（二）

一

中国公学是因为光绪乙巳年（1905）日本文部省颁布取缔中国留学生规则，我国的留日学生认为侮辱中国，其中一部分愤慨回国的人在上海创办的。当风潮最烈的时候，湖南陈天华投海自杀，勉励国人努力救国，一时人心大震动，所以回国的很多。回国之后，大家主张在国内办一个公立的大学。乙巳十二月中，十三省的代表全体会决议，定名为“中国公学”。次年（丙午，1906）春天在上海新靶子路黄板桥北租屋开学。但这时候反对取缔规则的风潮已渐渐松懈了，许多官费生多回去复学了。上海那时还是一个眼界很小的商埠，看见中国公学里许多剪发洋装的少年人自己办学堂，都认为是奇怪的事。政府官吏疑心他们是革命党，社会叫他们做怪物。所以赞助捐钱的人很少，学堂开门不到一个半月，就陷入了绝境。公学的干事姚弘业先生（湖南益阳人）激于义愤，遂于三月十二日投江自杀，遗书几千字，说，“我之死，为中国公学死也。”遗书发表之后，舆论都对他表敬意，社会受了一大震动，赞助的人稍多，公学才稍稍站得住。

我也是当时读了姚烈士的遗书大受感动的一个小孩子。夏天我去投考，监考的是总教习马君武先生。国文题目是“言志”，我不记得说了一些什么，后来马君武先生告诉我，他看了我的卷子，拿去给谭心休彭施涤先生传观，都说是为公学得了一个好学生。

我搬进公学之后，见许多同学都是剪了辫子，穿着和服，拖着木屐的；又有一些是内地刚出来的老先生，带着老花眼镜，捧着水烟袋的。他们的年纪都比我大的多；我是做惯班长的人，到这里才感觉到我是个小孩子。不久，我已感得公学的英文数学都很浅，我在甲班里很不费气力。那时候，中国教育界的科学程度太浅，中国公学至多不过可比现在的两级中学程度，然而有好几门功课都不能不请日本教员来教。如高等代数，解析几何，博物学，最初都是日本人教授，由懂日语的同学翻译。甲班的同学有朱经农、李琴鹤等，都曾担任翻译。又有几位同学还兼任学校的职员或教员，如但懋辛便是我们的体操教员。当时的同学和我年纪不相上下的，只有周烈忠，李骏，孙粹存，孙竞存等几个人。教员和年长的同学都把我们看作小弟弟，特别爱护我们，鼓励我们。我和这一班年事稍长，阅历较深的师友们往来，受他们的影响最大。我从小本来就没有过小孩子的生活，现在天天和这班年长的人在一块，更觉得自己不是个小孩子了。

中国公学的教职员和同学之中，有不少的革命党人。所以在这里要看东京出版的《民报》，是最方便的。暑假年假中，许多同学把《民报》缝在枕头里带回内地去传阅。还有一些激烈的同学往往强迫有辫子的同学剪去辫子。但我在公学三年多，始终没有人强迫我剪辫，也没有人劝我加入同盟会。直到20年后，但懋辛先生才告诉我，当时校里的同盟会员曾商量过，大家都认为我将来可以做学问，他们要爱护我，所以不劝我参加革命的事。但在当时，他们有些活动也并不瞒我。有一晚十点钟的时候，我快睡了，但君来找我，说，有个女学生从日本回国，替朋友带了一只手提小皮箱，江海关上要检查，她说没有钥匙，海关上不放行。但君因为我可以说几句英国话，要我到海关上去办交涉。我知道箱子里是危险的违禁品，就跟了他到海关码头，这时候已过十一点钟，谁都不在了，我们只好快快回去。第二天，那位女学生也走了，箱子她丢在关上不要了。

我们现在看见上海各学校都用国语讲授，决不能想象20年的上海还完全是上海话的世界，各学校全用上海话教书，学生全得学上海话。中国公学是第一个用“普通话”教授的学校。学校里的学生，四川、湖南、河南、广东的人最多，其余各省的人也差不多全有。大家都说“普通话”，教员也用“普通话”。江浙的教员，如宋耀如，王仙华，沈翔云诸先生，在讲堂上也都得勉强说官话。我初入学时，只会说徽州话和上海话；但在学校不久也就会说“普通话”了。我的同学中四川人最多；四川话清楚干净，我最爱学他，所以我说的普通话最近于四川话。二三年后，我到四川客栈（元记、厚记等）去看朋友，四川人只问，“贵府是川东，是川南？”他们都把我看成四川人了。

中国公学创办的时候，同学都是创办人。职员都是同学中举出来的，所以没有职员和学生的界限。当初创办的人都有革命思想，想在这学校里试行一种民主政治的制度。姚弘业烈士遗书中所谓“以大公无我之心，行共和之法”，即是此意。全校的组织分为“执行”与“评议”两部。执行部的职员（教务干事，庶务干事，斋务干事）都是评议部举出来的，有一定的任期，并且对于评议部要负责任。评议部是班长和室长组织成的，有监督和弹劾职员之权。评议会开会时，往往有激烈的辩论，有时直到点名熄灯时方才散会。评议会之中，最出名的是四川人龚从龙，口齿清楚，态度从容，是一个好议长。这种训练是有益的。我年纪太小，第一年不够当评议员，有时在门外听听他们的辩论，不禁感觉我们在澄衷学堂的自治会真是儿戏。

二

我第一学期住的房间里，有好几位同学都是江西萍乡和湖南醴陵人，他们都是邻县人，说的话我听不大懂。但不到一个月，我们很相熟了。他们都是二三十岁的人了；有一位钱文恢（号古愚）已有胡子，人叫他钱胡子。他告诉我，他们现在组织了一个学会，叫做竞业学会，目的是“对于社会，竞与改良；对于个人，争自濯磨”，所以定了这个名字。他介绍我进这个会，我答应了。钱君是会长，他带我到会所里去，给我介绍了一些人。会所在校外北四川路厚福里。会中住的人大概多是革命党。有个杨卓林，还有个廖德璠，后来都是因谋革命被杀的。会中办事最热心的人，钱君之外，有谢寅杰和丁洪海两君，他两人维持会务最久。

竞业学会的第一件事业就是创办一个白话的旬报，就叫做《竞业旬报》。他们请了一位傅君健先生（号钝根）来做编辑。旬报的宗旨，傅君说，共有四项：一振兴教育，二提倡民气，三改良社会，四主张自治。其实这都是门面话，骨子里是要鼓吹革命。他们的意思是要“传布于小学校之青年国民”，所以决定用白话文。胡梓方先生（后来的诗人胡诗庐）作《发刊词》，其中有一段说：

> 今世号通人者，务为艰深之文，陈过高之义，以为士大夫劝，而独不为彼什伯千万倍里巷乡间之子计，则是智益智，愚益愚，智日少，愚日多也。顾可为治乎哉？

又有一位会员署名“大武”，作文《论学官话的好处》，说：

> 诸位呀，要救中国，先要联合中国的人心。要联合中国的人心，先要统一中国的言语。……但现今中国的语言也不知有多少种，如何叫他们合而为一呢？……除了通用官话，更别无法子了。但是官话的种类也很不少，有南方官话，有北方官话，有北京官话。现在中国全国通行官话，只须摹仿北京官话，自成一种普通国语哩。

这班人都到过日本，又多数是中国公学的学生，所以都感觉“普通国语”的需要。“国语”一个目标，屡见于《竞业旬报》的第一期，可算是提倡最早的了。

《竞业旬报》的第一期是丙午年（1906 年）九月十一日出版的。同住的钟君见我常看小说，又能作古文，就劝我为《旬报》作白话文。第一期里有我的一篇通俗《地理学》，署名“期自胜生”。那时候我正读《老子》，爱上了“自胜者彊”一句话，所以取了个别号叫“希彊”，又自称“期自胜生”。这篇文字是我的第一篇白话文字，所以我抄其中说“地球是圆的”一段在这里做一个纪念：

> 譬如一个人立在海边，远远的望这来往的船只。那来的船呢，一定是先看见它的桅杆顶，以后方能看见它的风帆，它的船身一定在最后方可看见。那去的船呢，却恰恰与来的相反，它的船身一定先看不见，然后看不见它的风帆，直到后来方才看不见它的桅杆顶。这是什么缘故呢？因为那地是圆的，所以来的船在那地的低处慢慢行上来，我们看去自然先看见那桅杆顶了。那去的船也是这个道理，不过同这相反罢了。诸君们如再不相信，可提一只苍蝇摆在一只苹果上，叫他从下面爬到上面来，可不是先看见他的头然后再看见他的脚么？……

这段文字已充分表现出我的文章的长处和短处了。我的长处是明白清楚，短处是浅显。这时候我还不满 15 岁。25 年来，我抱定一个宗旨，做文字必须要叫人懂得，所以我从来不怕人笑我的文字浅显。

我做了一个月的白话文，胆子大起来了，忽然决心做一个长篇的章回小说。小说的题目叫做《真如岛》，用意是“破除迷信，开通民智”。我拟了 40 回的题目，便开始写下去了。第一回就在《旬报》第 3 期上发表（丙午十月初一日），回目是：

> 虞善仁疑心致疾
> 孙绍武正伦祛迷

这小说的开场一段是：

> 话说江西广信府贵溪县城外有一个热闹的市镇叫做神权镇，镇上有一条街叫做福儿街。这街尽头的地方有一所高大的房子。有一天下午的时候，这屋的楼上有二人在那里说话。一个是一位老人，年纪大约五十以外的光景，鬓发已略有些花白了，躺在一张床上，把头靠近床沿，身上盖了一条厚被，面上甚是消瘦，好像是重病的模样。一个是一位十八九岁的后生，生得仪容端正，气概轩昂，坐在床前一只椅子上，听那个老人说话。……

我小时候最痛恨道教，所以这部小说的开场白就放在张天师的家乡。但我实在不知道贵溪县的地理风俗，所以不久我就把书中的主人翁孙绍武搬到我们徽州去了。

《竞业旬报》出到第10期，便停办了。我的小说续到第六回，也停止了。直到戊申年（1908年）三月十一日，《旬报》复活，第11期才出世。但傅君健已不来了，编辑无人负责，我也不大高兴投稿了。到了戊申七月，《旬报》第24期以下就归我编辑。从第24期到第38期，我做了不少的文字，有时候全期的文字，从论说到新闻，差不多都是我做的。《真如岛》也从24期上续作下去，续到第11回，《旬报》停刊了，我的小说也从此停止了。这时期我改用了“铁儿”的笔名。

这几十期的《竞业旬报》给了我一个绝好的机会，使我可以把在家乡和学校得着的一点点知识和见解，整理一番，用明白清晰的文字叙述出来。《旬报》的办事人从来没有干涉我的言论，所以我能充分发挥我的思想，尤其是我对宗教迷信的思想。例如《真如岛》小说第八回里，孙绍武这样讨论“因果”的问题：

> 这“因果”二字，很难说的。从前有人说，“譬如窗外这一枝花儿，枝枝朵朵都是一样，何曾有什么好歹善恶的分别？不多一会，起了一阵狂风，把一树花吹一个‘花落花飞飞满天’，那许多花朵，有的吹上帘栊，落在锦茵之上；有的吹出墙外，落在粪溷之中。这落花的好歹不同，难道说是这几枝花的善恶报应不成？”

这话很是，但我的意思却不止此。大约这因果二字是有的。有了一个因，必收一个果。譬如吃饭自然会饱，吃酒自然会醉。有了吃饭吃酒两件原因，自然会生出醉饱两个结果来。但是吃饭是饭的作用生出饱来，种瓜是瓜的作用生出新瓜来。其中并没有什么人为之主宰。如果有什么人为主宰，什么上帝哪，菩萨哪，既能罚恶人于作孽之后，为什么不能禁之于未作孽之前呢？……“天”要是真有这么大的能力，何不把天下的人个个都成了善人呢？……“天”既生了恶人，让他在世间作恶，后来又叫他受许多报应，这可不是书上说的“出尔反尔”么？……总而言之，“天”既不能使人不作恶，便不能罚那恶人。……

落花一段引的是范缜的话（看本书第二章），后半是我自己的议论。这是很不迟疑的无神论。这时候我另在《旬报》上发表了一些《无鬼丛话》，第一条就引用司马温公“形既朽灭，神亦飘散，虽有剉烧舂磨，亦无所施”的话，和范缜“神之于形，犹利之于刀”的话（参看第二章）。第二条引苏东坡的诗：“耕田欲雨刈欲晴，去得顺风来者怨。若使人人祷辄遂，造物应须日千变”。第三条痛骂《西游记》和《封神榜》，其中有这样的话：

夫士君子处颓敝之世，不能摩顶放踵敝口焦舌以挽滔滔之狂澜，曷若隐遁穷邃，与木石终其身！更安忍随波逐流，阿谀取容于当世，用自私利其身？（本条前面说《封神榜》的作者把书稿送给他的女儿作嫁资，其婿果然因此发财，所以此处有“自私利”的话。）天壤间果有鬼神者，则地狱之设正为此辈！此其人更安有著书资格耶！(《丛话》原是用文言作的。)

这是戊申（1908）年八月发表的。谁也梦想不到说这话的小孩子在15年后（1923）居然很热心的替《西游记》作两万字的考证！如果他有好材料，也许他将来还替《封神榜》作考证哩！

在《无鬼丛话》的第三条里，我还接着说：

《王制》有之:“托于鬼神时日卜筮以乱众者，诛。”吾独怪夫数千年来之掌治权者，之以济世明道自期者，乃懵然不之注意，惑世诬民之学说得以大行，遂举我神州民族投诸极黑暗之世界！嗟夫，吾昔谓“数千年来仅得许多脓包皇帝，混帐圣贤”，吾岂好詈人哉？吾其好詈人哉？

这里很有“卫道”的臭味，但也可以表现我在不满17岁时的思想路子。《丛话》第四条说:

吾尝持无鬼之说，论者或咎余，谓举一切地狱因果之说而摧陷之，使人敢于为恶，殊悖先王神道设教之旨。此言余不能受也。今日地狱因果之说盛行，而恶人益多，民德日落，神道设教之成效果何如者！且处兹思想竞争时代，不去此种种魔障，思想又乌从而生耶？

这种夸大的口气，出在一个17岁的孩子的笔下，未免叫人读了冷笑。但我现在回看我在那时代的见解，总算是自己独立想过几年的结果，比起现在一班在几个抽象名词里翻筋斗的少年人们，我还不感觉惭愧。

《竞业旬报》上的一些文字，我早已完全忘记了。前年中国国民党的中央宣传部曾登报征求全份的《竞业旬报》，——大概他们不知道这里面一大半的文字是胡适做的，——似乎也没有效果。我靠几个老朋友的帮助，搜求了几年，至今还不曾凑成全份。今年回头看看这些文字，真有如同隔世之感。但我根本诧异的是有一些思想后来成为我的重要出发点的，在那十七八岁的时候已有了很明白的倾向了。例如我在《旬报》第36期上发表一篇《苟且》，痛论随便省事不肯彻底思想的毛病，说“苟且”二字是中国历史上的一场大瘟疫，把几千年的民族精神都瘟死了。我在《真如岛》小说第11回（《旬报》37期）论扶乩的迷信，也说:

程正翁，你想罢，别说没有鬼神，即使有鬼神，那关帝吕祖何等尊严，岂肯听那一二张符诀的号召？这种道理总算浅极了，稍微想一想，便可懂得。只可怜我们中国人总不肯想，只晓得随波逐流，随声附和。国民愚到这步田地，照我的眼光看来，这都是不肯思想之故。所以宋朝大儒程伊川说："学原于思"，这区区四字简直是千古至言。——郑先生说到这里，回过头来，对翼华翼璜道：程子这句话，你们都可写作座右铭。

"学原于思"一句话是我在澄衷学堂读朱子《近思录》时注意到的。我后来的思想走上了赫胥黎和杜威的路上去，也正是因为我从十几岁时就那样十分看重思想的方法了。

又如那时代我在李莘伯办的《安徽白话报》上发表的一篇《论承继之不近人情》(转载在《旬报》29期)，我不但反对承继儿子，并且根本疑问"为什么一定要儿子？"此文的末尾有一段说：

我如今要荐一个极孝顺永远孝顺的儿子给我们中国四万万同胞。这个儿子是谁呢？便是"社会"。……

你看那些英雄豪杰仁人义士的名誉，万古流传，永不湮没；全社会都崇拜他们，纪念他们；无论他们有子孙没有子孙，我们纪念着他们，总不少减；也只为他们有功于社会，所以社会永远感谢他们，纪念他们。阿呛呛，这些英雄豪杰仁人义士的孝子贤孙多极了，多极了！……一个人能做许多有益于大众有功于大众的事业，便可以把全社会都成了他的孝子贤孙。列位要记得：儿子，孙子，亲生的，承继的，都靠不住。只有我所荐的孝子顺孙是万无一失的。

这些意思，最初起于我小时看见我的三哥出继珍伯父家的痛苦情形，是从一个真问题上慢慢想出来的一些结论。这一点种子，在四五年后，我因读培根(Bacon)的论文有点感触，在日记里写成我的《无后主义》。在十年之后，又因为我母亲之死引起了一些感想，我才写成《不朽：我的宗教》一文，发挥"社会不朽"的思想。

这几十期的《竞业旬报》，不但给我了一个发表思想和整理思想的机会，还给了我一年多作白话文的训练。清朝末年出了不少的白话报，如《中国白话报》,《杭州白话报》,《安徽俗话报》,《宁波白话报》,《潮州白话报》，都没长久的寿命。光绪宣统之间，范鸿仙等办《国民白话日报》，李莘伯办《安徽白话报》，都有我的文字，但这两个报都只有几个月的寿命。《竞业旬报》出到 40 期，要算最长寿的白话报了。我从第一期投稿起，直到它停办时止，中间不过有短时期没有我的文字。和《竞业旬报》有编辑关系的人，如傅君剑，如张丹斧，如叶德争，都没有我的长久关系，也没有我的长期训练。我不知道我那几十篇文字在当时有什么影响，但我知道这一年多的训练给了我自已绝大的好处。白话文从此形成了我的一种工具。七八年之后，这件工具使我能够在中国文学革命的运动里做一个开路的工人。

三

我进中国公学不到半年，就得了脚气病，不能不告假医病。我住在上海南方瑞兴泰茶叶店里养病，偶然翻读吴汝纶选的一种古文读本，其中第四册全是古诗歌。这是我第一次读古体诗歌，我忽然感觉很大的兴趣。病中每天读熟几首。不久就把这一册古诗读完了。我小时曾读一本律诗，毫不觉得有兴味，这回看了这些乐府歌辞和五七言诗歌，才知道诗歌原来是这样自由的，才知道做诗原来不必先学对仗。我背熟的第一首诗是《木兰辞》，第二首是《饮马长城窟行》，第三是《古诗十九首》。一路下去，直到陶潜，杜甫，我都喜欢读。读完了吴汝纶的选本，我又在二哥的藏书里寻到了《陶渊明集》和《白香山诗选》，后来又买了一部《杜诗镜诠》。这时期我专读古体歌行，不肯再读律诗；偶然也读一些五七言绝句。

有一天，我回学堂去，路过《竞业旬报》社，我进去看傅君剑，他说不久就要回湖南去了。我回到了宿舍，写了一首送别诗，自己带给君剑，问他像不像诗。这诗我记不得了，只记得开端是“我以何因缘，得交傅君剑”。君剑很夸奖我的送别诗，但我终有点不自信。过了一天，他送了一首《留别适之即和赠别之作》来，用日本卷笺写好，我打开一看，真吓了一跳。他诗中有“天下英雄君与我，文章知己友兼师”两句，在我这刚满 15 岁的小孩子眼里，这真是受宠若惊了！“难道他是说谎话哄小孩子吗？”我忍不住这样想。君剑这副诗笺，我赶快藏了，不敢给人看。然而他这两句鼓励小孩子的话可害苦我了，从此以后，我就发愤读诗，想要做个诗人了。有时候，我在课堂上，先生在黑板上解高等代数的算式，我却在斯密司的《大代数学》底下翻《诗韵合璧》，练习簿上写的不是算式，是一首未完的纪游诗。一两年前我半夜里偷点着蜡烛，伏在枕头上演习代数问题，那种算学兴趣现在都被做诗的新兴趣赶跑了！我在脚气病的几个月之中发见了一个新世界，同时也决定了我一生的命运。我从此走上了文学史学的路，后来几次想矫正回来，想走到自然科学的路上去，但兴趣已深，习惯已成，终无法挽回了。

丁未正月（1907）我游苏州，三月与中国公学全体同学旅行到杭州，我都有诗纪游。我那时全不知道“诗韵”是什么，只依家乡的方音，念起来同韵便算同韵。在西湖上写了一首绝句，只押了两个韵脚，杨千里先生看了大笑，说，一个字在“尤”韵，一个字在“萧”韵。他替我改了两句，意思全不是我的了。我才知道做诗要硬记诗韵，并且不妨牺牲诗的意思来迁就诗的韵脚。

丁未五月，我因脚气病又发了，遂回家乡养病（我们徽州人在上海得了脚气病，必须赶紧回家乡，行到钱塘江的上游，脚肿便渐渐退了）。我在家中住了两个多月，母亲很高兴。从此以后，我十年不归家（1907—1917），那是母亲和我都没有料到的。那一次在家，和近仁叔相聚甚久，他很鼓励我做诗。在家中和路上我都有诗。这时候我读了不少白居易的诗，所以我这时期的诗，如在家乡做的《弃父行》，很表现《长庆集》的影响。

丁未以后，我在学校里颇有少年诗人之名，常常和同学们唱和。有一次我做了一首五言律诗，押了一个“赪”字韵，同学和教员和作的诗有十几首之多。同学中如汤昭（保民），朱经（经农），任鸿隽（叔永），沈翼孙（燕谋）等都能作诗；教员中如胡梓方先生，石一参先生等，也都爱提倡诗词。梓方先生即是后来出名的诗人胡诗庐，这时候他教我们的英文，英文教员能做中国诗词，这是当日中国公学的一种特色。还有一位英文教员姚康侯先生，是辜鸿铭先生的学生，也是很讲究中国文学的，辜先生译的《痴汉骑马歌》，其实是姚康侯先生和几位同门修改润色的。姚先生在课堂上常教我们翻译，从英文译汉文，或从汉文译英文。有时候，我们自己从读本里挑出爱读的英文诗，邀几个能诗的同学分头翻译成中国诗，拿去给姚先生和胡先生评改。姚先生常劝我们看辜鸿铭译的《论语》，他说这是翻译的模范。但五六年后，我得读辜先生译的《中庸》，感觉很大的失望。大概当时所谓翻译，都侧重自由的意译，务必要“典雅”，而不妨变动原文的意义与文字。这种训练也有他的用处，可以使学生时时想到中西文字异同之处，时时想到某一句话应该怎样翻译，才可算“达”与“雅”。我记得我们试译一首英文诗，中有 Scarecrow 一个字，我们大家想了几天，想不出一个典雅的译法。但是这种工夫，现在回想起来，不算是浪费了的。

我初学做诗，不敢做律诗，因为我不曾学过对对子，觉得那是很难的事。戊申（1908）以后，我偶然试做一两首五言律诗来送朋友，觉得并不很难，后来我也常常做五七律诗了。做惯律诗之后，我才明白这种体裁是似难而实易的把戏；不必有内容，不必有情绪，不必有意思，只要会变戏法，会搬运典故，会调音节，会对对子，就可以诌成一首律诗。这种体裁最宜于做没有内容的应酬诗，无论是殿廷上应酬皇帝，或寄宿舍里送别朋友，把头摇几摇，想出了中间两联，凑上一头一尾，就是一首诗了；如果是限韵或和韵的诗，只消从韵脚上去着想，那就更容易了。大概律诗的体裁和步韵的方法所以不能废除，正因为这都是最方便的戏法。我那时读杜甫的五言律诗最多，所以我做的五律颇受他的影响。七言律诗，我觉得没有一首能满意的，所以我做了几首之后就不做了。

现在我把我在那时做的诗抄几首在这里，也算一个时期的纪念：

秋日梦返故居（戊申八月）
秋高风怒号，客子中怀乱。
抚枕一太息，悠悠归里闬。
入门拜慈母，母方抚孙玩。
齐儿见叔来，牙牙似相唤。
拜母复入室，诸嫂同炊爨。
问答乃未已，举头日已旰。

方期长聚首，岂复疑梦幻？
年来历世故，遭际多忧患。
耿耿苦思家，听人讥斥鷃。
（玩字原作弄，是误用方音，前年改玩字。）

军人梦（译 Thomas Campbell's
A Soldier's Dream）（戊申）

笳声销歇暮云沉，耿耿天河灿列星。
战士创痍横满地，倦有酣眠创者逝。
枕戈藉草亦蘧然，时见刍人影摇曳。
长夜沉沉夜未央，陶然入梦已三次。
梦中忽自顾，身已离队伍，
秋风拂襟袖，独行殊踽踽。
惟见日东出，迎我归乡土。
从横阡陌间，尽是钓游迹。
时闻老农刈稻歌，又闻牛羊嗥山脊。
归来戚友咸燕集，誓言不复相离别。
娇儿数数亲吾额，少妇情深自呜咽。
举宝争言君已倦，幸得归休免征战。
惊回好梦日熹微，梦魂渺渺成虚愿。
（刍人原作刍灵，今年改）

酒醒（已酉）

酒能消万虑，已分醉如泥。
烛泪流干后，更声断续时。
醒来还苦忆，起坐一沉思。
窗外东风峭，星光淡欲垂。

女优陆菊芬演《纺棉花》（已酉）

永夜亲机杼，悠悠念远人。
朱弦纤指弄，一曲翠眉颦。

满座天涯客，无端旅思新。
未应儿女语，争奈不胜春！

秋柳　有序（已酉）
秋日适野，见万木皆有衰意。
而柳以弱质，际兹高秋，独能迎
风而舞，意态自如。岂老氏所得
能以弱者存耶？感而赋之。
但见萧飕万木摧，尚余垂柳拂人来。
西风莫笑长条弱，也向西风舞一回。
（西风莫笑，原作“凭君漫说”，民国五年改。长条原作“柔条”，十八年改。）

我怎样到外国去

一

戊申（1908）九月间，中国公学闹出了一次大风潮，结果是大多数学生退学出来，另组织一个中国新公学。这一次风潮为的是一个宪法的问题。

中国公学在最初的时代，纯然是一个共和国家，评议部为最高立法机关，执行部的干事即由公选产生出来。不幸这种共和制度实行了九个月（丙午二月至十一月），就修改了。修改的原因，约有几种：一是因为发起的留日学生逐渐减少，而新招来的学生逐渐加多，已不是当初发起时学生与办事人完全不分界限的情形了。二是因为社会和政府对于这种共和制度都很疑忌。三是因为公学既无校舍，又无基金，有请求官款补助的必要，所以不能不避免外界对于公学内部的疑忌。

为了这种种原因，公学的办事人就在丙午（1906）年的冬天，请了郑孝胥、张謇、熊希龄等几十人作中国公学的董事，修改章程，于是学生主体的制度，就变成了董事会主体的制度。董事会根据新章程，公举郑孝胥为监督。一年后，郑孝胥辞职，董事会又举夏敬观为监督。这两位都是有名的诗人，他们都不常到学校，所以我们也不大觉得监督的可畏。

可是在董事会与监督之下，公学的干事就不能由同学公选了。评议部是新章所没有的。选举的干事改为学校聘任的教务长，庶务长，斋务长了。这几位办事人，外面要四出募捐，里面要担负维持学校的责任，自然感觉他们的地位有稳定的必要。况且前面已说过，校章的修改也不是完全没有理由的。但我们少年人可不能那样想。中国公学的校章上明明载着"非经全体三分之二承认，不得修改"。这是我们的宪法上载着的唯一的修正方法。三位干事私自修改校章；是非法的。评议部的取消也是非法的。这里面也还有个人的问题。当家日子久了，总难免"猫狗皆嫌"，何况同学之中有许多本是干事诸君的旧日同辈的朋友呢！在学校上课的同学自然在学业上日日有长进，而干事诸君办事久了，学问上没有进境，却当着教务长一类的学术任务，自然有时难免受旧同学的轻视。法的问题和这种人的问题混合在一块，风潮就不容易避免了。

代议制的评议部取消之后，全体同学就组织了一个"校友会"，其实就等于今日各校的学生会。校友会曾和三干事争了几个月，干事答应了校章可由全体学生修改。又费了几个月的时间，校友会把许多修正案整理成一个草案，又开了几次会，才议定了一个校章。一年多的争执，经过了多少度的磋商，新监督夏先生与干事诸君均不肯承认这新改的校章。

到了戊申（1908）九月初三日，校友会开大会报告校章交涉的经过，会尚未散，监督忽出布告，完全否认学生有订改校章之权，这竟是完全取消干事承认全体修改校章的布告了。接着又出了两道布告，一道说"集会演说，学堂悬为严禁。……校友会以后不准再行开会"。一道说学生代表朱经朱绂华"倡首煽众，私发传单，侮辱职员，要挟发布所自改印章程，屡诫不悛，纯用意气，实属有意破坏公学。照章应即斥退，限一日内搬移出校"。

初四日，全体学生签名停课，在操场上开大会。下午干事会又出布告，开除学生罗君毅，周烈忠，文之孝等七人，并且说："如仍附从停课，即当将停课学生全行解散，另行组织。”初五日，教员出来调停，想请董事会出来挽救。但董事会不肯开会。初七日学生大会遂决议筹备万一学校解散后的办法。

初八日董事陈三立先生出来调停，但全校人心已到了很激昂的程度，不容易挽回了。初九日，校中布告：“今定于星期日暂停膳食。所有被胁诸生可先行退出校外，暂住数日。准于今日午后一时起，在环球中国学生会发给旅膳费。俟本公学将此案办结后，再行布告来校上课。”

这样的压迫手段激起了校中绝大多数同学的公愤。他们决定退学，遂推举干事筹备另创新校的事。退学的那一天，秋雨淋漓，大家冒雨搬到爱而近路庆祥里新租的校舍里。厨房虽然寻来了一家，饭厅上桌凳都不够，碗碟也不够。大家都知道这是我们自己创立的学校，所以不但不叫苦，还要各自掏腰包，捐出钱来作学校的开办费。有些学生把绸衣，金表，都拿去当了钱来捐给学堂做开办费。

十天之内，新学校筹备完成了，居然聘教员，排功课，正式开课了。校名定为“中国新公学”，学生有一百六七十人。在这风潮之中，最初的一年因为我是新学生，又因为我告了长时期的病假，所以没有参与同学和干事的争执；到了风潮正激烈的时期，我被举为大会书记，许多记录和宣言都是我做的；虽然不在被开除之列，也在退学之中。朱经，李琴鹤，罗君毅被举做干事。有许多旧教员都肯来担任教课。学校虽然得着社会上一部分人的同情，捐款究竟很少，经常费很感觉困难。李琴鹤君担任教务干事，有一天他邀我到他房里谈话，他要我担任低年级各班的英文，每星期教课 30 点钟，月薪 80 元；但他声明，自家同学作教员，薪俸是不能全领的，总得欠着一部分。

我这时候还不满 17 岁，虽然换了三个学堂，始终没有得着一张毕业证书。我若继续上课，明年可以毕业了。但我那时确有不能继续求学的情形。我家本没有钱。父亲死后，只剩下几千两的存款，存在同乡店家生息，一家人全靠这一点出息过日子。后来存款的店家倒账了，分摊起来，我家分得一点小店业。我的二哥是个有干才的人，他往来汉口上海两处，把这点小店业变来变去，又靠他的同学朋友把他们的积蓄寄存在他的店里，所以他能在几年之中合伙撑起一个规模较大的瑞兴泰茶叶店。但近几年之中，他的性情变了，一个拘谨的人变成了放浪的人；他的费用变大了，精力又不能贯注到店事，店中所托的人又不很可靠，所以店业一年不如一年。后来我家的亏空太大了，上海的店业不能不让给债权人。当戊申的下半年，我家只剩汉口一所无利可图的酒栈（两仪栈）了。这几个月以来，我没有钱住宿舍，就寄居在《竞业旬报》社里（也在庆祥里）。从七月起，我担任《旬报》的编辑，每出一期报，社中送我十块钱的编辑费。住宿和饭食都归社中担负。我家中还有母亲，眼前就得要我寄钱赡养了。母亲也知道家中破产就在眼前，所以寄信来要我今年回家去把婚事办了。我斩钉截铁的阻止了这件事，名义上是说求学要紧，其实是我知道家中没有余钱给我办婚事，我也没有钱养家。

正在这个时候，李琴鹤君来劝我在新公学作教员。我想了一会，就答应了。从此以后，我每天教六点钟的英文，还要改作文卷子。十七八岁的少年人，精力正强，所以还能够勉强支持下去，直教到第二年（1909）冬天中国新公学解散时为止。

以学问论，我那时怎配教英文？但我是个肯负责任的人，肯下苦功去预备功课，所以这一年之中还不曾有受窘的时候。我教的两班后来居然出了几个有名的人物：毓泰（树人），杨铨（杏佛），严庄（敬齐），都做过我的英文学生。后来我还在校外收了几个英文学生，其中有一个就是张奚若。可惜他们后来都不是专习英国文学；不然，我可真“抖”了！

《竞业旬报》停刊之后，我搬进新公学去住。这一年的教书生活虽然很苦，于我自己却有很大的益处。我在中国公学两年，受姚康侯和王云五两先生的影响很大，他们都最注重文法上的分析，所以我那时虽不大能说英国话，却喜欢分析文法的结构，尤其喜欢拿中国文法来做比较。现在做了英文教师，我更不能不把字字句句的文字弄的清楚。所以这一年之中，我虽没有多读英国文学书，却在文法方面得着很好的练习。

中国新公学在最困苦的情形之下支持了一年多，这段历史是很悲壮的。那时候的学堂多不讲究图书仪器的设备，只求做到教员好，功课紧，管理严，就算好学堂了。新公学的同学因为要争一口气，所以成绩很好，管理也不算坏。但经费实在太穷，教员只能拿一部分的薪俸，干事处常常受收房捐和收巡捕捐的人的恶气；往往因为学校不能付房捐与巡捕捐，同学们大家凑出钱来，借给干事处。有一次干事朱经农君（即朱经）感觉学校经费困难已到了绝地，他忧愁过度，神经错乱，出门乱走，走到了徐家汇的一条小河边，跳下河去，幸遇人救起，不曾丧命。

这时候，中国公学的吴淞新校舍已开始建筑了，但学生很少。内地来的学生，到了上海，知到了两个中国公学的争持，大都表同情于新公学，所以新公学的学生总比老公学多。例如张奚若（原名耘）等一些陕西学生，到了上海，赶不上招考时期，他们宁可在新公学附近租屋补习，却不肯去老公学报名。所以"中国新公学"的招牌一天不去，"中国公学"是一天不得安稳发展的。老公学的职员万不料我们能支持这么久。他们也知道我们派出去各省募捐的代表，如朱绂华、朱经农、薛传斌等，都有有力的介绍，也许有大规模的官款补助的可能。新公学募捐若成功，这个对峙的局面更不容易打消了。

老公学的三干事之中，张邦杰（俊生）先生当风潮起时在外省募捐未归；他回校后极力主张调停，收回退学的学生。不幸张先生因建筑吴淞校舍，积劳成疾，不及见两校的合并就死了。新公学董事长李平书先生因新校经济不易维持，也赞成调停合并。调停的条件大致是：凡新公学的学生愿意回去的，都可回去；新公学的功课成绩全部承认；新公学所有亏欠的债务，一律由老公学担负清偿。新公学一年之中亏欠已在一万元以上，捐款究竟只是种不能救急的希望；职员都是少年人，牺牲了自己的学业来办学堂，究竟不能持久。所以到了己酉（1909）十月，新公学接受了调停的条件，决议解散：愿回旧校者，自由回去。我有题新校合影的五律二首，七律一首，可以纪念我们在那时候的感情，所以我抄在这里：

十月题新校合影，时公学将解散

无奈秋风起，艰难又一年。颠危俱有责，成败岂由天？黯黯愁兹别，悠悠祝汝贤。不堪回首处，沧海已桑田。此地一为别，依依无限情。凄凉看日落，萧瑟听风鸣。应有天涯感，无忘城下盟！相携入图画，万虑苦相萦。

十月再题新校教员合影

也知湖越同舟谊，无奈惊涛动地来。江上飞鸟犹绕树，尊前残烛已成灰。昙花幻相空余恨，鸿爪遗痕亦可哀。莫笑劳劳作刍狗，且论臭味到岑苔。

这都算不得诗，但“应有天涯感，无忘城下盟”两句确是当时的心理。合并之后，有许多同学都不肯回老公学去，也是为此。这一年的经验，为一个理想而奋斗，为一个团体而牺牲，为共同生命而合作，这些都在我们 160 多人的精神上留下磨不去的影子。20 多年来，无人写这一段历史，所以我写这几千字，给我的一班老同学留一点“鸿爪遗痕”。

少年人的理想主义受打击之后，反动往往是很激烈的。在戊申己酉（1908—1909）两年之中，我的家事败坏到不可收拾的地步。己酉年，大哥和二哥回家，主张分析家产；我写信回家，说我现在已能自立了，不要家中的产业。其实家中本没有什么产业可分，分开时，兄弟们每人不过得着几亩田，半所屋而已。那一年之中，我母亲最心爱的一个妹子和一个弟弟先后死了，她自己也病倒了。我在新公学解散之后，得了两三百元的欠薪，前途茫茫，毫无把握，那敢回家去？只好寄居在上海，想寻一件可以吃饭养家的事。在那个忧愁烦闷的时候，又遇着一班浪漫的朋友，我就跟着他们堕落了。

〔注〕这一段是去年（1931）夏间写的，写成之后，我恐怕我的记载有不正确或不公平的地方，所以把原稿送给王敬芳先生（搏沙），请他批评修改。他是我们攻击的干事之一，是当日风潮的一个主要目标。但事隔 20 多年，我们都可以用比较客观的眼光来回看当年的旧事了。他看了之后，写了一封几千字的长信给我，承认我的话“说的非常心平气和，且设身处地的委曲体谅，令我极端佩服”，又指出一些与当日事实不符的地方。他指出的错误，我都改正了。所以这一段小史，虽是 20 多年后追记的，应该没有多大的错误。我感谢王先生的修正，并且盼望我的老同学朱经农、罗君毅诸先生也给我同样的修正。

王先生在他的长信里说了几句很感慨的话，我认为很值得附录在此。他说："我是当初反对取缔规则最力的人，但是今日要问我取缔规则到底对于中国学生有多大害处，我实在答应不出来。你是当时反对公学最力的人，看你这篇文章，今昔观察也就不同的多了。我想青年人往往因感情的冲动，理智便压抑了。中国学校的风潮，大多数是由于这种原因。学校中少一分风潮，便多一分成就。盼望你注意矫正这种流弊。"

我是赞成这话的，但是我要补充一句：学校的风潮不完全由于青年人的理智被感情压抑了，其中往往是因为中年人和青年人同样失去了运用理智的能力。专责备青年人是不公允的。中国公学最近几次的风潮都是好例子。

廿一，九，廿七。

二

中国新公学有一个德国教员，名叫何德梅（Ottomeir），他的父亲是德国人，母亲是中国人，他能说广东话，上海话，官话。什么中国人的玩意儿，他全会。我从新公学出来，就搬在他隔壁的一所房子里住，这两所房子是通的，他住东屋，我和几个四川朋友住西屋。和我同住的人，有林君墨（恕），但怒刚（懋辛）诸位先生；离我们不远，住着唐桂梁（蟒）先生，是唐才常的儿子。这些人都是日本留学生，都有革命党的关系；在那个时候各地的革命都失败了，党人死的不少，这些人都很不高兴，都很牢骚。何德梅常邀这班人打麻将，我不久也学会了。我们打牌不赌钱，谁赢谁请吃雅叙园。我们这一班人都能喝酒，每人面前摆一大壶，自斟自饮。从打牌到喝酒，从喝酒又到叫局，从叫局到吃花酒，不到两个月，我都学会了。

幸而我们都没有钱，所以都只能玩一点穷开心的玩意儿：赌博到吃馆子为止，逛窑子到吃"镶边"的花酒或打一场合股份的牌为止。有时候，我们也同去看戏。林君墨和唐桂梁请了一位小喜禄来教我们唱戏，同学之中有欧阳予倩，后来成了中国戏剧界的名人。我最不行，一句也学不会，不上两天我就不学了。此外，我还有一班小朋友，同乡有许怡荪，程乐亭，章希吕诸人，旧同学有郑仲诚，张蜀川，郑铁如诸人。怡荪见我随着一班朋友发牢骚，学堕落，他常常规劝我。但他在吴淞复旦公学上课，是不常来的，而这一班玩的朋友是天天见面的，所以我那几个月之中真是在昏天黑地里胡混。有时候，整夜的打牌；有时候，连日的大醉。

有一个晚上，闹出乱子来了。那一晚我们在一家“堂子”里吃酒，喝的不少了，出来又到一家去“打茶围”。那晚上雨下的很大，下了几点钟还不止。君墨桂梁留我打牌，我因为明天要教书（那时我在华童公学教小学生的国文），所以独自雇人力车走了。他们看我能谈话，能在一叠“局票”上写诗歌，都以为我没有喝醉，也就让我一个人走了。

其实我那时已大醉了，谈话写字都只是我的“下意识”的作用，我全不记忆。出门上车以后，我就睡着了。

直到第二天天明时，我才醒来，眼睛还没有睁开，就觉得自己不是睡在床上，是睡在硬的地板上！我疑心昨夜喝醉了，睡在家中的楼板上，就喊了一声“老彭！”——老彭是我雇的一个湖南仆人，喊了两声，没有人答应，我已经坐起来了，眼也睁开了。

奇怪得很！我睡在一间黑暗的小房里，只有前面有亮光，望出去好像没有门。我仔细一看，口外不远还好像有一排铁栅栏。我定神一听，听见栏杆外有皮鞋走路的声响。一会儿，狄托狄托的走过来了，原来是一个中国巡捕走过去。

我有点明白了，这大概是巡捕房，只不知道我怎样到了这儿来的。我想起来问一声，这时候才觉得我一只脚上没有鞋，又觉得我身上的衣服都是湿透了的。我摸来摸去，摸不着那一只皮鞋；只好光着一只袜子站起来，扶着墙壁走出去，隔着栅栏招呼那巡捕，问他这是什么地方。

他说：“这是巡捕房。”

“我怎么会进来的？”

他说：“你昨夜喝醉了酒，打伤了巡捕，半夜后进来的。”

“什么时候我可以出去？”

"天刚亮一会，早呢！八点钟有人来，你就知道了。"

我在亮光之下，才看见我的旧皮袍不但是全湿透了，衣服上还有许多污泥，并且有破皮的疤痕。难道我真同人打了架吗？

这是一个春天的早晨，一会儿就是八点钟了。果然有人来叫我出去。

在一张写字桌边，一个巡捕头坐着，一个浑身泥污的巡捕立着回话。那巡捕头问：

"就是这个人？"

"就是他。"

"你说下去。"

那混身泥污的巡捕说：

"昨夜快 12 点钟时候，我在海宁路上班，雨下的正大。忽然（他指着我）他走来了，手里拿着一只皮鞋敲着墙头，狄托狄托的响。我拿巡捕灯一照，他开口就骂。"

"骂什么？"

"他骂'外国奴才'！我看他喝醉了，怕他闯祸，要带他到巡捕房里来。他就用皮鞋打我，我手里有灯，抓不住他，被他打了好几下。后来我抱住他，抢了他的鞋子，他就和我打起来了。两个人抱住不放，滚在地上。下了一夜大雨，马路上都是水，两个人在泥水里打滚。我的灯也打碎了，身上脸上都被他打了。他脸上的伤是在石头上擦破了皮，我吹了叫子，唤住了一部空马车，两个马夫帮我捉住他，关在马车里，才能把他送进来。我的衣服是烘干了，但是衣服上的泥都不敢弄掉，这都是在马路当中滚的。"

我看他脸上果然有伤痕，但也像是擦破了皮，不像是皮鞋打的。他解开上身，也看不出什么伤痕。

巡捕头问我，我告诉了我的真姓名和职业，他听说我是在华童公学教书，自然不愿得罪我。他说，还得上堂问一问，大概要罚几块钱。

他把桌子上放着的一只皮鞋和一条腰带还给我。我穿上了鞋子，才想起我本来穿有一件缎子马褂。我问他要马褂，他问那泥污的巡捕，他回说："昨夜他就没有马褂。"

我心里明白了。

我住在海宁路的南林里，那一带在大雨的半夜里是很冷静的。我上了车就睡着了。车夫到了南林里附近，一定是问我到南林里第几衖。我大概睡的很熟，不能回答了。车夫叫我不醒，也许推我不醒，他就起了坏心思，把我身上的钱摸去了，又把我的马褂剥去了。帽子也许是他拿去了的，也许是丢了的。他大概还要剥我的皮袍，不想这时候我的“下意识”醒过来了，就和他抵抗。那一带是没有巡捕的，车夫大概是拉了车子跑了，我大概追他不上，自己也走了。皮鞋是跳舞鞋式的，没有鞋带，所以容易掉下来；也许是我跳下车来的时候就掉下来了，也许我拾起了一只鞋子来追赶那车夫。车夫走远了，我赤着一只脚在雨地里自然追不上。我慢慢的依着“下意识”走回去。醉人往往爱装面子，所以我丢了东西反唱起歌来了，——也许唱歌是那个巡捕的胡说，因为我的意识生活是不会唱歌的。

这是我自己用想像来补充的一段，是没有法子证实的了。但我想到在车上熟睡的一段，不禁有点不寒而栗，身上的水湿和脸上的微伤哪能比那时刻的生命危险呢？

巡捕头许我写一封短信叫人送到我的家中。那时候郑铁如（现在的香港中国银行行长）住在我家中，我信上托他带点钱来准备罚款。

上午开堂问事的时候，几分钟就完了，我被罚了五元，做那个巡捕的养伤费和赔灯费。

我到了家中，解开皮袍，里面的棉袄也湿透了，一解开来，里面热气蒸腾：湿衣裹在身上睡了一夜，全蒸热了！我照镜子，见脸上的伤都只是皮肤上的微伤，不要紧的。可是一夜的湿气倒是可怕。

同住的有一位四川医生，姓徐，医道颇好。我清他用猛药给我解除湿气。他下了很重的泻药，泄了几天；可是后来我手指上和手腕上还发出了四处的肿毒。

那天我在镜子里看见我脸上的伤痕，和浑身的泥湿，我忍不住叹一口气，想起“天生我材必有用”的诗句，心里百分懊悔，觉得对不住我的慈母，——我那在家乡时时刻刻悬念着我，期望着我的慈母！我没有掉一滴眼泪，但是我已经过了一次精神上的大转机。

我当日在床上就写信去辞了华童公学的职务，因为我觉得我的行为玷辱了那个学校的名誉。况且我已决心不做那教书的事了。

那一年（庚戌，1910）是考试留美赔款官费的第二年。听说，考试取了备取的还有留在清华学校的希望。我决定关起门来预备去应考试。

许怡荪来看我，也力劝我摆脱一切去考留美官费。我所虑的有几点：一是要筹养母之费，二是要还一点小债务，三是要筹两个月的费用和北上的旅费。怡荪答应替我去设法。后来除他自己之外，帮助我的有程乐亭的父亲松堂先生，和我的族叔祖节甫先生。

我闭户读了两个月的书，就和二哥绍之一同北上。到了北京，蒙二哥的好朋友杨景苏先生（志洵）的厚待，介绍我住在新在建筑中的女子师范学校（后来的女师大）校舍里，所以费用极省。在北京一个月，我不曾看过一次戏。

杨先生指点我读旧书，要我从《十三经注疏》用功起。我读汉儒的经学，是从这个时候起的。留美考试分两场，第一场考国文英文，及格者才许考第二场的各种科学。国文试题为“不以规矩不能成方圆说”，我想这个题目不容易发挥，又因我平日喜欢看杂书，就做了一篇乱谈考据的短文，开卷就说：

矩之作也，不可考矣。规之作也，其在周之末世乎？下文我说《周髀算经》作圆之法足证其时尚不知道用规作圆；又孔子说“不踰矩”，而不并举规矩，至墨子孟子始以规矩并用，足证规之晚出。这完全是一时异想天开的考据，不料那时看卷子的先生也有考据癖，大赏识这篇短文，批了100分。英文考了60分，头场平均80分，取了第10名。第二场考的各种科学，如西洋史，如动物学，如物理学，都是我临时抱佛脚预备起来的，所以考的很不得意。幸亏头场的分数占了大便宜，所以第二场我还考了个第55名。取送出洋的共70名，我很挨近榜尾了。

南下的旅费是杨景苏先生借的。到了上海，节甫叔祖许我每年遇必要时可以垫钱寄给我的母亲供家用。怡荪也答应帮忙。没有这些好人的帮助，我是不能北去，也不能放心出国的。

我在学校里用胡洪骍的名字；这回北上应考，我怕考不取为朋友学生所笑，所以临时改用胡适的名字。从此以后，我就叫胡适了。

二十一，九，二十七夜。

逼上梁山

——文学革命的开始

胡　适

一

提起我们当时讨论“文学革命”的起因，我不能不想到那时清华学生监督处的一个怪人。这个人叫做钟文鳌，他是一个基督教徒，受了传教士和青年会的很大的影响。他在华盛顿的清华学生监督处做书记，他的职务是每月寄发各地学生应得的月费。他想利用他发支票的机会来做一点社会改革的宣传。他印了一些宣传品，和每月的支票夹在一个信封里寄给我们。他的小传单有种种花样，大致是这样的口气：

“不满25岁不娶妻。”

“废除汉字，取用字母。”

“多种树，种树有益。”

支票是我们每月渴望的；可是钟文鳌先生的小传单未必都受我们的欢迎。我们拆开信，把支票抽出来，就把这个好人的传单抛在字纸篓里去。

可是，钟先生的热心真可厌！他不管你看不看，每月总照样夹带一两张小传单给你。我们平时厌恶这种青年会宣传方法的，总觉得他这样滥用职权是不应该的。有一天，我又接到了他的一张传单，说中国应该改用字母拼音；说欲求教育普及，非有字母不可。我一时动了气，就写了一封短信去骂他，信上的大意是说："你们这种不通汉文的人，不配谈改良中国文字的问题。你要谈这个问题，必须先费几年功夫，把汉文弄通了，那时你才有资格谈汉字是不是应该废除。"

这封信寄出去之后，我就有点懊悔了。等了几天，钟文鳌先生没有回信来，我更觉得我不应该这样"盛气凌人"。我想，这个问题不是一骂就可完事的。我既然说钟先生不够资格讨论此事，我们够资格的人就应该用点心思才力去研究这个问题。不然，我们就应该受钟先生训斥了。

那一年恰好东美的中国学生会新成立了一个"文学科学研究部"(Institute of Arts and Sciences)，我是文学股的委员，负有准备年会时分股讨论的责任。我就同赵元任先生商量，把"中国文字的问题"作为本年文学股的论题，由他和我两个人分做两篇论文，讨论这个问题的两个方面：赵君专论《吾国文字能否采用字母制，及其进行方法》；我的题目是《如何可使我国文言易于教授》。赵君后来觉得一篇不够，连做了几篇长文，说吾国文字可以采用音标拼音，并且详述赞成与反对的理由。他后来是《国语罗马字》的主要制作人；这几篇主张中国拼音文字的论文是国语罗马字的历史的一种重要史料。

我的论文是一种过渡时代的补救办法。我的日记里记此文大旨如下：

(一)汉文问题之中心在于"汉文究可为传授教育之利器否"一问题。

(二)汉文所以不易普及者，其故不在汉文，而在教之之术之不完。同一文字也，甲以讲书之故而通文，能读书作文；乙以徒事诵读不求讲解之故而终身不能读书作文。可知受病之源在于教法。

(三)旧法之弊，盖有四端：

(1)汉文乃是半死之文字，不当以教活文字之法教之(活文字者，日用话言之文字，如英、法文是也，如吾国之白话是也。死文字者，如希腊、拉丁，非日用之语言，已陈死矣。半死文字者，以其中尚有日用之分子在也。如犬字是已死之字，狗字是活字；乘马是死语，骑马是活语。故曰半死之文字也)。旧法不明此义，以为徒事朗诵，可得字义，此其受病之源。教死文字之法，与教外国文字略相似，须用翻译之法，译死话为活语，前谓"讲书"是也。

(2)汉文乃是视官的文字，非听官的文字。凡一字有二要，一为其声，一为其义：无论何种文字，皆不能同时并达此二者。字母的文字但能传声，不能达意，象形会意之文字，但可达意而不能传声。今之汉文已失象形会意指事之特长；而教者又不复知说文学。其结果遂令吾国文字既不能传声，又不能达意。向之有一短者，今乃并失其所长。学者不独须强记字音，又须强记字义，是事倍而功半也。欲救此弊，当鼓励字源学，当以古体与今体同列教科书中；小学教科当先令童蒙习象形指事之字，次及浅易之会意字，次及浅易之形声字。中学以上皆当习字源学。

（3）吾国文本有文法。文法乃教文字语言之捷径，今当鼓励文法学，列为必须之学科。

（4）吾国向不用文字符号，致文字不易普及；而文法之不讲，亦未始不由于此，今当力求采用一种规定之符号，以求文法之明显易解，及意义之确定不易（以上引 1915 年 8 月 26 日记）。

我是不反对字母拼音的中国文字的；但我的历史训练（也许是一种保守性）使我感觉字母的文字不是容易实行的，而我那时还没有想到白话可以完全替代文言，所以我那时想要改良文言的教授方法，使汉文容易教授。我那段日记的前段还说：

> 当此字母制未成之先，今之文言终不可废置，以其为仅有之各省交通之媒介也，以其为仅有之教育授受之具也。

我提出的四条古文教授法，都是从我早年的经验里得来的。第一条注重讲解古书，是我幼年时最得力的方法。第二条主张字源学是在美国时的一点经验，有一个美国同学跟我学中国文字，我买一部王筠的《文字蒙求》给他做课本觉得颇有功效。第三条讲求文法是我崇拜《马氏文通》的结果，也是我学习英文的经验的教训。第四条讲标点符号的重要也是学外国文得来的教训；我那几年想出了种种标点的符号，1915 年 6 月为《科学》作了一篇《论句读及文字符号》的长文，约有一万字，凡规定符号十种，在引论中我讨论没有符号的三大弊：一为意义不能确定，容易误解，二为无以表示文法上的关系，三为教育不能普及。我在日记里自跋云：

吾之有意于句读及符号之学也久矣。此文乃数年来关于此问题之思想结晶而成者，初非一时兴到之作也。后此文中，当用此制。7月2日。

二

以上是1915年夏季的事。这时候我已承认白话是活文字，古文是半死的文字。那个夏天，任叔永（鸿隽），梅觐庄（光迪），杨杏佛（铨），唐擘黄（钺）都在绮色佳过夏，我们常常讨论中国文学的问题。从中国文字问题转到中国文学问题，这是一个大转变。这一班人中，最守旧的是梅觐庄，他绝对不承认中国古文是半死或全死的文字。因为他的反驳，我不能不细细想过我自己的立场。他越驳越守旧，我倒渐渐变得更激烈了。我那时常提到中国文学必须经过一场革命；"文学革命"的口号，就是那个夏天我们乱谈出来的。

梅觐庄新从芝加哥附近的西北大学毕业出来，在绮色佳过了夏，要往哈佛大学去。9月17日，我做了一首长诗送他，诗中有这两段很大胆的宣言：

梅生梅生毋自鄙！神州文学久枯馁，百年未有健者起。新潮之来不可止；文学革命其时矣！吾辈势不容坐视。且复号召二三子，革命军前杖马箠，鞭笞驱除一车鬼，再拜迎入新世纪！以此报国未云菲：缩地戡天差可儗。梅生梅生毋自鄙！

作歌今送梅生行，狂言人道臣当烹。我自不吐定不快，人言未足为重轻。

在这诗里，我第一次用"文学革命"一个名词。这首诗颇引起了一些小风波。原诗共有420字，全篇用了11个外国字的译音。任叔永把那诗里的一些外国字连缀起来，做了一首游戏诗送我往纽约：

牛敦爱迭孙，培根客尔文，
索虏与霍桑，"烟士披里纯"：

鞭笞一车鬼，为君生琼英。
文学今革命，作歌送胡生。

诗的末行自然是挖苦我的“文学革命”的狂言。所以我可不能把这诗当作游戏看。我在9月19日的日记里记了一行：

任叔永戏赠诗，知我乎？罪我乎？

9月20日，我离开绮色佳，转学到纽约去进哥伦比亚大学，在火车上用叔永的游戏诗的韵脚，写了一首很庄重的答词，寄给绮色佳的各位朋友：

诗国革命何自始？要须作诗如作文。
琢镂粉饰丧元气，貌似未必诗之纯。
小人行文颇大胆，诸公一一皆人英。
愿共僇力莫相笑，我辈不作腐儒生。

在这短诗里，我特别提出了“诗国革命”的问题，并且提出了一个“要须作诗如作文”的方案。从这个方案上，惹出了后来做白话诗的尝试。

我认定了中国诗史上的趋势，由唐诗变到宋词，无甚玄妙，只是作诗更近于作文！更近于说活。近世诗人欢喜做宋诗，其实他们不曾明白宋诗的长处在哪儿。宋朝的大诗人的绝大贡献，只在打破了六朝以来的声律的束缚，努力造成一种近于说话的诗体。我那时的主张颇受了读宋词的影响，所以说“要须作诗如作文”，又反对“琢镂粉饰”的诗。

那时我初到纽约，觐庄初到康桥，各人都很忙，没有打笔墨官司的余暇。但这只是暂时的停战，偶一接触，又爆发了。

三

1916年，我们的争辩最激烈，也最有效果。争辩的起点，仍旧是我的"要须作诗如作文"的一句诗。梅觐庄曾驳我道：

足下谓诗国革命始于"作诗如作文"，迪颇不以为然。诗文截然两途。诗之文字（Poetic diction）与文之文字（Prose diction）自有诗文以来（无论中西），已分道而驰。足下为诗界革命家，改良"诗之文字"则可。若仅移"文之文字"于诗，即谓之革命，则诗界革命不成问题矣。以其太易易也。

任叔永也来信，说他赞成觐庄的主张。我觉得自己很孤立，但我终觉得他们两人的说法都不能使我心服。我不信诗与文是完全截然两途的。我答他们的信，说我的主张并不仅仅是以"文之文字"入诗。我的大意是：

今日文学大病在于徒有形式而无精神，徒有文而无质，徒有铿锵之韵，貌似之辞而已。今欲救此文胜之弊，宜从三事入手：第一须言之有物，第二须讲文法，第三，当用"文之文字"时，不可避之。三者皆以质救文胜之敝也。（2月3日）

我自己日记里记着：

吾所持论，固不徒以"文之文字"入诗而已。然不避"文之文字"，自是吾论诗之一法。……古诗如白香山之《道州民》，如老杜之《自京赴奉先咏怀》，如黄山谷之《题莲华寺》，何一非用"文之文字"，又何一非用"诗之文字"耶？（2月3日）

这时候，我已仿佛认识了中国文学问题的性质。我认清了这问题在于"有文而无质"。怎么才可以救这个"文胜质"的毛病呢？我那时的答案还没有敢想到白话上去，我只敢说"不避文的文字"而已。但这样胆小的提议，我的一班朋友都还不能了解。梅觐庄的固执"诗的文字"与"文的文字"的区别，自不必说。任叔永也不能完全了解我的意思。他有信来说：

……要之，无论诗文，皆当有质。有文无质，则成吾国近世萎靡腐朽之文学，吾人正当廓而清之。然使以文学革命自命者，乃言之无文，欲其行远，得乎？近来颇思吾国文学不振，其最大原因，乃在文人无学。救之之法，当从绩学入手。徒从文字形式上讨论，无当也。（2月10日。）

这种说法，何尝不是？但他们都不明白“文字形式”往往是可以妨碍束缚文学的本质的。“旧皮囊装不得新酒”，是西方的老话。我们也有“工欲善其事，必先利其器”的古话。文字形式是文学的工具；工具不适用，如何能达意表情？

从2月到3月，我的思想上起了一个根本的新觉悟。我曾彻底想过：一部中国文学史只是一部文字形式（工具）新陈代谢的历史，只是“活文学”随时起来替代了“死文学”的历史。文学的生命全靠能用一个时代的活的工具，来表现一个时代的情感与思想。工具僵化了，必须另换新的，活的，这就是“文学革命”。例如《水浒传》上石秀说的：

你这与奴才做奴才的奴才！

我们若把这句话改作古文，“汝奴之奴！”或他种译法，总不能有原文的力量。这岂不是因为死的文字不能表现活的话语？此种例证，何止千百？所以我们可以说：历史上的“文学革命”全是文学工具的革命。叔永诸人全不知道工具的重要，所以说“徒于文字形式上讨论，无当也”。他们忘了欧洲近代文学史的大教训！若没有各国的活语言作新工具，若近代欧洲文人都还须用那已死的拉丁文作工具，欧洲近代文学的勃兴是可能的吗？欧洲各国的文学革命只是文学工具的革命。中国文学史上几番革命也都是文学工具的革命。这是我的新觉悟。

我到此时才把中国文学史看明白了，才认清了中国俗话文学（从宋儒的白话语录到元朝明朝的白话戏曲和白话小说）是中国的正统文学，是代表中国文学革命自然发展的趋势的。我到此时才敢正式承认中国今日需要的文学革命是用白话替代古文的革命，是用活的工具替代死的工具的革命。

1916年3月间，我曾写信给梅觐庄，略说我的新见解，指出宋元的白话文学的重要价值。觐庄究竟是研究过西洋文学史的人，他回信居然很赞成我的意见。他说：

来书论宋元文学，甚启聋聩。文学革命自当从“民间文学”（Folklore，Popular poetry，Spoken language.etc.）入手，此无待言。惟非经一番大战争不可。骤言俚俗文学，必为旧派文家所讪笑攻击。但我辈正欢迎其讪笑攻击耳。（3月19日）

这封信真叫我高兴，梅觐庄也成了“我辈”了！

我在4月5日把我的见解写出来，作为两段很长的日记。第一段说：

文学革命，在吾国史上，非创见也。即以韵文而论：三百篇变而为骚，一大革命也。又变为五言七言之诗，二大革命也。赋之变为无韵之骈文，三大革命也。古诗之变为律诗，四大革命也。诗之变为词，五大革命也。词之变为曲，为剧本，六大革命也。何独于吾所持文学革命论而疑之！

第二段论散文的革命：

文亦几遭革命矣。孔子至于秦汉，中国文体始臻完备。……六朝之文亦有绝妙之作。然其时骈俪之体大盛，文以工巧雕琢见长，文法遂衰。韩退之之“文起八代之衰”，其功在于恢复散文，讲求文法，此亦一革命也。唐代文学革命家，不仅韩氏一人；初唐之小说家皆革命功臣也。“古文”一派，至今为散文正宗，然宋人谈哲理者，似悟古文之不适于用，于是语录体兴焉。语录体者，以俚语说理记事。……此亦一大革命也。……至元人之小说，此体始臻极盛。……总之，文学革命至元代而登峰造极。其时词也，曲也，剧本也，小说也，皆第一流之文学，而皆以俚语为之。其时吾国真可谓有一种“活文学”出世。倘此革命潮流（革命潮流即天演进化之迹。自其异者言之，谓之革命。自其循序渐进之迹言之，即谓之进化，可也。）不遭明代八股之劫，不受诸文人复古之劫，则吾国之文学必已为俚语的文学，而吾国之语言早成为言文一致之语言，可无疑也。但丁之创意大利文，卻叟之创英吉利文，马丁路得之创德意志文，未足独有千古矣。惜乎，五百余年来，半死之古文。半死之诗词，复夺此“活文学”之地位，而“半死文学”遂苟延残喘以至于今日。今日之文学，独我佛山人，南亭亭长，洪都百炼生诸公之小说可称“活文学”耳。文学革命何可更缓耶？何可更缓耶！（4月5日夜记）

从此以后，我觉得我已从中国文学演变的历史上，寻得了中国文学问题的解决方案，所以我更自信这条路是不错的。过了几天，我作了一首《沁园春》词，写我那时的情绪：

沁园春　　誓诗

更不伤春，更不悲秋，以此誓诗。

任花开也好，花飞也好，月圆固好，日落何悲？

我闻之曰，“从而天颂，孰与制天而用之？”更安用，为苍天歌哭，作彼奴为！

文学革命何疑！

且准备搴旗作健儿。

要前空千古，下开百世，收他臭腐，还我神奇。

为大中华，造新文学，此业吾曹欲让谁？

诗材料，有簇新世界，供我驱驰。（4月13日）

这首词下半阕的口气是很狂的，我自己觉得有点不安，所以修改了好多次。到了第三次修改，我把“为大中华，造新文学，此业吾曹欲让谁”的狂言，全删掉了，下半阕就改成了这个样子：

……文章要有神思，

到琢句雕词意已卑。

定不师秦七，不师黄九，但求似我，何效人为！

语必由衷，言须有物，此意寻常当告谁！从今后，傥傍人门户，不是男儿！

这次改本后，我自跋云：

吾国文学大病有三：一曰无病而呻，……二曰摹仿古人，……三曰言之无物。……顷所作词，专攻此三弊，岂徒责人，亦以自誓耳。（4月17日）

前答觐庄书，我提出三事：言之有物，讲文法，不避“文的文学”；此跋提出的三弊，除“言之无物”与前第一事相同，余二事是添出的。后来我主张的文学改良的八件，此时已有五件了。

四

1916年6月中，我往克利佛兰赴“第二次国际关系讨论会”，去时来时都经过绮色佳，去时在那边住了八天，常常和任叔永，唐擘黄，杨杏佛诸君谈论改良中国文学的方法，这时候我已有了具体的方案，就是用白话作文，作诗，作戏曲。日记里记我谈话的大意有九点：

（一）今日之文言乃是一种半死的文字。

（二）今日之白话是一种活的语言。

（三）白话并不鄙俗，俗儒乃谓之俗耳。

（四）白话不但不鄙俗，而且甚优美适用。

凡言要以达意为主，其不能达意者，则为不美。如说，“赵老头回过身来，爬在街上，扑通扑通的磕了三个头”，若译作文言，更有何趣味？

（五）凡文言之所长，白话皆有之。而白话之所长，则文言未必能及之。

（六）白语并非文言之退化，乃是文言之进化，其进化之迹，略如下述：

（1）从单音的进而为复音的。

（2）从不自然的文法进而为自然的文法。

例如“舜何人也”变为“舜是什么人”；“己所不欲”变为“自己不要的”。

（3）文法由繁趋简。例如代名词的一致。

（4）文言之所无，白话皆有以补充。例如文言只能说“此乃吾儿之书”，但不能说“这书是我儿子的”。

（七）白话可以产生第一流文学。白话已产生小说，戏剧，语录，诗词，此四者皆有史事可证。

（八）白话的文学为中国千年来仅有之文学。其非白话的文学，如古文，如八股，如笔记小说，皆不足与于第一流文学之列。

（九）文言的文字可读而听不懂；白话的文字既可读，又听得懂。凡演说，讲学，笔记，文言决不能应用。今日所需，乃是一种可读，可听，可歌，可讲，可记的言语。要读书不须口译，演说不须笔译；要施诸讲坛舞台而皆可，诵之村妪妇孺皆可懂。不如此者，非活的言语也，决不能成为吾国之国语也，决不能产生第一流的文学也。（7月6日追记）

7月2日，我回纽约时，重过绮色佳，遇见梅觐庄，我们谈了半天，晚上我就走了。日记里记此次谈话的大致如下：

吾以为文学在今日不当为少数文人之私产，而当以能普及最大多数之国人为一大能事。吾又以为文学不当与人事全无关系；凡世界有永久价值之文学，皆尝有大影响于世道人心者也。觐庄大攻此说，以为 Utilitarian（功利主义），又以为偷得 Tolstoi（托尔斯太）之绪余；以为此等19世纪之旧说，久为今人所弃置。

余闻之大笑。夫吾之论中国文学，全从中国一方面着想，初不管欧西批评家发何议论。吾言而是也，其为 Utilitarian，其为

Tolstoyan 又何损其为是。吾言而非也，但当攻其所以非之处，不必问其为 Utilitarian 抑为 Tolstoyan 也。（7 月 13 日追记）

五

我回到纽约之后不久，绮色佳的朋友们遇着了一件小小的不幸事故，产生了一首诗，引起了一场大笔战，竟把我逼上了决心试做白话诗的路上去。

7 月 8 日，任叔永同陈衡哲女士、梅觐庄、杨杏佛、唐擘黄在凯约嘉湖上摇船，近岸时船翻了，又遇着大雨。虽没有伤人，大家的衣服都湿了。叔永做了一首四言的《泛湖即事》长诗，寄到纽约给我看。诗中有"言櫂轻楫，以涤烦疴"；又有"猜谜赌胜，载笑载言"等等句子。恰好我是曾做《诗三百篇中"言"字解》的，看了"言櫂轻楫"的句子，有点不舒服，所以我写信给叔永说：

> ……再者，诗中所用"言"字"载"字，皆系死字；又如"猜谜赌胜，载笑载言"二句，上句为 20 世纪之活字，下句为二千年前之死句，殊不相称也。……（7 月 16 日）

叔永不服，回信说：

> 足下谓"言"字"载"字为死字，则不敢谓然。如足下意，岂因《诗经》中曾用此字，吾人今日所用字典便不当搜入耶？"载笑载言"因为"三千年前之语"，然可用以达我今日之情景，即为今日之语，而非"三千年前之死语"，此君我不同之点也。……（7 月 17 日）

我的本意只是说"言"字"载"字在文法上的作用，在今日还未能确定，我们不可轻易乱用。我们应该铸造今日的话语来"达我今日之情景"，不当乱用意义不确定的死字。苏东坡用错了"驾言"两字，曾为章子厚所笑。这是我们应该引为训戒的。

这一点本来不很重要，不料竟引起了梅觐庄出来代抱不平：他来信说：

足下所自矜为“文学革命”真谛者，不外乎用“活字”以入文，于叔永诗中稍古之字，皆所不取，以为非“20世纪之活字”。此种论调，固足下所恃为哓哓以提倡“新文学”者，迪又闻之素矣。夫文学革新，须洗去旧日腔套。务去陈言，固矣。然此非尽屏古人所用文字，而另以俗语白话代之之谓也。……足下以俗语白话为向来文学上不用之字，骤以入文，似觉新奇而美，实则无永久价值。因其向未经美术家之锻炼，徒委诸愚夫愚妇，无美术观念者之口，历世相传，愈趋愈下，鄙俚乃不可言。足下得之，乃矜矜自喜，眩为创获，异矣！如足下之言，则人间材智，教育，选择，诸事，皆无足算，而村农伧夫皆足为诗人美术家矣。甚至非洲之黑蛮，南洋之土人，其言文无分者，最有诗人美术家之资格也。何足下之醉心于俗语白话如是耶？至于无所谓“活文学”，亦与足下前此言之。……文字者，世界上最守旧之物也。……一字意义之变迁，必经数十或数百年而后成，又须经文学大家承认之，而恒人始沿用之焉。足下乃视改革文字如是之易易乎？……

总之，吾辈言文学革命，须谨慎以出之。尤须先精究吾国文字，始敢言改革。欲加用新字，须先用美术以锻炼之。非仅以俗语白话代之，即可了事者也。(俗语白话亦有可用者，惟必须经美术家之锻炼耳。)如足下言，乃以暴易暴耳，岂得谓之改良乎？……(7月17日)

觐庄有点动了气，我要和他开开玩笑，所以做了一首一千多字的白话游戏诗回答他。开篇就是描摹老梅生气的神气：

“人闲天又凉”，老梅上战场。
拍桌骂胡适，说话太荒唐！
说什么“中国有活文学”！
说什么“须用白话做文章”！

文字那有死活！白话俗不可当！
……

第二段中有这样的话：

老梅牢骚发了，老胡呵呵大笑。
且请平心静气，这是什么论调！
文字没有古今，却有死活可道。
古人叫做“欲”，今人叫做“要”。
古人叫做“至”，今人叫做“到”。
古人叫做“溺”，今人叫做“尿”。
本来同是一字，声音少许变了。
并无雅俗可言，何必纷纷胡闹？
至于古人叫“字”，今人叫“号”；
　　古人悬梁，今人上吊：
古名虽未必不佳，今名又何尝不妙？
至于古人乘舆，今人坐轿；
　　古人加冠束帻，今人但知戴帽：
这都是古所没有，而后人所创造。
若必叫帽作巾，叫轿作舆，
岂非张冠李戴，认虏作豹？
……

第四段专答他说的“白话须锻炼”的意思：

今我苦口哓舌，算来却是为何？
正要求今日的文学大家，
把那些活泼泼的白话，
拿来锻炼，拿来琢磨，
拿来作文演说，作曲作歌：——
出几个白话的嚣俄，

和几个白话的东坡，
那不是"活文学"是什么？
那不是"活文学"是什么？
……

这首"打油诗"是7月22日做的，一半是少年朋友的游戏，一半是我有意试做白话的韵文。但梅、任两位都大不以为然。觐庄来信大骂我，他说：

读大作如儿时听《莲花落》，真所谓革尽古今中外诗人之命者！足下诚豪健哉！……（7月24日）

叔永来信也说：

足下此次试验之结果，乃完全失败；盖足下所作，白话则诚白话矣，韵则有韵矣，然却不可谓之诗。盖诗词之为物，除有韵之外，必须有和谐之音调，审美之辞句，非如宝玉所云"押韵就好"也。……（7月24夜）

对于这一点，我当时颇不心服，曾有信替自己辩护，说我这首诗，当作一首Satire（嘲讽诗）看，并不算是失败，但这种"戏台里喝采"实在大可不必。我现在回想起来，也觉得自己好笑。

但这一首游戏的白话诗，本身虽没有多大价值，在我个人做白话诗的历史上，可是很重要的。因为梅、任诸君的批评竟逼得我不能不努力试做白话诗了。觐庄的信上曾说：

文章体裁不同。小说词曲固可用白话，诗文则不可。

叔永的信上也说：

要之，白话自有白话用处（如作小说演说等），然不能用之于诗。

这样看来，白话文学在小说词曲演说的几方面，已得梅、任两君的承认了。觐庄不承认白话可作诗与文，叔永不承认白话可用来作诗。觐庄所谓“文”自然是指《古文辞类纂》一类书里所谓“文”（近来有人叫做“美文”）。在这一点上，我毫不狐疑，因为我在几年前曾做过许多白话的议论文，我深信白话文是不难成立的。现在我们的争点，只在“白话是否可以作诗”的一个问题了。白话文学的作战，十仗之中，已胜了七八仗。现在只胜一座诗的壁垒，还须用全力去抢夺。待到白话征服这个诗国时，白话文学的胜利就可说是十足的了，所以我当时打定主意，要作先锋去打这座未投降的壁垒：就是要用全力去试做白话诗。

叔永的长信上还有几句话使我更感觉这种试验的必要。他说：

> 如凡白话皆可为诗，则吾国之京调高腔，何一非诗？……呜呼适之，吾人今日言文学革命，乃诚见今日文学有不可不改革之处，非特文言白话之争而已。……以足下高才有为，何为舍大道不由，而必旁逸斜出，植美卉于荆棘之中哉？……今且假定足下之文学革命成功，将令吾国作诗皆京调高腔，而陶谢李杜之流永不复见于神州，则足下之功又何如哉，心所谓危，不可不告。……足下若见听，则请从他方面讲文学革命，勿徒以白话诗为事矣。……（7月24夜）

这段话使我感觉他们都有一个根本上的误解。梅、任诸君都赞成“文学革命”，他们都“诚见今日文学有不可不改革之处”。但他们赞成的文学革命，只是一种空荡荡的目的，没有具体的计划，也没有下手的途径。等到我提出了一个具体的方案（用白话做一切文学的工具），他们又都不赞成了。他们都说，文学革命决不是“文言白话之争而已”。他们都说，文学革命应该有“他方面”，应该走“大道”。究竟那“他方面”是什么方面呢？究竟那“大道”是什么道呢？他们又都说不出来了；他们只知道决不是白话！

我也知道光有白话算不得新文学，我也知道新文学必须有新思想和新精神。但是我认定了：无论如何，死文字决不能产生活文学。若要造一种活的文学，必须有活的工具。那已产生的白话小说词曲，都可证明白话是最配做中国活文学的工具的。我们必须先把这个工具抬高起来，使他成为公认的中国文学工具，使他完全替代那半死的或全死的老工具。有了新工具，我们方才谈得到新思想和新精神等等其他方面。这是我的方案。现在反对的几位朋友已承认白话可以作小说戏曲了。他们还不承认白话可以作诗。这种怀疑，不仅是对于白话诗的局部怀疑，实在还是对于白话文学的根本怀疑。在他们的心里，诗与文是正宗，小说戏曲还是旁门小道。他们不承认白话诗文，其实他们是不承认白话可作中国文学的唯一工具。所以我决心要用白话来征服诗的壁垒，这不但是试验白话诗是否可能，这就是要证明白话可以做中国文学的一切门类的唯一工具。

白话可以作诗，本来是毫无可疑的。杜甫、白居易、寒山、拾得、邵雍、王安石、陆游的白话诗都可以举来作证。词曲里的白话更多了。但何以我的朋友们还不能承认白话诗的可能呢？这有两个原因：第一是因为白话诗确是不多：在那无数的古文诗里，这儿那儿的几首白话诗在数量上确是很少的。第二是因为旧日的诗人词人只有偶然用白话做诗词的，没有用全力做白话诗词的，更没有自觉的做白话诗词的。所以现在这个问题还不能光靠历史材料的证明，还须等待我们用实地试验来证明。

所以我答叔永的信上说：

> 总之，白话未尝不可以入诗，但白话诗尚不多见耳。古之所少有，今日岂必不可多作乎？……
>
> 白话之能不能作诗，此一问题全待吾辈解决。解决之法，不在乞怜古人，谓古之所无，今必不可有；而在吾辈实地试验。一次“完成失败”，何妨再来？若一次失败，便“期期以为不可”，此岂“科学的精神”所许乎？……
>
> 高腔京调未尝不可成为第一流文学。……适以为但有第一流文人肯用高腔京调著作，便可使京调高腔成第一流文学。病在文人胆小不敢用之耳。元人作曲可以取仕宦，下之亦可谋生，故名士如高则诚、关汉卿之流皆肯作曲作杂剧。今日高腔京调皆不文

不学之戏子为之，宜其不能佳矣。此则高腔京调之不幸也。足下亦知今日受人崇拜之莎士比亚，即当时唱京调高腔者乎？与莎氏并世之培根著《论集》(Essays)，有拉丁文英文两种本子；书既出世，培根自言，其他不朽之名当赖拉丁文一本；而英文本则但以供一般普通俗人传诵耳，不足轻重也。此可见当时之英文的文学，其地位皆与今日京调高腔不相上下。……吾绝对不认"京调高腔"与"陶谢李杜"为势不两立之物。今且用足下之文字以述吾梦想中之文学革命之目的，曰：

（1）文学革命的手段，要令国中之陶谢李杜敢用白话京调高腔作诗。要令国中之陶谢李杜皆能用白话与京调高腔作诗。

（2）文学革命的目的，要令中国有许多白话京调高腔的陶谢李杜，要令白话京调高腔之中产生几许陶谢李杜。

（3）今日决用不着陶谢李杜的陶谢李杜。何也？时代不同也。

（4）吾辈生于今日，与其作不能行远不能普及的《五经》两汉六朝八家文字，不如作家喻户晓的《水浒》、《西游》文字。与其作似陶似谢似李似杜的诗，不如作不似陶不似谢不似李杜的白话诗。与其作一个"真诗"，走"大道"，学这个，学那个的陈伯严、郑苏龛，不如作一个实地试验，"旁逸斜出"，"舍大道而弗由"的胡适。

此四者，乃适梦想中文学革命之宣言书也。

嗟夫，叔永，吾岂好立异以为高哉？徒以"心所谓是，不敢不为"。吾志决矣。吾自此以后，不更作文言诗词。吾之《去国集》乃是吾绝笔的文言韵文也。……（7月26日）

这是我第一次宣言不做文言的诗词。过了几天，我再答叔永道：

古人说："工欲善其事，必先利其器。"文字者，文学之器也。我私心以为文言决不足为吾国将来文学之利器。施耐庵、曹雪芹诸人已实地证明作小说之利器在于白话。今尚需人实地试验白话是否可为韵文之利器耳……。

我自信颇能用白话作散文，但尚未能用之于韵文。私心颇欲以数年之力，实地练习之。倘数年之后，竟能用文言白话作文作诗，无不随心所欲，岂非一大快事？

我此时练习白话韵文，颇似新辟一文学殖民地。可惜须单身匹马而往，不能多得同志，结伴同行。然我去志已决。公等假我数年之期。倘此新国尽是沙碛不毛之地，则我或终归老于“文言诗国”，亦未可知。倘幸而有成，则辟除荆棘之后，当开放门户，迎公等同来莅止耳。“狂言人道臣当烹。我自不吐定不快，人言未足为轻重。”足下定笑我狂耳。……（8月4日）

这封信是我对于一班讨论文学的朋友的告别书。我把路线认清楚了，决定努力做白话诗的试验，要用试验的结果来证明我的主张的是非。所以从此以后，我不再和梅、任诸君打笔墨官司了。信中说的“可惜须单身匹马而往，不能多得同志，结伴同行”，也是我当时心里感觉的一点寂寞。我心里最感觉失望的，是我平时最敬爱的一班朋友都不肯和我同去探险，一年多的讨论，还不能说服一两个好朋友，我还妄想要在国内提倡文学革命的大运动吗？

有一天，我坐在窗口吃我自做的午餐，窗下就是一大片长林乱草，远望着赫贞江。我忽然看见一对黄蝴蝶从树梢飞下来；一会儿，一只蝴蝶飞了去了；还有一只蝴蝶独自飞了一会，也慢慢地飞下去，去寻他的同伴去了，我心里颇有点感触，感触到一种寂寞的难受，所以我写了一首白话小诗，题目就叫做《朋友》(后来才改作《蝴蝶》)：

两个黄蝴蝶，双双飞上天。
不知为什么，一个忽飞还，
剩下那一个，孤单怪可怜，
也无心上天，天上太孤单。

（8月23日）

这种孤单的情绪，并不含有怨望我的朋友的意思。我回想起来，若没有那一班朋友和我讨论，若没有那一日一邮片，三日一长函的朋友切磋的乐趣，我自己的文学主张决不会经过那几层大变化，决不会渐渐结晶成一个有系统的方案，决不会慢慢的寻出一条光明的大路来。况且那年（1916）的 3 月间，梅觐庄对于我的俗话文学的主张，已很明白的表示赞成了（看上文引他的 3 月 19 日来信）。后来他们的坚决反对，也许是我当时的少年意气太盛，叫朋友难堪，反引起他们的反感来了，就使他们不能平心静气的考虑我的历史见解，就使他们走上了反对的路上去。但是因为他们的反驳，我才有实地试验白话诗的决心。庄子说得好："彼出于是，是亦因彼。"一班朋友做了我多年的"他山之错"，我对他们，只有感激，决没有丝毫的怨望。

我的决心试验白话诗，一半是朋友们一年多讨论的结果，一半也是我受的实验主义的哲学的影响。实验主义教训我们：一切学理都只是一种假设；必须要证实了，然后可算是真理。证实的步骤，只是先把一个假设的理论的种种可能的结果都推想出来，然后想法子来试验这些结果是否适用，或是否能解决原来的问题。我的白话文学论不过是一个假设，这个假设的一部分（小说词曲等）已有历史的证实了；其余一部分（诗）还须等待实地试验的结果。我的白话诗的实地试验，不过是我的实验主义的一种应用。所以我的白话诗还没有写得几首，我的诗集已有了名字了，就叫做《尝试集》。我读陆游的诗，有一首诗云：

> 能仁院前有石像丈余，盖作大像时样也。江阁欲开千尺像，云龛先定此规模。斜阴徙倚空长叹，尝试成功自古无。

陆放翁这首诗大概是别有所指；他的本意大概是说：小试而不得大用，是不会成功的，我借他这句诗，做我的白话诗集的名字，并且做了一首诗，说明我的尝试主义：

尝试篇

> "尝试成功自古无"，放翁这话未必是。我今为下一转语，自古成功在尝试。请看药圣尝百草，尝了一味又一味。又如名药试丹药，何嫌六百零六次。莫想小试便成功，那有这样容易事！有时试到千百回，始知前功尽抛弃。即使如此已无愧，即此失败便

足记。告人此路不通行；可使脚力莫浪费。我生求师二十年，今得“尝试”两个字。作诗做事要如此，虽未能到颇有志。作《尝试歌》颂吾师，愿大家都来尝试！（8月3日）

这是我的实验主义的文学观。

这个长期讨论的结果，使我自己把许多散漫的思想汇集起来，成为一个系统。1916年的8月19日，我写信给朱经农，中有一段说：

新文学之要点，约有八事：

（一）不用典。

（二）不用陈套语。

（三）不讲对仗。

（四）不避俗字俗语（不嫌以白话作诗词）。

（五）须讲求文法（以上为形式的方面）。

（六）不作无病之呻吟。

（七）不摹仿古人。

（八）须言之有物（以上为精神〔内容〕的方面）。

那年10月中，我写信给陈独秀先生，就提出这八个“文学革命”的条件。次序也是这样的：不到一个月，我写了一篇《文学改良刍议》，用复写纸抄了两份，一份给《留美学生季刊》发表，一份寄给独秀在《新青年》上发表。在这篇文字里，八件事的次序大改变了：

（一）须言之有物。

（二）不摹仿古人。

（三）须讲求文法。

（四）不作无病之呻吟。

（五）务去烂调套语。

（六）不用典。

（七）不讲对仗。

（八）不避俗字俗语。

这个新次第是有意改动的。我把“不避俗字俗语”一件放在最后，标题只是很委婉的说“不避俗字俗语”其实是很郑重的提出我的白话文学的主张。我在那篇文字里说：

吾惟以施耐庵、曹雪芹、吴研人为文学正宗，故有“不避俗字俗语”之论也。盖吾国言文之背驰久矣。自佛书之输入，译者以文言不足以达意，故以浅近之文译之，其体已近白话。其后佛氏讲义语录尤多用白话为之者，是为语录体之原始。及宋人讲学，以白话为语录，此体遂成讲学正体（明人因之）。当是时，白话已久入韵文，观宋人之诗词可见。乃至元时，中国北部在异族之下三百余年矣。此三百年中，中国乃发生一种通俗行远之文学，文则有《水浒》、《西游》、《三国》，曲则尤不可胜计。以今世眼光观之，则中国文学当以元代为至盛；传世不朽之作，当以元代为最多。此无可疑也。当是时，中国之文学最近言文合一，白话几成文学的语言矣。使此趋势不受阻遏，则中国几有一“活文学”出现，而但丁、路得之伟业几发生于神州。不意此趋势骤为明代所阻，政府即以八股取士，而当时文人以何李七子之徒，又争以复古为高。于是此千年难遇言文合一之机会，遂中道夭折也。然以今世历史进化的眼光观之，则白话文学之为中国文学之正宗，又为将来文学必用之利器，可断言也。以此之故，吾主张今日作文作诗，宜采用俗语俗字。与其用三千年前之死字，不如用20世纪之活字。与其作不能行远不能普及之秦汉六朝文字，不如作家喻户晓之《水浒》、《西游》文字也。

这完全是用我三四月中写出的中国文学史观（见上文引的4月5日日记），稍稍加上一点后来的修正，可是我受了在美国的朋友的反对，胆子变小了，态度变谦虚了，所以标题但称《文学改良刍议》，而全篇不敢提起“文学革命”的旗子。篇末还说：

上述八事，乃我年来研思此一大问题之结果。……谓之“刍议”，犹云未定草也。伏惟国人同志有以匡纠是正之。

这是一个国外留学生对于国内学者的谦逊态度。文字题为“刍议”，诗集题为“尝试”，是可以不引起很大的反感的了。

陈独秀先生是一个老革命党，他起初对于我的八条件还有点怀疑（《新青年》2卷2号）。其时国内好学深思的少年，如常乃真君，也说“说理纪事之文，必当以白话行之，但不可施于美术文耳”（见《新青年》2卷4号）。但他见了我的《文学改良刍议》之后，就完全赞成我的主张；他接着写了一篇《文学革命论》（《新青年》2卷5号），正式在国内提出“文学革命”的旗帜。他说：

> 文学革命之气运，酝酿已非一日。其首举义旗之急先锋则为吾友胡适。余甘冒全国学究之敌，高张“文学革命军”之大旗，以为吾友之声援。旗上大书特书吾革命三大主义：
>
> 曰：推倒雕琢的，阿谀的贵族文学；建设平易的，抒情的国民文学。
>
> 曰：推倒陈腐的，铺张的古典文学；建设新鲜的，立诚的写实文学。
>
> 曰：推倒迂晦的，艰涩的山林文学；建设明了的，通俗的社会文学。

独秀之外，最初赞成我的主张的，有北京大学教授钱玄同先生（《新青年》2卷6号《通讯》，又3卷1号《通讯》）。此后文学革命的运动就从美国几个留学生的课余讨论，变成国内文人学者的讨论了。

《文学改良刍议》是1917年1月出版的，我在1917年4月9日还写了一封长信给陈独秀先生，信内说：

> 此事之是非，非一朝一夕所能定，亦非一二人所能定。甚愿国中人士能平心静气与吾辈同力研究此问题。讨论既熟，是非自明。辈已张革命之旗，虽不容退缩，然亦决不敢以吾辈所主张为必是，而不容他人之匡正也。……

独秀在《新青年》（第3卷3号）上答我道：

> 鄙意容纳异议，自由讨论，固为学术发达之原则，独至改良中国文学当以白话为正宗之说，其是非甚明，必不容反对者有讨论之余地；必以吾辈所主张者为绝对之是，而不容他人之匡正也。盖以吾国文化倘已至文言一致地步，则以国语为文，达意状物，岂非天经地义？尚有何种疑义必待讨论乎？其必欲摈弃国语文学，而悍然以古文为正宗者，犹之清初历家排斥西法，乾嘉畴人非难地球绕日之说，吾辈实无余闲与之作此无谓之讨论也。

这样武断的态度，真是一个老革命党的口气。我们一年多的文学讨论的结果，得着了这样一个坚强的革命家做宣传者，做推行者，不久就成为一个有力的大运动了。

（《四十自述》的一章，二十二年十二月三日夜脱稿）

胡适的自传

（胡适英语口述，唐德刚翻译整理）

第一章　故乡和家庭

徽　州　人

我是安徽徽州人。

让我先把安徽省最南部，徽州一带的地理环境，做个综合的叙述：

徽州在旧制时代是个"府"；治下一共有六个"县"。我家世居的绩溪县，便是徽州府里最北的一县。从我县向南去便是歙县和休宁县；向西便是黟县和祁门县；祁门之南便是婺源县。婺源是朱子的家乡。朱熹原来是在福建出生的；但是婺源却是他的祖籍。

徽州全区都是山地，由于黄山的秀丽而远近闻名。这一带的河流都是自西北向东南流的，最后注入钱塘江。因为山地十分贫瘠，所以徽州的耕地甚少。全年的农产品只能供给当地居民大致三个月的食粮。不足的粮食，就只有向外地去购买补充了。所以我们徽州的山地居民，在此情况下，为着生存，就只有脱离农村，到城市里去经商。因而几千年来，我们徽州人就注定的成为生意人了。

徽州人四出经商，向东去便进入浙江；向东北则去江苏；北上则去沿长江各城镇；西向则去江西；南向则去福建。我们徽州六县大半都是靠近浙江的；只有祁门和婺源靠近江西。近些年来（抗战前后），最西的婺源县，被中央政府并入江西。但是婺源与安徽的徽州有长久的历史渊源，居民引以为荣，不愿脱离母省—所以群起反对；并发起了一个（婺源返皖）运动。……

所以一千多年来，我们徽州人都是以善于经商而闻名全国的。一般徽州商人多半是以小生意起家；刻苦耐劳，累积点基金，逐渐努力发展。有的就变成富商大贾了。中国有句话，叫“无徽不成镇!”那就是说，一个地方如果没有徽州人，那这个地方就只是个村落。徽州人住进来了，他们就开始成立店铺；然后逐渐扩张，就把个小村落变成个小市镇了。有关“徽州帮”其他的故事还多着哩。

我们徽州人通常在十一二三岁时便到城市里去学生意。最初多半是在自家长辈或亲戚的店铺里当学徒。在历时三年的学徒期间，他们是没有薪金的；其后则稍有报酬。直至学徒（和实习）期满，至二十一二岁时，他们可以享有带薪婚假三个月，还乡结婚。婚假期满，他们又只身返回原来店铺，继续经商。自此以后，他们每三年便有三个月的带薪假期，返乡探亲。所以徽州人有句土语，叫：“一世夫妻三年半。”那就是说，一对夫妇的婚后生活至多不过三十六年或四十二年，但是他们一辈子在一起同居的时间，实际上不过三十六个月或四十二个月——也就是三年或三年半了。

当然徽州人也有经商致富的。做了大生意，又有钱，他们也就可以把家眷子女接到一起同住了。

徽州人的生意是全国性的，并不限于邻近各省。近几百年来的食盐贸易差不多都是徽州人垄断了。食盐是每一个人不可缺少的日食必需品，贸易量是很大的。徽州商人既然垄断了食盐的贸易，所以徽州盐商一直是不讨人欢喜的；甚至是一般人憎恶的对象。你一定听过许多讽刺“徽州盐商”的故事罢！所以我特地举出盐商来说明徽州人在商界所扮演的角色。

徽州人另一项大生意便是当铺。当铺也就是早年的一种银行。通常社会上所流行的“徽州朝奉”一词，原是专指当铺里的朝奉来说的；到后来就泛指一切徽州士绅和商人了。“朝奉”的原意本含有尊敬的意思，表示一个人勤俭刻苦；但有时也具有刻薄等批判的含意，表示一个商人，别的不管，只顾赚钱。总之，徽州人正如英伦三岛上的苏格兰人一样，四出经商，足迹遍于全国。最初都以小本经营起家，而逐渐发财致富，以至于在全国各地落户定居。因此你如在各地旅行，你总可发现许多人的原籍都是徽州的。例如姓汪的和姓程的，几乎是清一色的徽州人。其他如叶、潘、胡、俞、余、姚诸姓，也大半是源出徽州。当你翻阅中国电话簿，一看人名，你就可知道他们的籍贯。正如在美国一样，人们一看电话簿，便知道谁是苏格兰人，谁是爱尔兰人，谁是瑞典人、挪威人等一样的清楚。

我的家族——绩溪上庄胡氏

正因为我乡山区粮食产量不足，我们徽州人一般都靠在城市里经商的家人，按时接济。接济的项目并不限于金钱；有时也兼及食物。例如咸猪油，有时也从老远的地方被送回家乡。其他如布匹棉纱等等，在城市里购买都远比乡间便宜，所以也常被送返家中。

所以离乡撇井，四出经商，对我们徽州人来说，实是经济上的必需。家人父子夫妇数年不见也是常事。同时家人的日用衣食以至于造房屋、置田产，也都靠远在外乡的父兄子弟汇款接济。

不过在经济的因素之外，我乡人这种离家外出，历尽艰苦，冒险经商的传统，也有其文化上的意义。由于长住大城市，我们徽州人在文化上和教育上，每能得一个时代的风气之先。徽州人的子弟由于能在大城市内受教育，而城市里的学校总比山地的学校要好得多，所以在教育文化上说，他们的眼界就广阔得多了。因此在中古以后，有些徽州学者——如十二世纪的朱熹和他以后的，尤其是十八、九世纪的学者象江永、戴震、俞正燮、凌廷堪等等——他们之所以能在中国学术界占据较高的位置，都不是偶然的。

现在再谈谈我们绩溪县。绩溪是徽州府六县之中最北的一县；也可能是人口最少的一县。在经商一行中，我们绩溪人也是比较落后的。绩溪人多半做本地生意，很少离乡远去大城市。他们先由杂货零售商做起，然后渐渐的由近及远。所以一般说来，我们徽州人实在都是很落后的。

我家在一百五十年前，原来是一家小茶商。祖先中的一支，曾在上海附近一个叫做川沙的小镇，经营一家小茶叶店。根据家中记录，这小店的本钱原来只有银洋一百元。这样的本钱实在是太小了。可是先祖和他的长兄通力合作，不但发展了本店，同时为防止别人在本埠竞争，他们居然在川沙镇上，又开了一家支店。

后来他们又从川沙本店拨款，在上海华界又开了另一个支店。在太平天国之乱时，上海城区被掳掠和焚毁；川沙镇亦部份受劫。先父对这场灾难，以及先祖和家人在受难期间，和以后如何挣扎，并以最有限的基金复振上海和川沙两地店铺的故事，都有详尽的记录。这实在是一场很艰苦的奋斗。

据一八八〇年的估计，两家茶叶店的总值大致合当时制钱298万文（约合银元三千圆）左右。这两个铺子的收入便是我们一家四房，老幼二十余口衣食的来源。

在这里我也顺便更正一项过去的错误记载。前北京大学校长蔡元培先生为拙著《中国哲学史大纲》第一卷所写的序言中，曾误把我家说成是世居绩溪城内胡氏的同宗蔡先生指出“绩溪胡氏”是有家学渊源的，尤其是十八、九世纪之间满清乾嘉之际，学者如胡培翚（1782—1849）及其先人们，都是知名的学者。这个在十八、九世纪时便以汉学闻名的书香望族，其远祖可直溯至十一世纪《苕溪渔隐丛话》的作者胡仔。那位抵抗倭寇的名将胡宗宪，也是他们一家。但是这个世居绩溪城内的胡家，与我家并非同宗。

我家世代乡居。故宅在绩溪城北约五十华里。历代都是靠小本经营为生的。我家第一个有志为学的是我的一位伯祖（胡星五）。他是个乡绅兼塾师。在乡里颇有名望，但是科场却不甚得意。

我们的村落（上庄）正与华南其他地区的村落一样，是习于聚族而居的。洪杨起事之前，我们聚居的胡氏一族总人口约在六千上下——当然也包括散居各地经商的族人在内——大半务农为生。但是大多数家庭也都有父兄子弟在外埠经商的——尤其是在南京、上海一带。

第二章　我的父亲

青年期的家难

我的父亲胡传（1841——1895），字铁花，号钝夫。原名守珊，故一字守三。生于安徽省绩溪县北部的上庄。兄弟五人，我父最长。我家历代都是以经营茶叶贸易为生的；也就是自故乡山区贩茶往上海一带自设的茶叶店中出售。上海那时已是个大商业中心。我的高祖原已在上海黄浦江对岸的川沙设有小店；祖父又在上海设一支店。父亲幼年即甚壮健。当先祖每年春季返乡收茶时，店中商务便由父亲独力管理。

父亲十六岁时便随先祖去川沙，并由先祖延聘塾师，教授诗文。父亲因为十分聪颖，早为其有志为学的伯父（星五公）所赏识。他认为有这样资质的青年子侄，实在不应该在一个小茶叶店里埋没了。所以父亲被家中长辈特地选出，让他专心读书，以便参加科举。

可是这时正值洪杨起事之后，内战的烽火已日益迫近。当洪杨一八五〇年在金田村发难之时，父亲才九岁。一八五三年太平军进占南京，建立“太平天国”，并以南京为“天京”。数年之内，太平军数度侵入皖南徽州山区，焚掠迨遍。一八六〇年我绩溪县亦为太平军所焚掠，一连三载，父亲和邻居亲友均率领家属到高山里去避难，并据险自卫。一八六二年情势更为险恶，乃又迁往休宁县暂避。

但是休宁亦非乐土。太平军仍不时进犯，家人也四处躲藏。一八六二年年底，局势稍稍好转，全家乃转返绩溪；不意翌年春初和夏季，太平军又两度进犯。就在太平军第二度入侵时，父亲在一八六〇年结婚的原配妻子（冯夫人），便不幸死难了。她是那时我家二十余口——多半是妇孺——中唯一的死难者。当时父亲是我家中唯一年轻力壮的成员，帮助那比他大过二十多岁而颇有名望的乡绅伯父，度此大难。

在一八六〇至一八六四年四年之间，皖南真糜烂不堪。对这四年的焚掠、屠杀、饥荒……等灾情，父亲在他遗留下来的自述里都有极详尽的记载。事实上他这段记述，远较当时其他任何（类似）的记述更为翔实。

在父亲的回忆录里，他曾作一概括的统计：我上庄村内的胡氏宗祠原完工于一八四〇年，亦即洪杨起事前十年，也是太平军犯境前二十年。宗祠毁于一八六一年。太平乱前数百年我乡皆太平无事。地方殷实，人丁兴旺。我族那时曾作过一次丁口总计，以便按口派捐，建造祠堂。当时全族男女老幼约六千人。太平军复灭后的第二年（1865），我族再作第二次的人口调查，拟再按口派捐，重建宗祠。调查所得，乱后剩余丁口不过一千二百人左右，人口减少了 80%。

父亲所做的统计还有其他方面的纪录，颇饶历史趣味。在这群大难不死的劫后余生中，竟有二百人染有烟癖！鸦片鬼的堕落，实有甚于一般游手好闲的懒汉。他们终年耕耘所获，还不足以偿付烟债。父亲那时便自问，这种人在生活上何能自给呢？！他的结论则是这整个胡氏一族都仰赖于四百几十个经商在外的父兄子侄的接济。他们的汇款也救活了家人，并助其重建家园于大难之后。

考试和书院教育

太平战后，父亲于同治四年（1865）进学为秀才，时年二十四岁。当年一个人读书上进先要在他祖籍所在通过“县试”，再参加省方所主持的“府试”；府试及格，便进学为“秀才”。既为秀才，则每三年都得应考一次，叫做“岁考”。如果一个秀才希望参加举人考试，他还要通过省级主办的甄别试验，叫作“科考”。科考及格才可参加“省试”（亦称“乡试”）。乡试是朝廷特派的“主考”所主持的（乡试及格，便“中举”成为“举人”了）。

父亲进学之后，参加了几次“省试”都未能如愿。因此他深深了解他的学业为战火所耽误了；所以他决定到上海去进那些战后重开的“书院”，继续进修。经过慎重考虑之后，乃于一八六八年春初进了新近复校的“龙门书院”。该院山长（院长）刘熙载先生是当时扬州有名的经师。父亲被录取之后，便在该院读了三年——从一八六八到一八七一年。

在父亲的回忆录里，他记载了当时书院里的生活，特别是一些同学之间的交往与学习的经验。他的同学之中后来有许多都在政治上和学术上有相当成就的。父亲对这位了不起的刘山长的教学方式也有所记载。他说所有在书院中受课的学生，每人每日都得写一份“日程”和一份“日记”。前者记载为学的进度；后者是记学者的心得和疑虑。为这种“日程”和“日记”的记述，该院都有特别印好的格式，按规格来加以记录。这些“日记”和“日程”父亲均保留下来。其中有趣而值得一提的，便是这印刷品的卷端都印有红字的宋儒朱熹和张载等人的语录。其中一份张载的语录便是：“为学要不疑处有疑，才是进步！”

这是个完全中国文明传统之内的书院精神。

我所敬重的老朋友吴稚晖先生，生于一八六五年，比父亲小二十四岁。吴先生也曾经告诉过我一件有关另一“书院”的惊人而有趣的故事。吴先生曾就读于江苏“南菁书院”。当吴氏第一次拜谒该院山长名儒黄以周先生时，他看到黄先生书斋上挂着一大幅使他难忘的格言：“实事求是，莫作调人!”这句格言如译成英语或白话，那就是“寻找真理，绝不含糊!”这些也都说明了我国十九世纪，一些高等学府里的治学精神。

父亲的自述里几乎以四分之一的篇幅，记述其重建上庄胡氏宗祠的经过。这项重建历时凡十一年。共费制钱一千三百三十万（约合银元 1.33 万元）。自一八六五年动工，直至一八七六年，父亲三十六岁那年才正式完工的。在这项伟大的工程中，他不但是该项工程粗工细活主要的规划者和执行人；他有时还要说服和尅制族中守旧分子的反对。他所遗留的记录不幸有一部毁于火灾，但是这份记录却替后世留下了当年聚族而居的农村里的生活状况、社会组织和社会公益活动的极珍贵的第一手资料。

在此期间父亲曾对中国地理——尤其边疆地理发生了研究的兴趣；这兴趣是他在上海龙门书院当学生时便养成的。他继续对地理学进修的原因，也是受当时国际和远东重要变动的影响。据父亲的纪录，他对当时政府和士大夫对世界地理和中国边疆——尤其是东三省——的地理之无知，感到震惊！所以他便下定决心终身致力于中国边疆地理的研究。

吴大澄的知遇

当父亲于数年之内把家事稍事安顿之后，他便决定撇开家族乡党的小天地而远游北京，另图发展。在一八八一年他年已四十，乃向一位经商致富的族伯（胡嘉言）借了一百银元搭船自上海去天津转往北京。在北京他仅凭两封推荐书，旅行了四十二天，到了吴大澄钦差的驻地宁古塔。吴氏为一自修而成名的大学者、考古家和政治家。父亲告诉吴公他不是来求职的；他只盼吴氏能给予护照和通行证，好让他遍游东北，并考察边疆地理。吴氏对父亲大为赏识，其后吴氏巡行阅边，总是偕父亲同行；尤其是一八八二年中俄勘定疆界时，他们曾同晤俄方勘界专员。

就在这一年吴氏正式聘任父亲为其幕僚。稍后吴氏并在父亲毫不知情的情况之下专摺向朝廷特别保荐，说父亲胡传“有体有用，实足为国家干济之才，不仅备一方牧令之选。”父亲惊喜之余，当然也深感吴公的知遇。其后多年便一直在吴公幕府，参预机要。

父亲在东北一段时期往各地旅行考察，备历艰险。在一八八三年一次（兼查十三道，戛牙河地势）途中，一行人员在森林中大雪迷路，三日不得出。干粮已尽，计无可施。此时父亲忽有所悟，他叫随行人员去寻觅一条山涧，然后循山涧而下。因为山涧总归会流出山区的，循山涧找出路，应该是不会错的。他们于是找到了一条山涧，循涧而下，终于脱险。为此，父亲曾做了一首诗，以为纪念。四十年后，当我在一九一九年发表一系列有关实验主义的讲演之时，我还举出这个例子，来诠释杜威在他“思维术”里所阐明的理论。

自一八八一年以后，父亲便一直致力于公务。自一八八一至一八八六年，他在东北服务六年。一八八六年先祖母逝世，父亲返里奔丧。翌年又转广州依广东巡抚吴大澄。吴派他去海南岛视察，并报告全岛土著状况，作可能开发的筹划。父亲于此行所保留的详细日记，后来曾发表于专研地理学的《禹贡半月刊》。

1888 年，黄河在郑州一带决口。吴大澄自粤奉调任河道总督；设督署于郑州，监督堤工。父亲乃随吴去郑州。在此期间父亲亦记有详尽日记，纪录购料、修堤等工作。当年的河工不但极其腐化，且有各种迷信参杂其间。迷信之一便是崇奉水蛇、虾蟆为“河神”。

父亲在治河时期的日记里便做了十首《郑工合龙纪事诗》，其中的一首便坦白的批判这迷信之无稽。下面便是这首诗的原文：

纷纷歌舞赛蛇虫，
酒醴牲牢告洁丰。
果有神灵来护佑，
天寒何故不临工？

我引这首诗来说明我父亲生命里富于学术的一面。他是笃信宋儒的，尤其崇奉程颢、程颐和朱熹，是所谓“理学”。由于业师刘熙载先生的教诲，我父亲受程朱理学的影响也很大；所以他毫不犹豫的对大清帝国内当时所流行的宗教，予以严肃的怀疑与批判。

由于襄赞治河的劳绩，吴大澄乃保举父亲以直隶州候补知州分发各省候缺任用。一八八九年父亲自郑州请假返籍探亲。便在这一次短暂的探亲假期，我父母就在原籍结婚了。婚后父亲乃携眷返郑州继续治河。翌年父亲乃离开河南任所往北京等候签派新职。当年合格官吏的选派，多凭抽签决定。父亲抽得往江苏省候补的签。这在当时实在是最好的机会了。所以在一八九〇到一八九一两年之间，我父母均住在江苏省会所在地的苏州；后来又被派往上海，担任“淞沪厘卡总巡”。我便是一八九一年十二月在上海出世的。就在这一段时期里，父亲已有“能吏”之名，所以其他各省当局，对他也就竞相延揽了。

在台湾任知州和统领

一八九二年，不但是我父亲原任所在的江苏省署，就是广东省署和新设的台湾省署，都纷纷奏请朝廷想调请父亲前往各该省任职。但是北京中央则循新任台湾巡抚邵友濂之请，调父亲去台湾任职，盖当时台湾省治新设，需要人才甚急，所以北京吏部乃遴选干员胡传，前往台湾，襄赞省政。奉命之后，父亲不得已只好暂留眷属于上海，于一八九二年只身赴台。其后在台湾一直任职达四年之久。

在台任职期间，父亲曾巡视全岛各地；并代邵巡抚亲往澎湖列岛视察军务。他的巡台日记，以及对邵巡抚的禀启，均曾由今日的“台湾省文献委员会”付印出版。

父亲因为深谙地理之学，根据所学加以判断，他认为当时全台各地的防御工事，例如各地的砲台，对台湾的实际防御均无补于事。在（一八八五年）中法战后，我国南洋海军全毁，台湾门户洞开，全岛实际上无防御之可言。所以他在向省署的禀启中，坦白指陈当时散置全岛各地各种零星防御工事，以及落伍逾龄的各种武器，和那些装备训练均感不足的武装部队，全属浪费。父亲乃禀请省署将这些无用的设施，全部废弃。另行训练一支小型海军，以为全岛防务之用。

父亲在全岛旅行视察之后，由于当时防疫设备不足，乃染上疟疾，卧病甚久。和他同行的仆役亦同染疫寓，甚至无一人生还！

一八九二年，父亲又受委管理全岛盐政。半年之内便有很多的兴革。最近一位盐务专家便曾根据父亲有关盐政的报告，撰文研讨父亲当年对台湾盐政的贡献。

一八九三年父亲又受（台湾藩台唐景崧）牌委代理台东直隶州知州。台东当时是台湾唯一的一个直隶州。他接任只有一天，台东的后山驻军统领——可能因为心脏病猝发——突告病故。邵友濂巡抚乃委派父亲兼领台东后山军务。所以当我在一九五二年访问台东时，台东父老仍然记得我的父亲是位武官——胡统领；而非文官——胡知州。

在父亲统军期间，他发现全军有80%至90%的官兵吸食鸦片。因为那时台湾疟疾流行，军中官兵误信鸦片可以防疟的缘故，所以几乎全军吸毒。父亲最恨吸毒，故极力使全军戒毒。这些事，在他的巡台日记里都有详细的记载。

就在父亲在台湾担任统领这段时间里，中日甲午战争爆发了。我军战败。强大的北洋海军全部为敌所毁。当北洋海军于一八九四年全军覆灭时，我父深知台湾已无法防守。如众所知，一八九五年中日马关和会时，我国把台湾割让于日本作为赔偿。所有清廷派来台湾的官吏，均奉召返回大陆。

可是台湾居民却强烈反对，尤其是当地士绅，他们群起吁请巡抚唐景崧制止割让。并宣布成立“台湾民主国”，选唐景崧为“伯理玺天德”（总统）。这个“民主国”事实上只存在不过数周——甚或只有几天——就完结了，但是台湾的抗日运动却延续至数月之久。

父亲迟至一八九五年六月二十五日始离职返国。此时大陆与台湾电讯已断。土著与土匪又纷起滋事。所幸父亲在台时颇有政声，所以尚能沿途通行无阻，返回台湾临时省会所在地（台南）。这时他已染了严重的脚气病；两腿浮肿，不能行动。但正如上节所提，父亲行政才能曾历经上峰嘉许，所以此时的新军事领袖刘永福将军，仍坚留我父在台继续服务。刘氏是前任巡抚和“伯理玺天德”离台后，全岛唯一的军事领袖，那时尚统治南部半个岛。父亲在台直病到不能行动的情况之下，刘氏始允许他离台内渡。父亲于一八九五年八月十八日离台，八月二十二日病故于厦门——他成为“台湾民主国”的殉难者之一。

下面是父亲于光绪二十一年乙未（一八九五年）六月二十日所立的遗嘱。虽然那时和他共患难的家人，都已离台赴沪，我二哥嗣秬尚随侍在侧。遗嘱的全文如下：

> 予生不辰，自弱冠以后，备历艰险，几死者数矣。咸同之间，粤寇蹂躏吾乡，流离播越，五年之久，刀兵疠疫饥饿三者交迫，屡濒於危而不死。在婺源覆舟於鹅掌滩下，亦幸不死。光绪癸未正月，在宁古塔奉檄由瑚布图河历老松岭赴珲春与俄罗斯廓米萨尔会勘边界，中途遇大雪，失道误入窝棘中，绝粮三日不死（窝棘者译言老林也）。乙酉，署五常抚民同知，八月廿三日，马贼猝来攻城，城人逃散，予以十三人禦之，幸胜而不死。丁亥，在粤东奉檄渡海至琼州察看黎峒地势，自琼而南，直穿黎心以达崖州，染瘴病困于陵水，亦不死。壬辰之春，奉旨调台湾差委，至则派查全省营伍，台湾瘴疠与琼州等，予自三月奉檄，遍历台南北，前后山，兼至澎湖，驰驱於炎蒸瘴毒之中凡六阅月，从人死尽，而予独不死。今朝廷已弃台湾，诏臣民内渡，予守后山，地辟而远，闻命独迟，不得早自拔，台民变，后山饷源断，路梗文报不通，又陷於绝地，将死矣！嗟呼，往昔之所历，自以为必死而卒得免於死，今者之所遇，义可以无死，而或不能免于死，要之皆命也。汝从予於此，将来能免与否，亦命也。书此付汝知之，勿为无益之忧惧也。光绪二十一年五月二十八日（一八九五年六月二十日）书台东镇海后军中营示秬儿。
>
> 铁 花

第三章　初到美国：康乃尔大学的学生生活

与不同种族和不同信仰人士的接触

今天我想谈谈我在美国留学的各方面。这些大半都是与二十世纪十年代——尤其是自一九一〇年到一九一七年间——美国学生界，有关家庭、宗教、政治生活和国际思想诸方面的事情。由一个在当时思想和训练都欠成熟的中国学生来观察这些方面的美国生活，当然不是一件容易的事情。

现在我们都知道，中国学生大批来美留学，实是一九〇九年所设立的“庚款奖学金”以后才开始的。原来美国国会于一九〇八年通过一条法案，决定退回中国在一九〇一年（庚子）为八国联军赔款的余额——换言之，即是美国扣除义和拳之乱中所受的生命财产等实际损失〔和历年应有的利息〕以后的额外赔款。

美国决定退还赔款之后，中国政府乃自动提出利用此退回的款项，作为派遣留美学生的学杂费。经过美国政府同意之后，乃有庚款的第一批退款。一九二四年，美国国会二度通过同样法案，乃有庚款的第二次退款。这样才成立了“中华教育文化基金会”——简称“中华基金会”。这当然又是另一件事了。

由于庚款的第一批退款，经过中美两国政府交换说帖之后，乃有第一批所谓“庚款留学生”赴美留学。第一届的四十七人之中包括后来的清华大学校长梅贻琦，以及其他后来在中国科技界很有建树的许多专家。第二届七十人是在一九一〇年在北京考选的，然后保送赴美进大学深造。另外还有备取七十人，则被录入于一九一〇至一九一一年间所成立的“清华学校”，作为留美预备班。

我就是第二届第一批考试及格的七十人之一。所以一九一〇至一九一一年间也是中国政府大批保送留学生赴美留学的一年。抵美之后，这批留学生乃由有远见的美国人士如北美基督教青年会协会主席约翰·穆德（John R.Mott）等人加以接待。多年以后，当洛克斐勒基金会拨款捐建那远近驰名的纽约的“国际学社”(International House)时，穆德的儿子便是该社的执行书记。我特地在此提出说明这个国际精神，并未中断。

像穆德这样的美国人，他们深知这样做实在是给予美国最大的机会，来告诉中国留学生，受美国教育的地方不限于课堂、实验室和图书馆等处；更重要的和更基本的还是在美国生活方式和文化方面去深入体会。因而通过这个协会，他们号召美国各地其他的基督教领袖和基督教家庭，也以同样方式接待中国留学生，让他们知道美国基督教家庭的家庭生活的实际状况；也让中国留学生接触美国社会中最善良的男女，使中国留学生了解在美国基督教整体中的美国家庭生活和德性。这便是他们号召的目标之所在。许多基督教家庭响应此号召，这对我们当时的中国留学生，实在是获益匪浅。

在绮色佳地区康乃尔大学附近的基督教家庭——包括许多当地士绅和康大教职员——都接待中国学生。他们组织了许多非正式的组织来招待我们；他们也组织了很多的圣经班。假若中国留学生有此需要和宗教情绪的话，他们也帮助和介绍中国留学生加入他们的教会。因此在绮色佳城区和康乃尔校园附近也是我生平第一次与美国家庭发生亲密的接触。对一个外国学生来说，这是一种极其难得的机会，能领略和享受美国家庭、教育，特别是康大校园内知名的教授学者们的温情和招待。

绮色佳和其他大学城区一样，有各种不同的教会。大多数的基督教会都各有其教堂。“教友会”（或译“贵格会”或“匮克会”Quaker；Society of Friends）虽无单独的教堂，但是康乃尔大学法文系的康福（W.W.Comfort）教授却是个教友会的教友，足以补偿这个遗珠之憾。康氏后来出任费城教友会主办的海勿浮学院（Haverford College）的校长。我就送我的小儿子在该校就读两年。康福教授既是个教友会的基督徒，他的家庭生活便也是个极其美好的教友会教徒的家庭生活。我个人第一次对教友会的历史发生兴趣和接触，和对该派奇特而卓越的开山宗师乔治·弗克斯（Ceorge Fox，1624—1691）的认识，实由于读到〔欧洲文艺复兴大师〕伏尔泰（Voltaife，1694—1778）有关英国教友会派的通信。这一认识乃引起我对美国教友会的教友很多年的友谊。

教友会的信徒们崇奉耶稣不争和不抵抗的教导。我对这一派的教义发生了兴趣，因为我本人也曾受同样的，但是却比耶稣还要早五百年的老子的不争信条所影响。有一次我访问费城教友会区，康福教授便向我说：“你一定要见我的母亲；访问一下她老人家。她住在费洛达菲亚城郊区的日尔曼镇（GermanTown）。”由于康福教授的专函介绍，我就顺便访问了康福老太太。康福老太太乃带我去参观教友会的会场。这是我生平的第一次；印象和经验都是难忘的。由于这一次访问的印象太深刻了，所以在教友会里我有很多终身的朋友。我以后也时常去教友会集会中作讲演；我也送了我的小儿子去进教友会的大学。

当然我也接触了很多基督教其他不寻常的支派。在我的“留学日记”里，我也记载了访问犹他州（Utah）“摩门教会”（Mormonism）的经过。我也碰过几位了不起的摩门派学人和学生。我对他们的印象也是极其深刻的。同时也改变了以前我象一般人所共有的对摩门教派很肤浅的误解。

我和一些犹太人也相处得很亲密。犹太朋友中包括教授和学生。首先是康乃尔，后来又在哥伦比亚，我对犹太人治学的本领和排除万难、力争上游的精神，印象极深。在我阅读“圣经”，尤其是“旧约”之后，我对犹太人真是极其钦佩。所以我可以说这些都是我的经验的一部分——是我对美国生活方式的了解。

在一九一一年的夏天——也就是我从大学一年级升入二年级的那个夏天——有一次我应约去费洛达菲亚城的孛可诺松林区（Pocono Pines）参加“中国基督教学生联合会”的暑期集会。会址是在海拔二千英尺，风景清幽的高山之上。虽在盛暑，却颇有凉意。该地有各项设备，足供小型的宗教集会之用。在我的“留学日记”里便记载着，一日晚间，我实在被这小型聚会的兴盛气氛所感动，我当场保证我以后要去研究基督教。在我的日记里，以及后来和朋友通信的函札上，我就说我几乎做了基督徒。可是后来又在相同的情绪下，我又反悔了。直至今日我仍然是个未经感化的异端。但是在我的日记里我却小心的记录下这一段经验，算是我青年时代一部分经验的记录。

今日回思，我对青年时代这段经验，实在甚为珍惜——这种经验导致我与一些基督教领袖们发生直接的接触，并了解基督教家庭的生活方式，乃至一般美国人民和那些我所尊敬的师长们的私生活，特别是康福教授对我的教导，使我能更深入的了解和爱好圣经的真义。我读遍圣经，对“新约”中的“四福音书”中至少有三篇我甚为欣赏；我也欢喜“使徒行传”和圣保罗一部分的书信。我一直欣赏圣经里所启发的知识。

后些年在北京大学时，我开始收集用各种方言所翻译的“新约”或“新旧约全书”的各种版本的中文圣经。我收集的主要目的是研究中国方言。有许多种中国方言，向来都没有见诸文字，或印刷出版，或作任何种文学的媒介或传播工具。可是基督教会为着传教，却第一次利用这些方言来翻译福音，后来甚至全译“新约”和一部分的“旧约”。

我为着研究语言而收藏的圣经，竟然日积月累，快速增加。当“中国圣经学会”为庆祝该会成立50周年而举办的“中文圣经版本展览会”中，我的收藏，竟然高居第二位——仅略少于该会本身的收藏。这个位居第二的圣经收藏，居然是属于我这个未经上帝感化的异端胡适之！

我对美国政治的兴趣

以上所说的是我当学生时代生活的一方面。……

当我于一九一〇年初到美国的时候，我对美国的政治组织、政党、总统选举团，和整个选举的系统，可说一无所知。对美国宪法的真义和政府结构，也全属茫然。一九一一年十月，中国的辛亥革命突然爆发了。为时不过数月，便将统治中国有二百七十年之久的满清专制推翻。一九一二年一月，中华民国便正式诞生了。你知道这一年是美国大选之年。大选之年也是美国最有趣和兴奋的年头。威尔逊是这一年民主党的候选人；同时共和党一分为二；当权的托虎托总统领导着保守派；前总统老罗斯福却领导了自共和党分裂出来的进步党，它是美国当时的第三大党。罗氏也就是该党的领袖和总统候选人。这一来，三党势均力敌，旗鼓相当，因而连外国学生都兴奋得不得了。

这一年康乃尔大学的政治系新聘了一位教授叫山姆·奥兹（Samuel P.Orth）。他原是克利弗兰市里的一位革新派的律师。他在该市以及其本州（俄亥俄）内的革新运动中都是个重要的领导分子，由康大自俄亥俄州的律师公会中延聘而来，教授美国政府和政党。我一直认为奥兹教授是我生平所遇到的最好的教授之一；讲授美国政府和政党的专题，他实是最好的老师。我记得就在这个大选之年（1912—1913），我选了他的课。……

下面一段便是他讲第一堂课时的开场白：

今年是大选之年。我要本班每个学生都订三份日报——三份纽约出版的报纸，不是当地的小报——“纽约时报”是支持威尔逊的；“纽约论坛报”（The New YorkTribune）是支持托虎托的；“纽约晚报”（The New York Evening Journal）〔我不知道该报是否属“赫斯特系”（Hearst family）的新闻系统。但是该报不是个主要报纸。〕是支持罗斯福的。诸位把每份订它三个月，将来会收获无量。在这三个月内，把每日每条新闻都读一遍。细读各条大选消息之后，要做个摘要；再根据这摘要作出读报报告缴给我。报纸算是本课目的必需参考书，报告便是课务作业。还有，你们也要把联邦四十八州之中，违法乱纪的竞选事迹作一番比较研究，缴上来算是期终作业！

我可以告诉你，在我对各州的选举活动作了一番比较研究之后，我对美国的政治也就相当熟习了。

奥兹教授在讲过他对学生的要求之后，又说：“……就是这样了！关于其他方面的问题，听我的课好了！”

我对这门课甚感兴趣！

奥兹教授对历史很熟。历史上的政治领袖和各政党——从（美国开国时期的）联邦系（Federalists）到（二十世纪初期的）进步党（Progressives）——等等创始人传记，他也甚为清楚。他是俄亥俄州人，他对前总统麦荆尼周围助选的政客，如一手把麦氏推上总统宝座的大名鼎鼎麦克斯·韩纳（Marcus Hanna，1837—1904），他都很熟。所以奥兹告诉我们说：“看三份报，注视大选的经过。同时认定一个候选人作你自己支持的对象。这样你就注视你自己的总统候选人的得失，会使你对选举更为兴奋！”

他对我们的另一教导，便是要我们参与绮色佳城一带举行的每一个政治集会。我接受了奥氏的建议，于一九一二年的选举中选择了进步党党魁老罗斯福作为我自己支持的对象。四年之后（一九一六年），我又选择了威尔逊为我支持的对象。在一九一二年全年，我跑来跑去，都佩戴一枚〔象征支持罗斯福〕的大角野牛象的襟章；一九一六年，我又佩戴了支持威尔逊的襟章。

我在一九一二年也参加了许多次政治集会，其中有一次是老罗斯福讲演赞助进步党候选人欧斯克·史特斯（Oscar Strauss）竞选纽约州长。在绮色佳集会中最激动的一次便是罗斯福被刺之后那一次集会。罗氏被刺客击中一枪，子弹始终留在身内未能取出。我参加了这次集会，好多教授也参加了。令我惊奇的却是此次大会的主席，竟是本校史密斯大楼（Goldwin SmithHal）的管楼工人。这座大楼是康大各系和艺术学院的办公中心！这种由一位工友所主持的大会的民主精神，实在令我神往之至。在这次大会中，我们都为本党领袖的安全而祈祷；并通过一些有关的议案。这次大会也是我所参加过的毕生难忘的政治集会之一。

该年另一个难忘的集会便是由我的业师客雷敦（J.E.Creighton）教授代表民主党，康大法学院长亥斯（Alfred Hayes）教授代表进步党的一次辩论会。这批教授们直接参加国家大政的事，给我的印象实在太深了。我可以说，由这些集会引起我的兴趣也一直影响了我以后一生的生活。

大选刚过，我因事往见伦理学教授索莱（Frank Thilly），当我们正在谈话之时，客雷敦教授忽然走了进来。他二人就当着我的面，旁若无人的大握其手，说："威尔逊当选了！威尔逊当选了！"我被他二人激动的情绪也感动得热泪盈眶。这两位教授都是支持威尔逊的。他二人也都在普林斯敦大学教过书，都深知威尔逊，因为威氏曾任普大校长多年。他二人对威氏出任总统也发生了不感兴趣的兴趣。

几年之后（一九一五年），我迁往纽约市。从康乃尔大学研究院转学至哥伦比亚大学研究院，并住入哥大当时最新的佛纳大楼（Furnald Hall）。一九一五年不是个选举年，但是这一年却发生了有名的美国妇女争取选举权的五马路大游行。我目睹许多名人参加此次游行。杜威夫妇也夹在游行队伍之中。杜威教授并曾当众演说。一九一五年岁暮，杜威并直接参加此一群众运动。这一件由教授们直接参加当时实际政治的事例，给我的影响亦至为深刻。

我想把一九一六年的大选在此地也顺便提一提。此时老罗斯福的光彩对我已失兴趣；而我对那位国际政治家威尔逊却发生了极深的信仰。先是在一九一四年，我曾以职员和代表的身份参加过一次世界学生会议。这个会是当时"世界学生会联合会"（The Association of

Cosmopolitan Clubs）和“欧洲学生国际联合会”（International Federation of Students of Europe）所联合举办的。先在绮色佳集会之后，再会于华盛顿。在华府我们曾受到威尔逊总统和国务卿白来恩（Williams Jennings Bryan）的亲自接见，他二人都在我们的会里发表讲演。

我清楚的记得正当一九一六年大选投票的高潮之时，我和几位中国同学去“纽约时报广场”看大选结果。途中我们看到《纽约世界日报》发出的号外。《世界日报》是支持威尔逊的大报之一。可是这一次的号外却报导共和党候选人休斯（Charles E.Hughes）有当选的可能。我们同感失望，但是我们还是去时报广场，看时报大厦上所放映的红白二色的光标，似乎也对威尔逊不利。我们当然更为失望。但是我们一直坚持到午夜。当《纽约晚邮报》出版，休斯仍是领先。该报的发行人是有名的世界和平运动赞助人韦那德（Oswald Garrison Villard）。我们真是太失望了。我们只有打道回校。那时的地道车实在拥挤不堪，我们简直挤不进去，所以我们几个人乃决定步行回校——从西四十二街走回西一一六街的哥大校园。

翌日清晨，我第一桩事便是看报上的选举消息。所有各报都报导休斯可能当选，但是我却买不到《纽约时报》。它显已被人抢购一空了。我不相信其他各报的消息，乃步行六条街，终于买到一份“时报”。“时报”的头条消息的标题是：“威尔逊可能险胜！”读后为之一快，乃步行返校吃早餐。你可能记得，这一旗鼓相当的大选的选票一直清理了三天；直至加州选票被重数了之后，威尔逊才以三千票的“险胜”而当选总统！

另外当时还有几个小插曲也值得一提。就在我差不多通过所有基层考试的时候，因为我希望在一九一六至一九一七年间完成我的博士论文，我觉得有迁出哥大宿舍的必要。那时的中国留学生差不多都集中住于三座宿舍大楼——佛纳、哈特莱（HartleyHall）和李文斯敦（Livingston Hall）。〔中国同学住在一起，交际应酬太多，影响学业，〕所以我迁至离哥大六十条街〔三英里〕之外，靠近西一七二街附近的海文路九十二号一所小公寓，与一云南同学庐锡荣君同住。我们合雇了一位爱尔兰的村妇，帮忙打扫，她每周来一次做清洁工作。在一九一六年大选之前（那时妇女尚无投票权），我问她说：“麦菲夫人

（Mrs.Murphy），你们那一选区投哪位候选人的票啊？”

“啊！我们全体反对威尔逊！”她说，“因为威尔逊老婆死了不到一年，他就再娶了！”

数周之后，我参加了一个餐会。主讲人是西海岸斯坦福大学校长戴维·交顿（David Starr Jordan）。他是一位世界和平运动的主要领导人。当大家谈起大选的问题时，交顿说：“今年我投谁的票，当初很难决定，我实在踌躇了很久，最后才投威尔逊的票！”他这席话使当时出席餐会的各界促进和平的士女大为骇异。所以有人就问交顿，当时为何踌躇。交顿说：“我原在普林斯敦教书，所以深知威尔逊的为人。当他作普大校长时，他居然给一位教授夫人送花！”这就是戴维·交顿不要威尔逊做美国总统的主要原因。其所持理由和我们的爱尔兰女佣所说的，实在有异曲同工之妙。

我对美国政治的兴趣和我对美国政制的研究，以及我学生时代所目睹的两次美国大选，对我后来对（中国）政治和政府的关心，都有着决定性的影响。其后在我一生之中，除了一任四年的战时中国驻美大使之外，我甚少参预实际政治。但是在我成年以后的生命里，我对政治始终采取了我自己所说的不感兴趣的兴趣（disinterested-interest）。我认为这种兴趣是一个知识分子对社会应有的责任。

放弃农科，转习哲学

我在一九一〇年进康乃尔大学时，原是学农科的。但是在康大附设的纽约州立农学院学了三个学期之后，我作了重大牺牲，决定转入该校的文理学院，改习文科。后来我在国内向青年学生讲演时便时常提到我改行的原因，并特别提及“果树学”（Pomology）那门课，这门课是专门研究果树的培育方法。这在当时的纽约州简直便是一门专门培育苹果树的课程。在我们课堂上学习之外，每周还有实习，就是这个“实习”，最后使我决定改行的。

在我的讲演集里，有几处我都提到这个小故事。其经过大致是这样的：

实习时，每个学生大致分得三十个或三十五个苹果。每个学生要根据一本“培育学指南”上所列举的项目，把这三十来个苹果加以分类。例如茎的长短；果脐的大小；果上棱角和圆形的特征；果皮的颜色；和切开后所测出的果肉的韧度和酸甜的尝试，肥瘦的纪录……等等。这叫做苹果分类，而这种分类也实在很笼统。我们这些对苹果初无认识的外国学生，分起来甚为头痛！

但是这种分类，美国学生做来，实在太容易了。他们对各种苹果早已胸有成竹；按表分类，他们一望而知。他们也毋需把苹果切开，尝其滋味。他们只要翻开索引或指南表格，得心应手的把三十几个苹果的学名一一填进去，大约花了二三十分钟的时间，实验便做完了。然后拣了几个苹果，塞入大衣口袋，便离开实验室扬长而去。可是我们三两位中国同学可苦了。我们留在实验室内，各尽所能去按表填果，结果还是错误百出，成绩甚差。

在这些实验之后，我开始反躬自省：我勉力学农，是否已铸成大错呢？我对这些课程基本上是没有兴趣；而我早年所学，对这些课程也派不到丝毫用场；它与我自信有天份有兴趣的各方面，也背道而驰。这门果树学的课——尤其是这个实验——帮助我决定如何面对这个实际问题。

我那时很年轻，记忆力又好。考试前夕，努力学习，我对这些苹果还是可以勉强分类和应付考试的；但是我深知考试之后，不出三两天——至多一周，我会把那些当时有四百多种苹果的分类，还是要忘记得一干二净。我们中国，实际也没有这么多种苹果。所以我认为学农实在是违背了我个人的兴趣。勉强去学，对我说来实在是浪费，甚至愚蠢。因此我后来在公开讲演中，便时时告诫青年，劝他们对他们自己的学习前途的选择，千万不要以社会时尚或社会国家之需要为标准。他们应该以他们自己的兴趣和秉赋，作为选科的标准才是正确的。

除此之外，当然还有使我转入文理学院去学习哲学、文学、政治和经济的其他诸种因素。其他基本的因素之一便是我对哲学、中国哲学和研究史学的兴趣。中国古代哲学的基本著作，及比较近代的宋明诸儒的论述，我在幼年时，差不多都已读过。我对这些学科的基本兴趣，也就是我个人的文化背景。

当我在农学院就读的时期，我的考试成绩，还不算坏。那时校中的规定，只要我能在规定的十八小时必修科的成绩平均在八十分以上，我还可随兴趣去选修两小时额外的课程。这是当时康乃尔大学的规定。这一规定，我后来也把它介绍给中国教育界，特别是北京大学。在中国我实在是这一制度最早的倡导人之一。

利用这两三个小时选修的机会，我便在文学院选了一门客雷敦教授所开的“哲学史”。客君不长于口才，但他对教学的认真，以及他在思想史里对各时代、各家各派的客观研究，给我一个极深的印象。他这一教导，使我对研究哲学——尤其是中国哲学——的兴趣，为之复苏！

使我改行的另一原因便是辛亥革命；打倒满清，建立民国。中国当时既然是亚洲唯一的一个共和国，美国各地的社区和人民对这一新兴的中国政府发生了浓厚的兴趣。校园内外对这一问题的演讲者都有极大的需要。在当时的中国学生中，擅于口才而颇受欢迎的讲演者是一位工学院四年级的蔡吉庆。蔡君为上海圣约翰大学的毕业生。留美之前并曾在其母校教授英语。他是位极其成熟的人，一位精彩的英语演说家。但是当时邀请者太多，蔡君应接不暇，加以工学院课程太重，他抽不出空，所以有时只好谢绝邀请。可是他还是在中国同学中物色代替人，他居然认为我是个可造之材，可以对中国问题，作公开讲演。

有一天蔡君来找我。他说他在中国同学会中听过我几次讲演，甚为欣赏；他也知道我略谙中国古典文史。他要我越俎代庖，去替他应付几个不太困难的讲演会，向美国听众讲解中国革命和共和政府。在十分踌躇之后，我也接受了几个约会，并作了极大的准备工作。这几次讲演，对我真是极好的训练。蔡君此约，也替我职业上开辟了一个新的方向，使我成为一个英语演说家。同时由于公开讲演的兴趣，我对过去几十年促成中国革命的背景，和革命领袖人物的生平，也认真的研究了一番。

这个对政治史所发生的兴趣，便是促使我改行的第二个因素！

还有第三个促使我改行的原因，那就是我对文学的兴趣。我在古典文学方面的兴趣，倒相当过得去。纵是在我十几岁的时候，我的散文和诗词习作，都还差强人意。当我在康乃尔农学院（亦即纽约州立农学院）就读一年级的时候，英文是一门必修科，每周上课五小时，课程十分繁重，此外我们还要选修两门外国语——德文和法文。这些必修科使我对英国文学发生了浓厚的兴趣，我不但要阅读古典著作，还有文学习作和会话。学习德文、法文也使我发掘了德国和法国的文学。我现在虽然已不会说德语或法语，但是那时我对法文和德文都有相当过得去的阅读能力。教我法文的便是我的好友和老师康福教授，他也是我们中国学生圣经班的主持人。

我那两年的德语训练，也使我对歌德（Goethe）、雪莱（Schiller）、海涅（Heine）和勒新（Lessing）诸大家的诗歌亦稍有涉猎。因而我对文学的兴趣——尤其是对英国文学的兴趣，使我继续选读必修科以外的文学课程。所以当我自农学院转入文学院，我已具备了足够的学分（有二十个英国文学的学分），来完成一个学系的“学科程序”。

康乃尔文学院当时的规定，每个学生必须完成至少一个“学科程序”才能毕业。可是当我毕业时，我已完成了三个“程序”：哲学和心理学；英国文学；政治和经济学。三个程序在三个不同的学术范围之内。所以那时我实在不能说，哪一门才是我的主科。但是我对英、法、德三国文学兴趣的成长，也就引起我对中国文学兴趣之复振。这也是促成我从农科改向文科的第三个基本原因。

我既然在大学结业时修毕在三个不同部门里的三个不同的“程序”，这一事实也说明我在以后岁月里所发展出来的文化生命。有时我自称为历史家；有时又称为思想史家。但我从未自称我是哲学家，或其他各行的什么专家。今天我几乎是六十六岁半的人了，我仍然不知道我主修何科；但是我也从来没有认为这是一件憾事！

第四章　青年期的政治训练

公开讲演的训练

在我为中国问题四处公开讲演之时，我却没有受过作公开讲演的正式训练。所以在一九一二年的夏天，我就选修了一门训练讲演的课程。这是一门极有趣味的课程。我的老师艾沃里特（Everett）教授是一位好老师。暑校是从七月初开课的。当我第一次被叫上讲台作练习讲演之时，我真是浑身发抖。此事说也奇怪，在此之前我已经讲演过多少次了。但是这一次却是在课室内第一次被叫上台。那天虽然是盛暑，天气极热，但是我仍然浑身发冷、发颤；我必须扶着讲台，始能想出我预备的讲稿。艾教授看我扶着台子才能讲话，第二次他再叫我时，他便把台子搬走了，当然我也就无所依据。因为要忙着想我的讲词，我也就忘记我的腿了，它也就不再发抖。这样便开始了我后来有训练的讲演生涯。

我在康乃尔时代，讲演的地区是相当辽阔——东至波斯顿，西及俄亥俄州的哥伦布城。这个区域对当时在美国留学的一个外国学生来说是相当辽阔的了。为着讲演，我还要时常缺课。但是我乐此不疲，这一兴趣对我真是历四、五十年而不衰。

在我大学四年级那一年，我获得卜郎吟文学论文奖金（Hiram Corson Prize on Robert Browning）。该项奖金原是英国文学教授，也是卜郎吟生前的好友，考尔逊（Hiram Corson）所设立的。考氏曾在康乃尔大学教授卜郎吟诗。我用不具真姓名的方式写了一篇《捍卫卜郎吟的乐观主义》（In defense of Browning's optimism）的论文投稿应征。那时我因为（转系的关系）留学的生活费被减缩；同时我还要抽点钱接济母亲，所以生活甚为窘困。这宗五十元的文学奖金对我真是雪中送炭。再者由于一个中国学生竟然得了一个卜郎吟文学奖，当时竟然变成新闻。纽约各报刊都加以报导。这样一来，我这位薄有微名的讲演者也颇为人所称道，所以连当时美国文化重地的波斯顿市内的“卜郎吟学会”（Browning Society）也请我去讲演，这就是我讲演的地区一直延伸到波斯顿的原委。

这些讲演对我虽然因为要充分准备而荒时废业，但我从无懊悔之意。后来在我教书期间，纵使有些课我已教了很多年，上课之前我仍然是彻底的准备；其后纵是个把钟头的功课，我从不毫无准备的冒冒然上堂，虽然这种准备工作往往要化去好几个钟头。

当然我也受讲演之累。其中最明显的一次，便是在我就读研究院的第二年（一九一五）时，我的奖学金被校方停止了。

康乃尔大学的哲学系亦名“塞基哲学院”（Russell Sage School of

Philosophy），其基金原是虏索·塞基家庭捐资设立的，并另设塞基哲学奖学金以资助哲学研究生。我进康乃尔大学研究院时本来就领有该项奖学金，但是当我于一九一五年申请延长时，却被校方拒绝了。那专司审查奖金候选人的指导委员会主席索莱（Frank Thilly）教授便坦白相告，说我在讲演上荒时废业太多，所以哲学系不让我继续领取该项奖金。

在我当学生时代我便一直认为公开讲演对我大有裨益。我发现公开讲演时常强迫我对一个讲题作有系统的和合乎逻辑的构想，然后再作有系统的又合乎逻辑和文化气味的陈述。我时常举出"儒教"这个题目为例。所有中国学生大致都知道或多或少有关儒教的教义，但是他们对儒教的了解多半流于空泛、少组织、无系统。假若一个中国学生被请去作十分或二十分钟有关儒教的讲演，只有在这种场合，他才被迫对这题目打个草稿，并从事思考如何去表达自己。他先要想从何说起；想出他自己的意思；他对这题目的认识和印象，然后再加以合乎逻辑的组织，好使听众了解。这样一来，他也可帮助他自己对这一题目作前所未有的更深入的思考，他将来对这一题目作更广泛的研究，也就以此为出发点。

公开讲演也是个最好的机会，让一个人去训练他自己的写作；训练他作笔记的系统化。这些种不同形式的表达方法可以强迫一个人，对一项命题去组织他的感想、观念和知识；这样可使他以写作的方式，对他要表达的题目了解得更清楚。所以我对公开讲演的好处，曾撰一简单的格言来加以概括。这格言便是：

要使你所得印象变成你自己的，最有效的法子是记录或表现成文章。

大凡一个人的观念和印象通常都是很空泛的；空泛的观念事实上并不是他的私产。但是一个人如他的观念和感想，真正按照逻辑，系统化的组织起来，在这情况之下——也只有在这种情况之下——这些观念和感想，才可以说是真正属于他的了。所以我用"专用"、"占有"（appropriate）这个字来表明我的意思。

一九一五年的秋季，我自康乃尔大学转学至哥伦比亚大学。转学的原因之一，便是经过一系列的公开讲演之后，五年的康乃尔大学生活，使我在该校弄得尽人皆知。我在我的留学日记里便记载着，在这个小小的大学城内，熟人太多，反而不舒服。

平时我的访客也太多。绮色佳一带的教会、社团，尤其是妇女团体，经常来邀请我去讲演，真是应接不暇。因而我想起一句中国诗："万人如海一身藏！"所以我想脱离小城镇绮色佳，而转到大城市纽约。该处人潮如海，一个人在街头可以独行踽踽，不受别人注意。这种心境至少也是促成我转学的原因之一。其后两年（1915—1917），我发现这个想法是有极大的道理。在一个数百万人的大城市中，我是真正的"一身藏"了。

学习议会程序

在我所经历的各项学生时代的活动里，还有一件事对我后来的生活大有影响。那就是主持学生俱乐部和学生会议时，使我对民主议会程序有所体会。在一九一〇至一九二〇年这段时期里，几乎所有的美国学生会的章程都明文规定，各种会议的议事程序要以"罗氏议事规程"（Robert's Rules of Order）为准则。我是"中国学生会"里的干事。我发现"中国学生会"的会章里也有这一条。我也是康乃尔大学"世界学生会"的组织干事；后来继任该会主席。该会的会章上，也列有这一条。

康乃尔大学里的"世界学生会"（Cosmopolitan Club）是当时一个校际组织——"各大学世界学生联合会"——之下的一个分会。这个联合会每年在不同的校园内举行年会。由于参加乃至主持这些会议，以及学习使用"罗氏议事规程"，使我逐渐了解民主议会议事程序的精义；这也是我当学生时参加学生活动的一大收获。在我的留学日记里，我曾记下我第一次主持学生会会议的经验。我说那一小时作主席的经验，实远胜于对"罗氏议事规程"作几个小时的研读。

多少年后，我曾在南京考试院的考选委员会所召开的有关高普考的会议担任主席。这个会议是考试院邀请各大学派员参加而召开的。我代表北京大学去南京出席大会。当我担任主席所主持的那一次会议期间，我发现有些人特地来观察我们开会的程序。当晚便有一位考试院的元老来看我。他说："我们这一辈的民元老国会的议员，总以为我们是唯一的一群人懂得议会程序了。但是今天看到你做主席时的老练程度，实在惊叹不置！胡先生，您在哪里学会这一套的呀？”我告诉他我是在学生时代主持各种学生会议时学出来的。

我所以提这件小事的意思，就是说明这一方式的民主会议程序的掌握，使我对民主政治有所认识，以及一个共和国的公民在政治上活动的情形，也有更进一步的了解。这是多么有益的一种训练！因此我对孙中山先生的强调使用议会程序的号召，实有由衷的敬佩。孙先生把一种民主议会规则的标准本，译成中文，名之曰“民权初步”。我完全同意他的看法，民主议会程序，实在是实行民权政治的“初步”！

对世界主义、和平主义和国际主义的信仰

现在我想进一步的谈谈我对“世界主义”（cosmopolianism）、“和平主义”（pacifism）和“国际主义”（internationalism）学习的经过。我把“世界主义”和“国际主义”分开。其原因便是我想使“国际主义”这一名词为我将来讨论我进一步发展的“新和平主义”作专题来发挥。

我在康乃尔和哥伦比亚作学生时代生活经验的一部分，便是我和来自世界各国留学生的交往。在康乃尔时期，自大二开始，我就住进康大新建的世界学生会的宿舍，一住就住了三年，一直住到大学四年级——也就是我读研究院的第一年。换言之，我是从一九一一年的夏天一直住到一九一四年的夏天。

当我在世界学生会的宿舍寄宿期间，我认识了来自世界各地的学生，例如来自菲律宾、中南美洲、波多黎各、印度、南非以及少数从欧洲来的。其中尤以从中南美洲来的为数更多。我们之间的友谊有的维持了三十余年而未中断。我有几位波多黎各和南非的朋友，今日还和我继续通信。这些国际友谊对我说来真受惠不浅；它使我的智慧天地为之扩大，使我能真正了解许多国家的习俗和人民的生活方式。

那个世界学生会有个习俗，便是由不同种族的学生分别举办不同种族的民族晚会。晚会中所有会员及其友好均可参加。例如中国学生则主持一个中国晚会；菲律宾学生则主持一个菲律宾晚会；阿根廷学生举办阿根廷晚会等等。就是在这些不同的民族晚会里，我们对各种民族不同

的习俗便有了更深入的了解。更重要的还是各族学生间社交的接触和亲密的国际友谊之形成，使我们了解人种的团结和人类文明基本的要素。

这就是我在美国留学期间最重要的收获之一方面。在后来全世界的学生都蜂拥来美进各大学和研究院留学，这种经验自然就更为丰富，而国际间的接触和了解，自然就更为扩大了。上面我已经提过，我参加世界学生会的活动，实不限于康乃尔一隅；同时也有国际性的一面。

康乃尔的世界学生会原是“世界学生会联合会”（The Association of Cosmopolitan Clubs）的一个支部。而该联合会又为一规模更大的国际学生组织“兄弟同心会”（Corda Frates；Brothers at Heart）的支会。这一国际性组织不特包含南美洲的学联，并且包罗了意大利、德国和法国的学生。

此一国际学生组织曾于一九一四年在绮色佳举行年会。我那时是有地主之谊的康乃尔分会的会长，对此一“国际学生大会”（The International Congress of Students）颇事奔波，因而对国际学生的接触也就更为广泛。

我到今天还记得，我们康乃尔分会的“会训”便是：“万国之上犹有人类在！”这句话原为康大史学名教授葛得宏·斯密斯（Goldwin Smith）的名言。斯氏原为英国人，是康大早期的名教授之一。他对康乃尔一往情深，因而慨捐巨款为康大文学院建造大楼命名为葛得宏·斯密斯大楼（Goldwin Smith Hall）。那是一幢壮丽的建筑物，也是校园内建筑群的中心建筑。

以上便是我个人对“世界主义”的亲身体验。我特别想谈谈，在那些年的动乱世界里，我自己那些年投身于世界和平运动中的个人活动。我在美国留学前后七年，自一九一〇至一九一七年。最初四年尚无战事；后三年——一九一四至一九一七——则为第一次世界大战期间，亦即是美国参战前的三年。这三年也是中国国运中最受考验的三年，因为中国当时承受了日本不断的压迫。

第一次世界大战爆发前两年，英日两国结为同盟。日本既为英国的盟国，第一次大战爆发时，日本也就以英国的盟国关系而对德作战，向德国在中国的殖民地青岛进攻。

占领了青岛之后，日本复于一九一五年一月向中国提出“二十一条要求”。日本的要求本是秘密提出的，结果这一秘密被“洩漏”了，由美国新闻界传了出来。我想这是中国外交部故意把它洩漏的。消息既出，则全世界也就注视到中国对这项无理要求的反应，所以当我留美的最后三年，也是第一次世界大战的头三年，也是中日邦交上最不愉快的三年，因此我个人对当时的国际问题也颇加思索。

其后好多年，我都是个极端的和平主义者。原来在我十几岁的时候，我就已经深受老子和墨子的影响。这两位中国古代哲学家，对我的影响实在很大。墨子主“非攻”；他底“非攻”的理论实在是篇名著，尤其是三篇里的“非攻上”实在是最合乎逻辑的反战名著；反对那些人类理智上最矛盾、最无理性、最违反逻辑的好战的人性。

老子对我的影响又稍有不同。老子主张“不争”（不抵抗）。“不争”便是他在耶稣诞生五百年之前所形成的自然宇宙哲学之一环。老子说：“夫惟不争，故天下莫能与之争！”他一直主张弱能胜强；柔能克刚。老子总是拿水作比喻来解释他底不抵抗哲学。老子说：“天下莫柔弱于水，而攻坚强者，莫之能先！”

老子对我幼年的思想影响很深。记得我在1909年作了一首咏“秋柳”的诗。这是一首绝句，在这诗前的小序上，我写道：“秋日适野，见万木皆有衰意。而柳以弱质，际兹高秋，独能迎风而舞，意态自如。岂老氏所谓能以弱者存耶？感而赋之。”

我作这首小诗还不满十八岁。我引这篇小序来说明我幼年便深受老子的教义和墨子非攻哲学的影响。

后来在学生时代，我读了耶稣教的“圣经”，尤其是“新约”。在“福音”里我体会到对邪恶魔鬼不抵抗的基督教义；以及人家打你右颊，你把左颊再转过去让他打的原理，都和我国老子不争的理论有极其相同之处。加以我又认识一批（极端反战的）教友派的朋友，使我对幼年的信仰益发深入。所以我个人对不抵抗主义的信仰实发源于老子、耶稣基督，和教友派基督徒的基本信仰。

一九一四年世界大战爆发了。这一年我正在康乃尔大学毕业。那时我已对国际和平运动十分热心了，并与当时一些活跃的和平运动人士如乔治·讷司密斯（George Nasmyth）、路易·陆克纳（Louis P.Lochner）、约翰·墨茨（John Metz）等人往还。讷司密斯是康大物理系刚毕业的一位教友会家庭出身的青年。康乃尔结业后，他便在波士顿的“和平协会”（Peace Foundation）工作。陆克纳则任“世界学生会总会”的总书记。约翰·墨茨则是一位德国籍的和平主义者。和他们往还，使我深信，在一个高度文明的社会里，和平是可能实现的。所以当世界大战于一九一四年八月间爆发时，我真是惊诧不置！震悸之余，我实在不相信战争真会打起来。因此我化了好多天时间去阅读和研究这场战争如何爆发的前因后果，并写成一篇长文保存在我的日记里作为我自己的参考。我阐明三国同盟和三国协约形成之经过；以及德国如何侵犯了比利时的中立，终使英国对德宣战。比利时的中立便是个不抵抗哲学的具体例证。关于比利时的抵抗德国的智与不智的问题，那些和平主义者之间，颇有争论。所以比利时为中立被犯而奋起抗德一事，实是对不抵抗哲学活力如何的一个实际考验。

一年之后中日之间又发生冲突了，日本以战争威胁中国政府接受“二十一条要求”。自一九一五年二月底至五月初，中国留学生为此热烈讨论。通过《中国学生月报》大家主张对日作战。“对日本立刻开战”便是当时的口号。我为此事甚为焦虑，所以我决定向全体同学写了一封公开信。让我引一段信上的话以显示当时中国留学生的战争意志，以为我个人的态度和我个人对全体同学的忠告。我的信的开头是这样写的：

亲爱弟兄们：

从上期（中国学生）“月报”上所表现的（抗日）情绪来看，我恐怕我们都已完全昏了头；简直是发疯了。有一个同学会竟然主张“对日作战！必要的话，就战至亡国灭种！”纵使是*W*·*K*·钟君（译音）这样有成熟思想的基督徒，也火辣辣地说：“纵使对日作战不幸战败而至于亡国——纵使这是命中注定不可避免的后果，我们也只有对日作战！除此之外，别无他途可循……让我们对日作战，被日本征服，作比利时第二！”纵使是本刊的总编辑，他在社论上曾忠告我们说，感情冲动实无补于对当前国难的研讨；我们除运用感情之外，也应诉诸理智——纵使如此主张，他在本刊的另一页上也认为“中国人如今只有对日作战（毫不迟疑的对日作战），除此之外再没有第二条路可走！”

从上面这一段可以看到当时我的同学们主战的情绪了。因此在我的公开信上，接着便陈述我个人对大家的忠告。我说：

这些在我看来简直是不折不扣的疯癫。我们都情感冲动，神经紧张——不是的，简直是发了“爱国癫”！弟兄们，在这种紧要的关头，冲动是毫无用处的。情感冲动，慷慨激昂的爱国呼号，和充满情绪的建议条陈，未尝有助于任何国家(的危难)。谈兵“纸上”对我辈自称为“(留)学生”和“干材”的人们来说，实在是肤浅之极。

在我个人看来，我辈留学生如今与祖国远隔重洋；值此时机，我们的当务之急，实在应该是保持冷静。让我们各就本份，尽我们自己的责任；我们的责任便是读书学习。我们不要让报章上所传的纠纷，耽误了我们神圣的任务。我们要严肃、冷静、不惊、不慌的继续我们的学业。充实自己，为祖国力争上游，如祖国能渡此大难的话——这点我想是绝无问题的；或者去为祖国起死回生，如果祖国真有此需要的话！

弟兄们，这才是我们的当务之急！

我敢说，在目前的条件下，对日作战，简直是发疯。我们拿什么去作战呢？我们的总编辑说，我们有百万雄师。让我们正视现实：我们至多只有十二万部队可以称为“训练有素”，但是装备则甚为窳劣。我们压根儿没有海军。我们最大的兵船只是一艘排水量不过四千三百吨的第三级的巡洋舰。再看我们有多少军火罢？！我们拿什么来作战呢？

所以出诸至诚和报国之心我要说对日用兵论是胡说和愚昧。我们在战争中将毫无所获，剩下的只是一连串的毁灭、毁灭和再毁灭。

再说比利时罢。那个英勇的比利时！亲爱的弟兄们，我愿披肝沥胆的向诸位陈述：用只手来推挽大海的狂澜，算不得勇敢；以卵击石，更不算英雄。再者，比利时原亦无心自招覆灭。吾人试读比国作家查理·沙罗利（Charles Sarolea）博士所著的《比利时如何拯救欧洲》一书，便见分晓。盖比利时深知（一旦战争爆发）英法两国必然赴援。加以该国对其号称世界最坚固的堡垒的李格（Liege）和安特渥堡（Antwerp）两地坚固防线也深具自信心，而自觉有恃无恐，所以比利时才为国家的荣誉而孤注一掷。这是真正的勇敢和英雄气概吗？弟兄们，请为比利时着想；且看今日比国，为这一英雄光彩所作的牺牲，真正值得吗？

我并无意非难比国人民；我祇是觉得比利时不值得我们仿效而已。若有人硬要中国去蹈比利时的覆辙，则此人必然是中华民族的罪人。

总而言之，让我重述前言，请大家不要冲动；让我们各尽我们应有的责任；我们的责任便是读书求学！

远东问题最后解决的症结所在，不系于今日的对日作战；也不系于一强或列强的外在干涉；也不系于任何治标的办法如势力平衡或门户开放；更不系于任何象日本门罗主义一类的策划。最后的真正解决之道应另有法门——它较吾人今日所想象者当更为深奥。但其解决之道究在何处，我个人亦无从探索；我只是知道其不在何处罢了。让我们再为它深思熟虑，从长计议罢！

深盼大家在诅咒我之前，细读拙文。

弟胡适于纽约之绮色佳城

从上面这封信里我们可以看出中国留学生当时冲动的情形；同时也可看出我自己在此紧急时期如何试用我的不争哲学以盱衡世界大势和中日关系。

在我的留学日记里，我也记录了（一九一五年）五月六日——那个决定性日子的早晨我自己的情绪。就在这一天中国政府决定接受日本的最后通牒，对“二十一条要求”中的重要部门作重大让步。原来在前一日的夜间我已辗转不能入睡，所以六日清晨我便上街去买了一份塞拉克斯城（Syracuse）出版的晨报。拿了报纸，我走到工学院后面峡谷上的吊桥，俯视这一为水冲刷而成、景色非凡的千年幽谷，我不禁想起老子的名言：“天下莫柔弱于水，而攻坚强者，莫之能先！”这些最坚强的岩石，还是被柔弱的水所征服了！

就在这天早晨，我俯视那被溪水冲刷而成的峡谷，我开始体会到并不是水之弱终能胜强；而是力——真正的力——才能使流水穿石。从感觉上说，这实在是我智慧上变动的起点。在这一转变之前，我在纽约已经有一段有趣的体验。那时我受康乃尔世界学生会的派遣前往纽约参加一个新的校际和平组织——“各大学非兵主义大同盟”(Collegiate League to Combat Militarism)的成立大会。该会在另一和平组织,“美国限制兵备会”(American League to Limit Armaments)的领导之下于一九一五年二月十三日正式成立。该会邀请学生参加的请柬是由《纽约晚邮报》(New York Evening Post)的发行人兼编辑韦拉德(Oswald Garrison Villard)君署名的。韦氏为十九世纪赫赫有名的“废奴主义者”(abolitionist)威廉·格理逊(William Garrison)的外孙。《纽约晚邮报》是当时纽约编印皆佳的大报。我参加这个“非兵”组织的成立大会也是我信仰和平主义和不抵抗主义的和平活动的一部分。

但是在一九一五和一九一六两年之间，我的思想又开始转变了。一种智慧力量影响我转变的便是那英语民族的世界里最大的思想家之一，名著《大幻觉》(The Great Illusion)的作者诺曼·安吉尔(Norman Angell)。《大幻觉》是一九〇九年出版的，当时被认为是宣扬有建设性的新和平主义最脍炙人口的新著。该书一再重版，各高等文明的语言里皆有译本。在英国乃至世界其他各地都组织有宣扬《大幻觉》的社团，专门宣传这一名著里所揭示的主张。

在第一次世界大战爆发后的几年期间，美国学生在“加尼基国际和平基金会”(Carnegie Endowment for International Peace)的资助之下，组织了一个校际学生团体叫做“国际政治学会”(The International Polity Club)，会员都是自优秀学生中遴选的。每年夏季各支会又分别推派代表数人参加该会所主持的国际关系讨论会。在此之前，在安吉尔氏领导之下，英国本已有类似的组织。据我所知这种会议在美国一共只举行过两次。第一次便是于一九一五年六月在绮色佳康乃尔大学校园内举行的，我便是该次大会积极参与者之一。安吉尔先生便是该次为时两周的会议中的一个主讲人。另外还有些动人而富煽动性的讲演家也被邀参加。

第二年的年会是在俄亥俄州的克里弗兰城举行的，我也参加了大会。这一年安氏因事未能参加。在我的留学日记里对这两次的会议——

尤其是 1915 年在康乃尔举行的那一次——我均有详尽的记述。

安氏的和平主义当时被称为“新和平主义”(New Pacifism), 它与我以前所相信单纯的“不抵抗主义”是截然有别的。在我的日记里，我也为安氏哲学做了个节略如下：

> 一个人如强迫别人接受他一己的意志，就会招致反抗。这样的强迫与反抗的对立，就会使双方力量抵销而至于毫无结果或浪费(在这样对立的情况之下)。纵使一方面胜利了，仍然要创造出两种奴役——失败者为胜利者所奴役；胜利者为维持他的主宰权，又要随时准备对付这被奴役的对方(如此也就难免自我奴役)。这样便形成了一种在经济上浪费亦如在道德上破产一样的(互为因果)的关系。这也就说明了所有基于强制执行或侵略行为的一切政策——如在一国之内(所因此形成)的特权和迫害，以及国与国之间(所发生)的战争和争霸——的彻底失败。但是如果双方息争合作，共同为人类的生命和人民的生计向大自然奋斗，则双方皆得其解放：双方都会发现这种和衷合作实在是最经济的办法。不特此也，双方且更可由此发现人类社会和社会精神价值上一切可能的发展的真正基础之所在。因为如果没有在正义的观念之下所建立的协议之中所产生的若干信仰，便不能产生(永恒而诚实的)团结合作。这(一推理)便明显的指出真正的政策——不管是国内的或国际的——之所在。这政策便是大家同意联合一致去抵抗在自然界和人性弱点中所存在的人类的共同敌人。

以上便是这一“新和平主义”的简明宗旨。它的理论基础便是：两个力量如发生冲突，最后必然是相互抵销而形成浪费和无结果。所以新和平主义并不是否定力量；相反的，正是如何使力量用得其所。这便是新和平主义的基本概念。

《大幻觉》一书固然是脍炙人口，但是它也经常被人误解。所以我从安吉尔的自传里再意译若干段，来表明作者原意并不是说战争不可能发生，他说战争是可能发生的，因为人们不了解战争真正的基础，和战争便是力量的浪费这个单纯的事实！所以在一九一五年这个为期两周的会议里，我开始读安氏之书；也亲识安吉尔其人。安氏所首倡的观念认为真正的问题之所在，不是力量的否定，而是对力量作正确有效和更经济的使用——为一个各方所同意和了解，期盼和可能获得的目标而使用之。这一理论深深的打动了我。

在此同时，我也开始读杜威的著作；对杜威在一九一六年所发表的两篇论文，尤其感觉兴趣。在这两篇论文里，杜威的论点似乎与安氏的哲学不谋而合。杜威于一九一六年一月在《新共和》（The New Republic）杂志里发表一篇论文：《力量、暴力与法律》。同时他在另一杂志《国际伦理学报》（International Journal of Ethics）里，又发表一篇更长的论文曰《力量与强迫》。这两篇论文对我既然有毕生难忘的影响，我想也略引数段如下：

> ……力或能是公正无私甚或是个值得颂扬的名词。它意味着它是从事实际行动的有效工具；是执行和完成一项目的的技能和质素。如把使用它来达到的目的之有意义视为当然，它便是个值得颂扬的名词。它便是为使所期盼的目标成为事实的各种可能条件的整体，其意义不过如此而已……力量可使我们建筑地道车，修建桥梁；力量也能帮助我们旅行，帮助我们振兴工业；我们也凭藉力量来作口头辩论，和著书立说。

再引一段：

> ……力如从可颂扬的意义上去看便是能。能便是能做工，能完成一些使命的力。但是力毕竟还是力——你也可说它是一种蛮力；它的理性化（的程度），端视其（使用后所得的）结果而定。就是这种同样的力，如任其脱韁而驰，不受约束，那就叫做暴力……。
>
> ……能如不用来执行或达成它所负的（正当）使命；相反的，它却背叛了或阻挠了这一使命之实现；那末能就变成暴力了。炸药如果不是为建设之用去爆破岩石；相反的，却被用去轰炸杀人，其结果是浪费而不是生产；是毁灭而不是建设；我们就不叫它能或力；我们叫它暴力。

现在我们要问，那末胁迫（coercion）和强制力（coercive force）又是什么回事呢？杜威接下去说：

> 强制力，公平的说来，便是介乎把力量用作能源，和把力量用作暴力，二者之间的中间位置。
>
> ……力的来源是多方面的；各种力亦向各种不同的方向发射，互不相顾。等到它们（狭路相逢）发生了抵触，它们就冲突起来了。能在不冲突的情况之下，本可别有用途，但是在冲突之中，则流于浪费了。两位汽车驾驶员……各驾其车在一条公路上，相对而驶。他二人撞车了。撞车之后，他二人争吵起来，这种争吵的浪费，毫无疑义的是和车祸现场所构成的浪费，同样的确实。开车规则规定每部车都得靠右开，这就是一种防止浪费的计划，把那些如果没有计划就可能招致相互冲突的个别能源，统筹于一个可以避免冲突的方案之中；这个方案可使能的利用，发挥其最高效能。这……便是一切法律的基本意义。

读了以上几段，我们可以看到杜威和安吉尔几乎用的是同样的语言，来说明两个力量如何因冲突而抵销的原委。杜威因而得出以下的结论：

法律便是把那些在无组织状态下，可以招致冲突和浪费的能源组织起来的各种条件的一种说明书。

杜威又说：

> ……所谓法律……它总是……可以被看成是陈述一种能使力量发生效果的，经济有效而极少浪费的法则。

杜威和安吉尔二人都有助于在一九一五到一九一六年间新思想的成长。我也开始舍弃我原有的不抵抗哲学而接受一种有建设性的，有关力量和法律的新观念，认为法律是一种能使力量作更经济有效利用的说明书。

正当安、杜二氏的思想风靡一时之际，一个新的有建设性的国际主义也日趋蓬勃。这个新的国际主义原是《独立周刊》(The Independent)的主编汉密顿·何尔特(Hamilton Holt)所倡导的"强制和平同盟会"(League to Enforce Peace)所推动的。何氏后来应聘为弗罗里达州冬园市(Winter Park)的罗林斯学院(Rollins College)的院长，他是对美国舆论很有影响力的文化领袖。《独立周刊》是《新共和》(The New Republic)杂志出版前最有影响的两三家周刊之一。

一九一五年六月，美国的社会贤达们在费城独立厅开"强制和平同盟会"的成立大会。这件事深深值得我们回味的便是它在文化思想上直接影响了后来"国际联盟"(The League of Nations)的创立。由于何君的关系，美国前总统托虎托被推出任该盟主席；由于何、托二君对此新观念之共同努力宣扬，威尔逊总统也就逐渐受其影响，终于促成国际联盟之诞生。

下面便是推动成立此一和平组织"强制和平同盟会提案"(Proposals for a League to Enforce Peace)的全文：

> 我们相信这是值得想望的使北美合众国加入一个国际联盟的组织，使入盟的签约国遵守以下诸条：
>
> 一、所有签约国之间应受法律裁决的问题而在国际交涉中无法解决者，在现有条约范围之内，将向国际仲裁法庭提出申诉，听候判断。该庭不但处理各案本身的是非曲直，在该庭权限范围之内，亦可处理与各案有关的一切事件。
>
> 二、签约国之间所有其他案件，凡在国际交涉中不得解决者，应向一调解理事会提出申诉，听取该会的判断和该会所提出的解决方案。
>
> 三、签约各国将集体使用其经济和军事力量去制止任何签约国，在(国际间)问题发生时，未按上述(诸条)处理之前而向另一签约国采取军事或其他敌视行为。

上述三条提案概括了"强制和平同盟会"的新哲学。其中最重要的一个词汇便是"强制"(enforce)——那就是以全世界的集体力量来强制维护(世界或国际间的)和平。

这种政治和文化两种力量的汇合，渐渐的使我改变了我以往有关国际问题，尤其是有关世界和平的思想。我逐渐的放弃了我以前偏激的不抵抗主义；从而相信用集体力量来维持世界和平，然后由一个国际组织来防制战争的可能性。

一九一六年初我终于有个机会能把我的思想写了出来。那时美国的“国际睦谊会”（American Association for International Conciliation）在白特勒（Nicholas Murray Butler）会长主持之下，举办了一次校际和平论文竞赛。该会所颁布的文题之一便是“在国际关系中，还有什么东西可以代替力量吗？”我对这一题目大感兴趣，因而很用了一番功，作文应征。数月之后出乎意料的，我居然得了头奖。那头奖的百元奖金，对我当时的经济情况实不无小补。我的论文后来由该会出版并译成多种欧洲语文；在巴西则被译成葡萄牙文；在南美其他各国则被译成西班牙文。这篇论文在我的留学日记里曾保留了一份节要。我现在把这节要再叙述一遍，也可以看出我那时对这一新哲学——新和平主义——信仰的程度。

在该文的第一部里我提出三个前提。我试答第一个问题：“在国际关系中，还有什么东西可以代替力量的吗？”我想当初出题目的人的心目中，一定先有个正面的答案。但是我却给他一个反面的答案。我的回答是：假如我们认为力量可以用不需要力量的东西来代替的话，则世界上便没有这种不用力量的代替品。这是我那篇论文的要点之所在。纵使是不抵抗主义。它正如杜威所说：“在一定的条件之下，消极的抵抗比积极的抵抗更为有效。”

这样你可以看出我那时已经不是无条件接受不抵抗主义的一切理论了。甚至在一九一五年五月六日我已经体会到，弱水可以穿坚石，倒不是因为水弱，而是水原有其真正的劲！这就是杜威和安吉尔对力的观念。所以我对这一问题的答案，并不是力量可不可以代替的问题，而是如何更经济有效使用力量的问题。所以问题的重心就是怎样（觅取用力的新方法）来代替当前浪费和乱用力量的问题。

我论文的第二部分是解释当今（第一次世界大战期间）世界的问题不是力量发挥的问题而是力量没有发挥的问题。目前这个战争实是人类有史以来，力量发挥的最大表现。但是其后果却是个死结；这个死结在一九一六年的春天实在表现得十分明显。力量何尝发挥，因为力量已被浪费了。力量的本身却被用去制造力量的对立而使力量相互抵销。在目前的制度下，是以力防力。其结果是相互抵销，以流于浪费和无结果。由此可见我那时对安、杜二氏的新观念是真正的服膺了。

我论文的最后一部则说明，如果要力量充分发挥，就应该把所有的力量组织起来，加以规律化，而导向一个（有建设性的）共同目标。法治便是组织力量的一个例子。力量既经组织；浪费乃可消除；效能自可赖以保持。所以我的结论便是个具体的建议——把世界各国的力量组织起来，来维护国际公法，和世界和平，这便是解决当今世界国际问题的不二法门！

所以你可以看到我实在是"捍卫和平大同盟"这一信念的早期信徒之一；后来我也是"国际联盟"的热忱赞助人之一。当国联于巴黎和会宣布成立之时，我也是"国联中国同志会"（Chinese Association for the League of Nations）的发起人之一。"国际联盟宪章"（The Covenant）便是我译成中文的。

后来"九一八事变"发生了，日本以武力强占我东北，我在我们所办的《独立评论》上便写了很多文章，支持我国向国联申诉；支持"李顿调查团"（The Lyton Commission）有关中日纠纷的报告。时历数月，我都希望国联来制止日本军阀的侵华行为。但如众所知，国联一开头就无能为力。由于美国拒绝加盟，国联已有先天的虚弱；更由于苏联加盟太晚，其后又因其侵略芬兰而被开除盟籍，国联便更无实力，再因东北事变，日本自动退盟；所以国联一诞生，事实上便已瘫痪了。

记得一九四五年我以中国代表团团员身份去三藩市参加"联合国"（The United Nations）成立大会。我忽然接到老友何尔特先生的电话，接着他便到旅馆来看我，说他是自备旅费自佛罗里达州冬园镇的家中，赶来参加这个盛会。他说："真正未料到我以前的理想最后竟然实现了！"我看到这位老人为其三十年前（一九一五）理想之实现而激动的情况，我也为之感动不已。

这一新的国际组织当然是包括美、苏等首要强国，可是当苏联坚持安全理事会里的永久会员国可以使用否决权时，何君与我均深感失望。时至今日，我始终拒绝在联合国宪章上签名。

在结束本题有关我个人信仰的和平主义和国际主义之前，我想略提一下当年同学们对我的温情，虽然那时他们都强烈的反对我的和平主义。当二十一条事件结束之后，整个同学的圈子内大致对我都非常友善。他们选我担任“中国留美学生月报”的编辑委员；又选我担任中国学生会所主办的“中国留美学生季报”〔中文版〕的主编。当我从绮色佳转往纽约时，我碰见了许多老朋友；他们都是在我主张不抵抗以及反对对日作战之时，强烈反对和批判过我的。可是在我居住纽约的两年期间，他们对我都十分友好；有许多到现在还是我很好的朋友。所以我认为一个人在公开场合采取坚定的立场，择善而固执之，总是值得的。

第二我还想指出，我在一九一五年反对立刻对日作战的论点，不幸地二十年后当中日战争于一九三七年爆发时，仍未失时效。在抗战前我国对日艰苦交涉的整整六年之中（一九三一——一九三七），我又变成了反对对日作战的少数派。在这六年中我反战的论点仍与当年无异。问题重心便是我们怎么能打？拿什么去抗日？我们陆军的训练和装备均甚窳劣；既无海军，实际上也没有空军；也没有足以支持战争的国防工业，我们拿什么去抗日呢？这是一件悲剧。不幸的是中日两国当时皆缺乏明智之领导阶层来设法避免战争。结果两败俱伤，同归于尽。在日本悠久的历史中，向无异族统治的先例，战争使其初尝此味。中国所受战争的创伤，亦迄未复原。没有对日抗战，国际共产主义又何能统治中国！

我今日回想我学生时代的活动——那些充满稚气的青年岁月——我觉得那里仍然有许多客观的教训，值得我们从新学习。中国为从事毫无意义的内争，整整的浪费了三分之一个世纪；把足以解决国家问题的工业化和国防建设完全忽视了。结果开门揖盗，任日人侵略。纵迟至今日，我国由于安全未得到适当解决所受的创伤，始终未能复原，而这安全问题，正如我 40 年前所体验到的，非通过明智而有效的国际集体安全组织，便不可能有有效的解决。

在我结束本章之前，让我再念一段在安吉尔氏自传的“总而言之”第一百六十五至一百六十六页上所载有关安氏思想的节要，列入本章，作为纪录：

一、一个国家对食粮和生产原料加以政治控制，实无必要；战争也未必就能付予一国对该项资财的掌握。该项控制只是为适应战争的目的，始有此必要。消灭战争，这种必要自然随之消灭。

二、没有任何战争是有利于经济发展的。由于战争的结果必然招致经济危机；发胜利财是不可能的。

三、胜方认为可以在战后使败方赔偿战费，这种观念完全是无稽的幻想。这一观念之虚幻从现代的经济制度上也可以看得很清楚。银行业务、信托和货币制度都是极易招致毁灭的。

四、战争不是命定的、出乎自然的、或是历史发展中"不可避免"的过程。战争不是大自然所制造的，而是人为的；是人类智慧破产的表现。

五、人类智慧本无破产之必要。我们或许不能改变人性；但我们绝对可以改变人类的行为。如果人类连行为也不能改变的话，那我们今天还不是在搞决斗；在法庭中搞刑求；在（宗教信仰中）烧死异端。

六、不抵抗并非良策。当人类或国家对罪恶的暴力或社会极权的疯狂无从抵御时，则彼此便以力相尚，强凌弱、众暴寡。而当事各方均自称有以强力自卫之权；同时在其所争执的事件中，各方亦各自作裁判。但一方如为对方强力所压制，则争端便随力量而解决。欲求理智和公理得以伸展，则无法无天的暴力之下的遭难者，必须由社会来加以保护。所以我们所反对的坏事不是力量。而是力量没有得到正当的使用——在法律之下的正当使用。我们要武装法律；而不是武装诉讼人。

七、所以我们必须弄清楚，我们的第一个目标是防卫，不只是和平。这个意思就是我们应试行建立那唯一（解决人类争端的）方法的基础。根据此基础我们可以取得和平的防卫；可以用力量来防制侵略和暴力！

八、第一步的努力并不是企望建立一个有奢望的世界宪法；而只是把与这一（保卫世界和平）问题有关的一切事实，公诸世界，使其得到一个更广阔的公共了解。要把我们的大原则化为政策，我们的第一要务便是把我们和德意志的分歧之点究在何处，摊开来讲个明白。事实上直至今日，我们还不清楚我们和德国的分歧究在何处呢！我们要先从英语国家开始，来举办一个核心小组讨论；然后再包括法国、俄国和德国来（共同）试探设立一个欧洲协约的组织，不能只坚持那动摇不定的势力平衡的延续。这一“协约组织”一定要一小部一小部的组织起来，直至那些对今后美好生活有共同信念的各国背后有足够的武装，来强制制止那些黩武而自以为是的（国家和人民对外的）侵略行为。

第五章　哥伦比亚大学和杜威

文科各系的教授阵容

今天我想谈谈四十年前的哥伦比亚大学——从一九一五到一九一七年的哥大。

我在一九一五年九月注册进入哥大哲学系研究部。其后一共读了两年。在第一年中我便考过了哲学和哲学史的初级口试和笔试。初试及格，我就可以写论文；我也就（可以）拿到我的（哲学博士）的学位了。一九一七年的夏季，我就考过我论文最后口试。所以两年的时间——再加上我原先在康乃尔研究院就读的两年——我在哥大就完成我哲学博士学位的一切必需课程和作业了。

这几年正是哥大在学术界，尤其是哲学方面，声望最高的时候。杜威那时也是他一生中最多产的时期。专治希腊哲学的研究院院长乌德瑞（Frederick J.E.Woodridge）教授那时也在哥大研究院授哲学史。哲学系的芒达基（W.P.Montague）教授是当时（西方）六个“现实主义者”（Realists）之一。授伦理学（ethics）的教授厄德诺（Felix Adler）则是美国“伦理文化学会”（The Society for Ethical Culture）的发起人。这个学会事实上是个没有神学的宗教。所以当时哥大的哲学系实是美国各大学里最好哲学系之一。

当时哥大其他各系如历史系、社会系、教育系等等，也同样享有盛名。我只能说人文学科这一面；其实当时哥大在科技方面也是赫赫有名的。在历史系里面我只认识几个人，如授政治理论史的开山宗师顿宁（William A.Dunning）教授和倡导新史学，后来又创办“社会研究新书院”（The New School for Social Research）的罗宾逊（James Harvey Robinson）教授；以及第一位以自己经济观点来诠释美国宪法史的毕尔（Charles A.Beard）教授。此外还有很多大牌教授，可惜我不能在历史系化太多的时间。我最大的遗憾之一便是没有在历史系里选过一门全课。当时最驰誉遐迩的一门课，便是罗宾逊教授的“西欧知识阶级史”。这门课事实上是一门研讨蕴育各时代西欧文明的思想史和文化运动史。这门课在学术圈内享有其应有的声誉。罗氏印有讲授大纲和参考书目。我读了这些大纲之后，觉得它极有用。但是我最大的遗憾便是没有选修这门启蒙的课程。

哥大当年的校园建筑只限于今日我们所说的老校舍。例如那时的图书馆便集中于洛氏大楼，今日我们叫它做洛氏纪念图书馆（Low Memorial Library）。中文图书馆那时便设在洛氏大楼的顶层。和今日相比，那时的图书馆和中文图书馆实在都是很小的。那部辉煌的巨著《古今图书集成》便陈列在该馆首要位置：看来真令人耳目一新。

那时约翰·介大楼（John Jay Hall）还没有兴建；也没有女生宿舍詹森大楼（Johnson Hall）。男生宿舍则限于两座老建筑——哈特莱大楼（Hartley Hall）和李文斯敦大楼（Livingston Hall）。立于这两座老楼的对面便是新建的宿舍佛纳大楼（Furnald Hall）。这是当时认为最摩登的新楼了。那时哥大〔外国学生活动中心的〕“国际俱乐部”（International Club）便坐落今日的约翰·介大楼的基地之上。它也是“世界学生总会”下面的一个支会。今日大家都不太记得了，但是它却是当时外国学生活动的中心。

在这三座大楼之内，我们今日查一查当年居住的中国留学生，应该也是一件蛮有趣的事——许多当年的学生后来在中国政界和文教界都是知名的人物。与我同时的一共只有三个中国学生住于佛纳大楼，因为这座大楼是新建的，租金较昂。除我之外，便是那位有名的宋子文和张耘。张耘后来以张奚若一名知名国内。他在中共政府内做了许多年的高等教育部部长。他不是共产党员；只是所谓“民主党派”的一份子。

住在其他两座老宿舍里的中国学生则有中山先生的公子孙科，以及我后来的上司和同事蒋梦麟，蒋氏是学教育的。在入学哥大之前曾在旧金山一家革命报纸（“少年中国晨报”）当了将近十年的编辑，以薪金辅助学费。他后来成为中国重要的教育家；由代理到实授北京大学校长；也是我当北大校长的前任。其外还有很多别人。

让我再叙述一下当时学生所极感兴趣的教授阵容。我还记得在哥大最初几个星期的学习生活中教授讲课的情形。例如社会系名教授之一的吉丁斯（Franklin Giddings，1855—1931），如今事隔40余年我还记得他上第一堂课时的开场白。他说，“积30年教书之经验，余深知教书的不二法门便是教条主义！”他接着便解释说：“一个钟头的课，实际上至多只有四十五至五十分钟。假若我模棱两可的向你们说，这个似乎如此，那个未必如彼，那你们究竟学到些什么呢？你们当然既不愿听，也不愿信了。所以我只有说，‘毫无疑问的，毫无疑问的，我就这样告诉你……’就是这样的，一定是这样的。所以为什么我说教条主义是教书的不二法门的道理。”这几句话，四十年后在我的记忆中，仍然余音绕梁。但是我听他的第一堂课以后，我就未再上他的班了；虽然我仍然欣赏他的著作。

还有教我政治理论史的顿宁教授。在今日他已被看成旧学派的代表。但是在那时他却是这一行的拓荒者。在其所著专门研讨上古和中古时期“政治理论史”的第一版序言里，他就说在他以前，英语民族国家、德意志以及其他欧陆各国还没有过类似的著作。顿宁并不长于讲授，但如今事隔四十余年我仍然记得那位和蔼而衰迈的老教授。在那一年的冬季，他每次上课时，先要在教室四周张望一下，然后把所有的窗户都关闭好，又在他衣袋里取出个小帽子戴在头上，这才开始讲课。

在康乃尔时代我的主修是哲学，副修是英国文学和经济。第二副修事实上是经济理论。主任导师是亚尔文·詹森（Alvin S · Johnson）。他后来自康大辞职去就任新办的《新共和》（*The New Republic*）杂志的编辑。后来他又和哥大经济系名教授西里曼（Edwin Robert Anderson Seligman，1861—1939）共同担任“社会科学百科全书”的编辑。詹森是专攻经济理论的名教授，是该行的一位泰斗。我真想不通，我在上了他两年经济理论的课之后，竟一无所获。所以我得到个结论：要不是经济理论这门课有问题，那就是我自己的头脑有问题。可是在我们那个由詹森指导的研究班里，后来竟然出了个名经济学者弗兰克·纳特（Frank H.Knight）。纳氏最初主修也是哲学，后来专攻经济。他所写的博士论文：《冒险、波动和利润》，后来竟使他成为一个知名的经济理论家。所以经济理论这门学问实在没什么毛病；这显然是我自己心理上有点失调，使我对两年研究院内的经济课程一无所获。

转学哥大之后就不再以经济理论为副修而代之以政治理论。另一副修在当时夏德（Frederich Hirth，1845—1927）教授的提议与邀请之下，以“汉学”（Sinology）为副修。

夏德是一位很有趣的人物。据我们所知他是哥大的第一位“丁龙讲座教授”（Dean Lung Professor）。那是美洲大陆第一个以特别基金设立的汉学讲座。丁龙（这位早期旅美的华工）原是美国卡本迪将军（Horace W.Carpentier，1825—1918）的一位佣人。他深得卡氏的敬重，所以卡氏乃独立捐资给哥大设立一席专治汉学的“丁龙讲座”。

夏德教授的《中国上古史》和《中国与东罗马交通史》等著作，当时深受学术界的重视。但是他那时在哥大却苦闷不堪，因为他简直没有学生——主修、副修都没有，所以我倒乐于接受他的邀请以汉学为我的两门副修之一。夏德先生待我甚好。他不但领导我参观哥大那个他所协助建立的小型中文图书馆，他还把他那丰富的中文典籍的收藏全部让我使用。我和这位老先生厮混得很熟。他有时也请我到他的公寓里去会见他的朋友们和其他的学生。我还记得他的助手刘田海。田海是前中国驻美公使刘锡鸿的儿子。这位刘君甚为成熟。他虽然算不得是个汉学家，但是他的中文根基甚好，做夏德的助手，胜任有余。

我在夏氏的公寓之内还遇见一位温和美丽的女子尤金·梅耶（Eugene Meyer）的夫人阿葛勒丝·梅耶（Agnes Meyer）。梅耶先生是《华盛顿邮报》的发行人；也是老罗斯福总统任内的金融界巨子。阿葛勒丝本人也有她自己的成就——她也是美国新闻界的领袖之一。

夏德教授非常喜欢我；同我常常谈他自己有趣的故事。有时这些故事也是拿他自己开玩笑的。时至今日我仍然记得他说的一则故事，便是他自己替中国驻纽约总领事当翻译的笑话。这位中国总领事那时离职回国，纽约市商会为他设宴饯行；夏氏应约为那位总领事临别致辞的翻译。夏德这项职务他是不能推辞的。但是当这位总领事起立致辞之时，夏氏却为之大起恐慌，因为这总领事说的是福州话，夏氏一句也听不懂。事到临头，他当然不能向商会当局来临时解释说中国方言太多，福州方言他是一句不懂的。他情急智生，乃做出洗耳恭听的样子，默不作声，并大记其笔记。当总领事演说完毕之时，夏氏乃起立[用英语]为总领事重新演说一番。一开头夏氏便说，我（总领事）这次离纽返国，心理上充满了一喜一悲的矛盾。喜的是即将重返祖国与亲人久别重聚；悲的是与纽约诸新交旧识从此握别……如此这般，夏氏说得情文并茂。当夏教授“翻译”完毕之时，全场热情洋溢，掌声如雷！

以上便是夏教授告诉我的故事之一。我仍然至今未忘。

在我所有的教授之中我特别希望一提的是杜威教授和厄德诺教授。在我转学哥大之前我已经认识了厄德诺教授。前面已经说过，厄氏是一种新宗教“伦理文化运动”的发起人。这一新宗教的基本观念是相信人类的品格和人类本身的行为是神圣的。但是他是无神的；也没有什么神学来作其理论根据。当我还在绮色佳的时候，我有几个犹太同学发起并组织了一伦理俱乐部。他们之中我还记得的有罗拔·卜洛特（Robert Plaut）和哈鲁·里格曼（Harold Rieglman）。卜君现已仙逝；里君则仍然在纽约当律师，曾加入共和党一度竞选作纽约市长候选人。里君和我一样也是从康乃尔转学哥大的。他入法科；我进哲学。就在康乃尔这个伦理俱乐部，我第一次听到厄德诺教授的讲演。我对他以道德为基础的无神宗教十分折服，因为事实上这也是中国留学生所承继的中国文明的老传统。

后来我又选读了厄教授的一门课，因而和他的本人乃至他的家人都熟识了。在我的留学日记里，我记了很多条厄德诺语录。让我抄几条在下面：

> 道德的责任并不是外来的命令；只是必须要怎样做才可以引出别人——例如所爱的人——的最好部分。
>
> 只有对别人发生兴趣才可使自己常是活泼泼地，常是堂堂正正地。

要生活在深刻地影响别人！

要这样影响别人：要使他们不再菲薄自己。

从这些语录里我们很容易看出康德（Immanuel Kant，1724—1804）和康德哲学的至高无上的（Categorical imperative）道德规律对他的影响。所以厄德诺是（当代思想家中）对我生平有极大影响的人之一。

杜威和实验主义

杜威教授当然更是对我有终身影响的学者之一。在我进哥伦比亚之前，我已读过约翰·杜威、查理·皮尔士（Charles Pierce）和威廉·詹姆士（William James）等（实验主义大师）的著作。我转学哥大的原因之一便是因为康乃尔哲学系基本上被“新唯心主义”（New Idealism）学派所占据了的缘故。所谓“新唯心主义”又叫做“客观唯心论”（Objective Idealism），是十九世纪末期英国思想家葛里茵（Thomas Hlil Green）等由黑格尔派哲学中流变出来的。康乃尔的塞基派的哲学动不动就批评“实验主义”。他们在讨论班上总要找出一位重要的对象来批评。杜威便是被他们经常提出的批判对象。皮尔士和詹姆士在他们看来简直是自郐以下，不值一驳。不过他们虽然和杜威唱反调，但他们对杜威却十分敬重。在聆听这些批杜的讨论和为着参加康大批杜的讨论而潜心阅读些杜派之书以后，我对杜威和杜派哲学渐渐的发生了兴趣，因而我尽可能多读实验主义的书籍。在一九一五年的暑假，我对实验主义作了一番有系统的阅读和研究之后，我决定转学哥大去向杜威学习哲学。

在这些实验主义的宗师和领袖们之中，詹姆士死于一九一〇年也就是我初到美国的那一年；皮尔士死于一九一四年，是年我自康乃尔结业。所以 1914 年以后，杜威是实验大师中的硕果仅存者；他的著作也是我所倾慕的。在哥大我选了他两门课：“伦理学之宗派”和“社会政治哲学”。我非常欢喜“伦理学之宗派”那一课。那门课也启发我去决定我的博士论文的题目：“中国古代哲学方法之进化史”。

杜威不善辞令。许多学生都认为他的课讲得枯燥无味。他讲课极慢，一个字一个字的慢慢的说下去。甚至一个动词、一个形容词、一个介词也要慢慢想出，再讲下去。在这里你可看出他讲课时选择用字的严肃态度。但是听讲几个星期之后，我们也就可以领略他那慢慢地所讲的课程了。他虽然不是个好演说家或讲师，我对他用字的慎重选择以及对听众发表意见的方式则印象极深。

杜威那些年和他的家人一直住在纽约河边大道（River side Drive）和西一一六街的南角。每个月杜威夫人照例都要约集一批朋友以及他的学生们举行一个家庭茶会。在这些家庭招待会里，我们这批学生都有极大的兴趣与光荣能见到纽约文化圈内一些阴阳怪气的角色——那些长发男人和短发女人们。杜氏的学生们被邀参加他这个星期三下午家庭招待会，都认为是最难得的机会。

杜威对我其后一生的文化生命既然有决定性的影响，我也就难于作详细的叙述。他对我之所以具有那样的吸引力，可能也是因为他是那些实验主义大师之中，对宗教的看法是比较最理性化的了。杜威对威廉·詹姆士的批评甚为严厉。老实说我也不欢喜读詹氏的名著《信仰的意志》（*The Will to believe*）。我本人就是缺少这种“信仰的意志”的众生之一；所以我对杜威的多谈科学少谈宗教的更接近“机具主义”（Instrumentalism）的思想方式比较有兴趣。

这里我只能举出几个杜威思想如何影响我自己的思想的实例来说说。

在我选修他的“伦理学之宗派”的那一课之前，我已经读过他的著作。其中一篇叫做《逻辑思考的诸阶段》。这一篇后来被收集在芝加哥大学于一九一六年所出版的杜著《实验逻辑论文集》里面。

在这篇论文里，杜氏认为人类和个人思想的过程都要通过四个阶段：

第一阶段，固定信念阶段。在这个紧要的阶段里，人们的观念和信仰都是固定的、静止的。外界不能动摇它丝毫。

接着这第一阶段而来的便是一个破坏和否定主观思想的阶段。这一转变以古希腊个人主义和主观主义的“诡辩家”（Sophists）为代表。他们观察万物，一切可人为中心。这个阶段杜威名之曰“讨论阶段”（Period of discussion）。其要点是基于好辩与公开讨论的习俗，而导致合乎逻辑的思想。这一点使我大感兴趣。因为中文里表示有逻辑的思维叫做“辨”〔“辨”与“辩”通〕，原来也正是这个意思。

第三阶段可以叫做从“苏格拉底的法则”向亚理斯多德的逻辑之间发展的阶段。杜威对苏格拉底（求知）运动的诠释，颇多溢美之辞。但是对亚理斯多德“三段论式”的逻辑，则颇有微词。

第四阶段，也就是最后阶段，当然便是现代的归纳实证和实验逻辑的科学了。

实证思维术

我治中国思想与中国历史的各种著作，都是围绕着“方法”这一观念打转的。“方法”实在主宰了我 40 多年来所有的著述。从基本上说，我这一点实在得益于杜威的影响。这一问题讨论起来太大了。大体和细节都不是三言两语所能尽意的，所以我就举出几件小事来说明杜威对我的影响罢。

在杜威所阐述的逻辑思维的第三阶段——也就是自苏格拉底的法则向亚里斯多德的逻辑所发展的阶段，我颇为他的一些趣言所打动。一般说来杜威虽然不是个好讲师，但是他的为人却甚为幽默。这一点在他弟子詹森（A.H.Johnson）所著的《杜威的机辩与智慧》一书中便可清楚的看得出来。

让我先从他那篇《逻辑思维的诸阶段》一文中，略引数语：

> ……然而在中古时期，所有重要的信仰都必须围绕着一些能授予它们统治与权力的既定原则打转；因为这些信仰都显然地违反常识和自然传统的。亚里斯多德的思想体系便完全是在此种情况下应召施行的。

假若我们能了解这一段文字的历史含意，它实在是意境深远，但是杜威写起来却出之以诙谐。

在同一段叙述里，另一句话感我尤深。杜威说：

> 那种（形式逻辑——三段论式的逻辑）便是用一般真理去支持那些没有它支持就站不住的事物。

这是什么意思呢？杜威认为亚理斯多德的形式逻辑之所以能在中古欧洲更完满地复振的道理，就是因为教会正需要形式逻辑来支持一种信仰体系。这一思想体系如无形式逻辑的支持，便要支离破碎，根基动摇。

当杜威在撰著有关中古教会借重亚理斯多德的形式逻辑之时，我不期而然地联想起另外一种大同小异的形式逻辑——一种古印度的演绎法，中文译为“因明学”。因明学有五个前提（佛经上称为“五支”），亚理斯多德的形式逻辑则有三个前提（汉译为“三段”），二者颇相似。有趣而值得一提的便是，杜威所说的，“三段论式”对中古的基督教会可以大派用场；同样的，“因明学”对印度佛教也活力无边。双方都是利用这一智慧工具来支持那些没有它支持就要摇摇欲坠的事物、观念、和信仰！

我举的是杜威学说里的轻松的方面。虽然杜威本人或者尚未体会到他在上引诸段中所表现的幽默。对我说来这些话实在是对人类思想作历史性了解的诸种关键性观念之一环。当然印度佛教中所滋生的类似的伦理学对研究比较哲学的人实在是很好的资料。

另一个有关推理和求真理法则的例子便是古中国的墨子关于鬼神的存在和真实性的辩论。在《墨子》一书中，我们可以看到他的推理法则。也可说是“三表法”吧。他用此法则来判断一个理论或信仰的是否可靠。关于（我对）墨家名学的阐述，德刚你可在我的《中国哲学史大纲》或者我的博士论文中去发掘。总之，墨子便是用这种细密的推理法去证明鬼神的存在（见《墨子》,《明鬼》篇）。

以上所述都支持了杜威的理论。那就是一般人并不需要什么细密的逻辑。这些形式化的推理只有在一个信仰系统受到攻击、推翻至无可立足的情况之下，才派得上用场的！

杜威在他的慢吞吞的讲演与谈话之中，在思想上四下播种——这些“观念种子”如落入他的学生们的肥美的思想土壤之内，就会滋长出（新的）智慧体系，或非其播种时始料所及罢。这里我只是举出了杜威的思想播种的一个例子罢了。

杜威最风行的著作之一便是那本举世熟知的《思维术》——尤其是那一本为一般学校和师范大学所采用的薄薄的原版。在我进哥大之前我已对《思维术》发生兴趣，也受其影响。杜威认为有系统的思想通常要通过五个阶段：

第一阶段为思想之前奏（antecedent）。是一个困惑、疑虑的阶段。这一阶段导致思想者认真去思考。

第二阶段为决定这疑虑和困惑究在何处。

第三阶段（为解决这些困惑和疑虑）思想者自己会去寻找一个（解决问题）的假设；或面临一些（现成的）假设的解决方法任凭选择。

第四阶段，在此阶段中，思想者只有在这些假设中，选择其一作为对他的困惑和疑虑的可能解决的办法。

第五、也是最后阶段，思想的人在这一阶段要求证，把他（大胆）选择的假设，（小心的）证明出来那是他对他的疑虑和困惑最满意的解决。

杜威对有系统思想的分析帮助了我对一般科学研究的基本步骤的了解。他也帮助了我对我国近千年来——尤其是近三百年来——古典学术和史学家治学的方法，诸如"考据学"、"考证学"等等。（这些传统的治学方法）我把它们英译为 evidential investigation（有证据的探讨），也就是根据证据的探讨，（无徵不信）。在那个时候，很少人（甚至根本没有人）曾想到现代的科学法则和我国古代的考据学、考证学，在方法上有其相通之处。我是第一个说这句话的人；我之所以能说出这话来，实得之于杜威有关思想的理论。

我近年来每每欢喜在讲演时向中国听众介绍赫胥黎（Thom as H.Huxley）治古生物学（Paleontology）的法则，他叫做"萨迪法则"（Zadig Method）。萨迪是（欧洲文艺复兴大师）弗尔泰尔（Voltaire，1694—1778）小说《萨迪》里的主角。萨迪被描写成一个古巴比伦的一位哲学家。他能用他的常识去解释沙滩上和岩石上所发现的痕迹，或者林木里枝叶脱落的迹象。观察了这些痕迹之后，他就可推断有跑马或走狗曾道经此地；并可说出狗马的大小。这种循果以推因的办法，便是治古生物学、地质学、考古学……以及一切历史科学的法则。这就是"萨迪法则"；人类的法则。

这法则也正是杜威所指出的法则；也正是约翰·穆勒（John Stuart Mill, 1806—1873）在十九世纪所说的每个人在每日工作中所应用的法则。推理思想并非科学家在实验室内所专有；那只是人类常识上的法则。科学的法则只是把常识上的法则纪律化而已。近几十年来我总欢喜把科学法则说成"大胆的假设，小心的求证"。我总是一直承认我对一切科学研究法则中所共有的重要程序的理解，是得力于杜威的教导。事实上治学方法，东西双方原是一致的。双方之所以有其基本上相同之点，就是因为彼此都是从人类的常识出发的。

杜威于一九一九年五月一日到达中国。他本于是年二三月间在日本东京帝国大学讲哲学。讲稿后来出版成书曰《哲学之重建》。我的〔北大〕同事唐钺先生在我的襄赞之下把该书译成中文。当蒋梦麟和我这一群杜威的学生听说他在日本讲学时，我们乃商请北京大学、南京高等师范、江苏教育会、和北京一个基金会叫做尚志学会，筹集基金邀请杜威来华讲学，并分担全部费用。

杜威于五月一日到达中国时正是"五四运动"爆发的前三天。这个在北京开始发动的学生运动原为抗议巴黎和会中有关日本对德国在华旧租借地的决议。杜威于五、六、七三个月中在上海、北京一带目睹此如火如荼的学生运动。他在上海稍住数日便转往北京。在北京他连续作了五个系统的讲演。然后又前往各省——包括东北奉天省（北伐后改名辽宁）的沈阳，西北山西省的太原，华中的湖北、湖南、华南广东省的广州等地。我是他在北京、天津、济南、太原等地讲演的主任翻译。他在其他地方讲演，我不能随往。但是我的朋友，也是我哥大时代的老同学王征（文伯）则担任其沈阳区的翻译。其他各地如南京、上海等处，则另由杜氏其他学生分担了。

第六章　青年期逐渐领悟的治学方法

这一章或者可以叫做"我青年时期所逐渐领悟的治学方法"。

我的治学方法是从什么地方、哪一本书、和哪一位老师学到的呢？对于这个问题，我实找不到一个确切的答案。我的治学方法似乎是经过长期琢磨，逐渐发展出来的。它的根源似乎可以一直追溯到我十来岁的初期。在我用中文撰写的（四十）自述里，我就说过我十几岁的时候，便已有好怀疑的倾向；尤其是关于宗教方面。我对许多问题存疑；我（尤其）反对迷信鬼神。我对我的文化生活，乃至日常生活中的一切理论、记载和事实，如一有怀疑，也都要予以批判来证明或反证明。这都是由于我的怀疑的倾向所致。所以纵使我才十几岁的时候，我已经在寻觅一个能解决我怀疑的方法。

远在一九一〇年，我第一次接触到汉朝的古典治学方法——这个较早期的古典学术，所谓“汉学”。那是和后来偏重于哲学性诠释的“宋学”，截然不同的。我国近三百年来学术的发展，一般都叫做“汉学复兴”。这种说法在我看是不很切当的。我国以前就没有一本中国古典学术史是用现代的观点和批判的方法写出的。所以（汉代著作中）所用的许多不同的专门名称或名词都有点名实不符。

我个人认为近三百年来（学术方法上所通行）的批判研究，实是自北宋——第十至第十二世纪之间——开始，其后历经 800 余年逐渐发展出来的批判方法，累积的结果。这都可远溯至中国考古学兴起的初期。由于考古知识的逐渐累积，古代的残简、旧稿、乃至古墓里出土的金石、砖瓦等文物；和这些文物上所印刻的文字和花纹的拓片或摹拟等等，均逐渐被发展成历史工具来校勘旧典籍。这便是批判的治学方法的起源。这一段史实，再度支持了杜威的理论。杜威认为一切有系统的思想和批判的法则，都是在一种怀疑状态之下产生的。也就是说在一些史籍上发现了可疑之处；例如一个时间上的差异，和史迹上有些不符之处，使学者难以置信。

所以近三百年来这种批判研究的学术——如研究有关古籍版本的真伪，和内容的正讹的“校勘学”；和研究古籍中文字的原义的“训诂学”等等——都有了更迅速的发展。在这些方面的研究，更发展出一个较概括的学术名词叫“考据学”或“考证学”。这也便是我在上章所说的，译成英文，便叫做“有证据的探讨”。

前面已经提过，我对较早期发展的（汉）学，于一九一〇年才开始接触。在此之前的七百年中，中国的社会、学校、村塾、家学中的教学和研究，一直都以宋儒朱熹的权威理论为依归。七百年来，国人对古典——尤其是《四书》和另外数种重要典籍——的研究，大体都承认宋儒的注释是最具权威性的。

但是当我于一九一〇年在北京参加庚款留美考试时，招待我的杨景苏先生原是我二哥的同学，我就住在他家里。杨君告我不要专读宋儒的著作；对汉唐诸儒所致力的《十三经注疏》也应稍事涉猎。所以我也就买了一套读书的石印本，携来美国。在我留美期间，当我想读点中国书籍的时候，我就读了些宋人以前（注释）的旧典籍，尤其是(《十三经注疏》中的)《诗经》。

但是使我惊异的却是我自己对郑玄和毛公两位汉学大师也感到不满。郑康成死于公元二百年，比朱熹整整早一千年。今日回思，我想我那时是被宋儒陶醉了。我幼年期所读的"四书五经"一直是朱熹注。我也觉得朱注比较近情入理。因而当我接触到毛公、郑玄一派的注释时，我为他们（汉、宋）两派之间显明的差异炫惑了；所以才引起我自己企图来写点批判性的文章。这些文章也显示出我幼年期以批判法则治学的精神；我把它叫作考订古文字真义的"归纳法"。在一九一一年五月十一日，那时我才十九岁零五个月，我写了一篇论文。这篇论文的内容实在不是完全从康乃尔大学学到的。这篇文章后来收集在我的"文存"里；也是我"文存"中著作最早的一篇。

《诗三百篇言字解》

这篇文章是有关一个"言"字意义的诠释。根据汉儒的解释，"言"字的意思原与第一人称代名词"我"同义。根据古字典作这样解释，我实在不能接受。在我那篇《诗三百篇言字解》的文章里，我指出《尔雅》并非古字典。其书殆出于汉儒之手，所以我认为汉儒用这个古典去解经是靠不住的。

在这篇文章里，至少也可看出我自己治学怀疑的精神。

在否定这一古字典的权威之后，我就用一种我叫它作"归纳伦理法"，把《诗经》上所有"言"字的用法，旧纳在一起。这办法就是我所说的"以经解经"的办法。把这些"言"字在不同的辞句里的用法比较、印证之后，便可找出更自然、更近情理，也更能被人接受的意义了。

就在一九一一年五月十一日那一天，我忽然灵机一动，体会出“言”字在《诗经》上多半是夹在两个动词之间使用；发生一个“连接词”的作用，颇像古文中的“而”字。“言”字是个“连接词”便是我那篇文章的结论。因此（古籍中的）“醉言舞”、“醉言归”的真正意思，便是简单的“醉而舞”和“醉而归”了。

我下此结论之时，实远在我读到王念孙之子王引之的名著《经传释辞》之前。这家王氏父子是中国“校勘学”和“训诂学”里最具权威的两位学者。

王念孙为十八世纪另一位权威大儒戴震的弟子。戴震死于一七七七年。我作“言字解”时，尚不知王引之对古文“虚字”的研究。当我后来看过他的著作，我才欣然发现我们所用的方法原是一样的。这些〔乾嘉〕大儒他们所用的中国固有古典训练中归纳比较的方法，也是极其严谨的和极其科学的。但是我国传统的学者却缺少一种在不同语言中作比较文法的研究。他们只能说“言”字是个“虚字”，而说不出它是“代名词”。他们不能像我一样能找出这个重要的字在文法上所发生的（连接）的作用。

我举出以上的例子来说明我那时对归纳法已经发生了兴趣，也有所了解；至少我已经知道了“归纳法”这个辞汇了。同时我也完全掌握了以中国文法与外语文法作比较研究的知识而受其实惠。

我想我在赴美留学之前，我一定已经受了一本研究（汉文）文法的权威著作的影响，那便是马建忠所著的《马氏文通》。马建忠是我国早期的留欧学生。他不但通法文，对拉丁文也有研究。《马氏文通》这本权威著作便是他和他弟弟马良（相伯）合著的。他二人所用的便是归纳法；把文字上相同的句子归纳起来，然后再对字义作出结论。

后来我曾批评马氏之书，写作时（作者对其资料）缺少历史性的处理（historical approach）。他兄弟二人把文字上相同的例子归纳起来研究的办法是无可非议的；不过他们写书时缺乏历史概念。须知文法和语言文字本身一样都是随时间和空间变迁的。一个研究者要注意到他的研究对象上历史和地理的因素。经过数千年的演变，各地区各时代方言的文法可能皆各有不同，不可一概而论。所以马建忠举《诗经》

和《论语》上的例句和唐代散文大家韩愈文章里的例子来比较研究就不准确了。但是我显然是受了马氏归纳法的影响，知道先归纳相似的例句，分析比较，然后再求其有概括性的结论。

《尔汝篇》和《吾我篇》

我在后来又写了两篇，内容比较就更有进步了。作“言字解”之后五年，我在日记上对古文中所用的第二人称代名词的“尔”和“汝”两字也作了一番研究。在一九一六年六月七日的日记上，对这个问题，我便写了一大段。我记道：“尔、汝二字，古人用之之法，颇有足资研究者。余一日已睡，忽思及此二字之区特，因背诵《论语》中用此二字之句，细细较之，始知二字果大有区别。明日以《檀弓》证之尤信。”（见《留学日记》1916 年 6 月 7 日）。

《檀弓》在语言学上说是与《论语》同时的作品。在我考查《檀弓》上“尔”、“汝”二字用法之后，我觉得此第二人称的两个代名词的用法是颇有不同的。《马氏文通》的作者忽略了历史上的变化，把相隔一千五百余年的两个时代里不同的句子，混在一起来比较研究，他们之间的差异便被不经意的忽略了。所以我说在孔子时代的语言里，那个用作人称代名词的“汝”，和有一定用法，置于名词之前便用成第二人称所有格代名词的“尔”——“你的”，是有绝对分别的。我同时也指出，在孔子后二百年的孟子时代，这一分别便逐渐模糊了。

在撰《尔汝篇》的数月之后，我在日记上又写了一大段有关第一人称代名词“吾”和“我”的分别。我又举出许多例句，把古今不同的用法作一比较研究。我也发现孔子时代的用法和两千五百年后的用法也大不相同。在孔子的时代，那个第一人称代名词“我”便时常被用成所有格，作“我的”解；“吾”则专用于主格。再者，“我”字亦常被用于受事格（也就是英文里的 me）；虽然在特殊情况下“我”有时也被用作主格的。所以我又发现了《马氏文通》的不正确。它不正确的原因，便是作者忽略了历史性的变迁。

举个例子来说，那个第一人称代名词的“吾”在《诗经》上便根本没有出现过。只有“我”字在第一人称中，四格——主格、宾格、所有格和受事格——通用。这一现象的可能解释，便是当《诗经》在最后成书阶段之时，“吾”和“我”的分别已不复存在了。这可能是时代的关系，也可能是区域的关系。当《诗经》在某一区域最后定稿成书之时，该区域的方言里，第一人称的“我”是四格通用的。但是到今天为止，还没有人对《诗经》何以不用“吾”字，能作出满意的解释。

我所要说明的便是在我于一九一一和一九一六年所写的三篇文章里，我的首要兴趣便是归纳法；也就是把相同的和不同的例子归纳起来加以比较研究，以求其概括性的结论。那也是我第一次企图发展我自己的治学方法。我那研究代名词的两篇文章，都说明了我对时代变迁所影响的语言和文法上变化的研究兴趣。这两个有关代名词的长篇，后来我都把它们改写成论文，并发表于《留美学生季报》。其后《北大日刊》也加以转载；最后也收入我的《胡适文存》。

论“校勘”、“训诂”之学

我举出上述三篇文章来说明在我当学生时代，我已学得一个基本上是归纳法的治学方法。在我一九一六年十二月二十六日的日记上，我也写了两段：一段“论训诂之学”，比较短；第二段“论校勘之学”，则比较长。第一段中我谈到“考据”这个通用名词，我认为“考据”便是“有证据的探讨”。我说考据之学，其能卓然有成者，皆其能用归纳之法，以“小学”为之依据者也。我又说辛亥年作《三百篇言字解》已倡“以经解经”之说，以为广求同例，观其会通，然后定其古义，吾自名之曰“归纳的读书法”；其时尚未见《经传释辞》也。后来才稍读王氏（念孙、引之）父子及引之的同窗段玉裁等人的著作。我也举出他们十九世纪同期前辈学者孙诒让。孙氏的名著《墨子闲诂》我在当学生的时代曾引用过它来写我研究中国古代哲学的博士论文。

在我一九一六年十二月二十六日的日记上，我记着说，两年以来始力屏臆测之见，每立一说，必求其例证。例证之法，约有三端：

（一）引据本书：如以《墨子》证《墨子》；以《诗》说《诗》

（二）引据他书：如以《庄子》、《荀子》证《墨子》

（三）引据字书：如以《说文》、《尔雅》证《墨子》

由此可见我那时已深受近三百年来中国古典学术的影响了。

今日回看我在一九一六年十二月二十六日的日记上所写的第二个长篇《论训诂之学》；读毕觉得有趣而值得一提的，那便是这整篇文章实在是约翰·浦斯格（John P.Postgate）教授为《大英百科全书》（*Encyclopedia Britannica*）第十一版所写的有关《版本学》（textual criticism）一文的节译。这篇文章今日已变成（版本学界）有权威性的经典著作了。今版《大英百科全书》所采用的还是这一篇。假如我不说出我那篇文章是上述浦文的节要，世上将无人知道，因为我那篇节要并未说明采自何书。我文中所举的也全是中国的例子，而不是浦氏原文所举的第一版雪莱诗集上的例子。

浦文之所以对我别具吸引力的道理，便是中、西两方治校勘学的相同之处。所以我能够用中国古典哲学中的例子，去替代浦文中原举的例子。浦氏的文章也较我所见过的类似的中文有关科学艺术的校勘学著作为佳。中西校勘学的殊途同归的研究方法，颇使我惊异。但是我也得承认，西方的校勘学所用的方法，实远比中国同类的方法更彻底、更科学化。

多少年后——我在一九三四年为陈垣先生治校勘学的巨著《元典章校补释例》，写了一篇长序。陈氏和他的一些学生，曾经化了很长的时间，从事一种史学要籍《元典章》的复原工作。陈氏那时与我比邻而居，所以他要我为他的著作写一篇序。我就写了一篇长序；这篇序后来也收入我的“文存”第四集，并把原文题改成《校勘学方法论》。

在那篇一九三四年所写的序文里，我指出现代西方的校勘学和我国近几百年所发展出的传统的治学方法，基本上有其相同之处。基本上第一点相同之处便是发现错误；第二点便是改正；第三点要证明所改不误。上述三个步骤便是中西校勘学的基本相同之处。其中最重要的一点也是根据最早的版本来校对。最早的版本也就是最接近原著的版本。这也是所有校勘学上最基本的相同之处。

但是我也指出那里有三种历史性的差异——不是方法学上的差异，而是历史因素的差异。西方人治校勘学比中国人方便，其原因有三方面：

第一、西方的印刷术要比中国印刷术晚出四五百年。正因为印刷术之晚出，所以欧洲保留了更多的原稿。

第二、西方有更多古老的大学。校史有的可以远溯至中世纪。正因为有这些古老的大学和图书馆，手稿多赖以保存。

第三、西方有甚多不同种语言同时流传。各种语言都有其古代典籍的译本。因而最早的译本可以用来校正后出版本上的讹谬。

上述的西方三大便利为中国所无。在这方面看，在西方治校勘学，比起在中国学术史上所做的工作就要容易得多了。

我举出了这些例子，也就是说明我要指出我从何处学得了这些治学方法，实在是很不容易的。我想比较妥当点的说法，是我从考证学方面着手逐渐地学会了校勘学和训诂学。由于长期钻研中国古代典籍，而逐渐的学会了这种治学方法。所以我要总结我的经验的话，我最早的资本或者就是由于我有怀疑的能力。我另一个灵感的来源，也可以说是出于我早期对宋学中朱注的认识和训练。朱熹的宋学为我后来治汉学开拓了道路。我对汉学事实上不太有兴趣——尤其汉人解诗——曾引起我的反感。

最后让我再说点近三百年来（中国）学术对我更直接的影响。上节曾提过，我在十来岁的时候，便颇受《马氏文通》的影响。另一个影响我的人便是（康乃尔大学的）布尔（G.Lincoln Burr）教授。布尔的门人中后来有很多知名的教师和历史学家。哥伦比亚大学的奥斯汀·艾文斯（Austin P.Evans）教授便是布氏的高足。我在康乃尔认识艾文斯时，他已是布尔的助手了。我在康乃尔读研究院的时候，曾选了布尔的一门课叫做“历史的辅助科学”（Auxiliary Sciences of History）。这短短的一门课使我获益甚大。在这门课里，他每周指定一门“辅助历史的科学”——如语言学、校勘学、考古学、高级批判学（higher criticism）等等。这是我第一次对这些“辅助历史的科学”略有所知。我想就是因为这门课促使我去翻阅〔《大英百科全书》中的〕浦斯格的文章。所以我说布尔教授的课是对我后来治学的第二个影响。

第三个影响便是乌德瑞（Frederick J.Woodbridge）教授（在哥伦比亚大学研究院）所开的历史哲学那一课。这门课使我大感兴趣，因为它与我在（康乃尔大学）本科所选的客雷敦（J.E Creibhton）教授的“历史哲学”截然不同。乌教授是专治希腊哲学的大家；他总是提醒我们做研究工作在运用史料时要特别当心柏拉图的对话录和亚里斯多德的著述之中，伪托甚多。他总是教导我们“高级批判学”和这些古籍的批判史；他也指导我们如何去清查伪托，和认清窜改。那些都是近年来西方对古籍研究的新发现。我今日仍然记得我那时写了一份期终作业，文中所说的便是我国清代所发展的校勘学、训诂学和考据学。我把考据译为“有证据的探讨”。

最后我必须一提的，便是杜威教授有系统的推理思考的理论（也是对我有极大的影响的）。

在述完本章之时，我想从我在一九一七年缴入的哲学博士论文《中国古代哲学方法之进化史》的序言里，引几段作为结论。我说，“我在这里想提一提的便是拙作的研究方法，和主要出发点，是与传统的中国学术截然不同的。”我说我所面临的第一个问题，便是资料选择的问题。在全篇之中，我没有引用任何不可充分信任之书，和不十分可靠之文。我指出所谓“五经”之中，只有《诗经》一项我是可以完全信任的；我对《书经》和《礼记》的态度则特别审慎，未敢遽引一辞。《礼记》中只是第二篇《檀弓》我认为它有其真实性的。《管子》和《晏子春秋》在我看来是同样不足信。至于后人所注的古典著作，（我说，）“我对近两百年来，中国学者在训诂学和校勘学上研究的成果，曾尽量加以利用……因为只有通过训诂学的研究，吾人才能摆脱古人主观注疏的成见，而真正能了解古代典籍的原义”。

第七章　文学革命的结胎时期

今天我想谈谈我对语言和文学里的各种问题所逐渐发生的兴趣，以及我个人怎样主张以活的通俗语言去代替（半死的）文言作为教育工具和文学媒介的经过。在我的《四十自述》里，我曾写有专章讨论此事；此处我想再用英文留点记录，也该是很有趣的罢。

首先我想指出的便是这一运动时常被人误解了。举个例子来说罢。前些年（美国的）《展望杂志》选出我为全世界一百名闻人之一。我当然觉得这是一件荣誉。可是当我一看到我照片底下那一段颂辞，我不禁失笑。他们选我的原因，是我曾经替中国发明了一种新语言。这一项荣誉，世界不论任何人——男人或女人，都不能承当。我没有替中国发明一种语言；世界上也没有任何人曾经替任何国家“发明”过一种语言。

我并且必须先说明，由于我个人的历史观念很重，我可以说我经常是一位很保守的人。我是反对什么知其不可而为之的。由于历史观念很重，我总是告诉我的朋友们，语言文字是世界上最保守的东西，比宗教更为保守。这句话已经就说得够重了。

语言之所以为语言，正如宗教之所以为重要的宗教，它们都必须深入到百万千万的广大群众中去。当一种社会上的事物，深入群众而为群众所接受之时，它就变成非常保守的东西了。改变它是十分困难的。语言文字之所以变成世界上最保守的东西，就是因为它普及于群众而为群众所接受的缘故。就中国的语文来说罢。汉语已成为亿万群众所接受，因此对汉语要有任何兴革的倡导，难免都是要为听者所误解的。因此其结果便是要从事一个语文改革，谈何容易？！在英语里面从事拼音改革而受到阻力的故事，是尽人皆知的。在我当学生时代，一些有影响力的要人如老罗斯福（Theodore Roosevelt）等人所策动的英语拼音改革运动，毫无成绩之可言（也是这个道理）。

上面已经说过，由于我的思想深深地受了历史的训练而使我变成个保守的人，所以我对语文改革运动并不十分乐观。纵使我才二十来岁的时候，我对语言问题已是相当保守的了。我反对那些轻言中文字母化的人。关于这一点，我在《四十自述》里曾经有过交代〔见该书附录《逼上梁山》第一节〕。我说我是被“逼上梁山”的。这句中国成语是说一个人为环境所迫，不得已而做出违反他本意的非常行为。

（在《四十自述》里），我说过一个故事：做个庚款留学生，我每月总要收到一张自华盛顿清华学生监督处寄来的支票。在这张支票的信封里，总也有一张由主办书记所私下插入的小传单。这位传单的作者叫钟文鳌，是位教会学校出身的好好先生。他对改革中国社会具有热情。因而他在每月寄出的支票信封内，总夹了一张宣传品，内容大致是这样的：

“不满二十五岁不娶妻。”

“废除汉字，改用字母!”

“多种树，种树有益。”

平时我们收到这些小传单，总是把它向纸篓里一丢就算了。可是有一次——我想是一九一五年——我坐下来写了一张小条子，回敬了他一下。我说，“像你这样的人，既不懂汉字，又不能写汉文（而偏要胡说什么废除汉字），你最好闭起鸟嘴!”大致如此。

这张小字条寄出之后，我心中又甚为懊悔。觉得我不应该对这位和善而又有心改革中国社会风俗和语言文字的人这样不礼貌。所以我也就时时在朋友们的面前自我谴责，并想在（文字改革）这方面尽点力。我说假如我们认为像钟君那样的人不够资格谈这类问题，那我们这些够资格的人实在应该在这方面用点功，把那些可行和不可行的问题都提出来检讨检讨！因而我就和我在一九一〇年同时进康乃尔的赵元任谈起这些问题。

赵君一直对语言问题有兴趣，尤其有关汉字拼音和拉丁化的问题。事实上我当初并无心反对汉字以字母拼音。我只觉得象钟君那样的人，实在不够资格来谈汉字拉丁化这一类的问题罢了。换言之，只有象我同学朋友赵元任这样的人才能以科学分析方法来谈谈汉字拉丁化这一类的问题。

那一年恰好美东中国学生会新成立了一个“文学科学研究部”，我是文学股的委员，负有准备年会时分股讨论的责任。我就同赵元任先生商量，把“中国文字的问题”作为本年文学股的论题，由他和我两个人分做两篇论文，讨论这个问题的两个方面；赵君专论“吾国文字能否采用字母制及其进行方法”；我的题目是“如何可使吾国文言易于教授”。

我二人的论文都在中国学生会中宣读了。赵君后来觉得一篇不够，又连做了几篇长文讨论吾国文字拼音化的问题。今日大家都知道，赵先生自此继续深入研究，也就变成了后来汉字注音两大系统之一的主要编制人。现在的“国语罗马字”便是他和其他几位音韵学家编制出来的。

在我自己的那一篇讨论如何使“文言”文字易于教学的论文里，我也提出了若干条，此处我就不想重复了。各条之中后来对我研究语言问题有关的一点，便是我指出中国的文言文是个“半死的语言”。我认为语体是活的语言，而文言半死的缘因，就是文言里面有许多现在仍在通行的词汇，同时也有些已经废弃不用的词汇。例如“狗”字今日仍在用；“犬”字就不用了。“骑马”仍是日常用语；“乘马”就是个死词，事实上已不通用了。所以我说教授活的语体语言的方法，应该和教授半死的语言的方法，大为不同。这一条便至少可以看出我后来说白话是活的语言，文言是个半死的语言，这一主张便是这个时期开始的。

这是一九一五年的夏天。那年秋季我就从康乃尔转学到哥伦比亚去了。因而从这次开始之后，以后两年我致力于语文改革的工作，也就是我在哥大学生生活中的一部分。

当我正准备离开康乃尔之时，我的朋友梅光迪那时在绮色佳渡假，正准备去哈佛升学。梅君也是一位庚款留学生。他自威斯康辛大学读毕英国文学学士学位之后，便转入哈佛去跟随当时有名的文学批评家白璧德（Irving Babitt）继续深造。梅君与我为文学改革引起了一场辩论；也就是因为他对我改革观念的强烈反对，才把我“逼上梁山”的。

革命的导火线

下面我要讲的故事便是一连串发生的几件小小的事件。这些事件终于促使我走向对中国语文作废除死的古典语文，改取活的语体语文这一激进的改革方向。我主张不但用这种老百姓的语言、街坊的语言作为教育工具，并且用它来做文学媒介的改革。一连串的小意外事件，逐渐的强迫我采取了这个立场。我是反对历史单因论的。我常时开顽笑的说，（历史上的）意外事件往往比“单因”（monistic cause）——例如经济、色欲、上帝等等——更为重要。上述这些“单因”对历史上所有的事件，皆可解释。正因为它们对所有的事件皆可加以解释，它们也就不可解释任何事件了。

让我来谈一谈我做诗送我的朋友梅光迪去哈佛这一件意外的小事。这首小诗按中国诗的标准来说，算是相当的长了。在这首替朋友送行的打油诗（informal poem）里面，我用了十一个外国人的名字例如爱默生、霍桑、达尔文、拿破仑、凯尔文、牛顿、爱迪生、培根等人。当时在康乃尔的另一位中国朋友任鸿隽把这些外国名字连缀起来，也做了一首打油诗来嘲笑我，说："文学今革命，作诗送胡生！"但是我可不能轻意把他们放过，因为我那首诗立意相当严肃。我鼓励我的朋友们留意今后中国文学的发展。最后我并且说，致力于中国文学革命，其贡献并不下于征服自然，我叫它做"缩地戡天！"所以我在从绮色佳去纽约的火车上，也做了一首答任鸿隽的诗，表明我对"中国诗歌开始革命"的念头。

那时我（对文学革命）的观念，仍然是很模糊的。但是那首诗却是我第一次把我对这些问题的想法写下来。我说，"诗国革命何自始？要须作诗如作文！"这里我就不再重引全诗来解释为什么要"作诗如作文"了。

我那首诗在我的朋友们之间引起了一场是非。梅、任两君都参加了对我的辩论。梅君认为"诗"和"文"是根本不能混为一谈的。"诗之文字"（poetic diction）和"文之文字"，自有诗文以来（不论中西）已分道而驰……所以我们辩论不休；愈辩则牵涉愈多。内容也愈复杂愈精湛。我的朋友们也愈辩愈保守；我也就愈辩愈激进了。

当我在哥大的佛纳大楼住定之后，我也有了更多的时间对这些辩难与讨论作更严肃的思考。今日回思，在一九一六年二三月之际，我对中国文学的问题发生了智慧上的变迁。我终于得出一个概括的观念：原来一整部中国文学史，便是一部中国文学工具变迁史——一个文学或语言上的工具去替代另一个工具。中国文学史也就是一个文学上的语言工具变迁史。

同时我也得出（另外）一个结论：一部中国文学史也就是一部活文学逐渐代替死文学的历史。我认为一种文学的活力如何，要看这一文学能否充分利用活的工具去代替已死或垂死的工具。当一个工具活力逐渐消失或逐渐僵化了，就要换一个工具了。在这种嬗递的过程之中去接受一个活的工具，这就叫做"文学革命"。

就在那个时候——一九一六年三月——我写了一封长信给麻州剑桥的梅君。在那封信中我就指出，整部中国文学史都说明了中古以后老的语言工具已经不够用了。它不能充分表达当时人的思想和观念。

所以人们必须要选择一个新的工具。事实上这个变迁在唐代便已发生了。那时的散文在体裁上发生了革命，因而逐渐发展出一种以“白话”来表达“语录体”的新文学。这种新体裁，首先为和尚们所采用；后来宋代的哲学家也逐渐的采用它来纪录他们的哲学讨论。最后老百姓更利用它来作歌曲。他们甚至使用这种活的语言（白话）来编戏剧和写短篇和长篇的小说。所以我指出这种用语体文写的活文学——最明显的如元曲——便是人民大众在不知不觉中完成的文学革命的最高潮。无可否认的，中国文学之复苏，实得力于白话戏曲和白话小说之兴起。在那时，我们都以为所有的传统中国长篇小说皆是元朝的产品。出我意料之外，我这项由历史分析出发所得出的结论，竟为我那在哈佛大学的保守朋友梅光迪，所欣然接受了。

所以在一九一六年的春季，我就写了一些比较完备的有关我对中国文学史的概念和大纲。我指出在中国文学史里面，便曾经有过好多次的“文学革命”。自“三百篇”而下，三千年来中国诗歌的流变之中，便有过一连串的革命。有的渐进的；有的却也相当激进。在老子和孔子以后所逐渐发展的散文，也是如此。

对这项历史的研究我特别重视中国戏曲、短篇故事和长篇白话小说等活文学。我指出在蒙古人入主中原的时候，一个活文学便已在中国的地平线上出现了。不幸的是在（明代）仿古文学再度出现之时，这个文学革命受到了挫折和限制。所以我说，如果这一个趋势未受到人为的故意的限制和压抑的话，一个中国文学革命便可能早已出现了。（其光彩）足以和促成意大利文艺复兴的但丁（Dante），领导英国文学兴起的却叟（Chaucer）和由马丁·路德（Martin Luther）以现代德文翻译圣经而开始的现代德国文学等相媲美（亦未可知）。

在一九一六年的春天，我对中国文学史已得到一个新认识和新观念——中国文学不是个一成不变的东西；它是一连串地有着生气勃勃的变动。我把这些变动叫做“革命”。远在元代我们已经看出白话文学的兴起。这在中国文学史上是极其重要的。我并且也得出另外一个有关现代文学的结论。在我们自己的时代，那唯一可以被称为活文学的作品便是“我佛山人”（吴趼人）、“南亭亭长”（李伯元）和“洪都百练生”（刘鹗）等人所写的《官场现形记》、《二十年目睹之怪现状》、

《九命奇冤》和《老残游记》。

那时我还填了一首词（“沁园春”题目叫“誓诗”）。在这首词里我便高呼“诗学革命”了。我坦白地指出“文学革命何疑？！且准备搴旗作健儿!”那年的夏季我去俄亥俄州的克利佛兰城参加“第二次国际关系讨论会”，来回都要路过绮色佳（在那里一共住了八天），因而和在那里渡暑假的老朋友任叔永（鸿隽）、唐钺（擘黄）和后来中央研究院发起人之一的杨杏佛（铨）重叙旧交。我们讨论了中国各方面的问题，尤其是有关文学方面。在这两次访问之后，我在日记里记着我们讨论中的几个项目。这几项也很准确地总结出我自己对这些问题的主张。所以在这里我也把它念出来，做个英文纪录：

（一）今日之文言乃是一种半死的文字。

（二）今日之白话是一种活的语言。

（三）白并不鄙俗，俗儒乃谓之俗耳（当然啦，现在我也了解，所谓“俗 vulgar”，其简单的意义便是“通俗”，也就是能够深入群众。它和“俗民 folk”一字，在文学上是同源的）。

（四）白话不但不鄙俗，而且甚优美适用。凡言要以达意为主，其不能达意者，则为不美。

（五）凡文言文之所长，白话皆有之。而白话之所长，则文言文未必能及之。

（六）白话并非文言文之退化，乃文言文之进化，其进化之迹，略如下述：

1．从单音的进而为复音的。

2．从不自然的文法进而为自然的文法（例如“舜何人也”变为“舜是什么人”）。我并且举出文法上的变化。多少年后我又特别的写了一篇论文，来讨论（中国）文法的演变。

3．文法由繁趋简。由中古文言的多种文法构造，逐渐简化。例如人称代名词之逐渐简化。

4．文言文之所无，白话皆有以补充（例如文言只能说“此乃吾儿之书”，但不能说“这书是我儿子的”）。

（七）白话可以产生第一流文学。白话已产生小说、戏剧、语录、歌曲、诗词。

（八）以白话小说、故事、戏曲为代表的活文学，可能是中国近千年来唯一真有文学价值的文学。其非白话的文学，如古文，如科举专用的八股、笔记等等，在世界文学标准中，皆不足于第一流世界文学之列。

（九）文言的文字可读而听不懂；白话的文字既可读、可说又听得懂。凡演说、讲学、笔记，文言决不能应用。今日所需，乃是一种可读、可听、可歌、可讲、可记的言语。要读书不须口译，演说不须笔译；要施诸讲台舞台而皆可；诵之村妪妇孺皆可懂。不如此者，非活的言语也，决不能成为吾国之国语也：半死的文字决不能产生第一流的文学也。

以上九条是记载在我一九一六年七月六日的日记之中，很确切地表达了我对策动中国文学革命的中心思想。这许多严肃性的讨论，和我后来所做的历史性的研析，实在只是由于我写了一首向去哈佛升学朋友的送别诗所引起的小小偶然事件。这也就是我所说的偶然发生的事件往往会产生历史性的大事（的实例）。

那时还有一桩值得一提的偶然发生的小事，也引起了连锁性的反应。其结果竟使我下定决心不写旧诗，要写就用活的语言来写。就在我记录上述九条的同时，我又收到一封从绮色佳的来信，信中告诉我说，又有一件小小的意外事件在绮色佳的凯约嘉湖畔发生了。

原来那年七月八日我的朋友任鸿隽、莎菲陈（衡哲）——她是沃莎女子学院的学生——梅光迪、杨铨、唐钺等人在（绮色佳）凯约嘉湖上划船。片云头上黑忽然刮起风暴来了。他们急忙把船向岸边划去，但是雨已经下来了，匆忙之中，他们几乎把船也给划翻了。虽然没有发生什么意外，但是大家都被淋得狼狈不堪。这件事对这批中国留学生来说，也可算是件险事，所以我的朋友任鸿隽乃写了一首《泛湖即事》，诗附在他给我的信中寄给我要我批评。那是一首四言古诗，其中竟用了些陈腐（archaic）的像（《诗经》里面的）“言”字一类的老字。恰好我年前又曾做过一篇“言字解”的文章（所以我看到他诗里那些“言櫂轻楫，以涤烦疴”，又有“猜谜赌胜，载笑载言”一类的句子，有点不舒服）。

我反对我的朋友把这些陈腐的文字和现代语言夹在一起。所以我写信给叔永说他的诗不好，因为他的诗里“文字殊不调和”！任君不服，特别是对我所说的“三千年前之死语”，更感到愤愤不平，因而我们就辩论起来了。但是更有趣的一点倒不是我诗人朋友任君的强烈抗议，而是另一位哈佛朋友梅君，路见不平来拔刀相助，写了一封十分激动的信向我反击。

这时的梅觐庄正受了他那位保守派文学批评老师白璧德教授的影响。所以我的一切激进他都反对到底。他认为语言必须经过第一流的诗人加以锻炼，才能成为诗的语言。（他坚持）文学的文字——尤其诗的文字——一定要由第一流的诗人和美术家加以美化，才能成为诗之文字。据此，他便对我的观念大加挞伐。

梅君这种变化实在是很有趣的。他的保守主义和激动的评语使我大为欣赏。所以我坐下来写了一首老长的，约有一百句的滑稽打油诗加以奉答。这是我生平所写的最长的一首诗。开头我描写老梅大发脾气；接着我又讨论了一些死文字和活文字不同之点。我举了许多例子开玩笑地来驳掉他“文字那有死活”的理论。我特别提出了他所说的文字必须经过诗人美术家长期锻炼那一点来驳他；我说这正是我所想做的。我觉得我们这批当代的诗人和作家正应该把这些所谓俗语俗字“锻炼”起来；提高他们的地位，把他们提到诗歌文学里来。

我这首打油诗引起了康乃尔的任君和哈佛的梅君大发雷霆。因而他二人皆覆信取笑我企图作白话诗。但是我在他二人的信里也发现了他二人也有个共同的论调：他二人都承认白话文的生动可以用到许多别的写作上去，如评话、故事和长篇小说，但是就是不能用在诗里面。例如梅君说，文学之中有各种部门。在小说和民歌里面，白话是可以用的。但是在高级散文里——肯定的是在诗里面——白话千万用不得。任君的信上则说，“白话自有白话用处（如作小说、演说等），然不能用之于诗！”

所以我终于得到个结论，那就是我们一年多的讨论已逐渐约束到一个中心议题里来。这个中心议题便是：白话文用在文学其他任何部门都很适合，就是不能“用之于诗”。诗一定要用有锻炼的文字来写。

这样一来，则我的朋友们除了“诗”这个堡垒之外，其他方面已经全部向我让步了。

（为攻克这最后一个堡垒），我开始用的战术是把他们反对我的原因排个队。第一，从来没有诗人用俗语俗字作过诗。（在中国诗词中），我只能找到一首——甚或一首中的几句——是用白话文写的。所以使他们振振有词的原因，是白话诗的数量太少。第二，也是他们更能言之成理的，则是从来没有中国作家认真着实用白话来做诗作文。诗人们最多是兴之所至，在他们的作品中偶用白话，或者一诗之中偶写数行白话而已。他们就对白话有一种下意识的鄙弃，从来没有认真的用白话做诗。因而我想我如果要说服我的朋友们，使他们相信白话也可以做诗的话，那我只有以身作则，来认真尝试用白话作诗。除此之外，再没有其他的办法了。

在一九一六年的七月底，我便向我这些朋友写信说，白话也可以做诗，虽然以往没有太多的白话诗，今后则可以多写，写得它多采多姿。所以今日当务之急，便是我们自己认真着实从事写作“白话诗”的试验。纵使我们失败一二次，乃至无数次，我们还是可以不断地试验下去，试验到最后证明白话究竟能不能做诗为止。因此在 7 月 26 日我就写了一封信给吾友任君，说：“……文字者，文学之器也。我私心以为文言决不足为吾国将来文学之利器。施耐庵、曹雪芹诸人已实地证明作小说之利器在于白话，今尚需人实地试验白话是否可为韵文之利器耳……”

接着我又说：

我自信颇能以白话作散文，但尚未能用之于韵文。私心颇欲以数年之力，实地练习之。倘数年之后，竟能用白话作文作诗，无不随心所欲，岂非一大快事？

我此时练习白话诗文，颇似新辟一文学殖民地。可惜须单身匹马而往，不能多得同志，结伴同行。然我去志已决，公等假我数年之期，倘此新国尽是沙碛不毛之地，则我或终归老于“文言诗国”，亦未可知。倘幸而有成，则辟除荆棘之后，当开放门户，迎公等同来莅止耳……。

所以在一九一六年七月底八月初，我就决定不再写旧诗词，而专门用活的语言文字来写白话诗了。在我还没有写出几首白话诗之前，我已决定把我下一个诗集定名为《尝试集》了。

这个诗集的名字也明显的表示出我是受杜威实验主义的影响。把实验主义的哲学理论应用到文学改良运动上面来。"实验主义"告诉我，一切的理论都不过是一些假设而已；只有实践证明才是检验真理的唯一标准。同时要证明一个理论之是否有真理的唯一方法，也便是想出这个理论在实际运用上牵涉到各种情况；然后在实验中观察这一特殊理论是否能解决某一问题的初步困难，从而进一步找出一个原来所要寻找的解决方案。

所以我的以白话文为活文学这一理论，便是已经在小说、故事、元曲、民歌等领域里，得到实际证明的假设。剩下的只是我的诗界朋友们所设想的韵文了。这剩下的一部分，也正是我那时建议要用一段实际试验来加以证明或反证的。

孤独的文学实验　大胆的革命宣言

在一九一六年的十一月，我开始把我们一整年非正式讨论的结果，总结成一篇文章在中国发表，题目叫做《文学改良刍议》。

在那篇文章里我提出八条很温和的建议。你可看出，纵是这个题目也是很谦虚的。我已经不再用我向朋友们所时常提到的"文学革命"了。"文学革命"一词在我的诗和信里都时常提到；在朋友们给我的信中也时常提起。有时他们用的是开顽笑的态度；但是有时也很严肃。可是当我第一次要把我们一年多讨论的结果，和我自已的结论，撰写成文章，送到国内发表的时候，为考虑到那无可怀疑的老一辈保守分子的反对，我觉得我要把这一文题写得温和而谦虚。所以我用这个题目，说明是改良而非革命；同时那只是个"刍议"，而非教条式的结论。

下面便是我那篇文章里所提出对文学改良的八条建议：

（一）须言之有物。

写文章的人一定先要有一些值得一说的东西，才下笔。重点应在内容而不在形式。

(二)不摹仿古人。

在这一条里，我乘机夹入我对中国文学史的看法。后来我叫它做“文学演变观”。其重点是一个时代要有一个时代的文学。后一代毋需摹仿前一代。同时我也指出十三四世纪中所产生的，用语体所写的俗文学——如故事、小说、杂剧等等的重要性。

(三)须讲求文法。

这一条乍听起来，似乎有点荒唐。但是我们这些对中古中国文学相当熟悉的人都知道，那时的作家写文章，往往不讲求文法。中文的文法本来很简单，可是那中古作家们，运用了各种形式如对仗、骈骊、典故等等故意把它弄得复杂了。因而千多年来，写古文的人对文法的分析与结构全不讲求。

(四)不作无病呻吟。

(五)务去烂调套语。

(六)不用典。

用典是中国文学里自中古时期遗传下来的一种花样。古代作家原无此恶习。可是自中古到近代，中国诗文简直是典故的天下。在这篇文章里，我对用典的批评写了很长的一段，因为两千年来，中国文人已把这种传统弄成习惯。要人家作诗文不用典，是件骇人听闻的事。

(七)不讲对仗。

中文里“对仗”这玩艺用英文来解释实在很不容易，可是对仗在中文里实在太普遍了。

(八)不避俗字俗语。

这条最重要，但是我写的还是很温和。我的用意是说，“在所有的文学里，皆用活的文字——用俗语——用白话!”为强调这一点，我就公开的说我承认那些伟大的小说如《水浒传》、《红楼梦》和那些我在本篇中所列举的当代通俗小说，比那些仿古的作品更能代表时代。我坦白地指出，那些几百年来都为人民大众所喜爱，而却为文人学者所鄙弃的白话小说、故事说部和戏曲都是中国出产的第一流文学，其原因便是由于他们所用的文学工具之有效率，换言之也就是它们是不避俗语俗字的作品。

那一篇对中国文学作试探性改革的文章是在一九一六年十一月写的。我一共复写了三份。一份给由我自己作主编的《中国留美学生季报》发表。"季报"那时是由"商务印书馆"承印的。另一份则寄给当时一份新杂志《新青年》。该杂志由陈独秀主编，已出版数年。陈氏于一九一六年受聘为国立北京大学文科学长。

这篇文章于一九一七年一月在《新青年》刊出之后，在中国文化界引起了一场极大的反应。北京大学一校之内便有两位教授对之极为重视。其一则为陈独秀本人。另一位则是古典音韵学教授钱玄同。钱氏原为国学大师章太炎的门人。他对这篇由一位留学生执笔讨论中国文学改良问题的文章，大为赏识，倒使我受宠若惊。钱教授（后来）告诉我，他曾与陈教授讨论到有关我这些建议的重要性。陈先生原来就是死硬派的革命人物。他在《新青年》的后一期也写了一篇《文学革命论》来作为响应，他就公开的来支持一个文学革命了。他坦白地说那首举义旗号召文学革命的是他的朋友胡适。他自己则高张大旗为他的朋友作声援。旗上并应大书特书三大口号：

（一）推倒雕琢的，阿谀的贵族文学；建设平易的，抒情的国民文学。

（二）推倒陈腐的，铺张的古典文学；建设新鲜的，立诚的写实文学。

（三）推倒迂晦的，艰涩的山林文学；建设明瞭的，通俗的社会文学。

陈君所阐扬的三大口号与我对中国文学史的了解实在甚为接近。独秀并于中国历史中找出很多的革命事迹。当他叙述到现代文学之时，他甚至把那些阻扰自宋元以后便以白话小说所发轫的文学革命的（古文大家），总括为"十八妖魔"。在那个时候，我们对像《水浒传》等一流的小说巨著正确的写作年代，还不太清楚。我们还以为他们是元代的作品。现在我们是比那时更清楚了。那些精彩的故事和长篇小说，都是经过几百年的流传，到明代才正式写出定稿的。但是那时陈独秀和我都以为文学革命高潮起自元代而为明清两代的"十八妖魔"所阻扰了。

"十八妖魔"是哪些人呢？他们是领导明代文风的"前七子"和"后七子"。另外四人则是明代的古文大家归有光，和清代的方苞、刘大魁和姚鼐。这四位中的后三人，皆是陈独秀和我的安徽同乡。现在我们安徽又出了个陈独秀，居然把这三位同乡前辈，也打入反文学革命的"十八妖魔"之列。独秀把中古以后直到现在所有的仿古作品，一概唾弃；而对那些俗文学里的小说、故事、戏曲等等作家则大加赞赏。

钱玄同教授则没有写什么文章，但是他却向独秀和我写了些小批评大捧场的长信，支持我们的观点。这些信也在《新青年》上发表了。钱教授是位古文大家。他居然也对我们有如此同情的反应，实在使我们声势一振。

因而在我回国之前的几个月——一九一七年十二月之间，我们的两篇文章已经成为全国讨论的热门。读者投书更不断寄来，有的也在《新青年》上发表了。在此同时，我也把我尝试写作的白话诗寄给《新青年》刊登了。今日看来，那些诗实在没有（从文言中）真正解放出来。我的朋友赵元任就常常说我那些"白话诗"和"白话文"都"不够白"；不是一般人所常用的真正"语体"。这点我早就承认。我说，那就像一些裹了四十年或者就是二十年小脚的女人，她纵使要把小脚放大，她还是不能恢复天足的。像我们这样做古文作旧诗起家的人，不能完全运用白话文，正和小脚放大的女人不能恢复天足一样。

但是我们这些文章——特别是陈、钱二人的作品和通信——都哄传一时。陈独秀竟然把大批古文宗师一棒打成"十八妖魔"。钱玄同也提出了流传一时的名句"选学妖孽"和"桐城谬种"。

桐城是我们安徽的一县，而一县之中竟在"十八妖魔"里出了方苞、刘大魁、姚鼐三大"妖魔"；号称"桐城派"。所以钱玄同叫这一派古文家为"桐城谬种"。

"选学妖孽"则指的是《文选》。《文选》是公元六世纪初年梁代的昭明太子自古代诗文中选编的。他所选的都是我国早期中古诗文的代表作，所以钱玄同称这一派作品为"文选学派的妖孽"。

这几句口号一时远近流传，因而它们也为文学革命找到了革命的对象。

第八章　从文学革命到文艺复兴

国语的文学　文学的国语

在本卷录音里我想把所谓"文学革命"总结一下。

上面我曾说过，我本是个保守分子。只是因为一连串几项小意外事件的发生，才逐渐促使我了解中国文学史的要义和真谛；也使我逐渐认识到只有用白话所写的文学才是最好的文学和活文学。（这项认识）终于促使我在过去数十年一直站在开明的立场，甚至是激进的立场。我最初和住在美国大学宿舍里的中国同学们讨论时，站的便是这个立场。后来回国我撰文、写信和向社会公开发表（有关文学问题的讲演著述），站的还是这个立场。我的主要的论点便是死文字不能产生活文学。我认为文言文在那时已不止是半死，事实已全死了；虽然文言文之中，尚有许多现时还在用的活字。文言文的文法，也是个死文字的文法。

这一件是非，也便是一九一七年前半年的中心议题。但是我自己却一直等到我在哥伦比亚大学考过博士学位的最后口试之后才于七月回到国内。一回国我便发现文学革命的整个命题，已在广大的读者圈中明确地和盘托出。那时的读者圈不太大，但是读者们思想明白而颇富智慧。

当我在北京大学出任教授的时候，北大校长是那位了不起的蔡元培先生。蔡校长是位翰林出身的宿儒。但是他在德国也学过一段时期的哲学，所以也是位受过新时代训练的学者，是位极能接受新意见新思想的现代人物。他是一位伟大的领袖，对文学革命发生兴趣，并以他本人的声望来加以维护。

在北大我也被介绍认识了当时教育部主办的“国语统一筹备会”里的一批文学改革家。这些改革家都是一些有训练的传统学者，缺少现代语文的训练。但是他们都有志于语文改革；对“语文一致”的问题，皆有兴趣。“语文一致”的意思就是把口语和文学，合二为一。这（在当时）是根本不可能的。很显而易见的解决方法就只有根本放弃那个死文字，而专用活的白话和语体。

我受聘为该会会员之一，并经常和他们商讨这些问题。这时我就注意到他们都为一个问题所苦恼，这苦恼便是中国缺少一个标准白话。他们希望能有个在学校教学和文学写作都可适用的标准白话——他们叫它做“标准国语”。我当时就很严肃地向这些老学者们进言，我认为要有“标准国语”，必须先有用这种语言所写的第一流文学。所谓字典标准是不可能存在的。没有人会先去查国语字典，然后才动笔去写作——去写故事、小说、催眠曲或情歌。标准原是一些不朽的小说所订立的；现在和将来也还要这些伟大作品来加以肯定。

就拿现代的标准英语来说罢。近如一六一一年才刊行的詹姆士王朝的英译《圣经》，和伊利莎白女王时代以及莎士比亚时代所产生的戏曲，才是真正促成英语标准化的原动力。它们的标准都不是从字典里找出的。我觉得我必须告诉人们一项最简单的事实：我们不可能先有“标准”然后才有“国语”；相反的是先有“国语（白话）文学”，其后才会产生“标准国语”的。

所以在一九一八年的春季我就写了一篇长文《建设的文学革命论》来讨论文学革命的问题。文章主题之外我又加了两条副题：“国语的文学，文学的国语”。也就是说文学是用国语写的，国语是写文学的语言。本文的全篇大意是阐明不要等到用文法和字典先把“标准国语”订好（然后才来写国语文学）。应该就以国语直接写文学。等到我们有了国语的文学，我们自然就有了文学的国语了。

此文发表后的两三年之内，许多人也已看出其中的道理来。青年人也不再以没有“标准国语”而发愁了。他们就用群众的语言去做诗作文。我也以我自己的体验告诉他们，许多伟大而畅销数百年的小说如《水浒传》、《三国演义》、《西游记》、《红楼梦》、《儒林外史》等等巨著，早已把白话文的形式标准化了。它们已为国语订下了标准，当了国语教师，未要政府破费一文去建立学校和训练师资。我告诉他们说我本人就是从皖南的一个方言区域里出来的。我家乡的方言便是中国最难懂的方言之一，但是我只是学了一两千汉字，就能欣赏《水浒传》等等的中国传统小说名著了。当我十来岁去上海读书时，我虽然还不会说“官话”（白话），我已经毫无困难的写起白话文了。

所以我后来告诉青年朋友们，说他们早已掌握了国语。这国语就简单到不用教就可学会的程度。它的文法结构甚为简单。我们已经从这些小说里不知不觉地学会了一种语言，一种有效的工具。我们只要有勇气，我们就可以使用它了。后来事实证明我这句话是正确的。

一九一九年“五四运动”之后，全国青年皆活跃起来了，不只是大学生，纵是中学生也居然要办些小型报刊来发表意见。只要他们在任何地方找到一架活字印刷机，他们都要利用它来出版小报。找不到印刷机，他们就用油印。在一九一九至一九二〇两年之间，全国大小学生刊物总共约有四百多种。全是用白话文写的。虽然这在一九一九年所发生的学生运动，是对中国文艺复兴运动的一种干扰——它把一个文化运动转变成为一项政治运动——但是对传播白话文来说，“五四运动”倒是功不可没的。它把白话文派了实际的用场。在全国之内，被用来写作和出版。这些青年人的行为也证明了我的理论——我们从阅读欣赏名著小说，而获得了一种（新的应用）文字。

在短短的数年之内，那些长短篇小说，已经被（广大读者群）正式接受了。当我在一九一六年开始策动这项运动时，我想总得有二十五年至三十年的长期斗争（才会有相当结果）；它成熟得如此之快，倒是我意料之外的。我们只用了短短的四年时间，要在学校内以白话代替文言，几乎已完全成功了，在民国九年，北京政府教育部便正式通令全国，于是年秋季始业，所有国民小学中第一二年级的教材，必须完全用白话文。

政府并且规定，小学一二年级原用的（文言文）老教材，从今以后要一律废除。小学三年级的老教材限用到民国十年；四年级老教材，则限至民国十一年。所以在一九二二年以后，所有的小学教材都要以国语（白话）为准了。

因此在我们的斗争中，至少获得了部分的胜利。其中重要的部分就是以白话文为教育的工具。在此之前，纵使是小学教材，所用的也是已死的古文。这些死文字却必须要以各地人民所习用的活的方言来把它译成语体。所以在这个革命运动中，有关教育的一方面，却于一九二〇年，在那个守旧政府教育部明令（支持）之下得到了胜利！

一九一六年以后我们就试用活的文字来做一切文学的媒介；首先我们便尝试用白话文来作诗，一种中国诗界的新试验。一九一七年以后青年作家们，也就群起试作了。白话文很容易就被一般群众和青年作家们所接受。从一九一八年起，《新青年》杂志也全部以白话文编写。当然其中还偶尔有几篇简洁的古文，但是大体上所有的文章都是以白话为主了。特别是在一九一八年一月之后，所有的文学创作用的都是白话。因此从文学方面来说，白话文学在一九一六年和一九一七年间也就开始生产了。

当然文学方面的进度是相当缓慢的，不像教育方面，有一纸政府命令便可立见功效。

在过去四十年中，中国全国以白话文所写的活文学的生产量也是相当可观的。当然我也应该指出，新文学各部门的发展并不平均。例如短篇小说就比长篇更成功；当然长篇小说也是有相当成就的。但是多数青年作家都是靠写作为生。他们实在写不起长篇，因为长篇太耗费时间和精力。戏剧的成果也较差，因为当时的观众仍然贪恋以歌舞为主的旧剧。不过从总的方面来说，散文、小品、中篇叙事文、故事、小说、戏剧和新诗，各方面都有发展。四十年来的新诗更是大有成就。

今日回头看去，近代中国文学革命之所以比较容易成功，实在也有许多历史的因素。

第一，我必须指出，那时的反对派实在太差了。在一九一八和一九一九年间，这一反对派的主要领导人便是那位著名的翻译大师林纾（琴南）。林氏本人不懂一句西文，但是他竟能以文言翻译了二百多种西洋小说（实数为一百八十种，二百八十一卷）。他说，“吾固知古文之不当废，然吾不知其所以然。”对这样一个不堪一击的反对派，我们的声势便益发强大了。那时甚至有人要想用暴力或迫害（来阻止新文学的流行），但是也无济于事。

第二，用历史法则来提出文学革命这一命题，其潜力可能比我们所想象的更大。把一部中国文学史用一种新观念来加以解释，似乎是更具说服力。这种历史成分重于革命成份的解释对读者和一般知识分子都比较更能接受，也更有说服的效力。

第三，我应该说，文学革命成功最重要的因素，便是那些传统小说名著如《水浒传》（这部小说有赛珍珠的英译本）、《西游记》、《三国演义》以及后来的讽刺十八世纪中国士子的小说《儒林外史》等名著已为它打下了坚固的基础。我在前面已经说过，这些小说名著都是教授白话文的老师；都是使白话文标准化的促成者。这一基础已经有好几百年的历史；这些小说也已给它们的读者锻炼出一种文学工具。只要一旦障碍扫除，一有需要，也就一索即得了。

最后，也是第四个因素，便是这个中国的活文字本身的优点，足以促使运动成功；因为中国的语体文本身便是一种伟大而文法简捷的语文。这个语文居然简捷到使学者觉得到不需要文法的程度。

白话文是有文法的，但是这文法却简单、有理智而合乎逻辑；根本不受一般文法上转弯抹角的限制；也没有普通文法上的不规则形式。这种语言可以无师自通。学习白话文就根本不需要什么进学校拜老师的。所以白话文本身的简捷和易于教授，便是第四个因素；也是最重要的因素。

但是上述这些成就，对我这位原始运动策划人来说，我还是感觉到不满意。由于多种原因——尤其是政治方面的原因——使白话文在40年来就始终没有能成为完全的教育工具和文学工具。原因之一便是执政者的保守主义和（在文化改革上的）反动性质。它虽然执政数十年，但是它对推动这一（普及）活语言和活文学的运动，实际上就未做过任何的辅导工作。

不过事实上这也是一件很容易理解的事，因为世界上所有的民族主义运动（nationalist movement）都是保守的，通常且是反动的。他们经常觉得愧对祖宗；认为凡是对祖宗好的，对他们自己也就够好了。这便是所有民族主义运动的心理状态。就拿这桩语文改良或文字革命来说罢，中国的执政者，对促使白话文为教育和文学工具的这项运动的停滞和阻扰，是无可推卸其责任的。

还有一个同样重要的原因，那便是文人学者和教育家们不理解死文言和活白话不能在同一本教科书之内并存的。一反我多年来把文言从白话中滤掉的主张，那种文白夹杂——那种文人学者和教育家不知道文言白话根本不能并存的事实——在学校中使用的情形，把下一辈青年的头脑弄糊涂了。这一项混乱现象，实是保守成性的教育家们，想把文言文在学校课程中过早恢复的结果。

这一（推行白话文）运动的失败，当然可能还有其他的原因。但是眼看40年过去了，这运动至今还没有达到我当年的理想，我宁愿只提这两项最重要的原因。

文学革命的数种特征

现在我想把上面讨论过的文学革命这一节再加两个注脚。第一，我想对有关以中国文字为整个语文（改革）运动和文学改良运动的基础（这一命题）略加补充。我要指出现代欧洲各国的国语（national language）和各国的文学发展史上，彼此之间有几种基本上相同的因素。其中之一便是有关国语（标准）的选择。一个国家怎样去选择一个国语呢？这是第一个重要因素。大凡一种方言被选择为一国的国语，这一方言一定要具备三种条件：第一、这一方言是该国最普遍使用的方言。以意大利为例。意大利语原为意国多斯加尼（Tuscany）地方的方言。在那个时候意大利还未统一。但是多斯加尼的方言却是最普遍的方言，所以它具备了当选的条件。

法国的情形也是一样的。在法国有两种方言都有当选为法国国语的资格。那便是巴黎的方言和布罗温斯（Provence）方言。但是巴黎因为是国都所在，又是大商业中心，结果巴黎方言当选了。

英国还是如此。英语原为英格兰岛中部 Midland 的方言。这一方言为伦敦市和牛津、剑桥两大学所使用。使用的人最多，也是最普遍的方言。

所以要一个方言能升格变成各国的国语的第一个条件，便是它必须是各该国最流行的语言。在中国，后来被尊为“国语”的“白话”，原是“官话”。它是中国最普遍使用的方言。中国大致有 90%的土地上，和 75%以上的人口，说的都是“白话”。自北京至南京；东北自哈尔滨，西南至昆明，说的也都是官话。我们如从哈尔滨向西南画条直线，直达滇缅公路的起点昆明。这条线大致有四千英里。在这一条线上没有那一处的居民会觉得他们有另说一种方言之必要，因为每个人都会觉得他所说的话是最普通的话，是全国通行的。

方言升格为国语的第二个条件，是最好这个方言之中曾经产生过一些文学。但丁曾写过一篇论文为方言辩护。他说在意大利、多斯加尼的方言不但使用的人最多，它还产生过许多诗歌。他指出在他之前便有许多用该方言写作的小说家和诗人。

在法国、巴黎方言中也产生过许多诗人，包括鼎鼎大名的诗人微央（Francois Villon，1431—？）。布罗温斯方言中也产生过许多优美的歌曲和抒情诗。所以这两种法国方言都产生过丰富的文学作品。只是巴黎毕竟是国都所在，它所特有的政治影响终使巴黎方言胜过和它一样优美的布罗温斯方言而当选为法国国语。

英格兰的中土方言也是一样的。英国文豪却叟（Geoffrey Chaucer，1340？—1400）即以此方言写其名著《坎特布里进香记》（*The Ganterbury Tales*）。英国早期的圣经译本，用的便是这个方言。1611年出版的詹姆斯王朝的英译圣经，也是用这个方言译出的。直到今日，英译本圣经还是以此译本最为重要。

中国国语的发展与上述情形也有很多相同之处。

中国的“官话”包括北京方言、华北方言、长江中上流域的方言。纯“北京话”曾产生过像《红楼梦》和《儿女英雄传》等小说名著。“普通话”也曾产生过许多小说，最早的像《西游记》和《儒林外史》。这许多大部头的官话小说，使中国的“官话”具备了足够的资格作为中国的“国语”。

第三个因素便是一个方言之内的文人学士，对该方言的文学价值的有意识的肯定。在欧洲各国的国语发展史中，这项有意识的肯定，通常都是不可少的。但丁不但用多斯加尼的方言来写其名著《神曲》（*La Diuina Commedia*），他甚至写了一篇《为方言辩护》的论文。在这篇文章里，他申述他为什么不用拉丁文而偏要以多斯加尼方言来写他的《神曲》。

所以在中国可能就是缺少了这种文人学士们有意识的认可——他们认为官话没有文学上的价值——而把官话（白话）鄙视了一千多年。可是只经过为时不过数年的提倡，这个久经鄙视的“俗话”，便一跃而升格成为“国语”了。

我想这第一个注脚中提到的条件，加上“有意的提倡”，便替我们解释了，何以四十年来的“文学革命”便为此轻轻俏俏地成功了的道理之所在。

我的第二个注脚便是所谓“中国文学革命”的整个过程，也就证明了我所经常提到的“实证思维”的理论。这个“革命”实是当年居住在美国康乃尔、哈佛、哥伦比亚的学生宿舍之内的，几位爱好文学的朋友们一起讨论而策动起来的。他们面对了几项实际问题。这些问题使他们感到困难、疑虑和徬徨。这些困扰使他们之间发生了激烈的辩论；虽然这些辩论也只是一些朋友们之间的彼此问难而已。

这些问题原是由讨论“诗之文字”这个命题所引起的，进而扩大到中国文学媒介和工具的争辩——有关活文学的争辩。我们提出了几项假设。有几位同学偏重（文学的）内容。其他的人——如我自己——则着重文学的工具和媒介。最后归结到提倡白话文的问题，也就是以大众语言（白话）为文学媒介的问题。

这里有几项未能解决的问题：这个活文字（白话）能不能用在一切文学形式之上呢？在白话已被证明为撰写“俗”小说的有效工具之后，它能不能用来做诗呢？我的一些朋友们认为不可以，而我则认为是可以的。所以我们争辩到最后阶段，就非拿事实来证明不可了。

“诗”那时已经成白话文唯一有待克服的堡垒了。但是我们要怎样来证明白话可以或不可以做诗的这个的假设呢？我主张我们要有意识的用白话来作诗。换言之也就是说，我们要有意识的来证实一个足以解决难题的假设。

我举出上述层次分明的故事，便是说明，这里有一个（人类思想发展的）具体例证。那就是从一种疑难和困惑开始，从而引起有意识有步骤的持续思考，再通过一假设阶段，最后由实验中选择个假设来加以证明。

所以我第二个注脚便是，这整个的文学革命运动——至少是在这一运动的初期——用实验主义的话来说，事实上便是一个有系统有结果的思想程序；也就是个怎样运用思想去解决问题的问题。

中国文艺复兴的四重意义

事实上语言文字的改革，只是一个（我们）曾一再提过的更大的文化运动之中，较早的、较重要的、和比较更成功的一环而已。这个更广大的文化运动有时被称为“新文化运动”，意思是说中国古老的文化已经腐朽了，它必须要重行生长过。这一运动有时也叫做“新思想运动”，那是着重于当代西洋新思想、新观念和新潮流的介绍——无政府主义者便介绍西洋的无政府主义；社会主义者则介绍欧洲的社会主义思潮；德国留学的哲学家们则介绍康德、黑格尔、斐斯特等一流的德国思想家。英国留学的则试图介绍陆克、休谟、柏克立。更摩登的美国留学生则介绍詹姆士和杜威等人。

我本人则比较欢喜用“中国文艺复兴”这一名词。那时在北大上学的一些很成熟的学生，其中包括很多后来文化界知识界的领袖们如傅斯年、汪敬熙、顾颉刚、罗家伦等人，他们在几位北大教授的影响之下，组织了一个社团，发行了一份叫做《新潮》的学生杂志。这杂志的英文刊名便叫“*Renaissance*”（“文艺复兴”）。

他们请我做新潮社的指导员。他们把这整个的运动叫做“文艺复兴”可能也是受我的影响。这一批年轻但是却相当成熟，而对传统学术又颇有训练的北大学生，在几位青年教授的指导之下，从不同的角度来加以思考，他们显然是觉得在北京大学所发起的这个新运动，与当年欧洲的文艺复兴有极多的相同之处。

他们究竟发现了一些什么相同之处呢？我们如果回头试看一下欧洲的文艺复兴，我们就知道，那是从新文学、新文艺、新科学和新宗教之诞生开始的。同时欧洲的文艺复兴也促使现代欧洲民族国家之形成。因此欧洲文艺复兴之规模与当时中国的（新文化）运动，实在没有什么不同之处。

更具体的说，他们都清晰地看到欧洲文艺复兴时期对新语言、新文字、新工具——也就是新的自我表达的工具之需要。虽然当时中国的（新文化）运动尚未涉及艺术，而文学革命对这批成熟的北大学生来说，也已经是双方极其相同之点的一环了。这实在是个彻头彻尾的文艺复兴运动。是一项对一千多年来所逐渐发展的白话故事、小说、戏剧、歌曲等等活文学之提倡和复兴的有意识的认可。

中西双方（两个文艺复兴运动）还有一项极其相似之点，那便是一种对人类（男人和女人）一种解放的要求。把个人从传统的旧风俗、旧思想和旧行为的束缚中解放出来。欧洲文艺复兴是个真正的大解放时代。个人开始抬起头来，主宰了他自己的独立自由的人格；维护了他自己的权利和自由。

在中国新思想运动的第一年之中，我们已清楚地看出这一运动对解放妇女和争个人权利的要求。我的同事周作人先生就认为光是主张用语体文来产生文学是不够的。新的文学必须有新的文学内容，他把这“内容”叫做“人的文学”。“人”——一个生物学上的“人”，他是有感情、观念和喜怒哀乐的。他既有缺点，也有长处。这些都是新文学的基础，那时我们不但对人类的性生活、爱情、婚姻、贞操等等问题，都有过很多的讨论；同时对个人与国家，个人与家庭与社会的关系也都有过讨论。"家庭革命"这句话，在那时便是流传一时的名言。

这些（中西双方）相同之处，便是促使那批成熟的学生们的刊物叫作《新潮》的道理。我必须再补充说一句，这份《新潮》月刊表现得甚为特出，编写皆佳。互比之下，我们教授们所办的《新青年》的编排和内容，实在相形见绌。

说了这许多题外的话，我所要指出的便是我欢喜用"文艺复兴"这一名词。认为它能概括这一运动的历史意义。所以在其后的英文著述中，我总欢喜用"The Chinese Renaissance"（中国文艺复兴运动）这一题目。虽然 Renaissance 这个词那时尚没有适当的中文翻译。我猜想这批北大学生也替他们的刊物找不到一个恰当的中文名字，而姑名之曰"新潮"的；但是他们毫无犹豫地用 Renaissance 来做他们刊物的英文名字。

在这一（文化）运动已经进行了好几年之后，当然有人想把它的意义确定下来。一九一九年初《新青年》的编辑陈独秀先生便写了一篇文章。在这文章里他倒没有替这运动下个定义；他只是把我们这杂志的"罪案"作了个承诺。在那时以北大为中心的很多保守派或反动派，对这一文学运动批评至多。陈独秀认为"两大罪案"有承认之必要。他说，"第一我们拥护赛因斯（科学）先生；第二，我们拥护德莫克拉西先生（民主）。"因为我们拥护德先生，我们必须反对儒教——反对旧家庭传统，旧的贞操观念，旧的道德和旧的政治。因为我们拥护赛先生，我们一定要提倡新文学，新艺术和新宗教。正因为我们要拥护德、赛二先生，我们只有去反对所谓"国粹主义"。

一九一九年十一月一日，我也写了一篇长文叫《新思潮的意义》。在我引用了一些时下的定义之后，我总结了一下，认为这些定义都太笼统、太普通了。我说据我个人的观察，新思潮的根本意义只是一种新态度。这种新态度或许可以叫做"评判的态度"。

我并且指出这一评判态度已在许多方面运用了。它被运用来评判传统的制度和风俗；用之于对古圣先哲的研究；最后则用来批判那许多下意识地接受了但是却很欠智慧的行为规范。

总而言之，正如尼采所说的，“重新估定一切价值”（Transvaluation of all values），这句话大概就可包括了我们这个运动的真义。在实行方面，这种批判的态度在这一广义的文化运动中的三个具体方面可以清楚地看出来。第一是研究当前具体和实际的问题。我指出许多活生生的问题来。例如以儒教为国教；以儒教为国家道德标准的问题（在民国初年，尤其是袁世凯作总统的期间，曾有一股反动的潮流，要以儒教为国教。袁氏死后，新宪法的起草人也讨论到以孔教为中国人民道德教育的标准）。

其他方面如语言文字的问题，如何去改良中国文学；以及国语统一的问题；妇女解放问题；传统贞操问题。其余为婚姻、教育、父子关系、旧剧（改良）尤其是改良京戏等等问题。这些都是当时有待研究的实际问题。

第二点我叫它做“输入学理”。也就是从海外输入新理论、新观念和新学说。我指出这些新观念、新理论之输入，基本上为的是帮助解决我们今日所面临的实际问题。我们的《新青年》杂志，便曾发行过一期“易卜生专号”，专门介绍这位挪威大戏剧家易卜生（Henrik Ibsen，1828—1906）。在这期上我写了首篇专论叫《易卜生主义》。

《新青年》也曾出过一期“马克思专号”。另一个《新教育月刊》也曾出过一期“杜威专号”。至于对无政府主义、社会主义、共产主义、日尔曼意识形态、盎格鲁·萨克逊思想体系和法兰西哲学等等的输入，也早就习以为常了。

但是我说那还有个第三方面，那就是我们对传统学术思想的态度。我认为对传统的学术思想也要持批判的态度。这第三点我叫作“整理国故”。“国故”这一词那时也引起了许多批评和反对。但是我们并没有发明这个名词。最先使用这一名词的却是那位有名望的国学大师章炳麟。他写了一本名著叫“国故论衡”。“故”字的意思可以释为“死亡”或“过去”。章氏也是位革命党，为着“苏报案”曾在上海“会审公廨”受过审判，并且坐过牢。“苏报”便是革命党在上海租界中发行的一家报纸。章氏和该报一位比他小得很多的青年编辑邹容一起坐了几年的牢。邹容坐牢（两年）结果病死狱中。章氏于（三年期满）获释。(一九〇三年)出狱后章氏东渡日本，被选为当时革命党机关报“民报”的编辑。“民报”后来对青年学生发生极大的影响。中国留日学生用尽方法把它偷运回国，并深入内地，章氏是位国学大师，门生甚多。其中有些人也在北大教书。北大教授钱玄同便是章的学生，为治“小学”的名家之一。章氏门人中也有很多反对以“俗文学”代替古文的。其中之一便是湖北人黄侃(季刚)。黄也是一位名知的文字学家。对中国文字学有其原始性的贡献。

但是在我看来这个(新文化)运动中重要的一环，便是对我国固有文明作有系统的严肃批判和改造。

在这篇论文里，我指出既有这上述三方面，势必要产生个第四方面。这第四方面便是“再造文明”。通过严肃分析我们所面临的活生生问题；通过由输入的新学理、新观念、新思想来帮助我们了解和解决这些问题；同时通过以相同的批判的态度对我国固有文明的了解和重建，我们这一运动的结果，就会产生一个新的文明来。

这就是我对这一项，我叫它做“中国文艺复兴运动”，这一广泛的运动所下的定义。

在以后几个录音记录里，我预备把这点再来详细说说，并多举出几方面来说明我怎样和那些相信无政府主义、社会主义或共产主义等教条主义者，尤其是我的主要反对派的共产主义者，在1919年，也就是整整40年前冲突的经过。……

第九章　“五四运动”——一场不幸的政治干扰

陈独秀入狱的经过

从我们所说的“中国文艺复兴”这个文化运动的观点来看，那项由北京学生所发动而为全国人民一致支持的，在一九一九年所发生的“五四运动”，实是这整个文化运动中的，一项历史性的政治干扰。它把一个文化运动转变成一个政治运动。

“五四运动”完成了两项伟大的政治收获：第一便是在全国舆论谴

责之下，北京政府把三位知名的亲日高级官员撤职。第二便是由于全国学生的强烈抗议和中国在巴黎留学生的强烈反对，中国参加巴黎和会的代表团不敢在巴黎和约上签字；因此使所谓“山东问题”能够在“华盛顿会议”得以重开谈判而获得解决。

这项学生自发的爱国运动的成功，中国的政党因此颇受启发。他们觉察到观念可以变成武器；学生群众可以形成一种政治力量。我在《独立评论》上所写的纪念“五四”的一篇文章里便举孙中山先生为例。孙公写信向海外华侨捐款来创办报刊。在那封信上中山先生便提到北京学生由于新文化运动的启发，竟能化新观念为力量，便赤手空拳的使反动的北京政府对他们让步。

一九一九年以后，国、共两党的领袖们，乃至梁启超所领导的原自进步党所分裂出来的研究系，都认识到吸收青年学生为新政治力量的可能性而寄以希望。“五四”以后事实上所有中国政党所发行的报刊——尤其是国民党和研究系在上海和北京等地所发行的机关报——都增加了白话文学的副刊。《民国日报》的文学副刊便取名“觉悟”。梁启超派所办的两大报：《北京晨报》和《国民公报》里很多专栏，也都延揽各大学的师生去投稿。当时所有的政党都想争取青年知识分子的支持，其结果便弄得（知识界里）人人对政治都发生了兴趣。因此使我一直作超政治构想的文化运动和文学改良运动（的影响）也就被大大地削减了。

一九一九年六月十二日，陈独秀被捕入狱。陈氏是在发散他那自撰并出资自印的反政府传单之时被捕的。此事发生在北京城南一个叫做“新世界”娱乐场所。那时陈独秀、高一涵和我三位安徽同乡正在该处吃茶聊天。陈氏从他的衣袋中取出一些传单来向其他桌子上散发。传单中向政府要求项目之一便是撤换步兵统领王怀庆。王氏曾在六月初旬拘捕了在北京街头宣传反日和抵制日货的学生。

我们三人原在一起吃茶，未几一涵和我便先回来了（那时高君和我住在一起）。独秀一人留下，他仍在继续散发他的传单。不久警察便来了，把独秀拘捕起来送入警察总署的监牢。

我直到夜半才有人打电话告知此事。独秀被捕之后，始终未经公开审讯，但是一关便关了八十三天。所幸他的一大群安徽同乡和老朋友们，终于把他于八月间保释出狱。

独秀入狱之后，他所主编的《每周评论》，我只好暂时代为编辑，编到被查封为止。这时陈独秀已不做北大的“文科学长”了。校方给假一年，好让他于下学年开一堂宋史新课。

独秀出狱之后，仍在北京居住。不幸于一九一九年底和一九二〇年初，他又出了事。

那时华中地区（的几所大学）聘请我去做几次学术讲演，但是我无法分身，因为杜威教授那时也在北京讲演，我正是杜威的翻译；所以我转荐独秀前往。对方表示欢迎，所以陈君乃于一九二〇年一月代我去武汉一行。

讲演完毕，陈氏乃和武汉地区的几位大学校长（尤其武昌城内的几所私立大学）同车返京。这几位校长——特别是一所教会主办的“文华大学”和一所国人私立的“中华大学”的当局们，都受了北大所发动的新文化运动的影响，而想到北京来物色几位教授（新文化的）师资。

独秀返京之后正预备写几封请柬，约我和其他几位朋友晤面一叙。谁知正当他在写请帖的时候，忽然外面有人敲门，原来是位警察。

“陈独秀先生在家吗？”警察问他。

“在家，在家。我就是陈独秀。”

独秀的回答倒使那位警察大吃一惊。他说现在一些反动的报纸曾报导陈独秀昨天还在武汉宣传“无政府主义”；所以警察局派他来看看陈独秀先生是否还在家中。

独秀说，“我是在家中呀！”但是那位警察说，“陈先生，您是刚被保释出狱的。根据法律规定，您如离开北京，您至少要向警察关照一声才是！”

“我知道！我知道！”独秀说。

“您能不能给我一张名片呢？”

独秀当然唯命是听；那位警察便拿着名片走了。独秀知道大事不好。那位警察一定又会回来找麻烦的。所以他的请帖也就不写了；便偷偷地跑到我的家里来。警察局当然知道陈君和我的关系，所以他在我的家里是躲不住的。因而他又跑到李大钊家里去。

警察不知他逃往何处，只好一连两三天在他门口巡逻，等他回来。

他乃和李大钊一起离开了北京，从此便一去不复返了。

他二人离开北京之后，乃故意向北方逃去，躲在离滦州不远的李大钊的老家乐亭县。住了几天之后，他二人乃乘车南下去上海。自此以后陈独秀便与我们北大同人分道扬镳了。他在上海失业，我们乃请他专任《新青年》杂志的编辑。这个“编辑”的职务，便是他唯一的职业了。

在上海陈氏又碰到了一批搞政治的朋友——那一批后来中国共产党的发起人。因而自第 7 期以后，那个以鼓吹“文艺复兴”和“文学革命”（为宗旨）的《新青年》杂志，就逐渐变成个中国共产党的机关报；我们在北大之内反而没有个杂志可以发表文章了。

这件事是发生在一九二〇年。就在这一年中国共产党就正式诞生了。一九二三年中国国民党就开始改组；一九二四年两党就开始合作了。

我告你这件事，就是说从新文化运动的观点来看——我们那时可能是由于一番愚忱想把这一运动维持成一个纯粹的文化运动和文学改良运动——但是它终于不幸地被政治所阻挠而中断了！

“科学”和“民主”的定义

上段曾经提过，陈独秀先生为《新青年》所写的《新青年罪案之答辩书》那篇文章的时候，他说《新青年》犯了两大“罪案”。第一是拥护“赛先生”（科学）；第二是拥护“德先生”（民主）。可是那时的陈独秀对“科学”和“民主”的定义却不甚了了。所以一般人对这两个名词便也很容易加以曲解。更不幸的是当陈氏在后来遇见了苏联共产党的（秘密代表）之时，这些名词就真的被曲解了。他们告诉陈君说，他们的“科学社会主义”才是真正的“科学”；才是真正的“民主”。老的民主根本不成其为民主。因为那只是“布尔乔亚（bourgeoisie，中产阶级）”的民主。只有“布尔什维克党人”（Bolsheviks）所推行的所想望的新的民主，才是人民大众和“普罗阶级”（proletariat 无产阶级）的民主。因此“科学”和“民主”，在这里又有了新的意义了。

但是在我看来，“民主”是一种生活方式；是一种习惯性的行为。“科学”则是一种思想和知识的法则。科学和民主两者都牵涉到一种心理状态和一种行为的习惯，一种生活方式。在这一章里，因而我想从中国文化史的范畴之内，试就科学的精神和法则略抒拙见。

在我那篇长文《清代学者的治学方法》（原名《清代学者治学的科学方法》）里面，我便指出在传统的"考据学"、"校勘学"、"音韵学"里面，都有科学的法则存乎其间；他们之间所用的治学法则，都有其相通之处。"考据"或"考证"的意义便是"有证据的探讨"。我说有证据的探讨一直就是中国传统的治学方法；这也是一切历史科学的治学方法，例如研究历史学、考古学、地质学、古生物学、天文物理学等等都是一样的（历史科学和实验科学的不同之点，只是历史科学里的"证据"无法复制。历史科学家只有去寻找证据；他们不能〔用实验方法〕来创制或重造证据。在实验科学里科学家们可以〔用实验方法〕来制因以求果。这种程序便叫做实验。简单的说来，实验就是制造适当的"因"，去追求想象中的"果"。二者之间的基本法则是相通的——那就是去做有证据的探讨）。

用上述这种说法，（那些未受过现代训练的传统）中国学者们，就知道我所说的（科学的治学方法）是什么回事了。同时我对中国传统小说的考证，也提供我最好机会来阐明和传播由证据出发的思想方法。

从一九二〇年到一九三三年，在短短的十四年之间，我以"序言"、"导论"等不同的方式，为十二部传统小说大致写了三十万字（的考证文章）。那时我就充份地利用这些最流行、最易解的材料，来传播我的从证据出发的治学方法。

中国的传统小说一共有两种体裁：第一种是由历史逐渐演变出来的小说，例如《三国演义》、《西游记》、《封神榜》、《水浒传》等等。这些小说都经过了数百年的流传（最后才写出有现在形式的定稿）。它们最初多为一些流行故事，由说书的或讲古的人（加以口述）。正如西方小说之中那些了不起的《荷马史诗》（*The Homeric epics*）和《亚特尔神王传奇》（*The King Arthur Tales*）等等，在英语小说中的传统一样；那都是经过几百年的演变的。对这些小说，我们必须用历史演进法去搜集它们早期的各种版本，来找出它们如何由一些朴素的原始故事逐渐演变成为后来的文学名著。

第二种小说是创造的小说，例如《红楼梦》。对于这一种小说我们就必须尽量搜寻原作者的身世和传记资料；以及作品本身版本的演变及其他方面有关的资料。

在我所有有关这两种小说的研究中，我用的是同一种的考据方法。我发现这种方法是有其效果的。

我就是用上述的治学方法来延续我们“文艺复兴”的传统。从历史上看，我这种工作似乎无损于他人。但是最近我发现中国共产党对我这项工作竟大感兴趣。他们向我猛烈攻击。并经常征引一段我那本包括有三篇《红楼梦》考证文章的“文存”序言。在那篇序言里我就说明我研究《红楼梦》的目的并不是要教导读者如何读小说；我所要传播的只是一项科学法则和科学精神。科学精神便是尊重事实，寻找证据，证据走向那儿去，我们就跟到那儿去。科学的法则便是“大胆的假设，小心的求证”。只有这一方法才使我们不让人家牵着鼻子走。我说被孔丘、朱熹牵着鼻子走，原无骄傲之可言；但是让马克思、列宁、斯大林牵着鼻子走，也照样算不得好汉。这就是为什么共产主义者就一直认为我的“考据”、我的学术工作是一种毒品；我反对马克思主义是有其恶毒的用意的。他们因而把我打成马克思主义的头号敌人。简单的道理便是我曾经传播过一种治学方法，叫人不要让别人牵着鼻子走的缘故（我从未写过一篇批评马克思主义的文章）!

上面说的这一点，就是我的学术研究在政治上所发生的政治性的严肃意义——特别是我用历史方法对〔传统〕小说名著的研究。

“问题”与“主义”之争：
我和马克思主义者冲突的第一回合

在上节我已提到（在陈独秀被捕之后），我替独秀代编他的《每周评论》。这个周刊是独秀和他的一批政治朋友们于 1918 年年底所创刊的。那时我因奔母丧，不在北京。

就在我离京期间，陈独秀和其他几位北大教授创办了这项单张小报，来发表他们的政见。在某种意识上说，这张小报的发行原是尊重我只谈文化，不谈政治的主张。我曾向我的同事们建议，我们这个文化运动既然被称为“文艺复兴运动”，它就应撇开政治，有意识地为新中国打下一个非政治的（文化）基础。我们应致力于（研究和解决）

我们所认为最基本的有关中国知识、文化、和教育方面的问题。我并且特地指出我们要“二十年不谈政治；二十年不干政治。”

我的政治兴趣甚浓的朋友们如陈独秀等人，对我这番建议并不太热心。因此他们才创办这个新周刊《每周评论》，来发表政见、批评时事和策动政治改革。这样一来，《新青年》杂志便可继续避免作政治性的评论；同时他们也可利用一个周刊来得到谈政治的满足。

当我在一九一八年底或翌年年初返抵北京时，我对他们这桩新猷也未置可否。他们要我写稿，我只是替他们翻译了几篇短篇小说。在我代编期中——从一九一九年六月中旬一直到八月底——我既然无法避免谈政治，我就决定谈点较基本的问题。我的这项新尝试自七月开始，并写了一篇《多研究些问题，少谈些“主义”》。我的意思是想针对那种有被盲目接受危险的教条主义，如无政府主义、社会主义和布尔什维克主义等等，来稍加批评。在那项应该标题为“实际问题和抽象主义”的专栏之内，接连也发表了一些讨论的文章。其中之一便是我的北大同事李大钊教授。他也就是后来陈独秀创立中国共产党的早期同伙。在一九二七年四月六日北京当局搜查苏联大使馆时，大钊不幸为军阀张作霖所捕杀。

在那篇文章里我指出：第一，空谈好听的“主义”，是极容易的事。第二，着重外来进口的“主义”对（解决）中国（实际）问题，是没有用处的。我并说明一切主义都是某时某地的有心人，对于那时那地的实际问题所提出的实际的解决方案。我说如果我们不去实地研究我们自己现有的社会、政治和文化的需要，单会空谈一些外来进口的抽象主义，是毫无用处的。第三，偏向纸上的“主义”是很危险的。这种口头禅很容易被无耻的政客利用来做种种自私害人的事。

因而我更进一步指出，不顾实际问题而囫囵吞枣地把整套有偏见的外国主义搬来中国，实在是一种智慧上的懒惰。我强调，所有的思想都是从实际的困惑情况之下出发的——不管那是社会的、个体的、制度的或政治上的。这便是我对这一问题所作的实验主义的处理。

再者，既然一切思想都是从一个问号开始的，则思想上的第二步便是提出假设——提出个能解决这些疑难问题的办法。让我们的智慧能力、教育背景和（生活）经验，做我们的智力的源泉，来提出并试验每一个假设可以获得的结果，以至找出解决这原始困惑的适当解决的方案。最后拣定一种假定的解决，作为解决的办法，并从而证明之。

我指出这种社会思想的程序，并不是劝人不研究一切学说和一切“主义”。学理是我们研究问题的一种工具。它可以帮助我们提出假设，使我们理解出特殊假设的可能后果。有了许多学理做材料，见了具体的问题，方才能寻出一个解决的办法。我说：“我希望中国的舆论家，把一切‘主义’都放在脑后，做参考资料；不要挂在嘴上做招牌，不要叫一知半解的人拾了这些半生不熟的主义去做口头禅。”

最后我说，“‘主义’的最大危险就是能使人心满意足，自以为寻着包医百病的‘根本解决’，从此用不着费心力去研究这个那个具体问题的解决了。”

上述这篇文章原是这项讨论中的第一篇。它引起了两项有系统的讨论。其中之一便是梁启超先生的一位朋友，时任《国民公报》编辑的蓝志先（公武）君。他在他的报纸上写了一栏长篇连载，专论这一问题。

我那第一篇文章另外也引起好多方面的反对与敌视；尤其是那些要利用一些主义为口号而从事政治活动的人。

蓝君在批评我的文章中指出学理或主义是最重要的，因为学理或主义是代表一种智慧化的程序。这种理性化，在他看来实是对实际问题作有实效分析的先决条件。他说主义代表一种抽象观念，而在解决实际问题之前，先（谈谈或共同信奉着）一个抽象观念，实在是必要的。他又指出，主义是多数人共同行动的标准，或是对于某种问题的进行趋向或是态度。他说主义必须涵盖一种未来的理想。他并特地阐明，“在一个文化不进步的社会，则新问题的发生，须待主义的鼓吹成功，才能引人注意。”所以蓝君对涉及实际问题之前，先谈点“主义”，实付予最大的同情，所以他说“问题”的本身，便是“主义”制造出来的。蓝君这个想法，当然也是有相当真理的。

在第二组内反对我的人则是我的北大同事李大钊教授；他是“布尔什维克主义”（Bolshevism）在中国的早期拥护者之一。李先生在看我那七月二十日的原文之后，便写了一篇反驳我的文章。我替他在《每周评论》上发表了，因为李君原是该刊创办人之一。在他批评我的主张时，他便坦白地说他是信仰“布尔什维克主义”的。他认为俄国革命的成功，已经提供了对“一切问题的激进的解决办法”。

他说，就以俄国而论，罗曼诺夫家族（The Romanov family）没有颠覆，经济组织没有改造之前，一切问题丝毫不能解决。“今则全部解决了”。所以李大钊对我的批评是从一个布尔什维克主义的新信徒的观点出发的。他坦白地说，要解决任何社会问题，必须要有一个绝大多数人民所支持的一个伟大的运动（当李氏提到一个“问题”时，他总是说要找“一个社会的解决”）。

事实李君这番话并不是对我的回答，因为他所考虑的一些问题，根本不是我所考虑的问题；我考虑的是“主义”（这个问题）。他所说的一个社会的解决必须依赖该特殊社会里的大多数人民所支持的群众运动。所以他是从一个革命家，一个社会革命的信徒的立场出发的。他说，“我们的社会运动，一方面固然要研究实际的问题，一方面也要宣传理想的主义。”他并举出英国的“奥文主义”、法国的“富锐埃主义”以及当时美国所组织的新村落，和那时日本所组织的“新村”为例来说明这些运动。他对我所考虑的怕人有盲目相信“根本解决”这一问题倒不以为意。但坦率的说，“要想使一个社会问题成了社会上多数的共同的问题，应该使这社会上可以共同解决这个那个社会问题的多数人，先有一个共同趋向的理想主义，作他们实验自己生活上满意不满意的尺度（即是一种工具）”。

上面所引的两篇文章，大致上便是批评我那基本提议的一般趋势。我写了一篇对蓝、李两君的答辩。我这第二篇文章的题目叫《三论问题与主义》（我把他二人的文章算是“二论”问题与主义）。在这篇“三论”里，我说我的结论仍然是：多研究问题，少谈些主义。所有的主义和学理应是都该研究的，但是我们应当把它们当成一种假设的观念来研究，而不应该把它们当成绝对的真理，或终极的教条。所有的主义和学理都应被当成参考或比较研究的资料，而不应该把它们当成宗教信条一样来奉行来顶礼膜拜。我们应该利用它们来做帮助我们思想的工具；而绝对不能把他们当成绝对真理来终止我们的思考和僵化我们的智慧。只有这样，我们才能培植我们自己有创造性的智慧；和训练我们对解决当前团体和社会里实际问题的能力。也只有这样，人类才能从含有迷信的抽象名词或学理中解放出来。

正当我这篇文章于一九一九年八月三十日在排版付印的时候，警察突然光临。他们封了杂志，一切财物也被充公了。所以《每周评论》的第三十七期也就始终没有和读者见面了。

这一期的《每周评论》是正在印刷之中被封掉的。所以我的有关抽象主义与实际问题对立的讨论，也就无疾而终。可是当我后来编纂我的《文存》第一辑的时候，我把这篇未发表的文章也编了进去。

虽然我们上项讨论终因警察查封而未能得出结论来，马克思主义者和共产党却认为我这篇文章十分乖谬，而对我难忘旧恨。三十多年过去了，中国共产党也在中国大陆当权了，乃重翻旧案，发动了大规模运动来清算我的思想。

这场大规模的批判胡适思想运动，在一九五一年底开始；一九五二年整整搞了一整年；稍稍冷淡一下之后，在一九五四、一九五五，以及一九五六年上半年，又在全国范围内继续其清算运动。共产党所收集出版的《胡适思想批判》的“论文汇编”（和各种单行本、小册子），加在一起，足足有几百万字之多。在这场大规模的清算胡适思想运动之中，他们的重点便是阐明胡适思想的全部，和胡适所有的学术著作，都是以反对马克思主义为目标的。他们所提出的证据便是我那《多研究些问题，少谈些“主义”》的两篇文章。他们总是征引我在一九一九年所写的那些早年著述，作为他们所谓我一切学术著作背后所隐藏着的阴险动机的铁证！他们说我在一九一九年所作的整个有关（问题与主义）的讨论，不只是（学术性）的辩难；而是对我的同事李大钊和他的朋友们，那时正在发起的马克思主义运动一种攻击。

事实上，陈独秀在一九一九年还没有相信马克思主义。在他的早期的著作里，他曾坦白地反对社会主义。在他写给《新青年》杂志的编者的几封信里面，我想他甚至说过他对社会主义和马克思主义并没想得太多。李大钊在一九一八和一九一九年间，已经开始写文章称颂俄国的布尔什维克的革命了，所以陈独秀比起李大钊来，在信仰社会主义方面却是一位后进。

陈独秀在和北京警察搞了一段不幸的关系之后，便离开北京，一去不返了。其后只有一两次他乔装路过北京，数年之后他在有一次秘密路过北京时，曾来看我。但是无论怎样，自一九二〇年一月以后，陈独秀是离开我们北京大学这个社团了。他离开了我们“新青年”团体里的一些老朋友；在上海他又交上了那批有志于搞政治而倾向于马列主义的新朋友。时日推移，陈独秀和我们北大里的老伙伴，愈离愈远。我们也就逐渐的失去我们学报。因为《新青年》杂志，这个“中国文艺复兴”的期刊，在上海也就逐渐变成一个工人运动的刊物，后来就专门变成宣传共产主义的杂志了。最后终于被上海法租界当局所查封。

第十章　从整理国故到研究和尚

《国学季刊》发行宗旨

在前章里我曾说过，“中国文艺复兴运动”有四重目的；

一、研究问题，特殊的问题和今日切迫的问题；

二、输入学理，从海外输入那些适合我们作参考和比较研究用的学理；

三、整理国故（把三千年来支离破碎的古学，用科学方法作一番有系统的整理）；

四、再造文明，这是上三项综合起来的最后目的。

今天我想把有系统的“整理国故”这一条来说一说。

远在一九二三年，北京大学曾出版一种《国学季刊》。这“季刊”后来时常脱期，就变成一种不定期的刊物了。但是当其全盛时期，它对中国的知识界是有极大的影响的。

这本刊物是研究国学的；但是它却以新姿态出现。编排方式是自左向右的“横排”；文章也全部使用新式标点符号。就凭这一点，（在学术界）已经是个小小的革命了。这座国立大学出版的讨论国学的刊物，竟然用“蛮夷的”形式出现，当时真是使许多人震惊。

我是该刊的编辑之一；并被指定在（第一期里）写第一篇文章——《国学季刊发刊宣言》。这篇“宣言”是把我们研究汉学或国故的原则和方法作一番简要的和广泛的说明。下面便是这篇“宣言”的要点：

我说我们用不着慨叹什么国学传统要沦亡，或国学界老辈的日益凋谢。这些都是历史上逃避不了的事。相反的，国学的将来，定能胜于国学的过去；过去的成绩虽未可厚非，但是将来的成绩一定还要更好数倍。

接着我便把过去三百年——那汉学复兴为最佳代表的国学研究时期——的成绩，做个总结。他们的成绩可以分为三方面：

第一是“整理古书”；

第二是训诂，也就是一种合乎科学的归纳法，来找出古辞、古字的原始意义；

第三是逐渐发展出来的一种中国的“高级批判学”（Higher Criticism），换言之便是版本校勘学，以确定古籍的真伪。

综合上述三方面——版本学、训诂学、校勘学——那便是近三百年古典学术史上可概括为“有系统的古籍整理”的第一项成就。简言之，这个第一步工作，足使许多古籍——不管是儒家的经典也好，儒家以外的典籍也好——显得更富智慧，也更接近现代的学术。

第二项成就或许可以概括为发现古书和翻刻古书。从古学复兴上说，过去三百年或可叫做（中国的）“文艺复兴”。因为（清代的中央政府和各省书局）都有意于访求古籍，提倡刻书，以致（丛书与单行本）重刊本、精校本、摹刻本、影印本，不一而足。许多人都有意地把访求古版、宋版或元版，以及各该古版之重刻，视为己任。因此所谓“殿版”（中央政府所主持），各省书局版，以及私刻（都充斥市面）。许多爱书成癖的私人和收藏家，都集资募款重椠佚书和秘籍。所以在这方面说，那真是个古学复兴时代。在这种风气之下，辑出佚书，也是这运动中的成就的一部分。

第三项成就便是考古——发现古物。清代的学者好古成风，举凡商、周鼎彝、泉币、碑版、壁画、雕刻、古陶、古瓷等等都在他们访求之列。那时还没有什么科学的考古学；他们的研究也有欠科学性；也不太成系统；但是好古兴趣之浓，则是不可否认的。在这一时期的尾声里，这种好古的风气，也引起了几项重要的发现。其中之一便是殷商甲骨文的出土。甲骨（于清末）在安阳发现。安阳是商代最后的都城所在地。

以上便是近三百年国故学上的三大成就。我那篇文章也指出，传统学术虽有其不可置疑的成就，但是也有三大严重的缺点。

第一个缺点便是他研究的范围太狭窄了。因为那些学者对古韵、古义乃至古籍注疏的研究，都不是为这些资料的本身价值而研究的。他们的眼光和心力注射的焦点，只在注释儒家的几部经书。他们之中无疑的是有第一流的学者，把这些“辅助”科学作为独立的学问来研究。例如对古代韵文的研究，就逐渐发展成古韵学。还有，在晚近数十年也有对经书以外的著作，例如对《墨子》的研究，也都独立成家。但是就大体来说他们都摆脱不了儒家一尊的成见；所以研究的范围也就大受限制了。

第二便是他们太注重功力，而忽略了理解。他们在细枝末节上用功甚勤，而对整个传统学术的趋势缺乏理解。这一点用英文来解释，实在是很不容易的。清儒有鉴于宋明诸儒，专靠理解的危险，乃故意的反其道而行，专力从事训诂、校勘之研究，而避免作哲学性的诠释。在前贤所致力的所有的作品上，他们都找出错误，但是他们却故意避免作主观的综合结论（所以近三百年来，几乎只有经师，而无思想家；只有校史者，而无史家；只有校注，而无著作）。

这儿还有第三个缺点。那就是他们缺少参考比较的材料。上文曾说过，他们曾用经书以外的著作（如诸子和史书）来作训诂和音韵的比较研究，但是除此以外，他们就再没有其他的参考资料了。没有外界的资料来参考比较，而要对自己所学有真正的了解，那几乎是不可能的事。例如对古音古韵的研究，他们也确有其科学的一面，但是他们主要的研究资料则只限于《诗经》。有时他们也把研究的对象扩展到其他与音韵有关的著作，但是他们绝未想到那些也含有古音古韵的各地方言、口语、华南各地的方言等等方面的研究。当然他们对外国语文的比较研究，就更一无所知了。这些学者之中，就很少能懂得广东话、福建话、厦门话等等华南方言的。当然他们更未想到朝鲜话、日本话和越南话当中也含有很多中国古代的音韵的了。

有鉴于这三大缺点，我说我们北京大学同人愿意提出下列三点来复兴和提倡对国学的研究：

第一，用历史的方法来尽量扩大研究的范围。这项历史方法要包括儒家的群经，儒家以外的诸子，乃至于佛藏、道藏——不管他们是正统还是邪门；古诗词与俗歌俚语既同时并重，古文与通俗小说也一视同仁。换言之，凡在中国人民文化演进中占有历史地位的任何形式的（典籍）皆在我们研究之列。

第二，注意有系统的整理。我们要采用现代的治学方法，做有系统的整理。例如替古籍编“索引”或“引得”（index），便是其中之一。我国古书向无索引。近乎现代索引方法的，如清嘉庆朝（1796—1820）汪辉祖所编纂的《史姓韵编》（共六十四卷），便是重要的史籍索引之一。但除此编及少数类似的其他著作之外，中国古籍是没有索引可查的。所以我们主张多多编纂索引，庶几学者们不必专靠他们优越的记忆力去研究学问了。

我们还提出对中国古籍一种“结帐式”的整理。正如商人开店铺，到了年底总要把这一年的帐目结算一次。就以研究《诗经》为例罢，从古代、中古直到近世，有关《诗经》的著作正不知有多少，但是很少经人有系统的整理过。所以有系统的整理《诗经》要从异文的校勘着手；从各种异文的版本里汇编出一个最佳的版本，从而开始对古音韵、古训诂的整理，把“三百篇”中每一首诗的各家研究的心得，都作出个有系统的总结。这就是我所说的结出一本总帐来。然后我们便可以照样的做，把所有古今的研究所得汇集起来，编出一部最后的版本来。

最后我们提出“专史式”的整理——诸如语言文字史、文学史、经济史、政治史、国际思想交流史、科技史、艺术史、宗教史、风俗史等等。这种专史式的研究，中国传统学者几乎全未做过。所以上述三种法则便可用来补救传统学术里缺乏有系统的研究之不足。

我同时还提出如何来补救外来参考比较研究资料不足的这一传统缺点。因为这一点是在狭隘的传统研究方法范围之外的。我们号召大学同仁尽量搜罗各式各样足资比较研究的文献。例如传统学者们用归纳的法则及触类旁通的比较研究，曾对古代文字作出许多正确的结论；但是由于汉文没有文法学，所以传统学者们从没有试过用文法分析来做研究的办法。可是在清代末期，一位中国学者马建忠便利用他对欧洲语文文法的研究而写出第一部叫做《马氏文通》的中国文法来。在我那篇《国学季刊发刊宣言》的文章里，我指出世界所有关于文法的研究，我们都可用来作参考和比较。

在音韵研究上说，西方学者在音韵学上研究的成果，以及中国各种方言，乃至诸邻国如日本、朝鲜、越南等国的语言，我们都可加以利用来作比较研究。这样我们便可得出更新的结论和更高的成就。我并举出瑞典学者高本汉（Bernard Karlgren）过去二十年（在二十世纪初期对“中国文字”）研究的成绩；有清三百年中的中国音韵学者都不能望其项背。这就是因为他懂得一些欧洲语文，知道语言学上的规律，而用之于对中国音韵研究的缘故。他也利用了中国的南部方言，和日韩等邻国的语言（来加以比较研究）；所以他（仅仅只有）数十年的功夫，其成果则为清代学者数百年的成绩所不能及。

以上便是我们主张以新的原则和方法来研究国学的“宣言”。

最后我提出三句话来作为结论：

第一，用历史的眼光来扩大国学研究的范围。

第二，用系统的整理来部勒国学研究的资料。

第三，用比较的研究来帮助国学的材料的整理与解释。

这便是我们新国学的研究大纲；也就是我们北大同人在各方面努力和试验的目标。当然这正如耶稣所说的，“收获多多，耕者寥寥！”这就是当时国学界的情势。

那时的北京大学实在非常困难。政府的财政收入始终未能改善。教授的薪金已是七折八扣，而且还是一年半载地拖欠不发。实际的情形是国家政局在动荡之中。北方军阀既混战不已；南方国民党所策动的国民革命也正在开始。这便是一九二三年——“五四运动”的后四年；“北伐战争”发动的前三年！

我之所以不厌其详的来讨论这一《国学季刊》的“发刊宣言”，也就是说明在我们的《新青年》那个小团体解散以后，这个语文运动便已在向全国进军，并在文学上作其创造性的努力了。这一运动已不限于少数大学教授来起带头作用。大学教授们（尤其是北大教授），定下心来，整理国故，对整部中国文化史作有系统的整理，正是这个时候了。

我在干些什么

在这项运动中，我自己也得交代一下，我那时是在干些什么？

要说明我自己那时在干些什么的最好方法，便是从一九二三年一跳跳到一九五四年十二月二日。这一天中国共产党决定对我作一个综合性的大批判——批判胡适思想的流毒。这一运动是由红色中国的“中国科学院”和“全国作家协会”在一次联席会议上决定的。“批判”的内容共有九项。他们清算我的九项，约略如下：

一、胡适哲学思想批判；

二、胡适政治思想批判；

三、胡适历史观点批判；

四、胡适文学思想批判；

五、胡适哲学史观点批判；

六、胡适文学史观点批判；

七、胡适的考据在历史和古典文学研究工作中，地位和作用的批判；

八、九、《红楼梦》的人民性和艺术成就，和对历来《红楼梦》研究的批判。

在这项批判运动中，所谓“古典文学”是包括所有的文学作品；包括传统小说，例如《红楼梦》。八、九两项便是集中于我对《红楼梦》研究的批判。这也是他们清算胡适的第一炮，因为他们认为我是一位研究《红楼梦》的权威。

这张单子给我一个印象，那就是纵然迟至今日（一九五八），中国共产党还认为我做了一些工作，而在上述七项工作中，每一项里，我都还留有“余毒”未清呢！

以上是共产中国对我的看法。我自己如今回想一下，我在这全部工作中的努力，固然不很成功，但在某些方面我也做了一些事。本文既然是我自传的节要，我也不妨乘此机会略谈我自己今日认为我的努力尚不无成绩的若干项目。在这些方面，我至少为将来的学者还提出些新的观点、新的透视和一些新的方法。

其中之一便是那自公元前六世纪老子和孔子时代开始，绵延至今，凡二千五百余年的中国思想史。在这一主要阵地里，早在一九一九年——整整的三十九年前——我的《中国哲学史大纲》的第一册便出版了。我对以后诸卷未能出版感到遗憾，但是那第一册当时却是一本开风气的作品（a pioneer）。我那本著作里至少有一项新特征，那便是我（不分“经学”“子学”）把各家思想，一视同仁。我把儒家以外的，甚至反儒非儒的思想家，如墨子，与孔子并列，这在一九一九年便是一项小小的革命。

我在过去三十多年虽然没有出版《中国哲学史大纲》的续集，但是我仍然写了若干专著，其中好几种也都是以专书形式问世的。例如我对《淮南子》的研究就有四万多字。《淮南子》是道家哲学中的巅峰著作之一。

我还有些其他成书的著作，如《戴东原的哲学》（民国十六年，亚东图书馆出版）。戴震（东原，1724—1777）是他自己那个时代中比较最接近科学的学者之一；他可能也是（乾嘉学派中）没有尾随（当时的学风，对宋明）哲学传统革命的少数学者之一。相反的，他在致力于精湛的校勘学和训诂学之外，也还（承继宋明理学的传统），写了一些他自己的哲学著作。

研究神会和尚的始末

在中国思想史的研究工作上，我在一九三〇年也还有一桩原始性的贡献。那就是我对中古时期，我认为是中国禅宗佛教的真正开山宗师，神会和尚的四部手钞本的收集（与诠释）。在这方面我想多说一点来阐明我如何用一种新观念、新方法的尝试和成就。

根据传统的说法，禅宗的故事是很简单的。一次（在灵山会上）有位信徒向释迦牟尼献了一束花。释迦拈起一朵花（但并未说话），各大弟子皆不懂这是什么意思，这时有个弟子大迦叶（Mahakasyapa），乃向佛微微一笑。释迦乃说，“达迦依（Kashima）懂了！”乃以秘偈和佛法（所谓“正法眼藏”）传给大迦叶。这个（有名的“拈花微笑”的传统故事），据说便是禅宗的开始。这样便代代相传，一共传了二十八代。这第二十八代祖师便是菩提达摩（Bodhidarma）。相传他于公元五百年左右（约在中国南朝齐梁之际）到达中国。达摩莅华之后又把秘偈所谓“衣钵”一代传一代的传到“六祖慧能”。慧能为广东人，是个文盲，原来是位“獦獠”（当时广东境内的一种半开化的少数民族）。

慧能虽不识字，但是他一路做工行乞游方到了北方，终于被“五祖弘忍”所赏识，乃于某日午夜秘传以“衣钵”，乃成为“禅宗六祖”（这便是中国佛教史上有名故事，说他在墙上写了一首“偈”——“菩提本非树，明镜亦非台……”的那一段公案）。

自从这位不识字的和尚接得了衣钵，其后禅宗中的五大支都出自此门……这是中国佛教史上传统的说法。简言之，便是自释迦以后，禅宗在印度共传了二十八代；（达摩东来以后）在中国又传了六代。在六祖慧能以后，中国各门禅宗都是从“六祖”这一宗传下去的。这也就是一篇禅宗简史。

但是只把这一传统说法稍加考证，我立刻便发生了疑问。我不能相信这一传统说法的真实性。在一九二三和一九二四年间，我开始撰写我自己的禅宗史初稿。愈写我的疑惑愈大。等到我研究六祖慧能的时候，我下笔就非常犹豫。在此同时我却对一个名叫神会的和尚发生了极大的兴趣。根据唐代所遗留下来的几篇有关文献，神会显然是把他那不识字的师傅抬举到名满天下的第一功臣。

慧能——如实有其人的话——显然也不过是仅仅知名一方的一位区域性的和尚，在当地传授一种简化佛教。他的影响也只限于当时广东北部韶州一带。他底教义北传实是神会一个人把他宣扬起来的。神会为他拼命，并冒着杀头的危险，经过数十年的奋斗，最后才把这位南方文盲和尚的教义传入中原！

（由于史料有限），我只是读了点有关神会的文献，便对这位和尚另眼相看。在我把中国所保存的资料和日本出版的东京版《大藏经》和《续藏经》（尤其是后者）搜查之后，我终于找出了有关神会的大批史料。那些都是中国和尚和佛教信徒们执笔的；许多竟然是唐代的作品。其中部分唐代史料，使我对神会的研究又有了新的兴趣。例如九世纪有一位叫做宗密的和尚，他在谈到他当时的禅宗时，对神会便给以崇高的地位。据宗密的记载，那时禅宗已有了七支之多。神会和尚的（“荷泽宗”）便是当时的七宗之一。

但是这位不顾生死，为南方禅宗而奋斗，多少年遭迫害、受流放，终于经过安史之乱而获政府加惠的重要和尚，除了宗密所留下的一点点纪录之外，他自己本身竟然没有丝毫著作传之后世。那时唐朝几乎为安禄山所颠覆。玄宗逃离长安往四川避难。途中自动逊位之后，太子即位（灵武），重率诸将，以图匡复。

在这段戡乱战争的过程之中，政府的财政却异常拮据，士兵无饷可发，政府只好筹款应付。筹款的方式之一便是发放佛道二教的“度牒”。人民之中有欲皈依宗教，可向政府纳款领取“度牒”。每一度牒索款十万钱。那简直是一种国家公债。政府为推销公债，因而借重这位年高德劭而又能说会讲的老和尚，在东都洛阳帮忙推销。神会推销的成绩甚佳。据说这项筹款的成功，实为戡乱战事顺利进行的一大因素。

其后（肃宗）皇帝为酬庸神会助饷之劳，乃召请神会入宫，并于公元七六二年（肃宗宝应元年）在洛阳重修佛寺为其驻锡之所。是年神会便在该寺圆寂。享寿九十五岁。

（上面的故事是根据宗密和尚的记载，和其他唐代遗留下来数种有关文献的纪录）。根据唐代文献，宗密和尚在九世纪上半期颇为得势。（所幸的是）在唐武宗（公元 841—846）迫害佛教的前夕，他便死了（宗密是一位颇有头脑的和尚。他留下了一些有关唐代禅宗发展的史料。这些材料都是八九世纪中国禅宗史的最重要的资料）。

神会死后被追封为“禅宗七祖”。因此他那位不识字的师傅，广东籍的慧能和尚也就间接被公认为正统的“禅宗六祖”了。

这段禅宗小史说明了神会的重要性。他确定了由南方禅宗，来替代了自八世纪初期便主宰中原的北方禅宗！

北方禅宗的地位原是由两三位有力的和尚（——“楞伽宗”里的九十多岁的高僧神秀，和他的两位弟子普寂和义福）所确立的。他们被唐朝中央政府尊崇为“两京法主，三帝国师”。“两京”是指当时的西京长安和东京洛阳。“三帝”则是指“则天皇帝”（武后自称“皇帝”）和她的两个儿子，“中宗”和“睿宗”。这三位“皇帝”在宫廷之中对这些和尚大为尊崇。尤其是那第一位名叫神秀的和尚。

神秀和尚于公元七百年（武后久视元年）入宫，死于公元七〇六年（中宗神龙二年）。在这些年中，北禅实在主宰一切。神秀和他的两个大弟子不但备受（朝廷）的尊崇，同时在民间也都被偶像化了。

神会和尚成其革命大业，便是公开的直接的向这声威显赫的北派禅宗挑战。最后终于战胜北派而受封为“七祖”，并把他的师傅也连带升为“六祖”。所以神会实在是个大毁灭者，他推翻了北派禅宗，他也是个大奠基者，他奠立了南派禅宗，并做了该宗的真正的开山之祖。这就是佛教中的禅宗！

一九二六年我以“中英庚款顾问委员会”中国方面三位委员之一的身份去欧洲公干。那时英国决定退还（一部份）中国对英国的庚子赔款（作为培植留英学生之用），因为该款用途尚未完全确定，我应约去欧洲出席“中英庚款全体委员会”。我因而想乘此机会往伦敦和巴黎一查唐代遗留下来的有关禅宗的资料。那些未经九世纪、十世纪，特别是十一世纪和尚们糟蹋过的史料。我想找出六七世纪，尤其是八世纪，偶然地被在敦煌保留下来的有关禅宗史的史料。

这些敦煌写本大致是第五世纪至十一世纪（自北魏至北宋一段时期）的遗物，前后包括了六百多年。这写本总共有一万卷以上，一直在甘肃敦煌一间石室之内被密封了（将近一千年）。

敦煌原有几座佛寺，多建筑于岩洞之旁。其中有一座千佛寺，寺内有一间（密封的）石室。其中藏有万卷以上五世纪以后的经卷写本，许多也至迟是十一世纪早期（北宋初年）的遗物。这一间被密封起来的石室，封外的墙壁上都绘有壁画。那可能是战争期间，庙内的和尚在逃走之前，把这个图书室封起，并画上壁画，使人不疑壁画之后还有藏经。

这千佛寺原为一座佛寺。但是在公元一九〇〇年前后已经是僧道杂居了。一次有一位（王）道士做打扫工作，无意发现这壁画之后似乎有门的迹象。他把这门打开了，便发现了这些经卷写本。这位道士既不识字，人又愚蠢，他乃打主意把这些卷子出售给附近乡民（作为仙方）以医治牙痛或头痛。一般愚民也就向他购买这些仙方破片，烧成灰烬，加水吞食，冀图治病。他们这样对古物的摧毁已经有相当年月了。所幸敦煌人口稀少，所以这些“仙方”亦无从大量出售。他们这样的买卖一直到一九〇七年（始为学者们所发现）。那一年（瑞典籍的考古家）斯坦因（Sir Aurel Stein）从印度进入中国，沿途考古，一直到了敦煌。他听说这宗大量发现的中古写本，乃亲往查访。他向那位道士行了点约值七十两银子的小贿，便运走了七大车的卷子写本，经印度而去，终为伦敦的“大英博物馆”所收藏。

翌年，一九〇八年，法国的汉学家伯希和（M.Paul Pelliot）也闻讯往访，也就从敦煌运走了大约三四千卷。伯希和因为能读汉字，又懂一些中亚细亚一带的方言，所以他说服了这位道士，让他在千佛寺内住下，慢慢选择。所以他后来运往法国“国家图书馆”的一些卷子，都是经过选择的。那些只是重钞的佛经，他都一概留下不要。他取去的都是些普通佛经以外的佛教著作，以及有关道教儒教的写本；或是一些注明年代和人名的佛经钞本。他并且把汉文以外的卷子，如梵文及中亚细亚方言等等写本，都全部拿去了。所以巴黎所藏的敦煌卷子实是一部选集，和一些有年代和人名记录的抄卷。

伯希和自敦煌取道北京返国，在北京他找了些中国学者来帮忙查对这些中文卷子。这样才惊动了中国的学术界；学术界人士才报告了政府，清廷中央政府乃立即通知甘肃地方政府，不再许外人窃取，并明令把全部卷帙运京保存。这一来全部敦煌经卷的古董价值乃举世皆知。因此在该项钞卷运京，又被沿途偷窃。为应付点验起见，偷窃的人又往往把长卷剪成小卷来充数。由于监守自盗的结果，上千上百的卷子又被偷走了。所以后来敦煌卷子，除了在伦敦“大英博物馆”、巴黎“法国国家图书馆”和中国“北平图书馆”所收藏之外，还有千百卷被零售给中国和日本的私人收藏家。这便是这宗敦煌钞卷的一段沧桑史；也可算我个人自述的一个注脚。

长话短说，当我在一九二六年到欧洲去的时候，我想如有可能的话，我决定便访伦敦、巴黎两处的敦煌藏卷。看一看这一些唐代抄卷，对于中国佛教史，特别是禅宗史有没有新发展。我在伦敦看了一百卷；在巴黎看了五十卷。使我且惊且喜的则是我居然发现了有许多有关中国禅宗史的重要资料；尤其是有关八世纪中国北派禅宗和其同时的其他禅宗各支的资料。

我在巴黎所发现的便是三卷未注明有关神会和尚的史料，在伦敦我也找到一份残卷。由于个人研究兴趣所在，我对搜访这些史料是早有准备的。所以这些资料我一看便知。因而我把它们照样复制，回国之后再加以校勘，便在一九三〇年把它们出版了。出版的日期是我发现了它们的后三年。我把这本书叫做《神会和尚遗集》（民国十九年，亚东图书馆出版）。这本书的问世实在是对重治中国禅宗史的一个里程碑。

在一九二六年之前我们所知有关神会和尚的著述只寥寥六百五十九个字。这个短篇对这位禅宗历史的真正创造者的了解实在太有限了。可是在一九二六年我竟然找到了约有两万字上下的资料。

我在巴黎所发现的三份抄卷，过去一千二百年都无人知晓。其一便是《神会和尚语录》，此卷甚长；第二件是有原标题的叫《菩提达摩南宗定是非论》。这是一份战斗文献；是神会对北派禅宗的道统真伪，与教义是非的公开挑战。因为南北两派都自称是祖述达摩的正统。另一残卷则是显然也是上述战斗文献的一部分。

这份战斗文献活生生的纪录了神会和尚和一位名叫“崇远法师”的对话录。崇远法师是一位问难者，就像现代电视上（新闻节目里）的主持人（moderator）一般。这位崇远法师也是位性格人物，他把这幕剧弄得更为戏剧化。

在这次问难中，崇远法师问曰：“（北宗）普寂禅师，名字盖国，天下知闻……何故如此苦相非斥？岂不与（神会大和尚，您自已）身命有雠？！”

神会和尚答曰：“我自料简是非，定其宗旨。我今弘扬大乘，建立正法，令一切众生知闻，岂惜身命？！”（原文录自《菩提达摩南宗定是非论》；读者亦可参阅柳田圣山主编《胡适禅学案》，正中书局，一九六四年台初版，页 281）。

这便是这位神会和尚的精神！当然，我并不是说神会这一挑战是什么样的天才。我而且怀疑他这一挑战是公正有据的。或者他的挑战正和北宗所自我夸耀的一样无据。我必须说，一部禅宗史包括神会在内，90%都是伪造的。这是我的估计。

但是我搜寻禅宗史料的动机，则是想找出八世纪中的所谓禅宗创立时的真象而已。这样我不但找到了神会和尚的语录；同时我也找到了唐代文献中所提到的伟大的（南宗、北宗争法统的）作战纪录。这纪录是我在伦敦、巴黎两地所藏的敦煌经卷里找到的。

我在伦敦所发现的残卷也很有趣。那是中国所流传下来的（有关神会纪录的）六百五十九字中的一部份。但是这残卷却是这纪录最早的钞本。这件唐代写本与现存的国内流传的神会著作，仅有丝微的不同。

以上四种，便是我于（一九二七年在巴黎和伦敦）所影印的敦煌卷子。后来我把几份卷子与我自己所写的神会的传记，一起详加考订之后，便于一九三〇年合成一册出版，定名为《神会和尚遗集》。我那九十页的《荷泽大师神会传》，可能是当今中国用现代观点所写的唯一的一本完全的和尚的传记了。

好了，我究竟发现了些什么样的故事呢？上文曾提过，一九二六年以前，中国佛教史家所可找到的神会和尚的作品，不过寥寥六百五十九个字而已。但是我的书在一九三〇年出版之后，神会的著作便递增至两万多字。这样我才能写出一本神会全传来。这本完全的传记中，包括我对神会思想的初探；对他观念的诠释；和我自己研究的结论。我认为（一般佛学家和佛教史家，都当作慧能所著的）所谓《坛经》，事实上是神会代笔的《六祖坛经》是过去一千二百年，禅宗佛教最基本的经典；也是中国、朝鲜和日本的一部圣书。但是我以（禅宗）内部的资料，证明它是神会的伪托！根据我的考据，神会实是《坛经》的作者，因为《坛经》中的许多观念都和我在巴黎发现的《神会和尚语录》及其他有关文献，不谋而合。

以上便是我发现中最精采的部份。但是这一发现影响之大则非始料所及，因为它牵涉到要把禅宗史全部从头改写的问题。由于这位大和尚神会实在是禅宗的真正开山之祖，是《坛经》的真正作者，但是在近几百年来，他却是在禅宗史上被人忽略了。其原因便是当南宗的地位最后被朝廷肯定为禅宗正统——甚至也可说是整个佛教的正统——之后，显然一时弄得举世扰攘，所有的和尚都要挤进来分一杯羹。因而佛教中的所有门派都自称与南派禅宗有历史渊源，从六祖慧能上溯至菩提达摩。时日推移，这一自达摩至慧能的谱系因而一分为二：一门禅宗自称祖述怀让，怀让是慧能在湖南的大弟子；另一宗则自称出自慧能在江西的大弟子行思。

在八九两世纪中，湖南、江西二省原是禅宗的中心；两省之中所有的（老和尚）都自称是慧能的弟子。后来这两支都发展起来，蔚成大观。例如著名的临济宗便出自这两支。当他们得势之后，他们就改写历史，各以己支一脉相延是正统嫡传。日子久了，神会之名就渐被遗忘，甚至完全不提了。

怀让、行思两支后来居上，竟然变成禅宗里的正统嫡传。《景德传灯录》便是如此下笔的。我是治佛教史的少数作者之一，读佛教史时在字里行间，发现了神会和尚的重要性。我认为神会扮演了一个很重要的角色。事实上，他的重要性，在九世纪的一位有学问的和尚宗密，也曾经证实过的。

我写神会和尚实在也就是改写禅宗史，给神会以应有的历史地位。并指出他向北宗挑战是何等的重要，终使他死后被追封为禅宗的七祖；间接的他也使他师傅慧能被追升为禅宗的六祖。

事实上，这一追谥，还是神会死后一百多年的事；当时并经唐代两大作家柳宗元和刘禹锡的记述。柳、刘二人均于慧能正式被朝廷追升为“六祖”时著有碑铭的。

还有一件使我高兴的事，则是我的神会传记出版后两年（一九三二），另一神会遗作的敦煌卷子，又在日本被发现了；由我的书作参考，证明其为神会遗作。这一份并无标题的敦煌经卷落入一位日本收藏家石井光雄之手。但是日本学者则是参阅我的神会传，而证实为我所发现的神会遗作《神会和尚语录》之一部。这一个题目（“神会和尚语录”）原是我加上去的；我们始终不知道这个卷子的原题是什么。

一九五九年，另一位日本学者入矢义高，又在斯坦因收藏的敦煌经卷中，发现了另一同样内容的卷子。这卷子之前有一篇短序，题目叫做《南阳和尚问答杂征义》。

石井光雄的卷子发现之后二年（一九三四），铃木大拙博士与一位友人，乃把它参校“胡适本”之后，予以付印出版。那是个活字版印本，书名为《禅宗大师神会语录》。这份石井光雄发现的卷子共有 1.5 万字。其中有一半与我发现的第一件《神会和尚语录》雷同。其中有一部份显然是从《菩提达摩南宗定是非论》中抄下来的。稍后铃木先生在“国立北京图书馆”所收藏的敦煌经卷中，又发现另一文件。他把这文件付印出版，并加一篇他自己写的导言，说这一文件的内容与《六祖坛经》颇为相似；那与我所阐述的神会观念也是相同的。

许多年过去了。一直到一九五六年，当铃木博士与他的一位学生路过巴黎时，法国学者告诉他，他们又发现了一卷显然是神会的遗作。但是他们无法通晓其内容，所以我也就买了一份该项卷子的影印本。

我现在（一九五八）正在校勘这份卷子。其实这份卷子中包括两种神会遗著。其一便是《菩提达摩南宗定是非论》中的一大段节录；另一件则包括我在一九三〇年所出版的第三件。所以现在“定是非论”已经有两万字左右，差不多已经是全璧了。

最近法国学者又发现了一些文件。伯希和死后，他们显然是从伯氏以前所收集一些无标题的卷子之中，又发现了另一份残卷。那卷子里不但有一卷神会，而且有两卷神会。第一件中大部分都是神会的战书（“定是非论”）。另一件也很有趣，那是和铃木在“国立北京图书馆”所发现的是同种而较佳的经卷。但是那较早发现的老卷缺少个题目。那件无题经卷，铃木只是疑惑它也是神会的遗作，而这份新发现的卷子不但完整无缺，并且还有个题目。这题目一开始便书名“南阳和尚”。南阳是河南的一个重要县治。“南阳和尚”这一头衔毫无疑问的是当地人民对神会的尊称，因为神会曾在一座南阳的寺庙内住过十年。在南阳期间他以博学善辩闻名于时，所以才有“南阳和尚”的称呼。

所以铃木博士多少年前在发现那宗文卷时所引起的大疑案，终于在我的襄赞之下完全证明了。这些便是我近年来有关中国思想史的最近的著述。

第十一章　从旧小说到新红学

上文我曾说过“整理国故”——有系统和带批评性的“整理国故”——是“中国文艺复兴运动”中的一部门。我也曾提出我们致力研究的一方面便是中国思想史。我个人比较欢喜用“思想史”这个名辞，那比“哲学史”（更为切当）。我并举出我对禅宗史的研究，以及我如何从头改写禅宗史，用它作例子〔来说明我们整理国故的方法和过程〕。

今天早晨我想来谈谈中国（传统）小说。那是中国文学史的一部门。在以前诸章里我曾举出那几部小说名著。它们都已经畅销好几百年。由于它们用活文字（白话）来替代文言，对近代中国文学革命运动的贡献至大。我也指出，这些小说名著便是过去几百年，教授我们国语的老师和标准。我并强调那些对这种小说有热爱的中国男女和在学青年，于潜移默化之中，便学会了一种有效率的表达工具。这工具便是这一活的文字——白话。它不只是口语，而且是文字；因为这些小说名著已经把这种活的文字底形式统一了，并且标准化了。

所以我们这一文学革命运动，事实上是负责把这一大众所酷好的小说，升高到它们在中国活文学上应有的地位。

我在中国文艺复兴运动的初期，便不厌其详的指出这些小说的文学价值。但是只称赞它们的优点，不但不是给予这些名著（应得）的光荣底唯一的方式，同时也是个没有效率的方式。（要给予它们在中国文学上应有的地位），我们还应该采取更有实效的方式才对。我建议我们推崇这些名著的方式，就是对它们做一种合乎科学方法的批判与研究。我们要对这些名著作严格的版本校勘，和批判性的历史探讨——也就是搜寻它们不同的版本，以便于校订出最好的本子来。如果可能的话，我们更要找出这些名著作者的历史背景和传记资料来。这种工作是给予这些小说名著现代学术荣誉的方式；认定它们也是一项学术研究的主题，与传统的经学、史学平起平坐。

我想我实在不必在这方面去鼓吹，最好的办法还是采取实际的行动。因此从一九二〇到一九三六的十六年之间，我就花了很多时间去研究这些传统小说名著。同时我也督促我们的出版商之一的“亚东图书馆”在这方面多出点力。“亚东”是一家小出版商。它除掉陈独秀和我们一般朋友，编写了一些书交给他出版之外，简直没有什么资本（来印其他的东西）。最后我说服了他们来出版我们的……德刚，我应该怎么说？——（德刚答道：“整理过的本子。”）对了，“有系统的整理出来的本子。”意思是包括：一、本文中一定要用标点符号；二、正文一定要分节分段；三、（正文之前）一定要有一篇对该书历史的导言。这三大要项，就是所谓“整理过的本子”了。

第一部　“整理过的本子”

“亚东”首先选了两部较短的本子来付印。其一便是那部讽刺小说《儒林外史》。我常用英文把它译成 An Unofficial History of the Literati Class（知识阶级稗史）。（德刚插话：大陆上的英文版译为 The Scholars。）对的，中共出了部新的英译本叫“The Scholars”（学问家）。那也是相当正确的译名。

这是一部在十八世纪出版的部头比较小的小说。这部小说在（20年代）当时并非畅销书。但是它现在却以新姿态——标点本——出现。书前还有陈独秀、钱玄同和我的序言。当这本书在1919年出版时，竟然一纸风行，深为老幼读者所喜爱。这一来我的出版商也相信这也是个生财之道。后来果然如此。

那时陈独秀、钱玄同和我对本书皆甚为推崇。但是我还没有足够的资料，能替本书作者，我的安徽同乡吴敬梓先生作篇全传。因此在该书出版之后，我也就开始收集有关作者传记的资料。这项探幽访贤的工作甚为有趣。因为一般目录学家对吴敬梓的作品都没有著录。所以我把吴氏著作查明交予我的书商，要他们加意搜寻。

有一天一位书商果然带来了一厚册吴敬梓的诗集（《文木山房诗集》），集后还有编纂人——吴氏颇有天赋的儿子（吴烺）——一首有关选印诗集的诗。这是全世界唯一的孤本，名著《儒林外史》的作者的诗集。我只化了一块半钱（约合当时美金五角）便买到了。我把吴氏的诗文集和安徽《全椒县志》参校研究，所以在《儒林外史》标点本出版后三年，一九二二年冬，我就能写出一篇相当完备的《吴敬梓（1701—1754）年谱》了。

我研究的第二部小说是《水浒传》。《水浒传》很象英国的《罗宾汉》（Robin Hood）那样传奇英雄的故事。赛珍珠（Pearl S.Buck）把它译成"All Men Are Brothers"（四海之内皆兄弟也）实在很差劲。《水浒传》原意是"湖畔强人"或"水边盗贼"（The Bandits of the Marshes）。那是一部淡一百单八条好汉的故事，他们被苛政所迫，不得已违反本意，落草为寇。

所以中共今日竟认为他是一部"普罗小说"，事实并不如此。不过那是一部反抗意识的文学作品，则是无可讳言的。

这部小说在中国一直是一部畅销书，因为它描述一种"罗宾汉"一流的英雄好汉，为青年读者所喜爱。同时也是因为这一百单八条好汉中几位领袖，都有其特殊的性格的缘故。

我于一九二〇年七月发表了篇详尽的《水浒传考证》；翌年六月，我又写完与前文几乎一样长的考证续篇。两篇加起来总共有4.5万多字。算起来比肖伯纳（George Bernard Shaw）为他所写的剧本所加写的导言底平均长度还要长一些。

在这篇序言中我指出这部小说不是一气呵成的作品。它是中国传统小说中，那种逐渐演变出来的（历史）小说的代表作。

中国（传统）小说大致可以分为两大类。一种是历史小说。这种小说是经过长期演变出来的。每部小说的开始，可能都只是些小故事；但是经过长时期的发展，才逐渐变成一种有复杂性格人物的长篇小说。《水浒传》便显然是发源于十一世纪一篇描写三十六条好汉的故事。终于由三十六人逐渐演变为一百零八人。从一个短篇逐渐发展成长篇的章回小说。象《水浒传》这类的章回小说，其发展的过程，和中古欧洲那种《罗宾汉》浪漫故事的发展大致是一样的。

中国传统小说中的第二种，便是一些个体作家创作的小说。我在上节所提到的那十八世纪吴敬梓所著的《儒林外史》便属于这一类。

现在我们要研究上述这两种小说，我们对它们的研究方法因而也就大有不同。在我为《水浒传》所写的两篇序言里，我就指出，要研究这种历史小说，我们就要用我所说的历史演变法。我们必须要从它那原始形式开始，然后把通过一些说书人、说古人所改编改写的长期演变的经过，一一搞清楚。

在一九二〇年，那时市面上所通行的《水浒传》便是那部已流行了三百年的七十一回本。这个本子三百年来一印再印，已不知道印过几百万册了。这部七十一回本，也的确是一部善本。人物性格的描写皆栩栩如生。因此一般读者都视为当然；认为这就是《水浒传》了。但是我指出，这部小说实在是经过长期演变的。正不知有多少无名作家，逐年逐月，东修西改，不断删增，才达成这最后的形式的。我说从早期的纪录看来，明朝的《水浒传》无疑的是有好几种不同的本子。这部大书有一百回本；有廉价通俗的一百五十回本，和一百二十回本。我举出这三种本子来说明《水浒传》在不同的时代，却有其不同的发展。

在我第一篇考证发表几个月，我便收到来自日本的通信，说这三种不同的本子，在日本都可以找得到完好的版本。这真使我惊喜交加。在数年之内我们又发现，不但日本有，中国也可以找到。我自己就颇足自豪地买了一部一百二十回本。我又花了一块钱一部，买了好几部一百五十回本，分赠朋友；并以此来说明我的考证，不只是历史的幻想。渐渐地其他版本也不断地出现了。例如还有一种粗制滥造的一百二十四回本，便是其中之一。其后十年之内，商务印书馆便出了一部一百二十回的善本，我并且为这部书写了一篇长序。同一时期我的朋友李宗侗，又校印出一部一百回本。所以我研究的结果，发现了《水浒传》是代表一种历史小说。其最后形式是经过几百年的演变才完成的。例如十六七世纪之间所形成的一百回本，原是从十一世纪末年（一种较简单的本子）演变出来的。

可是在十七世纪时，中国出了一位有革命性的文学批评家金圣叹（原姓张，名采，字若采号人瑞，1627—1662）。圣叹于康熙元年（一六六二）由于领导反抗满清官吏的一些政治迫害，而被贪婪无知清廷官吏（巡抚朱国治）所杀。金圣叹是一位有眼光的人；一位有文学革命思想的文学批评家。他就能指出《水浒传》是一部足与最上品古典文学，平起平坐的杰作；在文学上足与两大史学名著《左传》和《史记》媲美。这部七十一回本——通称"贯华堂本"，便是他校评付刻的。这部七十一回本后来甚为流行。在这部书里，每一回都有金圣叹的评语。他对一些精彩的字句，也分别有其批语；这些批语都十分精彩。这部金圣叹批《水浒传》一直被重刻了三百年。这个本子风行之后，其他较早的本子就逐渐被湮没了。

可是我指出《水浒》的故事还有许多更老的本子。最早的一本是仅有数千字的小故事叫做《宣和遗事》。那是一部约在十二三世纪（南宋时代）的作品。但是在元曲盛行的时候，许多剧作家就利用这故事来随意衍伸渲染（创作戏曲）。我便指出后来《水浒》里的许多性格人物，与早期元曲里同一人物的性格描述，却完全不同，有时甚至相反。那也就是说在十四世纪元曲作家采用这一故事时，《水浒传》还无定本去限制作家的构思，所以他们还可根据自己的幻想去创造人物的性格。

时日推移，那些说故事的民间艺人，乃根据元曲和古今各种不同的本子去说书，而这种说书人简直可以随心所欲，有始无终地编造下去。最后在十六世纪（明代中叶），乃逐渐有人综合这各种不同版本的《水浒传》编成一部巨著——例如一百回本，一百五十回本，和一百二十回本。至十七世纪（经过金圣叹一批），乃又被缩成 71 回本。在文学内容上说，这71回本实在比其他各种版本要高明得很多。但是我们要了解这71回本形成经过的历史，我们就必须要体会到它经过正不知有多少无名作家，不断增删而成的长期而缓慢的过程。

以上便是我所提倡（用来整理传统小说）的历史方法；这也是我致力于整理中国传统小说而向广大读者介绍的第二步工作。

新红学的诞生

我所致力的另一部小说便是《红楼梦》。这部小说最近曾由我的朋友，哥伦比亚大学的王际真教授稍事删节，译成英文。他以前已经出版过一部节译本。本年（一九五八）他又加以补译，另出一本比较完备的译本。

我对《红楼梦》的研究就说来话长了！

这里我想稍微多说一点，来解释为什么中共在三十年后的今天，对我有关这部伟大小说的研究还不肯放过的道理。

第一，我要说的便是《红楼梦》是我上面所提过的“第二类小说”的代表。那是个别作家的创作，迥异于长期演变而成的历史小说。对这种第二类的小说，我们必须用一般历史研究的法则，在传记的资料里找出该书真正作者的身世；他的社会背景和生活状况。在许多方面，我对《红楼梦》的研究都是前所未有的。

我的第一篇《红楼梦考证》是在一九二一年三月出版的。出版之后我立刻又获得了许多新材料，在许多细节上又加以补充改写。现在我《文存》中所收的那一篇，也是新版《红楼梦》里所附印的那一篇，便是我在一九二一年十一月所改写的。

经过多年的搜寻，我于一九二二年发现了《红楼梦》的作者曹雪芹的一位友人敦诚的长篇诗文集——（《四松堂集》）的抄本。这钞本是部孤本。敦诚出身满洲宗室。他的诗文集有刻本，也有钞本。但是这钞本比刻本有用。因为钞本中有许多有关曹家的事为刻本所无。所以在一九二二年我就把这一发现写成文章发表了。

五年之后我又购得另外一件重要资料，那是《红楼梦》的一部残缺的抄本（后来“红学家”通称为“甲戌本”，是现存《红楼梦》最早的抄本）。这抄本只有前十六回（——一至八、十三至十六、二十五至二十八。——），但是全书却有（“脂砚斋”等人的）详尽的评注。一部份是作者的自注；（刚按：适之先生始终认为“脂砚斋”是作者曹雪芹本人，故曰“自注”。但是继起的“红学家”俞平伯、周汝昌、林语堂、赵冈、潘重规、周策纵诸先生，则认为“脂砚斋”另有其人。周汝昌君认为“脂砚斋”是位女人，甚至是楼雪芹的老伴“史湘云”！林语堂先生也深信此说。其实也都是些证据不足的“假设”而已）。评注的另一部分则为作者曹雪芹的两三位好友（畸笏叟、梅溪、松斋）所作（刚按：脂砚斋以下的“批书人”，以畸笏所批最多最详。周汝昌认为这位自称“老朽”畸笏叟是“史湘云”的另一笔名，是耶？总之自适之先生以后，“红学界”值得一提的二世祖、三世祖，以周汝昌君用功最勤，发现也最多：但是胆子也最大。今姑存其说。）我这一发现实是《红楼梦》最早的抄本。

后来我又找到了一部更全的七十七回本，号称八十回本（此抄本后来红学界通称“庚辰本”，为北平徐景署所藏，书名与“甲戌本”同，亦称《脂砚斋重评石头记》）。我也替这部更全的抄本写了一篇很长的考证〔《跋乾隆庚辰（一七六〇）本脂砚斋重评石头记抄本》〕于 1933 年发表了。

所以从一九二一年至一九三三年，我对《红楼梦》的研究历时十二年之久，先后作了五篇考证的文章。这项前所未有的研究的重要性是多方面的。在我作考证之前，研究《红楼梦》而加以诠释的已有多家，简直形成了一门“红学”。让我且举颇有惊人之笔的三家为例：

第一家认为《红楼梦》是反映清朝开国之君顺治皇帝的一段恋爱故事。书中的男主角“宝玉”便是隐射顺治；那美丽而短命的女主角“黛玉”则隐射董鄂妃。

第二家就更离奇了。那是我的上司，北京大学校长蔡元培先生所首倡的。蔡氏认为《红楼梦》是一部隐射汉民族抗满的（政治）小说。（书中的故事）便是整个康熙一朝的政治现象。“宝玉”是隐射康熙皇帝的废太子（胤礽）；大观园中的诸美人则是暗指当时的名士。例如“黛玉”便是暗指朱彝尊；黛玉的情敌“宝钗”则是暗指高士奇。诸如此类。

第三家倒是有相当的重要性。这一家说《红楼梦》是描写满族名士纳兰性德的身世。纳兰在英文《清代名人传》Arthur W.Hummel，ed.，Eminent Chinese of the Ching Peiod，Vol.II，p.662.中有专传。我这里不妨顺便说一说。纳兰性德（1654—1685）是一位了不起的人；是（康熙朝）当时一门有权势的满族世家〔武英殿大学士（俗称“宰相”）纳兰明珠〕的公子。这位青年倒是一位文学奇才。他在十几岁的时候，已经颇有才名。他底情诗（《饮水词》），也真是美艳感人；因此才有人把他和《红楼梦》扯在一起。

但是我在我的长篇考证里，便把上述三家斥为无稽之谈。我指出这部名著与上述三大家的惊人之论毫无关系。否定诸说之后我也提出更有建设性的建议。我认为要认识这部巨著，一定要找出作者的身世；并且还要替这部名著的版本问题作出定案。

在寻找作者身世这项第一步工作里，我得到了我许多学生的帮助。这些学生后来在“红学”研究上都颇有名气。其中之一便是后来成名的史学家顾颉刚；另一位便是俞平伯。平伯后来成为文学教授。这些学生——尤其是顾颉刚——他们帮助我找出曹雪芹的身世。雪芹原名曹霑；雪芹是他的别号。

为搜查曹雪芹的家世，我们又找出他的祖父曹寅来。曹寅诗文皆佳，原为康熙皇帝遣往江南来羁縻当地士子的秘密文化特务。作为清廷的秘密文化特务，他获任当时南京、扬州一带收入最丰的优差肥缺。他的收入倒不是去贿赂或收买当时的读书人，而是有意的去救济全国的寒士——特别是长江下游，江、浙一带的贫儒寒士。

我所要特别指出的，则是曹雪芹是曹寅的孙子。曹寅的父亲曹玺——也就是雪芹的曾祖——曾在南京做过二十一年的“江宁织造”（一个直属于皇帝的私家账房，内务府，管辖南京一带丝绸纺织工业以备宫庭御用的财务官）。曹寅本来已在苏州做过四年的“苏州织造”，后来调往南京，又做了二十一年的“江宁织造”。在此同时他又在扬州四度兼任“两淮巡监御史”。这两项官职是当时大清帝国之中最能充实宦囊的优差肥缺。

曹寅死后，其子曹颙又继承父职，做了三年“江宁织造”，死于任上。曹氏殁后，曹颙一位过继的儿子曹頫——可能就是雪芹的父亲——又接着出任“江宁织造”至十三年之久。所以他们曹家三代出了四位

"织造"。任期加起来，先后逾五十八年！这件事实便是《红楼梦》上所常常提到的所谓"世袭恩宠"了。（刚按：在适之先生以前的文章里，他总说曹頫是曹寅的次子。在本章中则说是"过继的儿子"，这是他接受周汝昌的说法而改变的）。

任何人读《红楼梦》，都会感觉到那（荣、宁二府里）荣华富贵的气氛；一种官宦世家的传统。所以我们必须先要了解那种五十年不断的"江宁织造"家庭背景，然后才能谈到了解这部小说。这便是我考证的一方面。

但是康熙皇帝死后，诸皇子争位。雍正虽然终承大统，但是他（这位四皇子）也没有什么名正言顺的继承特权。所以他一旦即位之后，便对原先和他争位的弟兄，乃诛囚不遗余力。在这场夺权斗争之中，曹家也受到株连。不特与曹氏有关的皇亲国戚悉被推翻，曹家自己也受了"查抄"之祸。家产充公，婢仆星散，树倒猢狲散，转眼也就穷困不堪。曹雪芹长大之后，正赶上这场不幸，而终至坎坷一生！

这许多遭遇，作者在他的《红楼梦》的前几回中都说得清清楚楚。他也向来没有掩饰这部小说的自传性质。但是我这一自传小说的说法一旦提出之后，却不易为读者所接受。因为一般读者的思想——尤其是知识分子的思想，早已为上述诸家的政治故事、民族意识等说法，先入为主了。因此我和我的朋友们，真是历尽艰辛，找出这些传记资料——不特是曹雪芹的传记资料，而且是曹氏一家的资料——来说明这部小说原是一部自传。

这小说中最令人折服的一项自传性的证据，便是那一段描写贾家在皇帝南巡时曾经"接驾"的故事，而且不只是接驾一次，而是接驾数次。史料在这方面是可以作为佐证的。康熙皇帝曾六度南巡；雪芹的祖父曹寅，便曾"接驾"四次。不但"接"了皇帝的"驾"，而且招待随驾南巡的满朝文武。康熙在扬州和南京皆驻跸曹家。所以不管曹家如何富有，这样的"接驾四次"，也就足够使他们破产了。

我考证的第二步，便是《红楼梦》文本上的问题。我指出根据早期各方资料，《红楼梦》全稿未完曹雪芹就死了。雪芹死后他的遗嘱可能把这部未完的小说，以抄本方式，廉价出售。这抄本大致只有八十回。可是后来我发现，甚至前八十回也非全璧。其中六十七回（“见土仪颦卿思故里，闻秘事凤姐讯家童”）中的一部分，以及其他各回中也都有些残缺之处。这些都说明作者死后，只遗下一部八十回的残稿。这残稿在传阅之中，又经人一再手抄；而抄书的人又可能只是些低能的录事，因而错误百出。

这样经过二十五年的传抄，始由两位有心人来加以整理，赞助付刻。其一（程伟元）出资印刷；另一人为汉军旗人高颚乃加以续写，把残稿补成全书。高鹗一共补写了四十回，才竟全功。在他程、高二人的序言里，他们便坦然说出他们续了四十回。

他二人所说的故事原是这样的。他们先发现了（八十回以后的残稿）二十回；后来又在一肩挑旧货贩卖的“鼓担”上，无意中又发现其余二十回的残稿。拼凑之下，果然“接榫”。所以据他们说，这部百二十回的“红楼梦”，实是在多少年耐性搜寻之下，忽然喜从天降，果然在一个鼓担小贩的杂货之中发现了。但是这位学者高颚，倒颇为续写而自豪。他始终没有完全否认那后四十回是他补写的。他曾把此事告诉他的朋友，似乎也是他的姻兄张问陶。张问陶后来写了一首诗（送高颚，有“艳情人自说红楼”）提到《红楼梦》。在这首诗的小注中，他也提到后四十回为（“兰墅所补”）是指高颚续作的。

这些都是当时人的见证。所以我根据我的青年朋友顾颉刚、俞平伯二人所发现的证据，来说明“红楼”后四十回之所以与前八十回不大一致的道理；那实在是出于高颚的善意作伪之所致。

我同时又找出全书前后更多的矛盾之处来说明《红楼梦》是出诸两位作家的手笔。这第二位作家高颚，显然是熟读前八十回之后才动笔的。但是没有哪一位作家可以把一部未完成的小说巨著，能补得天衣无缝的。所以高君续稿中的破绽是可以理解的。在高君的破绽中，我们便很容易看出哪些不是原作者的手笔了。

所以我在《红楼梦》考证文章的结论上说，我的工作就是用现代的历史考证法，来处理这一部伟大小说。我同时也指出这个“考证法”并非舶来品。它原是传统学者们所习用的，这便叫做“考证学的方法”。这一方法事实上包括下列诸步骤：避免先入为主的成见；寻找证据；尊重证据；让证据引导我们走向一个自然的，合乎逻辑的结论。

第十二章　现代学术与个人收获

在前数次录音里，我曾略微叙述我怎样替那些一向为文人学士所轻视的白话小说的新版书写序言和导论。我也曾提到我对我自己所说的“价值重估”（Transvaluation of values）“这一概念”的认识和执行。那也就是把千百年来一向被人轻视的东西，在学术研究上恢复它们应有的正统地位，使传统学术方法和考据原则等等也可用之于对小说的研究。

“在现代的中国学术里”，这一个转变简直与西洋思想史上，把地球中心说转向太阳中心说的哥白尼（Nicolaus，Copernicus，1473—1543）的思想革命一样。在中国文化史上我们真也是企图搞出个具体而微的哥白尼革命来。我们在学术研究上不再独崇儒术。任何一项有价值的学问，都是我们研究的对象。把汉学研究的范围扩大，本来也是我个人野心的主要目标。

在这些年里，我个人所从事的批判性的整理国故的工作，至少也有两大目标：一个便是中国文学史；另一个便是中国哲学史。后来我总欢喜把“中国哲学史”改称为“中国思想史”。

这两方面也是我留学归国以后，整个40年成熟的生命里“学术研究”的主要兴趣之所在。现在我想就把这两方面，来把我个人的些微成绩，作个概括的总结。

揭穿认真作假的和尚道士

在思想方面，我曾提过，我几乎把一部禅宗史从头改写。

一般说来，我对印度思想的批判是很严厉的。“佛教”一直是被国人认为是三教之一（另外两教是“儒教”与“道教”）。可是无疑的道教已被今天的一般学术界贬低为一团迷信了。道教中的“（一套“三洞、七辅”的）所谓圣书的“道藏”，便是一大套从头到尾，认真作假的伪书。道教中所谓（“三洞”）的“经”——那也是道藏中的主要成份，大部都是模仿佛经来故意伪作的。其中充满了惊人的迷信；极少学术价值。

至于佛教，它至今还是日本、高丽、越南、缅甸、泰国和锡兰的“最主要的”宗教“甚或是国教”。许多人也认为中国虽然不完全是个佛教国，但也可说是部分的佛教国。我自己在这方面的工作，可说是破坏性的居多。我必须承认我对佛家的宗教和哲学两方面皆没有好感。事实上我对整个的印度思想——从远古（的“吠陀经”）时代，一直到后来的大乘佛教，都缺少尊崇之心。我一直认为佛教在全中国“自东汉到北宋”千年的传播，对中国的国民生活是有害无益，而且为害至深且巨。

当然打翻了牛奶，哭也无用！（刚按：这是一句美谚。孩子们打翻了牛奶，总是要哭的。）做了就是做了；木已成舟，还有什么可以说的呢？我把整个佛教东传的时代，看成中国的“印度化时代”（Indianization period）。我认为这实在是“中国文化发展上的”大不幸也！这也是我研究禅宗佛教的基本立场。我个人虽然对了解禅宗，也曾做过若干贡献，但对我一直所坚持的立场却不稍动摇：那就是禅宗佛教里 90%，甚或 95%，都是一团胡说、伪造、诈骗、矫饰和装腔作势。我这些话是说得很重了，但是这却是我的老实话。

就拿神会和尚来说罢。神会自己就是个大骗子和作伪专家。禅宗里的大部经典著作，连那五套《传灯录》——从第一套在宋真宗景德元年（公元 1004），沙门道原所撰的《景德传灯录》到十三世纪相沿不断的续录——都是伪造的故事和毫无历史根据的新发明。

这便是我的立场。我这个立场，在中国、日本，乃至那些由于禅语晦涩难解，反而为人所喜爱的英语国家里，都不为（研究佛学的）人所接受。（因为）天下就有专门喜欢把谰言、骗语当成宝贝的人啊！

我个人对那种自动的把谰言、谎语等荒唐的东西，当成宝贝，就是没有胃口！所以我坚持“中国的印度化时期”，是中国国民生活上一个大大的不幸！

关于这种不幸，可证明的方式实在太多了，这里我不想深入讨论。我只是坦白地招认，我的任务之一，便是这种“耙粪工作”（muckraking）把这种中国文化里的垃圾耙出来罢了。我是有我的破坏的工作好做的。

大体上说来，我对我所持的对禅宗佛教严厉批评的态度——甚至有些或多或少的横蛮理论，认为禅宗文献有 95%以上是欺人的伪作——这一点，我是义无反顾的。在很多的场合里我都迫不得已，非挺身而出，来充当个反面角色，做个破坏的批评家不可！

老子比孔子更“老”

但是在许多其他的文化公案上，我的立场有时反被认为比我的一些朋友们更为保守。关于老子的时代问题，便是个例子。我对这一问题是站在比较保守的传统立场的。我认为老子是孔子的同时代人，但是是孔子的前辈。孔子可能的确向老子“习礼”的，尤其学习丧礼。我也认为《老子》这部书，不是伪书。我当然不否认《道德经》这部小书，其中或有后人的伪增字句，但是大体说来，它的原始性是可靠的。

这些观点，现在都变成“胡适博士极其守旧”的确实证明了。至少也可看出“胡适博士”是不像他自己自吹自擂的那样“前进”了。但是我在考证老子年代问题上也做过一些工作，我认为把老子其人和《老子》其书弄晚了几百年的那批人的证据，实在不足深信罢了。我对这件文化公案是持存疑态度的。他们如能举出任何足以说服我的证据，我都会欣然同意的；但是到目前为止，我还未见到有人提出一件足以说服我的证据。所以我自己对这一问题的态度，到今天仍然是相当保守的。

并不要打倒孔家店

我还要提出另一件公案。

有许多人认为我是反孔非儒的。在许多方面，我对那经过长期发展的儒教的批判是很严厉的。但是就全体来说，我在我的一切著述上，对孔子和早期的“仲尼之徒”如孟子，都是相当尊崇的。我对十二世纪“新儒学”（“理学”）的开山宗师的朱熹，也是十分崇敬的。

我不能说我自己在本质上是反儒的。多少年前（一九三四年），我写过一篇论文叫《说儒》。讨论儒字的含意和历史“儒”在后来的意思是专指“儒家”或“儒术”；但是在我这篇长逾五万言并且被译成德文的长篇论文里，我便指出在孔子之前，“儒”早已存在。当孔子在《论语》里提到“儒”字之前，它显然已经被使用了好几百年了。孔子告诫他的弟子们说：“女为君子儒，毋为小人儒！”他本视“儒”字为当然；这名辞在当时本是个通用的名辞，所以孔子才用它来告诫弟子。

在这篇《说儒》的文章里，我指出“儒”字的原义是柔、弱、懦、软等等的意思。我认为“儒”是“殷代的遗民”。他们原是殷民族里主持宗教的教士：是一种被（周人）征服的殷民族里面的（上层）阶级的，一群以拜祖先为主的宗教里的教士。

在三千年前（公元前一一二〇年至公元前十年之间），殷人为周人所征服。但是这些殷遗民之中的教士，则仍保持着他们固有的宗教典礼；继续穿戴殷人的衣冠。他们底职业仍然是治丧、相礼、教学；教导他们自己的人民。这些被征服的“殷人”，可能还是新兴的周王国内人民的绝大多数，亦未可知。在西周东周统治的六七百年中，他们的礼教已逐渐渗透到统治阶级里去了。

在我看来，孔子和老子都属于这个殷遗民中的教士阶级。孔子就向来没有否认他是殷贵族的子孙。他说他是宋国的统治阶级，而宋人实是殷人之后，所以孔子亦自称“殷人”。在我那长逾五万言的《说儒》里，我就指出“儒”是殷遗民的传教士。正因为他们是亡国之民，在困难的政治环境里，痛苦的经验，教育了他们以谦恭、不抵抗、礼让等行为为美德，他们因此被取个浑名叫做“儒”；儒者，柔也。

老子便是个最标准（以软弱为美德的）儒派哲学家。《老子》这本小书中所宣扬的观念，可能远早于老子和孔子。本质上是宣扬以谦卑为美德的哲学；也是中国哲学里第一次出现了一种自然主义天道观的哲学体系。一个日月运行显然无为的宇宙，可是宇宙之内却没有一项事物是真正地无为的。是所谓“无为而无不为”。根据这宇宙的自然现象，老子因而把早期的一些什么宽柔忍让、无为不净、以德报怨、犯而不校、不报无道等等观念综合起来，连成一体（形成一种新的道家的哲学体系）。不过老子却强调，犯而不校、忍让不争，却是最强的力量。那根本不是弱；相反的那正是强有力的伪装。

我在《说儒》那篇文章里，便说明老子是位“正宗老儒”；是一个殷商老派的儒；是个消极的儒。而孔子则是个革新家；搞的是一派新儒；是积极的儒。孔子是新儒运动的开山之祖，积极而富于历史观念。他采纳了一大部老儒的旧观念。他也了解不争哲学在政治上的力量。在证明老子早于孔子，或至少是与孔子同时的最好的证据，便是孔子在《论语》里也提到“无为而治”这个政治哲学上的新观念。

再者《论语》里所说的“以德报怨”，和《老子》里所说的“报怨以德”，二者的语法结构也完全相同。这些内在的证据，也说明了孔子对这个“报怨以德”的道德观念，和“无为而治”的政治哲学结为一体的完整的哲学体系，是深深了解的。

孔子对这个旧儒美德不但了解而且也甚为欣赏。因此他乃发动一个特地着重“仁”的新派儒学。仁者人也。在此之前，“仁”字未尝单用。“仁义”总是并用的。只有孔子才特别强调“仁”。孔子之前，与孔子之后，“仁”字都不是单独使用的。孔子说，“有杀身以成仁；无求生以害仁。”这个观念除非我们把它译成“人的尊严”（human dignity）之外，实在别无他译。

这种人文主义的观念强调个人在社会中地位的重要性；以及个人通过教育和仁政以影响社会的重要性。这种立论乃导致出“修己以安仁”这一新观念来。

这实在是儒家哲学里的一个新概念。所以我认为“儒”似乎是一种社会阶层。它更可能原来只是一种浑名，逐渐被用成一种可尊可敬的，教士阶级所专用的类名。

我所用的这些证据都不是出自任何反儒的文献，而是出自儒家本身的经典。我用它们来说明孔子本人，以及他的一些及门弟子们，是靠相礼——尤其是祭礼、丧礼，为衣食之端的。在这种场合里，他们都是主持人。他们是“礼”的实行者、传教士；他们也是祭礼、丧礼中的祭师，他们以此为生。孔子便是这种礼的职业主持人；他底弟子也是如此。

在这篇《说儒》的文章里，我认为孔子的老师老子，也是一位以主持礼仪为业的“知礼大师”——尤其是一位丧礼专家。这一点在《礼记》的《曾子问》那一章里，即有此项记述。在这章里，孔子述老子论礼的共有四条。其中有一条引孔子的话，说，“昔吾从老聃助葬于巷党，及堩，日有食之。老聃曰：'丘，止柩就道右；止哭以听变，既明反而后行。'”孔子因而问他为什么（这一丧葬行列）要等日蚀之后，才能继续前进呢？老子为此乃解释了一大阵。

我认为这段古书并非伪作。清初的学者们，为想证明这段记载的真伪，乃用推算日蚀的方法来推算孔子青年时代有无日蚀。他们一共推算出两个不同日蚀的年代来。一次日蚀发生在孔子十六岁的那一年；另一次则是在孔子三十岁的那一年。我个人认为孔、老相逢是发生在孔子十六岁的那一年。我想那时孔子去鲁适周，其时老子正是在那古都之内担任主持古礼的大师。

所以我说老子不但是一位老儒，而且是一位根据自然主义的天道观而形成一种哲学新体系的哲学家、实行家和传教士。但是他的哲学基本上是一种消极的、虚无的、不争的和主张无为而治的。这可能正是代表早期的儒家——那种宽容不争，懦弱的柔儒。但是在那篇文章里我也指出，那位富于历史意识的孔子，对这些历史成份并不一笔抹煞。他也能欣赏（那种“宽柔以教，不报无道”的柔道；也能尽量吸收那倾向于自然主义的天道观念；也能容纳那“无为”的政治理想）。不过孔子却能在百尺竿头更进一步，去创立出一种新人文主义。这种新儒是造成一种能负荷全人类担子的人格。要人“无求生以害人；有杀身以成仁”。（要养成一种“笃信好学，死守善道”，“造次必于是，颠沛必于是”）的尊严的人格。

根据这个“仁”的观念，以及“修己以安仁，修己以安百姓”的观念，孔子因而变成一位伟大的民主改革家。他要宣扬一种以“性相近也，习相远也”为基础的教育原理。更主张一项了不起的四字真言的教育哲学叫做“有教无类”。“类”，也就是社会阶级。那也就是说教育人民是不管受教育者的阶级成份。这一观念之形成，也使孔子变成世界上最伟大的教育家之一。通过教育这条路，孔子和儒教终于征服了中国，主宰了千百年来的中国人的生活和理想。

这里我也不想再多说了。我事实上没有引用一条一般学者所不熟悉的证据。我的证据是古书上常见的；大家都耳熟能详的。我并没有引用一条新证据。可是我却认为我那篇《说儒》却提出一个新的理论。根据这个新理论可将公元前一千年中的中国文化史从头改写。我的理论便是在武王伐纣以后那几百年中，原来的胜负两方却继续着一场未完的斗争。在这场斗争中，那战败的殷商遗民，却能通过他们的教士阶级，保存一个宗教和文化的整体；这正和犹太人通过他们的祭师，在罗马帝国之内，保存了他们的犹太教一样。由于他们在文化上的优越性，这些殷商遗民反而逐渐征服了——至少是感化了一部份，他们原来的征服者。

我想这一（反征服的）最好的例子，便是"三年之丧"了。"三年之丧"毫无疑问的是一种殷商的制度。但是这种最不方便、最难施行、最无理可讲的制度，居然逐渐通行全国，并且被一直沿用了有两千多年之久。

我在更早期所写过的一篇文章《三年丧服的逐渐推行》（作于民国十九年七月）里面，便曾提出"三年之丧"这个制度，纵迟至孟子时代，还没有通行。孔子的弟子中即有人对这一不合理的制度提出反对。在《论语》和《孟子》里记载孔子和弟子们对话便说得很清楚。《论语》里记子张问，"高宗（守制）三年不言。"夫子曰："何必高宗，古之人皆然！"清初经学大师毛奇龄"遂疑子张此问，夫子此答，其在周制当必无此事可知。何则？子张以高宗为创见，而夫子又云，古之人，其非今制昭然也。"（见毛奇龄《四书剩言》卷三）孟子里也记载着孟子与滕文公有关"三年之丧"的有趣对话，（滕文公说，"吾宗国鲁先君莫行！"又说，"吾先君亦莫行！"毛奇龄便认为"先君"为始祖，而非"近代先君"也。）这对话便是由于孟子向滕国的幼主滕文公，推销三年之丧这一制度，而引起的滕国君臣的抗议。

这种抗议后来在汉朝也曾发生过。可是到公元二世纪初年〔汉安帝永初三年（公元一一六年）邓太后临朝，始有"不为亲行三年服，不得选举"的规定。〕其后遂明定现职官吏，都得遵行，慢慢的"三年之丧"遂通行全国，以至于今日。

象"三年之丧"这样的制度，便是一般人视为当然的制度之一。孔子说："三年之丧，天下之通丧也。"这一点我就不懂了。我想不是孔子在说谎，便是孟子在说谎。可是我的朋友傅斯年就向我建议说，孔子所说的"天下"，实在是专指"殷人"。殷民族是那时周王朝里人民的大多数，所以孔子始有此言。我觉得傅君的论断甚有道理，所以我就把他那篇论文《周东封与殷遗民》(与我自己的文章一起在《国学季刊》上)发表了。

我个人深信，这几篇文章实在可以引导我们对公元前一千年中的中国文化、宗教和政治史的研究，走向一个新方向。

我举出上述诸节来说明我对治中国思想史的深思熟虑之后的意见。当然根据这些新观念来重写中国文化与宗教史诸方面，我都是相当笼统的。因为我自己还抽不出时间来做我一直想做的工作——有持续性的来重写中国文化史、宗教史和思想史。

由于我对佛教的特殊看法，我只是对中国中古(公元第三世纪到十一世纪)思想史，下一番研究工夫，想把那一时期的思想史，加以重写。我承认我对佛教，以及印度思想在中国文化上所发生的作用，这些方面的批判，难免是过份严厉了。但是可能正因为我站的是严厉立场，才能触发我完成一项相当满意，也相当富于毁灭性的，中古思想史的著作。

双线文学的新观念

让我再说点有关中国文学史方面的事。

在上文我已经提过的，在研究中国文学史方面我也曾提过许多新的观念。特别是我把汉朝以后，一直到现在的中国文学的发展，分成并行不悖的两条线这一观点。在那上一级的一条线里的作家，则主要是御用诗人、散文家；太学里的祭酒、教授，和翰林学士、编修等人。他们的作品则是一些仿古的文学，那半僵半死的古文文学。但是在同一个时期——那从头到尾的整个两千年之中——还有另一条线，另一基层和它平行发展的，那个一直不断向前发展的活的民间诗歌、故事、历史故事诗、一般故事诗、巷尾街头那些职业讲古说书人所讲的评话等等不一而足。这一堆数不尽的无名艺人、作家、主妇、乡土歌唱家；那无数的男女，在千百年无穷无尽的岁月里，却发展出一种以催眠曲、民谣、民歌、民间故事、讽谕诗、讽谕故事、情诗、情歌、英雄文学、儿女文学等等方式出现的活文学。这许多(早期的民间文学)，再加上后来的短篇小说、历史评话，和(更晚)出现的更成熟的长篇章回小说等等。这一个由民间兴起的生动的活文学，和一个僵化了的死文学，双线平行发展，这一在文学史上有其革命性的理论实是我首先倡导的；也是我个人（对研究中国文学史）的新贡献。我想讲了这一点也就足够说明我治中国文学史的大略了。

从一九二七到一九二九年三年之间，我住在上海。在此期间我对中国文学史写了一本大部头的书叫《白话文学史》。但是这部书只从汉代写到唐代。我总欢喜把这部叫做“中国活文学史”，那时我曾许愿要写一部续集。可是我现在又改变主意了。我想写一部汉代以前的《中国古代活文学史》。要写的话我当从最早的活文学《诗经》写起。我要写一部有关孔子、孟子和老子的活文学。他们那时正和现代的白话文作家一样，是用口语著述的。等到我可以抽出时间来的时候，我想写一部新的中国文学史，把那些死文学全部丢掉。总有那么一天，我要写出这部上卷古代篇和唐以后的下卷现代篇。当然我现只是许这样一个愿罢了。

再谈谈中国思想史

在这最后二十分钟内，我想再谈谈中国思想史这方面的研究。我自已对中国思想史的概念是，中国思想史上有个古典时期。这是个有创造性的时代；一个有原始性的固有思想时代。这时代如以公元计算，大概是公元前第一个一千年。这个时代包括孔子、老子以前的思想家。但是最主要当然还是他们同时前辈，那些《诗经》上保留下来的写训世诗的诗人们（didactic poets）。他们都是真正的思想家。他们的作品也都是中国文化史上最可靠的史料。从这些远古的思想家开始一直到汉代，我都概括地叫它做“古典时期”。这是中国思想史上最有创造性、最有原始性的固有思想时代。

在两汉四百年的大一统之后，到公元二百多年的时候，便出现了一个合久必分的局面。中国的中古期便从这个分裂开始。这个中古期有几项（值得注意的）趋势。第一个便是在文化上、种族上有一种“变于夷者也”的趋势。这时边疆少数民族在中国历史上开始抬头，并逐渐扮演重要角色。纵在东汉倾覆之前，蛮夷便早已入居内地与汉人杂处。公元第 3 世纪便是他们造反革命的时候了。从公元第 3 至第 6 世纪，中国（至少是华北和中原）是被蛮夷主宰了。在这同一时期汉民族也开始南移，侵入中国南部和西南山岳地带。这个蛮夷入主的局面，同时中国也把无数蛮夷的文化兼容并包，便是这个中古期的特点之一。

中古期的宗教

第二，中古期的（另一特点便是宗教，所以中古期也可叫做）宗教时代。佛教的东传的开始虽还在中古期之前，但是佛教在中国势力之形成则在公元二百年以后。

当佛教逐渐兴起之时，一个土产的宗教，道教，也开始形成。道教是第三世纪在四川开始的。其中一支叫（“五斗米道”的）“黄巾贼”，就几乎把东汉闹垮。

关于佛教的东传和它于短期之内风行全国的经过，我个人的理论是，佛教不只是取道陆路，自喀什米尔（Kashmir）、中亚细亚以进入中国；海道自印度经锡兰，通过交州（今越南）广州（特别是交州）以抵中国，也是东传的要道。交州的北部（今日南越顺化以北的疆土）原是中国的一郡。因地邻印度，有海道可通，印度的商人与教士乃取道东来。在公元一世纪时，东汉开国之君光武帝的幼子楚王刘英已经在今日的敝省〔安徽〕的长江北岸开始信佛。所以旧说以为佛教东传是于公元六十七年之间（汉明帝刘庄，梦见金人，身有日月，飞绕殿庭）开始的，这一说法完全是无稽之谈。

佛教东传可能早于公元前一世纪。到公元后一世纪，它已能使在长江下游最有力量的王子楚王英（为浮屠斋戒祭祀），皈依佛法。至公元二世纪，东汉桓帝已经在其宫中，搞“浮屠、老子并祀”了。

所以在公元三世纪，佛法已大行于中国，而民族主义的观念，乃促使国人，群起宣扬道教以为抵制。因此在公元四五世纪时，国人信道之风大盛，大概由于道教毕竟是国货啊。这种以国货抵制舶来品，就很象现代中国大家“提倡国货，抵制洋货”一样的心理罢。

在此同时，传统的儒教在汉代也发生了本质上的变化（这样说来，我的“中古期”或者尚须稍为移前数百年，把两汉也包括进去）。汉代初年，在董仲舒等人的策动之下，儒教也起了前所未有的蜕变。董仲舒多少仿效墨子“墨教”的办法，企图把儒术宗教化。董氏以“灾、异”之说，来崇奉一个至尊、至大、至爱的上帝。上帝以灾异示人主以祸福。洪水、烈火都被说成“灾”；日蚀月蚀或妇人生须，都被说成“异”。“灾、异”都被看成上帝对人主作祸福的预兆。

所以汉代究天人之际的新儒教，实在是要以“天人感应”的理论把儒家变成一个新宗教。董仲舒之后，灾异之说简直流行了几百年。所以中国在中古期事实上有三种宗教在同时流行。第一便是那入口的夷教——佛教；第二便是佛教的中国对手方——道教；第三便是尚灾异之说，董仲舒那一派的儒教。

骈体文有欠文明

中古时期第三大特点或要素便是中国语文的蛮夷化。我国现在还有许多人喜欢六朝的骈体文，认为那文体甚美。其实这种文学所用的根本是一种死文字。在公元第二世纪的时候，那个和二十世纪中国幅员一样广大的大汉帝国，迫切地需要一种全国通行的国语，作为智慧、文化、政治、法律等等的交通媒介。因此政府便对古典时代所通行的古文加以利用。而且奠定了一种文官考试制度，务使政府所有公职人员，一律能用此一古典文字。能读能写的人，当然对受任为政府官吏也就有其优先权。这便是中国文官考试制度的开始。

可是这种古典文字这时已经不再是个优良的交通媒介。所以在其后一段为时数百年的中古期，人民大众乃利用歌谣、故事等等形式，另创出他们自己的文学来。《汉魏六朝乐府》里所收集便是这些东西。换言之，也就是政府专司音乐的官署——“乐府”所收集的民间歌谣。这些民间诗歌，都是一些情歌、恋歌；歌颂英雄的赞歌；讽谕世情，哀怨世事的民歌等等，其中尤以情歌和英雄赞歌篇幅最多。

但是当时的文人学士们，却不愿与一般平民百姓同起坐，因此他们也发展他们自己对文字使用的方法。他们创制了“骈体文”，有时也叫做“四六文”。在这项文体中，对要说的事务，他们偏不去直说，而字句排列之间，则必须有对偶。下句中的动词一定要对上句中的动词；

上句里的形容词，下句也要用形容词来对，诸如此类。这便叫做对句。句子念起来是四字一句，或六字一句；或先四后六。这一来文人学士便叫它“四六文”或“骈体文”了。

我对“四六文”的解释便是“四六”是以韵文来代替标点符号。我想我的解释是个正确的解释，虽然有许多人认为荒谬的。但是“天下事”往往就是最简单的解释，却是最正确的解解。因为中文不用标点符号，所以有些学者乃推演出骈体文，使读者念起来易于断句。如果一个人掌握了“四六”的体裁，把握了对句里的韵脚，念起来他自然就起了标点的作用了。佛经的翻译便是如此。因为中文无标点符号，所以佛经的译者，多用四言对偶体。我把中国中古期的文章体裁说成“鄙野”或“夷化”（barbarism；barbarization），就因为它和古代的老子和孔子所用的体裁完全不同，和后来所谓唐宋八大家的古文，当然也迥然有别。

其实中古时代的拉丁文也是如此的，那就是所谓“修道士的拉丁”（Monk's Latin）。在印度也有所谓“沙门梵文”（monkish Sanskrit）。在中古中国我们的学者也发展出一种相当有欠文明的“四六”文体。因此在这个“中古期”尚未结束的时候，以古文方式出现的一个文学改良运动，已逐渐在展开了。

古文“运动”的意义便是恢复古代的文艺；把文章的体裁恢复到《论语》、《孟子》那种文体上去。这种古文一直也是中古期的教本。(《论语》、《孟子》上所用的）那种古文，原为“鲁语”，发源于今日山东省的西部。孟子出生地点便接近古鲁国。鲁国也是孔子的宗邦。这种以鲁语为基础的古文，对虚字的用法是十分细致的。因此它是的确值得学者模仿的。在后来的古文运动中，它也就变成这一运动中的中流砥柱了。

现代的中国文艺复兴

（中古期以后）现代的情形又是怎样回事呢？从广泛的历史意义来说，我叫这个现代阶段为“中国文艺复兴阶段”。大体说来这一阶段从公元一千年（北宋初期）开始，一直到现在。假如你还想向前延伸的话，我前文已经提过，我们可以把唐代也包括进去。但是唐代基本上毕竟是中古期的一部份，虽然唐代也产生一些反传统的诗人。这些人也反对中古期的野蛮主义（barbarism）——这个中国中古期的杂种。

但是我始终主张“现代阶段”自公元一千年（第十一世纪）开始。因为就在这公元一千年前后，宋真宗梦见其祖宗送给他一部“天书”，其时群臣之中有（王钦若其）人，竟说天书不止一部，而有数部同时出现。真宗乃亲自设坛祭祷，敬受天书，而这部天书居然在皇宫内的（承天门上）发现了。其后真宗每次出巡〔封泰山，禅社首〕，他都要宰相手捧天书，专乘前导，并诰示天下，上苍赐福。

我个人认为（上述荒诞不经的迷信）实在是中古期的最后阶段。公元第十一世纪之所以能成为一个中国的“革新世纪”，便是这个时代里发生对这种荒谬的一种反抗。

第十一世纪又可分成上下两个阶段。第一个阶段是十一世纪上半期，由范仲淹所领导的政治革新阶段；第二阶段则是王安石的变法运动。

范、王二人所领导的运动，实不止于政治改革，同时也是一种文化革新——牵涉到人对鬼神观念的基本改变。这种改变是从反抗中世纪所盛行的宗教开始的；也是对出世人生观的一种反抗。

中世纪那种出世的人生观，是要人不要做人，去做个长生不老的罗汉或菩萨。一个人要去“舍身”或焚一指一臂，甚或自焚其身，为鬼神作牺牲——这就是“中古期”！整个的“现代”阶段，就是对这种中古（风气）的反抗。所以“现代”的哲学家都是一些叛徒或造反专家。他们群起攻击这种中古的人生观，认为它与人生真义，背道而驰。

这些革新派人士都是熟读——佛教东来以前的——中国古代的圣贤之书的。他们都为传统思想如孔子所说的“修己以安仁”等所熏染。也就是这种（孔孟）思想，促使他们从事政治、经济和教育等各方面的改革。从另一方面来说，他们也开辟了一个（文化的）新时代。纵使是所谓“理学”，也都是在第十一世纪萌芽的。

当王安石变法失败以后，宋神宗也死了。太后临朝，乃召前反对党首领司马光入阁主政。司马温公当政后乃尽废新法。因此那原为一位少年有为的帝王神宗皇帝所亲自督导，由王安石及其党羽所推行，前后凡十六年的新法，一年之内，便全部报废了。

司马光和他的朋友们，邵雍和程颢、程颐兄弟，也就在这个时候倡行了“道学”或“理学”了。这些所谓“道学先生”或“理学家”，也是这个“现代”运动的一环。他们（原先是在政治上）当反对党失败下来的。他们反对“新法”，认为求速效的“新法”，是与他们反对党的哲学是两不相容的。

他们之所以把他们的哲学叫做“理学”或“道学”，那是受中古期的道教的影响。道教认为宇宙运动不息，无始无终，是一种自然主义的无为而无不为的天道观。既然“无为而无不为”那末人生于世也就“莫之为而为”了。因此那些变法人士，要使人君亲见、亲闻然后心悦诚服地在政治、法律、经济、教育上采取迅速变法的哲学，也就不为这批“莫之为而为”的哲学家们，所能接受了。因此他们才要加以批判。所以理学之兴是反对变法的党人所促成的，也就不足为异了。

但是这批反对派也是属于“现代”（这个范畴）之内的。既然我所说的“现代中国”这个概念便是反抗中古的宗教，和打倒那支配中国思想历时千年之久的佛教和一切洋教，那末这些反对王安石变法的人，当然也就属于这个“现代”（的范畴）之内了。

把被倒转的东西再倒转过来，他们披心沥血的来恢复佛教东传以前的中国文化、思想和制度，这便是他们的目标。但是这一个复古运动是行不通的。他们不了解在经过千余年印度化运动之后，要使纯粹中国式的远古文明完全恢复是办不到的。但是经过千年的佛学训练和中世纪各种宗教的训练，国人的思想也就能主动的去寻找新生事物；这一点反而可以发远古圣贤所未发。他们现在是戴上了新眼镜。从这些新眼镜里他们来重探中国古文明；因此也就能把旧样翻新了。

在这些研究之中，他们也找到了一项新发现；那便是在儒家的一本小书《大学》里面，发现了一种新的科学方法。在这项从公元第11世纪便开始的中国文艺复兴里，他们在寻找一个方法和一种逻辑。这就是培根（Francis Bacon 1561—1626）所说的“新工具”（Novum Organum）：也就是（法国哲学家）笛卡儿（Rene Descartes 1596—1650）所提倡的“方法论”（Discourse on Method）。“现代”的中国哲学家要寻找一种新逻辑、新方法，他们居然在这本只有一千七百字的小书里找到了。

《大学》里有一句（原作者）从无解释的话叫“格物”。他说，“致知在格物。”一切始于格物。“格物”这两个字，（历代解经的学者）对它作不同的解释大致有五十余条。但是其中最令人折服的一家，便是

11世纪的二程（程颢，1032—1085；程颐，1033—1107）兄弟和承袭而完成二程子之说的，更伟大的十二世纪哲学家朱熹（1130—1200）了。他们解释“格物”是：“‘格’至也；‘物’犹事也。穷至事物之理；欲其极处无不到也。”

“物”者何？二程子兄弟中的弟弟，伊川程颐，认为“物”无不抱。大及天地之高厚；小至一草一木，皆为“物”。“致知在格物”是把你的知识延伸到极限，这便是科学了。

所以我要把这一个自十一世纪到十九世纪的历时八百余年的文化运动作一总结。这批道学先生和理学家，他们是不能摆脱宋代以前，千年的传统对他们的影响。我们可以看出这场中国现代的文艺复兴运动，并不是桩有心推动的运动。它是半有心、半无心地发展出来的。原来各种时代的一切文艺复兴运动；一切思想变迁，宗教改革；乃至一切文化生活的变迁，都是如此的。

在这场伟大的“新儒学”（理学）的运动里，对那（道德、知识；也就是《中庸》里面所说的“诚则明矣；明则诚矣”的）两股思潮，最好的表达，便是程颐所说的：“涵养须用敬，进学则在致知。”后世学者都认为“理学”的真谛，此一语足以道破。

所以现在有两桩事有待我们学习：要“敬”，理学家认为一定要静坐，坐得如“泥塑”。这种练习，也就是中古宗教上打坐参禅等被延伸到“现代”来了。但是这第二句“进学则在致知”，就是个新方法了。

从某些方面来说，朱子本人便是一位科学家。他对古代典籍深具批判能力。朱熹也是研究古音韵的急先锋。他开始怀疑《书经》中大部都是伪作；平时对古籍的处理也完全不拘泥于传统；每每使用新方法，另创新论。所以从这一方面来说，我国自十七世纪初期其后凡三百年的学术研究，实在并不是反对朱熹和宋学；相反的，近三百年来的学者实是承继了朱子治学的精神。这也是个崭新的观点。

我看我们就说到此为止罢。这多多少少也是我个人研究现代中国文化史的一个基本概念。

（选自《胡适哲学思想资料选》，有删节）

创作自述和文学主张

文学改良刍议

今之谈文学改良者众矣，记者末学不文，何足以言此？然年来颇于此事再四研思，辅以友朋辩论，其结果所得，颇不无讨论之价值。因综括所怀见解，列为八事，分别言之，以与当世之留意文学改良者一研究之。

吾以为今日而言文学改良，须从八事八手。八事者何？

一曰，须言之有物。

二曰，不摹仿古人。

三曰，须讲求文法。

四曰，不作无病之呻吟。

五曰，务去烂调套语。

六曰，不用典。

七曰，不讲对仗。

八曰，不避俗字俗语。

一曰须言之有物　吾国近世文学之大病，在于言之无物。今人徒知“言之无文，行之不远”，而不知言之无物，又何用文为乎？吾所谓“物”，非古人所谓“文以载道”之说也。吾所谓“物”，约有二事。

（一）情感　《诗序》曰，“情动于中而形诸言。言之不足，故嗟叹之。嗟叹之不足，故咏歌之。咏歌之不足，不知手之舞之，足之蹈之也。”此吾所谓情感也。情感者，文学之灵魂。文学而无情感，如人之无魂，木偶而已，行尸走肉而已。（今人所谓“美感”者，亦情感之一也）。

（二）思想　吾所谓“思想”，盖兼见地，识力，理想三者而言之。思想不必皆赖文学而传，而文学以有思想而益贵，思想亦以有文学的价值而益贵也；此庄周之文，渊明老杜之诗，稼轩之词，施耐庵之小说，所以复绝千古也。思想之在文学，犹脑筋之在人身。人不能思想，则虽面目姣好，虽能笑啼感觉，亦何足取哉？文学亦犹是耳。

文学无此二物，便知无灵魂无脑筋之美人，虽有秾丽富厚之外观，抑亦末矣。近世文人沾沾于声调字句之间，既无高远之思想，又无真挚之情感，文学之衰微，此其大因矣。此文胜之害，所谓言之无物者是也。欲救此弊，宜以质救之。质者例？情与思二者而已。

二曰不摹仿古人　文学者，随时代而变迁者也。一时代有一时代之文学：周秦有周秦之文学，汉魏有汉魏之文学，唐宋元明有唐宋元明之文学。此非吾一人之私言，乃文明进化之公理也。即以文论，有《尚书》之文，有先秦诸子之文，有司马迁班固之文，有韩柳欧苏之文，有语录之文，有施耐庵曹雪芹之文；此文之进化也。试更以韵文言之：《击壤》之歌，《五子》之歌，一时期也；《三百篇》之诗，一时期也；屈原荀卿之骚赋，又一时期也；苏李以下，至于魏晋，又一时期也；江左之诗流为排比，至唐而律诗大成，此又一时期也；老杜香山之“写实”体诸诗（如杜之《石壕吏》、《羌村》，白之《新乐府》），又一时期也；诗至唐而极盛，自此以后，词曲代兴，唐五代及宋初之小令，此词之一时代也；苏柳（永）辛姜之词，又一时代也；至于元之杂剧传奇，则又一时代矣；凡此诸时代，各因时势风会而变，各有其特长，吾辈以历史进化之眼光观之，决不可谓古人之文学皆胜于今人也。左氏史公之文奇矣，然施耐庵之《水浒传》视《左传》《史记》，何多让焉？《三都》《两京》之赋富矣，然以视唐诗宋词，则糟粕耳。此可见文学因时进化，不能自止。唐人不当作商周之诗，宋人不当作相如子云之赋一即令作之，亦必不工。逆天背时，违进化之迹，故不能工也。

既明文学进化之理，然后可言吾所谓“不摹仿古人”之说。今日之中国，当造今日之文学，不必摹仿唐宋，亦不必摹仿周秦也。前见国会开幕词，有云：“于铄国会，遵晦时休。”此在今日而欲为三代以上之文之一证也。更观今之“文学大家”，文则下规姚曾，上师韩欧；更上则取法秦汉魏晋，以为六朝以下无文学可言，此皆百步与五十步之别而已，而皆为文学下乘。即令神似古人，亦不过为博物院中添几许“逼真赝鼎”而已，文学云乎哉！昨见陈伯严先生一诗云：

涛园钞杜句，半岁秃千毫。所得都成泪，相过问奏刀。
万灵噤不下，此老仰弥高。胸腹回滋味，徐看薄命骚。

此大足代表今日“第一流诗人”摹仿古人之心理也。其病根所在，在于以“半岁秃千毫”之工夫作古人的钞胥奴婢，故有“此老仰弥高”之叹。若能洒脱此种奴性，不作古人的诗，而惟作我自己的诗，则决不致如此失败矣。

吾每谓今日之文学，其足与世界“第一流”文学比较而无愧色者，独有白话小说（我佛山人，南亭亭长，洪都百炼生三人而已）一项。此无他故，以此种小说皆不事摹仿古人（三人皆得力于《儒林外史》，《水浒》，《石头记》。然非摹仿之作也）。而惟实写今日社会之情状，故能成真正文学。其他学这个，学那个之诗古文家，皆无文学之价值也。今之有志文学者，宜知所从事矣。

三曰须讲求文法　今之作文作诗者，每不讲求文法之结构。其例至繁，不便举之，尤以作骈文律诗者为尤甚。夫不讲文法，是谓“不通”。此理至明，无待详论。

四曰不作无病之呻吟　此殊未易言也。今之少年往往作悲观，其取别号则曰“寒灰”，“无生”，“死灰”；其作为诗文，则对落日而思暮年，对秋风而思零落，春来则惟恐其速去，花发又惟惧其早谢；此亡国之哀音也。老年人为之犹不可，况少年乎？其流弊所至，遂养成一种暮气，不思奋发有为，服劳报国，但知发牢骚之音，感喟之文；作者将以促其寿年，读者将亦短其志气；此吾所谓无病之呻吟也。国之多患，吾岂不知之？然病国危时，岂痛哭流涕所能收效乎？吾惟愿今之文学家作费舒特（Fichte），作玛志尼（Mazzini），而不愿其为贾生，王粲，屈原，谢皋羽也。其不能为贾生，王粲，屈原，谢皋羽，而徒为妇人醇酒丧气失意之诗文者，尤卑卑不足道矣！

五曰务去烂调套语　今之学者，胸中记得几个文学的套语，便称诗人。其所为诗文处处是陈言烂调，“蹉跎”，“身世”，“寥落”，“飘零”，“虫沙”，“寒窗”，“斜阳”，“芳草”，“春闺”，“愁魂”，“归梦”，“鹃啼”，“孤影”，“雁字”，“玉楼”，“锦字”，“残更”，……之类，累累不绝，最可憎厌。其流弊所至，遂令国中生出许多似是而非，貌似而实非之诗文。今试举吾支胡先骕先生一词以证之：

“荧荧夜灯如豆，映幢幢孤影，凌乱无据。翡翠衾寒，鸳鸳瓦冷，禁得秋宵几度？么弦漫语，早丁字帘前，繁霜飞舞。袅袅余音，片时犹绕柱。”

此词骤观之，觉字字句句皆词也。其实仅一大堆陈套语耳。“翡翠衾”，“鸳鸯瓦”，用之白香山《长恨歌》则可，以其所言乃帝王之衾之瓦也。“丁字帘”，“么弦”，皆套语也。此词在美国所作，其夜灯决不“荧荧如豆”，其居室尤无“柱”可绕也。至于“繁霜飞舞”，则更不成话矣。谁曾见繁霜之“飞舞”耶？

吾所谓务去烂调套语者，别无他法，惟在人人以其耳目所亲见亲闻所亲身阅历之事物，一一自己铸词以形容描写之；但求其不失真，但求能达其状物写意之目的，即是工夫。其用烂调套语者，皆懒惰不肯自己铸词状物者也。

六曰不用典　吾所主张八事之中，惟此一条最受友朋攻击，盖以此条最易误会也。吾友江亢虎君来书曰：

“所谓典者，亦有广狭二义。饾饤獭祭，古人早悬为厉禁；若并成语故事而屏之，则非惟文字之品格全失，即文字之作用亦亡。……文字最妙之意味，在用字简而涵意多。此断非用典不为功。不用典不特不可作诗，并不可写信，且不可演说。来函满纸‘旧雨’，‘虚怀’，‘治头治脚’，‘衣本逐末’，‘洪水猛兽’，‘发聋振聩’，‘负弩先驱’，‘心悦诚服’，‘词坛’，‘退避三舍’，‘无病呻吟'，'滔天'，'利器'，'铁证'，……皆典也。试尽抉而去之，代以俚语俚字，将成何说话？其用字之繁简，犹其细焉。恐一易他词，虽加倍蓰而涵义仍终不能如是恰到好处，奈何？……"

此论极中肯要。今依江君之言，分典为广狭二义，分论之如下：

（一）广义之典非吾所谓典也。广义之典约有五种。

（甲）古人所设譬喻，其取譬之事物，含有普通意义，不以时代而失其效用者，今人亦可用之。如古人言"以子之矛攻子之盾"，今人虽不读书者，亦知用"自相矛盾"之喻，然不可谓为用典也。上文所举例中之"治头治脚"，"洪水猛兽"，"发聋振聩"，……皆此类也。盖设譬取喻，贵能切当；若能切当，固无古今之别也。若"负弩先驱"，"退避三舍"之类，在今日已非通行之事物，在文人相与之间，或可用之，然终以不用为上。如言"退避"，千里亦可，百里亦可，不必定用"三舍"之典也。

（乙）成语　成语者，合字成辞，别为意义。其习见之句，通行已久，不妨用之。然今日若能另铸"成语"，亦无不可也。"利器"，"虚怀"，"舍本逐末"，……皆属此类。非此"典"也，乃日用之字耳。

（丙）引史事　引史事与今所论议之事相比较，不可谓为用典也。如老杜诗云，"未闻殷周衰，中自诛褒妲"，此非用典也。近人诗云，"所以曹孟德，犹以汉相终"，此亦非用典也。

（丁）引古人作比　此亦非用典也。杜诗云，"清新庾开府，俊逸鲍参军"，此乃以古人比今人，非用典也。又云，"伯仲之间见伊吕，指挥若定失萧曹"，此亦非用典也。

（戊）引古人之语　此亦非用典也。吾尝有句云，"我闻古人言，艰难惟一死"。又云"尝试成功自古无，放翁此语未必是。"此乃引语，非用典也。

以上五种为广义之典，其实非吾所谓典也。若此者可用可不用。

（二）狭义之典，吾所主张不用者也。吾所谓用"典"者，谓文人词客不能自己铸词造句以写眼前之景，胸中之意，故借用或不全切，或全不切之故事陈言以代之，以图含混过去；是谓“用典”。上所述广义之典，除戊条外，皆为取譬比方之辞。但以彼喻此，而非以彼代此也。狭义之用典，则全为以典代言，自己不能直言之，故用典以言之耳。此吾所谓用典与非用典之别也。狭义之典亦有工拙之别，其工者偶一用之，未为不可，其拙者则当痛绝之。

（子）用典之工者　此江君所谓用字简而涵义多者也。客中无书不能多举其例，但杂举一二，以实吾言：

（1）东坡所藏”仇池石”，王晋卿以诗借观，意在于夺。东坡不敢不借，先以诗寄之，有句云，“欲留嗟赵弱，宁许负秦曲。传观慎勿许，间道归应速。”此用蔺相如返璧之典，何其工切也！

（2）东坡又有“章质夫送酒六壶，书至而酒不达。”诗云，“岂意青州六从事，化为乌有一先生。”此虽工已近于纤巧矣。

（3）吾十年前尝有读《十字军英雄记》一诗云，“岂有酖人羊叔子？焉知微服赵主父？十字军真儿戏耳，独此两人可千古。”以两典包尽全书，当时颇沾沾自喜，其实此种诗，尽可不作也。

（4）江亢虎代华侨诔陈英士文有“未悬太白，先坏长城。世无钼麑，乃戕赵卿”四句，余极喜之。所用赵宣子一典，甚工切也。

（5）王国维咏史诗，有“虎狼在堂室，徙戎复何补？神州遂陆沉，百年委榛莽。寄语桓元子，莫罪王夷甫。”此亦可谓使事之工者矣。

上述诸例，皆以典代言，其妙处，终在不失设譬比方之原意；惟为文体所限，故譬喻变而为称代耳。用典之弊，在于使人失其所欲譬喻之原意。若反客为主，使读者迷于使事用典之繁，而转忘其所为设譬之事物，则为拙矣。古人虽作百韵长诗，其所用典不出一二事而已（《北征》与白香山《悟真寺诗》皆不用一典）。今人作长律则非典不能下笔矣。尝见一诗八十四韵，而用典至百余事，宜其不能工也。

（丑）用典之拙者　用典之拙者，大抵皆衰惰之人，不知造词，故以此为躲懒藏拙之计。惟其不能造词，故亦不能用典也。总计拙典亦有数类：

（1）比例泛而不切，可作几种解释，无确定之根据。今取王渔洋《秋柳》一章证之。

娟娟凉露欲为霜，万缕千条拂玉塘。浦里青荷中妇镜，江干黄竹女儿箱。空怜板渚隋堤水，不见琅琊大道王。若过洛阳风景地，含情重问永丰坊。

此诗中所用诸典无不可作几样说法者。

（2）僻典使人不解。夫文学所以达意抒情也，若必求人人能读五车书，然后能通其文，则此种文可不作矣。

（3）刻削古典成语，不合文法。"指兄弟以孔怀，称在位以曾是，"（章太炎语）是其例也。今人言"为人作嫁"亦不通。

（4）用典而失其原意。如某君写山高与天接之状，而曰"西接杞天倾"是也。

（5）古事之实有所指，不可移用者，今往乱用作普通事实。如古人灞桥折柳，以送行者，本是一种特别土风。阳关渭城亦皆实有所指。今之懒人不能状别离之情，于是虽身在滇越，亦言灞桥；虽不解阳关渭城为何物，亦皆言"阳关三迭"，"渭城离歌"。又如张翰因秋风起而思故乡之莼羹鲈脍，今则虽非吴人，不知莼鲈为何味者，亦皆自称有"莼鲈之思"。此则不仅懒不可救，直是自欺欺人耳！

凡此种种，皆文人之不下工夫，一受其毒，便不可救。此吾所以有"不用典"之说也。

七曰不讲对仗　排偶乃人类言语之一种特性，故虽古代文字，如老子孔子之文，亦间有骈句。如"道可道，非常道；名可名，非常名。无名天地之始，有名万物之母。故常无，欲以观其妙；常有，欲以观其徼。"此三排句也。"食无求饱，居无求安"。"贫有无谄，富而无骄"。"尔爱其羊，我爱其礼"。此皆排句也。然此皆近于语言之自然，而无牵强刻削之迹；尤未有定其字之多寡，声之平仄，词之虚实者也。至于后世文学末流，言之无物，乃以文胜；文胜之极，而骈文律师兴焉，而长律兴焉。骈文律诗之中非无佳作，然佳作终鲜。所以然者何？岂不以其束缚人之自由过甚之故耶？（长律之中，上下古今，无一首佳作可言也。）今日而言文学改良，当“先立乎其大者”，不当枉废有用之精力于微细纤巧之末；此吾所以有废骈废律之说也。即不能废此两者，亦但当视为文学末技而已，非讲求之急务也。

今人犹有鄙夷白话小说为文学小道者，不知施耐庵曹雪芹吴趼人皆文学正宗，而骈文律诗乃真小道耳。吾知必有闻此言而却走者矣。

八曰不避俗语俗字　吾惟以施耐庵曹雪芹吴趼人为文学正宗，故有“不避俗字俗语”之论也。（参看上文第二条下）盖吾国言文之背驰久矣。自佛书之输入，译者以文言不足以达意，故以浅近之文译之，其体已近白话。其后佛氏讲义语录尤多用白话为之者，是为语录体之原始。及宋人讲学以白话为语录，此体遂成讲学正体（明人因之）。当是时，白话已久入韵文，观唐宋人白话之诗词可见也。及至元时，中国北部已在异族之下，三百余年矣（辽，金元）。此三百年中，中国乃发生一种通俗行远之文学。文则有《水浒》《西游》《三国》之类，戏曲则尤不可胜计（关汉卿诸人，人各著剧数十种之多。吾国文人著作之富，未有过于此时者也）。以今世眼光观之，则中国文学当以元代为最盛；可传世不朽之作，当以元代为最多；此可无疑也。当是时，中国之文学最近言文合一。白话几成文学的语言矣。使此趋势不受阻遏，则中国几有一“活文学出现”，而但丁、路得之伟业（欧洲中古时，各国皆有俚语，而以拉丁文为文言，凡著作书籍皆用之，如吾国之以文言著书也。其后意大利有但丁诸文豪，始以其国俚语著作。诸国踵兴，国语亦代起。（路得创新教始以德文译旧约新约，遂开德文学之先。英法诸国亦复如是。今世通用之英文新旧约乃1611年译本，距今才300年耳。故今日欧洲诸国之文学。在当日皆为俚语。迨诸文豪兴，始以“活文学”代拉丁之死文学。有活文学而后有言文合一之国语也），几发生于神州。不意此趋势骤为明代所阻，政府既以八股取士，而当时文人如何李七子之徒，又争以复古为高，于是此千年难遇言文合一之机会，遂中道夭折矣。然以今世历史进化的眼光观之。则白话文学之为中国文学之正宗，又为将来文学必用之利器，可断言也（此“断言”乃自作者言之，赞成此说者今日未必甚多也）。以此之故，吾主张今日作文作诗，宜采用俗语俗字。与其用三千年前之死字（如“于铄国会，遵晦时休”之类），不如用 20 世纪之活字；与其作不能行远不能普及之秦汉六朝文字，不如作家喻户晓之《水浒》《西游》文字也。

结　论

上述八事，乃吾年来研思此一大问题之结果。远在异国，既无读书之暇晷，又不得就国中先生长者质疑问难，其所主张容有矫枉过正之处。然此八事皆文学上根本问题，一一有研究之价值。故草成此论，以为海内外留心此问题者作一草案。谓之刍议，犹云未定草也，伏惟国人同志有以匡纠是正之。

（原载 1917 年 1 月 1 日《新青年》第 2 卷第 5 号）

建设的文学革命论

（国语的文学——文学的国语）

（一）

我的《文学改良刍议》发表以来，已有一年多了。这十几个月之中，这个问题居然引起了许多很有价值的讨论，居然受了许多很可使人乐观的响应。我想我们提倡文学革命的人，固然不能不从破坏一方面下手。但是我们仔细看来，现在的旧派文学实在不值得一驳。什么“桐城”派的古文哪，《文选》派的文学哪，“江西”派的诗哪，“梦窗”派的词哪，《聊斋志异》派的小说哪，——都没有破坏的价值。他们所以还能存在国中，正因为现在还没有一种真有价值，真有生气，真可算作文学的新文学起来代他们的位置。有了这种“真文学”和“活文学”，那些“假文学”和“死文学”，自然会消灭了。所以我望我们提倡文学革命的人，对于那些腐败文学，个个都该存一个“彼可取而代也”的心理，个个都该从建设一方面用力，要在三五十年内替中国创造出一派新中国的活文学

我现在做这篇文章的宗旨，在于贡献我对于建设新文学的意见。我且先把我从前所主张破坏的八事引来做参考的资料：

一，不做“言之无物”的文字。

二，不做“无病呻吟”的文字。

三，不用典。

四，不用套语烂调。

五，不重对偶：——文须废骈，诗须废律。

六，不做不合文法的文字。

七，不摹仿古人。

八，不避俗语俗字。

这是我的“八不主义”，是单从消极的，破坏的一方面着想的。

自从去年归国以后，我在各处演说文学革命，便把这“八不主义”都改作了肯定的口气，又总括作四条，如下：

一，要有话说，方才说话。这是“不做言之无物的文字”一条的变相。

二，有什么话，说什么话，话怎么说，就怎么说。这是（二）（三）（四）（五）（六）诸条的变相。

三，要说我自己的话，别说别人的话。这是“不摹仿古人”一条的变相。

四，是什么时代的人，说什么时代的话。这是“不避俗话俗字”的变相。

这是一半消极，一半积极的主张。一笔表过，且说正文。

（二）

我的“建设新文学论”的唯一宗旨只有十个大字：“国语的文学，文学的国语。”我们所提倡的文学革命，只是要替中国创造一种国语的文学。有了国语的文学，方才可有文学的国语。有了文学的国语，我们的国语才可算得真正国语。国语没有文学，便没有生命，便没有价值，便不能成立，便不能发达。这是我这一篇文字的大旨。

我曾仔细研究：中国这2000年何以没有真有价值真有生命的“文言的文学”？我自己回答道：“这都因为这二千年的文人所做的文学都是死的，都是用已经死了的语言文字做的。死文字决不能产出活文学。所以中国这2000年只有些死文学，只有些没有价值的死文学。”

我们为什么爱读《木兰辞》和《孔雀东南飞》呢？因为这两首诗是用白话做的。为什么爱读陶渊明的诗和李后主的词呢？因为他们的诗词是用白话做的。为什么爱杜甫的《石壕吏》、《兵车行》诸诗呢？因为他们都是用白话做的。为什么不爱韩愈的《南山》呢？因为他用的是死字死话。……简单说来，自从《三百篇》到于今，中国的文学凡是有一些价值有一些儿生命的，都是白话的，或是近于白活的。其余的都是没有生气的古董，都是博物院中的陈列品！

再看近世的文学：何以《水浒传》、《西游记》、《儒林外史》、《红楼梦》可以称为"活文学"呢？因为他们都是用一种活文字做的。若是施耐庵吴承恩吴敬梓曹雪芹都用了文言做书，他们的小说一定不会有这样生命，一定不会有这样价值。

读者不要误会：我并不曾说凡是用白话做的书都是有价值有生命的。我说的是：用死了的文言决不能做出有生命有价值的文学来。这一千多年的文学，凡是有真正文学价值的，没有一种不带有白话的性质，没有一种不靠这个"白话性质"的帮助。换言之：白话能产出有价值的文学，也能产出没有价值的文学；可以产出《儒林外史》，也可以产出《肉蒲团》。但是那已死的文言只能产出没有价值没有生命的文学，决不能产出有价值有生命的文学；只能做几篇"拟韩退之《原道》"或"拟陆士衡《拟古》"，决不能做出一部《儒林外史》。若有人不信这话，可先读明朝古文大家宋濂的《王冕传》，再读《儒林外史》第一回的《王冕传》，便可知道死文学和活文学的分别了。

为什么死文字不能产生活文学呢？这都由于文学的性质。一切语言文字的作用在于达意表情；达意达得妙，表情表得好，便是文学。那些用死文言的人，有了意思，却须把这意思翻成几千年前的典故；有了感情，却须把这感情译为几千年前的文言。明明是客子思家，他们须说，"王粲登楼"，"仲宣作赋"；明明是送别，他们却须说"《阳关》三叠"，"一曲《渭城》"；明明是贺陈宝琛70岁生日，他们却须说是贺伊尹周公传说。更可笑的：明明是乡下老太婆说话，他们却要叫他打起唐宋八家的古文腔儿；明明是极下流的妓女说话，他们却要他打起胡天游洪亮吉的骈文调子！……请问这样做文章如何能达意表情呢？

既不能达意，既不能表情，那里还有文学呢？即如那《儒林外史》里的王冕，是一个有感情，有血气，能生动，能谈笑的活人。这都因为做书的人能用活言语活文字来描写他的生活神情。那宋濂集子里的王冕，便成了一个没有生气，不能动人的死人。为什么呢？因为宋濂用了2000年前的死文字来写2000年后的活人；所以不能不把这个活人变作2000年前的木偶，才可合那古文家法。古文家法是合了，那王冕也真“作古”了！

因此我说，“死文言决不能产出活文学。”中国若想有活文学必须用白话，必须用国语，必须做国语的文学。

（三）

上节所说，是从文学一方面着想，若要活文学，必须用国语，如今且说从国语一方面着想，国语的文学有何等重要。

有些人说：“若要用国语做文学，总须先有国语。如今没有标准的国语，如何能有国语的文学？”我说这话似乎有理，其实不然。国语不是单靠几位言语学的专门家就能造得成的；也不是单靠几本国语教科书和几部国语字典就能造成的。若要造国语，先须造国语的文学。有了国语的文学，自然有国语。这话初听了似乎不通。但是列位仔细想想便可明白了。天下的人谁肯从国语教科书和国语字典里面学习国语？所以国语教科书和国语字典，虽是很要紧，决不是造国语的利器。真正有功效有势力的国语教科书，便是国语的文学；便是国语的小说，诗文，戏本。国语的小说，诗文，戏本通行之日，便是中国国语成立之时。试问我们今日居然能拿起笔来做几篇白话文章，居然能写得出好几百个白话的字，可是从什么白话教科书上学来的吗？可不是从《水浒传》、《西游记》、《红楼梦》、《儒林外史》……等书学来的吗？这些白话文学的势力，比什么字典教科书都还大几百倍。《字典》说“这”字该读“鱼彦反，”我们偏读他做“者个”的者字。《字典》说“么”字是“细小”，我们偏把他用作“什么”“那么”的么字《字典》说“没”字是“沉也”，“尽也”，我们偏用他做“无有”的无字解。《字典》说

“的”字有许多意义，我们偏把他用来代文言的“之”字，“者”字，“所”字和“徐徐尔，纵纵尔”的“尔”字。……总而言之，我们今日所用的“标准白话”，都是这几部白话的文学定下来的。我们今日要想重新规定一种“标准国语”，还须先造无数国语的《水浒传》、《西游记》、《儒林外史》、《红楼梦》。

所以我以为我们提倡新文学的人，尽可不必问今日中国有无标准国语。我们尽可努力去做白话的文学，我们可尽量采用《水浒传》、《西游记》、《儒林外史》、《红楼梦》的白话；有不合今日的用的，便不用他；有不够用的，便用今日的白话来补：有不得不用文言的，便用文言来补助。这样做去，决不愁语言文字不够用，也决不用愁没有标准白话。中国将来的新文学用的白话，就是将来中国的标准国语。造中国将来白话文学的人，就是制定标准国语的人。

我这种议论并不是“向壁虚造”的。我这几年来研究欧洲各国国语的历史，没有一种国语不是这样造成的。没有一种国语是教育部的老爷们造成的。没有一种是言语学专门家造成的。没有一种不是文学家造成的。我且举几条例为证：

一，意大利。500 年前，欧洲各国但有方言，没有“国语”。欧洲最早的国语是意大利文。那时欧洲各国的人多用拉丁文著书通信。到了 14 世纪的初年意大利的大文学家但丁极力主张用意大利话来代拉丁文。他说拉丁文是已死了的文字，不如他本国俗话的优美。所以他自己的杰作“喜剧”，全用脱斯堪尼（意大利北部的一邦。）的俗话。这部“喜剧”，风行一世，人都称他做“神圣喜剧”。那“神圣喜剧”的白话后来便成了意大利的标准国语。后来的文学家包卡嘉（Boccacio 1313—1375）和洛伦查（Lorenzo de Medici）诸人也都用白话做文学。所以不到 100 年，意大利的国语便完全成立了。

二，英国。英伦虽只是一个小岛国，却有无数方言。现在通行全世界的“英文”在 500 年前还只是伦敦附近一带的方言，叫做“中部土话”。当 14 世纪时，各处的方言都有些人用来做书。后来到了 14 世纪的末年，出了两位文学家，一个是赵叟（Chaucer 1340—1400），一个是威克列夫（Wycliff1320—1384）。赵叟做了许多诗歌，散文，都用这"中部土话"。威克列夫把耶教的《旧约》《新约》也都译成"中部土话"。有了这两个人的文学，便把这"中部土话"变成英国的标准国语。后来到了15世纪，印刷术输进英国，所印的书多用这"中部土话"。国语的标准更确定了。到十六十七两世纪，莎士比亚（Shakespeare）和"伊里沙白时代"的无数文学大家，都用国语创造文学。从此以后，这一部分的"中部土话"不但成了英国的标准国语，几乎竟成了全地球的世界语了！

此外，法国德国及其他各国的国语，大都是这样发生的，大都是靠着文学的力量才能变成标准的国语的。我也不去一一的细说了。

意大利国语成立的历史，最可供我们中国人的研究。为什么呢？因为欧洲西部北部的新国，如英吉利、法兰西、德意志，他们的方言和拉丁文相差太远了，所以他们渐渐的用国语著作文学，还不算希奇。只有意大利是当年罗马帝国的京畿近地，在拉丁文的故乡；各处的方言又和拉丁文最近。在意大利提倡用白话代拉丁文，真正和在中国提倡用白话代汉文，有同样的艰难。所以英法德各国语，一经文学发达以后，便不知不觉的成为国语了。在意大利却不然。当时反对的人很多，所以那时的新文学家，一方面努力创造国语的文学，一方面还要做文章鼓吹何以当废古文，何以不可不用白话。有了这种有意的主张，（最有力的是但丁和阿儿白狄两个人。）又有了那些有价值的文学，才可造出意大利的"文学的国语"。

我常问我自己道："自从施耐庵以来，很有了些极风行的白白文学，何以中国至今还不曾有一种标准的国语呢？"我想来想去，只有一个答案。这一千年来，中国固然有了一些有价值的白话文学，但是没有一个人出来明目张胆的主张用白话为中国的"文学的国语"。有时陆放翁高兴了，便做一首白话诗；有时柳耆卿高兴了，便做一首白话词；有时朱晦庵高兴了，便写几封白话信，做几条白话札记；有时施耐庵吴敬梓高兴了，便做一两部白话的小说。这都是不知不觉的自然出产品，并非是有意的主张。因为没有"有意的主张"，所以做白话的只管做白话，做古文的只管做古文，做八股的只管做八股。因为没有"有意的主张"，所以白话文学从不曾和那些"死文学"争那"文学正宗"

的位置。白话文学不成为文学正宗，故白话不曾成为标准国语。

我们今日提倡国语的文学，是有意的主张。要使国语成为“文学的国语”。有了文学的国语，方有标准的国语。

（四）

上文所说，“国语的文学，文学的国语”，乃是我们的根本主张。如今且说要实行做到这个根本主张，应该怎样进行。

我以为创造新文学的进行次序，约有三步：（一）工具，（二）方法，（三）创造。前两步是预备，第三步才是实行创造新文学。

（一）工具　古人说得好：“工欲善其事，必先利其器”，写字的要笔好，杀猪的要刀快。我们要创造新文学，也须先预备下创造新文学的“工具”。我们的工具就是白话。我们有志造国语文学的人，应该赶紧筹备这个万不可少的工具。预备的方法，约有两种：

（甲）多读模范的白话文学。例如《水浒传》、《西游记》、《儒林外史》、《红楼梦》；宋儒语录，白话信札；元人戏曲；明清传奇的说白。唐宋的白话诗词，也该选读。

（乙）用白话做各种文学。我们有志造新文学的人，都该发誓不用文言作文：无论通信，做诗，译书，做笔记，做报馆文章，编学堂讲义，替死人作墓志，替活人上条陈，……都该用白话来做。我们从小到如今，都是用文言作文，养成了一种文言的习惯，所以虽是活人，只会做死人的文字。若不下一些狠劲，若不用点苦功夫，决不能使用白话圆转如意。若单在《新青年》里面做白话文字，此外还依旧做文言的文字，那真是“一日曝之，十日寒之”的政策，决不能磨练成白话的文学家。

不但我们提倡白话文学的人应该如此做去，就是那些反对白话文学的人，我也奉劝他们用白话来做文字。为什么呢？因为他们若不能做白话文字，便不配反对白话文学。譬如那些不认得中国字的中国人，若主张废汉文，我一定骂他们不配开口。若是我的朋友钱玄同要主张废汉文，我决不敢说他不配开口了。那些不会做白话文字的人来反对白话文学，便和那些不懂汉文的人要废汉文，是一样的荒谬。所以我劝他们多做些白话文字，多做些白话诗歌，试试白话是否有文学的价值。如果试了几年，还觉得白话不如文言，那时再来攻击我们，也还不迟。

还有一层。有些人说，“做白话很不容易，不如做文言的省力。”这是因为中毒太深之过。受病深了，更宜赶紧医治。否则真不可救了。其实做白话并不难。我有一个侄儿，今年才十五岁，一向在徽州不曾出过门，今年他用白话写信来，居然写得极好。我们徽州话和官话差得很远，我的侄儿不过看了一些白话小说，便会做白话文字了。这可见做白话并不是难事，不过人性懒惰的居多数，舍不得抛“高文典册”的死文字罢了。

（二）方法　我以为中国近来文学所以这样腐败，大半虽由于没有适用的“工具”，但是单有“工具”，没有方法，也还不能造新文学。做木匠的人，单有锯凿钻刨，没有规矩师法，决不能造成木器。文学也是如此。若单靠白话便可造新文学，难道把郑孝胥陈三立的诗翻成了白话，就可算得新文学了吗？难道那些用白话做的《新华春梦记》、《九尾龟》也可算作新文学吗？我以为现在国内新起的一班“文人”，受病最深的所在，只在没有高明的文学方法。我且举小说一门为例。现在的小说（单指中国人自己著的），看来看去，只有两派。一派最下流的，是那些学《聊斋志异》的札记小说。篇篇都是“某生，某处人，生有异禀，下笔千言，……一日于某地遇一女郎……好事多磨……遂为情死”或是“某地某生，游某地，眷某妓，情好綦笃，遂订白头之约，……而大妇妒甚，不能相容，女抑郁以死，……生抚尸一恸几绝”；……此类文字，只可抹桌子，固不值一驳。还有那第二派是那些学《儒林外史》或是学《官场现形记》的白话小说。上等的如《广陵潮》，下等的如《九尾龟》。这一派小说，只学了《儒林外史》的坏处，却不曾学得他的好处。《儒林外史》的坏处在于体裁结构太不紧严，全篇是杂凑起来的。例如娄府一群人，自成一段；杜府两公子，自成一段；马二先生又成一段；虞博士又成一段；肖云仙郭孝子又各自成一段。分出来，可成无数札记小说；接下去，可长至无穷无极。《官场现形记》便是这样。如今的章回小说，大都犯这个没有结构，没有布局的懒病。却不知道《儒林外史》所以能有文学价值者，全靠一副写人物的画工本领。我十年不曾读这书了，但是我闭了眼睛，还觉得书中的人物，如严贡生，如马二先生，如杜少卿，如权勿用，……个个都是活的人物。正如读《水浒》的人，过了二三十年，还不会忘记鲁智深、李逵、武松、石秀……一班人。请问列位读过《广陵潮》和《九尾龟》的人，过了两三个月，心目中除了一个"文武全才"的章秋谷之外，还记得几个活灵活现的书中人物？——所以我说，现在的"新小说"，全是不懂得文学方法的：既不知布局，又不知结构，又不知描写人物，只做成了许多又长又臭的文字；只配与报纸的第二张充篇幅，却不配在新文学上占一个位置。——小说在中国近年，比较的说来，要算文学中最发达的一门了。小说尚且如此，别种文学，如诗歌戏曲，更不用说了。

如今且说什么叫做"文学的方法"呢？这个问题不容易回答，况且又不是这篇文章的本题，我且约略说几句。

大凡文学的方法可分三类：

（1）集收材料的方法　中国的"文学"，大病在于缺少材料。那些古文家，除了墓志，寿序，家传之外，几乎没有一毫材料。因此，他们不得不做那些极无聊的《汉高帝斩丁公论》、《汉文帝唐太宗优劣论》。至于近人的诗词，更没有什么材料可说了。近人的小说材料，只有三种：一种是官场，一种是妓女，一种是不官而官，非妓而妓的中等社会（留学生女学生之可做小说材料者，亦附此类）。除此之外，别无材料。最下流的，竟至登告白征求这种材料。做小说竟须登告白征求材料，便是宣告文学家破产的铁证。我以为将来的文学家收集材料的方法，约如下：

（甲）推广材料的区域　官场妓院与龌龊社会三个区域，决不够采用。即如今日的贫民社会，如工厂之男女工人，人力车夫，内地农家，各处小负贩及小店铺，一切痛苦情形，都不曾在文学上占一位置。并且今日新旧文明相接触，一切家庭惨变，婚姻苦痛，女子之位置，教育之不适宜，……种种问题，都可供文学的材料。

（乙）注重实地的观察和个人的经验　现今文人的材料大都是关了门虚造出来的，或是间接又间接的得来的，因此我们读这种小说，总觉得浮泛敷衍，不痛不痒的，没有一毫精采。真正文学家的材料大概都有“实地的观察和个人自己的经验”做个根底。不能做实地的观察，便不能做文学家；全没有个人的经验，也不能做文学家。

（丙）要用周密的理想作观察经验的补助　实地的观察和个人的经验，固是极重要，但是也不能全靠这两件。例如施耐庵若单靠观察和经验，决不能做出一部《水浒传》。个人所经验的，所观察的，究竟有限。所以必须有活泼精细的理想（Imagination），把观察经验的材料，一一的体会出来，一一的整理如式，一一的组织完全；从已知的推想到未知的，从经验过的推想到不曾经验过的，从可观察的推想到不可观察的。这才是文学家的本领。

（2）结构的方法　有了材料，第二步须要讲究结构。结构是个总名词，内中所包甚广，简单说来，可分剪裁和布局两步：

（甲）剪裁　有了材料，先要剪裁。譬如做衣服，先要看那块料可做袍子，那块料可做背心。估计定了，方可下剪。文学家的材料也要如此办理。先须看这些材料该用做小诗呢？还是做长歌呢？该用做章回小说呢？还是做短篇小说呢？该用做小说呢？还是做戏本呢？筹画定了，方才可以剪下那些可用的材料，去掉那些不中用的材料；方才可以决定做什么体裁的文学。

（乙）布局　体裁定了，再可讲布局。有剪裁，方可决定“做什么”；有布局，方可决定“怎样做”。材料剪定了，须要筹算怎样做去始能把这材料用得最得当又最有效力。例如唐朝天宝时代的兵祸，百姓的痛苦，都是材料。这些材料，到了杜甫的手里，便成了诗料。如今且举他的《石壕吏》一篇，作布局的例。这首诗只写一个过路的客人一晚上在一个人家内偷听得的事情；只用 120 个字，却不但把那一家祖孙三代的历史都写出来，并且把那时代兵祸之惨，壮丁死亡之多，差役之横行，小民之苦痛，都写得逼真活现，使人读了生无限的感慨。这是上品的布局功夫。又如古诗“上山采蘼芜，下山逢故夫”一篇，写一家夫妇的惨剧，却不从“某人娶妻甚贤，后别有所欢，遂出妻再娶”

说起，只挑出那前妻山上下来遇着故夫的时候下笔，却也能把那一家的家庭情形写得充分满意。这也是神品的布局工夫。——近来的文人全不讲求布局：只顾凑足多少字可卖几块钱；全不问材料用的得当不得当，动人不动人。他们今日做上回的文章，还不知道下一回的材料在何处！这样的文人怎样造得出有价值的新文学呢！

（3）描写的方法　局已布定了，方才可讲描写的方法。描写的方法，千头万绪，大要不出四条：

（甲）写人

（乙）写境

（丙）写事

（丁）写情

写人要举动，口气，身分，才性，……都要有个性的区别；件件都是林黛玉，决不是薛宝钗；件件都是武松，决不是李逵。写境要一喧，一静，一石，一山，一云，一鸟，……也都要有个性的区别；《老残游记》的大明湖，决不是西湖，也决不是洞庭湖；《红楼梦》里的家庭，决不是《金瓶梅》里的家庭。写事要线索分明，头绪清楚，近情近理，亦正亦奇。写情要真，要精，要细腻婉转，要淋漓尽致。——有时须用境写人，用情写人，用事写人；有时须用人写境，用事写境，用情写境；……这里面的千变万化，一言难尽。

如今且回到本文。我上文说的：创造新文学的第一步是工具，第二步是方法。方法的大致，我刚才说了。如今且问，怎样预备方才可得着一些高明的文学方法？我仔细想来，只有一条法子；就是赶紧多多的翻译西洋的文学名著做我们的模范。我这个主张，有两层理由：

第一，中国文学的方法实在不完备，不够作我们的模范。即以体裁而论，散文只有短篇，没有布置周密，论理精严，首尾不懈的长篇；韵文只有抒情诗，绝少纪事诗，长篇诗更不曾有过；戏本更在幼稚时代，但略能纪事掉文，全不懂结构；小说好的，只不过三四部，这三四部之中，还有许多疵病；至于最精采之“短篇小说”，“独幕戏”，更没有了。若从材料一方面看来，中国文学更没有做模范的价值。才子佳人，封王挂帅的小说；风花雪月，涂脂抹粉的诗；不能说理，不能言情的“古文”；学这个，学那个的一切文学：这些文字，简直无一毫材料可说。至于布局一方面，除了几首实在好的诗之外，几乎没有一篇东西当得“布局”两个字！——所以我说，从文学方法一方面看去，中国的文学实在不够给我们作模范。

第二，西洋的文学方法，比我们的文学，实在完备得多，高明得多，不可不取例。即以散文而论，我们的古文家至多比得上英国的倍根（Bacon）和法国的孟太恩（Montaigne），至于像柏拉图（Plato）的“主客体”，赫胥黎（Huxley）等的科学文字，包士威尔（Boswell）和莫烈（Morley）等的长篇传记，弥儿（Mill）弗林克令（Franklin）吉朋（Gibbon）等的“自传”，太恩（Taine）和白克儿（Buckle）等的史论；……都是中国从不曾梦见过的体裁。更以戏剧而论，2500 年前的希腊戏曲，一切结构的功夫，描写的功夫，高出元曲何止十倍。近代的萧士比亚和莫逆尔更不用说了，最近 60 年来，欧洲的散文戏本，千变万化。远胜古代，体裁也更发达了，最重要的，如“问题戏”专研究社会的种种重要问题，“寄托戏”（Symbolic Drama）专以美术的手段作的“意在言外”的戏本；“心理戏”，专描写种种复杂的心境，作极精密的解剖；“讽刺戏”，用嬉笑怒骂的文章，达愤世救世的苦心：——我写到这里，忽然想起今天梅兰芳正在唱新编的《天女散花》，上海的人还正在等着看新排的《多尔衮》呢！我也不往下数了。——更以小说而论，那材料之精确，体裁之完备，命意之高超，描写之工切，心理解剖之细密，社会问题讨论之透彻，……真是美不胜收。至于近百年新创的“短篇小说”，真如芥子里面藏着大千世界；真如百炼的精金，曲折委婉，无所不可；真可说是开千古未有的创局，掘百世不竭的宝藏。——以上所说，大旨只在约略表示西洋文学方法的完备，因为西洋文学真有许多可给我们作模范的好处，所以我说：我们如果真要研究文学的方法，不可不赶紧翻译西洋的文学名著做我们的模范。

现在中国所译的西洋文学书，大概都不得其法，所以收效甚少。我且拟几条翻译西洋文学名著的办法如下：

（1）只译名家著作，不译第二流以下的著作　我以为国内真懂得西洋文学的学者应该开一会议，公共选定若干种不可不译的第一流文学名著：约数如一百种长篇小说，500 篇短篇小说，300 种戏剧，50 家散文，为第一部西洋文学丛书，期五年译完，再选第二部。译成之稿，由这几位学者审查，并一一为作长序及著者略传，然后付印；其第二流以下，如哈葛得之流，一概不选。诗歌一类，不易翻译，只可从缓。

（2）全用白话韵文之戏曲，也都译为白话散文　用古文译书，必失原文的好处。如林琴南的“其女珠，其母下之”，早成笑柄，且不必论。前天看见一部侦探小说《圆室案》中，写一位侦探“勃然大怒，拂袖而起。”不知道这位侦探穿的是不是康桥大学的广袖制服！——这样译书，不如不译。又如林琴南把萧士比亚的戏曲，译成了记叙体的古文！这真是萧士比亚的大罪人，罪在《圆室案》译者之上！

（三）创造　上面所说工具与方法两项，都只是创造新文学的预备。工具用得纯熟自然了，方法也懂了，方才可以创造中国的新文学。至于创造新文学是怎样一回事，我可不配开口了。我以为现在的中国，还没有做到实行预备创造新文学的地步，尽可不必空谈创造的方法和创造的手段，我们现在且先去努力做那第一第二两步预备的工夫罢！

（原载 1918 年 4 月 15 日《新青年》第 4 卷第 4 号）

论短篇小说

一　什么叫做“短篇小说”？

中国今日的文人大概不懂“短篇小说”是什么东西。现在的报纸杂志里面，凡是笔记杂纂，不成长篇的小说，都可以叫做“短篇小说”。所以现在那些“某生，某处人，幼负异才，……一日，游某园，遇一女郎，睨之，无人也，……”一类的烂调小说，居然都称为“短篇小说”！其实这是大错的。西方的“短篇小说”在文学上有一定的范围，有特别的性质，不是单靠篇幅不长便可称为“短篇小说”的。

我如今且下一个“短篇小说”的界说：

> 短篇小说是用最经济的文学手段，描写事实中最精彩的一段，或一方面，而能使人充分满意的文章。

这条界说中，有两个条件最宜特别注意。今且把这两个条件分说如下：

（一）“事实中最精彩的一段或一方面”。譬如把大树的树身锯断，懂植物学的人看了树身的“横截面”，数了树的“年轮”，便可知道这树的年纪。一人的生活，一国的历史，一个社会的变迁，都有一个“纵剖面”和无数“横截面”。纵面看去，须从头看到尾，才可看见全部。横面截开一段，若截在要紧的所在，便可把这个“横截面”代表这个人，或这一国，或这一个社会。这种可以代表全部的部分，便是我所谓“最精采”的部分。又譬如西洋照相术未发明之前，有一种“侧面剪影”，用纸剪下人的侧面，便可知道是某人（此种剪像曾风一时。今虽有照相术，尚有人为之）。这种可以代表全形的一面，便是我所谓“最精采”的方面。若不是“最精采”的所在，决不能用一段代表全体，决不能用一面代表全形。

（二）“最经济的文学手段。”形容“经济”两个字，最好是借用宋玉的话：“增加一分则太长，减之一分则太短；着粉则太白，施朱则太赤。”须要不可增减，不可涂饰，处处恰到好处，方可当“经济”二字。因此凡可以拉长演作章回小说的短篇，不是真正“短篇小说”；凡叙事不能畅尽，写情不能饱满的短篇，也不是真正“短篇小说”。

能合我新下的界说的，便是理想上完全的“短篇小说”。世间所称“短篇小说”，虽未能处处都与这界说相合，但是那些可传世不朽的“短篇小说”，绝没有不具上文所说两个条件的。

如今且举几个例。西历1870年，法兰西和普鲁士开战，后来法国大败，巴黎被攻破，出了极大的赔款，还割了两省地，才能讲和。这一次战争，在历史上，就叫做普法之战，是一件极大的事。若是历史家记载这事，必定要上溯两国开衅的远因，中记战争的详情，下寻战与和的影响；这样记去，可满几十本大册子。这种大事到了“短篇小说家”的手里，便用最经济的手腕去写这件大事的最精采的一段或一面。我且不举别人，单举 Daudet 和 Maupassant 两个人为例。Daudet所做普法之战的小说，有许多种。我曾译出一种叫做《最后一课》（初译名《割地》，登上海《大共和日报》，后改用今名，登《留美学生季报》第三年）。全篇用法国割给普国两省中一省的一个小学生的口气，写割地之后，普国政府下令，不许再教法文法语。所写的乃是一个小学教师教法文的“最后一课”。一切割地的惨状，都从这个小学生眼中看出，口中写出。还有一种，叫做《柏林之围》（曾载《甲寅》第四号）。写的是法皇拿破仑第三出兵攻普鲁士时，有一个曾在拿破仑第一麾下的老兵官，以为这一次法兵一定要大胜了，所以特地搬到巴黎，住在凯旋门边，准备着看法兵“凯旋”的大典。后来这老兵官病了，他孙女儿天天假造法兵得胜的新闻去哄他。那时普国的兵已打破巴黎，普兵进城之日，他老人家听见军乐声，还以为是法兵打破了柏林奏凯班师呢！这是借一个法国极强时代的老兵来反照当日法国大败的大耻，两两相形，真可动人。

Maupassant 所做普法之战的小说也有多种。我曾译他的《二渔夫》，写巴黎被围的情形，却都从两个酒鬼身上着想。还有许多篇，如"Mlle.Fifi"之类（皆未译出）或写一个妓女被普国兵士掳去的情形。或写法国内地村乡里面的光棍，乘着国乱，设立"军政分府"，作威作福的怪状，……都可使人因此推想那时法国兵败以后的种种状态。这都是我所说的"用最经济的手腕，描写事实中最精采的片断，而能使人充分满意"的短篇小说。

二　中国短篇小说的略史

"短篇小说"的定义既已说明了，如今且略述中国短篇小说的小史。

中国最早的短篇小说，自然要数先秦诸子的寓言了。《庄子》、《列子》、《韩非子》、《吕览》诸书所载的"寓言"，往往有用心结构可当"短篇小说"之称的。今举二例。第一例见于《列子·汤问篇》：

太形王屋二山，方七百里，高万仞，本在冀州之南，河阳之北。

北山愚公者，年且九十，面山而居，惩山北之塞出入之迂也，聚室而谋曰，"吾与汝毕力平险，指通豫南，达于汉阴，可乎？"杂然相许。

其妻献疑曰，"以君之力，曾不能损魁父之丘。如太形王屋何？且焉置土万？"杂曰，"投诸渤海之尾，隐士之北！"

遂率子孙荷担者三夫，叩石垦壤，箕畚适于渤海之尾。邻人京城氏之孀妻，有遗男，始龀，跳往助之，寒暑易节，始一返焉。

河曲智叟笑而止之曰，"甚矣，汝之不慧！以残年余力，曾不能毁山之一毛，其如土石何？"北山愚公长息曰，"汝心之固，固不可彻，曾不若孀妻弱子！虽我之死，有子存焉。子又生孙，孙又生子，子又有子，子又有孙。子子孙孙，无穷匮也，而山不加增。何苦而不平？"河曲智叟亡以应。

"操蛇之神"闻之，惧其不已也，告之于帝。帝感其诚，命夸娥氏二子负二山，一厝朔东，一厝雍南。自州，冀之南，汉之阴，无陇断焉。

这篇大有小说风味。第一，因为他要说"至诚可动天地"，却平空假造一段太形王屋两山的历史。第二，这段历史之中，处处用人名，地名，用直接会话，写细事小物，即写天神也用"操蛇之神"、"夸娥氏二子"等私名，所以看来好像真有此事。这两层都是小说家的家数。现在的人一开口便是"某生""某甲"，真是不曾懂得做小说的ABC。

第二例见于《庄子·无鬼篇》：

庄子送葬，过惠子之墓。顾谓从者曰：郢人垩漫其鼻端，若蝇翼，使匠石斲之。匠石运斤成风，听而斲之尽垩而鼻不伤。郢人立不失容。宋元君闻之，召匠石曰："尝诚为寡人为之！"

匠石曰，"臣则尝能斲之。虽然臣之质死久矣！"自夫子（谓惠子）之死也，吾无以为质矣！吾无与言之矣！

这一篇写"知己之感"，从古至今，无人能及。看他写"垩漫其鼻端，若蝇翼"，写"匠石运斤成风"，都好像真有此事，所以有文学的价值。看他寥寥70个字，写尽无限感慨，是何等"经济的"手腕！

白汉到唐这几百年中，出了许多"杂记"体的书，却都不配称做"短篇小说"。最下流的如《神仙传》和《搜神记》之类，不用说了。最高的如《世说新语》，其中所记，有许多很有"短篇小说"的意味，却没有"短篇小说"的体裁。如下举的例：

（1）桓公（温）北征，经金城，见前为琅琊时种柳。看已十围，慨然曰，"木犹如洲，人何以堪！"攀枝执条，泫然流泪。

（2）王子猷（徽之）居山阴，夜大雪，眠觉开室，命酌酒，四望皎然。因超彷徨，咏左思《招隐诗》，忽忆戴安道，时戴在剡，即便夜乘小船就之。经宿方至，造门不前而返。人问其故。王曰，"吾本乘兴而来，兴尽而返，何必见戴！"

此等记载，都是拣取人生极精采的一小段，用来代表那人的性情品格，所以我说《世说》很有“短篇小说”的意味。只是《世说》所记都是事实，或是传闻的事实，虽有剪裁，却无结构，故不能称做“短篇小说”。

比较说来，这个时代的散文短篇小说还该数到陶潜的《桃花源记》。这篇文字，命意也好，布局也好，可以算得一篇用心结构的“短篇小说”。此外，便须到韵文中去找短篇小说了。韵文中《孔雀东南飞》一篇是很好的短篇小说，记事言情，事事都到。但是比较起来，还不如《木兰辞》更为“经济”。

《木兰辞》记木兰的战功，只用“将军百战死，壮士十年归”十个字；记木兰归家的那一天，却用了100多字。十个字记十年的事，不为少。100多字记一天的事，不为多。这便是文学的“经济”。但是比较起来，《木兰辞》还不如古诗《上山采蘼芜》更为神妙。那诗道：

上山采蘼芜，下山逢故夫。长跪问故夫：“新人复何如？”“新人虽言好，未若故人姝。颜色类相似，手爪不相如。新人从门入，故人从阁去。新人工织缣，故人工织素。织缣日一匹，织素五丈余。将缣来比素，新人不如故。”

这首诗有许多妙处。第一，他用80个字，写出那家夫妇三口的情形，使人可怜被逐的“故人”。又使人痛恨那没有心肝，想靠着老婆发财的“故夫”。第二，他写那人弃妻娶妻的事，却不用从头说起：不用说“某某，某处人，娶妻某氏，甚贤；已而别有所爱，遂弃前妻而娶新欢……”他只从这三个人的历史中挑出那日从山上采野菜回来遇着故夫的几分钟，是何等“经济的手腕”！是何等“精采的片断”！第三，他只用“上山采蘼芜，下山逢故夫”十个字，便可写出这妇人是一个弃妇，被弃之后，非常贫苦，只得挑野菜度日。这是何等神妙手段！懂得这首诗的好处，方才可谈“短篇小说”的好处。

到了唐朝，韵文散文中都有很好的短篇小说。韵文中，杜甫的《石壕吏》是绝妙的例。那诗道：

暮投石壕村，有吏夜捉人，老翁踰墙走，老妇出门看。吏呼一何怒！妇啼一何苦！听妇前致词："三男邺城戍。一男附书至，二男新战死。存者且偷生，死者长已矣！室中更无人，惟有乳下孙，有孙母未去，出入无完裙。老妪力虽衰，请从吏夜归，急应河阳役，犹得备晨炊。"夜久语声绝，如闻泣幽咽。……天明登前途，独与老翁别！

这首诗写天宝之乱，只写一个过路投宿的客人夜里偷听的事，不插一句议论，能使人觉得那时代征兵之制的大害，百姓的痛苦，丁壮死亡的多，差役捉人的横行；一一都在眼前。捉人捉到生了孙儿的祖母老太太，别的更可想而知了。

白居易的《新乐府》50首中，尽有很好的短篇小说。最妙的是《新丰折臂翁》一首。看他写"是时翁年二十四，兵部牒中有名字，夜深不敢使人知，偷将大石搥折臂"，使人不得不发生"苛政猛于虎"的思想。白居易的《琵琶行》也算得一篇很好的短篇小说。白居易的短处，只因为他有点迂腐气，所以处处要把做诗的"本意"来做结尾。即如《新丰折臂翁》篇末加上"君不见开元宰相宋开府"一段，便没有趣味了。又如《长恨歌》一篇，本用道士见杨贵妃，带来信物一件事作主体。白居易虽做了这诗，心中却不信道士见杨妃的神话；所以他不但说杨妃所在的仙山"在虚无缥缈中"；还要先说杨妃死时"金钿委地无人收，翠翘金蕉玉搔头"，竟直说后来"天上"带来的"钿合金钗"是马嵬坡拾起的了！自己不信，所以说来便不能叫人深信。人说赵子昂画马，先要伏地作种种马相。做小说的人，也要如此，也要用全副精神替书中人物设身处地，体贴入微。做"短篇小说"的人，格外应该如此。为什么呢？因为"短篇小说"要把所挑出的"最精采的一段"作主体，才可有全神贯注的妙处。若带点迂气，处处把"本意"点破，便是把书中事实作一种假设的附属品，便没有趣味了。

唐朝的散文短篇小说很多，好的却实在不多。我看来看去，只有杜光庭的《虬髯客传》可算得上品的"短篇小说"。《虬髯客传》的本旨只是要说"真人之兴，非英雄所冀"。他却平空造出虬髯客一段故事，插入李靖、红拂一段情史，写到正热闹处，忽然写"太原公子裼裘而来”，遂使那位野心豪杰绝心于事国，另去海外开辟新国。这种立意布局，都是小说家的上等工夫。这是第一层长处。这篇是“历史小说”。凡做“历史小说”，不可全用历史上的事实，却又不可违背历史上的事实。全用历史的事实，便成了“演义”体，如《三国演义》和《东周列国志》，没有真正“小说”的价值（《三国》所以稍有小说价值者，全靠其能于历史事实之外，加入许多小说的材料耳）。若违背了历史的事实，如《说岳传》使岳飞的儿子挂帅印打平金国，虽可使一班愚人快意，却又不成“历史的”小说了。最好是能于历史事实之外，造成一些“似历史又非历史”的事实，写到结果却又不违背历史的事实。如法国大仲马的《侠隐记》（商务出版。译者君朔，即是伍光建的假名。我以为近年译西洋小说当以君朔所译诸书为第一。君朔所用白话，全非抄袭旧小说的白话，乃是一种特别的白话，最能传达原书的神气。其价值高出林纾百倍。可惜世人不会赏识）。写英国暴君查尔第一世为克林威尔所囚时，有几个侠士出了死力百计地把他救出来，每次都到将成功时忽又失败；写来极热闹动人，令人急煞，却终不能救免查尔第一世断头之刑，故不违背历史的事实。又如《水浒传》所记宋江等36 人是正史所有的事实。《水浒传》所写宋江在浔阳江上吟反诗，写武松打虎杀嫂，写鲁智深大闹和尚寺……等事，处处热闹煞，却终不违背历史的事实（《荡寇志》便违背历史的事实了）。《虬髯客传》的长处正在它写了许多动人的人物事实，把“历史的”人物（如李靖、刘文静、唐太宗之类）和“非历史的”人物（如虬髯客、红拂）穿插夹混，叫人看了竟像那时真有这些人物事实。这是“历史小说”的方法，便是《虬髯客传》的第二层长处。此外还有一层好处。唐以前的小说，无论散文韵文，都只能叙事，不能用全副气力描写人物。《虬髯客传》写虬髯客极有神气，自不用说了。就是写红拂、李靖等“配角”，也都有自性的神情风度。这种“写生”手段，便是这篇的第三层长处。有这三层长处，所以我敢断定这篇《虬髯客传》是唐代第一篇“短篇小说”。宋朝是“章回小说”发生的时代。如《宣和遗事》和《五代史平话》等书，都是后世“章回小说”的始祖。《宣和遗事》中记杨志卖刀杀人，晁盖等八人路劫生辰纲，宋江杀阎婆惜诸段，便是施耐庵《水浒传》的稿本。从《宣和遗事》变成《水浒传》，是中国文学史上一大进步。但宋朝是“杂记小说”极盛的时代，故《宣和遗事》等书，总脱不了“杂记体”的性质，都是上段不接下段，没有结构布局的。宋朝的“杂记小说”颇多好的，但都不配称做“短篇小说”。“短篇小说”是有结构局势的；是用全副精神气力贯注到一段最精采的事实上的。“杂记小说”是东记一段，西记一段，如一盘散沙，如一篇零用帐，全无局势结构的。这个区别，不可忘记。

明清两朝的“短篇小说”，可分白话与文言两种。白话的“短篇小说”习用《今古奇观》作代表。《今古奇观》是明末的书，大概不全是一人的手笔（如《杜十娘》一篇，用文言极多，远不如《卖油郎》，似出两人手笔）。书中共有40篇小说，大要可分两派：一是演述旧作的，一是自己创作的。如《吴保安弃家赎友》一篇，全是演唐人的《吴保安传》，不过添了一些琐屑节目罢了。但是这些加添的琐屑节目，便是文学的进步。《水浒》所以比《史记》更好，只在多了许多琐屑细节。《水浒》所以比《宣和遗事》更好，也只在多了许多琐屑细节。从唐人的吴保安，变成《今古奇观》的吴保安；从唐人的李汧公变成《今古奇观》的李汧公；从汉人的伯牙、子期，变成《今古奇观》的伯牙、子期；——这都是文学由略而详，由粗枝大叶而琐屑细节的进步。此外那些明人自己创造的小说，如《卖油郎》，如《洞庭红》，如《乔太守》、如《念亲恩孝女藏儿》，都可称很好的“短篇小说”。依我看来，《今古奇观》的40篇之中，布局以《乔太守》为最工，写生以《卖油郎》为最工。《乔太守》一篇，用一个李都管做全篇的线索，是有意安排的结构。《卖油郎》一篇写秦重、花魁娘子、九妈、四妈，各到好处。《今古奇观》中虽有很平常的小说（如《三孝廉》、《吴保安》、《羊角哀》诸篇），比起唐人的散文小说，已大有进步了。唐人的小说，最好的莫如《虬髯客传》。但《虬髯客传》写的是英雄豪杰，容易见长。《今古奇观》中大多数的小说，写的都是琐细的人情世故，不容易写得好。唐人的小说大都属于理想主义（如《虬髯客传》、《红线》、《聂隐娘》诸篇）。《今古奇观》中如《卖油郎》，《徐老仆》，《乔太守》，《孝女藏儿》，便近于写实主义了。至于由文言的唐人小说，变成白话的《今古奇观》，写物写情，都更能曲折详尽，那更是一大进步了。

只可惜白话的短篇小说，发达不久，便中止了。中止的原因，约有两层。第一，因为白话的“章回小说”发达了，做小说的人往往把许多短篇凑拢来的。这种杂凑的长篇小说的结果，反阻碍了白话短篇小说的发达了。第二，是因为明末清初的文人，很做了一些中上的文言短篇小说。如《虞初新志》,《虞初续志》,《聊斋志异》等书里面，很有几篇可读的小说。比较看来，还该把《聊斋志异》来代表这两朝的文言小说。《聊斋》里面，如《续黄粱》、《胡四相公》、《青梅》,《促织》,《细柳》……诸篇，都可称为“短篇小说”。《聊斋》的小说，平心而论，实在高出唐人的小说。蒲松龄虽喜说鬼狐，但他写鬼狐却都是人情世故，于理想主义之中，却带几分写实的性质。这实在是他的长处。只可惜文言不是能写人情世故的利器。到了后来，那些学《聊斋》的小说，更不值得提起了。

三　结　论

最近世界文学的趋势，都是由长趋短，由繁多趋简要。——“简”与“略”不同，故这句话与上文说“由略而详”的进步，并无冲突。——诗的一方面，所重的在于“写情短诗”（或译“抒情诗”）。像 Homer，Milton，Dante 那些几十万字的长篇，几乎没有人做了；就有人做（19 世纪尚多此种）也很少人读了。戏剧一方面，莎士比亚的戏，有时竟长到五出二十幕（此所指乃 Hamlet 也），后来变到五出五幕；又渐渐变成三出三幕；如今最注重的是“独幕戏”了。小说一方面，自 19 世纪中断以来，最通行的是“短篇小说”。长篇小说如托尔斯泰的《战争与和平》，竟是绝无而仅有的了。所以我们简直可以说，“写情短诗”，“独幕剧”，“短篇小说”三项，代表世界文学最近的趋向。这种趋向的原因，不止一种。（一）世界的生活竞争一天忙似一天，时间越宝贵了，文学也不能不讲究“经济”；若不经济，只配给那些吃了饭没事做的老爷太太们看，不配给那些在社会上做事的人看了。（二）文学自身的进步，与文学的“经济”有密切关系。斯宾塞说，论文章的方法，千言万语，只是“经济”一件事。文学越进步，自然越讲求“经济”的方法。有此两种原因，所以世界的文学都趋向这三种“最经济的”的体裁。今日中国的文学，最不讲“经济”。那些古文家和那“《聊斋》滥调”的小说家，只会记“某时到，某地遇，某人作某事”的死帐，毫不懂状物写情是全靠琐屑节目的。那些长篇小说家又只会做那无穷无极《九尾龟》一类的小说，连体裁布局都不知道，不要说文学的经济了。若要救这两种大错，不可不提倡那最经济的体裁，——不可不提倡真正的“短篇小说”。

民国七年

（原载 1918 年《新青年》第 4 卷第 5 号）

谈 新 诗

——八年来一件大事

一

民国六年（1917）1月1日，《新青年》第2卷第5号出版，里面有我的朋友高一涵的一篇文章，题目是《一九一七年预想之革命》。他预想从那一年起中国应该有两种革命：（一）于政治上应揭破贤人政治之真相，（二）于教育上应打消孔教为修身大本之宪条。高君的预言，不幸到今日还不曾实现。“贤人政治”的迷梦总算打破了一点，但是打破它的，并不是高君所希望的“立于万民之后，破除自由之阻力，鼓舞自动之机能”的民治国家，乃是一种更坏、更腐败、更黑暗的武人政治。至于孔教为修身大本的宪法，依现今的思想趋势看来，这个当然不能成立；但是安福部的参议院已通过这种议案了，今年双十节的前八日北京还要演出一出徐世昌亲自祀孔的好戏！

但是同一号的《新青年》里，还有一篇文章，叫做《文学改良刍议》，是新文学运动的第一次宣言书。《新青年》的第2卷第6号接着发表了陈独秀君的《文学革命论》。后来七年四月里又有一篇《建设的文学革命论》。这一种文学革命的运动，在我的朋友高君做那篇《一九一七年预想之革命》时虽然还没有响动，但是自从1917年1月以来，这种革命——多谢反对党送登广告的影响——居然可算是传播得很远了。文学革命的目的是要替中国创造一种“国语的文学”——活的文学。这两年来的成绩，国语的散文是已过了辩论的时期，到了多数人实行的时期了。只有国语的韵文——所谓“新诗”——还脱不了许多人的怀疑。但是现在做新诗的人也就不少了。报纸上所载的，自北京到广州，自上海到成都，多有新诗出现。

这种文学革命预算是辛亥大革命以来的一件大事。现在《星期评论》出这个双十节的纪念号，要我做一万字的文章，我想，与其枉费笔墨去谈这八年来的无谓政治，倒不如让我来谈谈这些比较有趣味的新诗罢。

二

我常说，文学革命的运动，不论古今中外，大概都是从“文的形式”一方面下手，大概都是先要求语言文字文体等方面的大解放。欧洲 300 年前各国国语的文学起来代替拉丁文学时，是语言文字的大解放；18、19 世纪法国雨果、英国华茨华斯等人所提倡的文学改革，是诗的语言文字的解放；近几十年来西洋诗界的革命，是语言文字和文体的解放。这一次中国文学的革命运动，也是先要求语言文字和文体的解放。新文学的语言是白话的，新文学的文体是自由的，是不拘格律的。初看起来，这都是“文的形式”一方面的问题，算不得重要。却不知道形式和内容有密切的关系。形式上的束缚，使精神不能自由发展，使良好的内容不能充分表现。若想有一种新内容和新精神，不能不先打破那些束缚精神的枷锁镣铐。因此，中国近年的新诗运动可算得是一种“诗体的大解放”。因为有了这一层诗体的解放，所以丰富的材料，精密的观察，高深的理想，复杂的感情，方才能跑到诗里去。五七言八句的律诗决不能容丰富的材料，28 字的绝句决不能写精密的观察，长短一定的七言、五言决不能委婉达出高深的理想与复杂的感情。

最明显的例就是周作人君的《小河》长诗（《新青年》6 卷 2 号）。这首诗是新诗中的第一首杰作，但是那样细密的观察，那样曲折的理想，决不是那旧式的诗体词调所能达得出的。周君的诗太长了，不便引证，我且举我自己的一首诗作例：

应　该

他也许爱我，——也许还爱我，——
但他总劝我莫再爱他。
他常常怪我；
这一天，他眼泪汪汪的望着我，
说道："你如何还想着我？
想着我，你又如何能对他？
你要是当真爱我，
你应该把爱我的心爱他，
你应该把待我的情待他。"
……
他的话句句都不错，——
上帝帮我！
我"应该"这样做！（《尝试集》二，56 页）

这首诗的意思神情都是旧体诗所达不出的。别的不消说，单说"他也许爱我，——也许还爱我"这十个字的几层意思，可是旧体诗能表得出的吗？

再举康白情君的《窗外》：

窗外的闲月，
紧紧恋着窗内蜜也似的相思。
相思都恼了，
他还涎着脸儿在墙上相窥。
回头月也恼了，
一抽身儿就没了。
月倒没了，
相思倒觉着舍不得了。（《新潮》1 卷 4 期）

这个意思，若用旧体诗，一定不能说得如此细腻。

就是写景的诗，也须有解放了的诗体，方才可以有写实的描画。

例如杜甫诗“江天漠漠鸟飞去”，何尝不好？但他为律诗所限，必须对上一句“风雨时时龙一吟”，就坏了。简单的风景，如“高台芳树，飞燕蹴红英，舞困榆钱自落”之类，还可用旧诗体描写。稍微复杂细密一点，旧诗就不够用了。如傅斯年君的《深秋永定门晚景》中的一段：

……那树边，地边，天边，
如云，如水，如烟，
望不断，——一线。
忽地里扑喇喇一响。
一个野鸭飞去水塘，
仿佛象大车音浪，漫漫的工——东——当。
又有种说不出的声息，若续若不响。

（《新潮》1卷2期）

这一段的第六行，若不用有标点符号的新体，决做不到这种完全写实的地步。又如俞平伯君的《春水船》中的一段：

……对面来个纤人，
拉着个单桅的船徐徐移去。
双橹插在舷唇，
皱面开纹，
活活水流不住。
船头晒着破网。
渔人坐在板上，
把刀劈竹拍拍的响。
船口立个小孩，又憨又蠢，
不知为什么？
笑眯眯痴看那黄波浪。……（《冬夜》）

这种朴素真实的写景诗乃是诗体解放后最足使人乐观的一种现象。

以上举的几个例，都可以表示诗体解放后诗的内容之进步。我们若用历史进化的眼光来看中国诗的变迁，方可看出自《三百篇》到现在，诗的进化没有一回不是跟着诗体的进化来的。《三百篇》中虽然也有几篇组织很好的诗如《氓之蚩蚩》、《七月流火》之类；又有几篇很好的长短句，如《坎坎伐檀兮》、《园有桃》之类；但是《三百篇》究竟还不曾完全脱去“风谣体”的简单组织，直到南方的骚赋文学发生，方才有伟大的长篇韵文，这是一次解放。但是骚赋体用“兮”“些”等字煞尾，停顿太多又太长，太不自然了。故汉以后的五七言古诗删除没有意思的煞尾字，变成贯串篇章，便更自然了。若不经过这一变，决不能产生《焦仲卿妻》、《木兰辞》一类的诗。这是二次解放。五七言成为正宗诗体以后，最大的解放莫如从诗变为词。五七言诗是不合语言之自然的，因为我们说话决不能句句是五字或七字。诗变为词，只是从整齐句法变为比较自然的参差句法。唐五代的小词虽然格调很严格，已比五七言诗自然的多了。如李后主的“剪不断理还乱，是离愁，别有一般滋味在心头。”这已不是诗体所能做得到的了。试看晁补之的《蓦山溪》：

……愁来不醉，不醉奈愁何？
汝南周，东阳沈，
劝我如何醉？

这种曲折的神气，决不是五七言诗能写得出的。又如辛稼轩的《水龙吟》：

……落日楼头，断鸿声里，江南游子，
把吴钩看了，阑干拍遍，
无人会，登临意。

这种语气也决不是五七言的诗体能做得出的。这是三次解放。宋以后，词变为曲，曲又经过几多变化，根本上看来，只是逐渐删除词体里所剩下的许多束缚自由的限制，又加上词体所缺少的一些东两如衬字套数之类。但是词曲无论如何解放，终究有一个根本的大拘束；词曲的发生是和音乐合并的，后来虽有可歌的词，不必歌的曲，但是始终不能脱离“调子”而独立，始终不能完全打破词调曲谱的限制。直到近来的新诗发生，不但打破五言七言的诗体，并且推翻词调曲谱的种种束缚；不拘格律，不拘平仄，不拘长短；有什么题目，做什么诗；诗该怎样做，就怎样做。这是第四次的诗体大解放。这种解放，初看去似乎很激烈，其实只是《三百篇》以来的自然趋势。自然趋势逐渐实现，不用有意的鼓吹去促进它，那便是自然进化。自然趋势有时被人类的习惯性、守旧性所阻碍，到了该实现的时候均不实现，必须用有意的鼓吹去促进它的实现，那便是革命了。一切文物制度的变化，都是如此的。

三

上文我说新体诗是中国诗自然趋势所必至的，不过加上了一种有意的鼓吹，使它于短时期内猝然实现，故表面上有诗界革命的神气。这种议论很可以从现有的新体诗里寻出许多证据。我所知道的“新诗人”，除了会稽周氏弟兄之外，大都是从旧式诗、词、曲里脱胎出来的。沈尹默君初作的新诗是从古乐府化出来的。例如他的《人力车夫》(《新青年》4 卷 1 期)：

日光淡淡，白云悠悠，
风吹薄冰，河水不流。
出门去，雇人力车。街上行人，往来很多；车马纷纷，
不知干些什么。
人力车上人，个个穿棉衣，个个袖手坐，还觉风吹来，
身上冷不过。
车夫单衣已破，他却汗珠儿颗颗往下堕。

稍读古诗的人都能看出这首诗是得力于《孤儿行》一类的古乐府的。我自己的新诗，词调很多，这是不用讳饰的。例如前年做的《鸽子》：(《尝试集》二，27 页)

云淡天高，好一片晚秋天气！
有一群鸽子，在空中游戏。
看他们三三两两，
　　回环来往，
　　夷犹如意，

忽地里，翻身映日，白羽衬青天，十分鲜丽！

就是今年做诗，也还有带着词调的。例如《送任叔永回四川》的第二段：

你还记得，我们暂别又相逢，正是赫贞春好？
记得江楼同远眺，云影渡江来，惊起江头鸥鸟？
记得江边石上，同坐看潮回，浪声遮断人笑？
记得那回同访友，日暗风横，林里陪他听松啸？

懂得词的人，一定可以看出这四长句用的是四种词调里的句法，这首诗的第三段便不同了：

这回久别再相逢，便又送你归去，未免太匆匆！
多亏得天意多留你两日，使我做得诗成相送。
万一这首诗赶得上远行人，
多替我说声“老任珍重珍重！”

这一段便是纯粹新体诗。此外新潮社的几个新诗人，——傅斯年、俞平伯、康白情——也都是从词曲里变化出来的，故他们初做的新诗都带着词或曲的意味音节。此外各报所载的新诗，也很多带着词调的。例太多了，我不能遍举，且引最近一期的《少年中国》（第2期）里周无君的《过印度洋》：

圆天盖着大海，黑水托着孤舟。

也看不见山，那天边只有云头。
也看不见树，那水上只有海鸥。
哪里是非洲？哪里是欧洲？
我美丽亲爱的故乡却在脑后！
怕回头，怕回头，
一阵大风，雪浪上船头，
飕飕，吹散一天云雾一天愁。

这首诗很可表示这一半词、一半曲的过渡时代了。

四

我现在且谈新体诗的音节。

现在攻击新诗的人，多说新诗没有音节。不幸有一些做新诗的人也以为新诗可以不注意音节。这都是错的。攻击新诗的人，他们自己不懂得“音节”是什么，以为句脚有韵，字里有“平平仄仄”“仄仄平平”的调子，就是有音节了。中国字的收声不是韵母（所谓阴声），便是鼻音（所谓阳声），除了广州入声之外，从没有用他种声母收声的。因此，中国的韵最宽。句尾用韵真是极容易的事，所以古人有“押韵便是”的挖苦话。押韵乃是音节上最不重要的一件事。至于句中的平仄，也不重要。古诗“相去日已远，衣带日已缓。浮云蔽白日，游子不顾返。”音节何等响亮？但是用平仄写出来便不能读了。

平仄仄仄仄，平仄仄仄仄。
平平仄仄仄，平仄仄仄仄。

又如陆放翁：

我生不逢柏梁建章之宫殿，安得峨冠侍游宴？

头上 11 个字是“仄平仄平仄平仄平平平仄”，读起来何以觉得音节很好呢？这是因为一来这一句的自然语气是一气贯注下来的；二来呢，因为这十一个字里面，逢宫叠韵，梁章叠韵，不柏双声，建宫双声，故更觉得音节和谐了。

诗的音节全靠两个重要分子：一是语气的自然节奏，二是每句内部所用字的自然和谐。至于句末的韵脚，句中的平仄，都是不重要的事。语气自然，用字和谐，就是句末无韵也不要紧。例如上文引晁补之的词："愁来不醉，不醉奈愁何？汝南周，东阳沈，劝我如何醉？"这20个字，语气又曲折，又贯串，故虽隔开五个"小顿"方才用韵，读的人毫不觉得。

新体诗中也有用旧体诗词的音节方法来做的，最有功效的例是沈尹默君的《三弦》：

> 中午时候，火一样的太阳，没法去遮拦，让他直晒长街上。静悄悄少人行路；只有悠悠风来，吹动路旁杨树。
>
> 谁家破大门里，半院子绿茸茸细草，都浮着闪闪的金光。旁边有一段低低的土墙，挡住了个弹三弦的人，却不能隔断那三弦鼓荡的声浪。
>
> 门外坐着一个穿破衣裳的老年人，双手抱着头，他不声不响。
>
> （《新青年》5卷2期）

这首诗从见解意境上和音节上看来，都可算是新诗中一首最完全的诗。看他第二段"旁边"以下一长句中，旁边是双声；有一是双声；段，低，低，的，土，挡，弹，的，断，荡，的，11个都是双声。这11个字都是"端透定"的字，模写三弦的声响，又把"挡""弹""断""荡"四个阳声的字和七个阴声的双声字（段，低，低，的，土，的，的）参错夹用，更显出三弦的抑扬顿挫。苏东坡把韩退之《听琴诗》改为送弹琵琶的的词。开端是"呢呢儿女语，灯火夜微明，恩冤尔汝来去，弹指泪和声。"他头上连用五个极短促的阴声字，接着用一个阳声的"灯"字，下面"恩冤尔汝"之后，又用一个阳声的"弹"字，也是用同样的方法。

我自己也常用双声叠韵的法子来帮助音节的和谐。例如《一颗星儿》一首（《尝试集》二，58 页）：

我喜欢你这颗顶大的星儿，
可惜我叫不出你的名字。
平日月明时，
月光遮尽了满天星，总不能遮住你。
今天风雨后，闷沉沉的天气，
我望遍天边，寻不见一点半点光明。
回转头来，
只有你在那杨柳高头依旧亮晶晶地。

这首诗“气”字一韵以后，隔开 33 个字方才有韵，读的时候全靠“遍，天，边，见，点，半，点”一组叠韵字（遍，边，半，明，又是双声字）和“有，柳，头，旧”一组叠韵字夹在中间，故不觉得“气”“地”两韵隔开那么远。

这种音节方法，是旧诗音节的精采（参看清代周春的《杜诗双声叠韵谱》），能够容纳在新诗里，固然也是好事。但是这是新旧过渡时代的一种有趣味的研究，并不是新诗音节的全部。新诗大多数的趋势，依我们看来，是朝着一个公共方向走的。那个方向便是“自然的音节”。

自然的音节是不容易解说明白的。我且分两层说：

第一，先说“节”——就是诗句里面的顿挫段落。旧体的五七言诗两个字为一“节”的。随便举例如下：

风绽—雨肥—梅（两节半）
江间—波浪—兼天—涌（三节半）
王郎—酒酣—拔剑—斫地—歌—莫哀（五节半）
我生—不逢—柏梁—建章—之—宫殿（五节半）
又—不得—身在—荥阳—京索—间（四节外两个破节）
终—不似—一朵—钗头—颤袅—向人—欹侧（六节半）

新体诗句子的长短，是无定的；就是句里的节奏，也是依着意义的自然区分与文法的自然区分来分析的。白话里的多音字比文言多得多，并且不止两个字的联合，故往往有三个字为一节，或四五个字为一节的。例如：

万一—这首诗—赶得上—远行人。
门外—坐着—一个—穿破衣裳的—老年人。
双手—抱着头—他—不声—不响
旁边—有—段—低低的—土墙—挡住了个—弹三弦的人。
这一天—他—眼泪汪汪的—望着我—说道—你如何—
还想着我？想着我—你又如何—能对他？

第二，再说“音”，——就是诗的声调。新诗的声调有两个要件：一是平仄要自然，二是用韵要自然。白话里的平仄，与诗韵里的平仄有许多大不相同的地方。同一个字，单独用来是仄声，若同别的字连用，成为别的字的一部分，就成了很轻的平声了。例如“的”字，“了”字，都是仄声字，在“扫雪的人”和“扫净了东边”里，便不成仄声了。我们简直可以说，白话诗里只有轻重高下，没有严格的平仄。例如周作人君的《两个扫雪的人》(《新青年》6卷3期）的两行：

祝福你扫雪的人！
我从清早起，在雪地里行走，不得不谢谢你。

“祝福你扫雪的人”上六个字都是仄声，但是读起来自然有个轻重高下，“不得不谢谢你”六个字又都是仄声，但是读起来也有个轻重高下。又如同一首诗里的“一面尽扫，一面尽下”八个字都是仄声，但读起来不但不拗口，并且有一种自然的音调。白话诗的声调不在平仄的调剂得宜，全靠这种自然的轻重高下。

至于用韵一层，新诗有三种自由：第一，用现代的韵，不拘古韵，更不拘平仄韵。第二，平仄可以互相押韵，这是词曲通用的例，不单是新诗如此。第三，有韵固然好，没有韵也不妨。新诗的声调既在骨子里，——在自然的轻重高下，在语气的自然区分——故有无韵脚都不成问题。例如周作人君的《小河》虽然无韵，但是读起来自然有很好的声调，不觉得是一首无韵诗。我且举一段如下：

……小河的水是我的好朋友，
他曾经稳稳的流过我面前，
我对他点头，他对我微笑，
我愿他能够放出了石堰，
仍然稳稳的流着，
向我们微笑……

又如周君的《两个扫雪的人》中一段：

……一面尽扫，一面尽下：
扫净了东边，又下满了西边；
扫开了高地，又填平了洼地。

这是用内部词句的组织来帮助音节，故读时不觉得是无韵诗。

内部的组织，——层次、条理、排比、章法、句法，——乃是音节的最重要方法。我的朋友任叔永说，"自然二字也要点研究"。研究并不是叫我们去讲究那些"蜂腰""鹤膝""合掌"等等玩意儿，乃是要我们研究内部的词句应该如何组织安排，方才可以发生和谐的自然音节。我且举康白情君的《送客黄浦》一章（《草儿在前集》一，12页）作例：

送客黄浦，
我们都攀着缆，——风吹着我们的衣裳——
站在没遮拦的船楼边上。
看看凉月丽空，
才显出淡妆的世界。
我想世界上只有光。
只有花，

只有爱！
我们都谈着，——
谈到日本二十年来的戏剧，
也谈到“日本的光，的花，的爱”的须磨子。
我们都相互的看着，
只是寿昌有所思，
他不曾看着我，
他不曾看着别的那一个。
这中间充满了别意，
但我们只是初次相见。

五

我这篇随便的诗谈做得太长了，我且略谈“新诗的方法”作一个总结的收场。

有许多人曾问我做新诗的方法，我说，做新诗的方法根本上就是做一切诗的方法；新诗除了“诗体的解放”一项之外，别无他种特别的做法。

这话说得太笼统了。听的人自然又问，那么做一切诗的方法究竟是怎样呢？

我说，诗需要用具体的做法，不可用抽象的说法。凡是好诗，都是具体的；越偏向具体的，越有诗意诗味。凡是好诗，都能使我们脑子里发生一种——或许多种——明显逼人的影像。这便是诗的具体性。

李义山诗：“历览前贤国与家，成由勤俭败由奢。”这不成诗。为什么呢？因为他用的是几个抽象的名词，不能引起什么明瞭浓丽的影像。

“绿垂红折笋，风绽雨肥梅”是诗。“芹泥垂燕嘴，蕊粉上蜂须”是诗。“四更山吐月，残夜水明楼”是诗。为什么呢？因为它们都能引起鲜明扑人的影像。

“五月榴花照眼明”是何等具体的写法！

“鸡声茅店月，人迹板桥霜”是何等具体的写法！

"枯藤老树昏鸦，小桥流水人家，古道西风瘦马，夕阳西下，——断肠人在天涯！"这首小曲里有十个影像连成一串，并作一片萧瑟的空气，这是何等具体的写法！

以上举的例都是眼睛里起的影像，还有引起听官里的明了感觉的。例如上文引的"呢呢儿女语，灯火夜微明，恩冤尔汝来去，弹指泪和声"是何等具体的写法！

还有能引起读者浑身的感觉的。例如姜白石词，"暝入西山，渐唤我一叶夷犹乘兴。"这里面"一叶夷犹"四个合口的双声字，读的时候使我们觉得身在小舟里，在镜平的湖水上荡来荡去。这是何等具体的写法！

再进一步说，凡是抽象的材料，格外应该用具体的写法。看《诗经》的《伐檀》；

> 坎坎伐檀兮，置之河之干兮，
> 河水清且涟漪，——
> 不稼不穑，胡取禾三百廛兮！
> 不狩不猎，胡瞻尔庭有县貆兮！

社会不平等是一个抽象的题目，你看他却用如此具体的写法。

又如杜甫的《石壕吏》，写一天晚上一个远行客人在一个人家寄宿，偷听得一个捉差的公人同一个老太婆的谈话。寥寥 120 个字，把那个时代的征兵制度，战祸，民生痛苦，种种抽象的材料，都一齐描写出来了。这是何等具体的写法！

再看白乐天的《新乐府》，那几篇好的——如《折臂翁》、《卖炭翁》、《上阳宫人》，——都是具体的写法。那几篇抽象的议论！如《七德舞》、《司天台》、《采诗官》，——便不成诗了。

旧诗如此，新诗也如此。

现在报上登的许多新体诗，很多不满人意的。我仔细研究起来，那些不满人意的诗犯的都是一个大毛病——抽象的题目用抽象的写法。

那些我不认得的诗人做的诗，我不便乱批评。我且举一个朋友的诗做例。傅斯年君在《新潮》四号里做了一篇散文，叫做《一段疯话》，结尾两行说道：

> 我们最当敬重的是疯子，最当亲爱的是孩子。疯子是我们的老师，孩子是我们的朋友。我们带着孩子，跟着疯子走，走向光明去。

有一个人在北京《晨报》里投稿，说傅君最后的16个字是诗不是文。后来《新潮》五号里傅君有一首《前倨后恭》的诗，——一首很长的诗。我看了说，这是文，不是诗。

何以前面的文是诗，后面的诗反是文呢？因为前面那16个字是具体的写法，后面的长诗是抽象的题目用抽象的写法。我且抄那诗中的一段，就可明白了：

> 倨也不由他，恭也不由他！——
> 你还赧他。
> 向你倨，你也不削一块肉；向你恭，你也不长一块肉。
> 况且终竟他要向你变的，理他呢！

这种抽象的议论是不会成为好诗的。

要举一个例。《新青年》六卷四号里面沈尹默君的两首诗。一首是《赤裸裸》：

> 人到世间来，本来是赤裸裸，
> 本来没污浊，却被衣服重重的裹着，这是为什么？
> 难道清白的身不好见人吗？那污浊的，裹着衣服，就
> 算免了耻辱吗？

他本想用具体的比喻来攻击那些作伪的礼教，不料结果还是一篇抽象的议论，故不成为好诗。还有一首《生机》：

> 刮了两日风，又下几阵雪。

山桃虽是开着，却冻坏了夹竹桃的叶。
地上的嫩红芽，更僵了发不出。
人人说天气这般冷，
草木的生机恐怕都被摧折；
谁知道那路旁的细柳条，
他们暗地里却一齐换了颜色！

这种乐观，是一个很抽象的题目，他却用最具体的写法，故是一首好诗。

我们徽州俗话说人自己称赞自己的是“戏台里喝彩”。我这篇谈新诗里常引我自己的诗做例，也不知犯了多少次“戏台里喝彩”的毛病。现在且再犯一次，举我的《老鸦》做一个“抽象的题目用具体的写法”的例罢：

我大清早起，
站在人家屋角上哑哑的啼。
人家讨嫌我，
说我不吉利：
我不能呢呢喃喃讨人家的欢喜！

民国8年10月

（原载1919年《星期评论》“双十节纪念号”）

《尝试集》自序

我这三年以来做的白话诗若干首，分做两集，总名为《尝试集》，民国6年9月我到北京以前的诗为第一集，以后的诗为第二集。民国5年7月以前，我在美国做的文言诗词删剩若干首，合为《去国集》，印在后面作一个附录。

我的朋友钱玄同曾替《尝试集》做了一篇长序，把应该用白话做文章的道理说得很痛快透彻。我现在自己作序只说我为什么要用白话来做诗。这一段故事，可以算是《尝试集》产生的历史，可以算是我个人主张文学革命的小史。

我做白话文字，起于民国纪元前六年（丙午），那时我替上海《竞业旬报》做了半部章回小说，和一些论文，都是用白话做的。到了第二年（丁未），我因脚气病，出学堂养病。病中无事，我天天读古诗，从苏武，李陵直到元好问，单读古体诗，不读律诗。那一年我也做了几篇诗，内中有一篇560字的《游万国赛珍会》和一篇近300字的《弃父行》；以后我常常做诗，到我往美国时，已做了两百多首诗了，我先前不做律诗，因为我少时不曾学对对子，心里总觉得律诗难做。后来偶然做了一些律诗，觉得律诗原来是最容易做的玩意儿，用来做应酬朋友的诗，再方便也没有了。我初做诗，人都说我像白居易一派。后来我因为要学时髦，也做一番研究杜甫的功夫。但是我读杜诗，只读《石壕吏》、《自京赴奉先咏怀》一类的诗，律诗中五律我极爱读，七律中最讨厌《秋兴》一类的诗，常说这些诗文法不通，只有一点空架子。

自民国前六七年到民国前二年（庚戌），可算是一个时代。这个时代已有不满意于当时旧文学的趋向了。我近来在一本旧笔记里（名《自胜生随笔》；是丁未年记的）翻出这几条论诗的话：

> 作诗必使老妪听解，固不可。然必使士大夫读而不能解，亦何故耶？（录《麓堂诗话》）
>
> 东坡云，“诗须有为而作”。元遗山云，“纵横正有凌云笔，俯仰随人亦可怜”（录《南濠诗话》）。

这两条都有密圈，也可见我16岁时论诗的旨趣了。

民国前二年，我往美国留学。初去的两年，作诗不过两三首，民国成立后，任叔永（鸿隽）杨杏佛（铨）同来绮色佳，有了做诗的伴当了。集中《文学篇》所说：

> 明年任与杨，远道来就我。山城风雪夜，枯坐殊未可。烹茶更赋诗，有倡还须和。诗炉久灰冷，从此生新火。

都是实在情形。在绮色佳五年，我虽不专治文学，但也颇读了一些西方文学书籍；无形之中，总受了不少的影响，所以我那几年的诗，胆子已大得多。《去国集》里的《耶稣诞节歌》和《久雪后大风作歌》都带有试验意味。后来做《自杀篇》，完全用分段作法，试验的态度更显明了。《藏晖室札记》第三册有《跋自杀篇》一段，说：

> ……吾国作诗每不重言外之意，故说理之作极少。求一朴蒲（Pope）已不可多得，何况华茨活（Wordsworth）、贵推（Goethe）与白朗吟（Browning）矣。此篇以吾所持乐观主义入诗。全篇为说理之作，虽不能佳，然途径具在。他日多作之，或有进境耳（民国3年7月7日）。

又跋云：

> 吾近来作诗，颇能不依人蹊径，亦不专学一家。命意固无从摹

仿，即字句形式亦不为古人成法所拘，盖颇能独立矣（7月8日）。

民国4年8月，我作一文论《如何可使吾国文言易于教授》。文中列举方法几条，还不曾主张用白话代文言。但那时我已明言“文言是半死之文字，不当以教活文字之法教之”。又说：“活文字者，日用语言之文字，如英法文是也；如吾国之白话是也。死文字者，如希腊拉丁，非日用之语言，已陈死矣。半死文字者，以其中尚有日用之分子在也。如犬字是已死之字，狗字是活字，乘马是死语，骑马是活语；故曰半死文字也”（《劄记》第九册）。

4年9月17夜，我因为自己要到纽约进哥伦比亚大学，梅觐庄（光迪）要到康桥进哈佛大学，故作一首长诗送觐庄。诗中有一段说：

梅君梅君毋自鄙！神州文学久枯馁，百年未有健者起，新潮之来不可止，文学革命其时矣！吾辈势不容坐视，且复号召二三事，革命军前杖马箠，鞭笞驱除一车鬼，再拜迎入新世纪！以此报国未云菲，缩地戡无差可儗。梅君梅君毋自鄙！

原诗共420字，全篇用了11个外国字的译音。不料这11个外国字就惹出了几年的笔战！任叔永把这些外国字连缀起来，做了一首游戏诗送我：

牛敦，爱迭孙，培根，客尔文，索虏与霍桑，“烟士披里纯”：鞭笞一车鬼，为君生琼英。文学今革命，作歌送胡生。

我接到这诗，在火车上依韵和了一首，寄给叔永诸人：

诗国革命何自始？要须作诗如作文，琢镂粉饰丧元气，貌似未必诗之纯。

小人行文颇大胆，诸公一一告人英，愿共僇力莫相笑，我辈不作腐儒生。

梅觐庄误会我“作诗如作文”的意思，写信来辩论。他说：

……诗文截然两途。诗之文字与文之文字，自有诗文以来，无论中西，已分道而驰。……足下为诗界革命家，改良诗之文字则可；若仅移文之文字于诗，即谓之革命，谓之改良，则不可也。……以其太易易也。

这封信逼我把诗界革命的方法表示出来。我的答书不曾留稿，今抄答叔永书一段如下：

适以为今日欲救旧文学之弊，先从涤除“文胜”之弊入手。今人之诗徒有铿锵之韵，貌似之辞耳。其中实无物可言。其病根在于重形式而去精神，在于以文胜质。诗界革命当从三事入手：第一，须言之有物，第二，须讲求文法，第三，当用“文之文字”时不可故意避之。三者皆以质救文之弊也。……觐庄所论“诗之文字”与“文之文字”之别，亦不尽当。即如白香山诗，“城云臣按六典书，任土贡有不贡无，道州水土所生者，只有矮民无矮奴！”李义山诗，“公之斯文若元气，先时已入人肝脾。”……此诸例所用文字，“是诗之文字”乎？抑“文之文字”乎？又如适赠足下诗，“国事今成遍体疮，治头治脚俱所急。”此中字字皆觐庄所谓“文之文字”。……可知“诗之文字”原不异‘文之文字’：正如诗之文法原不异文之文法也。……（5年2月2日）

“诗之文字”一个问题也是很重要的问题，因为有许多人只认风花雪月，蛾眉，朱颜，银汉，玉容等字是“诗之文字”，做成的诗读起来字字是诗！仔细分析起来，一点意思也没有。所以我主张用朴实无华的白描工夫，如白居易的《道州民》，如黄庭坚的《题莲华寺》，如杜甫的《自京赴奉先咏怀》这类的诗，诗味在骨子里，在质不在文，没有骨子的滥调诗人决不能做这类的诗。所以我的第一条件便是“言之有物”。因为注重之点在言中的“物”，故不问所用的文字是诗的文字还是文的文字。觐庄认作“仅移文之文字于诗”，所以错了。

这一次的争论是民国4年到5年春间的事。那时影响我个人最大的，就是我平常所说的“历史的文学进化观念”，这个观念是我的文学革命论的基本理论。《札记》第10册有5年4月5日所记一段如下：

文学革命，在吾国史上非创见也。即以韵文而论，三百篇变为骚，一大革命也。又变为五言七言，二大革命也。赋变而为无韵之骈文，古诗变而为律诗，三大革命也。诗之变而为词，四大革命也。词变而为曲，为剧本，五大革命也。何独于吾所持文学革命论而疑之？文亦遭几许革命矣。自孔子至于秦汉，中国文体始臻完备。六朝之文……亦有可观者。然其时骈俪之体大盛，文以工巧雕琢见长，文法遂衰。韩退之所以称“文起八代之衰”者，其功在于恢复散文，讲求文法。此一革命也。……宋人谈哲理者，深悟古文之不适于用，于是语录体兴焉。语录体者，禅门所尝用，以俚语说理纪言。……此一大革命也。至元人之小说，此体始臻极盛。……总之文学革命至元代而极盛。其时之词也，曲也，剧本也，小说也，皆第一流之文学，而皆以俚语为之。其时吾国真可谓有一种“活文学”出现。倘此革命潮流（革命潮流，即天演进化之迹。自其异者言之，谓之革命；自其循序渐进之迹言之，即谓之进化可也），不遭明代八股之劫，不遭前后七子复古之劫，则吾国之文学已成俚语的文学；而吾国之语言早成为言文一致之语言，可无疑也。但丁之创意大利文学，却叟之创英文学，路德之创德文学，未足独有千古矣。惜乎，五百余年来，半死之古文，半死之诗词，复夺此“活文学”之席，而“半死文学”遂苟延残喘以至于今日。……文学革命何可更缓耶！何可更缓耶！

过了几天，我填了一首《沁园春》词，题目就叫做《誓诗》，其实是一篇文学革命宣言书：

更不伤春，更不悲秋，以此誓诗。任花开也好，花飞也好；月圆固好，日落何悲！我闻之日，“从天而颂，孰与制天而用之”？更安用，为苍天歌哭，作彼奴为！文章革命何疑！且准备搴旗作健儿。要前空千古，下开百世；收他臭腐，还我神奇！为大中华，造新文学，此业吾曹欲让谁？诗材料，有簇新世界，供我驱驰！（4 月 13 日）

这首词上半所攻击的是中国文学“无病而呻”的恶习惯。我是主张乐观，主张进取的人，故极力攻击这种卑弱的根性。下半首是《去国集》的尾声，是《尝试集》的先声。

以下要说《尝试集》的近因了。

5 年 7 月 12 日，任叔永寄我一首《泛湖即事》诗。这首诗里有“言棹轻楫，以涤烦疴”和“猜谜赌胜，载笑载言”等句，我回他的信说：

……诗中“言棹轻楫”之言字及“载矢载言”之载字，皆系死字。又如“猜谜赌胜，载矢载言”两句，上句为 20 世纪之活字，下句为三千年前之死句，殊不相称也。（7 月 16 日）

不料这几句话触怒了一位旁观的朋友。那时梅觐庄在绮色佳过夏，见了我给叔永的信，他写信来痛驳我道：

足下所自矜为文学革命真谛者，不外乎用“活字”以入文；于叔永诗中，稍古之字，皆所不取，以为非“20 世纪之活字”。……夫文字革新须洗去旧日腔套，务去陈言，固矣。然此非尽屏古人所用之字，而另以俗语白话代之之谓也。……足下以俗语白话为向来文学上不用之字，骤以入文，似觉新奇而美，实则无永久价值。因其向未经美术家锻炼，徒诿诸愚夫愚妇无美术观念者之口，历世相传愈趋愈下，鄙俚乃不可言。足下得之，乃矜矜自喜，炫为创获，异矣。如足下，则人间材智，选择，教育，诸事皆无足算，而村农伧父皆足为诗人美术家矣。甚至非洲黑蛮，南洋土人，其言文无分者，最有诗人美术家之资格矣。至于所谓“活文学”，亦与足下前此言之。……文字者，世界上最守旧之物也。……足下乃视改革文字如是之易乎？……

觐庄这封信不但完全误解我的主张，并且说了一些没有道理的话，故我做了一首一千多字的白话游戏诗答他。这首诗虽是游戏诗，也有几段庄重的议论。如第二段说：

文字没有雅俗，却有死活可道。
古人叫做欲，今人叫做要；
古人叫做至，今人叫做到；
古人叫做溺，今人叫做尿；
本来同是一字，声音少许变了。
并无雅俗可言，何必纷纷胡闹。
至于古人叫字，今人叫号；古人悬梁，今人上吊：
古名虽未必不佳，今名又何尝不妙？
至于古人乘舆，今人坐轿，古人加冠束帻，今人但知戴帽；
若必叫帽作巾，叫轿作舆，岂非张冠李戴，认虎作豹？……

又如第五段说：

今我苦口哓舌，算来却是为何？
正要求今日的文学大家，
把那些活泼泼的白话，拿来锻炼，拿来琢磨；拿来作文
演说作曲作歌：——
出几个白话的嚣俄，和几个白话的东坡，
那不是"活文学"是什么？
那不是"活文学"是什么？

这一段全是后来用白话作实地试验的意思。

这首白话游戏诗是5年7月22日做的，一半是朋友游戏，一半是有意试做白话诗。不料梅任两位都大不以为然。觐庄来信大骂我，他说：

读大作如儿时听莲花落，真所谓革尽古今中外人之命者。足

下诚豪健哉！盖今之西洋诗界，若足下之张革命旗者，亦数见不鲜。最著者有所谓 Futurism，Imagism，Free Verse，及各种 Decadent movements in Literature and in arts。大约皆足下俗话诗之流亚，皆喜以“前无古人后无来者”自豪；皆喜诡立名字，号召徒众，以眩世人之耳目，而已则从中得名士头衔以去焉。……

信尾又有两段添入的话：

文章体裁不同，小说词曲固可用白话，诗文则不可。今之欧美狂澜横流，所谓“新潮流”。“新潮流”者，耳已闻之熟矣。诚望足下勿剽窃此种不值钱之新潮流以哄国人也。（7 月 24 日）。

这封信颇使我不心服，因为我主张的文学革命，只是就中国今日文学的现状立论；和欧美的文学新潮流并没有关系；有时借镜于西洋文学史，也不过举出三四百年前欧美各国产生“国语的文学”的历史，因为中国今日国语文学的需要很像欧洲当日的情形，我们研究他们的成绩，也许使我们减少一点守旧性，增添一点勇气。觐庄硬派我一个“剽窃此种不值钱之新潮流以哄国人”的罪名，我如何能心服呢？

叔永来信说：

足下此次试验之结果，乃完全失败是也。……要之，白话自有白话用处（如作小说演说等），然不能用之于诗。如凡白话皆可为诗，则吾国之京调高腔何一非诗？……乌乎适之！吾人今日言文学革命，乃诚见今日文学有不可不改革之处，非特文言白话之争而已。吾尝默省吾国今日文学界，即以诗论，其老者，如郑苏庵陈伯严辈，其人头脑已死，只可让其与古人同朽腐。其幼者，如南社一流人，淫滥委琐，亦去文学千里而遥。旷观国内，如吾侪欲以文学自命者，舍自倡一种高美芳洁之文学，更无吾侪厕身之地。以足下高才有为，何为舍大道不由，而必旁逸斜出，植美卉于荆棘之中哉？……唯以此（白话）作诗，则仆期期以为不可。……今且假令足下之文学革命成功，将令吾国作诗者皆高腔

京调，而陶、谢、李、杜之流将永不复见于神州，则足下之功又何若哉？……（7月24日夜）

觐庄说："小说词曲固可用白话，诗文则不可。"叔永说："白话自有白话用处（如作小说演说等），然不能用之于诗。"这是我最不承认的。我答叔永信中说：

……白话入诗，古人用之者多矣（此下举放翁诗及山谷稼轩词为例）。……总之，白话之能不能作诗，此一问题全待吾辈解决。解决之法，不在乞怜古人，谓古之所无，今必不可有，而在吾辈实地试验。一次"完全失败"，何妨再来？若一次失败，便"期期以为不可"，此岂科学的精神所许乎？

这一段乃是我的"文学的实验主义"。我三年来所做的文学事业只不过是实行这个主义。

答叔永书很长，我且再抄一段：

……今且用足下之字句以述吾梦想中之文学革命曰：

（1）文学革命的手段：要令国中之陶、谢、李、杜敢用白话京调高腔作诗，要令国中之陶、谢、李、杜、皆能用白话京调高腔作诗。

（2）文学革命的目的：要令白话京调高腔之中产出几许陶、谢、李、杜。

（3）今日决用不着"陶、谢、李、杜"的陶、谢、李、杜。若陶、谢、李、杜生于今日仍作陶、谢、李、杜当日之诗，则决不能更有当日的价值与影响。何也？时代不同也。

（4）吾辈生于今日，与其作不能行远不能普及的《五经》、两汉、六朝、八家文字，不如作家喻户晓的《水浒》、《西游》文字。与其作似陶似谢似李似杜的诗，不如作不似陶、谢不似李、杜的白话诗。与其作一个学这个学那个的郑苏庵陈伯严，不如作一个实地试验，"旁逸斜出""舍大道而弗由"的胡适之。

……吾志决矣，吾自此以后，不更作文言诗词。……（7 月 26 日）

这是第一次宣言不做文言诗词。过了几天，我再答叔永道：

……古人说，“工欲善其事，必先利其器”。文字者，文学之器也。我私心以为文言决不足为吾国将来文学之利器。施耐庵曹雪芹诸人已实地证明作小说之利器在于白话。今尚需人实地试验白话是否可为韵文之利器耳。……我自信颇能用白话作散文，但尚未能用之于韵文。私心颇欲以数年之力，实地练习之。倘数年之后，竟能用文字白话作文作诗，无不随心所欲，岂非一大快事？我此时练习白话韵文，颇似新辟一文学殖民地。可惜须单身匹马而往，不能多得同志结伴而行。然吾去志已决，公等假我数年之期。倘此新国尽是沙碛不毛之地，则我或终归老于“文言诗国”亦未可知。倘幸而有成，则辟除荆棘之后，当开放门户，迫公等同来莅止耳！“狂言人道臣当烹。我自不吐定不快，人言未足为重轻。”足下定知我狂耳。……（8 月 4 日）

这时我已开始作白话诗。诗还不曾做得几首，诗集的名字已定下了，那时我想起陆游有一句诗：“尝试成功自古无。”我觉得这个意思恰和我的实验主义反对，故用“尝试”两字作我的白话诗集的名字，要看“尝试”究竟是否成功。那时我已打定主意，努力做白话诗的试验；心里只有一点痛苦，就是同志太少了，“须单枪匹马而往”，我平时所最敬爱的一班朋友都不肯和我同去探险。但是我若没有这一班朋友和我打笔墨官司，我也决不会有这样的尝试决心。庄子说得好：“彼出于是，是亦因彼。”我至今回想当时和那班朋友，一日一邮片，三日一长函的乐趣，觉得那真是人生最不容易有的幸福。我对于文学革命的一切见解，所以能结晶成一种有系统的主张，全都是同这一班朋友切磋讨论的结果。5 年 8 月 19 日我写信答朱经农中有一段说：

新文学之要点，约有八事：

（一）不用典，

（二）不用陈套语，

（三）不讲对仗，

（四）不避俗字俗语，

（五）须讲求文法。以上为形式的一方面。

（六）不作无病之呻吟，

（七）不摹仿古人，须语语有个我在，

（八）须言之有物。以上为精神（内容）的一方面。

这八条，后来成为一篇《文学改良刍议》(《新青年》第 2 卷第 5 号 6 年 1 月 1 日出版)。即此一端，便可见朋友讨论的益处了。

我的《尝试集》起于民国 5 年 7 月，到民国 6 年 9 月我到北京时，已成一小册子了。这一年之中，白话诗的试验室里只有我一个人。因为没有积极的帮助，故这一年的诗，无论怎样大胆，终不能跳出旧诗的范围。

我初回国时，我的朋友钱玄同说我的诗词“未能脱尽文言窠臼”，又说“嫌太文了”！美洲的朋友嫌“太俗”的诗，北京的朋友嫌“太文”了！这话我初听了很觉得奇怪。后来平心一想，这话真是不错。我在美洲做的《尝试集》，实在不过是能勉强实行了《文学改良刍议》里面的八个条件；实在不过是一些刷洗过的旧诗！这些诗的大缺点就是仍旧用五言七言的句法。句法太整齐了，就不合语言的自然，不能不有截长补短的毛病，不能不时时牺牲白话的字和白话的文法，来牵就五七言的句法。音节一层，也受很大的影响：第一，整齐划一的音节没有变化，实在无味；第二，没有自然的音节，不能跟着诗料随时变化。因此，我到北京以后所做的诗，认定一个主义：若要做真正的白话诗，若要充分采用白话的字，白话的文法，和白话的自然音节，非做长短不一的白话诗不可。这种主张可叫做“诗体的大解放”。诗体的大解放就是把从前一切束缚自由的枷锁镣铐，一切打破：有什么话，说什么话；话怎么说，就怎么说。这样方才可有真正白话诗，方才可以表现白话的文学可能性。《尝试集》第二编中的诗虽不能处处做到这个理想的目的，但大致都想朝着这个目的做去。这是第二集和第一集的不同之处。

以上说《尝试集》发生的历史。现在且说我为什么赶紧印行这本白话诗集。我的第一个理由是，因为这一年以来白话散文虽然传播得很快很远，但是大多数的人对于白话诗仍旧很怀疑；还有许多人不但怀疑，简直持反对的态度。因此，我觉得这个时候有一两种白话韵文的集子出来，也许可以引起一般人的注意，也许可以供赞成和反对的人作一种参考的材料。第二，我实地试验白话诗已经三年了，我很想把这三年试验的结果贡献给国内的文人，作为我的试验报告。我很盼望有人把我试验的结果，仔细研究一番，加上平心静气的批评，使我也可以知道这种试验究竟有没有成绩，用的试验方法，究竟有没有错误。第三，无论试验的成绩如何，我觉得我的《尝试集》至少有一件事可以贡献给大家的。这一件可贡献的事就是这本诗所代表的“实验的精神”。我们这一班人的文学革命论所以同别人不同，全在这一点试验的态度。近来稍稍明白事理的人，都觉得中国文学有改革的必要。即如我的朋友任叔永他也说：“乌乎！适之！吾人今日言文学革命，乃诚见今日文学有不可不改革之处，非特文言白话之争而已。”甚至于南社的柳亚子也要高谈文学革命。但是他们的文学革命论只提出一种空荡荡的目的，不能有一种具体进行的计划。他们都说文学革命决不是形式上的革命，决不是文言白话的问题。等到人问他们究竟他们所主张的革命“大道”是什么，他们可回答不出了。这种没有具体计划的革命，——无论是政治的是文学的，——决不能发生什么效果。我们认定文字是文学的基础，故文学革命的第一步就是文字问题的解决。我们认定“死文字决不能产生活文学”，故我们主张若要做一种活的文学，必须用白话来做文学的工具。我们也知道单有白话未必就能造出新文学；我们也知道新文学必须要有新思想做里子。但是我们认定文学革命须有先后的程序：先要做到文字体裁的大解放，方才可以用来做新思想新精神的运输品。我们认定白话实在有文学的可能，实在是新文学的唯一利器。但是国内大多数人都不肯承认这话，——他们最不肯承认的，就是白话可作韵文的唯一利器。我们对于这种怀疑，这种反对，没有别的法子可以对付，只有一个法子，就是科学家的试验方法。科学家遇着一个未经实地证明的理论，只可认他做一个假设；须等到实地试验之后，方才用试验的结果来批评那个假设的价值。我们主张白话可以做诗，因为未经大家承认，只可说是一个假设的理论，我们这三年来，只是想把这个假设用来做种种实地试验，——做五言诗，做七言诗，做严格的词，做极不整齐的长短句；做有韵诗，做无韵诗，做种种音节上的试验，——要看白话是不是可以做好诗，要看白话诗是不是比文言诗要更好一点。这是我们这班白话诗人的“实验的精神”。我这本集子里的诗，不问诗的价值如何，总都可以代表这点实验的精神。这两年来，北京有我的朋友沈尹默，刘半农，周豫才，周启明，傅斯年，俞平伯，康白情诸位，美国有陈衡哲女士，都努力作白话诗。白话诗的试验室里的试验家渐渐多起来了。但是大多数的文人仍旧不敢轻易“尝试”。他们永不来尝试尝试，如何能判断白话诗的问题呢。耶稣说得好：“收获是很多的，可惜做工的人太少了。”所以我大胆把这本《尝试集》印出来，要想把这本集子所代表的“实验的精神”贡献给全国的文人，请他们大家都来尝试尝试。

我且引我的《尝试篇》作这篇长序的结论：

“尝试成功自古无”！放翁这话未必是。我今为下一转语：“自古成功在尝试”！请看药圣尝百草，尝了一味又一味。又如名医试丹药，何嫌六百零六次？莫想小试便成功，那有这样容易事！有时试到千百回，始知前功尽抛弃。即使如此已无愧，即此失败便足记。告人“此路不通行”，可使脚力莫枉费。

我生求师二十年，今得“尝试”两个字。作诗做事要如此，虽未能到颇有志。作“尝试歌”颂吾师，愿大家都来尝试！

8年8月1日　胡适

（选自《尝试集》初版）

《尝试集》再版自序

这一点小小的“尝试”，居然能有再版的荣幸，我不能不感谢读这书的人的大度和热心。

近来我颇自己思想，究竟这本小册子有没有再版的需要？现在我决意再版了，我的理由是：

第一，这本书含有点历史的兴趣。我做白话诗，比较的可算最早，但是我的诗变化最迟缓。从第一编的《尝试篇》，《赠朱经农》，《中秋》，……等诗变到第二编的《威权》，《应该》，《关不住了》，《乐观》，《上山》等诗；从那些很接近旧诗的诗变到很自由的新诗，——这一个过渡时期在我的诗里最容易看得出。第一编的诗，除了《蝴蝶》和《他》两首之外，实在不过是一些刷洗过的旧诗。做到后来的《朋友篇》，《文学篇》，简直又可以进《去国集》了！第二编的诗，虽然打破了五言七言的整齐句法，虽然改成长短不整齐的句子，但是初做的几首，如《一念》，《鸽子》，《新婚杂诗》，《四月二十五夜》，都还脱不了词曲的气味与声调。在这个时期里，《老鸦》与《老洛伯》要算是例外的了。就是7年12月的《奔丧到家》诗的前半首，还只是半阕添字的《沁园春》词。故这个时期，——6年秋天到7年年底——还只是一个自由变化的词调时期。自此以后，我的诗方才渐渐做到“新诗”的地位。《关不住了》一首是我的“新诗”成立的纪元。《应该》一首，用一个人的“独语”（Monologue）写三个人的境地，是一种创体；古诗中只有《上山采蘼芜》略象这个体裁。以前的《你莫忘记》也是一个人的“独语”，但没有《应该》那样曲折的心理情境。自此以后，《威权》，《乐观》，

《上山》,《周岁》,《一颗遭劫的星》都极自由，极自然，可算得我自己的“新诗”进化的最高一步。如初版最末一首的第一段：

热极了！
更没有一点风！
那又轻又细的马缨花须
动也不动一动！

这才是我久想做到的“白话诗”。我现在回头来看我两年前做的诗，如：

到如今，待双双登堂拜母，
只剩得荒草孤坟，斜阳凄楚！
最伤心，不堪重听，灯前人诉，阿母临终语！

真如同隔世了！

不料居然有一种守旧的批评家一面夸奖《尝试集》第一编的诗，一面嘲笑第二编的诗；说《中秋》,《江上》,《寒江》,……等等是诗，第二编最后的一些诗不是诗；又说，“胡适之上了钱玄同的当，全国少年又上了胡适之的当！”我看了这种议论，自然想起一个相类的故事。当梁任公先生的《新民丛报》最风行的时候，国中守旧的古文家谁肯承认这种文字是“文章”？后来白话文学的主张发生了，那班守旧党忽然异口同声的说道：“文字改革到了梁任公派的文章就很好了，尽够了。何必去学白话文呢？白话文如何算得文学呢？”好在我的朋友康白情和别位新诗人的诗体变的比我更快，他们的无韵“自由诗”已很能成立。大概不久就有人要说：“诗的改革到了胡适之的《乐观》,《上山》,《一颗遭劫的星》，也尽够了。何必又去学康白情的《江南》和周启明的《小河》呢？”……只怕那时我自己又已上康白情的当了！

以上说的是第一个理由。

第二，我这几十首诗代表二三十种音节上的试验，也许可以供新诗人的参考。第一编的诗全是旧诗的音节，自不须讨论。第二编里，我最初爱用词曲的音节，例如《鸽子》一首，完全是词。《新婚杂诗》的（二）（五）也是如此。直到去年4月，我做《送叔永回四川》诗的第二段：

记得江楼同远眺，云影渡江来，惊起江头鸥鸟？
记得江边石上，同坐看潮回，浪声遮断人笑？
记得那回同访友，日冷风横；林里陪他听松啸？

这三句都是从三种词调里出来的。这种音节，未尝没有好处，如上文引的三句，懂音节的自然觉得有一种悲音含在写景里面。我有时又想用双声叠韵的法子来帮助音节的谐婉。例如：

我不能呢呢喃喃讨人家的欢喜。

这一句里有几个双声。又如：

看他们三三两两，
回环来往，
夷犹如意！

三，环，叠韵（今韵）；两，往，叠韵；夷，意，叠韵；回，环，双声；夷，犹，意，双声；如字读我们徽州音，也与夷，犹，意，为双声。又如：

我望遍天边，寻不见一点半点光明，
回转头来，
只有你在那杨柳高头，依旧亮晶晶地！

遍，天，边，见，半，点，七字叠韵；头，有，柳，头，旧，五字叠韵；遍，边，半，双声；你，那，双声；有，杨，依，双声。又如也想不相思，可免相思苦。
几次细思量，情愿相思苦！

这诗近来引起了许多讨论，我且借这个机会说明几句。这诗原稿是：

也想不相思，免得相思苦。
几度细思量，情愿相思苦！（原稿曾载《每周评论》29号）

原稿用的“免得”确比改稿“可免”好。朱执信先生论此诗，说“免”字太响又太重要了，前面不当加一个同样响亮的“可”字。这话极是，我当初也这样想；第二句第一个“免”字与第四句第二个“愿”字为韵，本来也可以的，古诗“文王曰咨，咨汝殷商”，便是一例。但我后来又怕读的人不懂得这种用韵法，故勉强把“免”字移为第二个字，不料还有人说这首诗没有韵！我现在索性在此处更正，改用“免得”吧。至于第三句的“度”字，何以后来我自己改为“次”字呢？我因为几，细，思三字都是“齐齿”音，故加一个“齐齿”的次字，使四个字都成“齐齿”音；况且这四个字之中，下三字的声母又都是“齿头”一类：故“几次细思量”一句，读起来使人不能不发生一种“咬紧牙齿忍痛”的感觉。这是一种音节上的大胆试验。姜白石的词有：

暝入西山，渐唤我一叶夷犹乘兴。

“一叶夷犹”四字使人不能不发生在平湖上荡船，“画桡不点明镜”的感觉，也是用这个法子。

这种双声叠韵的玩意儿，偶然顺手拈来，未尝不能增加音节上的美感。如康白情的“滴滴琴泉，听听他滴的是什么调子？”14个字里有12个双声，故音节非常谐美。但这种玩意儿，只可以偶然遇着，不可以强求；偶然遇着了，略改一两个字，——如康君这一句，原稿作“试听”，后改为“听听”——是可以的。若去勉强做作，便不是做诗了。唐宋诗人做的双声诗和叠韵诗，都只是游戏，不是做诗。

所以我极赞成朱执信先生说的“诗的音节是不能独立的”。这话的意思是说：诗的音节是不能离开诗的意思而独立的。例如《生查子》词的正格是：

仄仄仄平平，仄仄平平仄。
仄仄仄平平，仄仄平平仄。

下半阕也是如此。但宋人词：

去年元夜时，花市灯如昼。
月上柳梢头，人约黄昏后。
今年元夜时，花市灯如旧。
不见去年人，泪湿春衫袖。

第一句与第五句都不合正格，但我们读这词，并不觉得他不合音节，这是因为他依着词意的自然音节的缘故。又如我的《生查子》词，第七八两句是：

从来没见他，梦也如何做？

第七句也不合正格，但读起来也不见得音节不好。这也是因为他是依着意思的自然音节的。

所以朱君的话可换过来说："诗的音节必须顺着诗意的自然曲折，自然轻重，自然高下。"再换一句话说："凡能充分表现诗意的自然曲折，自然轻重，自然高下的，便是诗的最好音节。"古人叫做"天籁"的，译成白话，便是"自然的音节"。我初做诗以来，经过了十几年"冥行索涂"的苦况；又因旧文学的习惯太深，故不容易打破旧诗词的圈套；最近这两三年，玩过了多少种的音节试验，方才渐渐有点近于自然的趋势。如《关不住了》的第三段：

一屋里都是太阳光，
这时候爱情有点醉了，

他说，“我是关不住的，
我要把你的心打碎了！”

又如：

雪消了，
枯叶被春风吹跑了。

又如：

热极了！
更没有一点风！
那又轻又细的马缨花须
动也不动一动！

又如：

上面果然是平坦的路，
有好看的野花，
有遮阴的老树。

但是我可倦了，
衣服都被汗湿遍了，
两条腿都软了。

我在树下睡倒，
闻着那扑鼻的草香，
便昏昏沉沉的睡了一觉。

这种诗的音节，不是五七言旧诗的音节，也不是词的音节，也不是曲的音节，乃是“白话诗”的音节。

以上说的是第二个理由。

我因为这两个理由，所以敢把《尝试集》再版。

有人说，“你这篇再版自序又犯了你们徽州人说的‘戏台里喝采’的毛病，你自己说你自己那几首诗好，那几首诗不好，未免太不谦虚了。”这话说的也有理。但我自己也有不得已的苦心。我本来想让看戏的人自己去评判。但这四个月以来，看戏的人喝的采很有使我自己难为情的：我自己觉得唱工做工都不佳的地方，他们偏要大声喝采；我自己觉得真正“卖力气”的地方，却只有三四个真正会听戏的人叫一两声好！我唱我的戏，本可以不管戏台下喝采的是非。我只怕那些乱喝采的看官把我的坏处认做我的好处，拿去咀嚼仿做，那我就真贻害无穷，真对不住列位看官的热心了！因此，我老着面孔，自己指出那几首诗是旧诗的变相，那几首诗是词曲的变相，那几首是纯粹的白话新诗。我刻诗的目的本来是要“请大家都来尝试”。但是我曾说过，尝试的结果“告人此路不通行，可使脚力不浪费。”这便是我不得不做这篇序的苦心。“戏台里喝采”是很难为情的事；但是有时候，戏台里的人实在有忍不住喝采的心境，请列位看官不要见笑。

总结一句话，我自己只承认《老鸦》,《老洛伯》,《你莫忘记》,《关不住了》,《希望》,《应该》,《一颗心儿》,《威权》,《乐观》,《上山》,《周岁》,《一颗遭劫的星》,《许怡荪》,《一笑》,——这14篇是“白话新诗”。其余的，也还有几首可读的诗，两三首可读的词，但不是真正白话的新诗。

这书初写定时，全靠我的朋友章洛声替我校抄写定；付印后又全靠他细心校对几遍。这书初版没有一个错字，全是他的恩惠。我借这个机会很诚恳的谢谢他。

民国9年8月4日，胡适序于南京高等师范学校的梅庵

这半年以来，我做的诗很少。现在选了六首，加在再版里。

适。9，8，15。

（选自1920年9月再版《尝试集》）

《尝试集》四版自序

《尝试集》是民国9年3月出版的。当那新旧文学争论最激烈的时候，当那初次试作新诗的时候，我对于我自己的诗，选择自然不很严；大家对于我的诗，判断自然也不很严。我自己对于社会，只要求他们许我尝试的自由。社会对于我，也很大度的承认我的诗是一种开风气的尝试。这点大度的承认遂使我的《尝试集》在两年之中销售到一万部。这是我很感激的。

现在新诗的讨论时期，渐渐的过去了。——现在还有人引了阿狄生，强生，格雷，辜勒律己的话来攻击新诗的运动，但这种"诗云子曰"的逻辑，便是反对论破产的铁证。——新诗的作者也渐渐的加多了。有几位少年诗人的创作，大胆的解放，充满着新鲜的意味，使我一头高兴，一头又很惭愧。我现在回头看我这五年来的诗，很像一个缠过脚后来放大了的妇人回头看她一年一年的放脚鞋样，虽然一年放大一年，年年的鞋样上总还带着缠脚时代的血腥气。我现在看这些少年诗人的新诗，也很像那缠过脚的妇人，眼里看着一班无足的女孩子们跳上跳下，心里好不妒羡！

但是缠过脚的妇人永远不能恢复她的天然脚了。我现在把我这五六年的放脚鞋样，重新挑选了一遍，删去了许多太不成样子的或可以害人的。内中虽然还有许多小脚鞋样，但他们的保存也许可以使人知道缠脚的人放脚的痛苦，也许还有一点历史的用处，所以我也不必讳了。

删诗的事，起于民国9年的年底。当时我自己删了一遍，把删剩的本子，送给任叔永、陈莎菲，请他们再删一遍。后来又送给"鲁迅"

先生删一遍。那时周作人先生病在医院里，他也替我删一遍。他们删过之后，我自己又仔细看了好几遍，又删去了几首，同时却也保留了一两首他们主张删去的。例如《江上》，“鲁迅”与平伯都主张删，我因为当时的印象太深了，舍不得删去。又如《礼》一首（初版再版皆无），鲁迅主张删去，我因为这诗虽是发议论，却不是抽象的发议论，所以把它保留了。有时候，我们也有很不同的见解。例如《看花》一首，康白情写信来，说此诗很好，平伯也说它可存；但我对于此诗，始终不满意，故再版时，删去了两句，三版时竟全删了。

再版时添的6首诗，此次被我删去了3首，又被“鲁迅”、叔永、莎菲删去了1首。此次添入《尝试集》15首，《去国集》1首。共计

> 《尝试集》第一编，删了8首，又《尝试篇》提出代序，共存14首。
>
> 《尝试集》第二编，删了16首，又《许怡荪》与《一笑》移入第三编，共存17首。
>
> 《尝试集》第三编，旧存的两首，新添的15首，共17首。
>
> 《去国集》，删去了8首，添入1首，共存15首。

共存诗词64首。

有些诗略有删改的。如《尝试篇》删去了四句，《鸽子》改了四个字，《你莫忘记》添了三个“了”字，《一笑》改了两处；《例外》前在《新青年》上发表时有四章，现在删去了一章。这种地方，虽然微细得很，但也有很可研究之点。例如《一笑》第二章原文

> 那个人不知后来怎样了。

蒋百里先生有一天对我说，这样排列，便不好读，不如改作

> 那个人后来不知怎样了。

我也依他改了，果然远胜原文。又如《你莫忘记》第九行原文是

嗳哟，……火就要烧到这里。

康白情从三万里外来信，替我加上了一个“了”字，方才合白话的文法。做白话的人，若不讲究这种似微细而实重要的地方，便不配做白话，更不配做白话诗。

《尝试集》初版有钱玄同先生的序和我的序。这两篇序都有了一两万份流传在外；现在为减轻书价起见，我把它们都删去了（我的《自序》现收入《胡适文存》里）。

我借这个四版的机会，谢谢那一班帮我删诗的朋友。至于我在再版自序里说的那种“戏台里喝采”的坏脾气，我近来也很想矫正它，所以我恭恭敬敬的引东南大学教授胡先骕先生“评”《尝试集》的话来作结。胡先骕教授说；

> 胡君之《尝试集》，死文学也。以其必死必朽也。不以其用活文字之故，而遂得不死不朽也。物之将死，必精神失其常度，言动出于常轨。胡君辈之诗之卤莽灭裂趋于极端，正其必死之征耳。

这几句话，我初读了觉得很像是骂我的话；但这几句话是登在一种自矢“平心而言，不事漫骂，以培俗”的杂志上的，大概不会是骂罢？无论如何，我自已正在愁我的解放不彻底，胡先骕教授却说我“卤莽灭裂趋于极端”，这句话实在未免过誉了。至于“必死必朽”的一层，倒也不在我的心上。况且胡先骕教授又说：“陀司妥夫士忌，戈尔忌之小说，死文学也。不以其轰动一时遂不得不死不朽也。”胡先骕教授居然很大度的请陀司妥夫士忌来陪我同死同朽，这更是过誉了，我更不敢当了。

11，3，10。胡适

（选自《尝试集》四版）

谈谈“胡适之体”的诗

今年 1 月到上海，方知道南方谈文艺的朋友有所谓“胡适之体新诗”的讨论。发起这个讨论的是陈子展先生，他主张“胡适之体可以说是新诗的一条新路”。后来有赞成的，有反对的，听说是反对的居多。

这真使我“受宠若惊”了！我这 14 年来差不多没有发表什么新诗；有时候，偶然写了一两首，或者寄给朋友看看，或者送给办杂志的朋友去填空白，从来没有收集过。我总觉得新诗的运动已有许多新诗人在那儿努力了，用不着我这“缠过脚的女人”去参加了。所以这 14 年来，我自己只做自己的诗，好和歹我自己知道，我从不希望别人学我的诗，正如我不希望我自己学别人的诗一样。我万想不到陈子展先生会提出“胡适之体”来讨论，使我又无端挨了不少的骂。

挨骂是小事，子展先生的好意是我应该感谢的。他说：

> 胡先生呵，你不要说“提倡有心，创造无力”。我很希望你仍旧拿出先驱者的精神，在新诗上创造一种“胡适之体”。这在你的前途上打算似乎不失为一条路，在新诗运动上也不妨做一条路，——许多路中的一条路，便是失败，也可以告诉无数的来者“此路不通”！（《申报·文艺周刊》第 6 期）

使我感觉兴趣的，是陈子展先生举的“胡适之体”的例子，他举的是我去年在空中写的《飞行小赞》，各报引此诗颇有脱误，我把它抄在下面：

看尽柳州山，
看遍桂林山水，
天上不须半日，
地上五千里。

古人辛苦学神仙，
要守百千戒。
看我不修不炼，
也凌云无碍。

子展先生说：

像《飞行小赞》那样的诗，似乎可说是一条新路。老路没有脱去模仿旧诗词的痕迹，真是好像包细过的脚放大的。新路是只接受了旧诗词的影响，或者说从诗词蜕化出来，好像蚕子已经变成了蛾。即如《飞行小赞》一诗，它的音节好像辛稼轩的一阕小令，却又不像是有意模仿出来的。

其实《飞行小赞》也是用“好事近”词调写的，不过词的规矩是上下两半同韵，我却换了韵脚。我近年爱用这个调子写小诗，因为这个调子最不整齐，颇近于说话的自然；又因为这个调子很简短，必须要最简练的句子，不许有一点杂凑堆砌，所以是做诗的最好训练。我向来喜欢这个调子，偶然用它的格局做我的小诗组织的架子，平仄也不拘，韵脚也可换可不换，句子长短也有时不拘，所以我觉得自由得很。至少我觉得这比勉强凑成一首十四行的“桑籁体”要自由得多了！

以上说的只是要指出，子展先生说的“胡适之体的新路”，虽然是“胡适之体”，而不是“新路”，只是我走惯了的一条“老路”。我自己走我的路，不管别人叫它新旧，更不敢冒充“创造”。我曾屡次说过：“工具用得熟了，方法练得细密了，有天才的人自然会‘熟能生巧’：这一点工夫到时的奇巧新花样，就叫做创造。”现在有许多人，语言文字的工具还不会用，就要高谈创造，我从来没有这种大胆子。

我借这个机会，要说明所谓“胡适之体”，如果真有这个东西，当然不仅仅是他采用的什么形式，因为他做的诗并不限于《飞行小赞》这一类用词调作架子的小诗。“胡适之体”只是我自己尝试了 20 多年的一点小玩意儿。在民国十一二年，我作我的侄儿《〈胡思永的遗诗〉序》，曾说：

> 他的诗，第一是明白清楚，第二是注重意境，第三是能剪裁，第四是有组织，有格式。如果新诗中真有胡适之派，这是胡适之的嫡派。

我在 10 多年之后，还觉得这几句话大致是不错的。至少我自己做了 20 年的诗，时时总想用这几条规律来戒约我自己。平常所谓某人的诗体，依我看来，总是那个诗人自己长期戒约自己，训练自己的结果。所谓“胡适之体”，也只是我自己戒约自己的结果。我做诗的戒约至少有这几条：

第一，说话要明白清楚。古人有“言近而旨远”的话，旨远是意境的问题，言近是语言文字的技术问题。一首诗尽可以有寄托，但除了寄托之外，还须要成一首明白清楚的诗。意旨不嫌深远，而言语必须明白清楚。古人讥李义山的诗“苦恨无人作郑笺”，其实看不懂而必须注解的诗，都不是好诗，只是笨谜而已。我们今日用活的语言作诗，若还叫人看不懂，岂不应该责备我们自己的技术太笨吗？我并不是说，明白清楚就是好诗；我只要说，凡是好诗没有不是明白清楚的。至少“胡适之体”的第一条戒律是要人看得懂。

第二，用材料要有剪裁。消极的说，这就是要删除一切浮词凑句；积极的说，这就是要抓住最扼要最精采的材料，用最简练的字句表现出来。十几年前，我曾写一首诗，初稿是 3 段 12 行，后来改削成两段 8 行，后来又删成 1 段 4 行；

> 放也放不下，
> 忘也忘不了：——
> 刚忘了昨儿的梦，
> 又分明看见梦里的一笑。

最后我把前两行删了，只留最后两行，我才满意了。我并不是说，人人都该做小诗。长诗自有长诗的用处。但长诗只是不得不长，并不是把浮词凑句硬堆上去叫它拉长。古人所谓“增之一分太长，减之一分则太短”，才是剪裁的真意义。

第三，意境要平实。意境只是作者对于某种题材的看法。有什么看法，才有什么风格。古人所谓“诗品”，如司空图的二十四诗品，大概都是指诗的风格。其实风格都是从意境出来；见解是因，风格是果。“采菊东篱下，悠然见南山”，是一种意境，“朱门酒肉臭，路有冻死骨”，是一种意境。“隔户杨柳弱袅袅，恰似十五女儿腰”，又是一种意境。“人散庙门灯火尽，却寻残梦立多时”，又是一种意境。往往一个人在不同的时代可以有不同的意境；年龄，学问，经验，都可以影响他对于事物的看法。杜甫中年的诗和晚年的诗风格不同，只是因为他的见解变了，意境变了，所以风格也变了。在诗的各种意境之中，我自己总觉得“平实”，“含蓄”，“淡远”的境界是最禁得起咀嚼欣赏的。“平实”只是说平平常常的老实话，“含蓄”只是说话留一点余味，“淡远”只是不说过火的话，不说“浓的化不开”的话，只疏疏淡淡的画几笔。这种境界都不是多数少年人能赏识的。但我早说过，我只做我自己的诗，不会迎合别人的脾胃。这几种境界都不是容易做到的，我决不敢说我近十多年来的诗都做到了这种境界。不过我颇希望我的诗不至于过分的违反我最喜欢的意境。例如徐志摩死后，我只写了这样一首诗：

狮子（志摩住在我家中时最喜欢的猫）
狮子蜷伏在我的背后，
软绵绵地它总不肯走。
我正想推它下去，
忽然想起了死去的朋友。
一只手拍着打呼的猫。
两滴眼泪湿了衣袖：
“狮子，你好好的睡罢。
你也失掉了一个好朋友！”

就在一种强烈的悲哀情感之中，我终觉得这种平淡的说法还是最适宜的。又如我写的《第五十九军抗日战死将士公墓碑铭》：

这里长眠的是二百零三个中国好男子！
他们把他们的生命献给了他们的祖国。
我们和他们的子孙来这里凭吊敬礼的，
要想想我们应该用什么报答他们的血！

这里固然谈不到“含蓄”，至少还是“平实”的说话。又如我上文引的小诗：

刚忘了昨儿的梦，
又分明看见梦里的一笑。

这样的写情诗，少年的新诗人当然感觉“不过瘾”。但我自己承认我受的训练只许我说这样平淡的话。

我举这几首诗做例子，并不是说它们都是好诗，只是用它们表示我自己努力的方向。这个方向在《尝试集》的许多选新诗的人不肯选的。那一首的题目是《十一月二十四夜》：

老槐树的影子，
在月光的地上微晃；
枣树上还有几个干叶，
时时做出一种没气力的声响。

西山的秋色几回招我，
不幸我被我的病拖住了。
现在他们说我快要好了，
那幽艳的秋天早已过去了。

这诗的意境颇近于我自己欣羡的平实淡远的意境。15年来，这种境界似乎还不曾得着一般文艺批评家的赏识。但我自己并不因此放弃我在这一个方向的尝试。我在15年前曾说过：

醉过方知酒浓，
爱过方知情重；——
你不能做我的诗，
正如我不能做你的梦。

（《梦与诗》，《尝试集》页92）

所以我近年只做我自己的诗，从不想劝别人做我的诗。也不妄想别人喜欢我的诗。今天我一时高兴，谈谈“胡适之体”是什么，并不是宣传什么教义，只是要报告胡适之至今还在尝试什么小玩意儿而已。

25，2，5。

（原载《自由评论》第12期）

研究论文选编

胡适思想批判

李　达

最近思想战线上展开了对于俞平伯的《红楼梦》研究的错误思想的批判，论战者一致指出俞平伯那种错误思想是受了胡适的资产阶级思想的影响。足以证明胡适的资产阶级思想对于我国学术界的影响还是很大的。胡适在他的《介绍我自己的思想》中说："被孔丘朱熹牵着鼻子走的人固然不算高明；被马克思列宁斯大林牵着鼻子走，也算不得好汉。我自己不想牵着谁的鼻子走，我只希望尽我的微薄的能力，教我的少年朋友们一点防身的本领，努力做一个不受人惑的人。"事实上，当年和胡适同时的人们，受过胡适影响的当年的"少年朋友们"，现今还大有人在。这些人在古典文学、国故学、历史学及其他社会科学方面的研究中，或多或少地都掺杂着胡适的思想和方法。这种现象，在我们这个社会主义改造的伟大时代中，是绝对不能容忍的。因此，我们不能不展开对于胡适思想的批判。

胡适的思想是美国资产阶级反动的实用主义。为要批判他的思想，不能不批判实用主义。实用主义一词，胡适译为实验主义。

实用主义是美国皮尔士首创的，詹姆士和杜威是这一派的代表。据胡适在他所写的《实验主义》中说，皮尔士最先发表了《科学逻辑的举例》和《如何能使我们的意思明白》两篇东西，前者说明实用主义和科学方法的关系，后者说明实验法实行时所得的效果能把观念弄明白。这就叫实验室的态度。实用主义是从实验一个观念的效果这件事实发生的。胡适引用皮尔士的话说："一个观念的意义完全在于那观念在人生行为上所发生的效果。凡试验不出什么效果来的东西，必定不能影响人生的行为。所以我们如果能完全求出承认某种观念时有那么些效果，不承认它时又有那么些效果，如此我们就有这个观念的完全意义了。除掉这些效果之外，更无别种意义。这就是我主张的实用主义。”照这样说，实用主义就是主张求得一个观念所能发生的效果来说明那个观念的意义的一种学说。其次，詹姆士发挥了皮尔士的实用主义，说实用主义“不过是思想的几个老法子换上一个新名目”。这话完全不错。实用主义用那些思想的老法子换了新名目呢？它从什么哲学的源流发生的呢？胡适在述说詹姆士的《实用主义》一书时，直率地说：“实用主义”是詹姆士“综合皮尔士、席勒、杜威、倭斯袜、马赫等人的学说，做成一种实用主义的总论”。这话说得很明白，实用主义的根源是马赫主义即经验批判论。但马赫主义的根源是英国主教贝克莱的主观唯心论。贝克莱的主观唯心论是用来反对辩证唯物论的。这一系列的主观唯心论及其变种，列宁早在《唯物论与经验批判论》中彻底批判了粉碎了，这里只就实用主义作补充的批判。

詹姆士说实用主义有三个方面，即方法论、真理论和实在论。

实在是什么？在唯物论者说来，实在和存在是同样的东西，即是物质。“物质是作用于我们的感觉器官而引起感觉的东西；物质是在感觉中给与我们的客观的实在”（列宁《唯物论与经验批判论》）。实用主义者怎样解释“实在”呢？詹姆士说，“实在”是由三部分构成的：第一是感觉，第二是感觉和感觉、意象和意象之间的种种关系，第三是旧有的真理。感觉是什么？詹姆士认为感觉本身就是物质。他说：“我们所知道的物质，不过是我们所有的关于颜色、形状、硬度等的一些感觉。这些感觉恰恰就是物质这种概念所具的价值。”因此他主张物质“是我们许多感觉的一定组合的名称”。这样的主张，和贝克莱主教所说物是色、味、香、冷、热、软、硬等感觉的集合，或物是“观念的集合”是完全相同的；和马赫所说物是各种感觉的“要素的复合”，物或物体是“感觉的复合”是完全相同的。这就是说，感觉是主观的东西，并不是外界事物的反映。其次，实用主义者所说的意象，不用说是主观的。至于所说的“旧有的真理”，实用主义者说它是“人造的”，是“先存的概念”，更是主观的了。因此，实用主义者所说的感觉、意象和旧有的真理，完全是主观的东西，就是实用主义者所说的经验，就是他们所说的“实在”。

经验是什么？在辩证唯物论者说来，经验是人类在生产斗争和阶级斗争中所得到的关于自然和社会的知识。人在生产斗争和阶级斗争中，外界事物反映于感觉器官，形成了感觉，积累了感性的经验。这些感性的经验是思维的材料，经过了去粗取精、去伪存真、由此及彼、由表及里等一系列的思维过程，就把那些感性经验提高为理论。这些理论再经过生产斗争和阶级斗争来证明其正确。一切自然科学和人文科学的知识就是这样地形成起来的。在这里，我们可以说，上升为理论的经验，即是科学的知识。……

实用主义者对于经验的解释，如詹姆士所说，经验是主观的感觉、意象和旧有真理的混合物。詹姆士的解释，直率地承认经验即实在，完全是主观的。至于杜威对于经验的解释却是非常狡猾，而且故弄玄虚，粉饰其主观主义。他认为经验是人和环境所起的交涉，是物观世界受了人的反动而发生的变迁。好象是说经验是物质和意识的结合，这正和马赫主义者所主张的经验是物理的东西和心理的东西的结合一样，同是改装了的主观唯心论。所以实用主义者认为感觉、意象和经验不是客观世界的反映，而是人的意识中所固有的东西。

实用主义者还把庸俗的进化观念引入于他们的实在论之中，说他们的主观经验中的宇宙，是一点一滴一分一毫地进化的，说宇宙“是一篇未完成的草稿，正在修改之中，将来改成怎样便怎样，但是永远没有完篇的时期”。因此，实用主义者从这种经验论的宇宙论造出了实用主义的人生观。胡适说：“这种实在论和实用主义的人生哲学，和宗教观念都有关系。总而言之，这种创造的实在论发生一种创造的人生观。这种人生观，詹姆士称为‘改良主义’。这种人生观，也不是悲观的厌世主义，也不是乐观的乐无主义，乃是一种创造的淑世主义。”这种淑世主义或改良主义的目的，据说是要拯救世界，实际上是拯救资产阶级世界。因为在詹姆士生存的时代（他死于 1910 年），无产阶级世界革命时代到来了，资本主义丧钟敲响了。詹姆士为了拯救资产阶级世界，要冒险实行淑世主义，一点一滴一分一毫地实行改良，把资产阶级世界做到完满无缺的地位。这种改良主义的见解，杜威在他的社会哲学政治哲学讲演中也同样地强调着。他认为人们对于一种社会制度有两种相反的见解：第一种是主张完全拥护，第二种是主张完全推翻。他自己提出第三种见解，主张逐步实行改良。这第三种见解和第一种见解是一致的，即拥护资本主义制度，只实行一点改良，所以实用主义即是资产阶级的改良主义。

其次，我们说到实用主义的真理论。真理是什么？在辩证唯物论者说来，真理是人们的认识正确地反映了客观世界的规律性。这即是说，主观符合于客观。反之，认识如果不能正确地反映客观世界的规律性，或者歪曲了客观世界的规律性，便是谬误。这即是说，主观不符合于客观。至于鉴别真理和谬误的标准，只能是社会实践。只有在社会实践的过程中（即在生产斗争过程中，阶级斗争过程中，科学实验过程中），人们按照所认识的客观世界的规律去行动而得到了合乎那个规律的结果时，这认识便是真理了。

和辩证唯物论的真理论完全相反，实用主义者说科学律例是人造的，是假定的，真理也是人造的。但是怎样才算是真理呢？詹姆士说，真理要与实在相符合。这句话好漂亮！“真理与实在相符合”！人们若果不预先知道他们所说的“实在”的意义，也许觉得这句话是符合唯物论的。实际上，“真理”是他们自己造出的，“实在”又是他们主观的经验，因而他们所说的“真理与实在相符合”即是主观与主观相符合。

真理怎样才能与“实在”（即经验）相符合呢？实用主义者说要通过实验，或实践。一个观念或思想是不是真理，即是不是与实在（即经验）相符合，就要试验那个观念或思想对于人生行为有没有效果，有效果的便是真理，没有效果的便是谬误。以效果的有无来决定思想或观念是否真理——这是实用主义的基础。所以詹姆士说：“凡真理都是我们能消化受用的，能考验的，能用旁证证明的，能够稽核查实的，凡假的观念都是不能如此的。”胡适根据詹姆士的意思来说：“真理原来是人造的，是为了人造的，是人造出来供人用的，是因为它们大有用处才给以真理的美名的。我们所谓真理，原不过是人的一种工具，真理和我们手里这张纸，这条粉笔，这块黑板，这把茶壶，是一样的东西。都是我们的工具。”（胡适《实验主义》）

实用主义者所说“科学律例是人造的”，“真理是人造的”，“观念或思想所以能成为真理就是因为它有用”——这类见解，完全是主观唯心论的表现。斯大林同志在《苏联社会主义经济问题》中教导了我们：“马克思主义把科学法则——无论是自然科学法则或政治经济学法则——了解为不以人们的意志为转移的客观过程的反映。人们能发现这些法则，认识它们，研究它们，在自己的行动中估计到它们，利用它们来为社会谋福利，但是人们不能改变或废除这些法则，尤其不能制定或创造新的科学法则。”至于真理是否以有用或无用为标准的问题，列宁曾经在《唯物论与经验批判论》中指摘过马赫派关于真理说的谬论。马赫说：“认识是……生物学上有用的经验”，“只有效果才能区分认识与谬误。”列宁指斥说：“在马赫那里，这类命题是与他的唯心论的认识论并列在一起的，……只有它反映不依存于人的客观真理时，认识才能是生物学上有用的，在人的实践中有用的，在保存生命上、在保存种族上有用的。对于唯物论者，人的实践的‘效果’证明着我们的表象与我们所感知的物的客观本性之符合。对于唯我论者(即主观唯心论者)，‘效果’是我在实践中所需要的一切，实践是可以同认识论分离开来的。”实用主义者的真理论，是和马赫的真理论相同的。它只是以效果的有无作为真理的标准的。

其次说到实用主义的方法论。实用主义者詹姆士说：实用主义的方法是“要把注意之点从最先的物事移到最后的物事，从通则移到事实，从范畴移到效果”。这所谓“最先的物事”，就是通则、定理、范畴等等，所谓“最后的物事”就是人生经验。所谓“从最先的物事移到最后的物事”，就是把那些最先的物事“现兑”做“人生经验”，看这些东西有无意义，即有无效果。实用主义者说，这就是实用主义的根本方法。“这个方法有三种应用，(甲)用来规定事物的意义，(乙)用来规定观念的意义，(丙)用来规定信仰的意义”。依照实用主义者说，所谓事物的意义，就是那个事物对于人们的感想所起的“实际的影响”。所谓观念的意义，就是那个观念在人们经验中所起的作用，胡适在这里表明了这个商人哲学的意义说：“一个观念(意思)就像一张支票，上面写明可支若干效果；如果这个自然银行见了这张支票即刻如数兑现，那支票便是真的——那观念便是真的。”(胡适《实验主义》)

所谓信仰的意义，就是信仰的影响或效果（胡适在《不朽》中说，“灵魂既是神秘玄妙的事，自然不能用科学试验来驳倒它。既然如此，我们只好用实验主义的方法，看这种学说的实际效果如何，以为评判的标准。”）实用主义的方法论，依照胡适的说明，就是如此。在唯物论者说来，要规定对象的意义，必须在实践过程中去检证，如果达到认识中所预想的结果，这认识便符合于客观对象，便是真理。真理是有用的，可以利用它来为社会谋福利。照这样，那个对象的意义便可弄明白了。实用主义者的见解却完全相反，他们要从对象的影响和效果去规定对象的意义。他们这种方法论，是和他们的实在论和真理论密切联系着的。他们所说的事物和观念、信仰一样，全是主观的经验。科学律例是人造的，真理是人造的，效果也是人造的。这就是说，凡属于实用主义者有效果的东西，便是真理，便是科学律例。上帝这个观念“能使我们人类安心满意，能使我们发生乐观，这就可以算他是真的了”（胡适《实验主义》）。由此可见，实用主义是完全把观念当作工具看的，只要那观念能发生效果，不问是上帝、幽灵或是鬼怪，它就是真的。所以实用主义是和信仰主义密切地联系着的。

列宁在《唯物论与经验批判论》中指出了哲学上的两条基本路线：第一是唯物论的路线，它从存在到思维，从物质到感觉；第二是唯心论的路线，它从心理的东西到物理的东西，从自我到环境，即从思维到存在，从感觉到物质。实用主义的方法论是属于唯心论的路线的。

由此可见，实用主义是以实用作为真理标准的主观唯心论的支流，是资产阶级唯利是图的说教。这种专以资产阶级的实用为目的而穿上哲学外套的实用主义，是唯心论阵营中最低能最下乘的买卖人的哲学。

现在，我们来谈谈胡适本人的思想和方法。胡适自己说，他的思想受杜威的影响最大。杜威的实用主义偏重于方法论。杜威认为经验就是生活，生活就是应付人类的环境，而应付环境的工具是思想。他把思想的作用看得很重要，因而把哲学上的根本问题（即物质和意识的关系如何的问题）改变为“解决‘人的问题’的方法”。这就是说，杜威的实用主义只注重于解决“人的问题”的思想方法，不再谈哲学上的根本问题，即唯物或唯心的问题。因为杜威不谈哲学上的根本问题而只谈思想方法，胡适就说这是哲学革命，即杜威所说的“哲学的光复”。胡适引证杜威的话：“哲学如果不弄那些‘哲学家的问题’了，如果变成对付‘人的问题’的哲学方法了，那时候便是哲学的光复的日子到了。”这真可怜！资产阶级哲学的末期到了！哲学不先解决哲学上的根本问题，就没有了认识论，没有了认识论的哲学还算什么哲学呢？所谓“哲学的光复”实际上是哲学革命，即革了哲学的命，而剩下来的只是方法了。单谈方法的著作很多，有科学方法论，有形式逻辑，等等，何必再建立什么哲学呢？但杜威却把他的方法穿上哲学的外套，叫它是实用主义方法论。

据胡适介绍，杜威的思想方法分为五步：（一）疑难的境地；（二）指定疑难之点究竟在什么地方；（三）提出种种假定解决的方法；（四）决定那一种假设是适用的假设；（五）证明。胡适继承了杜威的这五步的方法，把它们缩短为两步，即假设和求证。

胡适的思想是用实用主义装扮了的买办资产阶级思想。

资产阶级思想的基本原则是个人主义。个人主义思想在社会方面的表现是改良主义。

胡适在《介绍我自己的思想》中，极力鼓吹易卜生的个人主义“是最健全的个人主义，救出自己的唯一法子便是把你自己这块材料铸造成器”。他对少年朋友们说，你们不要以为个人主义是过时的，“欧洲有了十八、九世纪的个人主义，造出了无数爱自由过于面包，爱真理过于生命的特立独行之士，方才有今日的文明世界”。他还对少年们说，现在有人对你们说：“牺牲你们个人的自由，去求国家的自由”。我对你们说，“争你们个人的自由，便是为国家争自由；争你们个人的人格，便是为国家争人格！自由平等的国家不是一群奴才建造得起来的。”他自己承认易卜生的个人主义代表着他自己的人生观，代表着他自己的宗教，因而教少年们跟着他走。所以他对于研究学问，总是说：“求一种学问不可以国家需要与否来做标准，当以自己的性情和能力而定。”此外，对于读书、作文章，对于作人、处事，到处要以“我”为标准，处处有一个“我”在。胡适的一切著作都贯串着这种个人主义思想。

这种个人主义思想在社会方面的表现，是资产阶级改良主义，即在拥护现社会制度之下，实行一点一滴的改良，反对社会主义革命。他说：“社会改造一定是零碎的改造——一点一滴的改造，一尺一步的改造。……社会改造是这种制度那种制度的改造，是这种思想那种思想的改造，是这个家庭那个家庭的改造，是这个学堂那个学堂的改造。”他说他这种改良主义是从实用主义出发的。他说：“实用主义注重在具体的事实与问题，故不承认根本的解决。它只承认那一点一滴做到的进步，——步步有智慧的指导，步步有自动的实验——才是真进化。”

其次，说到胡适的反革命思想。他站在文化买办的立场，当马克思主义最初在中国传播的时候，他认为非常危险（即于买办资产阶级有危险），就发出了“多谈些问题，少谈些主义”的所谓“警告”。他说：“一切主义只可认做一些假设的（待证的）见解，不可认做天经地义的信条；只可认做参考印证的材料，不可奉为金科玉律的宗教；只可用作启发心思的工具，切不可用作蒙蔽聪明、停止思想的绝对真理。”在1919年五四运动前后的时期，当中国无产阶级的代表者李大钊等人刚刚拿起马克思主义考察中国命运，而一般青年也刚刚学习马克思主义的时候，他就反对谈主义，但他自己却大谈其实用主义、个人主义和改良主义。胡适的反革命就在这个时候开始了。他骂别人谈主义是阿猫阿狗，是“奴隶”，是“懒”，他自己谈主义却不是阿猫阿狗，不是“奴隶”，不是“懒”么？

胡适还宣传崇美亲美思想，他认为美国汽车的文明比中国人力车的文明不知高多少倍。他说美国的资本主义是世界上几百种资本主义中最好的一种。他说美国决不会有革命，但进步很快，可说是天天在革命。他说美国的工人和黑人都可以买大公司的股票，人人可以做有产阶级。他在美国看到一个劳动贵族穿着礼服宣布资本制度的成绩时，就很赞叹地说：“这才是真正的社会革命”呀！美国的月亮比中国的好啊！

胡适一面宣传崇美亲美，一面又传播民族自卑的思想。他主张全盘西化，说中国文化落后，说不上“太丰富”的梦话。他说：“我们所独有的宝贝是骈文、律诗、八股、小脚、太监、姨太太、五世同堂、贞节牌坊、地狱活现的监狱、板子夹棍的法庭。”他又说，中国只有贫穷、疾病、愚昧、贪污、扰乱这五个鬼。总之，一切的一切都不如人，我们自己只有反省，只有知耻。至于中国历代许多的大学问家、大思想家、大科学家、大发明家、大文艺学家和很丰富的文献，他完全抹煞了。他就是那样的胡说八道，在人民中间造成民族自暴自弃的心理，造成中国民族对于帝国主义国家屈服卑鄙的心理，甘愿接受帝国主义的侵略。以上这些，都是胡适的买办资产阶级的反革命思想。

现在我们来检讨胡适的“治学”方法。胡适宣称他的“治学”方法是实用主义的方法，即所谓“大胆的假设，小心的求证”的方法。他把他这些方法贴上“科学方法”的招贴，并且解释说：“科学方法，说来其实很简单，只不过注重事实，尊崇证验。”他于是又把他的方法分别为实证法、实验法和归纳法。他的实证法是在于“求证”，即是所谓“拿证据来”，这就是普通所说的“捉贼捉赃”和“讨债要借帖”的意思。他的实验法是创造证据的方法，是在于证明他主观的假设能否自圆其说。他的归纳法是举例为证的方法，也可说是成立假设的方法。他这一类的所谓方法论，其实是幼稚可笑，粗枝大叶，挂一漏万。我们看他每谈一个问题，只是表面的观察事实，从有关的许多事实中，选择出一些片面的合乎他主观见解的事实作为说明的对象，更根据主观的见解来做结论，并把这个结论说成是假设，此后再就他所选择了的事实来说明那主观的假设，只要能够自圆其说，那个假设便算是有用的东西，便是真理了。例如他所写的《我们走那条路》那篇东西，据说是要解决中国的问题的。他根据他主观的反革命的见解，就有关中国问题的许多事实中，只选择出“贫穷、疾病、愚昧、贪污、扰乱”五种现象，作为五大敌人，即“五鬼”。至于帝国主义侵略和封建主义压迫的最大量的事实，他一口咬定说“没有”（实际上是因为这最大量的事实不合乎他主观的反革命的见解），于是他就做出打倒“五鬼”建立“一个治安的普遍繁荣的文明的现代的统一国家”（实际上是百分之百的资产阶级国家）的结论，作为他解决中国问题的假设。他认为这个假设，有宣传反共反人民的效果，便算是他自己所创造的“真理”了。胡适的《我们走那条路》，只是宣传反共反人民的口号。胡适所写的反革命的文章很多，都是这一类的。

总之，胡适的思想是买办阶级的反动思想，他的方法在中国社会问题方面的应用，所谓大胆的假设即是大胆的反革命的假设，所谓“小心的求证”只是证明他的假设有反革命的效果就行了。

或许有人要问：胡适的思想虽然是反动的，可是他的治学方法在整理国故方面，还有些成绩，不能以人废言吧！关于这点，的确还要来谈几句。胡适所说的整理国故的方法，实际上还是清代朴学家的治学方法。胡适在《清代学者的治学方法》中，把汉学家的方法分为四项：一、汉学家建立一种新见解，必须有物观的证据；二、汉学家的证据完全是例证。例证就是举例为证；三、举例为证就是归纳的方法；四、汉学家的归纳手续是很能用假设的。

这样看来，胡适的整理国故的方法即所谓假设和求证的方法，仍是汉学家的治学方法。胡适在假设和求证之外，加上了“实用”一项，但汉学家也说是通经致用哩！所不同的地方，胡适提倡扩大研究范围，而汉学家则注重于经书。胡适还有一点特别的地方，就是把所谓西方科学方法附会于汉学家的方法，并用所谓实用主义哲学的名称来吓唬一些老先生。例如他在《诗三百篇言字解》中说：“以经解经，参考互证，可得其大旨，此西儒归纳论理之法也。”所以胡适的方法，仍然是“以经解经，参考互证”的老方法，如《言字解》、《尔汝篇》、《吾我篇》之类。至于胡适在国故学研究方面的成绩如何，我们只要看看他的《中国哲学史大纲》上卷就可知道。因为这书是他的最得意之作，蔡元培和梁启超都推崇过他，他自己也自夸这书是中国哲学史的“开山”。但这书纯粹是杂乱无章的东西，连参考的价值都没有。他在“导言”中所写的哲学的定义说：“凡研究人生切要的问题，从根本上着想，要寻一个根本的解决，这种学问叫做哲学。”这个定义只是实用主义哲学的定义，它是实用主义的人生论。我们知道，哲学是认识世界、改造世界的科学，它是阐明世界发展的一般规律，并依照这一般的规律来改造世界的科学。资产阶级对于哲学的解释抹煞了客观世界的规律性，抹煞了世界的矛盾的发展，因而抹煞了社会上的阶级斗争。胡适所说的哲学，只是资产阶级的人生论，完全是反动的。他说起哲学史的三大目的是明变、求因和评判。而所谓评判则是指那种哲学所发生的效果说的，就是要看那种哲学是否合乎实用主义。他认为中国哲学的怀胎时代是西周的诗人时代，说西周的诗孕出了老子的贵族反动哲学来，实在滑稽可笑。哲学的起源由于精神劳动和肉体劳动的分工。只有在精神劳动者免除了肉体劳动，仰赖其他阶级的劳动维持生活而有必要闲暇研究自然和社会的现象的时候，哲学才得发生。哲学是社会的经济基础的上层建筑，它是反映基础的。要说明春秋战国时代的诸子的哲学，必先说明这时代的经济制度和阶级关系；说明诸子的哲学各自代表什么阶级，说明诸子哲学如何解决物质和意识的关系的问题，即属于唯心论或属于唯物论；说明某一哲学体系（古代哲学包括自然哲学、社会哲学、政治哲学、法律哲学、伦理学等部门）；说明一种哲学和别种哲学或其他知识部门的关系（哲学史是唯物论和唯心论斗争的历史）；说明一种哲学对于当时社会经济生活的反映（哲学的发展虽然有相对的独立性，但总要反映当时的经济生活和阶级关系）。但是胡适所写的诸子哲学和我们所说的研究方法完全相反，他只是主观地、恣意地、随便拉扯拼凑地叙述一番。他在“中国哲学结胎时代”那一章中，列举了四种现象。即“（一）战祸连年，百姓痛苦；（二）社会阶级渐渐消灭；（三）生计现象贫富不均；（四）政治黑暗百姓愁怨。”他把这四种现象作为中国哲学的起源，显然是错误的。这四种现象的（一）（三）（四）三项，只能作为某一种哲学发生的背景，不能作为哲学的起源。实际上在阶级社会中任何一个时代都有上述三种现象。至于他所说的春秋时代“古代封建制度的种种社会阶级渐渐消灭了”的一句话，更是胡说。其次，他对于春秋和战国时代的经济基础和阶级关系怎样？各家哲学各自代表什么阶级？谁家哲学是唯物论或唯心论？胡适一点也不愿提及。其三，他对于各家哲学的叙述，层次凌乱，并没有为各家哲学理出一个系统来。胡适所做的工作，只是就自己主观的见解把各家学说支解起来，任意拼凑，或者就一字一句加以注解，或者把西方学说附会起来（例如把老子无为而治比拟为资产阶级的放任主义，把庄子《秋水篇》中的“自化”说成是生物进化论，等等），借以哗众取宠。当年此书所以能博得一部分国学家的欣赏，只是因为他根据资产阶级学者的常识，搬弄了一些新术语，作了一些大胆的注释，使人们感到新奇罢了。现在这部书已经受到很多人的批判，已经不能引起人们的重视了。但在胡适之后，用资产阶级学者的立场、观点和方法研究古代哲学的人是不少的，不知现在是否已经改正了。

胡适在国故研究方面，成绩是很少的，比较算是有点成绩的是考证部分，但错误百出，给人们留下了很坏的影响。研究古人的著作，无论是历史的、经济的、政治的、文艺的著作，当然要考证作者所处的时代和那个时代的社会生活、阶级关系，著作的真伪等等，这是研究工作的一部分。但研究的目的是在于阐明那著作的内容及其所反映的社会的实况，来了解那著作的意义。但若照胡适那样单以考证代研究，为个人的兴趣而考证，为考证而考证，试问这种研究有什么意义呢？这样的研究完全是资产阶级思想的表现。胡适的这种资产阶级思想，在许多的历史研究者、古典文学研究者及其他学术研究者之中，是有深厚的影响的，现在正是要彻底清算的时候了。

胡适过去发表过很多反动著作，流传很广，中了他的毒害的人很多。现在他本人虽然逃在外国，而他的反动的学术思想和“治学”方法仍然支配着一部分人。因此，我们不能不坚决地彻底地粉碎胡适的反动思想，来唤醒那些中过胡适的毒的人们。

……

（选自三联书店出版的《胡适思想批判》第二辑）

评“五四”文学革命中的胡适

易竹贤

胡适曾经参加过“五四”新文化运动。作为当时运动中右翼的代表，他对新文化运动，主要是文学革命，既发挥过一定的积极革命的作用，又起过消极破坏的作用。随着革命运动的深入发展，胡适在“五四”运动的高潮中就开始从新文化运动统一战线中逐步分化出去，为北洋军阀效劳，以后又投靠蒋介石，成为国民党反动政府和美国帝国主义的忠实走卒。他凭着从美国的资产阶级学者杜威那里“零零碎碎贩运一点”实用主义回来，“就变了中国的呵斥八极的学者”[1]，其反动思想，在旧中国的思想、学术文化界影响颇深；人们对他在“五四”文学革命中的作用，也根据表面现象错误地作了过高的评价，乃至流毒于解放以后。

1954年，全国思想界、学术文化界对胡适的反动思想开展了一次规模巨大的深入的批判。这是我国思想战线上无产阶级对资产阶级的一场严重的斗争，对于肃清资产阶级唯心论的影响，普及和深入马列主义、毛泽东思想的宣传与应用，是完全必要的，并取得了很大的成绩。对胡适在“五四”文学革命中的作用，开始有了比较正确的评价；但是，在有些论文和学术著作中，也出现了一种简单化的倾向，忽视胡适的思想同样有一个发展变化的过程。如说，胡适在“五四”文学革命时，既是“站在帝国主义文化的立场上，提出白话文”的；“他的

[1] 鲁迅：《南腔北调集·大家降一级试试看》。

整个文学观点、历史观点，都是反进步、反人民、反历史的，彻头彻尾站在封建统治阶级一边”；他当时就是“帝国主义、封建主义和官僚资本主义在政治上、文化上向中国人民凶恶地进攻的”“臭名昭著的反革命分子”。这些论断显然是与历史事实不相符合的，不仅使我们对胡适的文学改良主义的批判缺乏应有的说服力和战斗力，而且在现代文学史的研究和教学中，造成了某些不良影响。因此，我们认为有必要对胡适在“五四”文学革命中的作用，进行一些实事求是的具体的分析与批判，力求作出确切的经得起客观事实检验的评论。

一

为了正确地考察和评价“五四”文学革命中的胡适，我们首先得“把问题提到一定的历史范围之内”，分析一下“五四”新文化运动，统一战线的性质和任务，看看胡适在这个统一战线中的地位和表现，看看他对待当时革命的主要任务——反对封建主义的态度如何。

距今60年前，在俄国伟大的十月社会主义革命影响下，发生了著名的“五四”运动。这是中国人民反对帝国主义和反对封建主义的一次伟大革命运动。它标志着中国民主革命发展到了一个崭新的阶段。即由资产阶级领导的旧民主主义革命发展到了无产阶级领导的新民主主义革命。从“五四”前夜开始的新文化运动（包括新文学运动），为“五四”运动的发生作了思想上的准备，而在“五四”以后，则在观念形态上反映中国人民反帝反封建的革命斗争，成为新民主主义革命运动在思想战线上的有力的一翼。

“五四”新文化运动是一个统一战线的革命运动。毛泽东同志在《新民主主义论》里曾对此作过科学的分析，他指出：

> “五四”运动时期虽然还没有中国共产党，但是已经有了大批的赞成俄国革命的具有初步共产主义思想的知识分子。“五四”运动，在其开始，是共产主义的知识分子、革命的小资产阶级知识分子和资产阶级知识分子（他们是当时运动中的右翼）三部分人的统一战线的革命运动。……“五四”运动所进行的文化革命则

是彻底地反对封建文化的运动，自有中国历史以来，还没有过这样伟大而彻底的文化革命。

这里清楚地说明，上述三种知识分子以《新青年》为中心逐步形成的新文化运动统一战线，是新民主主义的文化革命的统一战线。这个统一战线是在共产主义文化思想的领导和影响之下的，以李大钊为代表的具有初步共产主义思想的知识分子成了新文化运动的实际领导者；革命的小资产阶级知识分子是与共产主义知识分子并肩战斗的一支重要力量；资产阶级知识分子则是当时运动中的右翼。与这三种知识分子组成的新文化阵营相对立的，是封建主义的旧知识分子，即所谓“国粹派”或“国故派”；他们的背后还站着整个封建军阀官僚，以至国际帝国主义势力。为了维护腐朽的封建统治，他们拼命地抱住儒家孔教不放，死守着旧礼教、旧道德、旧传统，把封建主义旧文化当作“国粹”全部保存下来。因此，反对封建主义的旧文化就成为新文化阵营共同的战斗任务，也正是他们得以组成统一战线的政治基础。

胡适是以资产阶级知识分子代表人物的资格参加新文化运动的。我们知道，“民族资产阶级是带两重性的阶级”。他们在一定时期中和一定程度上，能够参加反帝反封建的斗争，成为革命的一种力量；而在另一方面，他们又缺乏彻底地反帝反封建的勇气，存在着与帝国主义、封建主义相妥协，甚至相勾结的危险。资产阶级的这种两重性，在“五四”时期的胡适身上有着非常鲜明的表现；并且，正是这个阶级的两重性的特点，决定了胡适一方面积极参加新文化运动，成为向封建主义进攻的一分革命力量；另一方面，他又常常暴露出软弱妥协的根性，只是处于运动右翼的一个盟员而已，并不是什么“主将”或“领导”。

新文化运动中胡适的实际表现正是这样的。

当时，新文化阵营反对封建旧文化的斗争，首先最突出最集中地表现为反对孔教，“打倒孔家店”成为新文化运动一个重要的战斗口号，反孔与尊孔的斗争，则成了新旧文化斗争的一个焦点。胡适作为新文化阵营内的一名战士，也发表过反对孔丘及儒家礼教的激烈言论。那时，有些卫道者说，汉宋儒者以至当日的孔教会，都不是“真孔教”，种种流弊都是后人误解孔教、败坏孔教所造成的，妄图用这种遁辞来保住孔家店的招牌。胡适驳斥说：

> 这个道理最明显：何以那种种吃人的礼教制度都不挂别的招牌，偏爱挂孔老先生的招牌呢？正因为二千年吃人的礼教法制都挂着孔丘的招牌，故这块孔丘的招牌——无论是老店，是冒牌——不能不拿下来，捶碎，烧去！（《吴虞文录序》）

把孔丘的招牌“捶碎，烧去”的这种决断态度，应该说正是“五四”新文化运动“打倒孔家店”的战斗精神的反映。

胡适反对孔教的断然态度，乃是来源于他对孔丘和儒家学说几千年来所产生的实际效果的正确分析。他说：“我们对于一种学说或一种宗教，应该研究他在实际上发生了什么影响：‘他产生了什么样子的礼法制度？他所产生的礼法制度发生了什么效果？增长了或是损害了人生多少幸福？造成了什么样子的国民性？助长了进步吗？阻碍了进步吗？’这些问题都是批评一种学说或一种宗教的标准。”胡适即是用这种“实际的效果”的客观标准，去分析二千多年来以孔孟儒家学说为基本内容的礼教制度，得出了“都是一些吃人的礼教和一些坑陷人的法律制度”的结论。长期以来，孔教被封建统治阶级用作麻痹和禁锢人民思想，实行“吃人”统治的工具；孔丘则由统治者们捧为至高无上的“圣人”，成了愚弄人民的偶像。而民元革命以后，袁世凯称帝，张勋复辟，仍都是抬出孔丘来做招牌，锐意提倡“历代民贼所利用之孔教”[1]。因此，这孔家店就非打倒不可，孔丘这块招牌就非“捶碎，烧去”不可。这是我国民主革命在思想战线上反对封建主义的一项重要的战斗任务。胡适对孔教的认识和态度，与上述反对封建主义的战斗要求是相符合的。

基于这种认识，胡适对当时反孔的几位知名人物也都极为推崇和支持。他热情地称誉吴虞为“四川省只手打孔家店的老英雄”，说吴是打扫“孔渣孔滓尘土”的“中国思想界的一个清道夫”；他赞扬陈独秀

[1] 陈独秀：《驳康有为致总统总理书》，载《新青年》第2卷第2号。

和吴虞是“攻击孔教最有力的两位健将”。胡适还特意为吴虞的文集《吴虞文录》写了序言，高度评价了他批判孔丘的业绩和精神。对于鲁迅“意在暴露家族制度和礼教的弊害”的《狂人日记》等短篇小说，胡适曾作过很高的评价，认为是白话短篇小说中“成绩最大的”；并说，“他的短篇小说，从四年前的《狂人日记》到最近的《阿Q正传》，虽然不多，差不多没有不好的”❶。这些评论，也从侧面反映出了胡适对“打倒孔家店”的积极态度。

批判以孔孟之道为核心的旧伦理、旧道德，是“五四”时期“打倒孔家店”，反对封建礼教的一项重要内容。所谓“三纲五常”这一套封建伦理道德，是长期来束缚人民的沉重的精神枷锁。北洋军阀政府为了对抗民主思潮和革命运动，仍竭力兜售这些封建货色。他们虽然不能公开贩卖“君为臣纲”的“忠君”观念了，却居然在正式颁布的《褒扬条例》中规定所谓表彰“节烈”的条款；封建卫道者们则极力宣扬“孝道”、“节烈”，给新文化运动加上“铲伦常”、“禽兽行”之类的恶名。因此，《新青年》特别对这些封建伦理道德展开了猛烈的攻击。胡适在1918年7月发表《贞操问题》一文，针对当时北京、上海报载的两起烈女殉夫的事实，指出那些诱劝女子“节烈”的议论，是“全无心肝的贞操论”，“是不合人情，不合天理的罪恶”；他认为，劝人做烈女“罪等于故意杀人”，并且谴责军阀政府“褒扬烈妇烈女杀身殉夫”的法律，“都是野蛮残忍的法律，这种法律，在今日没有存在的地位”。1919年，胡适又在《“我的儿子”》一文中，把批判的锋芒指向了封建社会里一向认为神圣不可侵犯的父子问题，攻击所谓“孝道”。他明白宣言“不赞成把‘儿子孝顺父母’列为一种‘信条’”；做父母的也“不要把自己看做一种‘放高利债’的债主”，望儿子报恩。他认为父亲对于儿子，本来“无恩于他”，只负有“教他养他”的责任。胡适的这些见解，毫无疑问，是起到了抨击吃人的封建礼教和批判腐朽的封建道德的革命作用的。值得注意的是，他的这两篇文章，与鲁迅的《我之节烈观》、《我们现在怎样做父亲》两文，都是写于同一年里，批判的又都是封建伦常中的“孝道”和“节烈”观念。自然，鲁迅那种“自

❶ 《五十年来中国之文学》。

己背着因袭的重担，肩住了黑暗的闸门，放他们到宽阔光明的地方去”的伟大胸怀，胡适是望尘莫及的；但是，这也有力地证明，他和鲁迅当时确是站在同一战线上，向着同一敌人——封建主义，进行着共同的战斗。

胡适在反对封建主义旧文化的同时，还积极地鼓吹过人道主义、个性解放和自由、平等的思想，这本身也具有反封建的意义。“五四”时期参加新文化运动的许多知识分子，虽然在不同程度上受到俄国十月革命的影响，而具有初步共产主义思想的知识分子毕竟还是少数；大多数的小资产阶级和资产阶级的知识分子，用以反对封建主义旧文化的武器，主要地还是从西方资产阶级革命时代的武器库里搬运来的，诸如进化论，人道主义、个性解放，以及自由、平等、博爱等等。胡适自然也不例外。1918 年 6 月，《新青年》出版一期“易卜生专号”。胡适发表了《易卜生主义》的重要文章，借介绍这位挪威现实主义剧作家的作品和思想，对旧社会的法律、宗教、道德以及家庭、婚姻等，进行了全面攻击，大力宣扬了资产阶级的个性解放的思想。文中着重介绍了易卜生关于“个人须要充分发达自己的天才性；须要充分发展自己的个性”的主张，认为是一种“完全积极的主张”。胡适介绍易卜生的剧作《娜拉》、《海上夫人》和《雁》等剧作时指出：“发展个人的个性，须要有两个条件。第一，须使个人有自由意志。第二，须使个人担干系，负责任。”他反对那种个人没有自由权，又不负责任的奴隶式生活，因为那种生活“不能发展个人的人格”，“社会国家决没有改良进步的希望”。所以胡适又主张“极力提倡思想自由和言论自由，养成一种自由的空气，布下新思潮的种子”❶；他还突出地宣传过男女平等的思想，认为“男女同是‘人类’，都应该努力做一个自由独立的‘人’”。❷

为什么说，这种要求个性解放，要求自由平等的呼声，在当时具有鲜明的反封建色采呢？众所周知，人道主义、个性解放，以及自由、

❶ 《不老》，见《胡适文存》卷 4 第 996 页。

❷ 《美国的妇人》，见《胡适文存》卷 4 第 911 页。

平等、博爱的口号，都是历史的概念，在欧洲新兴资产阶级反对中世纪君主专制和教会神学的统治时，曾经发挥过革命作用；而随着资产阶级走向没落，工人运动的兴起和马克思主义的广泛传播，这些口号就逐渐变成了资产阶级用以抵制马克思主义，欺骗无产阶级的反动思想武器了。但是，由于中国是一个长期受封建专制主义统治的国家，近代以来又备受帝国主义的欺凌，正是封建主义和帝国主义的残酷统治与掠夺，使中国人民“向来就没有争到过‘人’的价格”，陷在“想做奴隶而不得”的境地。辛亥革命虽然赶跑了一个皇帝，结束了二千余年的君主专制，但代之而起的仍是封建军阀的统治，并没有建立起真正的民主制度；而且尊孔复古之声甚嚣尘上，人民的思想仍然被封建礼教的精神枷锁禁锢着，毫无发展个性和思想自由可言。“专制永长，昭苏非易”❶，彻底反对封建主义的革命任务仍尖锐地摆在中国人民的面前。因此，人道主义、个性解放及自由、平等的口号，不仅在中国旧民主主义革命时期，而且在“五四”以后反帝反封建的斗争中，仍然有着一定的革命作用。胡适提倡个性解放，鼓吹自由、平等，也正是为了用它们作武器，来攻击摧折个性、束缚自由的封建专制制度和传统思想。他指出：

> 社会最爱专制，往往用强力摧折个人的个性，压制个人自由独立的精神；等到个人的个性都消灭了，等到自由独立的情神都完了，社会自身也没有生气了，也不会进步了。(《易卜生主义》)

因此，胡适认为“社会最大的罪恶莫过于摧折个人的个性，不使他自由发展”。他之所以突出地介绍易卜生的《国民公敌》一剧，并高度评价剧中坚持真理，敢于攻击社会，敢于独战多数的主人公斯铎曼医生，就是希望我国社会多出现象斯铎曼那样的人，“敢说老实话攻击社会的腐败情形”，敢为真理而大胆宣言：“世上最强有力的人就是那个最孤立的人！”❷很明显，胡适提倡个性解放和要求自由平等，矛头是对着

❶ 鲁迅：《集外集拾遗·〈越铎〉出世辞》。

❷ 《易卜生主义》。

封建军阀的暴虐统治的，是对封建专制制度及传统思想的勇敢挑战。

自然，我们也必须指出，人的个性也好，自由平等也好，都不是抽象的，而是有着特定的阶级内容的。胡适及当时许多人所鼓吹的个性解放和自由平等，都是属于资产阶级范畴的东西。我们在肯定它们具有一定的反封建的积极意义时，又不能不看到它们的阶级实质，看到它们对于劳动大众始终只是一种欺骗。尤其是所谓斯铎曼式的极端个人主义，当时虽有某种反传统势力的意义，但助长蔑视群众、对抗集体和革命的消极作用也是很突出的，必须认真加以批判。

以上材料说明，胡适作为新文化运动统一战线的成员，对封建主义旧文化是进行过批判和斗争的。但是，有些论者为什么说胡适自己后来也否认与封建主义斗争过呢？这桩公案看来有必要弄清楚。原来，在 30 年代，陶希圣写的《为什么否认现在的中国》一文曾说："胡先生在过去与封建主义争斗的光荣，是我们最崇拜最愿崇拜的"。胡适为此写了一篇《今日思想界的一个大弊病》，即以陶文为例，反对所谓"抽象名词"，把"封建主义"也当作"抽象名词"加以否认，原文是这样的：

> 我搜索我半生的历史，我就不知道我曾有过"与封建主义争斗的光荣"。压根儿我就不知道这 40 年的中国"封建主义"是个什么样子。所以陶先生如果说我曾提倡白话文，我没法子抵赖。他恭维我曾与封建主义争斗，我只好对他说"小人无罪"。如果做过什么"争斗"，我打的是骈文律诗古文，是死的文字，是某种某种混沌的思想，是某些某些不科学的信仰，是某个某个不人道的制度。这些东西各有很长的历史，各有他的历史演变的事实，都是最具体的东西，都不能用一个抽象词（如"封建主义"）来解释他们，形容他们，或概括他们。❶

这里首先应该指出，胡适在"五四"以后常用所谓"抽象名词"一类的话来攻击马克思主义；写作这篇文章时，胡适已完全投入了蒋

❶ 见《独立评论》第 153 期（1935 年 5 月）。

介石集团的怀抱，显然也是借题发挥，以陶文为幌子，攻击用马克思主义对中国社会所进行的科学分析，诬蔑为“今日思想界的大弊病”，并进而否定中国人民反帝反封建的民主革命任务，用心是反动而狡猾的。但是，我们从这篇文章却不可能得出胡适“五四”时期没有反对封建主义的结论。因为这主要应该根据他的实际表现来判断；即使在这篇文章里，胡适也明白说到他攻击了“骈文律诗古文”，“混沌的思想”，“不科学的信仰”，“不人道的制度”等等，也就是他后面说的“我们所攻击的许多传统思想和信仰”，指的正是封建主义的一些具体内容。“五四”时期，胡适对封建主义的这些传统思想和信仰等，事实上也是作过斗争的。他否认的只是“封建主义”这个概念，不赞成用这个“抽象词”来概括他所攻击的那些具体的“传统思想和信仰”等；因为他所认为的“封建主义”，是那种分封诸侯的中国古代“封建制度”，“早已在二千年前崩坏了”❶，这当然是荒谬的。胡适虽然有过一些反对封建主义的具体言行，不满于封建军阀的统治，在“五四”新文化阵营反对封建主义旧文化的战线上曾经充当过一名战士；但是他始终不敢明白宣言反对“封建主义”，总是遮遮掩掩，多方周旋，很不坚决，很不彻底，即或称为战士，也是较为蹩脚的。

二

“五四”新文化运动，“以反对旧道德提倡新道德，反对旧文学提倡新文学为文化革命的两大旗帜，立下了伟大的功劳”❷。作为这次新文化运动的一个重要组成部分的文学革命，“是中国文学史上的第一次真正伟大的革命”❸，揭开了中国新文学史的第一页。那么，在这次文学革命的倡导过程中，胡适的态度如何？起了什么样的作用呢？下面就让我们来具体考察一下罢。

正当袁世凯与日本帝国主义签订卖国的二十一条，祭孔祀天，积

---

❶《我们走那条路》。

❷ 毛泽东：《新民主主义论》。

❸ 周扬：《发扬“五四”文学革命的战斗传统》，载1954年《人民文学》5月号。

极准备窃国称帝的时候，1915 年 9 月，《青年杂志》在上海创刊（第二卷起改名《新青年》）。它高举着反封建的旗帜，在反对旧道德提倡新道德的同时，也反对旧文学，倡导了文学革命。早在 1915 年 12 月，陈独秀就提出："吾国文艺……今后当趋向写实主义"，反对"浮华颓败"的文风❶。第二年 10 月，胡适从美国寄书陈独秀，赞成上述意见，并首次公开提出了"文学革命"的口号和"八事"：

> 年来思虑观察所得，以为今日欲言文学革命，须从八事入手。八事者何？
>
> 一曰不用典。
>
> 二曰不用陈套语。
>
> 三曰不讲对仗（文当废骈，诗当废律）。
>
> 四曰不避俗字俗语（不嫌以白话作诗词）。
>
> 五曰须讲求文法之结构。
>
> 此皆形式上之革命也。
>
> 六曰不作无病之呻吟。
>
> 七曰不摹仿古人。语语须有个我在。
>
> 八曰须言之有物。
>
> 此皆精神上之革命也。❷

这"八事"便是后来的"八不主义"，是胡适关于文学革命的纲领性意见。虽然大多就文学的形式方面立论，但与形式方面相对，也明确地提出了"精神上之革命"的一方面。这封信针对旧文学"规摹古人"的复古主义和"言之无物"的形式主义倾向，提出了"文学革命"的口号和具体主张，具有积极的革命意义。因而陈独秀当即在《新青年》上极力称赞，认为是"今日中国文界之雷音"❸。

1917 年 1 月，胡适将上述"八事""衍为一文"，发表了《文学改良刍议》。这篇文章是胡适鼓吹文学革命，提倡白话文学的第一篇正式

❶ 见《青年杂志》第 1 卷第 4 号《通讯》。

❷❸ 见《新青年》第 2 卷第 2 号《通讯》。

宣言，向来被当作文学革命的“一个‘发难，的信号”❶，对当时的思想界和文学界影响颇大。其中主张“言之有物”，同时又朦胧地反对了封建主义的“文以载道”说；鼓吹进化论，用以解释文学的发展变迁；在肯定几部白话小说时，提出文学要“实写今日社会之情状”，才算得“真正文学”，触及了文学与社会生活的关系问题，等等，都是值得注意的论点，充实了“文学革命”的内容。而尤其应该注意的是，文章批评了那种消极悲观、无病呻吟的“亡国之哀音”，提出了“奋发有为”，以文学“服劳报国”的积极爱国主义的文学主张。他说：

> 国之多患，吾岂不知之？然病国危时，岂痛哭流涕所能收效乎？吾惟愿今之文学家作费舒特（Fichtl），作玛志尼（Mazztni）。而不愿其为贾生王粲屈原谢皋羽也。其不能为贾生王粲屈原谢皋羽，而徒为妇人醇酒丧气失意之诗文者，尤卑卑不足道矣！

这是一段非常重要的文字。其中提到的费舒特，即费希特（1762—1814），是国家主义的创始者，德国哲学家，在普法战争拿破仑攻破柏林后，他发表《告德意志国民》等文，提出了捍卫国家主权的口号，号召德国人民不要灰心丧志，为国家民族的复兴统一而斗争；玛志尼（1805—1872）是意大利爱国者，曾创立“青年意大利党”，为祖国的独立和统一而毕生奋斗。胡适要求文学家作费希特，玛志尼，而不作哀伤痛哭、“丧气失意”的文人，这正反映出了他提倡“文学改良”的爱国主义目的。胡适当时还留学在美国，国内正当辛亥革命之后，袁世凯窃国称帝，日本帝国主义野心勃勃企图灭亡中国。内忧外患使祖国处在更加贫弱危亡的境地。胡适“身旅异域，宗国危亡，睠怀尤切”❷，在留别任叔永的诗里即说道：“国事今成遍体疮，治头治脚俱所急”❸；《藏晖室札记》中亦表现出了某些民族主义和爱国主义的思想。而在《文学改良刍议》这篇文章里，他从民族主义和爱国主

❶ 郑振铎：《中国新文学大系·文学论争集导言》。

❷ 见《新青年》第2卷第4号刊载《藏晖室札记》时怡庵之卷首附识。

❸ 见《尝试集》所附之《去国集》。

义的思想出发，希望人们用文学来“服劳报国”，为祖国的独立自强而积极奋斗，反对那种无补于“病国危时”的无病呻吟的文学。这种爱国主义的文学思想是可贵的，值得肯定的。

但是,《文学改良刍议》也表明，胡适的态度毕竟十分软懦。他经过再四研思，把“文学革命”改成了“文学改良”，仍深恐“矫枉过正”，预先就请别人来“匡纠是正之”。他自己后来也承认，“胆子变小了，态度变谦虚了，所以此文标题但称‘文学改良刍议’，而全篇不敢提起‘文学革命’的旗子”❶。这就显出了十足的改良主义的态度来了。

同年2月，陈独秀发表《文学革命论》，“甘冒全国学究之敌”，正式举起了“文学革命”的旗帜。他提出了推倒贵族文学，建设国民文学；推倒古典文学，建设写实文学；推倒山林文学，建设社会文学的“三大主义”，虽然也没有超出“改良”的范围，但锋芒却是明确地指向封建主义的旧文学，态度和主张都比胡适更坚决，更彻底一些。

此后，胡适又写了《历史的文学观念论》、《建设的文学革命论》等文章；钱玄同、刘半农、周作人、傅斯年等都撰文响应，逐步展开了广泛热烈的讨论；鲁迅更以他那“表现的深切和格式的特别”的短篇小说“显示了文学革命的实绩”。

从以上我们对文学革命倡导过程的简要回顾，可以毫无疑问地得出结论：胡适在这次文学革命中态度是积极的，是发挥了重要作用的倡导者之一。

其实，这个结论，也是当时许多倡导者一致公认的事实。如陈独秀说：

> 文学革命之气运，酝酿已非一日，其首举义旗之急先锋，则为吾友胡适。

钱玄同说：

---

❶《逼上梁山》。

文学革命之盛业，得贤者（按指胡适）首举义旗，而陈独秀刘半农两先生同时响应，不才如玄同者，亦得出其一知半解，道听途说之议论以就正于有道，忻忭之情，莫可名状。

（《寄胡适之》）

刘半农也说过同样意思的话。“新潮社”的傅斯年则说：

中国文学之革新，酝酿已十余年。去冬胡适之先生草具其旨，揭于《新青年》，而陈独秀先生和之，时会所演，从风者多矣。

（《文学革新申议》）

鲁迅后来也说：

要恢复这多年无声的中国，是不容易的……

首先来尝试这工作的是“五四”运动前一年，胡适之先生所提倡的“文学革命”。

（《无声的中国》）

毛泽东同志在1936年与美国作家斯诺谈话，也回忆当时的情况说：

《新青年》是有名的新文化运动的杂志，由陈独秀主编。我还在师范学校做学生的时候，我就开始读这一本杂志。我特别喜欢胡适、陈独秀的文章。他们代替了梁启超和康有为做了我的崇拜人物。

（《西行漫记》）

以上，大都是《新青年》团体及“新潮社”中代表人物当时对胡适的推崇或印象，其中有的对胡适的软懦态度也同时提出过批评，不能当作虚伪的应酬话看待。有些评论尽管存在表面性或片面性，没有认识胡适的文学改良主义的实质；但也不可否认，他们以当事人的身分反映了当时的实际情况，证明胡适在“五四”文学革命的倡导时期确实是起了积极作用的。

同时，我们还可以从文学革命反对者的攻击中，看到当时历史的某些真实情况。文学革命一开始就遭到封建复古主义者的拚命抵制和攻击。胡适也是他们攻击新文学的对象之一。最先，林纾在《新申报》上发表小说《妖梦》和《荆生》，影射攻击新文化运动。《妖梦》中以元绪影蔡元培，田恒影陈独秀，胡亥影胡适，全是一派龌龊的谩骂。《荆生》也影射三人：皖人田其美（陈）大骂孔子，浙人金心异（钱玄同）善长《说文》，新归自美洲的狄莫（胡）则主张白话，后有一“伟丈夫”荆生出来用武力征服惩办了他们。小说反映的正是封建复古主义者仇视新文化，希望军阀施行武力镇压的反动心理。稍后，“学衡派”对新文学进行攻击，矛头也指向胡适，胡先骕写了两万余字的长篇论文《评〈尝试集〉》，指责胡适的诗“卤莽灭裂，趋于极端”，因而“必死必朽”。“甲寅派”的章士钊攻击新文化运动的文章，如《评新文化运动》、《评新文学运动》等，都指名针对胡适，并说一班文人“以适之为大帝。绩溪（按即胡适家乡）为上京。遂乃一味于《胡氏文存》中求文章义法。于《尝试集》中求诗歌律令。目无旁骛。笔不踅停。以至酿成今日的底他它吗呢吧咧之文变”。复古主义者们几乎不约而同都认胡适作仇雠，不也从反面证明了胡适在文学革命中所处的地位和他所发挥的革命作用了吗？

胡适对待文学革命的态度，虽有积极的一面，但他那软懦妥协的特点却也是相当突出的。如前所述，胡适的这种软懦态度，早在《文学改良刍议》中即有表现。陈独秀的《文学革命论》发表后，胡适仍把文学革命当作一种学术问题来讨论，研究，并表示“决不敢以吾辈所主张为必是而不容他人之匡正”。陈独秀当即断然批评说，“改良中国文学，当以白话为文学正宗之说，其是非甚明，必不容反对者有讨论之余地，必以吾辈所主张者为绝对之是，而不容他人之匡正也”。对陈独秀的这些话，胡适一直耿耿于怀，一年多后，当汪懋祖攻击《新青年》“如村妪泼骂”，“不容人以讨论”时，胡适竟引为同调，攻击陈独秀“太偏执了”，并平心静气地“欢迎”复古主义者反对文学革命的“意见”。这种表面上似乎公允平正的态度，掩盖着对封建旧文化妥协、退让的实质。后来，胡适也不能不承认：

第一篇胡适的《文学改良刍议》还是很和平的讨论。胡适对文学的态度，始终只是一个历史进化的态度。……胡适自己常说他的历史癖太深，故不配作革命的事业。文学革命的进行，最重要的急先锋是他的朋友陈独秀。……他这种态度太和平了。若照他这个态度做去，文学革命至少还须经过十年的讨论与尝试。但陈独秀的勇气恰好补救这个太持重的缺点。

（《五十年来中国之文学》）

这段话，算是胡适比较真实的自我招供，但他对文学革命的态度不是什么“太持重”、“太和平”，也不是什么“历史癖”决定的；而恰好是资产阶级既要求革命又惧怕革命的两重性所决定、所表现出来的软弱妥协的态度。

三

现在，我们需要进一步来具体考察和分析一下胡适“五四”时期的文学主张和文学创作，这将有助于我们更具体地认识资产阶级的两重性的特点。

在《新青年》提倡“文学改良”继而号召“文学革命”期间，胡适发表过多篇关于文学方面的论文和通讯，以后又写了一些关于新文学运动的总结性文字。他的文学主张概括起来，大致有以下几个基本观点：一，以白话文学为正宗；二，文字体裁的大解放；三，实写社会之情状；四，历史进化的文学观念。我们下面分别加以评析。

一，以白话文学为正宗。提倡“白话文学”，或者叫“国语的文学”，这是胡适主张文学革命的一个中心论点。他在《建设的文学革命论》一文中说：

我的“建设新文学论”的唯一宗旨只有十个大字：“国语的文学，文学的国语。”我们所提倡的文学革命，只是要替中国创造一种国语的文学。

而且，他一开始就把白话文学提到文学“正宗”的地位，说：

以今世历史进化的眼光观之，则白话文学之为中国文学之正宗，又为将来文学必用之利器，可断言也。

（《文学改良刍议》）

这是一个十分大胆的创见，是直接对封建主义文学观念的挑战。长期以来，封建统治阶级的御用文人，总是把白话文学看作“君子勿为”的小道，贬斥于正统的文学之外。李贽、袁宏道、金圣叹等人，虽也十分重视白话小说《水浒传》，把它抬到著名的封建文学作品如《离骚》杜诗等并列的地位，是一种可贵的进步的见解，但毕竟还局限在封建文学观念的范围之内。胡适则完全是针锋相对，说写白话小说的“施耐庵曹雪芹吴趼人皆文学正宗”，而封建文人们弄的那些“骈文律诗乃真小道耳”，并明确提出“今日之文学，当以白话文学为正宗”❶。他宣布古文（文言）是死文字，“死文字决不能产出活文学”；所以，“要造一种活的文学，必须用白话来做文字的工具”❷。他除了从理论上大力提倡白话文，反对文言文之外，还广泛搜罗中外史例来为白话辩护。如宣传意大利的但丁、薄伽丘如何不用拉丁文，而用意大利当时的民族语来写作，创造了统一的意大利语；英国的乔叟如何用伦敦方言创作，以至形成了统一的英语等。❸在中国，他也举出许多作家作品，证明“自从三百篇到于今，中国的文学凡是有一些价值有一些儿生命的，都是白话的，或是近于白话的。其余的都是没有生气的古董，都是博物院中的陈列品”❹。这些说法虽然有不少片面性，甚至牵强的地方，但提倡白话文的用心却是不可抹煞的。胡适自己不仅用白话写散文（论文），还试验用白话作诗，写小说和剧本。《新青年》号召文学革命的一段时间里，“作品也只有胡适的诗文和小说是白话”❺，后来才渐渐

❶ 《历史的文学观念论》，同上书第 46 页。

❷ 《尝试集自序》，同上书第 284 页。

❸❹ 《建设的文学革命论》。

❺ 鲁迅：《且介亭杂文二集·〈中国新文学大系〉小说二集序》。

多起来，形成了席卷全国的白话文运动。因此，我们认为，五四运动的爆发固然是促进白话文蓬勃发展的根本原因，而当时鲁迅、陈独秀、胡适等一班倡导者的努力，也发挥了积极的作用。

提倡白话文，尊白话文学为正宗，是与当时反对封建主义的革命要求相一致的，而且它本身就是反对封建主义旧文化的一个重要方面。众所周知，文言文长期被少数剥削阶级文人所垄断，成为封建思想和伦理道德的传载工具。由于新文化运动的兴起，原来作为封建文化工具的文言文，因为完全脱离民众的口语，自然担当不了传播民主与科学的新思想、批判封建主义旧文化的历史任务，而且成了束缚人民思想的桎梏，“既难传载新事新理，且为腐毒思想之巢窟”❶。因而反对这种少数人垄断的、僵死的文言文，采用接近民众口语的白话文来作新文化的工具，就必然带着反对封建主义的民主与科学的性质。胡适说，提倡白话文，“我们的目的不仅是‘在能通俗，使妇女童子看能了解’”，而且“要使中国人都能用白话做诗，作文，著书，演说”❷。早在 1916 年他就说过，“吾以为文学在今日不当为少数文人之私产，而当以能普及最大多数之国人为一大能事”❸。后来胡适又具体提出“今日的贫民社会，如工厂之男女工人，人力车夫，内地农家，各处大负贩及小店铺，一切痛苦情形”，都应当“在文学上占一位置”❹。这些见解，在我国新文学史上最早提出了文学与人民大众的关系问题，比陈独秀提出的“国民文学”更具体明确，具有鲜明的反封建主义的民主精神。

提倡白话文，反对文言文，是胡适自己平生最引为得意的事业。其实他在这方面的主张，也有不彻底的弊病。比如胡适说，文学革命是“要替中国创造一种国语的文学”，怎样来创造呢？用来创造“国语文学”的白话从哪里来呢？他说：

我们可尽量采用《水浒》《西游记》《儒林外史》《红楼梦》的白话；有不合今日的用的，便不用他；有不够用的，便用今日的

❶ 陈独秀语，见《新青年》第 4 卷第 4 号《通讯》。

❷ 《答黄觉僧君折衷的文学革新论》，见《胡适文存》卷一第 158 至 159 页。

❸ 见《藏晖室札记》卷十三。

❹ 《建设的文学革命论》。

白话来补助；有不得不用文言的，便用文言来补助。(《建设的文学革命论》)

胡适认定上述几部古典小说为“模范的白话文学”，主要从这些古代的白话书里学白话、自然，这些古典作品采用了当时通行的白话，在语言艺术上有的成就很高，可以作为我们今日创造新文学的借鉴；但这些作品毕竟是几百年前的，与今日民众口头流行的白话有很大的不同了，有的还掺杂着一些不必要的文言，因而不能成为白话的主要来源。我们主要地应该从今日广大人民群众的丰富生动的口语里去学习、采用。胡适却正好颠倒了这种关系，把“今日的白话”只派作“补助”的用场，又给文言留下一块与“今日的白话”相等的地盘，这样就势必使白话文出现脱离人民群众口语，而趋于文言化的偏向。再如他对“八不主义”的“不用典”、“不讲对仗”等项的阐述，也明显地流露出游移、动摇、妥协与退让的态度，这里就不详说了。

二，文字体裁的大解放。胡适认为，文学革命只是或先是文字形式（工具）的革命，因而积极主张“文字体裁的大解放”，这可以说是他提倡白话文的一个理论根据。他在《谈新诗》一文中说：

文学革命的运动，不论古今中外，大概都是从“文的形式”一方面下手，大概都是先要求语言文字文体等方面的大解放。……这一次中国文学的革命运动，也是先要求语言文字和文体的解放。

这种文字体裁方面大解放的要求，当然是从形式着眼提出来的，但又是适应着新文化新思想冲破旧形式束缚的要求提出来的，因而我们不能笼统地把它当作形式主义，否定其积极的意义。内容和形式是辩证统一的关系，内容是第一位的，决定的因素；但形式也并不是消极的，它对内容有着积极的能动的作用。尤其是当某种旧形式严重束缚着新内容使其不能继续发展的时候，那么旧形式的变革就带有决定性的意义了。我国“五四”时期的文学革命即是这种情况。随着人民大众反帝反封建斗争的发展，民主与科学的新思想的传播，文学所要表现的社会生活发生了深刻的变化；这时，冲破严重束缚着文学内容发展的文言律诗骈文这些旧形式，就有着极为重要的意义。白话文运动取得空前胜利的事实，雄辩地证明胡适关于“文字体裁的大解放”的要求，是合乎历史发展的趋势，发挥了积极作用的。如果相反，离开了以白话取代文言这种形式方面的变革而去高谈文学革命，那就只能陷于空谈。

应该说明，胡适在鼓吹“文字体裁的大解放”时，也并非完全没有顾及文学内容的方面。如前面说到的，他曾经主张“实写今日社会之情状”的写实文学，要求“言之有物”，反对“无病呻吟”，反对封建主义的“文以载道”等等，这些都涉及到文学内容的革新。而且，胡适对内容与形式的关系也发表过一些正确的见解，如说“单有白话未必就能造出新文学”，“新文学必须要有新思想做里子”；他要求做到“文字体裁的大解放”，为的是“用来做新思想新精神的运输品”❶。又如在解释“言之有物”时，说明所谓“物”包括“情感”和“思想”之后，胡适写道：

> 文学无此二物，便如无灵魂无脑筋之美人，虽有秾丽富厚之外观，抑亦末矣。近世文人沾沾于声调字句之间，既无高远之思想，又无真挚之情感，文学之衰微，此其大因矣。此文胜之害，所谓言之无物者是也。欲救此弊，宜以质救之。质者何？情与思二者而已。❷

胡适离开人类社会的物质生活条件和物质资料的生产方式，来抽象地谈“情感”和“思想”，显然包含着唯心主义的因素；而关于情感、思想与声调字句之间，质与文、内容与形式之间辩证关系的说明，却无疑是正确的，对“文胜”的形式主义倾向的批判也是切中时弊的。

但是，在文学革命的内容与形式的关系上，就总的倾向来看，胡适关于内容方面的主张大多比较笼统、朦胧，有时甚至回避思想内容，

❶ 《尝试集自序》。

❷ 《文学改良刍议》。

而偏重从形式方面去解释文学革命的意义，以至得出结论说“历史上的‘文学革命’全是文学工具的革命。……中国今日需要的文学革命是用白话替代古文的革命，是用活的工具替代死的工具的革命”❶，这就完全掉进形式主义的泥坑中去了。因此，他把文学革命主要局限在语言文字和体裁形式方面的改革；对新文学的创造，他也偏重从形式着眼，机械地分为三步：“（一）工具，（二）方法，（三）创造。前两步是预备，第三步才是实行创造新文学”，但他又觉得“现在的中国，还没有做到实行预备创造新文学的地步”❷。显然，这种见解只能是把文学革命关闭在“白话工具”和“文学方法”的形式主义牢笼里，对新文学的建设起着消极破坏的作用。

三，实写社会之情状。胡适认识到“文学是社会的生活的表示”，因此主张文学要“实写今日社会之情状”，提倡写实主义。他特别介绍了易卜生的写实主义，指出：

人生的大病根在于不肯睁开眼睛来看世界的真实现状。明明是男盗女娼的社会，我们偏说是圣贤礼义之邦；明明是赃官污吏的政治，我们偏要歌功颂德；明明是不可救药的大病，我们偏说一点病都没有！……易卜生的长处，只在他肯说老实话，只在他能把社会种种腐败龌龊的实在情形写出来叫大家仔细看。（《易卜生主义》）

胡适强调了一个“真”字，正确地把握住了写实主义的最重要最基本的特点——真实性，要求作者正视“真实的现状”，要“不失真”地状物写意，要表现“真挚之情感”❸，要“说老实话”，真实地反映社会的“实在情形”。胡适如此强调文学的真实性，提倡写实主义，对于新文学的建设，发挥新文学反对黑暗封建势力的战斗作用，无疑是积极的；而对于封建文人那种不敢正视现实并进而粉饰现实的瞒和骗的文

❶《逼上梁山》。

❷《建设的文学革命论》。

❸《文学改良刍议》。

学，则给予了最尖锐的批判。与此相联系，胡适特别肯定了“悲剧的观念”，深刻揭露了中国小说戏曲中“团圆迷信”的虚伪和荒谬，说这类作者是“闭眼不肯看天下的悲剧惨剧，不肯老老实实写天下的颠倒惨酷，他只图说一个纸上的大快人心”，违背生活的真实，是一种“说谎的文学”❶！而对《红楼梦》的悲剧结局则给予了极高的评价，他说，高鹗的续书居然“教黛玉病死，教宝玉出家，作一个大悲剧的结束，打破中国小说的团圆迷信。这一点悲剧的眼光，不能不令人佩服”❷。这些都是很有见地的，在六十年前的中国文学界和思想界有过很强烈的影响，即使在今天也还不失其光彩。

关于文学与社会生活的关系，胡适还非常重视作家的生活经验，把它提到了文学创作的“根底”的位置。他认为应该“注重实地的观察和个人的经验”，“真正文学家的材料大概都有‘实地的观察和个人自己的经验’做个根底”；如果没有这种观察和经验，便不能做文学家。胡适批评说，那些“关了门虚造”，或根据“间接又间接的”材料做的小说，必定会使人“觉得浮泛敷衍，不痛不痒的，没有一毫精采”❸。胡适还提倡所谓“诗的经验主义”，也是强调诗要有生活经验做底子，说“做梦尚且要经验做底子，何况做诗？”❹但是，实地的观察和个人的经验毕竟有限，所以胡适认为还“必须有活泼精细的理想（Imagination）”（按应为想象或想象力），即运用想象，将观察经验的材料加以体会、整理、组织，并补充丰富起来。他还根据文学的特点强调指出，只有这样的想象加工，“才是文学家的本领”❺。此外，胡适也看到了文学对社会生活的巨大的反作用，他说：“吾又以为文学不当与人事全无关系。凡世界有永久价值之文学，皆尝有大影响于世道人心者也。”❻对文学的社会功能、教育作用的这种正确认识，正是胡适倡导文学革命，希望人们用文学报效祖国的一个理论根据。以上有关文学与生活的这些观点，基本上是符合唯物论的反映论的，显然并

❶ 《文学的进化观念与戏剧改良》载《新青年》第五卷第4号。

❷ 《红楼梦考证》。

❸❺ 《建设的文学革命论》。

❹ 见《尝试集》《梦与诗》的“自跋”。

❻ 见《藏晖室札记》卷十三。

非胡适的创造，大多是从西方贩运过来的；其中又常常把写实主义与自然主义混为一谈，把客观存在的社会生活与个人主观的经验混为一谈，掺杂着一些唯心论的杂质；但是这些见解的宣传，使古文学家们讲的什么“道统”“文统”“义法”那一套陈腐谬说相形见绌，没有了市场，而对新文学的创造则显然起到了积极促进的作用。

四，关于历史进化的文学观念。这是胡适的文学主张的理论基础。他在《文学改良刍议》中说：

> 文学者，随时代而变迁者也。一时代有一时代之文学：周秦有周秦之文学，汉魏有汉魏之文学，唐宋元明有唐宋元明之文学。此非吾一人之私言，乃文明进化之公理也。即以文论，有《尚书》之文，有先秦诸子之文，有司马迁班固之文，有韩柳欧苏之文，有语录之文，有施耐庵曹雪芹之文：此文之进化也。……凡此诸时代，各因时势风会而变，各有其特长，吾辈以历史进化之眼光观之，决不可谓古人之文学皆胜于今人也。

这里所说的“历史进化之眼光”，即是所谓“历史进化的文学观念”，它用进化论来观察、解释文学的发展与变迁的历史。胡适后来又说：“这种种不同的时代发生种种不同的文学见解，也发生种种不同的文学作物——这便是我要贡献给大家的一个根本的文学观念。”根据这个观念，胡适认为：“不懂得南宋的时代，便不懂得宋江等 36 人的故事何以发生。不懂宋元之际的时代，便不懂得水浒故事何以发达变化。……不懂得明末流贼的大乱，便不懂得金圣叹的《水浒》见解何以那样迂腐。不懂得明末清初的历史，便不懂得雁宕山樵的《水浒后传》。不懂得嘉庆道光间的遍地匪乱，便不懂得俞仲华的《荡寇志》。——这叫做历史进化的文学观念。”[1]显然，胡适是企图从社会的历史去找寻文学见解和文学作品产生的根源，解释文学的发展变化与时代的关系。他另有一篇《历史的文学观念》，说的也是这“一时代有一时代之文学”的历史进化论，以此来论证“文言趋于白话”的发展趋势和“以白话

---

❶《水浒传考证》。

文学为正宗”的理论，并攻击那些“生乎今之世，反古之道”的复古主义古文家。可见这种历史进化的文学观念，宣传发展变化的观点，对于“文以载道”，“天不变道亦不变”的复古主义陈腐思想，是一种尖锐的挑战。

胡适曾经宣称他的历史进化论，是受达尔文进化论的影响。上面叙述的他对于文学与时代关系的某些接近正确的解释，以及对复古主义文人的批判，可以说是接受了达尔文进化论的进步方面影响的表现。但是，胡适的历史进化论，主要地是摘取了达尔文进化论的落后面，机械地搬用生物进化来解释人类社会和文学现象，宣扬的是一种庸俗进化论。我们知道，“从辩证方法观点看来，进化和革命、量变和质变乃是同一运动的两个必要形式”❶。胡适虽然也承认“人类生活随时代变迁，故文学也随时代变迁”的发展观点，但他把这种发展归结为“慢慢的渐渐的”进化❷，否认质变和革命，否认社会的阶级对立和斗争；而文学上这种渐次的进化，又只是一代又一代的文学体裁的变化，回避以至掩盖了文学发展的时代阶级的内容。

胡适宣扬庸俗进化论，往往是同反动的实用主义搅混在一块，来为他推行改良主义张目的。他曾说：“实验主义从达尔文主义出发，故只能承认一点一滴的不断的改进是真实可靠的进化。”❸当时，胡适作为资产阶级的代表，既有某种程度的反封建要求，却又惧怕革命，惧怕工农群众的觉醒，因而乞灵于温和的改良主义，在政治上如此，在文学革命上也是如此。他说：

> 文明不是笼统造成的，是一点一滴的造成的。进化不是一晚上拢统进化的，是一点一滴的进化的。现今的人爱谈“解放与改造”，须知解放不是笼统解放，改造也不是笼统改造。解放是这个那个制度的解放，这种那种思想的解放，这个那个人的解放，是一点一滴的解放。改造是这个那个制度的改造，这种那种思想的

---

❶ 斯大林：《无政府主义还是社会主义》，《全集》第一卷第 349 页。

❷《文学的进化观念与戏剧改良》。

❸《介绍我自己的思想》。

改造，这个那个人的改造，是一点一滴的改造。[1]

胡适带着这一点一滴的改良主义，在“五四”前夕的新文化运动中，虽然还勉强跻身于统一战线，并起到一点反封建的积极作用；但是，即便在当时，改良主义也完全是资产阶级的一种幻想，从根本上起着阻碍民众觉醒，也阻碍文学革命健康发展的消极作用，“五四”、“六三”以后，改良主义的反动本质就更清楚地暴露出来了。

胡适在文学革命中，除理论上鼓吹之外，还进行过一些文学创作的实践，他写过白话小说《一个问题》，编过白话剧本《终身大事》，还写了一本白话诗《尝试集》。他自己说，小说和剧本是“文学的小尝试”[2]，《尝试集》则是有意“试验白话是否可为韵文之利器”的一种实地练习[3]，都是为提倡白话文学而实践的。

《一个问题》（作于1919年），虽然也算较早出现的白话小说，但内容浅薄，手法也平庸，只是“人生在世，究竟是为什么的？”这一个人生哲学问题的图解，大约是那时“问题小说”的先河罢。

剧本《终身大事》，是最早出现的用白话创作的散文剧，明显地吸收了易卜生剧作的影响，女主角田亚梅是一个娜拉式的人物，她与陈先生自由恋爱，冲破了“神签”、“八字”、“祠规”等封建迷信习俗的束缚，“自己决断”离开家庭，“坐陈先生的汽车”走了。剧本反映的是“五四”时期富有时代色彩的男女婚姻问题，表现了反封建的主题思想，在当时青年知识分子中有较广泛的影响。但是，田女士这种娜拉式的出走，追求的仅仅只是资产阶级的婚姻自由，并非对封建制度的彻底反叛；因而与广大劳动妇女争取彻底解放之路，有着本质上的区别。至于艺术上，虽然幼稚，而打破中国旧剧传统，试作白话新剧的草创之功，还是应予肯定的。

胡适在创作上使劲最多，影响也较大的，是白话诗。他的《尝试集》，是文学革命中最早的一个新诗集。就内容方面看，一部分表现资

[1] 《新思潮的意义》。

[2] 《胡适文存序例》，载《胡适文存》卷首。

[3] 《答任叔永》（1916年8月4日），载《尝试集》第四版卷首。

产阶级自由和个性解放的诗，具有反封建的积极意义。如赞扬反沙皇专制统治，为自由而斗争的俄国“囚徒”（《沁园春》）；歌颂那用炸弹作武器，“一弹使奸雄破胆”，为民主共和而献身的“四烈士”（《四烈士塚上的没字碑歌》）。《威权》一诗，还居然歌颂铁索锁着的奴隶，大叫“我们要造反了！”而且“奴隶们同心合力”，终于把专制的“威权”从山顶上“倒撞下来，活活的跌死”。这么激烈地反专制统治的革命思想，是《尝试集》乃至胡适的全部著作中少见的。又如抒写不懈努力，攀登向上的精神（《上山》）；抗议军阀政府封禁《每周评论》《国民公报》，追求新闻和言论自由（《乐观》、《一颗遭劫的星》），等等，都是《尝试集》中有积极意义的思想。另有一首《平民学校校歌》，虽然喊出了“不做工的不配吃饭”，反映了“劳工神圣”的思想潮流，却没有引导人们去揭露阶级对立，不去触动旧制度的一根毫毛，正好暴露了改良主义者的思想弱点。《人力车夫》一诗，仅仅是以浅薄的人道主义，对劳动人民表示了一点资产阶级老爷“点头上车”式的同情，而其中宣扬的阶级调和的思想，却带有很大的欺骗性。《新青年》同一期上刊登有沈尹默同题写人力车夫的诗，描绘坐车人与拉车人两种生活状况的鲜明对比，思想意义比胡适的也稍高一筹。后出的鲁迅的《一件小事》，对劳动人民的高尚品质那样热情讴歌，更是胡适所不能同日而语的了。此外，某些诗篇中流露出来的陈旧庸俗的情调，也是需要批判的。

《尝试集》在艺术形式方面，追求“诗体的解放”，对于打破旧诗的格律，创造白话诗体，是有贡献的。胡适在谈白话诗时说：

> 我们做白话诗的大宗旨，在于提倡“诗体的解放”。有什么材料，做什么诗；有什么话，说什么话；把从前一切束缚诗神的自由的枷锁镣铐，拢统推翻：这便是“诗体的解放”。
>
> （《答朱经农》）

其实《尝试集》里仍有不少“刷洗过的旧诗”，到第二编才真正逐步打破旧诗格律，写出了一些真正的白话诗。正如胡适自己所说：“我现在回头看我这五年来的诗，很像一个缠过脚后来放大了的妇人回头看他一年一年的放脚鞋样，虽然一年放大一年，年年的鞋样上总还带着缠脚时代的血腥气。”胡适的“诗体大解放”的理论，基本上还是形式主义的；在这种理论指导下产生的《尝试集》，大多数诗歌是一些改良体的“放脚鞋样”，也就是顺理成章的事。当时仿效“尝试”体做白话诗的却很不少，以至章士钊也要愤愤责骂“于尝试集中求诗歌律令”的文人。可见《尝试集》在当时诗坛影响之大了。

总之，胡适的《尝试集》在新诗发展史上的历史价值，高于它本身的思想和艺术的价值。郭沫若的《女神》一出世，就以它那勇猛冲击黑暗的反叛精神，浩瀚奔放的激情和绚丽照人的艺术光彩，压过了《尝试集》，真正开启了一代诗风。

四

以《新青年》团体为中心形成的新文化运动统一战线，随着革命的深入发展，逐渐发生了分化。“后来《新青年》的团体散掉了，有的高升，有的退隐，有的前进”。胡适就是在“五四”高潮中开始从统一战线中逐步分裂出去，以后又步步“高升”，投进封建军阀和帝国主义的怀抱，成为帝国主义、封建主义和官僚资本主义在文化学术界的代言人。这个分化的过程，也是一个斗争的过程，一个同反帝反封建任务紧密相联系的长期复杂的斗争过程。

“五四”以前，各种新思想像潮水般涌进中国。十月革命给我们送来的马克思列宁主义，也在先进的知识分子中开始传播。1919 年 5 月，《新青年》出版马克思主义专号，李大钊同志发表长篇论文《我的马克思主义观》，在思想界引起很大震动。五四运动爆发，特别是“六三”以后，中国工人阶级登上了政治舞台，马列主义得到了广泛迅速的传播，并开始与工人运动相结合。革命形势的这种深入和发展，引起了资产阶级的恐慌，胡适作为这个阶级的代表，1917 年回国时，本来“打定二十年不谈政治的决心”，这时候却再也按捺不住，跳出来要谈政治了。他说：

> 国内的“新”分子闭口不谈具体的政治问题，却高谈什么无

政府主义与马克思主义。我看不过了，忍不住了，——因为我是一个实验主义的信徒，——于是发愤要想谈政治。

（《我的歧路》）

于是，1919年7月，胡适发表《多研究些问题，少谈些“主义”!》，挑起了“问题与主义”的论争。胡适这篇文章，借安福系也谈什么“民生主义”、“社会主义”，大骂“空谈好听的主义”，是“阿狗阿猫”“鹦鹉留声机”的事，是“中国思想界的破产”。实际上他是反对科学社会主义学说，攻击“根本解决”的革命道路；另一方面，则又摆出一大堆所谓“具体问题”，引诱人们去孤立地一个一个地研究，贩卖他那一点一滴的改良主义。胡适特别攻击马克思主义阶级斗争学说：

即如马克思主义……阶级斗争说指出有产阶级与无产阶级不能并立的理由，在社会主义运动史与工党发展史上固然极重要。但是这种学说，太偏向申明“阶级的自觉心”一方面，无形之中养成一种阶级的仇视心，不但使劳动者认定资本家为不能并立的仇敌，并且使许多资本家也觉劳动真是一种敌人。这种仇视心的结果，使社会上本来应该互助而且可以互助的两种大势力，成为两座对垒的敌营，使许多建设的救济方法成为不可能，使历史上演出许多本不须有的惨剧。

（《四论问题与主义》）

胡适如此卖劲地否认阶级对立，掩盖资本家残酷压榨工人的血腥罪恶，鼓吹虚伪的阶级合作“互助说”，正是企图欺骗蒙蔽工人群众，阻挡马克思主义在中国传播。这是胡适在新文化统一战线内部公开挑起争论，明显走向分裂的第一个重大步骤。

面对胡适的挑战，共产主义知识分子李大钊当即写了《再论问题与主义》的公开信，坚决全面地驳斥了胡适的谬论，他指出：（一）“问题与主义有不能十分分离的关系”，我们要“本着主义作实际的运动”，即坚持用马列主义指导实际；（二）因为有安福系一类假冒牌号的社会主义，我们就更要宣传科学的社会主义；（三）公开声明自己“是喜欢谈谈布尔什维克主义的"，驳斥了关于"过激主义"的诬蔑与恫吓；（四）必须依照马克思的唯物史观和阶级斗争学说，去开展"工人联合的实际运动"，走"根本解决"的革命道路，李大钊同志的公开信，击退了资产阶级向马克思主义的第一次进攻，表现了中国早期马克思主义者理论与实际相统一的革命学风和战斗精神。

胡适在挑起"问题与主义"的论争后不久，又提出所谓"整理国故"的口号。本来说是要用"评判的态度，科学的精神"来整理中国一切过去的文化历史，"还他一个本来真面目"。后来确实也取得了一些成绩，特别是有关小说考证和古史研究等方面。但是，正当五四运动狂飙突进，发展到高潮的时候，胡适却蛊惑人心地说："发明一个字的古义，与发现一颗恒星，都是一大功绩。"企图引诱青年学生退出火热的斗争，躲进故纸堆里去。胡适以"保存国粹"为已任，逐步同"国粹派"携起手来，背叛了新文化运动。比如，1920年他作了一次《中学国文的教授》的讲演，给中学规定古文教学时间为国语文的三倍，要求学生"人人能作文法通顺的古文"，"人人能看平易的古文书籍"，选读从《老子》《论语》到桐城派古文两三百篇，还必须"自修"读完史书、子书及文学专集等十五种，约1050卷。胡适自已也供认，古文功课"竟比从前增多了十倍"！1923年初，胡适给青年学生开一个"国学书目"，多达185种，仅"文学史之部"所列78种，估计总数在一千册以上，还说这书目是"最低限度"的，连梁启超也说，"叫人从何读起？"成仿吾曾经尖锐抨击"整理国故"的主张，说是"勾引青年学子去狂舐这数千年的枯骨"！这一句话算是把"整理国故"的危害与荒谬形象地揭露出来了。在"整理国故"的口号下向封建主义妥协投降，正是胡适从统一战线中分裂出去的又一个重要步骤。

1920年底，胡适又挑起关于《新青年》方向问题的论争，这可以说是他走向分裂的第三个步骤。"五四"以后，《新青年》的影响更扩大了，宣传马列主义的文章也增多了。到1920年12月，反动政府突然下令邮局停寄《新青年》，胡适也借此在内部挑起分裂。他在答陈独秀的一封信里说："《新青年》色彩过于鲜明"，提出要发表新宣言，"注重学术思想艺文的改造，声明不谈政治"，企图改变《新青年》反帝反封建的政治方向。次年一月，又给李大钊鲁迅等人写信，攻击《新青年》“差不多成了《Sovist Russia》(《苏俄》)的汉译本”，扬言不改变方向，他就要另办新杂志，公开打出了分裂的旗子。李大钊、鲁迅都与胡适进行了原则的争论，坚持《新青年》的革命方向。

这时，新文化统一战线的分裂是不可避免的了。随着中国共产党的成立，日益激烈的阶级斗争更促进了这分化的过程，使新文化运动的参加者分别走上了截然不同的道路。正如毛泽东同志所指出的，“当时的资产阶级知识分子，是五四运动的右翼，到了第二个时期，他们中间的大部分就和敌人妥协，站在反动方面了”❶。胡适正是这时与《新青年》分了手，于 1922 年 5 月办起了《努力周报》，第二期即发表了由他起草的《我们的政治主张》，宣传“好政府主义”，为改良军阀政府出谋献策，向封建势力频送秋波。当中国共产党发表了第二次全国代表大会宣言，提出打倒军阀与推翻帝国主义的号召时，胡适在《国际的中国》一文中攻击说，中共的宣言“很像乡下人谈海外奇闻，几乎全无事实的根据”，又说“现在中国已没有很大的国际侵略的危险了”，千方百计为帝国主义辩护，开脱帝国主义侵华的罪责。“五卅”运动后，胡适又进一步公然宣称：自愿为帝国主义的文化侵略充当“魔鬼的辩护士”！❷暴露出了一副公开的无耻卖国的嘴脸。胡适便是这样一步步地走完了他由蹩脚的战士转变到敌人的过程，完全投入了帝国主义、封建主义和官僚资本主义的怀抱，成了买办资产阶级的反动文人。

以上我们分析了胡适由新文化统一战线的蹩脚战士，分化转变为革命的敌人的具体过程，大致可以得出以下几点简单的结论：

一、“五四”时期的胡适，作为资产阶级知识分子的代表，在新文化统一战线中扮演的是右翼的角色，表现出了对民主革命的两重性。他既有攻击封建主义旧文化，提倡白话文的积极一面，又有妥协动摇，宣传改良主义的消极作用。而他最终由妥协而至完全投降帝国主义、封建主义和官僚资本主义，正是资产阶级两重性的消极方面发展的一个必然结果。

---

❶《新民主主义论》。

❷《今日教会教育之难关》，见《胡适文存三集》。

二、"五四"新文化统一战线，有胡适为代表的资产阶级知识分子参加，表明中国新民主主义革命从一开始就具有的一个重要特点，即无产阶级与其他阶级（包括资产阶级）结成统一战线的广泛性。无产阶级应该联合一切可能的同盟军，调动一切积极因素，包括那怕象胡适这样只能同走几步的人。这是我国民主革命取得伟大胜利的一个传统的法宝。政治上的革命如此，文化革命和文学革命也是如此，民主革命时期如此，社会主义革命时期仍然如此。

三、以胡适为代表的资产阶级知识分子，在五四运动中，由妥协动摇而至叛变投降的过程，说明中国革命的统一战线不可能始终一致，而是必然要发生变化的。资产阶级的软弱性和动摇性，决定了这个阶级即使在参加民主革命统一战线的时刻，也不可能担当起领导的责任；只有无产阶级，通过它的先锋队中国共产党，才能领导中国革命走向胜利，文化革命和文学革命也绝不例外。

（选自《新文学论丛》1979、2—1980、1）

陈子展论胡适（节录）

（一）

这次文学革命运动的起来，几个先驱者的提倡之功固不可没，但若我们已经知道自甲午之役以来，诗界求新的倾向，新文体的发生，小说的发展，——文学上所受种种时代潮流的激荡，至少也可以知道这种运动的酝酿，已有二三十年之久了。罗家伦曾经推究它起来的原因，以为第一是由于经济生活的改变，第二是由于世界大战的影响，第三是由于国内政治失望，第四是由于学术的接触渐近。……我也曾研究它的起因有四：一，文学发展上自然的趋势；二，外来文学的刺激；三，国语教育的需要；四，思想革命的影响（拙编《中国近代文学之变迁》）。稍与罗氏的意见不同。胡适陈独秀同为文学革命的首创者。胡适以为一千多年的白话文学种下了文学革命的种子。不过那一千多年的白话文学史，只有自然的演进，没有有意的革命。这次的文学革命足以当得起“革命”二字，正因为这是一种有意的主张，是一种人力的促进。……陈独秀则云：“常有人说白话文的局面是胡适之陈独秀一班人闹出来的。其实这是我们不虞之誉。中国近来产业发达，人口集中，白话文完全是应这个需要而发生而存在的。适之等若在三十年前提倡白话文，只需章行严一篇文章便驳得烟消灰灭。此时章行严的崇论宏议有谁肯听？”（《答适之——讨论科学与人生观》）他是注重于经济的背景的。本来从经济上去解释，可以说是追索到原因之原因，只可惜他说的太简略了。……

（二）

文学革命论者既主张用白话创造新文学，究竟白话是否即系引车卖浆之徒所操的口语？白话的标准怎样？这自然成了问题。据当时胡适的解释，白话的意义有三：一是戏台说白的“白”，就是说得出，听得懂的话。二是清白的“白”，就是不加粉饰的话。三是明白的“白”，就是明白晓畅的话。

用这样的白话创造新文学，文学改良论者还要认为“卤莽灭裂”。所以当胡适的《尝试集》出现，——也便是从文学革命运动以来第一部白话诗集的出现，很引起了不少的反对方面的讥评。其实《尝试集》的真价值，不在建立新诗的轨范，不在与人以陶醉于其欣赏里的快感，而在与人以放胆创造的勇气。尽管你说它是“微末之生存”，而“微末之生存不啻已死”，但他对于“文学革命”、“诗体解放”的提倡，和它那种“前空千古，下开百世”的先驱者的精神，是不会在一时反对者的舌锋笔锋之下而死灭的。

（三）

新诗虽还没有到达大放光明的时期，但它却时时在找成功的路，因此，10 年之间，也可以有若干的演变或流派了。第一，是形式上开始打破旧诗的规律，仍未脱尽旧诗词音节和意境的。开山的第一人为胡适，他的《尝试集》可为这种诗的代表。……又胡适于《尝试集》以后的诗，散见于各种杂志，论其音节意境，受旧词的影响更深。所以他自已也说：“近年因选词之故，手写口讲，受影响不少，故作白话诗，多作词调。但于音节上也有益处，故也不勉强求摆脱。”第二，便是无韵诗，或自由诗。……

（以上各节选自《最近三十年中国文学史》）

（四）

胡先生……我还是劝你走走文学的路，再缩小一点范围说，还是走新诗的一条路。但我不是希望你仍走《尝试集》的那条老路，像《飞行小赞》那样的诗，似乎可以说是一条新路。老路没有脱去模仿旧诗词的痕迹，真是好像包细过的脚放大的。新路是只接受了旧诗词的影响，或者说从诗词蜕化出来，好像蚕子已经变成了蛾。即如《飞行小赞》一诗，它的音节好像辛稼轩的一阕小令，却又不像是有意模仿出来的。……

胡先生呵！你不要说“提倡有心，创造无力”。我很希望你仍旧拿出先驱者的精神，在新诗上创造一种“胡适之体”。

（选自《略谈“胡适之体”》）

《尝试集》

朱　湘

胡君适的《尝试集》，共分四编；第四编《去国集》同第一编都是旧诗词，我们不谈。我们现在要谈的是第二第三两编，就是这两编也不完全是新诗，我们应当先行整理一下。第二编里的《鸽子》、《大雪里的红叶》、《如梦令》、《奔丧到家》、《小诗》同第三编里的《我们三个朋友》、《希望》、《晨星篇》都整篇的或一半的是旧诗词，这都是我们谈的时候所要略去的。这两篇里收入了几首译诗，但是它们不单没有什么出色的地方，可以与西方文学中有创造性的译诗相提并论，并且《老洛伯》一首当中，还有两处大的谬误。这首诗首章里的 Gudeman 一字应译作"丈夫"，但是胡君把它译成了"好人儿"，使全诗的宾主不分。第五章的"——Why didna Iamie dee? Or why do I Live to cry, Wae's me!"两句话是记的那个妻子在温理旧情；温到那她的情人坐的船沉了的消息传来之时的地方，她自己插进去的两句话，它们是一种令人酸鼻的假设，意思是说："——那刻他何不真的与船俱沉？要不然，让我早死了，也省得现在伤心！"

并不是胡君译的那样。这两句话，与后面第七第八两章相呼应，是全诗中最动人的部分。胡君没有将此中的曲折看懂，含糊译过去，于是第八章的后两行也就跟着译错了。所以胡君的译诗，我们也应当一笔勾销，不再去谈。

这样一算，《尝试集》只有 23 首新诗。这 23 首里面，还有《应该》类的诗三首：《新婚杂诗》、《应该》、《我们的双生日》，同《梦与诗》

类的诗三首:《例外》、《梦与诗》、《醉与爱》:我们也不谈。我们不谈《应该》类的诗，为了它们的矫揉的背景；胡君虽然为了求新文学能在旧辈的人当中引起同情的原故，而牺牲了自己，是一班新文学的人所当刻骨记着的，但他在《尝试集》再版的时候，决没有仍将它们存在的理由。我们不谈《梦与诗》类的诗，为了它们的平庸的思想。这些诗里面所表现的思想，本来是极浅的，但胡君居然以诗的经验主义相号召。至于《例外》一诗，简直是提倡诗的玩耍主义了。这是什么话！（诗的经验主义，决无可以成立的理由，我们就看小说的名著，如《水浒》中的武松打虎，《西游记》中的猪八戒，这种事实或人物，一方面说来是离奇的、荒谬的，但一方面说来又极活现，尽小说之能事。但我们要问：武松打虎这类的事，猪八戒这类的人，是可以从经验中找得出的吗？小说尚如此，诗更不用说了。）本来在诗里面谈主义，就是一个大笑话，只有外行的人才能作得出来。我们试看古今中外的诗人，那有一个谈过主义的。虽然英国的柯勒立（Coleridge）以诗人而兼擅批评，但他决没有谈过什么主义。

现在让我们来瞧一瞧剩下的 17 首诗。《老鸦》在《尝试集》里，可以推为第一首诗；但它的缺点，依然不少。这首诗后章的首行是“天寒风紧，无枝可栖”；这完全是两句古文，决不能凑起来算作一行新诗。还有一点，这首诗有七行协韵，惟独第七行的“飞”字不能协。——就旧诗韵说来，飞字虽然可以协，但胡君是作着新诗。《你莫忘记》有两行：

“逼死了三姨，逼死了阿馨，
逼死了你妻子，枪毙了高升！”

这完全是硬派成两行的，显然给了那班讥笑新诗分行的人一个把柄。

《一颗星儿》，运用旧词的节奏，比较上算是满意一点，但全诗的意境平庸。——平庸，不错，胡君的诗没有一首不是平庸的。

《礼》、《死者》、《双十节的鬼歌》三首，新虽新了，但不是诗（这类的题材，并不是不能作诗的。即如在杜甫的手中，英国华兹华斯的手中，都作成了许多有崇高气概的诗来）。与这三首同类的，除去上面提过的《你莫忘记》之外，还有《威权》、《乐观》、《一颗遭劫的星》、《平民学校校歌》、《烈士塚上的没字碑歌》。就中比较满意的片断，是《一颗遭劫的星》的头两章，同《没字碑歌》的末章。但它们仍然逃不出粗浅两字的范围。我们只要拿它们与登在《洪水》上的梓人君的《送朋友去广东从军》一比，便可瞧出诗之真假的分别来了。

我们看过了这 17 首诗之后，有一种特异的现象引起我们的注意，便是胡君“了”字的“韵尾”用得那么多。这 17 首诗里面，竟用了 33 个“了”字的韵尾（有一处是三个“了”字成一联）。不用说“了”字与另一字合成的组同一个同样的组协韵时是多么刺耳？就是退一步说，不刺耳；甚至再退一步说，好；但是同数用得这么多，也未免令人发生一种作者艺术力的薄弱的感觉了。

“内容粗浅，艺术幼稚”，这是我试加在《尝试集》上的八个字。

（选自《中书集》）

重新评价胡适《尝试集》

周晓明

自胡适的《尝试集》1920年问世，历来评价不一。肯定者固然不少；但否定之批评尤不绝于后，特别是1955年开展胡适思想批判后，就只剩一片否定之声了。主要观点认为：《尝试集》"在内容上存在着很浓厚的属于没落阶级的腐朽意境和情调"[1]。

"有的还为浓厚的封建思想或洋奴思想所充塞。"[2]它"既不能带来新的革命的内容，也不能解决诗的形式本身"。"它与我们真正的新文学根本是背道而驰的！"[3]于是，这经鲁迅等人删订过的，在两年之中销售到一万册的中国第一部新诗集，就渐渐地不为人们所知了。文学史上，或在批判中一笔带过，或干脆只字不提；甚至连有关史实也好像无足轻重了。[4]

对《尝试集》不加批判地一概肯定，固是错误的；然而一笔勾销，也不正确。这关系到如何真实地、全面地反映现代文学史上的客观事实，如何历史地、科学地分析现代文学史上的作家作品。在今天，有

---

❶ 刘绶松：《中国新文学史初稿》。

❷ 张毕来：《新文学大纲》。

❸ 林彦：《胡适〈尝试集〉批判》(《胡适思想批判》第四辑)。

❹ 参见朱自清《中国新文学大系·诗集导言》；王瑶《中国新文学史稿》第59页；刘绶松《中国新文学史初稿》第66页。也许是出自朱自清的笔误；也许是根本不承认胡适的白话诗词为新诗，解放后的文学史，几乎众口一律地把新诗第一次发表的时间，由1917年2月《新青年》首次登载胡适八首白话诗，推迟到1918年1月胡适、刘半农、沈尹默三人同时发表九首白话诗。

必要坚持历史唯物主义的思想方法和研究方法，对《尝试集》的思想内容、艺术形式及其在文学史上的地位，进行实事求是的重新评价。

一

《尝试集》的内容，可分两大类。第一类，政治思想性较强一些，主要倾向是进步的，但也存在明显的消极因素。按写作时间，可分三个时期。

《尝试集》第一编，写作于十月革命前。它表现出反孔、反封建专制、歌颂资产阶级革命的民主主义倾向。早在1914年，胡适就鄙夷地斥责过袁世凯的《尊孔令》。后来，他在日记中写下《孔丘》一诗。胡适在诗中先套用孔子的话，揶揄嘲笑了被历代统治者尊为圣人的孔丘。接着又以“认得这个真孔丘，一部论语都可废”一语，淡淡否定了二千年来被奉为儒家“圣经”的《论语》。这种对孔子不恭的态度和讽刺的诗作，在当时的文坛上是不多的。

俄国二月革命爆发后，我国激进的民主主义者如李大钊、陈独秀等，都起而称道，“祝其成功”❶。胡适也同样是“读而喜之”。他感于“爱自由，谋革命者”的牺牲奋斗精神和“新俄之未来”“未可量”，作白话词《沁园春》“以颂之”。上阕中，他热情赞扬：“去独夫‘沙’，张自由帜，此意于今果不虚。”下阕更为爽快：

冰天十万囚徒，一万里飞来大赦书。本为自由来，今同他去；与民贼战，毕竟谁输！拍手高歌，“新俄万岁”！狂态君休笑老胡。从今后，看这般快事，后起谁欤？

对革命志士的歌颂，对沙皇专制的愤恨，对资产阶级革命的向往，跃然纸上。这种见解、态度，与当时激进的民主主义者，没什么大的差别。我们不能扬彼抑此，说胡适“何尝在白话文中反对过封建思想”，说胡适对俄国革命志士“深恶痛绝”❷。

---

❶ 陈独秀：《俄罗斯革命与我国民之觉悟》，《独秀文存》卷一第143页。

❷ 林彦：《胡适〈尝试集〉批判》。

《尝试集》中第二编，写于“五四”前后。除了对黑暗现实表示不满之外，“五四”时期的反抗乐观精神，新旧势力的相互斗争，诗中也都有明显反映。

《你莫忘记》和译诗《希望》，表现了胡适对军阀混战和现存社会的愤怒失望。前者借一位遭受毒打、家破人亡的受害者之口，揭露了战乱兵害给人民带来的深重灾难。诗的结尾说：“你老子临死时只指望快快亡国：亡给‘哥萨克’，亡给‘普鲁士’，——都可以，——总该不至——如此！”很明显，这主要是痛恨旧中国军阀残害人民的愤激之言，不应当不顾全诗主题，单就这点断定这首诗是宣扬“亡国论”和“洋奴思想”。当然，联系到胡适留美时复杂的思想状况，以及他归国途中所发的“吾乡真在何许”(《百字令》)的感慨，这首诗也暴露了胡适思想因阶级局限和生活文化教养所形成的消极面：对帝国主义存有幻想和感情上的依恋。这正是《尝试集》缺少深切的爱国情怀和鲜明反帝态度的根本原因之一，也是胡适后来堕落为洋奴买办文人的思想基础之一。但是，就当时来说，胡适还属于民族资产阶级知识分子的范畴；他这种既有一定的爱国心、但又在思想感情上与帝国主义国家保持千丝万缕联系的矛盾状况，正是中国民族资产阶级两重性的表现。我们不能把流露了这种思想情绪的作品与“充塞”洋奴卖国思想的作品混为一谈。因为它们毕竟有敌我之别。

值得重视的，是胡适写于五四运动高潮和稍后时期的一些诗。6月11日夜，胡适得知陈独秀被捕，又听说日本东京工人大罢工，于是连夜写下《威权》一诗。诗中写奴隶们造反，不说他们起来砸碎铁索，而只是等待它“磨断”，当然是消极的，不真实的。但是“五四”时期反抗封建威权，破坏旧的偶像，争取民主自由的精神，还是在诗中打下鲜明的烙印：

奴隶们同心合力，
一锄一锄的掘到山脚底。
山脚底挖空了，
威权倒撞下来，活活的跌死！

这首诗后来与李大钊、刘半农等人欢迎陈独秀出狱的诗，一起发表在复刊后的《新青年》上，锋芒是直指反动当局的。

这种积极的诗作，胡适不是偶尔为之。革命高潮的影响使他一连写下《乐观》、《上山》、《一颗遭劫的星》等诗，表示了对北洋军阀政府查封进步刊物，监禁进步人士，压制新文化运动等倒行逆施行径的不满。同时在谴责之中，充满了“五四”时期特有的乐观进取精神。《乐观》一诗，他采用象征的手法，把进步力量比做大树，把反动当局喻为砍树的人。虽然大树一时会“被斫当柴烧”，“砍树的人很得意”；可是新生力量是压制不住的：“那树还有许多种子”，“裹在有刺的壳儿里”，等到“雪消了”，它又生长出“嫩叶”。

诗的最后，甚至还憧憬了他眼中的美好未来：“坝上田边，都是大树了。辛苦的工人，在树下乘凉；聪明的小鸟，在树上歌唱。”这时他嘲讽地问道：“那砍树的人到哪里去了？”全诗形象生动，颇有一股蔑视反动势力的乐观气息。《一颗遭劫的星》采取暗喻的手法，也表现了光明终将战胜黑暗的同一主题，不过更显得含蓄深沉一点。

不难看出，“五四”革命风暴的影响和时代精神的激励，给胡适这一时期的诗歌注入新的健康的血液，带来乐观的情绪。仅仅讲《尝试集》“带着浓厚的消极浪漫主义和自然主义色彩”❶是不符合事实的。

胡适五四运动后的诗歌，收在第三编（四版增订的）。这些诗歌，反对封建军阀统治，歌颂辛亥革命志士，政治态度更为明朗激烈。《四烈士塚上的没字碑歌》是为纪念辛亥革命烈士而作。诗中，他极力赞扬用暴力推翻帝制的实地行动和牺牲精神。

他们干了些什么？
一弹使奸雄破胆！
一弹把帝制推翻！
他们的武器：
炸弹！炸弹！
他们的精神：
干！干！干！

❶ 张毕来：《新文学大纲》。

看了这样的诗，我们总不能一概说胡适的新诗“形体未脱尽文言窠臼，在思想感情方面也未超出封建意识的范畴”[1]吧？这韵脚的响亮，音调的铿锵，就不提了；单是这自如的形式，急促的节奏，也为表现反封建的内容、民主革命的精神增添了不少光彩。

有趣的是，始终被后人鄙为“改良派”的胡适，当时竟也曾被称之为“过激党”。从他诗中在反封建专制这点上所表现出的坚决性来看，不是毫无来由的。例如，在哀悼死于军阀刺刀下的请愿者时，他曾认为：“请愿而死，究竟是可耻的！”因此他激烈地喊道：“尽可以革命而死！尽可以力战而死！”在请愿之风盛行的当时，这当然显得有些“偏激”；与他早年提出的以和平手段改造国家的政治改良主张，和他后来投靠反动军阀政府的可耻行径相比，也说明胡适当时的政治态度还是可取的。他当时甚至是主张像辛亥革命那样，以新的革命暴力推翻反动军阀统治。在《双十节的鬼歌》中，他对统治当局实际上早已背叛辛亥革命，而表面上仍要装门面，搞假纪念欺骗群众的丑恶表演，加以抨击，反问道：那些“监狱作家乡，炸弹底下去来”的民主斗士，“肯受这种无耻的纪念吗？”他提出——

大家合起来，
赶掉这群狼，
推翻这鸟政府；
起一个新革命，
造一个好政府：
那才是双十节的纪念了！

这种“好政府”主义，当时是好意的空想；后来是有意的反动。它充分说明，胡适的民主革命思想，无论一时怎样激烈，始终脱离不开旧民主主义的藩篱。他始终是站在资产阶级的立场上，反对封建势力和专制政治的。但是，在中国革命性质刚刚转变的当时，诗中所表现的资产阶级政治理想和民主革命精神，在客观上还是有积极作用的。

---

[1] 吉林大学：《中国现代文学史》。

不能因为胡适后来政治上的反动，就抹煞这些诗在当时的进步意义；更不能把它们一概归结为“宣传着反人民、反革命、以及亲美崇美等等反动思想”，“直接为资产阶级，为帝国主义服务。”❶

《尝试集》中第二类作品，内容复杂一些，思想性也差一些。多是一些个人的小感触，小志趣，小悲哀，小欢喜。它反映了资产阶级知识分子某些生活侧面和思想感情。其中有的确实消极甚至无聊；但有的仍比较健康。按其题材，可分三种。

描写自然风物之作。这些诗，大都明朗乐观，与封建文人旧诗常有的晦涩、凄苦、腐朽形成对比。如《中秋》一诗，虽未能跳出旧诗格局，然清新可读，有民歌风味：

小星躲尽大星少，
果然今夜清光多！
夜半月从江上过，
一江江水变银河。

《一颗星儿》是作者自诩为“真正白话新诗”14首中唯一的写景诗。其实，只不过写出了“我望遍天边，寻不见一点半点光明，回转头来，只有你在杨柳高头依旧亮晶晶地”的一时感受。在追求新诗韵节方面，是下了一点功夫的。至于《三溪路上大雪里一个红叶》和《湖上》等，就实在有点莫名其妙或空虚了。

“五四”前后，不仅周作人、康白情、俞平伯等致力于写景诗，就是李大钊、陈独秀、鲁迅等也写过不少。这些诗的思想内容无疑有高下之别，但它们对于探索新诗形式、丰富新诗手法，都起过一定作用。不能不加分析地一概斥之为“有闲阶级的东西”，会“使人脱离现实，逃避人生斗争”❷。这样不利于对初倡时期的新诗和作者作出恰当的评价。

《尝试集》另一些题材，写的是朋友之谊，情人之恋和亲人之情。

留美期间，胡适写的“朋友诗”，有较浓的旧文人的闲适情调。在

❶❷ 林彦：《胡适〈尝试集〉批判》。

形式和语言上也有较重的旧的烙印。如《赠朱经农》、《朋友篇》等。

胡适还作过不少情诗，如《病中得冬秀书》、《如梦令》、《新婚杂诗》等。描写还算细腻，用笔也较自然、真切；但情思的执着反大有劝人顺从、甚至歌颂封建婚姻的意味。例如，他对“我不认得她，她不认得我”的旧式婚约不仅心安理得，反而宣扬什么“分定长相亲，由分生情谊”（《病中得冬秀书》）。因此，从立意、形式和风格来看，《尝试集》的情诗以《应该》为上。这首诗，虽是胡适选取别人两首文言诗改写而成，但那缠绵的情感，委曲的心理，周至的情节，新颖的句式，颇有独到之处。它的积极方面也正在于破除了旧诗格律的拘牵，写出了一种超越旧式婚姻情爱范围的、小资产阶级式的缠绵爱情。当然，这首诗同时也渗透了伤感的、无可奈何的情绪，象胡适所有的情诗一样，缺少五四时代青年那种对封建礼教大胆反叛，对自由恋爱大胆追求的叛逆精神。

寄托、说理和论文学的诗，在《尝试集》中数量最多。《景不徙篇》、《老鸦》（当然也包括上面谈过的《威权》、《乐观》等诗），都可归入这一类。胡适是学哲学的，喜欢以理入诗，也颇为此而自傲。读早期新诗，确实可以感到“说理”在当时成为一种风气。那些入诗的所谓“理”，有的阐发了民主革命思想；有的则是乐观进取的主张；还有的只不过表现了资产阶级、小资产阶级知识分子的一点感慨、清高、甚至是怪癖的“一念”。

《尝试篇》、《文学篇》、《艺术》等，是谈及文学的，反映了胡适某些文学观点。《尝试篇》取放翁诗，反其意而用之，表白了“自古成功在尝试”，勇作白话新诗的决心。《文学篇》谈了他立志文学改革，试作白话诗的缘由；同时又暴露出他文学观中某些消闲自乐的审美情趣：“烹茶更赋诗，有倡还须和”；“有酒盈清卮，无客不能诗……”此后，他还说过，“做得一首好诗成，抵得吃人参半磅”！（《例外》）《尝试集》为什么不乏无聊之作，为什么有时流露出旧文人的情调，与他这种创作态度是有关系的。

胡适还提倡“诗的经验主义”。他写道：“醉过才知酒浓，爱过才知情重：——你不能做我的诗，正如我不能做你的梦。”（《梦与诗》）这种强调以经历过的实生活为创作基础的观点，虽然是受了“实验主义”的影响，但这里应该说还是较实际的。它代表了当时一般人做新诗的态度和方法。当时的一些资产阶级、小资产阶级知识分子，游离于社会斗争，不接近人民大众。他们的 Muse 当然大多只能在个人生活的小天地里绕圈子，当然大多只能表现一点那个阶级的小悲哀、小欢喜。那时，“写景诗”、“说理诗”大量产生；而所谓“写实诗”则鲜有深刻社会内容，原因之一也正在于此。不过，对襁褓中的新诗来说，能做到“把自己的主观，客观的事物，自然的真实的写出来，”最初也“很受一班社会上的搏击，说他‘诗不成诗；文不成文’。”❶所以，从这个角度看，当时这样的作家、作品和主张，仍有着反对“文以载道”的旧文学和封建正统思想的积极作用。

综上所述，《尝试集》的思想内容，虽有明显的消极因素，但反封建的政治倾向，进步健康的内容是其主流。它在一定程度上触及了当时的社会生活和斗争，与当时的资产阶级民主主义的启蒙运动，与当时反封建的文学革命运动，在总的历史趋向上是一致的。我们不能不顾当时旧民主主义革命和新文化运动的性质，无视当时社会的主要矛盾和文学革命的斗争对象，超越统一战线队伍以及新文学创作的实际，把《尝试集》及其为代表的一批作家作品，戴上与新文学“根本是背道而驰”、“反动”、“反革命”等帽子，一律打出新文学阵营，在现代文学史上判处“死刑”。

二

胡适说：“我现在回头看我这五年来的诗，很像一位缠过脚后来放大了的妇人回头看他一年一年的放脚鞋样，虽然一年放大一年，年年的鞋样上总还带着‘缠脚时代’的血腥气。”❷《尝试集》确实存在这个缺陷，后来人们也常抓住这点否定它。不过，历史上第一个敢放脚的女人，是可钦佩的；现代文学史上第一部新诗集，又为什么要被完全否定呢？列宁指出：“判断历史的功绩，不是根据历史活动家没有提供

❶ 田汉：《惠特曼的百年祭》，引自陈炳堃《最近三十年中国文学史》。

❷ 胡适：《尝试集四版自序》。

现代所要求的东西，而是根据他们比他们的前辈提供了新的东西。”❶《尝试集》从“缠脚时代”到“一年放大一年”，在诗歌艺术发展上，不能不说是一个进步。因为它“比他们的前辈提供了新的东西”：

（一）突破旧诗藩篱，大胆创新诗体。

胡适第一编的诗词，作于美国。当时国内文坛虽有改革的呼声，尚无一篇实际的作品。胡适试以白话作诗词，在打破旧诗词声韵格律严格限制，抛弃用典对仗陈技恶习等方面，取得一定的成功。然而其诗“犹未尽脱文言窠臼。”❷在语言的运用上，虽有意杂入新词俗语；但其词汇句法，仍半文半白。特别是诗体，多五言七言。因此这一时期的诗词，只能算勉强实行文学改良八事的主张，“实在不过是一些刷洗过的旧诗。”

到北京后，在钱玄同的批评下，胡适认定要做真正的白话诗，来一个“诗体大解放”。于是从第二编起，胡适力图打破一切束缚自由的旧诗镣铐，使旧诗词印痕明显减少，无论诗体、语言，还是立意、描写，都呈现出新的面目。译诗《关不住了》，是胡适自认的“‘新诗’成立的纪元”。它不仅意思神韵都接近原诗，而且诗格句式也比较自如。另外象“生生的”、“时时”、“一阵阵”等叠韵词，都是原诗中所没有的，经诗人活译后，语言和音节就显得自然和谐了。比起当时那些削足适履的文言译诗来，不知高出多少。

此后，胡适的诗就基本上突破了旧诗格局。当时，除鲁迅、周作人等几个人全然摆脱了旧诗枷锁外，其他多数人，包括李大钊、陈独秀等，急切里都一时未能全部抛掉旧诗的调子。胡适的《尝试集》还有点“‘缠脚时代’的血腥气”，又有什么可大惊小怪的呢？

（二）吸取中外诗歌艺术长处，探索新诗创作方法。

《谈新诗》一文中，胡适提出了在当时颇有影响的“自然音节论”。他强调新诗的音节，全靠语气的自然节奏和每句内部所用字的自然和谐。用韵也要自由；既可平仄互押，还可干脆不用韵。这无疑是一种全新的新诗韵节观。它一方面吸取借鉴了中国古典音韵理论和外国诗

❶ 列宁：《评经济浪漫主义》，《列宁全集》二卷150页。

❷ 钱玄同：《新青年》三卷六号。

歌形式中有用的东西，一方面又是对旧诗声韵格律体系的大胆否定。这是胡适在《尝试集》创作实践的基础上总结出来的。例如，在《老鸦》、《应该》、《一颗星儿》、《上山》等诗中，胡适以白话语言本身的自然节奏和音调轻重为基础，有意用双声、叠韵字词对诗句的音步声调进行适当调整，使之语气自然而又和谐动听。另外，胡适还注意诗歌的自由叶韵。这样既可克服旧诗格律刻板僵死的弊病，又能避免新诗易于过分散文化的毛病。但《尝试集》中"了"字韵似乎太多。往往一"了"到底，就显得不自然，浮浅了。

胡适喜欢在诗中说理，也是受了外国的影响。但他的"说理诗"，并没有忽视"诗的具体性"。《鸦》、《威权》、《乐观》等诗，都是写"抽象的材料"；但胡适用"具体的写法"，比较形象地揭示了作者的思想。如胡适写那"不能呢呢喃喃讨人家欢喜"的老鸦，以隐喻自己的人格独立和个性解放思想："我们能带着鞘儿翁翁央央的替人家飞；也不能叫人家系在竹竿头，赚一把黄小米。"(《老鸦》) 这样寓理于形象之中，还不至于枯燥。

谈《尝试集》这些新的特点和可取之处，并不是说，它就有什么了不起的艺术成就，有什么永久性的艺术价值。平心而论，就诗集当时的水平而言，或从现在欣赏的角度去看，它在艺术上都是很粗糙幼稚的。但是，并不能据此否定它在现代文学史上的作用和影响。

首先，《尝试集》是新文化运动的产物，是文学革命的最初成果。《尝试集》的产生，除了胡适的主观因素之外，最根本的一条，是因为新文化运动的兴起和发展。胡适白话诗尝试，最早可上溯到 1916 年。但正如他自己所承认的：由于"没有积极的帮助"，他在美国所作的诗，"无论怎样大胆，终于不能跳出旧诗的范围"。这个"积极的帮助"到底应该是什么；胡适的唯心主义世界观决定了他始终没能认识，也不可能认识到。但现在看来，它只能是中国社会的客观需要，反封建的历史要求，启蒙运动的深入发展，外国文学的影响和中国文学革命条件的成熟。在当时，社会政治经济结构的变化为新文化运动准备了条件；新文化运动浪潮的兴起，荡涤着封建社会的意识形态；而作为旧文化一个重要方面的封建文学和文言文，早已成了一条脆弱的防线。同时，诗歌形式本身的发展演化趋势也为新诗的产生创造了条件。

这样，《尝试集》白话诗才能应运而生，从已腐朽不堪的封建文学最顽固的旧诗堡垒，冲开缺口，初次实践文学革命的主张。取得反对文言文，提倡白话文；反对旧文学，提倡新文学的最初成果。

第二，《尝试集》在开辟诗歌创作新的领域，确定白话新诗的文学地位方面，起过某些重要的拓荒作用。

《尝试集》算不上丰收，可它记录了新诗最先是怎样从荒野棘荆中抽芽、生长起来的。中国的旧体诗词，一直享有霸主地位。直到“五四”前几年，一般人也仍不易接受白话诗形式。所以尽管在古诗和民歌中，已有白话入诗的先例；尽管晚清黄遵宪等人高唱过“我手写我口”的“诗界革命”。但是以白话诗为正宗，从根本上完全打破五言七言诗体，推翻词调曲谱的种种束缚，实现“诗体大解放”，仍不能不算是一次诗歌领域的革命，也不能不遭受社会上守旧势力的非难攻击。“自《新青年》提倡新文学以来，招社会非难，也不知多少……而其中独以新体诗招人反对最力。”[1]由此可见拓荒的艰难。而胡适则“搴旗作健儿。要前空千古，下开百世”（《沁园春·誓诗》），尝试写一点白话诗。这种为“新辟一文学殖民地”（《尝试集·代序一》）而勇于实践的精神，是难能可贵的。

不但有耕耘，而且有收获。这对于确定白话诗地位，是重要的。在五四文学革命“发难”时，其它文学式样如散文、小说在采用白话方面，早已有社会的实践和丰硕的成果。而白话新诗，几乎是白手起家，“绝无依傍”。胡适毫不气馁，勤于耕作，也得到了收获。《新青年》四年多（2 卷 2 期至 9 卷 6 期）发表新诗不过两百首左右（包括白话译诗），而其中胡适一人的诗作，就有近六十首。这种收获，引起了社会的注目和反响。在人们的赞扬和反对声中，新诗的实际地位也就确定了。说胡适是新诗“拓荒者”之一，是不过份的。

第三，《尝试集》推动了新诗创作的发展，促进了新诗理论的研究。

胡适开始写白话诗，是孤军奋战。后来当他把个人的白话诗实验同国内的新文学运动结合在一起后，便得到改革者们的赞赏支持。1918 年 1 月，刘半农、沈尹默出来响应。此后，写新诗的人越来越多。其

[1] 俞平伯：《白话诗三大条件》。

中有些人如鲁迅等，是因为“诗坛寂寞”，有意为新诗助阵。有的则专门致力于白话诗创作了。同时，登载白话新诗的刊物越来越多，读者和作者的范围也越来越大。新诗有了一定的群众基础。据粗略统计，到1921年为止，仅《新青年》、《少年中国》、《新潮》三种期刊，就发表白话诗350多首，写诗者达40多人。可见，新诗已成为有意的文学运动了。这个局面的形成，与胡适及《尝试集》的带动、影响是分不开的。

不仅如此，《尝试集》出版后所引起的批评论争也促进了新诗理论的研究。《尝试集》出版后，在当时曾有上十家报刊围绕《尝试集》展开过一场讨论。复古派和守旧文人对新诗的反对之声也更激烈了。例如胡先骕就曾“不惜穷两旬之日力，涜涜然作二万数千言”《评尝试集》。此后，复古派对《尝试集》及其它新诗的攻击，也持续了相当长的时间，并形成了一套中西合璧的诗歌改良论。这些新诗反对派的谬论，有的被胡适及时加以驳斥，有的受到了新文学阵营的有力回击。同时，新文学阵营内部也就新诗问题展开过一些讨论。正是在这自《尝试集》而始的新、旧诗论的论争以及新文学阵营内部的讨论过程中，新诗人们继承了中国现实主义诗歌的优秀传统，吸取了外国进步文论思想，在新诗创作实践的基础上不断发展了新诗的批评和理论。

总之，《尝试集》在诗歌发展史上，提供了古典诗词所没有提供的“新的东西”，有着一定的“历史的功绩”。它是新文学运动理论和实践的最初成果；它对新诗的产生发展起过实际的作用和影响。所以，尽管胡适后来沦为历史的罪人，但是他在五四新文学运动中的文学活动和《尝试集》的艺术探索，可以而且应该在中国现代文学史上得到应有的地位。

（原载1979年《破与立》第6期）

论胡适的诗

——论诗小札之一

周策纵

德刚：

两信都已收到，甚慰。近来因旅途转徙多劳，作书颇迟。胡适之先生传稿由你写出，我尝以为至当，盼早成，得先睹为快。你问我对胡诗的看法，这说来话长，现在你行色匆匆，我又忙于他事，只好简略谈谈。

大约在1956年，我和适之先生在哈佛曾有过一些长谈，除了讨论到中国社会、政治、知识分子思潮等问题之外，也特别谈起过他的新诗。问他为什么不把《尝试集》所没有收入的诗，以及后来的作品，收集在一起，作一诗全集。我说明以后的诗固然不会有那一集的影响了，但总还有历史意义，而且可以综合见到他个人对新诗的主张和努力。他很赞同我这看法，可是说，他似乎把一些稿件都放在某些地方，也许是放在别人处，却记不清了。这很可看出他晚年主要注意力已不在于此，这本来也是我们早已知道了的。

我尝觉得，胡适的尝试新诗，在见解主张上，除了受英国湖畔诗人的看法及美国意象派主张的启发外，当然受中国传统诗词及同时代作者主张的影响也很大。在诗一方面，如元、白与袁枚，他在日记里早已提到过。在词一方面，如前人所作浅近的小令，尤其如苏、辛词等，都是他的榜样，从他后来和顾颉刚先生合编那本《词选》，就可探出一点消息。此外我看他尤其受了一些通俗小说中浅近诗词的启发。

试看他 30 年代写《无心肝的月亮》时，在诗前还引了明人小说中两句无名的诗："我本将心托明月，谁知明月照沟渠！"也就可想而知了。中国旧式白话小说中引的或作的诗词，多半比较浅显通俗，因为茶余酒后，说书人朗诵起来，听众才容易明白。胡适喜欢看小说，这种影响原是很自然的。而且他很欣赏好的打油诗，甚至有些歪诗，我看这也对他不无影响。他早期新诗的试作，往往脱不了浅显绝句、歌行、小令、苏、辛所喜用的中调，以至打油诗等的气氛，不为无故也。

至于同时代作者的影响，我曾在《五四运动史》里提到过比他较早及同时代的白话报运动。在海外论坛《定形新诗体的提议》里，提到过梁启超用曲牌白话译英诗。在《论王国维〈人间词〉》的第 32 节里，指出王氏对文学的许多先驱见解。这里不再多说了。

我以为胡适的诗较好的一面是文字流利，清浅而时露智慧。最好的几首往往有逸趣或韵致。一部分佳作能于浅显平常的语言里表达言外一些悠远的意味。这是继承了中国过去小诗小词一些较优秀的传统。梁启超说他特别喜欢的还是胡的小词，可说很有道理。《尝试集》中旧体小诗如《蝴蝶》、《中秋》、《江上》、《寒江》、《小诗》、《纪梦》、《秋柳》，小词如《生查子》、《如梦令》，较长的如《百字令》、《临江仙》、《水龙吟》、及数首《沁园春》，都可算好的一类；新诗如《一念》、《鸽子》、《人力车夫》、《老鸦》、《三溪路上大雪里一个红叶》、《一颗星儿》、《威权》、《乐观》、《努力》、《示威》、《蔚蓝的天上》、《一笑》等，也大致上合于上面所说好的标准。胡适的某些好诗，可用江淹的"明月白露，光阴往来"一语作评，也可用他自己的两行诗：

蔚蓝的天上，
这里那里浮着两三片白云。

因为我手头只有第三版的《尝试集》，没有第四版本，所以这儿也不打算作一一细论。

胡适诗虽然有上述的一些好处，但他还不能到达传统那一类好的短诗里幽深微妙无尽意味的境界。第一，他立志要写"明白清楚的诗"，这走入了诗的魔道，可能和那些写极端不能懂的诗之作者同样妨碍了好诗的发展。要用浅近明白的语言写诗，本是不错，但优秀诗人必能使这浅近明白的语言变成"诗的语言"，含有无限别的意义，才能得好诗。所以虽是明白清楚的语言，却不一定是明白清楚的诗，而且最好的往往是最不明白清楚的诗。“采菊东篱下，悠然见南山”。看似最明白清楚的语言，但诗人意指与诗趣何在，却最不明白清楚。适之未能强调这一点，以致他的小诗小词虽然也能偶然臻此境，而终于未能成大器，所以我说他的诗是“蔚蓝的天上，这里那里浮着两三片白云”。白云变幻，蓝天深黝，本不可测，但适之只重其蓝与白，故其成就也往往只是“这里那里浮着”罢了。

其次，胡适没有宗教信仰的虔诚，从好处说，他不迷信，虽然也有他的固执处；但从另一方面说，他也没有个人对大宇宙“深挚”的神秘感和默契。因此，他的诗不够幽深，在中国传统中不能到达陶潜、王维的境界，也不能到苏东坡，因为胡又远离老庄的幽玄和释家的悲悯与他们的忘我。他可能只得到一些禅宗的机锋，而他对科学的信心又拉住他向另一方向跑。在西洋传统中，他也无法完全了解像华滋华斯、柯立芝、歌德、或福劳斯特的对形而上的虔诚感。这最可从他和徐志摩两人分别译歌德的那首短诗 Harferispieler 看出来，他译的，韵比徐的好，文法较合理，但只不如徐的能引起我们一些虔诚的情绪。胡自己的诗也常不免缺少深度。

第三点，胡适诗最大的特点——这与他个性也有关——是欠缺热情或挚情。中国“诗缘情而绮靡”的主流与他渊源不深。他的诗与屈原、杜甫相去颇远；也和西洋浪漫主义诗人不相及。只有早期的一二旧式诗词，如《黄克强先生哀辞》等，及用骚体译拜伦的《哀希腊》，是一二例外。大约因他学生时代终不能不受同时代中国青年一些爱国和革命热情的影响，而且拜伦原诗本极热烈而有思古之幽情，与胡适的历史癖也相合。以后他就和这种浪漫热情的诗离得越远了。他自己早已把《哀希腊》译诗列在“死文学”的《去国集》里。我在他的“新诗”里几乎找不到一首真正热情挚情的诗来。

他在年轻时也早就了解他自己的个性太冷静、太“世故”了，这在他《留学日记》里也已提到过。所以他的诗、文，都有点冷清感，与梁任公常带感情的笔端大不相同。任公给他女儿的信尤其热情奔溢。适之则“实在不要儿子，儿子自己来了”，显得颇无情。他在 1927 年 2 月 5 日在美洲梦见亡女，写了《素斐》一诗，虽自称“醒来悲痛”，但诗写得太做作，太轻浮，太不能动人感情了，前两节还算自然流露，后两节很快就显得做作。这后两节说：

病院里，那天晚上，
我刚说出“大夫”两个字，
你那一声怪叫，
至今还在我耳朵边直刺。

今天梦里的病容，
那晚上的一声怪叫，
素斐，不要让我忘了，
永永留作人间苦痛的记号。

（见《尝试后集》页82）

他把女儿临死前的呼声写作“一声怪叫”，很不近人情，而末了两行那样吩咐也是太轻松了。丁文江和徐志摩都可算是他最要好的朋友，他哭悼他们的诗，也都没有热情流露感人之处。后集里他哭丁在君的两首七绝，还不如所附录的丁寄别他的两首表露了深切的友情。悼志摩一诗用他自己的猫名《狮子》作题，好像是想要以浅语表深情，但末节写着猫既已在“打呼”，还吩咐它“你好好的睡罢，——你也失掉了一个好朋友。”其实与那“两滴眼泪”都是太做作而不自然，而且不够深沉厚重。

从不够挚情这一点而论，我觉得胡适的诗真是“无心肝的月亮”。我们或者会“可怜他跳不出他的轨道”。但适之却要说：“看他无牵无挂的多么好。”道家和释家本来也都有这种出世绝情之教，但他们好的作品仍蕴有深情，庄子“送君者皆自崖而返，君自此往矣！”固不消说一往情深，佛于众生，亦蕴悲感。胡适却自认只要：“更不伤春，更不悲秋，以此誓诗。任花开也好，花飞也好，月圆固好，日落何悲。”他只望做到荀子的“制天命而用之”，“更安用为苍天歌哭，作彼奴为？”这种单纯的自然科学精神，也许是当时中国人最迫切需要的，可是如此写诗，好不好就大成问题了。他虽了解诗须凭借经验，但对刘勰说的“物色相召，人谁获安”，和钟嵘说的“气之动物，物之感人，故摇荡性情，形诸舞咏”，似乎未能充分体认。所以他写诗，多是在发宣言，有所为而作，有意见要发表，就是有一 Message。而不是由情感冲激而成，也就不能以情移人。

当然，胡先生也有他的情诗，这方面你一定知之深而会言之生动，不用我多说。这里只顺便提到一点，就是上面引到的他那首《无心肝的月亮》，这诗作于1936年5月19日，当然也可被人们解说成有关国家社会大事的讽谕诗。我看他自己把它和同年作的《扔了？》一诗紧编在一处，还是一类看待罢。你不妨去考究一番。他诗前引的那两行明人小说中无名的诗，“我本将心托明月，谁知明月照沟渠！”就我所知，出于凌蒙初的《初刻拍案惊奇》卷三十六《东廊僧怠招魔，黑衣盗奸生杀》一回里。原是用来描写女子企图私奔，但月夜来接她去的是别人，结果把她杀死了。原诗第一句我所有的《覆尚友堂本》作“本待将心托明月”，首二字“本待”胡引作“我本”，不知是另有所本还是误记或有意更改。“我本”较切。总之，就《无心肝的月亮》与《扔了？》两诗看来，所写的主角，对感情压抑得很厉害。胡适一生的爱情生活，约束于他自己所说的“分定”，他能做到“由分生情意”，我觉得我们应钦佩他，理智道义不为纯粹的情欲所左右。这当然也是他诗中所写的爱情多已遭理性约束的一个根由。他说的：“岂不爱自由？此意无人晓：情愿不自由，也是自由了。”这固然是他对自己约束自由恋爱的一种解说，我看他内心还有时难免一些“烦恼竟难逃”的。我尝觉得这末了两句，“情愿不自由，也是自由了”，也正可用来描写近代中国人民的苦难和自解，然而这种自解恐怕也仍然掩盖不了内心的烦恼和痛苦，有一天总会引起“敢有歌吟动地哀”罢。

话说回来，胡适的新诗，由于上述缺失，清新者有之，朦胧耐人寻味者则无；轻巧者有之，深沉厚重者则无；智慧可喜者有之，切肤动人挚情者亦无。同时诗人如陈三立等江西诗派之艰涩孤诣，康梁诗中迸发哀时救世之愿，谭嗣同舍身慷慨之怀，王国维悲天悯人之感，苏曼殊缱绻绝望之情，胡适的白话诗里都付缺如。即与当时及稍后各新诗人相比，亦往往异趣，像学泰戈尔一派哲理小诗者多有宗教感，抒情浪漫派又靡丽缠绵，革命呼号派则务为激情奔放，豆腐干式修辞诗人又引进更多模式与藻饰，而走象征现代主义一路者则崇尚朦胧惝恍，凡此皆与适之不类也。

上面这三点固然是他的缺失，可是若从反面来看，“胡适之体的诗”，也许就自有它的独特之处了。近来评论新诗的往往把他的作品看得一文不值，大概也过于一笔抹杀。至于他自己和捧他的人们，说他是你信中提到的“新诗老祖宗”，恐怕也有点囫囵吞枣，后台里喝采吧。

胡适主张作诗“说话要明白清楚”，“用材料要有剪裁”，“意境要平实”，这虽是他中年以后所说，但仔细检讨他前前后后的作品，大致还离此不远。而缺点也就由此而生。过于水清则无鱼，过于剪裁则无自然流露之趣，过于平实则浅淡，不能刻骨铭心，感人深切。

在语言文字方面，胡适的新诗虽流利平实，却变化不多。试就一小处论，他最大一个毛病或痼疾，就是用“了”字结句的停身韵太多了。现在只从手头所有的1922年三版《尝试集》和1964年影印的《诗歌手迹》，略加统计，《尝试集》中不押韵的，句末有“了”的诗行结尾如下：

“睡了”；“被人偷去了”；“死了”；“更高兴了”；“高兴了”；“好呀，来了”；“关不住了”（诗题）；“挖空了”；“既来了”；“就是平路了”；“站不住了”；“后来怎样了”（“他的书来了”一句在《虞美人》旧词中，暂不计入）。

押韵的更多：

“也是自由了”；
“把门关了”，“和我为难了”；
“有点醉了”，“心打碎了”；
“磨断了”，“要造反了”；
“停止了”，“死了”；
“自己来了”，“挂不起来了”；
“斫倒了”，“哈哈！好了”；
“也烂完了”，“很平安了”；

"云消了"，"风吹跑了"；
"裂开了"，"又来了"；
"都是大树了"，"人到那里去了"；
"倦了"，"软了"；
"天已黑了"，"行不得了"，"喊声也减了"；
"将到了"，"烦躁了"；
"放光了"，"清凉了"；
"怪轻松了"，"就不同了"；
"十点钟了"，"有点风了"。

以上三版《尝试集》26 个诗题中已有 47 行"了"！四版本似乎还多了些诗，尚有"病拖住了"，"快要去了"，"已过去了"等，这里未算进去。《尝试后集》里不押韵的有：

"下山来了"；"忘不了"（了字用法略异）；"应该忘了"；"抵得我千万般苦恼了"；"没有人了"；"花瓣儿纷纷谢了"；"让我忘了"；"扔了？"（诗题）；"云遮了"；"找着了"。

押韵的有：

"向最高峰上去了"，"没有压迫人的风和雨了"；
"就是海了"，"只剩一个空洞洞的世界了"；
"跑了"，"笑了"；
"惊觉了"，"重到了"；
"上山来了"，"两三回了"（我想他这儿是各字皆叶韵）；
"把他忘了"，"又发狂了"；
"看不见了"，"多么远了"；
"四散飘扬了"，"天的那一方了"。

以上 29 题共有 26 行（一行是题目）。《后集未收诗稿》中，1923 年所写的一首《别赋》，一共只 28 行，就有 15 行用"了"字足句，其中 14 行是押韵的：

"满足了"，"哭了"；

"定了"，"病了"；

"肿成核桃了"，"嘲笑了"；

"走了"，"够受了"；

"坐不住了"，"回去了"；

"睡了"，"便不觉得别离的苦味了"；

"征服了相思了"，"是自由人了"，"不再做情痴了"。

此外各诗押韵和不押韵而用"了"字作结的还有：

"歇了"，"病了"；

"完了"，"散了"，"留在人间了"；

"坍了"，"烂了"，"永远在人间了"；

"遮了"，"灭了"；

"静了"，"干净了"，"全醒了"。

未收诗稿 13 题中共有 28 例（虽然一例是诗题，但末例《八月四夜》一诗，"夜已深了，人都静了"一行，我只算进"静了"，其实"深了"也是同一句法）。总计新体诗（旧体诗词不算）共 68 题，有"了"结的诗行共 101 条好汉，平均几乎每题快到两行，不为不多"了"。我且学"红学大师"尝试歪诗《好了歌》一首为证：

胡适诗写好了，
人忙天又黑了，
周公数了"了"了，
总算一了百了。

第一句"好了"不仅出于《红楼梦》，也见于上引胡诗《乐观》中"哈哈！好了！"第二句你自然知道胡给梅光迪的打油诗："人忙天又热，老胡弄笔墨。文章须革命，你我都有责"。"天已黑了"又见上引胡的《努力》一诗。"一了百了"在这里也可当动宾语读。蔡元培先生和知堂老人新年自寿诗说："不让沙弥架了娑"。自注云：《癸巳存稿》三，"精其神"一条引"经了宴"、"阵了亡"等语，谓此自一种文理。则"一了百了"也算有例可循。这首新《好了歌》，似亦不失为一地道的"胡适之体的诗"，请以千金为贿，入尊诗话可乎？胡先生素来宽容，当不见怪。他老一生所作打油诗最有风趣，惜未能得上海灵学会请他和曹雪芹公同时降坛，品题和韵，“欲呼才鬼一中之”也。

……

上面这一片胡言，谈来谈去，已不简略，但言不尽意之处，越谈越多。还望你指出我偏失不对的地方。你如觉有可采择之处，自所乐闻，不虚为知者道也。匆匆草此，顺祝旅祺不一

策纵

8月5日，1977，于陌地生之弃园。

（选自唐德刚《胡适杂忆》）

《女神》与《尝试集》的比较观

吴奔星

郭沫若是伟大的文学家和杰出的学者。作为伟大的文学家，他首先是伟大的诗人。他自己说过：他的剧本、小说都是可以当做诗来读的。

他具有多方面的才华、多方面的兴趣，从而，也取得了多方面的成就。他的成就不是一般性的而是独创性的。他的文学生涯是从诗歌开始的。从《女神》起，他写了不少新诗。在晚年，他又写了不少旧诗。他的旧诗都是为人民服务的，为社会主义服务的，是应该当做新诗来读的。他利用旧体诗词作为诗的一种形式，来抒发他的社会主义激情，旧体诗词在他手里经过了改造，加进了新的内容，使之革命化了。

《女神》的独创性的成就，在于诗体的大解放、时代精神的大发扬上及破坏旧世界创造新世界的伟大理想的大胆表白上。《女神》不仅奠定了中国现代新诗的基础，而且开创了人民世纪的一代诗风，为新诗的发展展示了广阔的前景。《女神》不但把那些作为封建文化、封建意识的表现形式的旧体诗词，碾碎于历史车轮的下面，也把那些“象放大了的小脚”一样的《尝试集》之类的新诗远远地抛在历史车轮的后面。尽管《女神》存在这样那样的缺点，但从现代新诗发展看，它是“不废江河万古流”的。

可是，近年来，在现代文学的研究领域内，却出现了一点（只是“一点”，不用夸大。）“贬”《女神》而“扬”《尝试集》的倾向。虽说也是“百家争鸣”，是非却不可不辨。为了明辨是非，不可不把《女神》和《尝试集》进行一番简单的比较。

在开国以后到“文化大革命”，近30年之久，现代文学史的教学与研究，受极左思潮的影响，对胡适的《尝试集》，从一时的“好恶感”出发，不是熟视无睹，就是全面否定。这是一种非历史主义的态度，是要不得的，是无益于学术研究的。但是在党的十一届三中全会之后，某些研究工作者，又借口思想解放，把《尝试集》说得天花乱坠，十全十美，一无错处，而且从它的出版年月早于《女神》一点上立论，说它是现代中国的第一部新诗集，奠定了新诗的基础，这却不可不辨。诚然，《尝试集》是1920年3月由上海亚东图书馆出版的，《女神》是1921年8月由上海泰东图书局出版的，晚于《尝试集》一年半。但是，能否据此得出结论：《尝试集》就是奠定现代诗歌基础的第一部新诗集呢？我以为结论做得太早，应该看看事实。当然比较研究是应该的，但是仅仅比较两部诗集的出版时间的先后而定其优劣，是不可以的。因为比较出版年月的先后，实际也是比较写作年月的先后。仅从写作年月的先后判断是否是“新诗”，则中国历史上早就有人用白话写诗，胡适的《白话文学史（上）》中的许多例子，比《尝试集》要早得多。但我们并不认为谁写白话诗写得最早，谁就是“天下第一”。因此，仅从出版时间先后一点进行比较，是既不能比出诗的新和旧，更不能比出诗的优越性与革命性的。

我以为要正确认识《女神》和《尝试集》的优劣，首先应从“五四”文学革命的根本要求出发，把两部诗集的内容及其倾向进行比较。

“五四”文学革命的根本要求，是要用一种崭新的思想，即民主与科学的思想，去打倒与代替旧文学所一贯宣扬的封建思想和封建意识。五四运动前后宣传赛先生（科学），消极方面是为了反对封建迷信，积极方面是为了向西方学习科学知识，寻找新的思想武器。当时宣传德先生（民主），最直接的目的是为了反帝反封建，要求中国人民的思想，来一次大解放，认识帝国主义和封建主义并不是神圣不可侵犯的，而是完全可以打倒的。总之，五四时代的思想先驱和文学先驱，其所以推崇德先生与赛先生，最终目的是为了革新中国人民的思想，认识自己的“人”的地位和“人”的作用。当时主要的思想阵地是《新青年》。

《新青年》在1917年倡导文学革命，胡适发表《文学改良刍议》，提出八事，后来改为“八不主义”，其主旨还只是提倡白话文，要把文言文改成白话文，并没有明确提出思想革新的要求。陈独秀“声援”胡适的《文学革命论》，提出三大主义：推倒雕琢的阿谀的贵族文学，建设平易的抒情的国民文学，推倒陈腐的铺张的古典文学，建设新鲜的立诚的写实文学，推倒迂晦的艰涩的山林文学，建设明瞭的通俗的社会文学。不仅态度比胡适积极、强硬得多，而且论点比较全面，照顾了文学的内容与形式，但是仔细分析，他所指的内容，也只是要推倒“阿谀的”、“陈腐的”东西，建设“抒情的”、“新鲜的立诚的”东西，概念十分含混。至于他所要推倒的“雕琢的”、“铺张的”、“迂晦的”、“艰涩的”东西，所要建设的“平易的”、“明瞭通俗的”东西，也还是限于语言形式。他在文学的思想内容上始终没有明确提出文学革命的任务一定要与思想革命的任务联系起来。直到1918年后，《新青年》才提出思想革新并贯彻到编辑方针中去。所以鲁迅指出：“凡是关心现代中国文学的人，谁都知道《新青年》是提倡‘文学改良’，后来更进一步而号召‘文学革命’的发难者。”鲁迅的话实际是研究从“五四”前夕开始的文学革命的最可靠的第一手资料，但一直没有引起现代文学研究者的足够重视。我们只有搞清楚《新青年》当年提倡文学革命的步骤，才能把胡适摆在一定的历史地位上加以正确的评价。根据鲁迅这位当事人的话，我们应该肯定，胡适参加的是“文学改良”，不是“文学革命”。尽管胡适说过“文学革命”的话，尽管陈独秀写过声援他的《文学革命论》，但据鲁迅解释，胡适的“文学革命”是“文学革新”，只是把文言改为白话，这在当时虽然也很重要，但这样的革命却不如法国革命那么深刻，只是名为“革命”，实为“革新”。当年“革命”与“革新”的根本区别在于是否倡导思想革新或思想革命。1917年，胡适也好，陈独秀也好，尽管说要改变文学的内容，但并没有对作家作品提出思想革新或革命的要求。直到1918年后，《新青年》才进一步倡导思想革新。鲁迅当年曾大声疾呼：“改良思想是第一事”。白话文学“倘思想照旧，便仍然换牌不换货”。《尝试集》的内容，大部分是“思想照旧”的“换牌不换货”的旧体诗词。到《新青年》倡导思想革新的时候，胡适的思想开始倒退，白话诗也写得少了。五四运动爆发半年后，他就离开《新青年》，走向它的对立面去了。因此，看一个作家，特别是胡适及其一派的作家，是否参加了从“五四”前夕开始的文学革命，主要看他对《新青年》倡导的思想革新表示什么样的态度。鲁迅的《狂人日记》其所以是文学革命的第一声呐喊，是现代文学的第一篇白话小说，就是因为它从内容到形式，都配合了《新青年》“更进一步”号召文学革命的要求——思想革新和思想革命。

胡适开始倒退的时候，也正是郭沫若开始前进的时候。胡适的《尝试集》是文学革新的产儿，郭沫若的《女神》是文学革命的产儿。《尝试集》的内容与形式都不符合从“五四”前夕开始的文学革命的根本要求，要没有反映反帝反封建的时代精神。《尝试集》虽然有少数篇章如《威权》、《乐观》、《四烈士塚上的没字碑歌》、《死者》、《双十节的鬼歌》等反映了辛亥革命，指摘了封建军阀，但是作者对封建帝王和封建军阀的反对，并没有提到彻底推翻封建制度的高度来认识，更没有表现以新制度代替旧制度、新世界代替旧世界的理想和希望。至于封建思想与封建婚姻、封建孝道之类，他不但不反对，在《尝试集》中还有歌颂这些东西的诗篇。如《病中得冬秀书》、《生查子》、《新婚杂诗》、《如梦令》等，是歌颂包办婚姻的。《十二月一日奔丧到家》是歌颂封建孝道的。至于反对帝国主义的诗，《尝试集》中一首也没有。在中国当时的特定历史条件下，帝国主义是支持封建势力的，不反帝，也就不能彻底地反封建。至于诗的形式，大多数是旧体诗词或古风歌行，所附《去国集》则全部是旧体诗词，象这样一部同封建思想藕断丝连、同旧体诗词一脉相承的白话诗，封建文人是能够接受的，怎么能体现“五四”前夕开始的文学革命的根本要求呢？怎么能把这么一部白话诗视为现代中国第一部新诗集呢？《尝试集》所表现的思想倾向主要是打倒文言，提倡白话，使白话文学成为文学的正宗，这是胡适超越前人的地方，是胡适的不可磨灭的历史功绩。但是，令人遗憾的是，胡适在这一点上，也是十分不彻底的。《女神》的内容却是反帝反封建，它所表现的思想倾向，是追求自由，追求解放，要破坏旧世界，创造新世界。《女神》所表现的这种思想倾向正是从“五四”前夕开始的文学革命和“五四”新文化运动的根本精神，正是从五四运动开始的新民主主义革命所要求的时代精神。闻一多先生说得好：“若讲新诗，郭沫若君的诗才配称新呢。不独艺术上他的作品与旧诗词相去最远，最要紧的是他的精神完全是时代的精神——20世纪的精神。有人讲文艺作品是时代的产儿，《女神》真不愧为时代底一个肖子。”（闻一多：《〈女神〉之时代精神》，1923年。）何其芳同志在1961年12月20日脱稿的《诗歌欣赏》，发展了闻一多的观点，他说：

> 《女神》的时代精神就主要在这里：它强烈地表现了当时的中国人民，当时的青年知识分子对于祖国的新生的希望，表现了他们的革命精神和乐观主义精神。它写出了对于旧中国的诅咒和不满，然而更突出的是对于未来的新中国的梦想，预言和歌颂。它流露了一些当时的青年知识分子的苦闷，然而更多的是对于光明的渴望，对于新的事物的赞扬，对于人的力量的自信，对于自然和生活的热爱。这些可以说都是“五四”时代的革命精神和乐观主义精神的表现。《女神》的内容是多方面的，比较复杂的，但主要的时代精神大致是这样。

《尝试集》完全没有这样的时代精神。当俄国资产阶级取得二月革命胜利的时候，胡适写了一首《沁园春》，歌颂二月革命推翻沙皇的胜利，并收入《尝试集》的初版本，但当《尝试集》再版的时候，他就删去了。这是很能说明《尝试集》及其作者的思想倾向和用心的。

其次，应从对民族传统诗歌的继承和对外国诗歌的借鉴方面进行比较。新诗是“五四”文学革命的尖兵。它对国粹派文人散布的白话可以做小说，但不能做诗词的流言起了冲锋陷阵的粉碎性的作用。当时的先驱者们为了打好“文学革命”的前哨战，在新诗的创作上，不仅要求思想革新，更加要求形式革新。当时的先驱者与封建文人之间的斗争，除了文学语言上文白之争外，就是新旧文学的形式之争。凡是外来形式封建文人都是一律排斥的。胡适的《尝试集》未脱旧体诗词的窠臼，其所以为钱玄同所指摘，就是由于它影响了当时的斗争。胡适后来公开承认：“民国6年的《新青年》里有许多讨论文学的通讯，内中钱玄同的讨论很多可以补正胡适的主张。”“胡适在美洲做的白话诗还不过是刷洗过的文言诗，这是因为他还不能抛弃那五言七言的格式，故不能尽量表现白话的长处。钱玄同指出这种缺点，胡适方才放手去做那长短无定的白话诗。”胡适的公开表态，很可以使那些认为胡适写白话诗比郭沫若早的人重新思考一下：胡适在 1917 年上半年以前写的“只不过是刷洗过的文言诗”，“还不能抛弃那五言七言的格式，故不能尽量表现白话的长处。”他是在接受了钱玄同的批评后“才放手做那长短无定的白话诗”的。如果那些说胡适写白话诗早于郭沫若的人能够被胡适自己的话所说服，就可以知道胡适写白话诗并不比郭沫若早。《尝试集》虽出版于《女神》之前，但从诗体形式的革新上看，郭沫若的《女神》才是经过革命洗礼的真正的新诗。还可以鲁迅为旁证，他是对旧诗深具素养的，但是，为了文学革命的需要，他写的几首白话诗，就是在彻底革新诗歌内容的同时，也彻底唾弃旧体诗的形式。当时，不少写新诗的先行者，大多认识到：深恐旧诗形式的残余，影响新的内容的表达；深恐国粹派文人从新诗的写作中发现“中间地带”或什么“漏洞”，对文学革命抱任何妥协或“和平共处”（井水不犯河水）的幻想。当然那时的先行者们充分借鉴外国文学，引进西洋诗的形式，彻底地不妥协地否定旧体诗词，摧毁一切旧的形式，在今天看来，自然未免矫枉过正，但在当时当地，大敌当前，却不能不如此。因此，否定旧形式，引进新形式，实际是中国诗史上一场伟大的革命。而在这场诗歌形式的革命中，郭沫若是站在时代的尖端，首先树立旗帜，做出榜样的。他为了抒发民族的郁积和个人的郁积，为了表达创造新世界的伟大理想，他借鉴过并且引进过泰戈尔、海涅、惠特曼、歌德等外国诗人的诗歌及其形式。但是，他的借鉴并非“硬搬”，更非崇洋媚外，数典忘祖。他是把引进外来的鲜花，插入肥沃的民族土壤上的。

胡适则相反。他后来叫嚣“全盘西化”，认为中国什么都不如外国人，但在“五四”前夕开始的文学革命时期，他写的白话诗，在形式上，却大多照搬旧体诗词，只是减少典故、减少文言词汇而已。即使是引进外国诗歌，他也使之“中国化”。他写的白话诗，并未引起封建文人的反感。正如鲁迅所指出的那样：胡适之先生的文学革命，并不如法国革命那么可怕，只要把“革命”换成“革新”，便显得和平了。因此，胡适的白话诗，是封建文人所能接受的东西。《尝试集》中真能摆脱旧体诗词的窠臼与习气的，寥寥可数。他自己在1922年3月10日写的《尝试集·四版自序》就公开承认："我现在回头看我这五年来的诗，很像一个缠过脚后来放大了的妇人回头看他一年一年的放脚鞋样，虽然一年放大一年，年年的鞋样上总还带着缠脚时代的血腥气。"这并非他的什么谦词，而是老实话。胡适虽然是写白话诗的先驱者，但他是旧时代的结束者，并非新时代的开创者。我们既难于为讳，更难于苟同，把他的"总还带着缠脚时代的血腥气"的《尝试集》，作为现代文学史上的第一部新诗看。

郭沫若则不同。像《天狗》、《凤凰涅槃》、《立在地球边上放号》、《地球，我的母亲》等诗，完全是崭新的创造。他不是硬搬外国诗的形式，而是使之与民族传统的诗歌相融合，重新创造出来的。闻一多先生对《女神》的评论是较早的，也是较确切的。他说：

> 我总以为新诗径直是"新"的，不但新于中国固有的诗，而且新于西方固有的诗。换言之，他不要做纯粹的本地诗，他还要保存本地的色彩；他不要做纯粹的外洋诗，但又尽量的呼吸外洋诗的长处。他要做中西艺术结婚后产生的宁馨儿。（闻一多《〈女神〉之地方色彩》）

闻先生用"结婚"一词来说明郭沫若对诗的民族形式和外来形式的态度以及二者的相互融合，是恰到好处的。

其三，应从两部诗集的艺术风格及其影响上进行比较。

独创的艺术风格是作家成熟的主要标志，也是作品为读者所喜爱，从而得到流传的根本原因。

《尝试集》虽然是用白话写的，但并没有彻底摆脱旧体诗词的羁绊，并没有开创独创的风格。《尝试集》中并非没有可读之作，但它的可读，不是由于它的独创的艺术风格，而是由于胡适驾驭语言的文字工夫，模拟古人，做到了文通字顺，尚堪一读。例如《尝试集》第二编的第一首《如梦令》："天上风吹云破，月照我们两个。问你去年时，为甚闭门深躲？谁躲？谁躲？那是去年的我！"这首诗实际是模仿宋人向镐的《如梦令》："谁伴明窗独坐？我和影儿两个。灯烬欲眠时，影也把人抛躲。天耶，天耶，好个恓惶的我！”文贵创新，模仿是最没有出息的。《尝试集》里的诗，不少是模仿古人，或者改写外国诗，这是它未能取得独创风格的原因之一。胡适写的旧诗词，除了力争用白话措词外，未能创造出自己的独特的风格，始终是寄人篱下，攀附骥尾，停留在“尝试”的阶段，对传统的诗词艺术及其风格，并无发展。因此，人们不读《尝试集》只读传统诗词，并不觉得缺少了什么。

《女神》则不然，它创造了天马行空、自由奔放的艺术风格，在传统诗词中找不到先例，他与李白、苏轼、辛弃疾等写的诗词都不相同，形式不同，思想更不同。传统诗词中找不到《女神》的代替品。《女神》的代表作真正开创了一代诗风。《女神》中某些小诗，虽然也留下了传统诗词的若干痕迹，但它的主导倾向却是发展诗词的民族传统，而不是像《尝试集》那样基本上是因袭旧体诗词。《尝试集》的影响，只是告诉国粹派文人，用白话同样可以写出琅琅上口的旧体诗词。这种影响，在文言与白话之争过去之后，也就宣告结束。五四运动的高潮过去之后，谁也没有再写《尝试集》那样的白话诗词，谁也没有步胡适的后尘。在现代诗人中找不出一个因受《尝试集》的影响而成长起来的诗人。

《女神》则不同。它的影响是深远的。第一，新文学的头十年，首先建立起来的主流派自由诗派，就是在《女神》的影响下形成并壮大的。第二，现代诗史上的一些人如蒋光慈、殷夫、艾青、臧克家等，都直接或间接受过《女神》的影响。第三，《女神》在诗的形式上的创造，符合中国新诗的发展方向。中国新诗在形式上虽是多式多样的，但自由诗却是主流，和《女神》所开创的自由诗体，是一脉相承的。

最后应从是否能作为“五四”新文学运动的遗产来加以接受方面进行比较。从“五四”前夕开始的文学革命已过去60多年。五四运动后出版的文学作品，有许多是应该作为文学遗产来继承的。现在也到了整理遗产、认识遗产和继承与发展遗产的时候了。

《女神》作为“五四”以来新文学的遗产来继承，首先应该继承它与时代精神的密切扣合。郭沫若认为诗的本质在抒情，要抒发每一时代具有代表性的思想感情，使诗歌具有鲜明的时代色彩和思想倾向。任何时代的读者读到一首诗，要能从内容与形式的统一上感受到时代的脉搏的跳动。这才是有特色的好诗。历史上有不少的旧体诗，当代也有不少的旧体诗，有的只有一个格律的空壳，虽琅琅成诵，时代感是不强烈的。《尝试集》中的白话诗词，也是因为缺少时代感，只有一个格律的空壳，就成为可有可无的东西。《女神》则不然，任何人一读到《天狗》等诗篇，就感受着时代的脉搏在跳动，时代的风雨迎面而来。原因是它表现了当时的时代精神和思想倾向。其次，应该继承《女神》创造新诗形式的精神。《女神》的形式是多种多样的。郭沫若说过：六十年来“新诗没有建立出一种形式来，倒正是新诗的一个很大的成就”(《开拓新诗歌的路》)这话说得似乎奇怪，却很深刻。中国的新诗是从突破旧诗固有的形式然后开创它的新局面的。不定型的形式将是中国新诗的特征，大可不必另外制造脚镣手铐。我以为郭沫若的见解将为历史事实不断地证明它的正确性。开国以后，不少从30年代过来的老诗人，曾尝试过这样那样的新诗形式，但是，总是不了了之，并没有留下什么。“新诗”的“新”就“新”在它的形式的不固定上。形式上的自由保证了新诗的“苟日新，日日新”。一旦它的形式趋向固定，就可能预告着诗的再一次革命又快到来。因此，《女神》作为一份宝贵的文学遗产，就要继承它的“诗无定形”的光辉传统。只有这样，新诗才能发扬光大，永远保持崭新的面目。

《尝试集》当然也是“五四”以来的文学遗产，它表明新诗之所以突破旧体诗词而独树一帜，是经历了一场从文言改为白话的争夺战的。但是，《尝试集》的诗从内容到形式却没有给后人留下什么。它的内容对“五四”以来新文学的遗产没有什么增添，它的形式与新诗的发展道路更是背道而驰。凭心而论，从《尝试集》中继承不到多少有益的东西。

仅仅从以上四个方面进行简单的比较，就可以明确：中国现代诗歌的奠基之作究竟是《尝试集》还是《女神》。我认为是《女神》，并且完全同意闻一多先生的话：郭沫若是中国“现代第一诗人。”

1982年10月29日上午在四川大学主办的郭沫若九十诞辰

学术讨论会上的发言

（原载《四川大学学报丛刊》第17辑）

著译年表和著译目录

胡适著译年表

1901 年

历代帝王年号歌诀（七言）

见《四十自述·从拜神到无神》。

1905 年

生物竞争，适者生存

见《四十自述·在上海（一）》。

1906 年

地理学（第一篇白话文章）

刊《竞业旬报》1—3 期（1906.10—11），署名期自胜生。

敬告中国女子（第一不要缠足，第二要读书）

刊《竞业旬报》3—5 期，署名希疆。

说雨

刊《竞业旬报》第 3 期，署名期自胜生。

真如岛（长篇章回小说，共 11 回）

刊《竞业旬报》第 3、6—10、24、26—28、35、37 期，署名起初为希疆，后改为铁儿。

暴堪海舰之沉没（翻译小说）

刊《竞业旬报》第 5 期，署名适之。

送别傅君剑（诗）

见《四十自述·在上海（二）》。

1907 年

游杭《绝句》一首

见《四十自述·在上海（二）》。

弃父行（诗）

刊《竞业旬报》第 25 期，署名铁儿；又以《中国公学时代的旧诗》的总题名刊《吴淞月刊》第 2 期（1929.6.25）。

西台行（诗，即《谢皋羽西台》）

刊《竞业旬报》第29期，署名铁儿。

又刊《吴淞月刊》第2期；

收入台湾文星丛刊《胡适选集》诗词分册。

自胜生随笔

见《〈尝试集〉自序》。

1908年

生死之交（翻译，夏斯和达蒙的故事）

刊《竞业旬报》第12期，署名铁儿。

观爱国女校运动会纪之以诗

刊《竞业旬报》第15期，署名铁儿。

姚烈士传

刊《竞业旬报》第16—18、20、23、26期，署名铁儿。

西湖钱王祠（诗）

刊《竞业旬报》第17期，署名铁儿。

送石蕴山归湘（诗）

刊《竞业旬报》第17期，署名铁儿。

婚姻篇

刊《竞业旬报》第24—25期，署名铁儿。

游万国赛珍会感赋（诗）

刊《竞业旬报》第24期，署名铁儿。

上海的中国人

刊《竞业旬报》第24期，署名适广。

适庵平话

刊《竞业旬报》第24期。

中国第一伟人杨斯盛传

刊《竞业旬报》第25期，署名适之；

收入台湾《胡适选集》人物分册。

霜天晓角　长江（词）

刊《竞业旬报》第25期，署名铁儿；

收入台湾《胡适选集》诗词分册。

时闻（数十则）

刊《竞业旬报》第25期，署名铁。

无鬼丛话

刊《竞业旬报》第25—26、28、32期，署名适之。

消夏丛摭

刊《竞业旬报》第25期，署名适之。

论家庭教育

刊《竞业旬报》第26—27、29、36—37、39期，署名铁儿。

口号（诗）

刊《竞业旬报》第26期，署名冬心。

西洋笑话（翻译）

刊《竞业旬报》第26期，署名适广。

“国民白话日报、须弥日报”（新书刊介绍）

刊《竞业旬报》第26期，署名适。

积少成多

刊《竞业旬报》第27期，署名铁儿。

世界第一女杰贞德传

刊《竞业旬报》第27期，署名适之。

赠鲁楚玉（诗）

刊《竞业旬报》第27期，署名冬心。

刊《吴淞月刊》第2期改题为《赠同学鲁楚玉》。

秋日梦返故居觉而怃然若有所失因纪之（诗）

刊《竞业旬报》第27期，署名冬心。

《四十自述》改名《秋日梦返故居》；

收入台湾《胡适选集》诗词分册。

追哭先外祖（诗）

刊《竞业旬报》第27期，署名冬心。

赠别黄用溥先生（诗）

刊《竞业旬报》第27期，署名胡天。

东洋车夫（小说）

刊《竞业旬报》第27期，署名适广。

词六首（东风第一枝　舟中自理旧稿；摸鱼儿　送春；金缕曲舟中自寿；念奴娇　渡江有怀；湘春夜月　闻歌；如梦令　赠妓）

见长篇小说《真如岛》第9回《一席话绍介名贤几首词迢怀往哲》（《竞业旬报》第27期）。

论毁除神佛

刊《竞业旬报》第28期，署名铁儿。

中国的政府

刊《竞业旬报》第28期。

读《爱国二童子传》

刊《竞业旬报》第28期，署名适。

论承继之非理

刊10.5《安徽白话报》，《竞业旬报》第29期转载，改题为《论承继之不近人情》，署名适之。

上海电车大桥望黄浦江（诗）

刊《竞业旬报》第29期，署名冬心。

赠别汤保民（诗）

刊《竞业旬报》第29期，署名适之。

电车词（五绝九首）

刊《竞业旬报》第29期，署名蝶。

爱情之动人

刊《竞业旬报》第29期，署名适庵。

本报之大纪念

刊《竞业旬报》第29期，署名希彊。

军人美谈

刊《竞业旬报》第30期，署名适庵。

饮食上的卫生

刊《竞业旬报》第30期，署名冬心。

缝衣歌（译诗　英汤姆士·胡德作）

刊《竞业旬报》第31期，署名铁儿。

军人梦（译诗　英康拜尔作）

刊《竞业旬报》第31期，署名铁儿；收入台湾文星丛刊《胡适选集》翻译分册。

中国爱国女杰王昭君传（传记）

刊《竞业旬报》第32期（11.4），署名铁儿。

新侦探谭（小说）

刊《竞业旬报》第32期，署名蝶儿。

惊涛篇（译诗　英康拜尔作）

刊《竞业旬报》第33期（11.14），署名铁儿。

寄邓佛衷日本（诗）

刊《竞业旬报》第33期，署名铁儿。

答丹斧十杯酒（歌谣）

刊《竞业旬报》第33期，署名铁儿。

上海百话

刊《竞业旬报》第33期，署名铁儿。

革命党的好口供

刊《竞业旬报》第33期，署名铁。

苦学生（小说）

刊《竞业旬报》第33期，署名铁儿。

徽州谈

刊11月14日《安徽白话报》，署名适之。

爱国

刊《竞业旬报》第34期，署名铁儿。

对于中国公学风潮之感言

刊《竞业旬报》第34期，署名骍。

金玉之言（翻译　美马威克作）

刊《竞业旬报》第34—38期，署名铁儿。

读《汉书》杂记

刊《竞业旬报》第34—35期，署名铁儿。

独立

刊《竞业旬报》第35期，署名铁儿。

吃茶记

刊《竞业旬报》第35期，署名铁儿。

钝夫诗抄

刊《竞业旬报》第35—37期，署名铁儿辑。

闻所闻录

刊《竞业旬报》第35期，署名铁儿。

苟且

刊《竞业旬报》第36期，署名铁儿。

中国人之大耻

刊《竞业旬报》第36期，署名铁儿。

题《十字军英雄记》（诗）

刊《竞业旬报》第36期，署名适之；又刊《吴淞月刊》第2期改名《读十字军英雄记》。

读大仲马《侠隐记》（诗）

见《藏晖室札记》卷十四。

十一月十一夜吾友李莘伯所居被火尽焚其所藏书若干卷及其一年以来所经营之《安徽白话报》。莘伯徒跣而走，仅得免死，余闻而悲之，因赋此以慰其所损失云（诗）

刊《竞业旬报》第36期，署名适之；又刊《吴淞月刊》第2期改名《慰李莘伯被火》。

本报周年之大纪念

刊《竞业旬报》第37期（12.23），署名铁儿。

曹大家女诫驳议

刊《竞业旬报》第37—39期，署名铁儿。

1909年

名誉

刊《竞业旬报》第38期，署名铁儿。

赠别古仲熙归粤（诗）

刊《竞业旬报》第39期，署名藏晖。

赠别怡荪归娶（诗）

刊《竞业旬报》第39期，署名藏晖。

赠意君（诗）

刊《竞业旬报》第39期，署名藏晖。

晨风篇（译诗　美国 Longfellow 作）

刊《竞业旬报》第39期，署名铁儿。

题谢尹文之孝赵建藩三君合影诗

刊《吴淞月刊》第2期，见胡不归《胡适之传》；

收入台湾文星丛刊《胡适选集》诗词分册。

秋柳（诗）

刊《留美学生季报》1917年春季号，署名胡适（以下凡署名胡适，不再列出）；收入《尝试集》。

酒醒（诗）

刊《吴淞月刊》第 2 期，见《四十自述·在上海（二）》；收入台湾文星丛刊《胡适选集》诗词分册。

纪梦（诗）

刊《吴淞月刊》第2期。

女优陆菊芬演纺棉花（诗）

见《四十自述·在上海（二）》；收入台湾文星丛刊《胡适选集》诗词分册。

闰月初六日中国新公学全体合影（诗）

刊《吴淞月刊》第2期，见胡不归《胡适之传》。

菊部四律

刊《吴淞月刊》第2期，见胡不归《胡适之传》。

送二兄入都（诗）

刊《吴淞月刊》第2期，见胡不归《胡适之传》。

登楼（诗）

刊《吴淞月刊》第2期。

十月题中国新公学教员合影（诗）

刊《吴淞月刊》第2期；收入台湾文星丛刊《胡适选集》诗词分册。

十月再题新校教员合影（诗）

刊《吴淞月刊》第2期；收入台湾文星丛刊《胡适选集》诗词分册。

已见一律

刊《吴淞月刊》第2期。

读《儒林外史》（诗）

刊《吴淞月刊》第2期。

国殇（翻译小说）

刊8月26日《安徽白话报》，署名适之。

1910年

去国行（二章）

刊《留美学生年报》第二年（1913.1出版），署名胡适适之；收入《尝试集》初版，四版删去。

翠楼吟（庚戌重九）

刊《留美学生年报》第三年（1914.1）；收入《尝试集》初版，四版删去。

1911 年

永夜寒如故（律诗）
作于1月30日；
见《藏晖室札记》卷一。

吊保民母丧（律诗）
作于1月31日；
见《藏晖室札记》卷一。

树穀（翻译）
译于2月17日；
见胡不归《胡适之传》。

中国虚字解
见胡不归《胡适之传》。

遥峰积雪已全消（绝句）
作于4月19日；
见《藏晖室札记》卷一。

《诗经》言字解（后改名《诗三百篇言字解》）
作于5月11日；
刊《留美学生年报》第二年（1913.1）和《神州丛报》一卷1期（1913.8）；
收入《胡适文存》一集。

孟夏（诗）
作于5月19日；
见《藏晖室札记》卷一。

哭乐亭诗
作于7月11日；
刊《留美学生年报》第三年（1914.1），题为《辛亥五月海外哭程乐亭》，署名胡适适之。

程乐亭小传
作于7月12日；
见《藏晖室札记》卷一。

康南耳君传
作于8月22日；
刊《留美学生季报》1915年春季号；
收入台湾文星丛刊《胡适选集》人物分册。

1912 年

观《王子复仇记》（剧评）
作于9月25日；
见《藏晖室札记》卷二。

割地（翻译小说　即都德《最后一课》）
译于9月29日；
刊上海《大共和日报》；
收入翻译《短篇小说》第一集（1919年10月上海亚东图书馆出版）。

水龙吟　送秋
作于11月5—6日；

刊《留美学生年报》第三年（1914.1），
题名《水龙吟　秋去》；
收入《尝试集》改名《水龙吟　绮色佳秋暮》。

论中国女子参政权
刊11月11日美国《外观报》。

非留学篇
刊《留美学生年报》第三年（1914.1）和《甲寅》月刊一卷10号（1915.10）。

赔款小史
刊《留美学生年报》第二年（1913.1）。

译德国诗人亥纳诗一章（有序）
刊《留美学生年报》第二年（1913.1），
署名胡适适之。

斐城游记
见《藏晖室札记》卷二和胡不归《胡适之传》。

《藏晖室札记》卷二（9月—12月日记）
见上海亚东版《藏晖室札记》。

1913年

生日（诗）
作于12月17日；
见《藏晖室札记》卷二和胡不归《胡适之传》。

耶稣诞日（诗）
作于12月26日；
刊《留美学生年报》第三年（1914.1），
题名《耶稣诞节歌》；
收入《尝试集》。

论汉宋说诗之家及今日治诗之法
刊《留美学生年报》第三年，署名藏晖。

政党概论
刊《留美学生年报》第三年。

出门一首（诗）
刊《留美学生年报》第三年。

藏晖室杂录
刊《留美学生年报》第三年。

1914年

大雪放歌（有序）
作于1月23日；
刊《留美学生季报》1914年春季号；
收入《尝试集》。

久雪后大风寒甚作歌
作于1月29日；
刊《留美学生年报》第三年题为《甲寅正月大风雪甚作歌》；
收入《尝试集》。

乐观主义（用骚体译卜郎吟诗）

译于1月29日；
收入台湾文星丛刊《胡适选集》翻译分册。

偶吟（诗）
作于1月29日；
见《藏晖室札记》卷三。

哀希腊歌（翻译　拜伦作）
译于2月3日；
收入《尝试集》所附《去国集》。

雪消记所见（诗）
作于3月25日；
见《藏晖室札记》卷四。

入春又雪因和前诗（七绝）
作于4月11日；
见《藏晖室札记》卷四。

论英诗人卜郎吟之乐观主义（获卜郎吟征文奖）
作于5月7日；
见《藏晖室札记》卷四。

即事和叔永原韵（即《山城》）
作于5月25日；
刊《留美学生季报》1914年秋季号。

游仙一律再和叔永原韵
作于5月26日；
刊《留美学生季报》1914年秋季号。

春日（律诗）
作于5月27日；
见《藏晖室札记》卷四。

论律诗
作于5月27日；
见《藏晖室札记》卷四。

春朝（律诗）
作于5月31日；
刊《留美学生季报》1914年秋季号。

送傅有周归国（诗）
作于6月1日；
见《藏晖室札记》卷四。

题室中读书图三首（分别寄禹臣、近仁、冬秀）
作于6月6日；
见《藏晖室札记》卷四。

题家中所寄照片（诗）
作于6月6日；
见《藏晖室札记》卷四。

游英菲儿瀑泉山三十八韵
作于6月12日；
刊《留美学生季报》1915年夏季号，
题为《游影飞儿瀑泉山作》；
收入《尝试集》初版，四版删去。

自杀篇五章（诗）

作于7月7日；

刊《留美学生季报》1914年秋季号；

收入《尝试集》所附《去国集》。

"时事画"四十五幅序及说明

作于7月12日；

见《藏晖室札记》卷五。

标点符号释例

作于7月29日；

见胡不归《胡适之传》。

《敦煌录译释》校勘记

作于8月2日；

刊英《皇家亚洲学会》杂志（1915）。

记欧洲大战祸

作于8月5日；

刊《留美学生季报》1914年秋季号。

送许肇南归国（诗）

作于8月14日；

刊《留美学生季报》1915年夏季号；

收入《尝试集》初版，四版删去。

读《老子》——记韩非《解老》《喻老》之章次

作于8月14日；

以《藏晖室杂记》为题刊于《留美学生季报》1916年秋季号。

柏林之围（翻译小说　都德作）

译于8月24日；

刊《甲寅》月刊一卷4号；

收入翻译《短篇小说》第一集（1919年上海亚东图书馆出版）。

登唐山楼（诗）

作于9月13日；

见《藏晖室札记》卷六。

大梵天（以散文译美国爱麦生之诗作）

译于9月7日；

收入台湾文星丛刊《胡适选集》翻译分册。

康可歌（以散文译美国爱麦生之诗作）

译于9月7日；

收入台湾文星丛刊《胡适选集》翻译分册。

波士顿游记

作于9月13日；

见《藏晖室札记》卷六。

传记文学

作于9月23日；

见《藏晖室札记》卷七。

《新居口占》一首

作于9月25日；

见《藏晖室札记》卷七。

论墨子之哲学
作于11月22日；
见《藏晖室札记》卷七。

《诗经·木瓜》英译
译于12月3日；
见《藏晖室札记》卷七。

世界会十周纪念，诗以祝之（英文诗）
作于12月22日；
见《藏晖室札记》卷八。

睡美人歌（诗）
作于12月；
见《藏晖室札记》卷九。

1915年

告马斯（英文诗）
作于1月1日；
见《藏晖室札记》卷八。

再游波斯顿记
作于1月27日；
见《藏晖室札记》卷八。

纽约游行记
作于2月14日；
见《藏晖室札记》卷八。

致留学界公函
作于3月19日；
见《藏晖室札记》卷九。

墓门行（译诗）
译于4月12日；
刊《留美学生季报》1915年夏季号；
收入《尝试集》初版，四版删去。

老树行（诗）
作于4月26日；
见《藏晖室札记》卷九；
增补进四版《尝试集》所附《去国集》。

书怀（诗）
作于5月1日；
见《藏晖室札记》卷九。

满庭芳（词）
作于6月12日；
刊《留美学生季报》1915年秋季号；
收入《尝试集》所附《去国集》。

记国际政策讨论会
作于7月1日；
见《藏晖室札记》卷十。

题欧战讽刺画八首
作于7月11日；
见《藏晖室札记》卷十。

夜过纽约港（英文诗）
见《藏晖室札记》卷十。

今别离（英文小诗二章）
作于7月26日；
见《藏晖室札记》卷十。

论句读及文字符号
作于8月2日；
刊《科学》二卷1期（1916）；
收入《胡适文存》一集卷一改题为《论句读符号》。

水调歌头　今别离（将英文诗《今别离》翻译改写而成）
作于8月3日；
刊《留美学生季报》1917年春季号；
收入《尝试集》初版所附《去国集》，四版删去。

读词偶得
作于8月3日；
见《藏晖室札记》卷十。

读白居易《与元九书》
作于8月3日；
见《藏晖室札记》卷十。

论香山诗琐记
作于8月4日；
见《藏晖室札记》卷十。

吾之别号
作于8月9日；
见《藏晖室札记》卷十一。

论文学
作于8月18日；
见《藏晖室札记》卷十一。

中国与民主
作于8月18日；
刊《瞭望月刊》。

临江仙　六里涧
作于8月24日；
刊《留美学生季报》1917年秋季号；
收入《尝试集》所附《去国集》。

论如何使吾国文言易于教授（英文稿）
作于8月26日；
见《藏晖室札记》卷十一。

古德诺与中国之顽固反动
作于8月29日；
见《藏晖室札记》卷十一。

将去绮色佳留别叔永（诗）
作于8月29日；
刊《留美学生季报》1917 年秋季号题为《留别任叔永》；
收入《尝试集》所附《去国集》，改名《将去绮色佳，叔永以诗赠别。作此奉和。即以留别》。

沁园春　别杏佛

作于9月2日；

刊《留美学生季报》1915年冬季号；

收入《尝试集》所附《去国集》，题为《沁园春　别杨杏佛》。

送梅觐庄往哈佛大学（诗）

作于9月17日；

刊《留美学生季报》1915年冬季号；

收入《尝试集》所附《去国集》。

依韵和叔永戏赠诗

作于9月21日；

见《藏晖室札记》卷十一。

相思（诗）

作于10月13日；

见《藏晖室札记》卷十一；

收入《尝试集》所附《去国集》。

百愁门（翻译小说　英吉百龄作）

刊《留美学生季报》1915年秋季号；

收入翻译《短篇小说》第一集。

致季报记者书（有关《墓门行》一诗作者问题）

刊《留美学生季报》1915年冬季号。

给《甲寅》杂志编者的信

刊台北《传记文学》第12卷1期（1968.1.1）。

1916年

秋声（诗）

作于1月9日（在旧作《秋》未完稿的基础上续成）；

刊《留美学生季报》1917年春季号；

收入《尝试集》所附《去国集》。

读章太炎《驳中国用万国新语说》后

作于1月24日；

见《藏晖室札记》卷十二。

和叔永题梅、任、杨、胡合影诗（四首）

作于1月29日；

见《藏晖室札记》卷十二。

水调歌头　寿曹怀之母

作于2月2日；

见《藏晖室札记》卷十二。

与梅觐庄论文学改良书

作于2月3日；

见《藏晖室札记》卷十二。

论译书寄陈独秀

作于2月3日；

见《藏晖室札记》卷十二。

《藏晖室札记》节录（八则）

刊《留美学生季报》1916年春季号。

忆绮色佳（绝句）
作于4月5日；
见《藏晖室札记》卷十二。

吾国历史上的文学革命
作于4月5日；
见《藏晖室札记》卷十二。

读《管子》
作于4月8日；
刊《留美学生季报》1916年夏季号。

沁园春　誓诗
作于4月13日—5月26日；
刊《留美学生季报》1917年春季号；
收入《尝试集》所附《去国集》。

吾国文学三大病
作于4月17日；
见《藏晖室札记》卷十二。

谈活文学
作于5月18日—29日；
见《藏晖室札记》卷十三。

白话文言之优劣比较
作于7月6日；
见《藏晖室札记》卷十三。

答梅觐庄（白话游戏诗）
作于7月22日；
刊《留美学生季报》1917年夏季号改名《新大陆之笔墨官司》。

答觐庄白话诗之起因
作于7月29日；
见《藏晖室札记》卷十四。

中庸（诗）
作于7月29日；
见《藏晖室札记》卷十四。

孔丘（诗）
作于7月29日；
刊《留美学生季报》1917年春季号；
收入《尝试集》初版，四版删去。

《去国集》自序
作于7月；
收入《尝试集》所附《去国集》。

打油诗寄元任
作于8月2日；
见《藏晖室札记》卷十四。

五年八月四日答任叔永
见《藏晖室札记》卷十四，又作为《尝试集》四版代序之一。

给朱经农信（提出文学革命八条件）
作于8月19日；
见《藏晖室札记》卷十四。

寄陈独秀书（谈谢无量诗）
作于8月21日；
见《藏晖室札记》卷十四。

作诗送叔永（白话诗）
作于8月22日；
见《藏晖室札记》卷十四。

打油诗戏柬经农杏佛
作于8月22日；
见《藏晖室札记》卷十四。

窗上有所见口占（诗）
作于8月23日；
刊《新青年》二卷6期改名《朋友》，
刊《留美学生季报》1917年夏季号又改名《蝴蝶》；
收入《尝试集》定名《蝴蝶》。

赠朱经农（诗）
作于8月31日；
刊《新青年》二卷6期；
收入《尝试集》。

寄陈独秀
刊《新青年》二卷2期（1916.10）。
收入《胡适文存》第一集。

尝试歌
作于9月3日（《尝试集》所署时间有误）；
刊《留美学生季报》1917年夏季号题为《尝试篇》。
收入《尝试集》（四版改为“代序二”）。

早起（诗）
作于9月3日；
见《藏晖室札记》卷十四。

他（诗）
作于9月6日；
见《藏晖室札记》卷十四。
刊《新青年》二卷6期，又刊《留美学生季报》1917年春季号，题为《他思祖国也》；
收入《尝试集》初版，四版删去。

中秋夜月（诗）
作于9月11日；
刊《留美学生季报》1917年春季号，改名《中秋》；
收入《尝试集》。

虞美人（戏朱经农）
作于9月12日；
见《藏晖室札记》卷十四；
收入《尝试集》初版，四版删去。

答经农（诗）
作于9月15日；
见《藏晖室札记》卷十四。

读大仲马《侠隐记》、《续侠隐记》(1908年旧作改为白话七言绝句)
改于9月16日;
见《藏晖室札记》卷十四。

读司各得《十字军英雄记》(1908年旧作改为白话七言绝句)
改于9月16日;
见《藏晖室札记》卷十四。

文学改良刍议
作于11月;
刊《新青年》二卷5期(1917.1),同时刊载《留美学生季报》1917年春季号;
收入《胡适文存》第一集卷一。

江上秋晨(诗)
作于10月15日;
见《藏晖室札记》卷十四。

打油诗一束(《寄叔永觐庄》、《答陈衡哲女士》、《答胡明复》等)
作于10月23日;
见《藏晖室札记》卷十四。

江上(诗)
作于11月1日;
刊《留美学生季报》1917年春季号和《新青年》二卷6期;
收入《尝试集》。

打油诗又一束(《纽约杂诗》、《代经农答"白字信"》、《寄陈衡哲女士》等)
作于11月1日;
见《藏晖室札记》卷十四。

打油诗三首(《再答陈女士》、《总论》、《塔诗》)
作于11月3日—4日;
见《藏晖室札记》卷十四。

戏叔永(诗)
作于11月9日;
见《藏晖室札记》卷十五。

黄克强将军哀辞(诗)
写于11月9日;
刊《留美学生季报》1917年春季号改为《黄克强先生哀辞》;
收入《尝试集》。

作《孔子名学》完自记二十字(诗)
作于11月17日;
见《藏晖室札记》卷十五。

纽约杂诗(续)
作于11月17日;
见《藏晖室札记》卷十五。

月诗(三首)
作于12月6日;
刊《新青年》二卷6期题名《月》三

首，刊《留美学生季报》1917 年夏季号改名《十二月五夜月》；
收入《尝试集》即《十二月五夜月》。

沁园春　二十五岁生日自寿
写于 12 月 17 日；
刊《留美学生季报》1917 年夏季号和《新青年》三卷年期；
收入《尝试集》。

打油诗答叔永
写于 12 月 20 日；
见《藏晖室札记》卷十五。

“打油诗”解
作于 12 月 21 日；
见《藏晖室札记》卷十五。

决斗（翻译小说　俄泰来夏甫作）
刊《新青年》二卷 1 期和《留美学生季报》1917 年秋季号；
收入翻译《短篇小说》第一集。

论诗偶记
刊《留美学生季报》1916 年冬季号。

尔汝篇
《藏晖室札记》卷十三题为《尔汝二字之文法》（6 月 7 日）。年底重写稿；刊《留美学生季报》1917 年春季号；
收入《胡适文存》第一集。

吾我篇
《藏晖室札记》卷十四题为《论吾我两字之用法》（9 月 1 日）。年底重写稿；
刊《留美学生季报》1917 年春季号；
收入《胡适文存》第一集。

藏晖室札记
选载于《新青年》二卷 4 期—五卷 3 期。

论训诂之学
作于 12 月 26 日；
见胡不归《胡适之传》。

论校勘之学
作于 12 月 26 日；
见胡不归《胡适之传》。

采桑子慢　江上雪
刊《留美学生季报》1917 年夏季号题为《采桑子近　江上雪》，刊《新青年》三卷 4 期改为《采桑子　江上雪》。

先秦诸子之进化论
刊《科学》第三卷第 1 号，修改稿又刊《留美学生季报》1917 年秋季号。

1917 年

沁园春　过年
作于 1 月 1 日；
见《藏晖室札记》卷十五。

沁园春　新年
作于1月2日；
刊《留美学生季报》1917年夏季号。

四言绝句
作于1月12日；
见《藏晖室札记》卷十五。

杜诗一首（英译）
见《藏晖室札记》卷十五。

病中得冬秀书三章（诗）
作于1月16日；
收入《尝试集》。

论诗杂记四首（《三百篇诗字字奇》、《天而颂之》、《义山冤枉韩退之》、《学杜真可乱楮叶》）
作于1月20日；
其中后三首刊《留美学生季报》1917年秋季号；
收入《尝试集》初版，四版删去。

二渔夫（翻译小说　莫泊桑著）
译于1月下旬；
刊《新青年》三卷1期；
收入翻译《短篇小说》第一集。

梅吕哀（翻译小说　莫泊桑著）
刊《新青年》三卷2期；
收入翻译《短篇小说》第一集。

寒江（三首）
刊《留美学生季报》1917年夏季号；
收入《尝试集》初版，四版删去。

小诗
作于2月5日；
见《藏晖室札记》卷十五。

寄经农文伯（诗）
作于2月5日；
见《藏晖室札记》卷十五。

迎叔永（诗）
作于2月5日；
见《藏晖室札记》卷十五。

落日（诗）
作于2月17日；
见《藏晖室札记》卷十五。

《墨子小取篇》新诂
作于2月17日；
刊《北大月刊》一卷3期（1919.3）；
收入《胡适文存》第一集卷二。

"赫贞旦"答叔永
作于2月19日；
刊《留美学生季报》1917年秋季号；
收入《尝试集》。

江上杂记

刊《留美学生季报》1917 年夏季号和秋季号。

生查子
作于 3 月 6 日；
刊《新青年》三卷 4 期；
收入《尝试集》。

景不徙篇（诗）
作于 3 月 6 日；
《藏晖室札记》卷十五题为《艳歌三章》，刊《新青年》四卷 1 期；
收入《尝试集》。

读报有感（诗）
作于 3 月 20 日；
见《藏晖室札记》卷十六。

沁园春　俄京革命（后改成“新俄万岁”）
作于 3 月 21 日至 4 月 17 日；
刊《新青年》三卷 4 期和《留美学生季报》1917 年秋季号；
收入《尝试集》初版，四版删去。

杜威先生小传
作于 4 月 7 日；
见《藏晖室札记》卷十六。

寄陈独秀（批评林纾《论古文之不当废》）
作于 4 月 9 日；
刊《新青年》三卷 3 期；
收入《胡适文存》第一集卷一。

诸子不出于王官论
作于 4 月 16 日；
刊《太平洋》一卷 7 期（1917.10.15）；
收入《胡适文存》第一集卷二。

中国古代哲学方法之进化史（英文博士论文，即《先秦名学史》）
作于 1916 年 8 月至本年 4 月 27 日；
1922 年 10 月由上海亚东图书馆出版。

历史的文学观念论
刊《新青年》三卷 3 期；
收入《胡适文存》第一集卷一。

寄陈独秀（《再寄陈独秀答钱玄同》）
作于 5 月 10 日；
刊《新青年》三卷 4 期；
收入《胡适文存》第一集卷一。

绝句一首
作于 5 月 17 日；
见《藏晖室札记》卷十六。

朋友篇　寄怡荪经农（诗）
作于 6 月 1 日；
见《藏晖室札记》卷十六；
收入《尝试集》。

文学篇　别叔永杏佛觐庄（诗）
作于6月1日；
见《藏晖室札记》卷十六；
收入《尝试集》。

胡适致钱玄同
作于7月1日；
收入《鲁迅研究资料》第五辑。

百字令
作于7月3日；
见《藏晖室札记》卷十七；
收入《尝试集》。

如梦令（二首）
作于8月；
其中之二刊《新青年》五卷4期；
均收入《尝试集》。

一念（诗）
刊《新青年》四卷1期；
收入《尝试集》初版，四版删去。

胡适致钱玄同
作于8月5日；
收入《鲁迅研究资料》第五辑。

鸽子（诗）
刊《新青年》四卷1期；
收入《尝试集》。

人力车夫（诗）
作于11月9日；
刊《新青年》四卷1期；
收入《尝试集》初版，四版删去。

论小说与白话韵文（致钱玄同）
作于11月20日；
刊《新青年》四卷1期。

老鸦（诗）
刊《新青年》四卷2期；
收入《尝试集》。

除夕（诗）
刊《新青年》四卷3期。

三溪路上大雪里一个红叶（诗）
作于12月22日；
刊《新青年》五卷4期；
收入《尝试集》。

1918年

归国杂感
刊《新青年》四卷1期；
收入《胡适文存》第一集卷四。

游采薇子墓（诗）
作于1月11日；
见1月12日《胡适致钱玄同》信。

新婚杂诗（五首）

作于1月；
刊《新青年》四卷4期；
其中一首收入《尝试集》。

胡适致钱玄同
作于1月12日；
收入《胡适来往书信选》上册（中华书局1979年出版）。

介绍成美学会
刊2月25日《北京大学日刊》。

旅京杂记
刊《新青年》四卷3期。

老洛伯（译诗）
译于3月1日；
刊《新青年》四卷4期；
收入《尝试集》。

论短篇小说（在北大国文研究所讲演，傅斯年记）
原刊《北京大学日刊》，后根据记录稿改写重刊《新青年》四卷5期；
收入《胡适文存》第一集卷一。

建设的文学革命论
写于4月；
刊《新青年》四卷4期；
收入《胡适文存》第一集卷一。

四月二十五夜（诗）
刊《新青年》五卷1号；
收入《尝试集》初版，四版删去。

论文学改革的进行程序（答盛兆熊）
作于4月10日；
刊《新青年》四卷5期；
收入《胡适文存》第一集卷一。

惠施公孙龙之哲学
刊《东方杂志》第十五卷5—6号。

易卜生主义
作于5月16日；
刊《新青年》四卷6期；
收入《胡适文存》第一集卷四。

做天难做四月天（民歌）
刊5月28日《北京大学日刊》。

致钱玄同
作于5月29日；
收入《中国现代文艺资料丛刊》第5辑。

戏孟和（诗）
刊《新青年》五卷1期。

看花（诗）
作于5月；
收入《尝试集》初版，四版删去。

娜拉（与罗家伦合译，胡适译第三幕）
刊《新青年》四卷6期。

你莫忘记（诗）
作于6月28日；
刊《新青年》五卷3期；
收入《尝试集》。

贞操问题
刊《新青年》五卷1期；
收入《胡适文存》第一集卷四。

答汪懋祖
刊《新青年》五卷1期；
收入《胡适文存》第一集卷一。

致钱玄同
作于7月1日；
收入《鲁迅研究资料》第五辑。

答朱经农
作于7月14日；
刊《新青年》五卷2期；
收入《胡适文存》第一集卷一。

答任叔永
作于7月26日；
刊《新青年》五卷2期；
收入《胡适文存》第一集卷一。

致钱玄同
作于8月5日；
收入《鲁迅研究资料》第五辑。

墨家哲学
刊8.15—9.24《晨钟报》，又刊《太平洋》月刊一卷11—12号。

《论Esperanto》按语
作于8月7日；
刊《新青年》五卷2期。

论句读符号（答慕楼书）
作于8月14日；
刊《新青年》五卷3期；
收入《胡适文存》第一集卷一。

答黄觉僧君“折中的文学革新论”
作于8月14日；
刊《新青年》五卷3期；
收入《胡适文存》第一集卷一。

如梦令
刊《新青年》五卷4期；
收入《尝试集》。

美国的妇人
作于9月；
刊《新青年》五卷3期；
收入《胡适文存》第一集卷四。

文学进化观念与戏剧改良

作于9月；
刊《新青年》五卷4期；
收入《胡适文存》第一集卷一。

什么话
刊《新青年》五卷4期。

答朱经农
作于10月4日；
刊《新青年》五卷4期。

《论新青年之主张》按语
刊《新青年》五卷 4 期，署名胡适之陈独秀。

追答李濂镗君
作于10月；
收入《胡适文存》第一集卷一。

致梁启超
作于11月26日；
见丁文江编《梁任公先生年谱长编初稿》。

奔丧到家（诗）
作于12月1日；
刊《每周评论》第 1 号（1918、12、20），又刊《新潮》一卷2期改名《十二月一日到家》；
收入《尝试集》改名《十二月一日奔丧到家》。

武力解决与解决武力
刊《新青年》五卷6期和3.8—9《晨报》。

庄子哲学浅释
刊《东方杂志》第十五卷11—12期。

先母行述
作于12月；
收入《胡适文存》第一集卷四。

论无文字符号之害
刊《法政学报》一卷6、7合期(12.30)。

1919年

致蓝志先书
作于1月24日；
刊《新青年》六卷四期；
收入《胡适文存》第一集卷一。

弑父之儿（翻译小说　莫泊桑作）
刊《每周评论》第6—7号；
收入翻译《短篇小说》第一集改题《杀父母的儿子》，署名适。

文学的考据
刊《每周评论》第7号，署名适。

不朽
刊《新青年》六卷2期；
收入《胡适文存》第一集卷四。

序曾琦君的《国体与青年》
刊2月24日《晨报》。

致钱玄同
作于2月17日；
收入《胡适来往书信选》上册和《中国现代文艺资料丛刊》第五辑。

致本校各科英文教员公函
刊2月20日《北京大学日刊》。

致钱玄同
作于2月20日；
收入《胡适来往书信选》上册。

关不住了（译诗 美国萨拉·蒂斯代尔作）
译于2月26日；
刊《新青年》六卷3期和《新潮》一卷4期；
收入《尝试集》。

差不多先生传
作于2月；
刊《平民周刊》第1期（参见《胡适来往书信选》上册第262页）；
收入叶圣陶《文章例话》。

希望（译诗 波斯奥玛·卡耶姆作）
译于2月28日；
刊《新青年》六卷4期；
收入《尝试集》。

“人道主义”的真面目
刊3月8日《晨报》，署名胡适之。

《墨子小取篇》新诂
作于2月17日；
刊《北大月刊》第三期（1919.3）；
收入《胡适文存》第一集卷二。

胡适教授致《北京大学日刊》函
刊3月10日《北京大学日刊》。

《白话诗的三大条件》答俞平伯
刊《新青年》六卷3期。

《论译戏剧》答T.E.C
刊《新青年》六卷3期，署名适。

《改良文学与更换文字》按语
刊《新青年》六卷3期，署名适。

欢迎《新声》！
刊《新青年》六卷3期，署名适。

终身大事（剧本）
英文稿刊《北京导报》，中译稿刊《新青年》六卷3期；
收入《胡适文存》第一集卷四。

应该（诗）

作于3月20日；
刊《新青年》六卷4期；
收入《尝试集》。

一涵（诗）
刊《新青年》六卷4期；
收入台湾《胡适选集》诗词分册。

不老（跋梁漱溟致陈独秀书）
刊《新青年》六卷4期；
收入《胡适文存》第一集卷四。

论贞操问题（答蓝志先书）
作于1月24日—3月23日；
刊《新青年》六卷4期；
收入《胡适文存》第一集卷四。

送任叔永回四川（诗）
作于4月18日；
刊《新青年》六卷5期；
收入《尝试集》初版，四版删去。

一颗星儿（诗）
作于4月25日；
刊《新青年》六卷5期和《每周评论》第34号；
收入《尝试集》。

爱情与面包（翻译小说　瑞典史特林堡作）
刊《每周评论》第18号—20号；
收入翻译《短篇小说》第一集，署名适。

一件美术品（翻译小说　契诃夫作）
刊《新中国》一卷1号；
收入翻译《短篇小说》第一集。

国际联盟组织法（翻译）
刊《新中国》一卷 1 号，署名胡适陶履恭合译。

美国法学家合拟国际联盟条约草案（翻译）
刊《新中国》一卷1号。

实验主义
其中一部分刊《新青年》六卷4期；
收入《胡适文存》第一集卷二。

胡适关于“实验主义”的演说辞
5月2日在江苏教育会讲，潘公展记录；
刊5月12—13日《晨报副刊》和《新教育》一卷3期。

杜威哲学的根本观念
刊《新教育》一卷3期。

杜威论思想
刊《新中国》一卷2期和6月27日—7月1日《民国日报·觉悟》。

杜威的教育哲学
刊《新教育》一卷3期和7月14—19日《民国日报·觉悟》。

胡适教授致校长函
作于5月3日；
刊5月8日《北京大学日刊》。

读沈尹默的旧诗词
作于6月10日；
收入《胡适文存》第一集卷一，收入《中国新文学大系》改题《寄沈尹默论诗》。

求雨（随感录）
刊《每周评论》第20集，署名天风。

威权（诗）
作于6月11日；
刊《每周评论》第28号（署名适）和《新青年》六卷6期；
收入《尝试集》。

欢迎我们的兄弟——《星期评论》
刊《每周评论》第28号，署名适。

爱情与痛苦（随感录）
刊《每周评论》第28号，署名适。

研究室与监狱（随感录）
刊《每周评论》第28号，署名适。

他也配（随感录）
刊《每周评论》第28号，署名适。

北京大学与青岛（随感录）
刊《每周评论》第28号，署名天风。

数目作怪（随感录）
刊《每周评论》第28号，署名天风。

小诗（即《生查子“爱情与痛苦”》）
作于6月28日；
刊《每周评论》第29号；
收入《尝试集》，署名适。

一封未寄的信（翻译小说　意大利卡德奴勿作）
刊《每周评论》第29—30号；
收入翻译《短篇小说》第一集，署名天风。

怪不得他（随感录）
刊《每周评论》第29号，署名适。

七千个电报（随感录）
刊《每周评论》第29号，署名适。

方还与杜威夫人（随感录）
刊《每周评论》第29号，署名天风。

杜威之道德教育
刊《新教育》，7月6—9日《民国日报·觉悟》转载，署名胡适之。

论大学学制
刊7月9日《民国日报·觉悟》。

多研究些问题，少谈些“主义”
刊《每周评论》第31号；
收入《胡适文存》第一集卷二。

孙文学说（书评）
刊《每周评论》第31号，署名适；
收入《孙文主义研究集》(1927年6月上海大东书局出版)。

合肥是谁？（随感录）
刊《每周评论》第31号，署名适。

孔教精义（随感录）
刊《每周评论》第31号，署名天风。

许怡荪传
刊《新中国》一卷4号；
收入《胡适文存》第一集卷四。

一个问题（小说）
刊《每周评论》第32号；
收入《胡适文存》第一集卷四，署名适。

胡适、周作人、陈大齐、李大钊、刘复、高一涵、钱玄同、唐伟等
《新青年》同人一封来信
刊7月2日《国民公报》。

一篇族谱的序
刊《新生活》第17期；
收入《胡适文存》第一集卷四，改题为《〈曹氏显承堂族谱〉序》。

自题《藏晖室札记》十五册汇编（诗）
作于7月30日；
收入《尝试集》初版，四版删去。

我的儿子（诗）
作于7月30日；
刊《每周评论》第33号；
收入《尝试集》初版，四版删去，署名适。

微妙之言（随感录）
刊《每周评论》第33号，署名天风。

辜鸿铭（一）（随感录）
刊《每周评论》第33号，署名天风。

辟谬与息邪（随感录）
刊《每周评论》第33号，署名天风。

论父母与子女的关系（通信）
刊《每周评论》第34号。

再论“我的儿子”（通信）
刊《每周评论》第35号。

胡思聪《一片哭声》小说按语
刊《每周评论》第35号，署名适。

三论问题与主义
刊《每周评论》第36号9月1—9日《民国日报·觉悟》和《太平洋》二卷1号；
收入《胡适文存》第一集卷二。

两个同业（随感录）
刊《每周评论》第36号，署名天风。

又一个同业（随感录）
刊《每周评论》第36号，署名天风。

辜鸿铭（二）（随感录）
刊《每周评论》第36号，署名天风。

介绍新出版物（《建设》、《湘江评论》、《星期日》）
刊《每周评论》第36号，署名适。

论输入学理的方法
刊《每周评论》第37号；
作为“四论问题与主义”收入《胡适文存》第一集卷二。

我为什么要做白话诗
作于8月1日；
刊《新青年》六卷 5 期和《解放与改造》一卷1期；
作为《〈尝试集〉自序》收入《尝试集》初版，四版删去。

论国故学（答毛子水）
作于8月16日；
刊《新潮》二卷1期；
收入《胡适文存》第一集卷二。

新生活
刊《新生活》杂志第一期，署名适之。

女子解放从那里做起（其一）
刊《星期评论》8号。

清代汉学家的科学方法（即《清代学者的治学方法》）
作于8月至1921年；
刊《北京大学月刊》一卷5号（1919、11）、7号（1920、9）、9号（1922、2），又刊《科学》五卷2—3期；
收入《胡适文存》第一集卷二。

政治与民意（译文　美使芮恩施作）
刊《新生活》5—6期。

乐观（诗）
作于9月20日；
刊《星期评论》第17号和《新青年》六卷6期；
收入《尝试集》。

上山（诗）
作于9月28日；
刊《新潮》二卷2号；
收入《尝试集》。

《短篇小说第一集》译者自序
作于9月；
《短篇小说》第一集1919年10月上海亚东图书馆出版。

大学开女禁的问题

刊《少年中国》一卷 4 期和 10 月 22 日《北京大学日刊》。

奏乐的小孩（译诗）

刊《新青年》六卷 6 期，署名沈钰毅天风译。

“的”字的用法

刊 11 月 12 日《晨报》。

再论“的”字

刊 11 月 25 日《晨报》。

三论“的”字

刊 11 月 26 日《晨报》。

他的情人（翻译小说　高尔基作）

刊《太平洋》杂志二卷 1 号；

收入翻译《短篇小说》第一集二版（1919、11）。

致高一涵、张慰慈等

作于 10 月 8 日；

收入《胡适来往书信选》上册。

谈新诗

作于 10 月；

刊《星期评论》“双十节纪念号”；

收入《胡适文存》第一集卷一。

我对于丧礼的改革

刊《新青年》六卷 6 号；

收入《胡适文存》第一集卷四。

新思潮的意义

作于 11 月；

刊《新青年》七卷 1 号；

收入《胡适文存》第一集卷四。

周岁（诗）

作于 11 月 27 日；

刊 12 月 1 日《晨报》增刊；

收入《尝试集》初版，四版删去。

李超传

作于 11 月 26 日；

刊《新潮》二卷 2 期和 12 月 1—3 日《晨报》；

收入《胡适文存》第一集卷四。

请颁行新式标点符号议案（与马裕藻、钱玄同等向教育部提议）

作于 11 月 29 日修正；

收入《胡适文存》第一集卷一。

一颗遭劫的星（诗）

作于 12 月 17 日。

收入《尝试集》。

国语的进化（《国语文法概论》第二篇）

作于 12 月 23 日；

刊《新青年》七卷3期和1920年2月4—9日《北京大学日刊》;
收入《胡适文存》第一集卷三。

致钱玄同
收入《中国现代文艺资料丛刊》第5辑。

1920年

非个人主义的新生活
作于1月3日;
刊1月15日《时事新报》和《新潮》二卷3号;
收入《胡适文存》第一集卷四。

示威?(诗)
作于1月;
收入《尝试集》二版,四版删去。

胡适之先生再答胡汉民仲恺两先生书
作于1月9日;
刊《建设》二卷2号;
收入《胡适文存》第一集卷二。

致钱玄同
作于1月28日;
收入《鲁迅研究资料》第5辑。

中学国文的教授
作于3月24日;
刊《新青年》八卷1期、《新教育》五卷3期和《教育丛刊》一卷2期;
收入《胡适文存》第一集卷一。

吴敬梓传
作于4月8日;
收入亚东新式标点版《儒林外史》和《胡适文存》第一集卷四。

工读主义试行的观察
作于4月8日;
刊《新青年》七卷5期和《东方杂志》十七卷9号。
收入《胡适文存》第一集卷四。

致施決等
作于4月14日;
收入《胡适来往书信选》上册。

余所见之德国
刊《新中国》二卷4号。

《淮南子》的哲学
刊《新中国》二卷5号。

我们对于学生的希望
刊《新教育》二卷5期、5月4日《晨报副刊》和《东方杂志》十七卷11号,署名蒋梦麟、胡适。

《国语讲习所同学录》序
作于5月17日;
刊《新教育》三卷 1 期题为《国语标

准与国语》；
收入《胡适文存》第一集卷一。

致张东荪
刊5月12日《时事新报·学灯》；
收入胡怀琛编《尝试集的批评与讨论》。

研究社会问题的方法
5月15日在社会实进会讲，许地山记；
刊5月26—29日《晨报副刊》和5月28—6月1日《民国日报·觉悟》。

朋友与兄弟（致汪子直）
作于5月18日；
收入《胡适文存》第一集卷四。

纪梦（诗）
作于6月10日；
收入《尝试集》二版，四版删去。

论女子为强暴所污（答肖宜森）
作于6月22日；
收入《胡适文存》第一集卷四。

蔚蓝的天上（诗）
作于6月23日；
收入《尝试集》二版，四版删去。

追悼许怡荪（诗）
作于7月5日；
刊《新青年》八卷2期；
收入《尝试集》二版改名《许怡荪》。

白话文法（讲演　陈启天记）
刊8月11—14日《时事新报·学灯》。

研究国故的方法（暑假在南高师讲演）
刊《东方杂志》十八卷16号和1921年8月4日《时事新报·觉悟》。

争自由的宣言
刊8月1日《晨报临时增刊》和8月11日《民国日报》，署名蒋梦麟、胡适、李大钊、高一涵等七人。

《水浒传》考证
作于7月27日；
收入《胡适文存》第一集卷三。

《尝试集》再版自序
作于8月4日；
收入《胡适文存》第一集卷一。

外交（诗）
作于8月7日；
刊8月8日《时事新报·学灯》；
收入《尝试集》二版，四版删去。

一笑（诗）
作于8月12日；
收入《尝试集》二版。

我们三个朋友（诗）
作于8月22日；
刊《新青年》八卷3期，连同《湖上》、《节妇吟》、《艺术》和《例外》题名《尝试集集外诗五首》；
收入《尝试集》四版。

湖上（诗）
作于4月24日；
刊《新青年》八卷3期；
收入《尝试集》四版。

《节妇吟》今译
译于8月30日；
刊《新青年》八卷3期。

艺术（诗）
作于9月22日；
刊《新青年》八卷3期；
收入《尝试集》四版。

例外（诗）
作于10月6日；
刊《新青年》八卷3期，又刊10月12日《晨报副刊》题为《例外（病中自遣）》；
收入《尝试集》四版。

致吴虞
作于9月3日；
收入《胡适文存》第一集卷四，改题《寄又陵先生书》。

胡适之先生演说词
刊9月18日《北京大学日刊》，又以《提高与普及》为题载9月23日《晨报》。

答胡怀琛信
刊9月12日《时事新报·学灯》；
收入《尝试集的批评和讨论》。

梦与诗（诗）
作于10月10日；
刊《新青年》八卷5期；
收入《尝试集》四版。

什么是文学（答钱玄同）
作于10月14日；
收入《胡适文存》第一集卷一。

致钱玄同
作于10月23日；
收入《鲁迅研究资料》第五辑。

白话诗研究集纲要
刊10月29日《晨报副刊》，署名胡适、谢楚桢、康白情合拟。

致守常、豫才等
作于11月22日；
参见《鲁迅主编及参与或指导编辑的杂志》（《山东师范学院学报》资料丛书）。

询姚际恒著述书（寄顾颉刚）
作于11月24日；
收入《古史辨》第一册。

究竟死的是谁的老子
作于11月25日；
刊11月27日《晨报》。

礼（诗）
作于11月25日；
刊《新青年》八卷5期；
收入《尝试集》四版。

十一月二十四夜（诗）
作于11月25日；
刊《新青年》八卷5期；
收入《尝试集》四版。

井田制度有无之研究（与廖仲恺等的通讯）
作于11月至1922年4月；
刊《建设》二卷1、2、5号；
收入《胡适文存》第一集卷二。

嘱点读《伪书考》书（寄顾颉刚）
收《古史辨》第一册。

我们的双生日（诗）
作于12月17日；
刊《诗》月刊一卷2期和1922年4月19日《晨报副镌》
收入《尝试集》四版。

告拟作《伪书考》长序书（寄顾颉刚）
作于12月18日；
收《古史辨》第一册。

告续得姚际恒著述书（寄顾颉刚）
作于12月23日；
收《古史辨》第一册。

答顾论《竹柏山房丛书》及《庄子内篇》书
作于12月26日；
收《古史辨》第一册。

论辑录辨伪文字书（寄顾颉刚）
作于12月29日；
收《古史辨》第一册。

致陈独秀
收入《胡适来往书信选》上册。

三年了（诗）
见《胡适手稿》第十集卷四“未收的诗稿”（台北胡适纪念馆1970年影印本）。

致陈独秀
参见《鲁迅主编及参与或指导编辑的杂志》（《山东师范学院学报》资料丛书）。

戏杨杏佛的大鼻子（诗）
收入《胡适手稿》第十集“未收的诗稿”。

1921 年

告得《东壁遗书》书（寄顾颉刚）
作于 1 月 24 日；
收《古史辨》第一册。

醉与爱（诗）
作于 1 月 27 日；
刊 1 月 31 日《民国日报·觉悟》；
收入《尝试集》四版。

自述古史观书（寄顾颉刚）
作于 1 月 28 日；
收《古史辨》第一册。

转致玄同先生论崔述书（寄顾颉刚）
作于 1 月 29 日；
收《古史辨》第一册。

致周作人
作于 2 月 14 日；
收入《胡适来往书信选》上册。

发起《读书杂志》的缘起
作于 2 月 22 日；
刊 4 月 4 日《民国日报·觉悟》和《努力周报》附刊《读书杂志》第 1 期。
收入《胡适文存》第二集卷一。

梁任公《墨经校释》序
作于 2 月 26 日；
收入《胡适文存》第二集卷一。

致周作人
作于 3 月 2 日；
收入《胡适来往书信选》上册。

致范源濂
作于 3 月 13 日；
收入《胡适来往书信选》上册。

致钱玄同
作于 3 月 5 日；
收入《鲁迅研究资料》第 5 辑。

平民学校校歌
作于 4 月 12 日；
刊《新青年》九卷 6 期；
收入《尝试集》四版。

《胡适的日记》选
作于 4 月—11 月；
见《新文学史料》1979 年 11 月第 5 辑。

四烈士塚上的没字碑歌
作于 5 月 1 日；
刊《新青年》九卷 2 号；
收入《尝试集》四版。

黄梨洲论学生运动
作于 5 月 2 日；
刊 1921 年《晨报·五四纪念号》。

论墨学（寄梁任公书）
作于5月3日；
收入《胡适文存》第二集卷一。

《水浒传》后考
作于6月11日；
收入《胡适文存》第一集卷三。

《吴虞文录》序
作于6月16日；
刊6月20—21日《晨报副刊》和6月24日《民国日报·觉悟》。
收入《胡适文存》第一集卷四。

死者（诗）
作于6月17日；
刊《新青年》九卷2期；
收入《尝试集》四版。

《林肯》序
作于6月19日；
收入《胡适文存》第一集卷四。

论《辨伪丛刊》体例书（寄顾颉刚）
作于7月1日；
收入《古史辨》第一册。

杜威先生与中国
作于7月5日；
刊《东方杂志》十八卷13号；
收入《胡适文存》第一集卷二。

一个哲学家（诗）
作于7月16日；
收入《胡适手稿》第十集卷四下（台北胡适纪念馆1970年影印）。

题半农买的“黛玉葬花画”（诗）
作于7月底；
收入《胡适手稿》影印本第十集卷四（下）。

研究国故的方法
刊8月4日《民国日报·觉悟》和《东方杂志》十八卷16期。

国语文法的研究法（《国语文法概论》第三篇）
刊《新青年》九卷3—4期；
收入《胡适文存》第一集卷三。

致周作人
作于8月18日；
见《胡适来往书信选》上册。

致周作人
作于8月30日；
见《胡适来往书信选》上册。

临行赠蜷庐主人（诗）
作于9月7日；
收入《胡适手稿》影印本第十集卷四（下）。

十七年的回顾
作于10月3日；
刊10月10日《时报》；
收入《胡适文存》第二集卷二。

双十节的鬼歌（诗）
作于10月4日；
刊10月10日晨报；
收入《尝试集》四版。

希望（诗）
作于10月4日；
刊10月12日《晨报副镌》；
收入《尝试集》四版。

记费密的学说
刊10月12—17日《晨报副刊》；
1924年9月改题为《费经虞与费密》收入《胡适文存》第二集卷一。

小刀歌（诗）
作于11月6日；
收入《胡适手稿》影印本第十集卷四（下）。

《红楼梦》考证
3月27日初稿，11月12日定稿；
收入《胡适文存》第一集和《中国章回小说考证》。

《胡适文存》序例
作于11月19日。

论墨学（寄章行严）
作于11月19日；
收入《胡适文存》二集卷一。

国语运动的历史
刊《教育杂志》十三卷11号。

中国哲学的线索
刊10月17日《时事新报·学灯》。

好政府主义（中国大学讲演　甘蛰仙记）
刊11月17—18日《晨报副镌》，署名胡适之。

三国六朝的平民文学（《国语文学史》第四章）
刊12月2—5日《晨报副镌》和《国语月刊》一卷2期。

晨星篇（诗）
作于12月8日；
刊《诗》月刊一卷2期；
收入《尝试集》四版。

《西游记》序
作于12月；
收入上海亚东初版加标点符号分段《西游记》，后跟《〈西游记〉考证》合并，收入《胡适文存》第二集、亚东再版《西游记》和《中国章回小说考证》。

致钱玄同

作于12月10日；

收入《中国现代文艺资料丛刊》第5辑。

国语运动与文学

12月31日在国语讲习所讲；

刊1922年1月9日《晨报副刊》。

1922年

高元《国音学》序

作于1月12日；

收入《胡适文存》二集卷四。

《章实斋年谱》自序

作于1月21日；

收入《胡适文存》二集卷一。

中国文学革命

作于2月；

刊《IBID》六卷2期。

致钱玄同

作于2月3日；

收入《中国现代文艺资料丛刊》第5辑。

对于新学制的感想

刊《新教育》四卷2期

《胡适的日记》选

作于2月4日—10月31日；

刊《新文学史料》1979年第5辑。

题《学衡》(诗)

作于2月4日；

收入《胡适手稿》影印本第十集卷四。

五十年来之中国文学

作于3月3日；

刊《申报》50周年纪念刊《最近之五十年》(1923年出版)；

收入《胡适文存》二集卷二。

祝《白话晚报》

作于3月7日；

刊《白话晚报》；

收入《胡适文存》二集卷二。

学生与社会

刊《共进》增刊第11期。

《尝试集》四版自序

作于3月10日；

收入《胡适文存》二集卷四。

汉字改造论

刊《教育杂志》十四卷3期，署名钱玄同、黎锦熙、胡适。

致钱玄同

作于4月4日；

收入《中国现代文艺资料丛刊》第5辑。

音译梵书与中国古音（翻译　钢和泰作）
译于4月9日；
刊《国学季刊》一卷1号。

小诗二首
作于4月10日；
刊4月19日《晨报副刊》；
收入《胡适手稿》影印本第十集“未收的诗稿”，署名适。

我对于运动会的感想
作于4月21日；
刊4月23日《北京大学日刊》。

女子问题
刊《妇女杂志》八卷5期。

跋《红楼梦考证》（二）
作于5月3日；
刊《努力周报》第1—2期；
收入《胡适文存》二集卷四和《中国章回小说考证》。

努力歌（诗）
刊《努力周报》第1期；
收入《胡适手稿》第十集“未收的诗稿”。

致钱玄同
作于5月6日；
收入《中国现代文艺资料丛刊》第5辑。

答蔡孑民先生的商榷
作于5月10日；
收入亚东新版《红楼梦》，并作为《跋〈红楼梦考证〉二》收入《胡适文存》二集卷四和《中国章回小说考证》。

禅宗的白话散文
刊《国语月刊》一卷4期。

我们的政治主张
作于5月13日；
刊《东方杂志》十九卷8期；
收入《胡适文存》二集卷三，署名蔡元培、胡适等16人。

致钱玄同（两封）
作于5月13日、24日；
收入《鲁迅研究资料》第5辑。

《三国志演义》序
作于5月16日；
收入《胡适文存》二集卷四和《中国章回小说考证》。

大家起来监督财政
作于5月19日；
刊《努力周报》第3期，署名适。

后努力歌（诗）
作于5月25日；
刊《努力周报》第4期；
收入《胡适手稿》第十集“未收的诗稿”。

关于《我们的政治主张》的讨论

刊《努力周报》第4期，署名胡适等。

对于本报的批评的答复

刊《努力周报》第4期。

有感（诗）

作于6月6日；

见《〈胡适的日记〉选》和《胡适手稿》影印本第十集。

《蕙的风》序

作于6月6日；

刊《努力周报》第21期；

收入《胡适文存》二集，署名适。

政论家与政党

刊《努力周报》第5期，署名适。

政治与计划

刊《努力周报》第7期，署名QV。

我的歧路（通信）

刊《努力周报》第7期。

赵元任《国语留声片》序

作于6月30日；

收入《胡适文存》二集。

宣统与胡适

刊《努力周报》第12期。

胡适启事

刊《努力周报》第12期。

读李慈铭的《越缦堂日记》（诗）

作于7月21日；

收入《胡适手稿》影印本第十集“未收的诗稿”。

一篇绝妙的平民文学（编辑余谈）

刊《努力周报》第16期。

诗中丑的诗句（编辑余谈）

刊《努力周报》第16期。

中学的国文教学

7月在济南讲演，8月17日写成；

刊8月27—28日《晨报副镌》；

收入《胡适文存》二集改名《再论中学的国文教学》。

本报特别启事（创办《读书杂志》）

刊《努力周报》第17期。

致顾维钧

写于8月；

收入《胡适来往书信选》上册。

读《楚辞》

作于8月28日；

刊《努力周报》附刊《读书杂志》第1期（9月3日）；

收入《胡适文存》二集卷一。

评新诗集（一）（康白情的《草儿》）
作于8月30日；
刊《读书杂志》第1期；
收入《胡适文存》二集卷四。

一千九百年前的一个社会主义者王莽
作于9月3日；
刊《读书杂志》第1期；
收入《胡适文存》二集卷一正题改为《王莽》。

五十年来之世界哲学
作于9月5日；
刊《最近之五十年——申报五十周年纪念》（其中《存疑主义》一节刊《努力周报》第23期；《新唯实主义述略》刊《努力周报》第30期）；
收入《胡适文存》二集卷二。

联省自治与军阀割据（答陈独秀）
作于9月8日；
刊《努力周报》第19期；
收入《胡适文存》二集卷三。

一个平庸的提议
作于9月12日；
收入《胡适文存》二集卷三。

评新诗集（二）（俞平伯的《冬夜》）
作于9月19日；
刊《读书杂志》第2期；
收入《胡适文存》二集卷四。

北京的平民文学
作于9月20日；
刊《读书杂志》第2期；
收入《胡适文存》二集卷四。

骂人（编辑余谈，参见1923年5月15日《胡适致郭沫若、郁达夫》）
刊《努力周报》第20期。

除非的用法
刊9月29日《晨报副镌》。

《国际的中国》
作于10月；
刊《努力周报》第22期；
收入《胡适文存》。

浅薄无聊的创作（编辑余谈）
刊《努力周报》第23期。

“除非”
作于10月10日；
刊《努力周报》第24期；
收入《胡适文存》三集。

记第八届全国教育会联合会讨论新学制的经过

刊《努力周报》第25期和《新教育》五卷5期。

大明湖（诗）
作于10月15日；
刊《努力周报》第25期。
收入《胡适之先生诗歌手迹》(1964年台湾商务版)。

回向（赠泰戈尔64岁生日祝寿诗）
作于10月20日；
刊《努力周报》第25期；
收入《尝试后集》。

吴敬梓年谱
11月3日完稿；
刊《努力周报》31—52期；
收入亚东新版《儒林外史》和《胡适文存》二集，署名适。

我们还主张召集各省会议
刊《努力周报》第28期。

记李觏的学说
作于11月5日；
刊《读书杂志》第3期；
收入《胡适文存》二集卷一。

谁是中国今日的十二个大人物
作于11月15日；
刊《努力周报》第29期。

元人的曲子
作于12月3日；
刊《读书杂志》第4期；
收入《胡适文存》三集卷八。

歌谣的比较的研究法的一个例
作于12月3日；
刊《努力周报》第31期；
收入《胡适文存》二集卷四，署名Q。

回顾与反省
刊12月17日《北京大学日刊》。

胡适启事
刊《努力周报》第34期。

新年的旧话
刊《努力周报》第35期。

南宋的白话词（《国语文学史》第三篇第五章）
刊12月1日《晨报·四周年纪念增刊》。

这一周（时评64则）
作于6月—1923年4月；
刊《努力周报》7—47期；
收入《胡适文存》二集卷三。

中国诗歌之社会变革
刊《IBID》第七卷1期（1923.1）。

1923年

别赋（诗）
作于1月1日；
收入《胡适之先生诗歌手迹》和《胡适手稿》第十集。

“胡适之先生到底怎么样？”
作于1月5日；
刊《努力周报》第36期。

胡适启事
刊《努力周报》第36期。

《天乎帝乎》序
作于1月8日；
收入《胡适文存》二集卷二。

《国语月刊·汉字改革号》卷头言
作于1月12日；
刊《国语月刊》一卷7期；
收入《胡适文存》二集卷四。

《国学季刊》发刊宣言
刊《国学季刊》一卷1号和3月12—14日《北京大学日刊》。

蔡元培以辞职抗议
刊《努力周报》第38期；
以《这一周》为总题收入《胡适文存》二集，署名适。

蔡元培的“不合作主义”
刊《努力周报》第39期；
以《这一周》为总题收入《胡适文存》二集，署名适。

蔡元培与北京教育界
刊《努力周报》第39期。

今日之事
刊《努力周报》第39期。

《西游记》考证
作于2月5日；
刊《读书杂志》第6期；
后和《〈西游记〉序》合并作为亚东再版《西游记》新序，收入《胡适文存》二集和《中国章回小说考证》。

读王国维先生的《曲录》
作于2月10日；
刊《读书杂志》第7期；
收入《胡适文存》二集卷四，署名适。

一个最低限度的国学书目
作于2月；
刊《东方杂志》二十卷4号；
收入《胡适文存》二集卷一，署名胡适之。

《镜花缘》的引论
作于2月—5月；

其中第四部分以《中国最早的一部讨论妇女问题的书——〈镜花缘〉》为题刊《努力周报》60—61期；
收入《胡适文存》二集卷四和《中国章回小说考证》。

《淮南鸿烈集解》序
作于3月6日；
收入《胡适文存》二集。

日本译《中国五十年来之文学》序
作于3月7日。

楼梯上（翻译小说　英莫理孙作）
译于3月10日；
刊《努力周报》第43期；
收入翻译《短篇小说》第二集（1933.9上海亚东版），署名藏晖。

读梁漱溟先生的《东西文化及其哲学》
作于3月28日；
刊《读书杂志》第8期；
收入《胡适文存》二集卷二。

科学的古史家崔述
刊《国学季刊》一卷2—3号。

给《晨报副刊》记者的信
作于4月19日；
刊4月21日《晨报副刊》。

译书（编辑余谈）
刊《努力周报》第46期。

《胡思永的遗诗》序
刊《努力周报》第49期。

一年了
刊《努力周报》第53期，署名适。

西湖（诗）
作于5月3日；
刊《努力周报》第53期；
收入《胡适手稿》影印本第十集“未收的诗稿”。

孙行者与张君励
作于5月11日；
刊《努力周报》第53期；
收入《科学与人生观》（1923.12 亚东版）和《胡适文存》二集，署名适之。

致郭沫若、郁达夫
作于5月15日；
收入《胡适来往书信选》上册。

论闽中文化
刊《民铎》杂志四卷 5 期，署名胡适之、顾颉刚。

论帝天及九鼎书（寄顾颉刚）
作于5月30日；
收入《古史辨》第一册。

烟霞洞（诗）

编入《尝试后集》（见《胡适手稿》影印本第十集）。

南高峰上看日出（诗）

作于7月31日；

刊《努力周报》第65期；

收入《胡适手稿》影印本和台湾文星丛刊《胡适选集》诗词分册。

送高梦旦先生诗为仲洽书扇（诗）

作于8月2日；

收入《胡适手稿》影印本第十集卷四“未收的诗稿”。

洛斯奇尔的提琴（翻译小说，契诃夫作）

译于8月6日；

刊《努力周报》64—66期；

收入翻译《短篇小说》第二集。

《中古文学概论》序

作于9月24日；

收入《胡适文存》二集卷四。

梅树（诗）

作于9月26日；

收入《胡适手稿》影印本第十集卷四“未收的诗稿”。

与一涵等四位的信

作于10月9日；

刊《努力周报》第75期；

收入《胡适文存》二集和《胡适来往书信选》上册。

胡适之教授来函

刊10月10日《北京大学日刊》。

一年半的回顾

作于10月5日；

刊《努力周报》第75期；

收入《胡适文存》二集。

胡适启事

刊《努力周报》第75期。

十月二十三日的日出（诗）

作于10月26日；

刊《晨报六周年纪念增刊》（1924.12.31）。

致梁启超

作于11月13日；

见丁文江编《梁任公先生年谱长编初稿》（台北世界书局出版）。

《政治概论》序

作于11月17日；

收入《胡适文存》二集。

《科学与人生观》序

作于11月29日；

见《科学与人生观》（1923.12 上海亚

东图书馆出版）；
收入《胡适文存》二集。

致刘文典
作于12月；
见《胡适来往书信选》上册。

戴东原在中国哲学史上的位置
作于12月19日；
收入《国故学讨论集》四集（1927年1月上海群学社出版）。

《水浒》续集两种序
作于12月20日；
收入《胡适文存》二集和《中国章回小说考证》。

秘魔崖月夜（诗）
作于12月22日；
刊《晨报六周年纪念增刊》。
收入《尝试后集》。

暂时的安慰（诗）
作于12月24日；
收入《胡适手稿》影印本第十集。

致钱玄同
作于12月27日；
收入《鲁迅研究资料》第9辑。

哲学与人生
刊《东方杂志》第二十卷23号。

书院制的历史与精神
刊《申报》副刊《教育与人生》第9期。

致刘文典
收入《胡适来往书信选》上册。

给毛子水的一封信
收入《新文学评论》（1923年新文化出版社出版）。

1924年

烦闷（诗）
作于1月15日；
收入《胡适手稿》影印本第十集"未收的诗稿"。

小诗
作于1月15日；
刊《晨报六周年纪念增刊》；
收入《尝试后集》（见《胡适手稿》影印本第十集）。

米桑（诗）
刊《晨报六周年纪念增刊》。

江城子（词）
作于1月27日；
收入《尝试后集》。

古史讨论的读后感

作于2月8日；

刊《读书杂志》第18期；

收入《古史辨》第一册和《胡适文存》第二集。

再谈整理国故

刊2月25日《晨报副镌》，署名胡适之。

书院制史略

刊《东方杂志》第21卷3号。

苏洵的《辨奸》

作于3月18日；

收入《胡适文存》三集。

墨字

作于3月25日；

收入《胡适文存》三集。

绩溪音

刊《歌谣周刊》第55号，署名胡适发音，林玉堂标音。

松林中的一点误解

刊6月20日《晨报副镌》。

给张国淦的一封信

作于7月3日；

刊7月6日《晨报副镌》。

鹊桥仙　七夕

作于8月；

收入《尝试后集》。

致高一涵

作于9月8日；

收入《胡适来往书信选》上册。

《努力》的问题

作于9月9日；

刊9月12日《晨报副镌》。

《国语文学史》大要

刊《国语月刊》二卷2号（1924.9），署名胡适之。

《胡适文存二集》序

作于9月23日。

欧阳修的两次狱事

作于10月—11月；

刊《吴淞月刊》第1期（1929.4）；

收入《胡适文存》三集。

给王正廷信

作于11月5日；

刊11月9日《晨报》；

收入《胡适来往书信选》上册。

中国教育史料（与陈世芬书）

作于11月7日；

刊 11 月 16 日《晨报副镌》；
收入《胡适文存》三集。

致周作人（三封）
作于 11 月 10—12 日；
收入《鲁迅研究资料》第 5 辑和《胡适来往书信选》上册。

翻译之难
作于 11 月 12 日；
刊《现代评论》一卷 1 期。

别离（译诗）
译于 11 月 12 日；
刊《语丝》一卷 2 期题为《译诗一篇》；
收入《胡适手稿》影印本第十集“未收的诗稿”和《胡适之先生诗歌手迹》。

林琴南先生的白话诗
刊《晨报六周年纪念增刊》。

关于《看见她》的通讯
作于 11 月 27 日；
刊《歌谣周刊》第 70 号。

致李书华、李宗侗
作于 11 月 28 日；
收入《胡适来往书信选》上册。

苦恼（翻译小说　契诃夫作）
译于 12 月 13 日；
刊《现代评论》一卷 6—7 期。
收入翻译《短篇小说》第二集。

读吴承恩《射阳文存》
作于 12 月 26 日；
刊《猛进》第 4 期；
收入《胡适文存》三集。

1925 年

公共卫生与东西文明
刊《出版周刊》新 110 号（1925.1.12）。

宋词人朱敦儒小传
刊《出版周刊》新 112 号，刊《语丝》第 91 期改题为《朱敦儒小传》。

致许世瑛
作于 1 月；
收入《胡适来往书信选》上册。

致邵飘萍
作于 1 月；
收入《胡适来往书信选》上册。

致钱玄同
作于 1 月 29 日；
收入《鲁迅研究资料》第 9 辑。

从译本里研究佛教的禅法
收入《胡适文存》三集。

南宋初年的经费
刊《现代评论》一卷4期。

新月社的灯迷
刊2月10日《晨报副镌》。

青年必读书
刊2月11日《京报副刊》。

题章士钊胡适合照（诗）
作于2月9日；
见《老章又反叛了》一文；
收入《胡适手稿》影印本和《胡适选集》诗词分册。

胡笳十八拍
作于2月20日；
收入《胡适文存》三集。

正统哲学的起源（翻译　杜威作）
刊2月22—23日，3月4日，3月7—9日《晨报副刊》；
收入《哲学的改造》（1934.2商务版），署名胡适等译。

《三侠五义》序
作于3月15日；
收入亚东新版《三侠五义》、《胡适文存》三集卷六。

汉初儒道之争
作于3月30日；
刊北大《国学周刊》一卷2期。

清晨的分别（译诗　白郎宁作）
译于3月；
刊《现代评论》一周年纪念增刊总题为《译诗三首》；
收入《尝试后集》（见《胡适手稿》影印本第十集），改题为《译自白郎宁的〈清晨的分别〉》。

致钱玄同
作于4月3日；
收入《鲁迅研究资料》第9辑。

焦循的《论语通释》（寄马幼渔书）
作于4月4日；
收入《胡适文存》三集卷七。

读书
刊4月18日《京报副刊》；
收入《胡适文存》三集。

《宋元学案补遗四十二卷本》跋
作于4月5日；
刊《图书馆学季刊》一卷3号；
收入《胡适文存》三集。

跋郎兆玉刻本《墨子》
作于4月8日；
刊《国学周刊》一卷；
收入《胡适文存》三集。

翁方纲与《墨子》

作于4月9日；

刊《猛进》周刊第12期；

收入《胡适文存》三集。

狸猫换太子故事的演变

刊《现代评论》一卷14—15期。

胡说

作于4月25日；

刊《现代评论》一卷第21期，署名适之。

观善歌（诗）

作于4月25日；

见《胡说》一文；

收入《胡适手稿》影印本第十集和《胡适选集》诗词分册。

你总有爱我的一天（译诗　白郎宁作）

译于5月；

收入台湾文星丛刊《胡适选集》翻译分册。

论“野有死麕”书

作于5月25日；

刊《歌谣周刊》第94号；

收入《古史辨》第三册，署名适之。

记言（诗）

作于6月2日；

刊《现代评论》二卷42期：

收入台湾文星丛刊《胡适选集》诗词分册，后改题为《一个人的话》。

瓶花（诗）

作于6月6日；

刊《现代评论》二卷49期；

收入《胡适选集》诗词分册。

对于沪案事件的感想

刊6月26日《晨报副镌》。

译薛莱的小诗

译于7月11日；

刊《现代评论》一周年纪念增刊总题为《译诗三首》；

收入《胡适手稿》影印本第十集“未收的诗稿”。

题凌叔华女士画（诗）

作于7月20日；

刊《现代评论》二卷44期；

收入《胡适手稿》第十集“未收的诗稿”。

月光里（译诗）

译于7月23日；

刊《现代评论》一周年纪念增刊；

收入《胡适手稿》影印本。

八月四日夜（诗）

刊《现代评论》二卷46期；

收入《胡适手稿》影印本第十集“未收的诗稿”。

《市政制度》序
作于8月9日；
收入《胡适文存》三集卷九。

戴东原的哲学
完稿于8月13日；
刊《国学季刊》二卷1期（1925.12）。

从历史上看哲学是什么
刊《国闻周报》二卷20期。

扬州的小曲
刊《京报副刊·国语周刊》第8期（1925.8.30）；
收入《胡适文存》三集。

老章又反叛了
作于8月27日；
刊《京报副刊·国语周刊》第12期；
收入《中国新文学大系·文学论争集》。

爱国运动与求学
作于8月31日；
刊《现代评论》二卷第39期；
收入《胡适文存》三集。

译葛德的 Harfens Pieler
译于9月10日；
编入《尝试后集》（见《胡适手稿》影印本）。

《吴歌甲集》序
作于9月20日；
刊《京报副刊·国语周刊》第17期（1925.10.4）；
收入《胡适文存》三集。

新文学运动的意义
9月29日在武昌大学讲；
刊10月11日《晨报副镌》。

谈谈《诗经》（1925年9月在武昌大学讲，刘大杰记）
刊《京报》副刊《艺林》第20期；
收入《文学论集》（1929年上海亚细亚书局出版），1931年9月11日改写，收入《古史辨》第三册。

怎样读书
作于10月23日；
刊11月6日《时事新报·学灯》。

怎么样思想
10月23日在上海中华职业学校讲；
刊10月28日《时事新报·学灯》。

思想方法
10月28日在光华大学讲；
刊《学生杂志》十三卷1期。

重印《文木山房集》序
作于10月29日；

收入《胡适文存》三集。

谈谈二千五百年的中国哲学（政治大学和中国公学讲演）
作于10月；
见胡不归《胡适之传》。

《老残游记》序
作于11月7日；
收入《胡适文存》三集。

《儿女英雄传》序
作于12月；
收入《胡适文存》三集和《中国章回小说考证》。

致陈独秀
作于12月；
收入《胡适来往书信选》上册。

也是微云（诗）
编入《尝试后集》(见《胡适手稿》影印本)。

为刘海粟题画（二首:《黄菊与老少年》、《寒梅篝灯》）
收入《胡适手稿》影印本第十集“未收的诗稿”和《胡适之先生诗歌手迹》。

胡适致王国维书信十三封
作于1924年4月17日至1925年10月10日；
刊《文献》第15期(1983.3)。

词的起源
作于12月；
刊《清华学报》二卷1期。
收入《词选》和《胡适文存》三集。

1926年

今日教会教育的难关
作于3月9日；
收入《胡适文存》三集。

《四角号码检字法》序
作于4月23日；
收入王云五《四角号码检字法》和《胡适文存》三集。

致陶行知、凌冰
作于4月25日；
收入《胡适来往书信选》上册。

多谢（诗）
刊5月20日《晨报副镌》;
收《尝试后集》。

致鲁迅周作人陈源
作于5月24日；
收入《鲁迅研究资料》第4辑和《胡适来往书信选》上册。

我们对于西洋近代文明的态度
作于6月6日；
刊《现代评论》四卷83期；
收入《胡适文存》三集。

《海上花列传》序
作于6月30日；
收入《胡适文存》三集和《中国章回小说考证》。

介绍几部新出的史学书
作于7月27日；
刊《现代评论》四卷91—92期：
收入《古史辨》第二册。

欧游道中寄书（寄张慰慈、徐志摩等）
作于8月—10月；
收入《胡适文存》三集。

一个态度及按语
刊9月11日《晨报副刊》，署名胡适、徐志摩。

《词选》自序
作于9月30日；
刊《小说月报》十八卷1号；
收入《胡适文存》三集。

时间不值钱
刊《生活》二卷7期。

"新自由主义"
刊12月8日《晨报副刊》，署名适之。

为什么？
刊《生活》二卷9期。

文艺复兴中之中国
刊英国《皇家学会国际时事杂志》1926年12月号。

1927年

海外读书杂记
作于1月10日；
收入《胡适文存》三集。

中国之文艺复兴
旅美期间在泛太平洋俱乐部讲演；
刊《太平洋彼岸》第十四卷20期。

素斐（诗）
作于2月5日；
刊《现代评论》五卷127期。
收入台湾文星丛刊《胡适选集》诗词分册。

"整理国故"与"打鬼"
作于2月7日；
刊《现代评论》五卷119期；
收入《胡适文存》三集。

《论左传之可信及其性质》摘要

作于4月17日；
刊中山大学《语言历史研究所周刊》一集1期；
收入《古史辨》第五册。

致胡汉民
作于6月；
收入《胡适来往书信选》上册。

旧梦（诗）
作于7月4日；
刊《新月》一卷6期（1928.8）；
收入台湾《胡适选集》诗词分册。

《左传真伪考》序
作于7月14日；
收入《古史辨》第五册。

漫游的感想
作于8月；
刊《现代评论》第140、141、145期；
收入《胡适文存》三集。

致钱玄同
作于8月11日；
收入《鲁迅研究资料》第9辑。

亡友玄同先生成仁周年纪念歌
作于8月11日；
见胡不归《胡适之传》；
收入台湾《胡适选集》诗词分册和《胡适手稿》第十集。

菩提达摩考（《中古哲学史》之一章）
作于8月21日。
刊《现代评论》三周年纪念增刊；
收入《胡适文存》第三集。

"萨樊案件"附记
作于8月31日；
刊《现代评论》六卷143期，署名适之。

《孔雀东南飞》的年代
刊《现代评论》六卷149期。

《左传真伪考》的提要与批评
作于10月4日；
收入《胡适文存》三集。

致太虚
作于10月8日；
收入《胡适来往书信选》上册。

致蔡元培
作于10月24日；
收入《胡适来往书信选》上册。

《官场现形记》序
作于11月12日；
收入《胡适文存》三集和《中国章回小说考证》。

重印乾隆壬子本《红楼梦》序
作于11月14日；
收入《胡适文存》三集和《中国章回小说考证》。

《孔雀东南飞》年代的讨论
刊《国学月报》二卷12期。

中国近三百年的几个思想家（上海东亚同文书院讲）
刊《贡献》旬刊一卷6—8号（1928.1.25—2.15）；
收入《胡适文存》三集改名《几个反理学的思想家》。

白话诗人王梵志
刊《现代评论》七卷156期。

生疏（诗）
收入《胡适之先生诗歌手迹》和《胡适选集》诗词分册。

致蔡元培、吴稚晖等
作于11月19日；
收入《胡适来往书信选》上册。

跋张为骐《论〈孔雀东南飞〉》
刊《现代评论》第165期。

1928年

答某君书（即《人生有何意义（一）》）
作于1月27日；
刊《生活》三卷第38期（1928.8.5）；
收入《胡适文存》三集。

致徐志摩
作于1月28日；
收入《胡适来往书信选》上册。

考证《红楼梦》的新材料
作于2月12—16日；
刊《新月》创刊号；
收入《胡适文存》三集和《中国章回小说考证》。

论翻译（寄曾孟朴书）
作于2月21日；
收入《胡适文存》三集。

致吴稚晖
作于2月28日；
收入《胡适来往书信选》上册。

建文逊国传说的演变（跋《崇祯本逊国遗书残本》）
作于3月4日；
刊《史语所集刊》第一本一册（1931.6）；
收入《胡适文存》三集。

致吴稚晖
作于3月6日；
收入《胡适来往书信选》上册。

读《双辛夷楼词》致李拔可

作于3月8日；

刊《东方杂志》第25卷6号。

回想明复

作于3月17日；

刊《科学》十三卷6期；

收入《胡适文存》改题《追想胡明复》。

《小雨点》序

作于3月21日；

见陈衡哲短篇小说集《小雨点》（新月书店1928年出版）；

收入《胡适文存》三集。

白居易时代的禅宗世系

作于3月24日；

刊《浙江图书馆报》二卷（1928.8）；

收入《胡适文存》三集。

致钱玄同

作于3月29日；

收入《鲁迅研究资料》第9辑。

胡适之先生劝人发痴（谈治学）

刊《生活》三卷32期。

庐山游记

作于4月7日至20日；

刊《新月》一卷3期；

收入《胡适文存》三集。

陶渊明同他的五柳（诗）

作于4月9日；

见《庐山游记》；

收入台湾文星丛刊《胡适选集》诗词分册。

杜鹃（诗）

作于4月9日；

见《庐山游记》；

收入《胡适手稿》第十集“未收的诗稿”。

游白鹿洞（诗）

作于4月9日；

见《庐山游记》；

收入台湾文星丛刊《胡适选集》诗词分册。

元稹白居易的文学主张

作于4月10日；

刊《新月》一卷2期。

再论王莽

作于4月18—19日；

刊《读书杂志》第1期（1931.4）；

收入《胡适文存》第三集。

跋宋刻本《白氏文集》影本

作于4月26日；

刊《浙江图书馆报》第二卷；

收入《胡适文存》三集。

五四运动纪念

刊5月5日《民国日报·觉悟》。

《曲海》序

作于5月10日；

收入《胡适文存》三集。

《白话文学史》自序

作于6月5日；

收入《胡适文存》三集。

请大家来照照镜子

作于6月24日；

刊《生活》三卷46期；

收入《胡适文存》三集。

先人墓铭（诗）

作于6月；

收入台北《胡适手稿》第十集“未收的诗稿”。

与单不庵讨论《白氏文集》的通信

作于5月12日至6月14日；

刊《浙江图书馆报》第二卷；

收入《胡适文存》三集。

祝贺女青年会

作于6月24日；

收入《胡适文存》三集。

致蔡元培

作于6月27日；

收入《胡适来往书信选》上册。

名教

作于7月2日；

刊《新月》一卷5期；

收入《胡适文存》三集卷一。

论禅宗史的纲领（寄汤用彤书）

作于7月21日；

收入《胡适文存》三集。

禅学古史考

作于7月31日；

刊《新月》一卷6期；

收入《胡适文存》三集。

论长脚韵（寄单不庵书）

作于7月；

收入《胡适文存》三集卷八。

译莪默诗两首

译于8月21日；

见翻译小说《戒酒》；

收入《胡适手稿》影印本第十集“未收的诗稿”。

戒酒（翻译小说　美哦亨利作）

译于8月21日；

刊《新月》一卷7期；

收入翻译《短篇小说》第二集，署名适之。

《宋人话本八种》序
作于9月10日；
收入《胡适文存》三集。

跋《白屋文话》
作于9月22日；
收入刘大白《白屋文话》和《胡适文存》三集。

《吴淞月刊》发刊词
作于9月25日；
刊《吴淞月刊》创刊号（1929.4）；
收入《胡适文存》三集。

治学的方法与材料
作于9月；
刊《新月》一卷9期和《小说月报》二十卷1号；
收入《胡适文存》三集。

《参同契》的年代
作于10月18日；
收入《胡适论学近著》第一集（1935.12商务印书馆出版）。

致许啸天夫妇
作于10月26日；
收入许啸天《新思想的白话书信》（1930.4群学出版社出版）。

致王敬芳
作于11月15日；
收入《胡适来往书信选》上册。

致胡朴安
作于11月；
收入《胡适来往书信》上册。

关于《镜花缘》的通信
作于11月21日；
收入《胡适文存》三集和《中国章回小说考证》。

治学方法
刊12月9日上海《民国日报·觉悟》。

入声考
作于10月—12月；
刊《新月》一卷11期；
收入《胡适文存》三集。

米格儿（翻译小说　美哈特作）
译于12月11日；
刊《新月》一卷10期；
收入翻译《短篇小说》第二集。

关于检字法比赛的通信
作于12月18日；
刊12月24日《国民日报·觉悟》。

论翻译——寄梁实秋评张友松先生《评徐志摩的曼殊斐儿小说集》
作于12月29日；
刊《新月》一卷11期。

致罗家伦
收入《胡适来往书信选》上册。

中国绘画艺术（书评）
刊《皇家亚洲学会北方中国杂志》第59卷。

1929年

拟中国科学社的社歌（诗）
作于1月；
刊《现代学生》一卷4期（1931.1），原题《拟科学社社歌》；
收入台湾文星丛刊《胡适选集》诗词分册。

三年不见他（诗　即《留恋》）
作于1月25日；
刊台湾《作品》一卷5期（1960.5.1）；
收入台湾文星丛刊《胡适选集》诗词分册。

小词（好事近）
作于2月13日；
收入《胡适之先生诗歌手迹》和《胡适手稿》第十集“未收的诗稿”。

高梦旦先生六十岁生日（好事近）
作于3月16日；
刊台湾《文星》第53期（1962.3.1）；
收入《尝试后集》（见《胡适手稿》）。

和丹翁捧圣诗
作于3月19日；
收入《胡适手稿》第十集“未收的诗稿”。

致王宠惠
作于3月26日；
收入《胡适来往书信选》上册。

中国公学校史
刊《吴淞月刊》第3期（1929.9）。

三百年中的女作家（《清闺秀艺文略》序）
作于4月23日；
收入《胡适文存》三集。

读北史杂记
作于3月—5月；
刊《中国文学季刊》一卷1期；
收入《胡适文存》三集。

知难，行亦不易
作于5月6日；
原刊《吴淞月刊》，《新月》二卷4期转载；
收入《人权论集》。

人权与约法
作于5月6日；
刊《新月》二卷2期；
收入《人权论集》。

致刘大均
作于5月11日；
收入《胡适来往书信选》上册。

人生有何意义（为人写扇子的话）
作于5月13日；
收入《胡适文存》三集。

《百二十回忠义水浒传》序
作于6月23日；
刊载《小说月报》二十卷9期改题《〈水浒传〉新考》；
收入《胡适文存》三集和《中国章回小说考证》。

中国公学十八年级毕业赠言
作于6月25日；
收入《胡适文存》三集。

致李幼春、常燕生
作于7月1日；
收入《胡适来往书信选》上册。

我们什么时候才有宪法？
作于7月20日；
刊《新月》二卷4期；
收入《人权论集》。

“人权与约法”的讨论
刊《新月》二卷4期；
收入《人权论集》。

致周作人
作于9月4日；
收入《胡适来往书信选》上册和《鲁迅研究资料》第9辑。

考作象棋的年代
作于9月；
收入《胡适文存》三集。

致蒋梦麟
作于10月；
收入《胡适来往书信选》上册。

慈幼的问题
作于10月；
收入《胡适文存》三集。

贺双卿考
作于11月2日；
收入《胡适文存》三集。

跋《贺双卿的诗词》
作于11月2日；
刊《吴淞月刊》第四期。

跋《神会语录》第三残卷
作于11月20日；
收入《神会和尚遗集》(1930年出版)。

跋《南宗定是非论》残卷
作于11月25日；
收入《神会和尚遗集》。

新文化运动与国民党
作于11月29日；
刊《新月》二卷6、7期；
收入《人权论集》。

《人权论集》序
作于12月13日；
收入《胡适论学近著》第一集。

《南通张季直先生传记》序
作于12月14日；
刊《吴淞月刊》第4期；
收入《胡适文存》三集。

跋《神会语录》第一残卷
作于12月18日；
收入《神会和尚遗集》。

1930年

跋《顿悟无生般若颂》
作于1月6日；
收入《神会和尚遗集》。

《坛经》考之一（《跋〈曹溪大师别传〉》）
作于1月7日；
刊《武汉大学文哲季刊》一卷1期；
收入《胡适论学近著》。

《胡适文存》十三版自序
作于1月28日。

致黄忏华
作于1月29日；
收入《胡适来往书信选》中册。

荷泽大师神会传
作于1月29日；
收入《神会和尚遗集》和《胡适论学近著》。

宿命论者的屠格涅夫
刊《中央大学半月刊》一卷7期。

"论观象制器的学说"与颉刚书
作于2月1日；
收入《胡适论学近著》第一集和《古史辨》。

扑克坦赶出的人（翻译小说　美哈特作）
译于2月3日；
刊《新月》二卷8期；
收入翻译《短篇小说》第二集。

读《吕氏春秋》（《中古思想史长编》第二章）
作于3月14—20日；
收入《胡适文存》三集。

与冯友兰书论《老子》问题
作于3月20日；
刊1931年6月8日天津《大公报·文学副刊》第178期；
收《古史辨》第四册和《胡适论学近著》。

述陆贾的思想（《中古思想史长编》第三章的一部分）
作于3月26日；
见胡颂平《胡适先生年谱简编》。

封建制度与封建国家之辩难
刊《教育杂志》二十二卷3期。

陆贾《新语》考
作于4月1日；
刊《国立北平图书馆馆刊》四卷1号；
收入《胡适文存》三集和《古史辨》第四册。

《神会和尚遗集》序
作于4月10日；
收入《胡适论学近著》。

我们走那条路
作于4月13日；
刊《新月》二卷10期；
收入《胡适论学近著》。

致白薇
作于4月14日；
收入《胡适来往书信选》中册。

致白薇
作于4月16日；
收入《胡适来往书信选》中册。

淮南王书（《中国中古思想史长编》第五章）
作于4月16日—30日；
1931年12月新月书店出版单行本。

整理安徽文献之我见
作于4月23日；
刊《学风》一卷1期。

中国公学运动会歌
作于4月28日；
收入《尝试后集》（参见《胡适手稿》第十集）。

致杨杏佛
作于4月30日；
收入《胡适来往书信选》中册。

赠言
作于4月；
刊《中国公学大学部文理学院庚午级毕业纪念刊》。

统一帝国的宗教
作于5月12日；
见胡颂平《胡适先生年谱简编》。

在北平图书馆协会上之演讲
作于6月7日；
刊《中国图书馆协会会报》五卷6期。

佛法与科学
作于6月20日；
刊《新月》三卷9期；
收入《胡适论学近著》改题为《读王小徐先生的〈佛法与科学〉》。

我的母亲的订婚
作于6月26日；
刊《新月》三卷1期；
收入《四十自述》(1933.9亚东图书馆出版)。

《书舶庸谭》序
作于6月28日；
收入《胡适论学近著》。

和董康、柳之间吊秀次诗四章
作于6月28日；
见《〈书舶庸谭〉序》；
收入《胡适手稿》第十集“未收的诗稿”和《胡适选集》诗词分册。

祝马君武先生五十生日（诗）
作于7月17日；
收入《尝试后集》。

《胡适文存》三集序
作于7月27日。

答梁漱溟先生
作于7月29日；
刊《新月》三卷1期。

三年丧服的逐渐推行
作于7月；
刊《武大文哲季刊》一卷2期；
收入《胡适论学近著》。

司马迁辩护资本主义（《中古思想史长编》第七章的一部分）
作于8月；
刊《经济学季刊》二卷1期；
收入《胡适论学近著》改题《司马迁替商人辩护》。

读书杂记
作于8月10日；
刊《新月》三卷1期。

写在赠唐瑛女士的扇子上（诗）
作于8月22日；
收入台湾《胡适之先生诗歌手迹》和《胡适选集》诗词分册。

健儿歌（赵元任谱曲）
作于9月10日；
刊《现代学生》创刊号（1930.10）；
收入台湾文星丛刊《胡适选集》诗词分册。

致夏蕴兰
作于9月26日；
收入《胡适来往书信选》中册。

致孙毓筠
作于11月3日；
收入《胡适来往书信选》中册。

题龚含真先生画册（诗）
作于11月16日；
收入《胡适手稿》第十集“未收的诗稿”。

九年的家乡教育
作于11月21日；
刊《新月》三卷3期；
收入《四十自述》。

致胡汉民
作于11月25日；
收入《胡适来往书信选》中册。

介绍我自己的思想(《胡适文选》自序）
作于11月27日；
刊《新月》三卷4期；
收入《胡适论学近著》。

为什么读书（上海青年会讲演）
刊《现代学生》一卷3期（1930.12）、5期（1931.2）。

致胡汉民
作于12月10日；
收入《胡适来往书信选》中册。

论《春秋》答钱玄同
作于12月20日；
收入《胡适论学近著》。

致胡政之
作于12月21日；
收入《胡适来往书信选》中册。

从拜神到无神
作于12月25日；
刊《新月》三卷4期；
收入《四十自述》。

封建制度与封建国家之辨难
刊《教育杂志》22卷3期。
科学的人生观（苏州青年会演说词）
收入《现代科学评论集》(1930年上海世界书局出版)。

1931年

致钱玄同
作于1月5日；
收入《胡适来往书信选》中册。

致陈布雷
作于1月18日；
收入《胡适来往书信选》中册。

致王云五
作于1月21日；
收入《胡适来往书信选》中册。

我的信仰

英文稿刊美国《论坛月刊》1931年1、2月号。中译文收入良友公司出版的《今日四大思想家之自述》。

读书杂记

刊《新月》三卷1号；

评《梦家诗集》

作于2月9日；

刊《新月》三卷5、6期。

致王云五、刘南陔

作于2月15日；

收入《胡适来往书信选》中册。

论《诗经》答刘大白

作于2月23日；

收入《胡适论学近著》。

王充的《论衡》

刊《现代学生》4—9期。

历史上的中国妇女

刊2月9日《字林西报》；

收入《胡适来往书信选》中册。

明成祖御制《佛曲》残本跋

作于3月13日；

收入《胡适论学近著》。

跋《销释真空宝卷》

作于3月15日；

刊《北平图书馆馆刊》五卷3期。

跋《四游记》本的《西游记传》

作于3月15日；

收入《胡适论学近著》。

与钱穆先生论《老子》问题书

作于3月17日；

刊《清华周刊》三十七卷9、10期合刊（1932.5）；

收入《文史辨》第四册和《胡适论学近著》。

在上海（一）

作于3月18日；

刊《新月》三卷7期；

收入《四十自述》。

与周叔伽论牟子书（两封）

作于3月26日与5月7日；

刊《北平图书馆馆刊》五卷4号（1931.8）；

收入《胡适论学近著》题为《论〈牟子理惑论〉》。

致钱玄同

作于3月29日；

收入《鲁迅研究资料》第9辑。

与钱穆书论“秦畤及周官”
作于4月21日；
收入《古史辨》第五册。

赵万里《校辑宋金元人词》序
作于5月4日；
收入《胡适论学近著》。

后生可畏
刊《大公报》一万号纪念刊。

给吴晗的信
作于5月6日；
刊台北《传记文学》三十七卷2期。

答叔鲁先生（诗）
作于5月21日；
收入《胡适手稿》第十集“未收的诗稿”。

《王小航先生文存》序
作于5月31日；
收入《胡适论学近著》。

《中古思想史》试题
刊6月18日《北京大学日刊》。

悼叶德辉（诗）
作于6月18日；
收入《胡适手稿》第十集“未收的诗稿”。

致周作人
作于6月19日；
收入《胡适来往书信选》中册。

“周南”新鲜
刊《青年界》一卷4期。

打油诗
作于6月20日；
收入台北《胡适手稿》第十集“未收的诗稿”。

题陆小曼山水（诗）
作于7月8日；
收入《胡适手稿》第十集“未收的诗稿”。

《软体动物》的公演
刊7月19日北平《晨报·剧刊》第30期。

《新锲孔圣宗师出身全传》跋
作于7月22日；
见胡颂平《胡适先生年谱简编》。

《科学的古史家崔述》的后记
作于7月；
收入《崔东壁遗书》第一册。

和丁文江（诗）
作于8月4日；
刊《独立评论》第188号；
收入台湾文星丛刊《胡适选集》诗词分册。

答丁在君（诗）

作于8月5日；

见《胡适来往书信选》中册《胡适致周作人》；

收入《胡适手稿》第十集“未收的诗稿”。

恭颂赤脚大仙（诗）

作于8月12日；

见《胡适致周作人》；

收入《胡适手稿》第十集。

丁先生买帽（诗）

作于8月12日；

见《胡适致周作人》；

收入《胡适手稿》第十集。

夜坐（诗）

作于8月12日；

收入《胡适之先生诗歌手迹》和《胡适手稿》。

致翁泳霓张子高

作于8月19日；

刊《传记文学》第三十七卷2期。

致钟国楳

作于8月22日；

见10月8日《大公报》钟国楳《关于不孝有三》一文。

在上海（二）

刊《新月》三卷10期；

收入《四十自述》。

答和在君（诗）

作于8月23日；

收入《胡适手稿》第十集“未收的诗稿”。

致陈寅恪

作于8月29日；

收入三联1979年版《中国哲学》第1辑。

辨伪举例——蒲松龄的生年考

作于9月5日；

刊《新月》四卷1期；

收入《胡适论学近著》。

给吴晗的信

作于9月12日；

刊《传记文学》第三十七卷第2期。

题唐景崧先生遗墨（诗）

作于9月19日；

见《胡适致周作人》（1931.9.21）；

收入《胡适手稿》第十集“未收的诗稿”。

致周作人

作于9月26日；

收入《胡适来往书信选》中册。

致罗尔纲（二封）

见罗尔纲《师门辱教记》第三节。

崔述年谱

作于10月20日；

收入《崔东壁遗书》(1936年亚东图书馆出版)。

十月九夜在西山（诗）

收入《胡适之先生诗歌手迹》和《胡适选集》诗词分册。

胡适之关于徐志摩遇难后的日记真迹

作于11月20日；

刊《传记文学》第十四卷2期(1969.2.1)。

怎么好？（诗）

作于11月29日；

收入《胡适之先生诗歌手迹》和《胡适选集》诗词分册。

追悼志摩

作于12月3日；

刊《新月》四卷1号和北平《晨报·学园》哀悼志摩专号；

收入台湾文星丛刊《胡适选集》人物分册。

狮子（诗）

作于12月4日；

刊《诗刊》第4期；

收入《胡适选集》诗词分册。

《醒世姻缘传》考证

作于12月13日；

作为《醒世姻缘》新式标点重印本序；

收入《胡适论学近著》。

《楞伽师资记》序

作于12月15日；

收入《胡适论学近著》。

致周作人

作于12月15日；

收入《胡适来往书信选》中册。

致李石曾

作于12月19日；

收入《胡适来往书信选》中册。

致凌叔华

作于12月28日；

收入《胡适来往书信选》中册。

致《世界日报》

收入《胡适来往书信选》中册。

中国文学过去与未来（北大中文系演说　翟永坤记）

作于12月30日；

刊1932年1月5日天津《大公报》。

1932年

水仙（诗）

作于1月25日；

收入《胡适手稿》第十集“未收的诗稿”。

猜谜（诗）

作于2月13日；

收入《胡适手稿》第十集“未收的诗稿”。

致王卓然

作于3月；

收入《胡适来往书信选》中册。

致鲍玉麟

作于3月；

收入《胡适来往书信选》中册。

上海战事的结束

作于5月8日；

刊《独立评论》第1号。

致钱玄同

作于5月10日；

收入《鲁迅研究资料》第九辑。

致《探讨与批判》社

作于5月13日；

收入《胡适来往书信选》中册。

《独立评论》引言

刊《独立评论》第1号；

收入《胡适来往书信选》下。

宪政问题

作于5月16日；

刊《独立评论》第1号；

做谜（诗）

作于5月25日；

收入《胡适手稿》第十集“未收的诗稿”。

废止内战大同盟

作于6月5日；

刊《独立评论》第3号。

论对日外交方针

作于6月13日；

刊《独立评论》第5号。

所谓教育的法西斯蒂化

作于6月24日；

刊《独立评论》第8号，署名适之。

赠与今年的大学毕业生

作于6月27日；

刊《独立评论》第7号；

收入《胡适论学近著》。

治学方法

刊7月10日北平《世界日报》。

论学潮

作于7月10日；

刊《独立评论》第9号，署名臧晖。

英庚款的管理

作于7月12日；

刊《独立评论》第9号。

《日本东京所见中国小说书目提要》序
作于7月24日；
收入《胡适论学近著》。

领袖人才的来源
作于8月7日；
刊《独立评论》第12号；
收入《胡适论学近著》。

通信（致志摩）
刊《诗刊》第4期。

致张学良
作于8月7日；
收入《胡适来往书信选》中册。

汪精卫与张学良
作于8月8日；
刊《独立评论》第13号；
收入台湾文星丛刊《胡适选集》人物分册。

读了鹫峰寺的新旧碑记，敬题小诗，呈主人林行规先生（诗）
作于8月；
收入《尝试后集》（见《胡适手稿》第十集卷三）。

读秀峰寺新旧碑记，敬题小诗，呈斐成先生（诗）
作于8月；
收入《胡适手稿》第十集卷四“未收的诗稿”

柳诒征《中国文化史》（书评）
作于8月；
刊《清华学报》八卷2期。

讨论英庚款的管理——答杭立武先生
刊《独立评论》第16号。
内田对世界的挑战
作于8月29日；
刊《独立评论》第16号。

中国政治出路的讨论
作于9月5日；
刊《独立评论》第17号。

论六经不够作领袖人才的来源——答孟心史先生
作于9月7日；
收入《胡适论学近著》。

惨痛的回忆与反省
作于9月11日；
刊《独立评论》第18号；
收入《胡适论学近著》。

致罗文干
作于9月15日；
收入《胡适来往书信选》中册。

究竟哪一个条约是废纸？
作于9月19日；
刊《独立评论》第19号。

我怎样到外国去
作于9月27日；
刊《新月》四卷4期；
收入《四十自述》。

一个代表世界公论的报告
作于10月4日；
刊《独立评论》第21号。

中国问题的一个诊察
10月25日在天津大学讲；
刊《南开大学周刊》第134期。

侮辱回教事件及其处分
作于11月15日；
刊《独立评论》第27号。

统一的路
作于11月21日；
刊《独立评论》第28号。

敬答江绍原先生
作于11月23日；
刊《独立评论》第29号。

中国历史底一个看法
12月1日在武汉大学的演说词；
刊12月6—7日《大公报》。

附答江绍原先生
作于12月10日；
刊《独立评论》第31号。

国联新决议草案的重大意义
作于12月19日；
刊《独立评论》第32号。

《评论近人考据老子年代的方法》卷头语
作于12月31日；
刊《哲学论丛》第一集；
收入著者书店出版的《评论近人考据老子年代的方法》。

哲学方法论
刊北平女子高等师范《文艺会刊》第3期。

“打油诗”一首
收入《胡适来往书信选》中册。

1933年

评论近人考据老子年代的方法
1月1日改定；
刊《哲学论丛》第一集；
收入《胡适论学近著》和《古史辨》第六册。

国民参政会应如何组织

作于1月1日；
刊《独立评论》第34号。

国联调解的前途
作于1月16日；
刊《独立评论》第36号。

跋《乾隆庚辰本脂砚斋重评石头记抄本》
作于1月22日；
刊《国学季刊》三卷4号；
收入《胡适论学近著》。

致蔡元培、林语堂（二封）
作于2月4日至5日；
收入《胡适来往书信选》中册。

致《燕京新闻》编辑部
作于2月5日；
收入《胡适来往书信选》中册。

致成舍我、李济、陈博生
作于2月5日；
收入《胡适来往书信选》中册。

民权的保障
作于2月7日；
刊《独立评论》38号。

国联报告书与建议案的述评
作于2月21日；
刊《独立评论》第39号。

关于政治犯问题的谈话
刊2月22日上海《字林西报》；
收入《胡适来往书信选》中册。

全国震惊以后
作于3月6日；
刊《独立评论》第41号。

日本人应该醒醒了！
作于3月12日；
刊《独立评论》第42号。

《墨辩》与别墨
收入《古史辨》第四册。

我们可以等候五十年
作于3月27日；
刊《独立评论》第44号。

陶弘景的《真诰》考
作于3月29日—4月9日；
收入《蔡元培先生六十五岁纪念论文集》和《胡适论学近著》。

《四十二章经》考
作于4月2日；
收入《胡适论学近著》。

跋蒋廷黻先生的论文
作于4月3日；
刊《独立评论》第45号。

寄陈援庵先生书
作于4月5日；
收入《胡适论学近著》。

答陈援庵先生
作于4月6日；
收入《胡适论学近著》。

致汪精卫
作于4月8日；
收入《胡适来往书信选》中册。

我的意见也不过如此
作于4月11日；
刊《独立评论》第46号。

致周作人
作于4月17日；
收入《胡适来往书信选》中册。

无题（诗）
作于5月；
收入《胡适手稿》第十集“未收的诗稿”。

从农村救济说到无为的政治
作于5月7日；
刊《独立评论》第49号。

制宪不如守法
作于5月8日；
刊《独立评论》第50号。

《独立评论》的一周年
作于5月15日；
刊《独立评论》第51号。

保全华北的重要
作于5月29日；
刊《独立评论》第52—53号。

致王实味
作于5月30日；
收入《胡适来往书信选》中册。

《四十自述》自序
作于6月27日；
收入《胡适论学近著》。

《短篇小说第二集》译者自序
作于6月27日；
《短篇小说第二集》1933年9月上海亚东图书馆出版。

中国文化的趋势（美国芝加哥大学讲演）
作于7月；
收入《中国的文艺复兴》一书。

太平洋学会的规律
作于8月；
刊9月25日《大公报》。

一篇新体的墓碑
作于8月24日；

刊《学文》月刊一卷4期。

陈独秀与文学革命
作于10月30日；
收入《陈独秀评论》(1933年北平东亚书店)。

太平洋学会(在清华文学讲演)
刊11月11日北平《晨报》。

建国问题引论
作于11月19日；
刊《独立评论》第77号。

世界新形势里的中国外交方针
作于11月20日；
刊《独立评论》第78号。

海外杂感
刊12月1日北平《晨报》。

福建的大变局
作于11月27日；
刊《独立评论》第79号。

逼上梁山
作于12月3日；
刊《东方杂志》31卷1期；
收入《中国新文学大系·建设理论集》。

建国与专制
作于12月11日；
刊《独立评论》第81号。

致孙长元
作于12月13日；
收入《胡适来往书信选》中册。

致吴奔星
作于12月14日；
收入《胡适来往书信选》中册。

再论建国与专制
作于12月18日；
刊《独立评论》第82号。

致汪精卫
作于12月20日；
收入《胡适来往书信选》中册。

中华民国华北第七军团第五十九年战死将士公墓碑(铭)
作于1933年冬天；
收入《尝试后集》(见《胡适手稿》第十册)。

胡适手拟关于外交问题的几点意见
收入《胡适来往书信选》下册。

致王世杰
收入《胡适来往书信选》下册。

1934年

报纸文字应该完全用白话

作于1月5日；

刊1月7日天津《大公报》和《国闻周报》十一卷4期。

《清季外交史料》序

作于1月6日；

刊《北平图书馆馆刊》第八卷3期。

武力统一论

作于1月7日；

刊《独立评论》第85号。

考证学方法之来历

1月11日在辅仁大学讲；

刊1月12—13日北平《华北日报》。

政治统一的途径

作于1月16日；

刊《独立评论》第86号。

戏和周启明打油诗

作于1月17日；

见1月18日《胡适致周作人》(《胡适来往书信选》中册)；

收入《胡适之先生诗歌手迹》和《胡适选集》诗词分册。

再和苦茶先生打油诗

作于1月18日；

见同日《胡适致周作人》；

收入《胡适手稿》第十集“未收的诗稿”。

致周作人

作于1月18日；

收入《胡适来往书信选》中册。

“旧瓶不能装新酒”吗?

作于1月23日；

刊《独立评论》第87号，署名适之。

致汪精卫

作于2月17日；

收入《胡适来往书信选》中册。

致李乃治

作于5月17日；

收入《胡适来往书信选》中册。

国际流言中的一个梦想

作于2月17日；

刊《独立评论》第90号。

再论无为的政治

作于2月19日；

刊《独立评论》第89号。

国府主席林森先生

作于3月3日；

刊《独立评论》第91号。

收入台湾文星丛刊《胡适选集》人物分册。

公开荐举议

作于3月4日；

刊3月4日天津《大公报》和《国闻周报》十一卷8期。

苦茶先生又寄打油诗来，再叠答之（诗）

作于3月5日；

收入《胡适手稿》第十集“未收的诗稿”。

《辞通》序

作于3月13日；

刊4月7日《世界日报·国语周刊》；

收入《胡适论学近著》改题为《朱起凤〈辞通〉序》。

致沈从文

作于3月13日；

收入《胡适来往书信选》中册。

致吴奔星

作于3月13日；

收入《胡适来往书信选》中册。

为新生活运动进一解

作于3月25日；

刊《独立评论》第95号和《大公报·星期论文》。

建设与无为

作于3月26日；

刊《独立评论》第94号。

和半农的《自题画像》（诗）

作于3月27日；

收入《胡适手稿》第十集“未收的诗稿”。

今日可做的建设事业

作于4月2日；

刊《独立评论》第95号。

记北宋本《六祖坛经》

作于4月5日；

刊《文史丛刊》第1期；

收入《胡适论学近著》改题《〈坛经〉考之二》。

《叶天寥年谱》研究

刊《人间世》第2期；

收入台湾文星丛刊《胡适选集》年谱分册。

论宪法初稿

作于4月9日；

刊《独立评论》第96号。

致林损

作于4月16日；

收入《胡适来往书信选》中册。

"协和外交"原来还是"焦土外交"
作于4月23日;
刊《独立评论》第98号。

一个民族的自杀——述一个英国学者的预言
作于4月28日;
刊4月29日天津《大公报》。

今日的危机
作于4月30日;
刊《独立评论》第99号。

孙骈十岁生日(诗)
作于4月30日;
收入《胡适手稿》第十集"未收的诗稿"。

《罗壮勇公年谱》研究
刊《人间世》第3期;
收入台湾文星丛刊《胡适选集》年谱分册。

致郑中田
作于5月2日;
收入《胡适来往书信选》中册。

致周作人
作于5月14日;
收入《胡适来往书信选》中册。

说儒
作于3月15日—5月19日;
刊《史语所集刊》四卷3期;
收入《胡适论学近著》。

解决中日的任何悬案
作于5月22日;
刊《独立评论》第102号。

题陈明庵画《仿石田山水卷》(诗)
作于5月25日;
收入《胡适手稿》第十集"未收的诗稿"。

信心与反省
作于5月28日;
刊《独立评论》第103号;
收入《胡适论学近著》。

看了裁军会议的争论以后
作于6月4日;
刊《独立评论》第104号。

再论信心与反省
作于6月11日;
刊《独立评论》第105号;
收入《胡适论学近著》。

赠与今年的大学毕业生
作于6月24日;
刊6月24日《大公报·星期论文》;
收入《胡适论学近著》。

三论信心与反省
作于6月25日；
刊《独立评论》第107号；
收入《胡适论学近著》。

《西游记》的第八十一难
作于7月1日；
刊《学文月刊》一卷3期；
收入《胡适论学近著》。

《〈西游记〉的第八十一难》诗三首
作于7月1日；
见《〈西游记〉第八十一难》；
收入《胡适手稿》第十集“未收的诗稿”。

从私立学校谈到燕京大学
作于7月8日；
刊《独立评论》第108号。

所谓“中小学文言运动”
作于7月9日；
刊《独立评论》第109号；
收入《胡适论学近著》。

所谓“东欧洛加诺协约”
作于7月16日；
刊《独立评论》第110号。

《儿童的个性研究》序
作于7月。

奥国的大政变
作于8月1日；
刊《独立评论》第110号。

兴登堡
作于8月6日；
刊《独立评论》第113号；
收入台湾《胡适选集》人物分册。

胡适之来函抗议
作于8月13日；
刊8月30日《十日谈》旬刊。

教育破产的救济方法还是教育
作于8月17日；
刊8月19日《大公报·星期论文》；
收入《胡适论学近著》。

致孟森
作于8月30日；
收入三联书店1979年版《中国哲学》第1辑。

写在孔子诞辰纪念之后
作于9月3日；
刊《独立评论》第117号；
收入《胡适论学近著》。

大众语在那儿?
作于9月4日；
刊9月8日《大公报·文艺副刊》第100期；
收入《胡适论学近著》。

致企霞
作于9月11日；
收入《胡适来往书信选》中册。

胡适之与顾起潜书
作于9月12日；
刊《国立北平图书馆馆刊》八卷3号。

整整三年了！
作于9月17日；
刊《独立评论》第119号。

跋《北平图书馆藏王韬手稿七册》
作于9月22日；
刊《国立北平图书馆馆刊》八卷3号。

论国联大会的两件事
作于9月24日；
刊《独立评论》第120号。

译Michau（亨利·米超）诗
译于10月1日；
收入《胡适手稿》第十集“未收的诗稿”。

校勘方法论（陈垣《元曲章校补释例》序）
作于10月8日；
刊《国学季刊》四卷3号；
收入《胡适论学近著》。

究竟在这二十三里做了些什么？（燕京大学演说）
10月9日讲，10月12日改定：
刊10月10日天津《大公报》，又刊《独立评论》123号改题《悲观声浪里的乐观》；
收入《胡适论学近著》。

双十节的感想
作于10月9日；
刊《独立评论》第122号。

刘半农先生挽辞
刊10月13日《世界日报》。

政治统一的意义
作于10月21日；
刊《独立评论》第123号。

记全国考铨会议
作于11月19日；
刊《独立评论》第128号。

谁教青年学生造假文凭的
作于12月2日；
刊12月2日《大公报》。

中国无独裁的必要和可能
作于12月3日；
刊《独立评论》第130号。

一年来关于民治与独裁的讨论
作于12月9日；

刊《东方杂志》第三十二卷1号。

汪蒋通电里提起的自由
作于12月9日；
刊12月9日《大公报》题为《关于言论自由》。

国际危机的逼近
作于12月17日；
刊《独立评论》第132号。

答丁在君先生论民主与独裁
作于12月18日；
刊《独立评论》第133号。

中国禅学之发展（北师大讲　吴奔星等笔记）
作于12月；
刊12月14日—24日北平《晨报》和《师大月刊》第18期。

1935年

致吴康
作于1月4日；
收入《胡适来往书信选》中册。

新年的梦想
刊1月6日天津《大公报·星期论文》。

新文化运动与教育问题（香港华侨教育会讲）
作于1月6日；
刊1月16日天津《大公报》。

飞行小赞（诗）
作于1月24日；
见《南游杂忆·广西山水》；
收入《尝试后集》（见《胡适手稿》第十集）。

寄题相思岩（诗）
作于1月24日；
见《南游杂忆·广西山水》；
收入《胡适手稿》第十集"未收的诗稿"题为《题良丰相思岩》。

黄花岗（诗）
作于1月26日；
见《南游杂忆·广州》；
收入《胡适手稿》第十集"未收的诗稿"。

从民主独裁的讨论里求得一个共同的政治信仰
作于2月15日；
刊2月17日《大公报·星期论文》和《独立评论》第141号。

南游杂忆（一）香港
作于2月；
刊《独立评论》第141号；
收入《胡适的南游杂忆》（1935.10国民出版社出版）。

南游杂忆（二）广州
作于3月；
刊《独立评论》第142号；
收入《胡适的南游杂忆》一书。

我是完全赞成陈序经先生的全盘西化论
刊《独立评论》第142号。

中日提携，答客问
刊《独立评论》第143号。

试评所谓“中国本位的文化建设”
作于3月30日；
刊3月31日天津《大公报》、《独立评论》第145号,《国闻周报》12卷3期；
收入《胡适论学近著》。

南游杂忆（三）广西山水
作于4月；
刊《独立评论》第145号；
收入《胡适的南游杂忆》。

我们今日还不配读经
作于4月8日；
刊《独立评论》第146号；
收入《胡适论学近著》。

楞伽宗考
作于4月14日；
刊《史语所集刊》五卷3期；
收入《胡适论学近著》。

致毛子水
作于4月15日；
收入《胡适来往书信选》中册。

纪念五四
作于4月29日；
刊《独立评论》第149号。

杂碎录（两则：“何键的佳电”、“袁世凯的祀孔令”）
作于5月5日；
刊《独立评论》第149号。

致秋岳（论《红楼梦》版本）
作于5月5日；
收入《中央时事周刊》四卷18期。

个人自由与社会进步——再谈五四运动
作于5月6日；
刊《独立评论》第150号。

又大一岁了
作于5月15日；
刊《独立评论》第151号。

胡适之先生来信
作于5月16日；
见顾颉刚校点《山歌》（1935年传经堂书店出版）。

今日思想界的一个大弊病

作于5月27日；
刊《独立评论》第153号。

"魔合罗"
作于6月；
刊天津《益世报·读书周刊》第一期（1935.6.6）。

"无不纳闷，都有些伤心"
作于6月3日；
刊《独立评论》第154号。

略答陶希圣先生
作于6月3日；
刊《独立评论》第154号。

致丁文江
作于6月11日；
收入《胡适来往书信选》中册。

沉默的忍受
作于6月11日；
刊《独立评论》，第155号。

充分世界化与全盘西化
作于6月22日；
刊6月23日天津《大公报·星期论文》；
收入《胡适论学近著》。

赋得父子打苍蝇（诗）
作于7月5日；
收入《胡适手稿》第十集"未收的诗稿"。

大青山公墓碑
作于7月5日；
收入《尝试后集》（见《胡适手稿》第十集）。

答陈序经先生
作于7月9日；
刊《独立评论》第160号。

苏俄革命外交史的一页及其教训
作于7月21日；
刊《独立评论》第163号。

致陈英斌
作于7月24日；
收入《胡适来往书信选》中册。

平绥路旅行小记
作于7月28日；
刊《独立评论》162号。

蒲松龄的生年考
刊8月5—7日北平《晨报·艺圃》。

政制改革的大路
作于5月5日；
刊《独立评论》第163号。

记辜鸿铭
作于8月11日；
刊8月11日《大公报》文艺副刊164期；
收入台湾文星丛刊《胡适选集》人物分册。

南游杂忆（四）广西的印象
作于8月12日；
刊《独立评论》第164号；
收入《胡适的南游杂忆》一书。

蒲松龄的死年辨之论战
刊8月21日北平《晨报·艺圃》。

胡适之先生的一封信
刊8月21日北平《晨报》。

《中国新文学大系·建设理论集导言》
作于9月3日；
收入《中国新文学大系·建设理论集》（1935年10月15日良友公司出版）。

追忆曾孟朴先生
作于9月11日；
刊《宇宙风》第2期；
收入台湾《胡适选集》人物分册。

国联的抬头
作于9月24日；
刊《独立评论》第170号。

从一党到无党的政治
作于9月29日；
刊《独立评论》第171号。

跋张元的《柳泉蒲先生墓表》
作于10月1日；
刊10月17日天津《益世报·读书周刊》第20期；
收入《胡适论学近著》。

海滨半日谈（记念田中玉将军）
作于10月12日；
刊《独立评论》第173号。

敬告日本国民——答室伏高信先生
作于10月3日；
原刊东京《日本评论》11月号，又刊《独立评论》第178号。

再记国联的抬头
作于10月7日；
刊《独立评论》第172号。

《胡适论学近著》自序
作于10月29日；
《胡适论学近著》1935年12月商务印书馆出版。

致吴世昌
作于11月22日；
收入《胡适来往书信选》中册。

《人与医学》的中译本序

作于11月11日；

刊1936.6.11《益世报·读书周刊》第52期。

用统一的力量守卫国家

作于11月17日；

刊11月17日天津《大公报·星期论文》和《国闻周报》十一卷4期。

华北问题

作于11月24日；

刊《独立评论》第179号。

答室伏高信先生

作于11月30日；

刊《独立评论》第180号和12月10日《大公报》。

为学生运动进一言

作于12月13日；

刊12月15日《大公报·星期论文》和《独立评论》第182号。

冀察时局的收拾

作于12月15日；

刊《独立评论》第182号。

和范石湖《题传记》(诗)

作于12月15日；

收入《胡适手稿》第十集"未收的诗稿"。

手抄汤尔和日记跋

作于12月19日—20日；

收入《胡适来往书信选》中册。

再论学生运动

作于12月22日；

刊《独立评论》第183号。

致汤尔和

作于12月23日；

收入《胡适来往书信选》中册。

和周岂明贺年诗

作于12月25日；

收入《胡适手稿》第十集"未收的诗稿"。

致汤尔和

作于12月28日；

收入《胡适来往书信选》中册。

我们要求外交公开

作于12月27日；

刊12月29日天津《大公报》和《独立评论》第184号。

胡适告北平各大学同学书

收入《胡适来往书信选》中册。

1936年

致汤尔和

作于1月2日；

收入《胡适来往书信选》中册。

和周岂明“二十五年贺年”打油诗
作于1月7日；
收入台湾《胡适选集》诗词分册。

致周作人
作于1月9日；
收入《胡适来往书信选》中册。

无题（诗）
作于1月23日；
收入台湾《胡适手稿》影印本第十集“未收的诗稿”。

致翁文灏、蒋廷黻、吴景超
作于1月26日；
收入《胡适来往书信选》中册。

《崔东壁遗书》序
作于1月27日；
刊4月30日天津《大公报》。

再论外交文件的公开
作于1月31日；
刊《独立评论》第187号。

谈谈“胡适之体”的诗
作于2月5日；
刊《自由评论》第12期；
收入《胡适手稿》第十集。

哭丁在君（二首）
作于2月9日；
刊台北1955年11月16日《自由中国日报》。
收入《胡适之先生诗歌手迹》和《胡适选集》诗词分册。

丁在君这个人
作于2月9日；
刊《独立评论》第188号；
收入《胡适选集》人物分册。

追悼丁在君先生
刊《地理学报》二卷4期。

介绍施德芬斯的《自传》给国人
作于2月下旬；
见胡颂平《胡适先生年谱简编》。

东京的兵变
作于3月1日；
刊《独立评论》第191号。

《歌谣周刊》复刊词
作于3月9日；
刊4月《歌谣周刊》复刊二卷1期。

洛加诺公约的撕破
作于3月15日；
刊《独立评论》第193号。

致叶英
作于3月21日；
收入《胡适来往书信选》中册。

颜李学派的程廷祚
作于4月7日；
刊《国学季刊》五卷3号和《哲学评论》七卷2期。

调整中日关系的先决条件
作于4月8日；
刊4月12日天津《大公报》。

关于“调整中日关系的先决条件”
作于5月4日；
刊《独立评论》第200号。

致程靖宇
作于5月5日；
收入《胡适来往书信选》中册。

《独立评论》的四周年
作于5月10日；
刊《独立评论》第201号。

致翁文灏（电稿四件）
作于5月16日至20日；
收入《胡适来往书信选》中册。

国联还可以抬头
作于5月17日；
刊《独立评论》第202号。

无心肝的月亮（诗）
作于5月19日；
收入《尝试后集》（见台湾《胡适手稿》影印本第十集）。

致翁文灏、蒋廷黻
作于5月21日；
收入《胡适来往书信选》中册。

敬告宋哲元先生
作于5月31日；
刊《独立评论》第204号。

北京大学新印程廷祚《青溪全集》序
作于6月4日；
刊天津6月4日《益世报·读书周刊》第51期。

致周作人
作于6月4日；
收入《胡适来往书信选》中册。

致李宗仁、罗文干
作于6月9日；
收入《胡适来往书信选》中册。

致翁文灏
作于6月9日；
收入《胡适来往书信选》中册。

《封神演义》的作者（通信）
作于6月10日；
刊《独立评论》第209号，署名张政烺、胡适。

"亲者所痛，仇者所快!"
作于6月11日；
刊6月14日《大公报·星期论文》和《独立评论》第206号。

征集张菊生先生七十生日纪念论文启事
作于6月；
收入《张菊生先生七十生日纪念论文集》(1937.1 商务版)，署名胡适、蔡元培、王云五。

谈谈中国思想史
刊《学风》一卷6号。

国语与汉字（通信）
作于6月21日；
刊《独立评论》第207号，署名胡适之、周作人。

《两千年中西历对照表》序
作于6月26日；
收入薛仲三、欧阳颐著《两千年中西历对照表》(1940年商务版)。

致罗尔纲（三封）
作于6月下旬；
收入《师门辱教记》第六节"煦煦春阳的师教"。

《敦煌石室写经题记与敦煌杂录》序
作于7月3日；
刊7月23日天津《大公报》和《北平图书馆馆刊》第十卷3期。

《藏晖室札记》自序
作于7月20日；
收入《藏晖室札记》第一册（1939年亚东版）。

车中望富士山（诗）
作于7月21日；
刊上海《读书通讯》第122期（1936.12.10）；
收入台湾文星丛刊《胡适选集》诗词分册。

燕（诗）
7月22日写在沈燕的纪念册上；
收入台湾文星丛刊《胡适选集》诗词分册。

与室伏高信谈学生运动、中华青年的动向和民族统一等问题
见7月29日天津《大公报》所刊《胡适再见记》一文。

《新青年》重印题辞
作于9月；
收入1936年9月上海亚东图书馆和求益书局影印本《新青年》第一卷。

太平洋的新均势

作于9月；
刊《独立评论》第229号和美国纽约的《外交季刊》1937年1月号。

高梦旦先生小传
作于11月26日；
刊《东方杂志》第三十四卷1号。
收入台湾文星丛刊《胡适选集》人物分册。

致沈翼孙
作于11月12日；
收入《胡适来往书信选》中册。

致苏雪林
作于12月14日；
以《关于当前文化动态的讨论》为题刊《奔涛》半月刊第1期（1937.3）；
收入《胡适来往书信选》中册。

述陆贾的思想
作于12月15日；
收入《张菊生先生七十生日纪念论文集》。

张学良的叛国
作于12月18日；
刊12月20日天津《大公报》。

扔了？（诗）
收入《胡适之先生诗歌手迹》和《胡适选集》诗词分册。

1937年

新年的几个期望
作于1月1日；
刊1月3日天津《大公报》和《国闻周报》第十四卷2期。

致周作人（二封）
作于1月5日、13日；
收入《胡适来往书信选》中册。

与魏建功书（讨论《水经注》）
作于1月19日；
收入《胡适手稿》第一集卷一。

张荫麟（素痴）《戴东原乩语选录》乙编之一（为窃书案答辩）
刊2月17日《大公报·图书副刊》第169期；
收入《胡适手稿》第一集卷一。

全国歌谣调查的建议
作于3月25日；
刊《歌谣周刊》三卷1期。

致宋哲元
作于3月；
收入《胡适来往书信选》中册。

读曲小记
刊4月8日天津《益世报·读书周刊》94期。

致钱玄同
作于4月8日；
收入三联书店1979年版《中国哲学》第1辑和《鲁迅研究资料》第9辑。

日本霸权的衰落与太平洋的国际新形势
作于4月10日；
刊《独立评论》第230号。

读经平议
作于4月14日；
刊4月18日《大公报·星期论文》和《独立评论》第231号。

中日问题的现阶段
作于4月18日；
刊《独立评论》第231号。

《独立评论》复刊
作于4月18日；
刊《独立评论》第230号。

再谈关汉卿的年代
刊《文学年报》第3期（1937.5）。

题陈援菴先生所藏程易畴题程子陶画雪塑弥勒（诗）
作于5月1日；
刊5月1日《中央日报·诗刊》第9期；收入《胡适手稿》第十集“未收的诗稿”。

致孙伏园
作于5月9日；
收入《胡适来往书信选》中册。

《缀白裘》序
作于5月15日；
收入《缀白裘》（传奇选本，汪协如标点）第一册，1937年中华书局出版。

伦敦的英日谈判
作于5月16日；
刊《独立评论》第235号。

致翁文灏
作于5月17日；
收入《胡适来往书信选》中册。

致吴景超
作于5月17日；
收入《胡适来往书信选》中册。

再谈谈宪政
作于5月23日；
刊《独立评论》第236号。

跋定远方氏所藏《岳宗武奏草卷子》
作于5月25日；
刊6月27日《中央日报·文史副刊》第30期。

月亮的歌（诗）
刊《文学杂志》创刊号（1937.5）。

冀察平津举办国大选举
作于6月13日；
刊《独立评论》第239号和《国闻周报》第十四卷26期。

我们能行的宪法与宪政
作于7月2日；
刊7月4日天津《大公报·星期论文》和《独立评论》第242号。

胡适之先生为纱交案致《大公报》书
作于7月8日；
刊7月9日《大公报》。

廿六年七月二十三日是高梦旦先生周年忌日，我在庐山作此诗
寄慰君珊、仲洽（诗）
收入《尝试后集》（见《胡适手稿》第十集）。

致蒋廷黻
作于7月31日；
收入《胡适来往书信选》中册。

戏答胡健中（诗）
作于7月；
收入《胡适手稿》第十集“未收的诗稿”和文星丛刊《胡适选集》诗词分册（写作时间误为1938年）

1938年

从纽约省会回纽约市（诗）
作于4月19日；
收入《尝试后集》（见《胡适手稿》第十集）。

寄给周作人（诗，又名《寄苦雨庵》）
作于8月4日；
刊《文星》第53期（1962.3.1）；
收入《尝试后集》（见《胡适手稿》第十集，题为《寄给在北平的一个朋友》）。

少妇峰（诗）
收入《胡适之先生诗歌手迹》。

追哭徐新六（诗）
作于9月8日；
收入《尝试后集》（见《胡适手稿》影印本第十集）。

致王世杰
收入《胡适来往书信选》中册。

抄新六遗书三篇，题此诗（诗）
作于10月16日；
收入《胡适之先生诗歌手迹》和《胡适选集》诗词分册。

题在自己的照片上，送给陈光甫（诗）
作于10月31日；
收入《尝试后集》（见《胡适手稿》第十集）。

四十七岁生日（诗）
作于12月17日；
收入《胡适选集》诗词分册和《胡适手稿》第十集“未收的诗稿”。

1939年

无人认得胡安定（诗）
作于12月13日；
见周作人《知堂回想录》第四卷“北大感旧录”。

中国与日本的现代化运动——文化冲突的比较研究
作于12月29日；
见胡颂平《胡适先生年谱简编》。

1940年

熊会贞《水经注疏》的遗言
1940年—1958年校抄并跋；
收入《胡适手稿》影印本第五集中册。

胡适手拟关于国民党宣传工作的意见
收入《胡适来往书信选》下册。

1941年

颜习斋哲学及其与程朱陆王之异同
刊《文史杂志》一卷8期。

吴歌（诗）
作于10月31日；
收入《胡适之先生诗歌手迹》、《胡适选集》（诗词分册）。

无题（诗）
作于冬天；
收入《胡适手稿》第十集“未收的诗稿”。

1942年

改译《鲁拜集》一首（诗）
译于2月17日；
收入台北萌芽出版社1970年6月出版的《胡适给赵元任的信》。

中国思想史纲要
英文稿刊美国《亚细亚》月刊10月号；
中译文载《读者通讯》第58期（1943.1.16）。

1943年

致陈树棠
作于1月20日；
收入《胡适来往书信选》中册。

寄题树棠先生的朴园（诗）
作于1月；
收入《胡适来往书信选》中册。

《易林》断归崔篆的判决书——考证学方法举例
作于2月28日；
刊《史语所集刊》第20本上（1948.6）。

《汉书·地理志》的诗古义
作于3月25日；
刊1946年9月18日《经世日报·读书》周刊第6期。

论治学方法——给王重民的一封信
作于5月30日；
刊《图书季刊》新五卷1期。

一支箭，一只曲子（译诗　美国朗菲罗作）
译于6月14日；
刊台北《文学杂志》一卷1期（1956.9.20）；
收入《胡适选集》翻译分册和《胡适手稿》影印本第十集。

曹魏创立的“校事”制
作于6月22日；
刊1947年2月5日上海《大公报·文史周刊》第15期。

曹魏外官的“任事”制
作于6月23日；
刊1947年2月12日上海《大公报·文史周刊》第16期。

孙吴的“校事”制
作于7月1日至2日；
刊1947年2月19日上海《大公报·文史周刊》第17期。

两汉人临文不讳考
作于7月31日；
刊《图书季刊》新五卷1期（1944.3）。

读陈垣《史讳举例》论汉讳诸条
作于7月31日；
刊《图书季刊》新五卷1期。

论《论衡》不避汉讳
作于8月；
见胡颂平《胡适先生年谱简编》。

补记曹魏的“校事”
作于8月31日；
刊1947年2月12日上海《大公报·文史周刊》第16期。

海外读书笔记（四）刘安世的“巴揽”论
作于9月17日；
刊1946年12月4日上海《大公报·文史周刊》第8期，署名藏晖。

中国历史文化六讲题
作于9月18日；
收入台北萌芽出版社1970年出版的《胡适给赵元任的信》。

海外读书笔记（二）郑晓——读《盐邑志林本古言今言类编》
作于9月25日；
刊1946年11月6日上海《大公报·文史周刊》第四期，署名藏晖。

海外读书笔记（五）李冶古今黈说“何有于我哉？”
作于10月9日；
刊1946年12月4日上海《大公报·文史周刊》第8期，署名藏晖。

中国历史文化（哈佛大学演讲）
作于10月；
见胡颂平《胡适先生年谱简编》。

《群书治要》里的《晋书》
作于11月16日；
刊1948年2月7日上海《申报·文史周刊》第9期。

海外读书笔记（一）长安横门，汉人叫做光门
作于11月18日；
刊1946年10月1日天津《益世报·读书周刊》第2期；
收入《胡适手稿》影印本第一集卷一，署名藏晖。

复王重民信（论《水经注》）
作于11月5日；
收入《胡适手稿》第五集卷二。

戴震对江永的始终敬礼
作于12月7日；
刊1946年8月28日《经世日报·读书周刊》第3期；
收入《胡适手稿》影印本第一集卷一。

蒋学镛的《樗庵存稿》八卷（附《后记》）
作于12月22日；
收入《胡适手稿》影印本第二集卷一。

伟纳英译《西游记》序言
作于12月；
纽约John Day 1943年出版。

《清代名人传略》序
作于12月；
见《胡适先生年谱简编》。

1944年

代表动态和文法问题
作于2月7日；
收入《胡适给赵元任的信》（台北萌芽出版社出版）。

孙逸仙
作于3月；
刊《当代中国》三卷22期。

跋陈励的《全氏七校水经注稿本跋》
作于5月6日；
收入《胡适手稿》影印本第二集卷三。

古德意著《中国人名简史》书评
作于6月；
刊《太平洋事务》第十七卷2期。

近代中国的创造人——孙逸仙的故事
作于7月；
刊《亚洲评论》第四十卷7月号。

赵一清的生卒年
作于9月5日；
刊1946年9月4日《经世日报·读书周刊》第4期。

全祖望、赵一清、戴震三人对《水经注》的研究
刊于Eminent Chinese of the China Period第二卷（1944，华盛顿）。

戴震未见赵一清《水经注》校本的十组证据
收入《胡适手稿》影印本第一集卷二。

《和杨联升诗》二首
作于12月26日；
收入《胡适手稿》影印本第十集“未收的诗稿”。

1945年

致王征
作于2月3日；
收入《胡适来往书信选》下册。

中国人思想中的不朽观念（哈佛大学讲）
作于4月10日；
英文稿刊《哈佛大学神学院院刊》，中文稿刊《史语所集刊》第34本。

考范缜发表《神灭论》在梁天监六年
作于4月21日；
刊1947年8月13日上海《大公报·文史周刊》第35期。

海外读书笔记（三）读刘世珩翻刻的宋乾道二年（1166）刻本沈括《梦溪笔谈》二十六卷
作于6月8日；
刊1946年11月13日和11月20日上海《大公报·文史周刊》第5、6期，署名藏晖。

记但明伦道光壬寅（1842）刻的《聊斋志异》新评
作于7月23日；
收入《胡适手稿》影印本第九集。

《春花堂随笔》有关《聊斋志异》的札记
作于7月21日；
收入《胡适手稿》第九集。

出门的好处（书信）
作于8月4日；
收入《胡适给赵元任的信》。

向二小姐抱歉（书信）
作于8月8日；
收入《胡适给赵元任的信》。

谢牛肉松（书信）
作于8月8日；
收入《胡适给赵元任的信》。

对日本小鬼的疑虑（书信）
作于8月14日；
收入《胡适给赵元任的信》。

致王世杰（包括《劝告毛泽东君》电文）
作于8月24日；
收入《胡适来往书信选》。

戴东原、赵东潜《水经注》疑案的考证
刊《人文科学学报》第一卷第3期（1945.9）。

致朱家骅
作于9月3日；
收入《胡适来往书信选》。

跋《全谢山赠赵东潜校〈水经注〉序》
作于9月7日；
收入《胡适手稿》第三集卷五。

致朱家骅、蒋梦麟、傅斯年
作于10月10日；
收入《胡适来往书信选》。

洛水篇校增的"《山海经》曰"（跋赵一清朱墨校的朱谋玮《水经注笺》）
作于11月24日；
收入《胡适手稿》第三集卷五。

考范缜发表《神灭论》在梁天监六年
刊1947年8月13日上海《大公报·文史周刊》第32期。

孙潜校《水经注》本的跋语
作于12月26日；
收入《胡适手稿》影印本第四集。

跋葛思德藏书库藏的岑氏惺盈斋抄四库本赵一清《水经注释》
作于12月；
见胡颂平《胡适先生年谱简编》。

章寿康刻本赵一清《水经注释》
作于12月；
见胡颂平《胡适先生年谱简编》。

1946年

何义门校《水经注》本
作于1月4日；
收入《胡适手稿》影印本第四集。

张书旂画展介绍辞
作于1月；
见《胡适先生年谱简编》。

跋北平图书馆藏的朱墨本《水经注笺》
作于3月11日；
收入《胡适手稿》第三集卷五。

试论朱墨校本《朱笺》里保存的全祖望、赵一清两家改定《水经注》的记录
作于3月13日；
收入《胡适手稿》第三集卷五。

补记朱墨校本二事
作于3月15日；
收入《胡适手稿》第三集卷五。

论赵一清的《水经注释》稿本的最后状态
作于3月19日；
收入《胡适手稿》第三集卷五。

历史与证据（在北大讲演）
刊4月25日《华北日报》。

跋赵一清《水经注释抄刻本四种》
作于1945年12月13日—1946年4月4日；
刊《图书季刊》新八卷1、2期(1947.6)；
收入《胡适手稿》第四集。

赵元任夫妇银婚诗（又名《贺元任、韵卿银婚纪念的小诗》）
作于5月28日；
见《近代学人手迹》三集（1962.6 台北文星书店出版）；
收入《胡适手稿》影印本第十集“未收的诗稿”。

《全氏七校水经注》四十卷的作伪证据十项
6月24日根据1943年旧稿改写，附6月30日“后记”；
收入《胡适手稿》第二集卷一。

证明《全校水经注》的《题辞》是伪造的
6月30日改旧稿。
收入《胡适手稿》第二集卷一。

胡适博士昨抵沪（向提者发表谈话）
刊7月6日上海《大公报》。

在上海市文化界茶会上的演说
刊7月21日《申报》。

胡适校长谈北大作风
7月30日接见记者时讲；
刊7月31日上海《大公报》。

戴东原《书水经注后》全文的发现
作于8月17日；
刊8月21日《经世日报·读书周刊》第2期；
收入《胡适手稿》第一集卷一。

跋戴震自定《水经》的“附考”——戴氏未见全赵两家《水经注》的证据
作于8月23日，10月7日改定；
刊1946年10月23日上海《大公报·文

史周刊》第2期。1948.7.5
再改稿刊《中华文史论丛》1979年第2辑；
收入《胡适手稿》第一集卷一。

《文史》的引子（发刊词）
作于10月4日；
刊10月16日上海《大公报·文史周刊》第一期，未署名。

考据学的责任与方法
作于10月6日；
刊10月16日上海《大公报·文史周刊》第1期；
收入《胡适手稿》影印本第五集。

胡适在北大欢迎会上的演说
10月10日讲；
刊1947年9月18日《前线日报》。

胡适纵谈世界事
刊10月25日《申报》。

海外读书笔记（六）何有于我哉?
作于10月31日；
刊12月4日《大公报·文史周刊》第8期，署名藏晖。

北京大学昨举行开学典礼，胡适校长亲临致词
刊11月16日北平《经世日报》。

记沈炳巽《水经注》最后校本的过录本
作于11月；
刊《现代学报》第一卷2、3期（1947.3—6）。

海外读书笔记（七）东汉学者的门徒有录牒
作于11月15日；
刊1947年1月8日上海《大公报·文史周刊》第12期，署名藏晖。

记海盐朱氏家藏明抄本《水经注》
作于12月27日；
刊《图书季刊》新九卷3、4期；
收入《胡适手稿》影印本第四集。

胡适返抵北平（发表有关“沈崇案”谈话）
刊12月31日《申报》和上海《大公报》。

1947年

就北大女生沈崇被美兵强奸案，招待记者，发表谈话
1月6日讲；
刊1月7日《申报》。

《水经注》引得（书评，《〈水经注〉引得》郑德坤编，1934年燕京大学出版）
刊1月7日上海《大公报·图书周刊》。

论杨守敬判断《水经注》案的谬妄
作于1月7日；

刊2月5日上海《大公报·文史周刊》第15期；
收入《胡适手稿》影印本第五集。

六十年前洞庭山里一个故事——林屋山民送米图卷文序
作于1月9日；
刊1月24日上海《申报·文史周刊》第7期。

致中国太平洋国际学会各理事
作于1月10日；
收入《胡适来往书信选》下册。

致傅斯年
作于2月6日；
收入《胡适来往书信选》下册。

杂记赵一清《水经注释》刻本依戴震本修改的例子
作于3月31日—4月3日；
收入《胡适手稿》第三集卷五。

致蒋介石
收入《胡适来往书信选》。

致傅斯年
收入《胡适来往书信选》。

与钟凤年先生讨论《水经注》疑案的一封信
作于4月7日；
刊5月7日《经世日报·读书周刊》第38期，原题《讨论〈水经注〉疑案的一封信》。
收入《胡适手稿》影印本第一集卷二。

伪全校本《水经注》诬告沈炳巽并且侮辱全祖望
作于4月8日；
刊7月17日上海《大公报·文史周刊》第33期；
收入《胡适手稿》第二集卷一。

伪全校本假托宋本而留下作伪的铁证
作于4月10日；
刊9月20日上海《大公报·文史周刊》第38期；
收入《胡适手稿》第二集卷一。

胡适之昨抵津（发表勉励北大同学会的讲话）
4月13日讲；
刊4月14日天津《中华日报》。

“五四”的第二十八周年
刊5月4日《大公报·文史周刊》；
收入《独立时论》第一集（1948年北平独立时论社出版）。

天津省立图书馆所藏全氏五校本目次
作于5月6日；
收入《胡适手稿》第三集卷一。

天津市立图书馆（直隶省立第一图书馆）藏全谢山五校《水经注》
作于5月6日；
收入《胡适手稿》第三集卷一。

眼前两个世界的明朗化
作于5月18日；
收入《独立时论》一集（1948.8 北平独出版社出版）。

胡适谈学潮问题
刊5月20日《北平纪事报》。

致过养默
作于5月31日；
收入《胡适来往书信选》。

致邓世华
作于6月2日；
收入《胡适来往书信选》。

致何思源
作于6月3日；
收入《胡适来往书信选》。

跋天津图书馆藏的明抄残本《水经注》
作于6月5日；
刊7月2日上海《大公报·文史周刊》第32期；
收入《胡适手稿》影印本第四集。

致朱家骅
作于6月13日；
收入《胡适来往书信选》。

青年人的苦闷
作于6月21日；
收入《独立时论》一集。

谈谈中国思想史
刊《学风》半月刊一卷6号。

两种根本不同的政党
刊7月6日《申报》题为《胡适谈两种政党》；
收入《独立时论》一集。

在平津民治促进会上的演说
作于7月9日；
刊7月21日上海《大公报》。

野母惊林(跋赵氏朱墨校本《水经注笺》)
作于7月9日；
收入《胡适手稿》第三集卷五。

赵一清所见宋刻《春秋·分记》
作于7月9日；
收入《胡适手稿》第三集卷五。

赵书剜改（《水经注》）的一例
作于7月11日；
收入《胡适手稿》第三集卷五。

《水经注》里的南朝年号

刊7月17日上海《大公报·文史周刊》第33期；
收入《胡适手稿》第六集卷二。

眼前世界文化的趋向
8月1日在电台广播；
收入《独立时论》。

致张群
作于8月6日；
收入《胡适来往书信选》下册。

翻译佛典中“曼”字即“闻”字说——致周一良先生书
作于8月6日；
刊8月13日《经世日报·读书周刊》第52期。

我们必须选择我们的方向
作于8月24日；
收入《独立时论》一集。

记铁琴铜剑楼瞿氏藏明抄本《水经注》
作于9月13日；
刊12月13日《申报·文史周刊》第2期；
收入《胡适手稿》第六集。

记铁琴铜剑楼藏的《旧唐书》宋刻本
收入《胡适手稿》第九集。

争取学术独立的十年计划
9月18日定稿；
刊9月28日《中央日报》；
收入《独立时论》一集。

胡适之的谈话
刊《智慧》第32期。

致潘公展
作于9月29日；
收入《胡适来往书信选》。

记金圣叹本《水浒传》里避讳的谨严
作于10月；
刊11月14日上海《大公报·文史周刊》第46期。

致胡钟吾
作于10月21日；
见胡钟吾《胡适博士上世源流及生年事迹考》(《中国一周》第634期，1962.6.18台北)。

胡适在政大讲演，盼学生立志作专家
刊10月19日《中央日报》。

考试与教育
10月21日在考试院讲；
刊10月24日《中央日报》。

致徐公肃、曾世英
作于10月26日；
收入《胡适来往书信选》。

胡适在澄衷演说
刊10月26日《申报》。

张伯苓先生传
刊11月5—7日《前线日报》。

跋北京大学藏的《戴东原文》一册
作于11月；
收入《胡适手稿》影印本第一集卷一。

《胡适留学日记》重印自序
作于11月8日；
《藏晖室札记》1947年11月改名《胡适留学日记》。由商务印书馆出版。

《申报·文史周刊》发刊小引
刊上海《申报·文史周刊》第1期（1948.12.6），未署名。

谈“绝句”的一封信（致俞平伯）
作于11月16日；
刊12月6日《申报·文史周刊》第1期。

与钟凤年先生讨论《水经注》的信(一)
作于11月27日；
收入《胡适手稿》第四集。

读《水经注·浊漳水篇》
作于12月6日；
收入《胡适手稿》第四集。

致白崇禧、陈诚
收入《胡适来往书信选》。

跋哥伦比亚大学所藏朱谋玮《水经注笺》
收入《图书季刊》新八卷 3、4 期（1947.12）。

题《金陵大学四十年纪念册》（诗）
收入《胡适手稿》第十集“未收的诗稿”。

北京大学五十年
收入《北大五十周年纪念特刊》。

致蒋介石
收入《胡适来往书信选》。

致傅斯年
收入《胡适来往书信选》。

1948年

讨论志公十二时的三封信
作于1947年11月—1948年1月；
刊2月28日《申报·文史周刊》第12期，署名胡适、周一良。

全祖望、戴震改定《水经》各水次第的对照表
作于1月14日；
收入《胡适手稿》影印本第一集卷一。

国际形势里的两个问题——给周鲠生先生的一封信
作于1月21日；

刊2月1日《中央日报》、《独立时论》一集；
收入《胡适来往书信选》。

论“于以”的两封信
作于1月23日；
刊1月31日《申报·文史周刊》第8期，署名适之。

天津的全校本似另有一首册
作于1月27日；
收入《胡适手稿》第二集卷一。

《水经注》古本现存卷数总表
作于1月；
收入《胡适手稿》第四集。

赵一清与全祖望辨别（水经注的）经注的通则
改定于1月；
刊台北《中央研究院院刊》第1辑（1954.6）。

曹雪芹家的籍贯
刊2月14日《申报·文史周刊》第10期，署名适之。

《水经注》的校订史可以说明校勘学方法
作于2月18日；
刊2月28日《申报·文史周刊》第12期。

民主与反民主观念体系的冲突
刊3月1日《正论》第3号。

《赫尔回忆录》序
作于3月1日；
刊台北《自由中国》第二十二卷6期。

致陈之藩
作于3月3日；
收入《胡适来往书信选》。

试考《水经注》写成的年岁
作于3月4日；
刊3月13日《申报·文史周刊》第14期；
收入《胡适手稿》第六集。

中央图书馆藏《戴东原与段若膺手札》跋又《戴子高手札》跋
作于5月4日；
收入《胡适手稿》第一集卷三。

《汉书·地理志稽疑刊本》后记
作于5月23日；
刊5月29日上海《申报·文史周刊》第25期。

我们还饿不死（书信）
作于5月24日；
收入《胡适给赵元任的信》。

更正《章实斋年谱》的错误
作于5月31日；
刊6月12日《申报·文史周刊》第27期。

致朱家骅、陈立夫
收入《胡适来往书信选》。

致夏勤（二封）
作于5月24日和6月6日；
收入《胡适来往书信选》。

与钟凤年先生讨论《水经注》信（二）
作于6月23日；
收入《胡适手稿》第四集。

浙江省进书送到四库全书馆的年月表
作于7月2日；
收入《胡适手稿》第三集卷五。

再跋戴震自定《水经注》的"附考"
作于7月4日；
收入《胡适手稿》第一集卷一。

与钟凤年先生讨论《水经注》信（三）
作于7月7日；
收入《胡适手稿》第四集。

北宋时的《水经注》已不完全了
作于7月8日；
收入《胡适手稿》第四集。

戴震自定《水经》一卷的现存两本
作于7月23日；
刊《中华文史论丛》1979年第二辑；
收入《胡适手稿》第一集卷一。

跋孔继涵《水经释地》稿本
作于7月25日；
刊8月30日天津《大公报·图书周刊》第64期；
收入《胡适手稿》第一集卷一。

与钟凤年先生讨论《水经注》信（四）
作于7月25日；
收入《胡适手稿》第四集。

孟森先生审判《水经注》案的错误
作于7月；
收入《胡适手稿》第五集卷二。

罗尔纲《师门五年记》序
作于8月3日；
见1958年胡适根据罗尔纲《师门辱教记》改名《师门五年记》的自印本。

从牟子"理惑论"推论佛教初入中国的史迹（给周一良的信）
作于8月7日；
刊1960年2月9日台北《中央日报》；
收入《胡适手稿》第八集。

自由主义是什么？
作于8月12日；

刊《周论》二卷4期。

胡适、梅贻琦致朱家骅

作于8月13日；

收入《胡适来往书信选》。

人生问题

刊8月13日《世界日报》。

跋杨守敬《论水经注案的手札两封》

作于8月14日；

收入《胡适手稿》第五集卷二。

致陈继承

作于8月23日；

见老戆《故都蒙难记》下册（1953.4台北出版）。

记赵一清的《水经注》的第一次写定本——天津图书馆藏的赵一清、全祖望的《水经注》稿本第一跋

作于8月30日；

收入《傅故校长斯年先生纪念论文集》（1952年台湾大学出版）、《胡适手稿》第三集。

记全祖望的五校《水经》本

作于9月4日；

收入《胡适手稿》第三集。

《水经注疏》

9月29日抄录并批注；

收入《胡适手稿》第五集卷二。

《水经注疏》要删要续补

作于9月29日；

收入《胡适手稿》第五集卷二。

中央图书馆所藏《直隶河渠书稿本》详目

作于10月3日；

见胡颂平《胡适先生年谱简编》。

自由主义与中国

10月18日在浙江大学讲；

刊10月22日《申报》。

胡适致全体立委：建议制定市自治法程序

刊10月22日《申报》。

胡适昨由沪返平，与记者谈明版《水经注》破镜重圆等事

10月22日讲；

刊10月23日《申报》。

胡适顾起潜讨论《水经注》的通信

作于10月30日、31日和11月28日。

收入《胡适手稿》第三集卷三。

记中央图书馆藏的《直隶河渠稿本二十六册》

作于11月11日；

刊《大陆杂志》七卷3期（1953）；

收入《胡适手稿》第一集卷三。

全氏七校水经本目次考异
作于11月14日；
收入《胡适手稿》第五集卷一。

跋〔中央研究院藏〕奉化孙锵原校的薛福成董沛刻本《全氏七校水经注》
作于11月；
收入《胡适手稿》第二集。

《水经注》版本展览目录
作于12月8日；
刊《图书季刊》新九卷3、4期(1948.12)；
收入《北大五十周年纪念刊》。

答陈垣先生(论《水经注》)
作于12月13日；
收入《胡适手稿》第五集。

关于《水经注》版本的书札(致森玉、援庵等)
刊《中华文史论丛》1979年第2辑。

合众图书馆所藏的全谢山《水经注》残抄本
作于12月29日；
收于《胡适手稿》第三集卷四。

四百年来《水经注》研究的小史
作于12月；
参见胡颂平《胡适先生年谱简编》和1949年1月12日《申报》。

1949年

谋教职不易(书信)
作于1月6日；
收入《胡适给赵元任的信》。

致吴忠信
作于1月24日；
见1963年12月11日台北《新生报》虞君质《艺苑精华录》三五五。

《齐白石年谱》序
作于2月9日；
收入《齐白石年谱》(1949.3商务印书馆出版)。

戴震的官本《水经注》最早引起的猜疑
作于2月11日；
收入《胡适手稿》第一集。

全谢山《水经题解》写成的年月
作于2月16日；
收入《胡适手稿》第二集卷二。

中国文化里的自由传统
3月17日在台北中山堂讲；
刊3月28—29日台北《公论报》。

上海合众图书馆有叶揆初先生收藏的全谢山《水经注》三种
作于3月；

收入《胡适手稿》第三集卷二。

胡适整理上海合众图书馆所藏叶揆初藏三种《水经注》抄本的笔记草稿
作于2月—3月；
收入《胡适手稿》第三集卷二。

陈独秀最后对民主政治的见解
作于4月14日；
收入《我们必须选择我们的方向》（台北“自由中国社”1949年版）和《陈独秀的最后论文和书信》（“自由中国社”1950年版）。

《陈独秀的最后见解》序言
作于4月；
收入《我们必须选择我们的方向》和《陈独秀的最后论文和书信》。

王梓材重录本《水经注》的三篇序跋
作于5月20日；
收入《胡适手稿》第五集卷一。

如何能叫冬秀明白（书信）
作于5月22日；
收入《胡适给赵元任的信》。

《校勘学的正路》题语
作于7月5日；
收入《胡适手稿》第二集卷一。

精神上十分苦闷（书信）
作于8月16日；
收入《胡适给赵元任的信》。

象棋小考
作于9月5日；
收入《胡适手稿》第九集。

试考董沛所见全祖望的《水经注》校本
作于9月30日；
收入《胡适手稿》第二集。

全谢山改定《水经注》卷五的经文有先后各本的异同
作于10月2日；
收入《胡适手稿》第二集。

与杨联升讨论象棋书
作于10月29日；
见《胡适先生年谱简编》。

论美国普林斯敦大学的葛思德东方书库藏的《碛砂藏经》原本
作于11月16日；
刊台北《大陆杂志》十九卷10期。

民主与极权的冲突
刊《自由中国》创刊号（1949.11.20）；
收入《我们必须选择我们的方向》。

跋《宝林传》残本七卷
写于11月底；
收入《胡适手稿》第七集卷三。

又是冬秀问题（书信）
作于12月13日；
收入《胡适给赵元任的信》。

邻苏老人年谱
1949年批注；
收入《胡适手稿》第五集卷二。

1950年

《朱子语类》的历史
作于1月8日；
收入《胡适手稿》第九集。

共产党统治下决没有自由——跋所谓《陈垣给胡适的一封公开信》
作于1月9日；
刊《自由中国》二卷3期。

朱子论“尊君卑臣”（札记卡片）
作于2月7日—1957年8月；
收入《胡适手稿》第九集。

跋所谓“黄友补录本”全校《水经注》
作于3月27日；
收入《胡适手稿》第二集卷三。

赵一清与全祖望辨别《经注》的通则
改定于3月31日；
刊台北《国立中央研究院院刊》第1辑（1954.6）；
收入《胡适手稿》第二集卷二。

所谓全氏双韭山房三世校本《水经注》
作于3月31日；
收入《胡适手稿》第二集卷二。

《林颐山遗札》及其他有关材料
作于4月12日；
收入《胡适手稿》第二集。

找到职业（书信）
作于5月15日；
收入《胡适给赵元任的信》。

买书的教训（书信）
作于5月23日；
收入《胡适给赵元任的信》。

冬秀来美（书信）
作于5月26日；
收入《胡适给赵元任的信》。

给沈怡的四封信
作于6月9日至1955年1月3日；
刊《传记文学》第二十八卷5期。

熊会贞《水经注疏》的遗言
作于6月15日；
收入《胡适手稿》第五集。

李子魁《述整理水经注疏之经过》
作于6月16日；
收入《胡适手稿》第五集。

《神会和尚语录》的第三个敦煌写本《南阳和尚问答杂征义：刘澄集》

刊台北《中央研究院历史语言研究所集刊》第四本。

禅宗的方法

作于7月13日；

收入《胡适手稿》第九集。

致傅斯年夫妇

作于9月8日；

刊10月19日台北《中央日报》。

冬秀对书架绝对不感兴趣（书信）

作于10月2日；

收入《胡适给赵元任的信》。

斯达林雄图下的中国

刊10月19—21日台北《中央日报》。

关于中国一讲题（书信）

作于11月10日；

收入《胡适给赵元任的信》。

朱子与经商（札记卡片）

收入《胡适手稿》第九集。

1951年

胡适先生唁函

作于1月6日；

收入《傅故校长哀挽录》（1951.6.15台湾大学出版）。

胡适先生致毛子水先生函

作于1月7日；

收入《傅故校长哀挽录》。

致黄纯青（二封）

作于1月21日—22日；

收入《台湾记录两种》（1951.5台湾省文献委员会出版）。

朋友病情（书信）

作于2月20日；

收入《胡适给赵元任的信》。

朱经农之死（书信）

作于3月29日；

收入《胡适给赵元任的信》。

谢火腿（书信）

作于4月10日；

收入《胡适给赵元任的信》。

我与葛思德东方书库的关系

作于6月14日；

刊Greer Pyne Leaf六卷6期。

对潘夏先生《论红楼梦》的一封信

作于9月7日；

刊台北《反攻》第46期。

十年来中美关系急趋恶化的原因
刊《自由中国》五卷5期。

致《自由中国》社的一封信
刊《自由中国》五卷5期。

论《台东州采访册》及其他
刊10月19日台北《公论报》。

赵一清的《东潜诗稿》摘录
收入《胡适手稿》第三集。

《红色中国的叛徒》序
收入刘绍唐著《红色中国的叛徒》（1951年台北中央文化供应社出版）。

记台湾台东州疆域道里地方情形并书后
胡传遗稿，胡适校点；刊台北《大陆杂志》三卷12期。

1952年

绝句一百首
1934年选，1952年2月23日编定，24日作后记；
收入《胡适手稿》第十集卷一。

杜威死了（书信）
作于5月6日；
收入《胡适给赵元任的信》。

六十岁照片（书信）
作于5月17日；
收入《胡适给赵元任的信》。

杨仁山著作（书信）
作于6月25日；
收入《胡适给赵元任的信》。

朱子论死生与鬼神
作于7月6日；
收入《胡适手稿》第九集。

考朱子答廖子晦最后一书的年分
作于7月6日；
见《胡适先生年谱简编》。

朱子论禅家的方法
作于7月13日；
收入《胡适手稿》第九集。

纪念席德懋先生（碑文）
作于8月；
见《胡适先生年谱简编》。

全祖望《水经注》五校本的首卷题辞
作于9月1日；
收入《胡适手稿》第五集卷二。

谢山五校本的序目
作于9月3日；
收入《胡适手稿》第五集卷一。

《汉书地理志稽疑》跋
作于9月初；
收入《胡适手稿》第二集卷三。

《汉书地理志稽疑》补目
作于9月7日；
收入《胡适手稿》第二集卷三。

六祖《坛经》原作“檀经”考
作于9月22日；
收入《胡适手稿》第七集。

试考《双韭山房书目》所记《水经注》各本
作于10月22日；
收入《胡适手稿》第二集。

还愿（书信）
作于10月27日；
收入《胡适给赵元任的信》。

《自由中国》杂志三周年纪念会上的致词
作于11月28日；
刊《自由中国》七卷12期。

国际形势与中国前途
11月30日在台北三军球场的演说词；
刊《自由中国》七卷12期。

治学方法
12月1、5、6日在台湾大学讲；
刊12月2日、6日、7日台北《中央日报》和《台湾新生报》；
收入《胡适言论集》和《胡适哲学思想资料选》（上），华东师范大学出版社1981年出版。

杜威哲学
12月3、8日在台湾省立师范学院讲；
收入《胡适言论集》和《胡适哲学思想资料选》。

《傅孟真先生遗著》序
作于12月10日；
刊《国立台湾大学校刊》194期（1952.12.20）；
收入《傅孟真先生集》（1952.12 台湾大学出版）。

联合国的理想和实际
12月14日在联合国中国同志会会员大会上讲；
刊《大陆杂志》五卷12期。

《水经注》考
12月19日在台湾大学文学院讲；
收入《胡适言论集》和《胡适手稿》第六集卷四。

傅斯年的思想和事业
刊12月21日台北《公论报》和《台湾新生报》。

东亚的命运

刊《自由中国》八卷1期。

1953年

禅宗史的一个新看法

1月11日在蔡孑民先生八十四岁生日纪念会上讲演；

刊1月12日台北《中央日报》；

收入《胡适言论集》和《胡适哲学思想资料选》(上)。

传记文学

1月12日在台湾省立师范学院讲；

刊1月13日台北《中央日报》和《公论报》；

收入《胡适言论集》。

五十年来的美国

刊台北《大陆杂志》六卷1期。

胡适之先生对大陆广播录音记录

刊《传记文学》第十二卷2期。

记鲍廷博给吴骞札中的戴东原自刊本《水经注》

作于3月8日；

收入《胡适手稿》第一集卷三。

致白如的信

作于3月26日；

刊《传记文学》二十二卷3期《胡适之先生遗札》。

冯舒(已苍)校柳佥本《水经注》(记陆心源的冯已苍校宋本《水经注》跋)

作于4月5日；

收入《胡适手稿》第四集。

禅宗在中国：它的历史和方法

作于4月；

刊《东西方哲学》三卷1期。

宗密的《神会略传》

作于6月7日；

收入《胡适手稿》第七集卷二。

《胡适文存》四部合印本自序

作于7月；

刊《自由中国》十卷12期(1954.6.16)；

收入1953年台湾远东图书公司出版的《胡适文存》四部合集。

后生可畏(书信)

作于8月8日；

收入《胡适给赵元任的信》。

校赵一清《渭水下篇》后记

作于8月9日；

收入《胡适手稿》第三集卷五。

平定张穆《赵戴水经注》校案

作于8月17日—18日；

收入《胡适手稿》第五集。

跋段玉裁的《东原先生札册跋》
作于8月29日；
收入《胡适手稿》第一集卷二。

关于宋明刊本《水经注》
作于9月30日；
刊台湾《大陆杂志》七卷6期；
收入《胡适手稿》第四集。

“二尺六寸”与“三尺六寸”（关于《水经注》叙昆仑墟高度的考异）
作于10月13日；
收入《胡适手稿》第六集卷二。

吴琯刻本《水经注》四十卷
作于11月；
收入《胡适手稿》第四集。

追念吴稚晖先生
作于11月24日；
刊台湾《自由中国》十卷1期（1954.1.1）；
收入《胡适选集》人物分册。

1954年

游仙子诗，祝黄晴园（纯青）八十大寿（诗）
作于2月25日；
收入《胡适手稿》第十集“未收的诗稿”。

《四十自述》自由中国版自记
作于2月26日；
收入台北六艺出版社1954年3月出版的《四十自述》。

从“奴役之路”说起
3月5日在《自由中国》社欢迎茶话会上的演说词；
刊《自由中国》十卷6期。

台北空气（书信）
作于3月8日；
收入《胡适给赵元任的信》。

中国古代政治思想史的一个新看法
3月12日在台湾大学讲；
刊3月13日台北《中央日报》；
收入《胡适演讲集》和《胡适哲学思想资料选》。

白话文的意义
3月15日在台湾省立一女中讲；
刊3月16日台北《中央日报》；
收入《胡适之、梅贻琦先生演讲词》。

美国的民主制度
3月17日在台北“联合国中国同志会”座谈会上讲；
刊《大陆杂志》八卷6期。

《明清名贤百家书札真迹》序
作于4月4日；
刊《自由中国》十卷12期；
收入台北文星丛刊《胡适选集》序言分册。

中国思想史上的怀疑精神
作于4月；
提交哥伦比亚大学年会论文（参见《胡适先生年谱简编》）。

老子其人其书的年代考证
作于4月；
提交哥伦比亚大学所属东方学会及远东学会联合年会论文。

给一些年轻人做个榜样（书信）
作于5月24日；
收入《胡适给赵元任的信》。

跋《清代学人书札诗笺十二册》
作于5月26日；
刊《大陆杂志》二十一卷1、2期合刊。

大明实录
作于5月31日；
见《胡适先生年谱简编》。

容闳毕业一百年后
6月13日在耶鲁大学“容闳毕业一百年纪念会”讲；
收入《胡适演讲集》。

《清代学人书札诗笺》第二跋
作于8月13日。

“宁鸣而死，不默而生”
作于9月3日；
刊《自由中国》十二卷7期。

与杨联升洪煨莲讨论《水经注》的通信（四封）
作于10月11日、12日，11月13日、15日；
收入《胡适手稿》第六集卷一。

所谓《全氏双韭山房三世校本水经注》
作于11月21日；
刊《清华学报》新一卷1期（1956.6台北出版）；
收入《胡适手稿》第六集卷二。

司徒雷登著《在中国五十年》序
作于10月；
收入台北《大华晚报》社1954年12月出版的《在中国五十年》。

记袁廷梼过录的宋元祐刻本（《水经注》）的原题记
作于11月；
收入《胡适手稿》第四集。

说史
作于11月28日；
刊《大陆杂志》十七卷11期（1958.12.15）。

介绍一本最值得读的自传（《沈宗瀚的克难苦学记》序）
作于12月13日；
刊《自由中国》十二卷1期（1955.1）。

1955年

跋全谢山《答陶稚中编江苏省志书》
作于4月1日；
收入《胡适手稿》第六集卷一。

会费正清（书信）
作于4月13日；
收入《胡适给赵元任的信》。

陆长源的《辨疑志》
作于4月24日；
收入《胡适手稿》第九集。

一封拼字信
作于4月28日；
收入《胡适给赵元任的信》。

日程
作于5月3日；
收入《胡适给赵元任的信》。

复洪业讨论《水经注》信
作于5月12日；
收入《胡适手稿》第六集卷一。

乍可
作于6月27日；
收入《胡适手稿》第九集卷下。

朱家骅、蒋廷黻（书信）
作于7月2日；
收入《胡适给赵元任的信》。

朱家骅病情（书信）
作于7月9日；
收入《胡适给赵元任的信》。

赵一清《水经注释》的校刻者曾用戴震校本校改赵书吗？
7月14日改定；
收入《胡适手稿》第三集卷五。

董作宾去香港赚高薪（书信）
作于8月3日；
收入《胡适给赵元任的信》。

我们都老了（书信）
作于8月21日；
收入《胡适给赵元任的信》。

赵氏《水经注释》
作于9月7日；
收入《胡适手稿》第六集卷二。

不可解一则（关于《水经注》）
作于9月16日；
收入《胡适手稿》第六集卷二。

隐喻举例事（书信）
作于10月10日；
收入《胡适给赵元任的信》。

鲁迅若还活着（书信）
作于10月23日；
收入《胡适给赵元任的信》。

《努力周报》与"科学与玄学"的论争
刊1956年12月台北《国立中央研究院院刊》第3期；
收入《丁文江的传记》。

"独立评论"
刊台北《国立中央研究院院刊》第3期；
收入《丁文江的传记》。

《日本的幽默》序
作于11月14日；
收入董显光《日本的幽默》（1955年作者自印本）。

四十年来中国文艺复兴运动留下的抗暴消毒力量——中共清算胡适思想的历史意义
作于12月；
收入《胡适手稿》第九集。

所谓"汉学""支那学家"
作于12月19日；
收入《胡适给赵元任的信》。

《碛砂藏经》序
作于12月31日；
参见《胡适先生年谱》。

1956年

张景文事（书信）
作于2月7日；
收入《胡适给赵元任的信》。

再谈张景文事（书信）
作于2月14日；
收入《胡适给赵元任的信》。

胡适之先生的一封信
作于4月1日；
刊《自由中国》十四卷8期（1956.4.16）；
收入台北《胡适选集》书信分册。

丁在君与徐霞客
刊《自由中国》十四卷9期（1956.5.1）；
收入《丁文江的传记》。

冬秀不愿西来（书信）
作于4月29日；
收入《胡适给赵元任的信》。

新文学·新诗·新文字

作于6月2日；
刊美国《生活》半月刊119期（1956.7.16）。

高本汉的一个讨论（书信）
作于7月20日；
收入《胡适给赵元任的信》。

冬秀决定不来（书信）
作于8月5日；
收入《胡适给赵元任的信》。

丁在君留英纪实
刊《自由中国》十五卷5期（1956.9.1）；
收入《丁文江的传记》题为《在英国留学七年》。

《四十自述》台北版自记
作于8月；
《四十自述》台北远东书店1956年出版。

沈宗瀚的《中年自述》序
作于8月29日；
刊《传记文学》三卷6期。

大宇宙中谈博爱
9月1日在留美同学夏令大会上讲；
刊香港《灯塔》第8期（1957.2.1）。

述艾森豪威尔总统的两个故事给总统祝寿
作于10月21日；
刊《自由中国》十五卷9期；
收台北《胡适选集》人物分册。

破例送生日贺礼（书信）
作于10月31日；
收入《胡适给赵元任的信》。

坦白书（书信）
作于11月18日；
收入《胡适给赵元任的信》。

封演《封氏闻见记》（札记）
收入《胡适手稿》第九集。

1957年

戴震试补《渭水中篇》的脱文
作于2月12日；
收入《胡适手稿》第一集卷一。

中基会事（书信）
作于2月14日；
收入《胡适给赵元任的信》。

休养和修养（书信）
作于4月29日；
收入《胡适给赵元任的信》。

以后不敢再打电话了（书信）
作于6月1日；
收入《胡适给赵元任的信》。

先得顾到史学“老辈”（书信）
作于6月19日；
收入《胡适给赵元任的信》。

中研院提名内幕（书信）
作于7月8日；
收入《胡适给赵元任的信》。

方豪、吴相湘等等（书信）
作于7月20日；
收入《胡适给赵元任的信》。

跋孙锵原校全氏七校《水经注》本的后记
作于7月13日—23日；
收入《胡适手稿》第二集。

俞平伯的《红楼梦辨》
作于7月23日；
收入《胡适手稿》第九集中。

从陈伯庄之死到被围剿（书信）
作于7月26日；
收入《胡适给赵元任的信》。

抵抗力差了（书信）
作于8月29日；
收入《胡适给赵元任的信》。

致严耕望
作于9月11日；
收入周法高编《近代学人手迹》（初集，1962.6台北文星书店出版）。

致陈之藩
作于10月15日；
收入陈之藩《在春风里》（1962.9台北文星书店出版）。

还是中研院内幕（书信）
作于10月22日；
收入《胡适给赵元任的信》。

致姜贵
作于12月8日；
收入姜贵《旋风》（1959.6台北明华书局出版）。

跋《梁任公论戴校水经注》
收入《胡适手稿》第一集卷三。

《胡适留学日记》台北版自记
作于12月31日；
《胡适留学日记》台北商务印书馆1959年3月重版。

1958年

院士原要组织而出（书信）
作于1月4日；
收入《胡适给赵元任的信》。

《中国古代哲学史》（即《中国哲学史

大纲》卷上）台北版自记
作于1月10日；
见《中国古代哲学史》，台北商务印书馆1958年重版。

关于戴震的官本《水经注》的杂件
作于1月15日；
收入《胡适手稿》第一集卷四。

记《永乐大典》目录六十卷
作于2月9日；
收入《胡适手稿》第六集卷二。

《洪武正韵》的韵目
作于2月9日；
收入《胡适手稿》第六集卷二。

中国哲学的创始者
3月4日在哥伦比亚大学"东方学术座谈会"上讲；
收入《胡适演讲集》。

中国文化史上一种科学治学方法的发展研究
3月14日在耶鲁大学讲；
收入《胡适演讲集》。

就任中央研究院院长致词
4月10日讲；
收入《胡适演讲集》。

致余序洋
作于4月12日；
见1962年3月2日台北《中央日报》余序洋《哀悼胡适之先生》。

历史科学的方法
4月26日在台北"中国地质学会年会"上讲；
刊《地质学会会刊》第2期（1959.3）；
收入《胡适演讲集》和《胡适哲学思想资料选》。

盼来台（书信）
作于4月30日；
收入《胡适给赵元任的信》。

中国文艺复兴运动
5月4日在台北"中国文艺协会"讲；
收入《中国文艺复兴运动》（台北"中国文艺协会"编，1961.5.4出版）和《胡适演讲集》。

谈谈大学
5月7日在东海大学的谈话；
刊台北《东海大学校刊》第13期（1958.5.15）；
收入台北《胡适选集》演说分册。

致余耕荪
作于5月13日；
刊1962年2月28日台北《中央日报》。

从争取言论自由谈到反对党
5月27日在台北“自由中国”社餐会席上讲；
刊《自由中国》十八卷11期。

《中国新文学运动小史》自序
作于6月3日；
《中国新文学运动小史》包括《中国新文学大系·建设理论集导言》和《逼上梁山》两文，1958.6台北启明书店出版。

大学的生活
6月5日在台湾大学法学院讲；
刊6月9日台北《大学新闻》和《台湾青年》6月号。

有证据的知识，才是真正的知识
6月9日在台北“中央研究院”三十周年纪念会上讲；
收入《胡适演讲集》。

《梁任公先生年谱长编》序
作于6月10日；
刊《自由中国》十九卷2期（1958.7.16）。

从中国思想史上谈反共运动
刊6月14日台北《中央日报》。

冲绳岛上口占（即《赠钮永健》诗）
作于6月16日；
刊《大陆杂志》十八卷2期；
收入《胡适手稿》第十集“未收的诗稿”。

中国文艺复兴，人的文学，自由的文学
刊台北《文坛》第2期。

《水经》疑案与冬秀麻烦（书信）
作于7月9日；
收入《胡适给赵元任的信》。

菩提达摩南宗定是非论（敦煌写本照片的说明及短跋）
作于7月31日；
收入《胡适手稿》第七集卷一。

《宋高僧传》里的《唐洛京荷泽寺神会传》
作于8月4日；
收入《胡适手稿》第七集卷二。

关于“开元二十年”的一条小注
作于8月17日；
收入《胡适手稿》第七集卷一。

我不勉强她回去（书信）
作于8月20日；
收入《胡适给赵元任的信》。

统计研究法（书信）
作于8月25日；
收入《胡适给赵元任的信》。

活的语言　活的文学

刊台北《中国语文》三卷2期(1958.8)。

《大般涅槃经》里极端排斥女人的话
作于9月9日;
收入《胡适手稿》第九集。

搬家之苦(书信)
作于9月9日;
收入《胡适给赵元任的信》。

讲学细节(书信)
作于9月15日;
收入《胡适给赵元任的信》。

《施植之先生早年回忆录》序
作于10月22日;
刊《自由谈》十一卷1期(1960.1)。

《顿悟无生般若颂》的全卷
作于11月17日;
收入《胡适手稿》第七集卷一。

新校定敦煌写本神会和尚遗著两种
作于11月20日;
刊《史语所集刊》第29本。

怀念洪兰友先生
刊11月24日台北《大华晚报》。

江阴南菁书院小史
作于11月27日;
刊《大陆杂志》第十八卷12期(1959.6.30)。

记熊会贞晚年才用《水经注》《永乐大典》本、残宋本及明抄本来勘他的《水经注疏》
作于12月1日;
收入《胡适手稿》第五集。

《师门五年记》后记
作于12月7日;
收入1958年12月自印本《师门五年记》。

基本科学研究与农业
刊12月8日台北《中央日报》。

中国文化
刊12月9日《台湾新生报》。

贬天子
作于12月12日;
收入《胡适手稿》第九集。

胡适畅谈禅宗并述寻神会和尚经过
刊12月17日台北《公论报》。

胡适谈考据神会和尚的故事
刊12月17日台北《中华日报》。

胡适的自传(英语口述,唐德刚翻译)
《传记文学》第33卷2期起连载;
收入《胡适哲学思想资料选》(华东师大出版社版)。

1959 年

一个人生观

刊1月8日台北《中央日报》。

胡适谈赵元任

刊1月12日台北《中华日报》。

林肯一百五十年的生日纪念

作于1月29日；

刊《自由中国》二十卷4期(1959.2.16)。

答《虚云和尚年谱疑义》

刊2月5日台北《中央日报》。

王梵志的道情诗

作于2月13日；

收入《胡适手稿》第九集。

致刘真

作于2月13日；

见《自由谈》十三卷4期刘真《适之先生二三事》(1962.4.1)。

给胡光麃的信

作于2月13日；

刊《传记文学》二十七卷1期。

跋合众图书馆藏的林颐山论"编辑全校郦书"的函稿

作于2月22日；

收入《胡适手稿》第二集。

假历史与真历史——用四百年《水经注》的研究史作说明的例子

作于2月24日；

收入《胡适手稿》第一集卷四。

沈大成校《水经注》的四跋

作于2月27日；

收入《胡适手稿》第四集。

纪念林肯的新意义

作于2月；

刊台北《今日世界》1、6、8期。

文学革命的经过

2月28日录音；

见《胡适先生年谱简编》。

致桂裕

作于2月28日；

见《传记文学》二卷 3 期胡颂平《适之先生博士学位及其他》。

史语所藏的杨希闵过录的何焯沈大成两家的《水经注》校本

作于3月2日；

收入《胡适手稿》第四集。

跋中央研究院历史语言研究所藏的《毅军函札》中的袁克定给冯国璋的手札

作于3月4日；
收入吴相湘主编《中国现代史丛刊》第一册（1960年3月台北正中书局出版）。

胡适之先生给《自由中国》编辑委员会的一封信
作于3月5日；
刊《自由中国》二十一卷11期。

杜子恭——孙泰——孙恩
作于3月；
收入《胡适手稿》第九集。

记乾隆殿本《汉书》
作于3月27日；
收入《胡适手稿》第九集。

杨联升病情（书信）
作于4月28日；
收入《胡适给赵元任的信》。

致陈之藩
作于5月2日；
收入陈之藩《在春风里》（1962.9台北文星书店出版）。

记日本"入唐求法"诸僧的目录里的"南宗"资料
作于5月4日；
收入《胡适手稿》第七集卷二。

兴福寺永超的《东城传灯目录》里的"南宗"资料
作于5月4日；
收入《胡适手稿》第七集卷二。

《三珠戏语》与珠算的年代
作于5月5日；
收入《胡适手稿》第九集。

数术记遗
作于5月8日；
收入《胡适手稿》第九集。

"深沙神"在唐朝的盛行
作于5月9日；
收入《胡适手稿》第八集卷三。

注《汉书》的薛瓒（上下篇）
作于3月27日和5月15日；
刊台湾《清华学报》新二卷1期（1960.5）。

陈伯庄《三十年存稿》序
作于5月31日；
见《三十年存稿》，1959年8月在香港自印（陈伯庄即留美同学陈延寿）。

记郭象的自然主义
作于6月1日；
收入《胡适手稿》第九集。

赠高天成（诗）

作于6月4日；
收入《胡适手稿》第十集。

关于江阴南菁书院的史料
作于6月；
刊《大陆杂志》十八卷12期；
收入《胡适手稿》第二集。

院士难集（书信）
作于6月6日；
收入《胡适给赵元任的信》。

论初唐盛唐还没有雕板书
作于6月24日；
刊《自由中国》半月刊二十一卷1期。

中国哲学里的科学精神与方法
7月7日在夏威夷大学讲，
见《胡适先生年谱简编》。

杜威在中国
7月16日在夏威夷大学讲；
刊《自由中国》二十一卷4期；
收入《胡适演讲集》。

中基会新议案（书信）
作于9月27日；
收入《胡适给赵元任的信》。

杜威的哲学思想
10月20日在台北“中国教育学会”和“中国哲学会”讲；
收入《胡适演讲集》。

致袁瓞
作于10月25日；
刊1962年2月25日台北《民族晚报》。

采旅，采稆，采穞
作于10月27日；
收入《胡适手稿》第九集。

跋金门新发现《皇明监国鲁王圹志》
作于10月31日；
刊11月14日台北《中华日报》和《台湾风物》十卷1期。

收徒弟的哲学（书信）
作于11月5日；
收入《胡适给赵元任的信》。

记美国医学教育与大学教育的改造者弗勒斯纳先生
作于11月9日；
刊《自由中国》二十一卷10期（1959.11.16）。

试补刘昫《唐书·肃宗纪》阙文一页
作于11月11日；
收入《胡适手稿》第九集。

记美国普林斯顿大学的葛思德东方书

库藏的《碛砂藏经》原本
作于11月16日；
刊《大陆杂志》十九卷10期；
收入《胡适手稿》第八集卷三。

北宋惟白和尚关于《西天祖师偈颂来历》及《宝林传圣胄集》等书的记载
作于11月19日；
收入《胡适手稿》第七集卷三。

容忍与自由
11月20日在《自由中国》十周年纪念会上讲；
刊《自由中国》二十一卷11期。

崔令钦
作于11月24日；
收入《胡适手稿》第九集。

《吕氏春秋》可能是二十六篇被割裂成为一百六十篇的
作于11月26日；
收入《胡适手稿》第九集。

科学精神与科学方法
11月29日在台北"教育部教育科学委员会"及"中华科学协进会"讲；
刊11月30日台北《中央日报》；
收入《胡适演讲集》。

文化交流的感想
11月30日在美国远东文化会议讲；
收入《胡适演讲集》。

给周法高的两封信
作于11月30日和12月1日；
收入《近代学人手迹》（1962.6台北文星书店版）和《胡适手稿》第九集。

跋《宝林传》残本七卷
作于11月尾；
收入《胡适手稿》第七集卷三。

给胡健中讨论《虚云和尚年谱》的信
作于12月2日；
刊12月5日台北《中央日报》和《自由中国》二十一卷12期。

新闻记者的修养
12月8日在台北世界新闻学校讲；
收入《胡适演讲集》。

给雷震讨论《虚云和尚年谱》的信
作于12月9日；
刊《自由中国》二十一卷12期（1959.12.16）。

找书的快乐
12月27日在台北"中国图书馆学会"年会讲；
收入《胡适演讲集》。

中国教育史的资料
12月27日在台北“中国教育学会”等联合年会上讲；
收入《胡适演讲集》。

致《中央日报》
作于12月25日；
刊12月26日台北《中央日报》。

与入矢义高讨论《神会语录》的信（六封）
作于4月22日—12月14日；
收入《胡适手稿》第八集卷三。

略记赵戴两家《水经注》的一些不大相同之处
收入《胡适手稿》第四集。

1960年

致胡健中
作于1月4日；
刊1月12日台北《中央日报》。

解禅师与韶州广果寺
作于1月6日；
收入《胡适手稿》第七集。

王国维《水经注笺跋》后记
作于1月9日；
收入《胡适手稿》第五集。

三勘《虚云和尚年谱》
刊1月12日台北《中央日报》。

致刘峙
作于1月12日；
见台北《传记文学》二卷3期（1963.3.1）胡颂平《适之先生博士学位及其他》。

有关禅宗早期历史的唐代原始资料，应作一系统的研究
作于2月5日；
收入《铃木大拙九十岁纪念论文集》。

禅宗史的假历史与真历史
作于2月9日；
收入《胡适手稿》第七集。

所谓“六祖心偈”的演变
作于2月9日；
见《胡适先生年谱简编》。

终身做科学实验的爱迪生
作于2月11日；
刊2月13日台北《中央日报》。

《全唐文》里的禅宗假史料
作于2月11日；
收入《胡适手稿》第七集。

张佩纶的《涧于日记》
作于2月16日；
收入《胡适手稿》第九集。

章钰《读书敏求记校证》里的郦道元《水经注》四十卷

作于2月17日；
收入《胡适手稿》第六集。

《涧于日记》里的薛福成与薛刻全校《水经注》

作于2月17日；
收入《胡适手稿》第六集卷二。

神会和尚语录的第三个敦煌写本:《南阳和尚问答杂征义：刘澄集》

作于3月16日；
收入《史语所集刊》外编《庆祝董作宾先生六十五岁论文集》上册（1960.6台北）。

北平图书馆的两个敦煌本

作于4月5日；
见《胡适先生年谱简编》。

校写《五更转》后记

作于4月12日；
见《胡适先生年谱简编》。

读程天放先生的《美国论》后记

作于4月16日；
刊台北4月18日《中央日报·学人》162期；
收入《美国论》1960.4正中书店修正版。

云谣集（杂曲30首）

4月8日—18日抄录、校注并写按语；
收入《胡适手稿》第十集。

《丁文江的传记》校勘后记

作于4月20日；
收入6月台北启明书店再版的《丁文江的传记》。

记《永宪录》排印本

作于4月23日；
收入《胡适手稿》第九集。

《永宪录》里与红楼梦故事有关的事

收入《胡适手稿》第九集。

《清末民初洋学学生题名录初辑》序

作于4月30日；
刊台北《新时代》创刊号。
《清末民初洋学学生题名录初辑》由台北近代史研究所1962.4出版。

与入矢义高讨论神会语录的信（三封，其中讨论《五更转》时修正了原先《词的起源》说）

作于1月15日—5月26日；
收入《胡适手稿》第八集卷三。

胡适讲"五四"运动

刊5月5日台北《中央日报》。

东西
作于5月25日；
收入《胡适手稿》第九集。

致《情报知识》编者的信
作于6月6日；
刊《情报知识》二卷1期。

与周法高论所谓景宋宝祐《五灯会元》的底本的信
作于6月7日；
收入《胡适手稿》第八集卷二。

梅贻琦得癌（书信）
作于6月12日；
收入《胡适给赵元任的信》。

与黄彰健论刘世珩翻刻《五灯会元》的年代的信
作于6月14日；
收入《胡适手稿》第八集卷二。

唐中岳沙门《释法如禅师行状》批注
作于6月21日；
收入《胡适手稿》第八集卷三。

记中央图书馆藏的宋宝祐本《五灯会元》
作于6月28日；
收入《胡适手稿》第八集卷二。

论刘世珩翻刻《五灯会元》的“贞治马儿年”
6月28日留存附记；
收入《胡适手稿》第八集卷二。

从二千五百年前的弭兵会议说起
作于7月3日；
刊《大陆杂志》二十一卷 3 期（1960.8.15）。

中国的传统与将来
7月10日在华盛顿大学讲；
刊7月21—23日台北《中央日报》。

《五灯会元》的三个版本系统
作于7月；
收入《胡适手稿》第八集。

王荆公的有为主义
作于8月29日；
收入《胡适手稿》第九集。

提倡现代史研究（致黄夫人的信）
作于10月9日；
见《中国现代史丛刊》第四册（1962.3台北正中书局出版）；
收入《胡适选集》书信分册。

读《亦云回忆》原稿致作者函
作于10月9日；
刊《传记文学》四卷3期（1964.3）。

《詹天佑先生年谱》序

作于11月19日；

刊台北《作品》一卷12期(1960.12.1)。

《詹天佑先生年谱》，凌鸿勋编，1961.1台北“中国工程师学会”出版。

所谓“曹雪芹小像”的谜

作于11月22日；

刊《海外论坛》二卷1期和《新时代》一卷4期；

收入《胡适手稿》第九集。

致姚从吾

作于11月23日。

关于《红楼梦》的四封信（一、致苏雪林；二、致高扬；三、致高扬；四、致苏雪林、高扬）

作于11月—1961年1月；

刊台湾《作品》二卷2期（1961.2)；

收入文星丛刊《胡适选集》书信分册。

《续传灯录》的作者居顶和尚

作于12月4日；

收入《胡适手稿》第八集卷二。

《紫柏老人集》十三

作于12月5日；

收入《胡适手稿》第八集。

记宋宝祐刻本《五灯会元》的刻工

作于12月11日；

收入《胡适手稿》第八集卷二。

记《恭仁山庄善本书影》里的《五灯会元书影》

作于12月11日；

收入《胡适手稿》第八集卷二。

南宋以后的五山十刹与日本的五山十刹

作于12月19日；

收入《胡适手稿》第八集卷二。

杨守敬《留真谱》初编里的《五灯会元书影》

作于12月21日；

收入《胡适手稿》第八集卷二。

宝祐本的抄补与配补

作于12月21日；

收入《胡适手稿》第八集卷二。

记宋斩本容安书院藏与求古楼藏贞治戊申刻本《五灯会元》

作于12月21日；

见《胡适先生年谱简编》。

京师大学堂开办的日期——北大的校庆究竟该在哪一天？

作于12月26日；

刊台湾《民主潮》十一卷1期（1961.1.1)。

陆长庚西星的年岁

作于12月27日；

收入《胡适手稿》第九集。

1961年

胡适致入矢义高（讨论“太公家教”）

作于1月5日；

收入《胡适手稿》第八集卷三。

《金石录》里的禅宗传法史料

作于1月6日；

收入《胡适手稿》第七集卷二。

四十年来的文学革命

1月10日在台北美军军官眷属俱乐部讲；

收入《胡适演讲集》。

与柳田圣山论禅宗史纲领的信

作于1月15日；

收入《胡适手稿》第七集卷一。

长期科学发展的责任与远路

1月29日在台北“国家长期发展科学委员会”会议上的开幕词；

刊《新时代》一卷2期。

谈谈四健会的哲学

刊2月4日台北《公论报》。

豆棚闲话（书信）

作于2月4日；

收入《胡适给赵元任的信》。

追忆泰戈尔在中国

作于2月4日；

刊《自由中国评论》十一卷8期(1961.8)；

收入《胡适手稿》第九集。

《豆棚闲话》小序

作于2月4日；

《豆棚闲话》，艾衲居士编，1961年4月台北启明书局出版。

《佛法金汤篇》记朱熹与开善道谦的关系

作于2月5日；

收入《胡适手稿》第七集卷三。

影印《乾隆甲戌脂砚斋重评石头记》的缘起

作于2月12日；

收入《乾隆甲戌脂砚斋重评石头记》胡适自印本（1961.5.10）。

胡天猎先生影印《乾隆壬子年活字版百二十回红楼梦》序

作于2月12日；

载《大学生活》十八卷四期（香港）；

收入《胡适手稿》第九集。

增订《清朝进士题名录》序

刊《新时代》一卷2期（1961.2.15）。

跋《红楼梦书录》

作于2月15日—17日；

收入《胡适手稿》第九集。

致杨亮功

作于2月15日；

见台北《传记文学》二卷3期（1963.3）杨亮功《胡适之先生与中国公学》。

元僧熙仲的《历代释氏资鉴》十二卷《续藏经》乙第五套第一册

作于2月20日；

收入《胡适手稿》第七集卷三。

跋毛子水藏的有正书局石印的戚蓼生序本《红楼梦》的小本子

作于5月6日；

收入《胡适手稿》第九集。

跋乾隆甲戌脂砚斋重评《石头记》影印本

作于5月18日；

刊台北《作品》二卷6期（1961.6.1）。

再记《五山十刹》

作于5月21日；

收入《胡适手稿》第八集卷二。

清圣祖的保母不止曹寅母一人

收入《胡适手稿》第九集。

康熙朝的杭州织造

作于5月23日；

收入《胡适手稿》第九集。

衢州府有白居易“传法堂碑”

作于5月23日；

收入《胡适手稿》第七集卷三。

《四进士》戏本

作于5月24日；

刊台北《中国一周》第621期（1962.3.19）改题《胡适与齐如山谈〈四进士〉》。

收入《胡适手稿》第九集。

致张敬原

作于5月29日；

见台北《新时代》二卷10期张敬原《胡适之先生的人口言论》。

院士提名不够分量（书信）

作于6月16日；

收入《胡适给赵元任的信》。

周鲠生病情（书信）

作于7月1日；

收入《胡适给赵元任的信》。

十殿阎王

作于7月18日；

收入《胡适手稿》第八集。

记日本最近八十年中校印的四部《大藏经》
作于7月下旬；
收入《胡适手稿》第八集卷三。

得急性肠炎（书信）
作于8月2日；
收入《胡适给赵元任的信》。

儒人
作于8月5日；
收入《胡适手稿》第九集。

慧宗与灵坦都是神会的弟子?
作于8月13日；
刊台北《史语所集刊》第三十四本上册；
收入《胡适手稿》第七集。

跋裴休的《唐故圭峰定慧禅师传法碑》
作于8月16日；
刊《史语所集刊》第三十四本上册；
收入《胡适手稿》第七集卷二。

周法高落选（书信）
作于8月20日；
收入《胡适给赵元任的信》。

白居易《唐东都奉国寺禅德大师照公塔铭》
作于8月中下旬；
刊《史语所集刊》第三十四本；
收入《胡适手稿》第七集卷二。

宗密自记他得《园觉经》及后来作疏的始末
作于8月22日；
收入《胡适手稿》第七集卷二。

给周法高的信
作于8月28日；
收入《胡适给赵元任的信》。

《朱子语略》二十卷
作于8月29日；
收入《胡适手稿》第九集。

伦敦大英博物院藏的十一本《阎罗王授记经》
作于8月29日；
收入《胡适手稿》第八集。

怀念曾慕韩先生
作于9月6日；
刊《民主潮》十一卷18期。

顾炎武《山东考古录》四条（辨高里山、原鬼、考碧霞原君、辨肃然山）
作于9月；
收入《胡适手稿》第八集。

唐临《冥报记》里的泰山，泰山府君，阎罗天子

作于9月16日；
收入《胡适手稿》第八集卷一。

安世高译经，有时用“泥犁”（Niraya）的音译，有时用“泰山地狱”的意译
作于10月3日；
收入《胡适手稿》第八集。

大目乾连冥间救母变文
作于10月7日；
收入《胡适手稿》第八集。

《佛说妙好宝车经》
作于10月7日；
收入《胡适手稿》第八集。

提谓波利经
作于10月7日；
收入《胡适手稿》第八集。

记嵩山老女
作于10月8日；
收入《胡适手稿》第七集。

致黄彰健
作于10月9日；
收入《近代学人手迹》（1962.5台北文星书店出版）。

嵩山（会禅寺）故大德净藏禅师身塔铭
作于10月12日；
收入《胡适手稿》第七集卷一。

致陈槃
作于10月12日；
见《近代学人手迹》。

致叶明勋夫妇
作于10月18日；
刊10月22日台北《大华晚报》。

记李朝正《重建禅门第一祖菩提达摩大师碑阴文》
作于10月24日；
收入《胡适手稿》第七集卷三。

韩镜塘先生藏的《段氏二妙集》十一卷目
作于10月24日；
收入《胡适手稿》第九集。

致高崇武夫妇
作于10月25日；
见《传记文学》二卷3期（1963.3）胡颂平《适之先生的博士学位及其他》。

沈德符《野获编》二七记明朝的《僧家考祖》
作于10月27日；
收入《胡适手稿》第八集卷二。

郎瑛《七修类稿》
作于10月28日；
收入《胡适手稿》第八集卷二。

黄溍《金华黄先生集》里的“五山十刹”
作于10月30日；
收入《胡适手稿》第八集卷二。

《七修类稿》里的“六祖”
作于10月30日；
收入《胡适手稿》第七集卷三。

虞集道《园学古录》四十九、《晦机禅师塔铭》（笔记）
作于11月1日；
收入《胡适手稿》第八集卷二。

题刘铨福家的“竹楼藏书图”
作于11月3日；
收入《胡适手稿》第九集，又见《乾隆甲戌脂砚斋重评石头记》影印本。

《宋濂文集》里的“教寺”
作于11月15日；
收入《胡适手稿》第八集卷二。

教院“五山十刹”
作于11月15日；
见《胡适先生年谱简编》。

智𫖮的《妙法莲华经文句》卷四下
收入《胡适手稿》第八集。

支谦译的《四愿经》
收入《胡适手稿》第八集。

最后一封信
作于12月9日；
收入《胡适给赵元任的信》。

1962年

胡适之先生的来信
作于2月1日；
刊2月23日台北《中央日报》副刊；
收入文星丛刊《胡适选集》书信分册。

致夏涛声
作于2月19日；
见《民主潮》十二卷5期（1962.3.1）夏涛声《敬悼适之先生》；
收入文星丛刊《胡适选集》书信分册，署名适之。

《红楼梦》问题最后一信
作于2月20日；
刊台北《作品》三卷4期（1962.4.1）；
收入《胡适选集》书信分册。

胡适著译目录

中国哲学史大纲（卷上）

上海商务印书馆 1919 年 2 月初版。1929 年改名《中国古代哲学史》作为“万有文库”本出版。

全书 112 篇，附录：《诸子不出于王官论》。

中国哲学史大纲（卷中）

北京大学出版部 1919 年出版。

全书共 7 章，系《中古哲学史》的前 7 章。

短篇小说第一集（翻译）

上海东亚图书馆 1919 年 10 月初版，1936 年出至 20 版。

目次：译者自序（1919.9）；最后一课（都德作，原译《割地》）；柏林之围（都德作）；梅吕哀（莫泊桑作）；二渔夫（莫泊桑作）；杀父母的儿子（莫泊桑作，原译《弑父之儿》）；一件美术品（契诃夫作）；百愁门（英国吉百龄作）；爱情与面包（瑞典史特林堡作）；一封未寄的信（意大利卡德奴勿作）。附：论短篇小说。同年 11 月再版时增加了：他的情人（高尔基作）。

尝试集（诗集）

上海亚东图书馆 1920 年 3 月初版。

目次：自序（即《我为什么要做白话诗》，1919.8.1）；序（钱玄同，1918.1.10）。

第一编：尝试篇；孔丘；蝴蝶；赠朱经农；他；中秋；虞美人——戏朱经农；江上；黄克强先生哀辞；十二月五夜月；沁园春——二十五岁生日自寿；病中得冬秀书；论诗杂记（三首）；寒江；“赫贞旦”答叔永；生查子；景不徙篇；沁园春——新俄万岁；朋友篇（寄怡荪、经农）；文学篇（别叔永、杏佛、觐庄）；百字令（七月三夜太平洋舟中见月有怀）。

第二编：一念；鸽子；人力车夫；

老鸦；三溪路上大雪里一个红叶；新婚杂诗(二——五首)；老洛伯(译诗)；四月二十五夜；看花；你莫忘记；如梦令（三首）；十二月一日奔丧到家；关不住了！(译诗)；希望（译诗）；应该；送叔永回四川；一颗星儿；威权；小诗；自题《藏晖室札记》十五册汇编；我的儿子；乐观；上山；周岁；一颗遭劫的星。

附录《去国集》：自序（1916.7）；去国行(二首)；翠楼吟——庚戌重九；水龙吟——绮色佳秋暮；耶稣诞节歌；大雪放歌；久雪后大风寒甚作歌；哀希腊歌（译诗）；游影飞儿瀑泉山作；自杀篇；送许肇南归国；墓门行（译诗）；满庭芳；水调歌头——今别离；临江仙；将去绮色佳(叔永以诗赠别。作此奉和。即以留别)；沁园春——别杨杏佛；送梅觐庄往哈佛大学：相思；秋声；秋柳：沁园春——誓诗。

1920年9月再版。作《再版自序》(1920.8.4)。第二编增加：示威?；纪梦；蔚蓝的天上；许怡荪；外交；一笑。

1922 年 10 月四版作了较大的增删。删去钱玄同《序》、初版和再版《自序》，将《五年八月四日答任叔永》作为“代序一”，《尝试篇》作为“代序二”，新写了《四版自序》(1922.3.10)。除《去国集》外，全书分为三编。

第一编删去：孔丘；他；虞美人——戏朱经农；论诗杂记（三首）；寒江；沁园春——新俄万岁。

第二编将《许怡荪》、《一矢》移入第三编，删去：一念；人力车夫；新婚杂诗（四首）；四月二十五夜；看花；送叔永回四川；自题《藏晖室札记》十五册汇编；我的儿子；周岁；示威？；纪梦；蔚蓝的天上；外交。

第三编添加：我们三个朋友；湖上；艺术；例外；梦与诗；礼；十一月二十四夜；我们的双生日；醉与爱；平民学校校歌；四烈士塚上的没字碑歌；死者；双十节的鬼歌；希望；晨星篇。

附录《去国集》删去：去国行（二首）；翠楼吟；水龙吟；游影飞儿瀑泉山作；送许肇南归国；墓门行；水调歌头。新添：老树行。

1933 年出至 14 版，1940 年出至 16 版。1982 年上海书店根据亚东四版复印。1984 年 2 月人民文学出版社根据四版重排，并将各版删去的部分附于书后。

胡适文存（第一集，共四卷）

上海亚东图书馆1921年12月初版。

目次：序例。

卷一：寄陈独秀；文学改良刍议；寄陈独秀；历史的文学观念论；答钱玄同书；建设的文学革命论；论文学改革的进行程序；答汪懋祖；答朱经农；答任叔永；跋朱经农来信；致蓝

志先书；答蓝志先书；论句读符号；答黄觉僧君《折衷的文学革命论》；请颁行新式标点符号议案；论短篇小说；文学进行观念与戏剧改良；追答李镰镗君；读沈尹默的旧诗词；谈新诗；《尝试集》自序；《尝试集》再版自序；什么是文学；中学国文的教授；《国语讲习所同学录》序。

卷二：《诗三百篇》言字解；尔汝篇；吾我篇；诸子不出于王官论；《墨子·小取篇》新诂；实验主义；问题与主义；杜威先生与中国；清代学者的治学方法；井田辨；论国故学。

卷三：国语文法概论；《水浒传》考证；《水浒传》后考；《红楼梦》考证。

卷四：归国杂感；易卜生主义；美国的妇人；贞操问题；论贞操问题；论女子为强暴所污；"我的儿子"；不朽；不老；我对于丧礼的改革；新生活；新思潮的意义；工读主义试行的观察；非个人主义的新生活；许怡荪传；李超传；吴敬梓传；先母行述；寄吴又陵先生书；朋友与兄弟；《曹氏显承堂族谱》序；《吴虞文录》序；《林肯》序；一个问题；

终身大事。

1930年第13版时，加了《十三版自序》。

章实斋先生年谱

上海商务印书馆1922年1月初版。1931年经姚名达补订后再版。

先秦名学史（英文版，即留美博士论文《中国古代哲学方法之进化史》）

上海亚东图书馆1922年10月初版。

目次：

绪言　哲学方法与哲学；第一篇　记时代；第二篇　孔子之名学；第三篇　墨家之名学；第四篇　进化论与名学。

上海学林出版社1983年12月译成中文出版。

胡适文存（第二集，共四卷）

上海东亚图书馆1924年11月初版。

目次：

序（1924.9.23）。

卷一：《国学季刊》发刊宣言；发起《读书杂志》的缘起；王莽；记李觏的学说；费经虞与费密；读《楚辞》；古史讨论的读后感；一个最低限度的国学书目；梁任公《墨经校释》序；论墨学；《章实斋年谱》自序；《淮南鸿烈集解》序。

卷二：《科学与人生观》序；孙行者与张君劢；读梁漱溟先生的《东西文化及其哲学》；五十年来中国之文学；五十年来之世界哲学。

卷三：十七年的回顾；祝《白话晚报》；黄黎洲论学生运动；《政治概

论》序；《天乎帝乎》序；我们的政治主张；我的歧路；联者自治与军阀割据；国际的中国；一个平庸的提议；一年半的回顾；与一涵等四位的信；这一周（时事短评 64 则）。

卷四：吴敬梓年谱；《西游记》考证；《镜花缘》的引论；跋《红楼梦考证》；《水浒续集两种》序；《三国志演义》序；高元《国音学》序；赵元任《国语留声片》序；再论中学的国文教学；《中古文学概论》序；评新诗集；《尝试集》四版自序；《蕙的风》序；歌谣的比较的研究法的一个例；北京的平民文学；《国语月刊·汉字改革号》卷头言；读王国维先生的《曲录》。

五十年来之中国文学

上海申报馆 1925 年 3 月初版。

五十年来之世界哲学史

上海申报馆 1925 年 4 月初版。

国语文学史（上卷）

北京文化学社 1927 年 4 月根据“国语讲习所”油印讲义排印。

目次：

一、我为什么要讲国语文学史呢?

二、古文是何时死的?

三、第一期（一）汉朝的平民文学

四、第一期（二）三国六朝

五、第一期（三）唐（上）

六、第一期　唐（中）

七、第一期　唐（下）

八、第一期（四）五代十国的词

九、第一期（五）北宋（1）文与诗

十、第一期　北宋（2）宋词

十一、第一期的白话散文

十二、总论第二期的白话文学

十三、第二期之（1）南宋的诗

十四、第二期之（2）南宋的词

十五、第二期之（3）南宋的白话文

词选（编选，高级中学国语科教材）

上海商务印书馆 1927 年 7 月初版。

目次：

序（1926.9.30）；正文分六编，共选各家词 351 首；附：词的起源。

台北读者书店 1958 年重印，改题《白话词选》。

戴东原的哲学

上海商务印书馆 1927 年 10 月初版。

白话文学史（上卷，根据《国语文学史》改写而成）

新月书店 1928 年 6 月初版（后改由商务印书馆印行）。

目次：

自序（1928.6.5）

引子

第一编　唐以前

第一章　古文是何时死的?

第二章　白话文学的背景
第三章　汉朝的民歌
第四章　汉朝的散文
第五章　汉末魏晋的文学
第六章　故事诗的起来
第七章　南北新民族的文学
第八章　唐以前三百年中的文学趋势
第九章　佛教的翻译文学（上）
第十章　佛教的翻译文学（下）
第二编　唐　朝（上）
第十一章　唐初的白话诗
第十二章　八世纪的乐府新词
第十三章　歌唱自然的诗人
第十四章　杜甫
第十五章　大历长庆间的诗人
第十六章　元稹、白居易

庐山游记

新月书店 1928 年 6 月出版。

中国中古思想史长编

1930 年中国公学油印。1970 年台北“胡适纪念馆”出版。

目次：一、齐学；二、杂家；三、秦汉之间的思想状态；四、道家；五、淮南王书；六、统一帝国的宗教；七、儒家的有为主义。

胡适文存（第三集，共九卷）

上海亚东图书馆 1930 年 9 月出版。

目次：

序（1930.7.27）。

卷一：我们对于西洋近代文明的态度；请大家来照照镜子；漫游的感想；欧游道中寄书；名教。

卷二：几个反理学的思想家；治学的方法与材料；整理国故与“打鬼”；读书；庐山游记。

卷三：《左传真伪考》的提要与批评；入声考；读《吕氏春秋》。

卷四：禅学古史考；从译本里研究佛教的禅法；菩提达摩考；论禅宗史的纲领；白居易时代的禅宗世系；跋宋刻本《白氏文集》影本；海外读书杂记（七篇）。

卷五：重印乾隆壬子本《红楼梦》序；考证《红楼梦》的新材料；百二十回本《忠义水浒传》序。

卷六：《三侠五义》序；《海上花列传》序；《儿女英雄传》序；《官场现形记》序；《老残游记》序；《宋人话本八种》序；读吴承恩《射阳文存》；重印《文木山房集》序；关于《镜花缘》的通信。

卷七：《陆贾新语》考；汉初儒道之争；再论王莽；读《北史》杂记；苏洵的《辨奸》；欧阳修的两次狱事；考作象棋的年代；胡笳十八拍；建文逊国传说的演变；焦循的《论语通释》；翁方纲与《墨子》；跋郎兆玉刻本《墨子》；墨字；《宋元学案补遗》四十二

卷本跋；除非；中国教育史料；《吴淞月刊》发刊词。

卷八：《白话文学史》自序；《词选》自序；词的起源；元人的曲子；《曲海》序；扬州的小曲；《吴歌甲集》序；跋《白屋文话》；三百年中的女作家；贺双卿考；《南通张季直先生传记》序；《小雨点》序；论长脚韵；论翻译。

卷九：人生有何意义；爱国运动与求学；中国公学十八年级毕业赠言；今日教会教育的难关；祝贺女青年会；慈幼的问题；《市政制度》序；《四角号码检字法》序；追想胡明复。

神会和尚遗集（编校）

上海亚东图书馆1930年12月初版。

中国文学史选例（卷一）

1931年北京大学出版部出版。

胡适文选（选自《胡适文存》第一、二、三集，共分五组）

上海亚东图书馆1931年初版。

目次：

自序（即《介绍我自己的思想》）。

一、演化论与存疑主义；杜威先生与中国；杜威论思想；问题与主义；新生活；新思潮的意义。

二、《科学与人生观》序；不朽；易卜生主义。

三、我们对于西洋近代文明的态度；漫游的感想；请大家来照照镜子。

四、建设的文学革命论；《尝试集》自序；文学进化观念；国语的进化；文学革命运动；《词选》自序。

五、《国学季刊》发刊宣言；古史讨论的读后感；《红楼梦》考证；治学的方法与材料。

淮南王书

新月书店1931年12月出版。

中国中古思想史的提要（十二讲）

1931年北京大学出版部出版。

四十自述

上海亚东图书馆1933年9月初版。

目次：

自序（1933.6.27）。

序幕　我的母亲的订婚；（一）九年的家乡教育；（二）从拜神到无神；（三）在上海（一）；（四）在上海（二）；（五）我怎样到国外去。

五十年代台湾版增加了《逼上梁山》和《〈四十自述〉自由中国版自记》。

胡适日记

上海文化研究社1933年出版。

短篇小说第二集（翻译）

上海亚东图书馆1933年9月初版。

目次：译者自序（1933.6.27）；

米格尔（美国哈特作）；扑克坦赶出的人（哈特作）；戒酒（美国哦亨利作）；洛斯奇尔的提琴（契诃夫作）；苦恼（契诃夫作）；楼梯上（英国莫理孙作）。

中国的文艺复兴（1933 年芝加哥大学讲稿）

美国芝加哥大学出版社 1934 年出版。

哲学的改造（杜威著，与唐擘黄合译）

上海商务印书馆 1934 年出版。

胡适的南游杂忆

上海国民出版社1935年10月出版。

目次：（一）香港；（二）广州；（三）广西山水；（四）广西的印象。

胡适论学近著（精装一册，平装分上、下两册，共五卷）

上海商务印书馆1935年12月出版。

目次：

自序（1935.10.29）。

卷一：说儒；评论今人考据《老子》年代的方法；校勘学方法论。

卷二：论《牟子理惑论》；陶弘景的《真诰》考；《四十二章经》考；楞伽宗考；《楞伽师资记》序；荷泽大师神会传；《神会和尚遗集》序；《坛经》考之一；《坛经》考之二。

卷三：辨伪举例；《醒世姻缘》考证；跋乾隆庚辰本脂砚斋重评《石头记》抄本；跋《四游记》本的《西游记传》；《日本东京所见中国小说书目提要》序；《西游记》的第八十一难。

卷四：我们走哪条路？；《王小航先生文存》序；惨痛的回忆与反省；信心与反省；再论信心与反省；悲观声浪里的乐观；写在孔子诞辰纪念之后；领袖人才的来源；论六经不够作领袖人才的来源；赠与今年的大学毕业生；教育破产的救济方法还是教育；所谓“中小学文言运动”；我们今日还不配读经；大众语在哪儿；试评所谓“中国本位文化建设”；充分世界化与全盘西化。

卷五：论《春秋》答钱玄同；司马迁替商人辩护；谈谈《诗经》；论《诗经》答刘大白；论观象制器的学说与颉刚书；明成祖御制《佛曲》残本跋；读王小徐先生的《佛法与科学》；《参同契》的年代；朱起凤《辞通》序；赵万里《校辑宋金元人词》序；董康《书舶庸谭》序；《人权论集》序：《四十自述》自序；介绍我自己的思想（《胡适文选》自序）。

台湾远东图书公司 1953 年重印《胡适文存》合印本时，胡适自己将《胡适论学近著》改为《胡适文存》第四集，在篇目上稍有删节。

《中国新文学大系·建设理论集》(选编)

上海良友图书公司 1935 年 10 月初版。

目次：前言(赵家璧)；总序(蔡元培)；导言(1935.9.3)。

一、历史的引子：逼上梁山(胡适)

二、发难时期的理论：收胡适、陈独秀、刘半农、钱玄同等人文章 22 篇，附林琴南《致蔡元培》原书和小说《荆生》一篇。

三、发难后期的文学理论：收胡适、周作人、傅斯年、郭沫若等人文章 25 篇。

上海文艺出版社 1980 年 10 月根据原书影印出版。

张菊生先生七十生日纪念论文集(与蔡元培、王云五合编)

上海商务印书馆 1937 年 1 月出版。

藏晖室札记(1910—1917 留美期间的部分日记和读书札记，共分十七卷四册)

上海亚东图书馆 1939 年 4 月初版。有《自序》(1936.7.20)。

1947 年 11 月改名《胡适留学日记》，由上海商务印书馆出版，有《重印自序》(1947.11.8)。

台北商务印书馆 1959 年 3 月重版，有《台北版自记》(1957.12.31)。

中国章回小说考证

实业印书馆 1942 年初版。

目次：《水浒传》考证；《水浒传》后考(附录："致语"考)；百二十回本忠义《水浒传》序；《水浒续集两种》序；《红楼梦》考证；重印乾隆壬子本《红楼梦》序；考证《红楼梦》的新材料；跋《红楼梦考证》；《西游记》考证；《三国志演义》序；《三侠五义》序；《官场现形记》序；《儿女英雄传》序；《海上花列传》序；《镜花缘》的引论；关于《镜花缘》的通信。

上海书店 1979 年 12 月影印。

胡适的时论一集

六艺书局 1948 年 9 月出版。1949 年台北"自由中国"社增订重版，改题《我们必须选择我们的方向》。

齐白石年谱(与黎锦熙、邓广铭合编)

上海商务印书馆 1949 年 3 月出版。

书前有胡适《序》(1949.2.9)。

台湾纪录两种(胡传著《台湾日记》和《台湾禀启存稿》，胡适、罗尔纲编校)

1951 年 5 月台湾省文献委员会印行。

胡适言论集(分甲乙两编，甲编为学术问题，乙编为时事问题)

1953 年 5 月台北华国出版社出版。

《胡适文存》四集合印本

台湾远东图书公司 1953 年 12 月印行。

除原先三集外，将《胡适论学近著》改为《胡适文存》第四集。书前有《四部合集本自序》(1953.7)。篇目作了一些删节。一集删去：致兰志先书；寄吴又陵先生；朋友与兄弟。二集删去：一个最低限度的国学书目；梁任公《墨经校释》序；论墨学；十七年的回顾；祝《白话晚报》；黄黎洲论学生运动；《政治概论》序；《天乎帝乎》序；我们的政治主张；我的歧路；国际的中国；一个平庸的提议；与一涵等四位的信；这一周；北京的平民文学；读王国维先生的《曲录》。三集删去：《我们对于西洋近代文明的态度》的附录；欧游道中寄书；《〈老残游记〉序》的“尾声”；汉初儒道之争；读《北史》杂记；苏洵的辨奸；欧阳修的两次狱事；考作象棋的年代；胡笳十八拍；建文逊国传说的演变；墨字；《宋元学案补遗四十二卷本》跋；《吴淞月刊》发刊词；《曲海》序；扬州的小曲；《小雨点》序；人生有何意义；《市政制度》序；《四角号码检字法》序；追想胡明复。四集（《胡适论学近著》）删去：《我们走哪条路？》的附录和《人权论集》序。

丁文江的传记

台北“中央研究院”史语所 1956 年印行（十六开本）。

目次：

自序；一、家世和幼年生活；二、他的恩师——龙研仙先生；三、他在上海一年多——计划往英国留学；四、海上的救星；五、在英国留学七年；六、第一次中国内地的旅行；七、地质科科长——地质研究所——北大地质系；八、民国初年的旅行——太行山与山西铁矿——云南与贵州；九、丁在君与徐霞客；十、地质调查所长(1916—1921)；十一、北票煤矿公司（1921—1925）——“努力周报”（1922—1923）；十二、“玄学与科学”的论争（1923）——附论他的宗教信仰；十三、“大上海”的计划与实施（1926）；十四、回到地质学上来——广西的地质调查（1928）——云南地质调查队（1929—1930）——北大地质学教授（1931—1934)；十五、“独立评论”（1932—1935）；十六、苏俄的旅行（1933）——最后三年的政论；十七、“就象你永远不会死一样”。

附录：丁文江遗嘱。

1960 年台北启明书局缩印再版，附作者《校勘后记》。

中国新文学运动小史

台北启明书局 1958 年 6 月出版。

目次：

自序（1958.6.3)；《中国新文学大

系》导言；逼上梁山。

胡适之先生诗歌手迹

台北商务印书馆1964年12月出版。

胡适的诗

台北亚洲书局1964年出版。

胡适选集（刘绍唐主编）

台北文星书店1966年6月出版。

计分“述学”、“考据”、“人物”、“年谱”、“历史”、“政论”、“序言”、“杂记”、“日记”、“书信”、“诗词”、“翻译”和“演说”等十三个分册。

胡适手稿（第一集，关于《水经注》研究的戴震部分）

台北“中央研究院”胡适纪念馆1966年2月影印出版。

目次：

上册卷一：与魏建功书；张荫麟（素痴）《戴东原乩语选录》乙编之一；戴东原《书水经后》全文的发现；跋戴震自定《水经》的“附考”；戴震对江永的始终敬礼；长安横门，汉人叫做光门；戴震试补《渭水中篇》的脱文；再跋戴震自定《水经》的“附考”；戴震自定《水经》一卷的现存两本；跋孔继涵《水经释地》稿本；跋北京大学藏的《戴东原文》一册；全祖望戴震改定《水经》各水次第的对照表；戴震的官本《水经注》最早引起的猜疑；清高宗《御制诗》四集卷十九的《题水经注六韵》复印本。

中册卷二：戴震未见赵一清《水经注》校本的十组证据；与钟凤年先生讨论《水经注》疑案的一封信；庞鸿书《读水经注小识》四卷石印写本自序及校勘大旨。

卷三：记中央图书馆藏的《直隶河渠书》稿本二十六册；跋段玉裁的《东原先生札册跋》；中央图书馆藏《戴东原与段若膺手札》跋；《戴子高手札》跋；记鲍廷博给吴骞札中的戴东原自刊本《水经注》；森鹿三论戴震的《水经注》校本；跋《梁任公论戴校水经注》。

下册卷四：真历史与假历史（用四百年的《水经注》研究史作例）；试举七证，证明官本及四库本《水经注》不但未诈称大典本分割入各韵，并且明白表示“原本”是整部收入的；段玉裁年谱草稿；关于戴震的官本《水经注》的杂件；编纂《四库全书》档案。

胡适手稿（第二集，关于《水经注》研究的全祖望部分）

台北“中央研究院”胡适纪念馆1968年8月影印出版。

目次：

上册卷一：全氏七校《水经注》辨伪；全氏七校《水经注》四十卷的作伪证据十项；《校勘学的正路》题语；

证明《全校水经注》的《题辞》是伪造的；蒋学镛的《樗庵存稿》八卷；天津的全校本似另有一首册；记沈炳巽《水经注》最后校本的过录本；伪全校本诬告沈炳巽并且侮辱全祖望；伪全校本假托宋本而留下作伪的铁证。

中册卷二：赵一清与全祖望辨别经注的通则；所谓全氏双韭山房三世校本《水经注》；全谢山改定《水经注》卷五的经文有先后各本的异同；全谢山《水经题辞》写成的年月。

卷三：《汉书地理志》稽疑；跋所谓《黄友补录本全校水经注》；跋陈励的《全氏七校本水经注稿本跋》。

下册卷四：《林颐山遗札》及其他有关材料；跋合众图书馆藏的林颐山《论"编辑全校郦书"的函稿》；关于江阴南菁书院的史料；试考董沛所见全祖望的《水经注》校本；跋中央研究院藏的奉化孙锵原校的薛福成董沛刻本《全氏七校水经注》；跋孙锵原校《全氏七校水经注》本的后记；试考《双韭山房书目》所记《水经注》各本；关于董沛在"五校题辞"下的校语（残稿）。

胡适手稿（第三集，关于《水经注》研究的全祖望与赵一清部分）

台北"中央研究院"胡适纪念馆1968年8月影印出版。

目次：

上册卷一：天津市立图书馆（直隶省立第一图书馆）藏全谢山《五校水经注》；五校本的参校各本及谢山两跋；天津省立图书馆所藏《全氏五校本》的目次；《谢山五校水经注本》里面保存的翦剩碎片；记全祖望的《五校水经本》（天津图书馆藏的赵一清、全祖望《水经注》稿本第二跋）。

中册卷二：上海合众图书馆藏有叶揆初先生的三种残本《全氏水经注》；张咏霓先生（约园）藏的《全氏七校水经注》；胡适整理上海合众图书馆叶揆初藏三种《水经注》抄本的笔记草稿；上海合众图书馆有叶揆初先生收藏的全谢山《水经注校本》三种；记光绪三年新修《鄞县志》。

卷三：胡适顾起潜讨论《水经注》的通信。

卷四：合众图书馆所藏的三部全谢山《水经注》残抄本。

下册卷五：赵一清《水经注释》的校刻者曾用戴震校本校改赵书吗？；杂记赵一清《水经注释》刻本依戴震本修改的例子；赵书剜改的一例；校赵一清《渭水下篇》后记；记赵一清的《水经注》的第一次写定本；论赵一清的《水经注释》稿本的最后状态；试论朱墨校本《朱笺》里保存的全祖望、赵一清两家改定《经注》的记录；补记硃墨校本二事；《洛水篇》校增的山海经曰（跋赵一清硃墨校的朱谋玮《水经注笺》）；跋北平图书馆藏的硃墨本《水经注笺》；野母惊林（跋赵氏硃墨校本《水经注笺》）；赵一清所见宋刻春秋分记；跋全谢山赠赵东潜校《水经序》；浙江省进书送到四库全书馆的年月表；《振绮堂书目》摘记卡片；赵一清的《东潜诗稿》摘录。

胡适手稿（第四集，《水经注》版本考）

台北“中央研究院”胡适纪念馆1968年10月影印出版。

目次：

上册：《水经注》古本现存卷数总表；北宋时的《水经注》已不完全了；傅增湘宋刊残本《水经注》书及附卷十八第二叶照片；《水经注》版本考；读《水经注·浊漳水篇》；记海盐朱氏家藏明抄本《水经注》；跋天津图书馆藏的明抄残本《水经注》；冯舒（已苍）校柳佥本《水经注》（记陆心源的冯已苍校宋本《水经注》跋）；黄省曾刻本；黄省曾刻的《水经注》的十大缺陷；吴琯刻本《水经注》四十卷；朱谋㙔《水经注笺》四十卷；朱之臣《水经注》删八卷；钟惺水《水经注》抄六卷；谭之春刻《水经注》批点四十卷；孙潜校本的残本十六卷；孙潜校《水经注》本的跋语；何焯校本四十卷原本；何义门校《水经注》本；项细校刻《水经注》四十卷；我的三橱《水经注》目录；记孙潜过录的柳佥《水经注》抄本与赵琦美三校《水经注》本；记袁廷梼过录的宋元祐刻本的原题记；孙潜校本的各卷题记。

下册：史语所藏的杨希闵过录的何焯沈大成两家的《水经注》校本；沈大成校《水经注》的四跋；跋赵一清《水经注释》抄刻本四种；胡适新收的《水经注》本子；与钟凤年先生讨论《水经注》的四封信；略记赵戴两家《水经注》的一些不大相同之处；关于宋明刊本《水经注》。

胡适手稿（第五集，关于自张穆至孟森几家对戴震的指控的评论）

台北“中央研究院”胡适纪念馆1969年1月影印出版。

目次：

上册卷一：全祖望《水经注》五校本的首卷；谢山五校本的序目；全氏七校水经本目次考异；王梓材重录本的三篇序跋；薛福成序；董沛的例言；平定张穆赵戴《水经注》校案。

中册卷二：王重民1943年11月5日信；王重民《注水经注硃墨校本》；邻苏老人年谱；跋杨守敬致梁鼎芬的两札；跋杨守敬论赵戴水经注案的两札；胡适答陈垣先生；熊会贞遗言；《水经注疏》；《水经注疏》要删要续补；李子魁《述整理水经注疏之经过》；汪辟疆《明清两代整理水经注之总成绩》；记熊会贞晚年才用《水经注》永乐大典本，残宋及明抄本来校勘他的

《水经注疏》。

下册卷三：论杨守敬判断《水经注》案的谬妄；考据学的责任与方法；王国维《水经注笺》跋；魏源论赵戴两家《水经注》；孟森先生审判《水经注》案的错误。

胡适手稿（第六集）

台北“中央研究院”胡适纪念馆1969年8月影印出版。

目次：

上册卷一：与杨联升讨论《水经注》信三封；与洪业讨论《水经注》信一封；跋全谢山《答陶稚中编江苏省志书》；信函一件。

中册卷二：王国维判断官本《水经注》校语引归有光五条与赵本同是错误的；铁琴铜剑楼藏书目录的《水经注》；章钰《读书敏求记校证》里的郦道元《水经》四十卷；《涧于日记》里的薛福成与薛刻全校《水经注》；先赠公与柳浦；赵氏水经注释；不可解一则；“二尺六寸”与“三尺六寸”；记《永乐大典》目录六十卷；洪武正韵的韵目；《水经注》里的南朝年号；所谓《全氏双韭山房三世校本水经注》。

下册卷三：评论王国维先生的八篇《水经注跋尾》；评论王国维先生的《聚珍本戴校水经注跋》；无题的残稿；丁山郦学考序目；关于赵一清水经注释小山堂初刻重修本（一封信的后段）；记故宫博物院的两部清高宗御制诗四集里的“题郦道元水经注六韵，有序”。卷四：《水经注》考；试考《水经注》写成的年岁。

胡适手稿（第七集，有关禅宗史的考证）

台北“中央研究院”胡适纪念馆1970年6月影印出版。

目次：

上册卷一：禅宗史的真历史与假历史；《大正大藏经》的译经字数比《论语》《孟子》合计字数要多一千二百倍；所谓“六祖呈心偈”的演变；与柳田圣山论禅宗史纲领的信；记嵩山老安；六祖《坛经》原作“檀经”考；能禅师与韶州广果寺；嵩山（会禅寺）故大德净藏禅师身塔铭；《顿悟无生般若颂》的全卷；菩提达摩南宗定是非论；关于“开元二十年”的一条小注。

中册卷二：宗密的《神会略传》；《宋高僧传》里的《唐洛京荷泽寺神会传》；慧宗与灵坦都是神会的弟子？；跋裴休的《唐故圭峰定慧禅师传法碑》；白居易《唐东都奉国寺禅德大师照公塔铭》；宗密自记他得园觉经及后来作疏的始本；记日本“入唐求法”诸僧的目录里的“南宗”资料；兴福寺永超的《东城传灯目录》里的“南宗”资料；《全唐文》里的禅宗假史料；手抄李邕“嵩岳寺碑”；手抄李邕“大照禅师塔铭”；手抄严挺之“大智禅师

碑铭”;《金石录》里的禅宗传法史料。

下册卷三：李华“左溪大师碑”及“润州鹤林寺径山大师碑”所记南北诸宗世系；记李朝正“重建禅门第一祖菩提达摩大师碑阴文”；跋《宝林传》残本七卷；北宋惟白和尚关于《西天祖师偈颂来历》及《宝林传圣胄集》等书的记载；弘忍门下的“十人”;《七条类稿》里的“六祖”；读王昶的《金石萃编》；衢州府有白居易“传法堂碑”；王维《六祖能禅师碑铭》;《佛法金汤篇》记朱熹与开善道谦的关系；元僧熙仲的《历代释氏资鉴》十二卷；《宋僧传》卷十所记神会弟子；《宋僧传》卷二十九所记神会弟子；坛语札记；神会（年谱）札记；跋《宝林传》残本。

胡适手稿（第八集，有关佛教史迹和制度的考证）

台北“中央研究院”胡适纪念馆1970年6月影印出版。

目次：

上册卷一：从“牟子理惑论”推论佛教初入中国的史迹；十殿阎王；伦敦大英博物院藏的十一本《阎罗王授记经》；安世高译经，有时用“泥犁”（Niraya）的音译，有时用“太山地狱”的意译；僧康会翻译《六度集经》；支谦译的《四厥经》；智顗的《妙法莲花经文句》卷四下；大目莲连冥间救母变文；佛说妙好宝东经；提谓玻利经；顾炎武山东考古录四条《辨高里山，原鬼，考碧霞原君，辨肃然山》；唐临《冥报记》里的太山，太山府君，阎罗天子。

中册卷二：《楞严经》的来历有七种不同的说法；《续传灯录》的作者居顶和尚；南宋以后的“五山十刹”与日本的“五山十刹”；关于“五山十刹”的资料（再记“五山十刹”，沈德符《野获编》二七记明朝的“僧家考课”，郎瑛《七修类稿》，黄溍《金华黄先生集》里的“五山十刹”，虞集道《园学古录》四十九、《晦机禅师塔铭》）;《宋镰文集》里的“教寺”；记中央图书馆藏的宋宝祐本《五灯会元》；记宋宝祐本《五灯会元》的刻工；记《恭本山庄善本书影》里的“五灯会元书影”；杨守敬《留真谱》初编里的“五灯会元书影”；宝祐本的抄补与配补；与周法高论所谓景宋宝祐《五灯会元》的底本的信；与黄彰健论刘世珩翻刻《五灯会元》的年代的信；论刘世珩翻刻《五灯会元》的“贞治马儿年”。

下册卷三：与入矢义高先生讨论“神会语录”的来往的信十封；记美国普林斯登大学的葛思德东方书库藏的《碛砂藏经》原本；记日本最近八十年中校印的四部《大藏经》；唐中岳沙门《释法如禅师行状》批注；《紫柏老人集》十三；“深沙神”在唐朝的盛行。

胡适手稿（第九集）

台北“中央研究院”胡适纪念馆1970年6月影印出版。

目次：

上册：《朱子语类》的历史；《朱子语略》二十卷；朱子论禅宗的方法；禅宗的方法；朱熹论死生与鬼神；朱子论“尊君卑臣”；朱子与经商。

中册：所谓曹雪芹小像的谜；胡天猎先生影印《乾隆壬子本活字版百二十回红楼梦》序；跋毛子水藏的正中书店石印的《戚蓼生序本红楼梦》的小本子；题刘铨福家的“竹楼藏书图”；跋《红楼梦书录》；记《永宪录》排印本；《永宪录》里与《红楼梦》故事有关的事；清圣祖的保母不止曹寅母一人；康熙朝的杭州织造；陆长庚西星的年岁；记但明伦道光壬寅（1842）刻的《聊斋志异》新评；《春在堂随笔》有关《聊斋志异》的札记；蒲松龄注意折狱；象棋小考；读乾隆四十三年原修，四十九年续修的《杭州府志·人物》（八十卷以下）杂抄；俞平伯的《红楼梦辨》。

下册：“三珠戏语”与珠算的年代；数术记遗；贬天子；记郭象的自然主义；王荆公的有为主义；陆长源的《辨疑志》；杜子恭——孙泰——孙恩；《大般涅槃经》里极端排斥女人的话；古希腊的名妓符怜；崔令钦；王梵志的道情诗；《四进士》戏本；《檀弓》篇的年代；《吕氏春秋》可能是二十六篇被割裂成为一百六十篇的；记乾隆殿本《汉书》；试补刘昫《唐书肃宗纪》阙文一叶；记铁琴铜剑楼藏的《旧唐书》宋刻本；瞿目所见“隋书行款”；东晋刘宋时的“之”字双名；采旅，采秬，采穞；给周法高的两封信；乍可；东西；儒人；封演《封氏闻见记》；张佩纶的《涧于日记》；韩镜塘先生藏的《段氏二妙集》十一卷目；追忆太戈尔在中国；四十年来中国文艺复兴运动留下的抗暴消毒力量——中国共产党清算胡适思想的历史意义。

胡适手稿（第十集）

台北“中央研究院”胡适纪念馆1970年6月影印出版。

目次：

上册卷一：绝句100首（介绍选诗经过）；正文选王梵志、贺知章、王维、李白、杜甫、王安石、范成大等四十多家一百四十六首诗；后记（1952.2.24）。

中册卷二：山歌民谣杂曲选。

中册卷三：《尝试后集》初选篇目（45首）：大明湖；回向；烟霞洞；秘魔崖月夜；小诗；江城子；鹊桥仙（七夕）；多谢；译白郎宁的《清晨的分别》；译白郎宁的《你总有爱我的一天》；一个人的话；瓶花；译葛德的Harfenspieler；也是微云；生疏；素斐；

旧梦；陶渊明和他的五柳；拟中国科学社的社歌；三年不见他；高梦旦先生六十岁生日；中国公学运动会歌；祝马君武先生五十生日；写在赠唐瑛女士的扇子上；夜坐；十月九夜在西山；怎么好？；狮子（悼志摩）；读了鹫峰寺的新旧碑记，敬题小诗，呈主人林行规先生；戏和周启明打油诗；飞行小赞；中华民国华北第七军团第五十九军抗日战死将士公墓碑；大青山公墓碑；哭丁在君（二首）；无心肝的月亮；扔了？；一九三六年七月十六日从神户到东京，道中望富士山；廿六年七月廿三日是高梦旦先生周年忌日，我在庐山作此诗寄慰君珊、仲洽；从纽约省会回纽约市；寄给在北平的一个朋友；追哭徐新六；抄新六遗书三篇，题此诗；题在自己照片上，送给陈光甫；一枝箭，一只曲子（译诗）。附录：谈谈“胡适之体”的诗。

下册卷四：未收的诗稿（82首）：目次：戏杨杏佛的大鼻子；三年了；一个哲学家；小刀歌；题《学衡》；小诗；努力歌；临行赠蜷庐主人；后努力歌；有感；题半农买的“黛玉葬花画”；读李慈铭的《越缦堂日记》；别赋；西湖；南高峰看日出；送高梦旦先生诗为仲洽书扇；梅树；暂时的安慰；烦闷；别离；题章士钊胡适合照；劝善歌；译薛莱的小诗；月光里（译诗）；题凌叔华女士画的“雨后西湖”；八月四日夜；为刘海粟题画（二首）；亡友钱玄同先生成仁周年纪念歌；杜鹃；先人墓铭；译莪默诗两首；小词（好事近）；和丹翁捧圣诗；题金陵大学四十周年纪念册；和董康《柳之间》弟秀次诗四章；题龚含真先生画册；答叔鲁先生；悼叶德辉；题陆小曼画山水；答丁在君；恭颂赤脚大仙；丁先生买帽；答和在君；题唐景崧先生遗墨；水仙；猜谜；做谜；读秀峰寺新旧碑记敬题小诗呈斐成先生；无题；再和苦茶先生打油诗；苦茶先生又寄打油诗来，再叠答之；题陈明庵画《仿石田山水卷》；和半农《自画题像》；孙骍十岁生日；打油诗；《西游记的第八十一难》诗三首；译 Michau 诗；和周岂明贺年诗；题启丰相思岩；黄花岗；赋得父子打苍蝇；和范石湖《题传记》；无题（寻遍了车中）；燕（写在沈燕的纪念册上）；题陈援庵先生所藏程易畴题程子陶画雪塑弥勒；戏答胡健中；少妇峰；四十七岁生日；吴歌；赵元任夫妇银婚诗；无题；游仙小诗，祝黄青园（纯青）八十大寿；冲绳岛上口占（赠纽永健）；赠高天成。

胡适给赵元任的信

台北萌芽出版社 1970 年 6 月出版。蒋光华编，标题为编者根据信的内容概括而成。

诗选

1934年编选；

台北“胡适纪念馆”1971年出版；

收王梵志、贺知章、王维、李白、杜甫、王安石、范成大等绝句146首。

“五四”新文学论战集汇编（上、下册）

台北长歌出版社1975年12月至1976年2月出版。

胡适演讲集（上、中、下册）

台北《大陆杂志》社1979年再版。

胡适来往书信选（上、中、下册）

中华书局1979年5月至1980年8月出版。

胡适的自传（英文口述，唐德刚编校译注）

华东师范大学出版社1981年2月作为《胡适哲学思想资料选》下册出版。

附：胡适名、号、笔名笺注

胡适一生的名、字、别号和笔名繁多，较为复杂。现辑录笺注说明如下：

1. 嗣穈：幼年时其父为他起的行名。他的哥哥叫嗣稼、嗣秬嗣秠。由此，父母往往称之为穈或穈儿；乡里称之穈先生；他“自析吾名”，管自己叫麻禾生。

2. 洪骍：根据排行，其父为他取的学名。其兄的学名分别为洪骏、洪骓、洪駓。出国留学前他即用此学名。

3. 期自胜生：别号、笔名。出于《老子》“自胜者彊”。所作《地理学》（《竞业旬报》第1期）和《说雨》（《竞业旬报》第3期）均署此名。

4. 自胜生：1907年（丁未）曾作《自胜生随笔》（见《尝试集自序》）。

5. 希强：别号、笔名。本“自胜者强”。《竞业旬报》第3—5期《敬告中国女子》，以及在《竞业旬报》上连载的长篇小说《真如岛》最初几回均署此名。

6. 适之：二哥为他起的字。本“物竞天择，适者生存”。作为文章署名最早为1906年12月在《竞业旬报》第5期所译小说《暴堪海舰之沉没》。

7. 铁儿：别号、笔名。其父胡传号铁花。作为笔名最初见《竞业旬报》第12期所译《生死之交》（夏斯和达蒙的故事）。《竞业旬报》所刊胡适诗文署名最多的即是铁儿。

8. 铁：《竞业旬报》第25期《时闻》、第33期《革命党的好口供》和短篇小说《苦学生》等均署此名。

9. 适庵：别号、笔名。《竞业旬报》第24期有《适庵平话》一文，第29期的《爱情之动人》和第30期的《军人美谈》均署名适庵。

10. 适广：笔名。《竞业旬报》第26期《西洋笑话》和第27期短篇小说《东洋车夫》均署此名。

11. 适：文章署名始于《竞业旬

报》第 26 期"绍介新书"栏:《国民白话日报、须弥日报》。

12. 冬心:别号、笔名。其意当与妻名江冬秀有关。《口号》(《竞业旬报》第 26 期)和《追哭先外祖》、《赠鲁黄玉》(《竞业旬报》第 27 期)等诗篇均署名冬心。

13. 冬友:别号。含义同冬心。此别号曾编入《胡氏宗谱》见万原皋《闲话胡适》)。

14. 胡天:别号。本于《诗经》。《竞业旬报》第 27 期《赠别黄用溥先生》一诗曾署此名。

15. 蝶:由"铁"谐音而来。《竞业旬报》第 29 期所刊《电车词》九首即署名蝶。

16. 蝶儿:《竞业旬报》第 32 期所刊短篇小说《新侦探谭》即署此名。

17. 骍:由洪骍简化而成。早年偶署此名,如《竞业旬报》第 34 期《对于中国公学风潮之感言》所署。

18. 藏晖:别号、笔名。出于李白诗"至人贵藏晖"。作为别号,有时自称"藏晖室主人",有时自称"藏晖先生"(见《寄苦雨庵》诗),有人戏称其为"藏晖居士"(周作人答诗)。作为笔名最早署于《竞业旬报》第 39 期《赠别古仲熙归粤》、《赠别怡荪归娶》和《赠意君》等诗作。直到抗战胜利后,在上海《大公报·文史周刊》发表《海外读书笔记》时仍署名藏晖。

19. 胡适:正式以"胡适"为名始于 1910 年夏去北京参加留学考试。文章署名从发表在《留美学生年报》第二年(1913.1 出版)上的《赔款小史》和《诗经"言"字解》开始。后来成为最常用的文章署名。

20. 胡适适之:文章署名见《去国行》(《留美学生年报》第二年)、《辛亥五月海外哭程乐亭》(《留美学生年报》第三年)等。

21. 胡适之:作为文章署名最初见《序曾琦君的国体与青年》(1919.2.24《晨报》)。

22. 天风:笔名。从《求雨》(《每周评论》第 20 号"随感录")起,《每周评论》有十多篇文章署此名。除"随感录"外,还包括翻译小说《一封未寄的信》。

23. Q.V:笔名。出自波兰作家显克微支小说《你往何处去》("Quo Vadis")一书的前两个字母。后来有人将"胡适"二字译成白话,戏称其为"到那儿去"。发表在《努力周报》第 7 期的《政治与计划》一文即署 QV。

24. Q:笔名。《歌谣的比较的研究法的一个例》(《努力周报》第 31 期)以及发表在《努力周报》上的《这一周》的部分"时事短评"均署名 Q。

25. 臧晖:笔名。《独立评论》第 9 号《论学潮》一文即署此名。

26. 笑:笔名。据李敖《胡适评

传》。具体篇目待查。

27. 有三先生：别号。周一良致胡适的一封信中称之为“有三先生”（见1948.2.28《申报·文史周刊》第12期）。

28. Hu Suh：英文名。

29. Hu Shih：英文名。

30. H.S.C：“胡适之”三字英文的第一个字母拼成。

31. J.テキ：日文名。

32. WGT：外文笔名。

33. Who：外文笔名。

此外，在《竞业旬报》还有“铁秋”、“斧”一类的署名，是否为胡适别号或笔名，待考。

研究资料目录索引

一、胡适研究资料散见篇目索引

读胡适之先生《文学改良刍议》(余之濬)
载1917年5月《新青年》三卷3期

《尝试集》序（钱玄同）
载1918年2月《新青年》四卷2期

书《尔汝篇》后（刘鼐和）
载1918年2月9日至10日《北京大学日刊》

书《尔汝篇》后（毛准）
载1918年2月22、23、25日《北京大学日刊》

书《吾我篇》后（毛准）
载1918年2月26—29日《北京大学日刊》

《尔汝篇》卮言一则（陈汉章）
载1918年3月2日《北京大学日刊》

问题与主义（蓝志先）
载1919年7月《每周评论》第33号

再论问题与主义（李大钊）
载1919年7月《每周评论》第35号

答适之君论“的”字（止水）
载1919年11月12日《晨报》

关于“的”字用法之私见（建侯）
载1919年11月14日《晨报》

论“的”字底用法（陈独秀）
载1919年11月22日《晨报》

“的”字用法底问题（抱影）
载1919年11月27日《晨报》

胡适之先生之“大学开女禁”的主张（爱棠）
载1919年12月8—10日《民国日报·觉悟》

给胡适的信（讨论《我的儿子》）（汪长禄）
载《每周评论》第34号

再论《我的儿子》（汪长禄）
载《每周评论》第35号

《尝试集》批评（胡怀琛）
载1920年4月上海《神州日报》

读《尝试集》（品今）
载1920年5月19日《晨报》

诗的音节（执信）
载1920年5月23日《星期评论》第51号

评胡适的《中国哲学史大纲》（缪凤麟）
载1920年7月17—31日、8月1—3日《时事新报·学灯》

《尝试集》正谬（胡怀琛）
载1920年7月20日《时事新报·学灯》

评《〈尝试集〉正谬》及《尝试集》里的原作（井湄）
载1920年9月12日《时事新报·学灯》

以胡适为中心旋涡浪涌着的文学革命（青木正儿）
载1920年9—11号《支那学》

对于适之先生《中学国文的教授》问题的讨论（缪凤麟）
载1920年9月15日《时事新报·学灯》

对于"胡适之先生在北大行开学典礼时演说"的感言（豪）
载1920年9月23日《晨报》

胡适之新派诗根本的缺点（胡怀琛）
载1921年1月11日《时事新报·学灯》

读胡适之先生底《醉与爱》（大白）
载1921年2月2日《民国日报·学灯》

读胡适底《中国哲学史大纲》（树人）
载1921年5月20日《民国日报·觉悟》

朱逖光先生与胡适之先生书（讨论《红楼梦考证》）
载1921年10月27日《北京大学日刊》

给胡适之先生的一封信（关于《国语文学史》）（沈兼士）
载1921年11月24日《晨报副镌》

《石头记》索隐第六版自序——对于胡适之先生《红楼梦考证》之商榷（蔡孑民）
载1922年2月21—22日《晨报副镌》

评《尝试集》（胡先骕）
载1922年《学衡》第1、2期

《评〈尝试集〉匡谬》（式芬）
载1922年2月4日《晨报副镌》

评胡适之《中国哲学史大纲》（梁启超）
载1922年3月13—17日《晨报副镌》

读蔡孑民、胡适之诸先生底“政治主张”（力子）
载1922年5月18—19日上海《民国日报·觉悟》

读了胡适之等政治主张的感想（咏合）
载1922年5月22日《民国日报·觉悟》

评胡氏《诸子不出于王官论》（缪凤麟）
载《学衡》第4期

和平改良欤？激烈革命欤？——讨论政治主张的一封信（王振钧等）
载1922年5月29日《民国日报·觉悟》

鲁迅致胡适信两封（1922.8.14；8.21）
载1948年1月10日《申报·文史周刊》第5期（收入《鲁迅书信集》和《鲁迅全集》）

胡适之等政治主张与我们（R）
载《少年杂志》第2号（1922.9.1）

联省自治与中国政象——驳胡适的“统一”史观（陈独秀）
载《向导》第1期（1922.9）

武力统一与联省自治——军阀专政与军阀割据（和森）
载《向导》第2期

批评“好政府”主义及其主张者
载《先驱》第9期

对于《读〈楚辞〉》的商榷（曹聚仁）
载1922年9月23日《民国日报·觉悟》

回想胡适之《双十节的鬼歌》（胡士魁）
载1922.10.10《民国日报·觉悟》

中国已脱离了国际侵略的危险么？——驳胡适的《国际的中国》（张国焘）
载1922年10月《向导》第6期

评《努力周报》二十四期里胡适论“除非”（陈望道）
载1922年10月22日《民国日报·觉悟》

胡适之与王正廷（新猛）
载1922年11月12日《时事新报》

胡适之先生太热心了（力子）
载1922年11月14日《民国日报·觉悟》

驳胡适之“除非”的用法（杨德俊）
载1922年12月19日《时事新报·学灯》

反响之反响（郭沫若）
载1922年12月《创造季刊》一卷3期

学者的态度——胡适之先生“骂人”的批评（仿吾）
载1922年12月《创造季刊》一卷3期

读《读〈楚辞〉》（陆侃如）
载1922年12月《努力周报》附刊《读书杂志》第4期

质问胡适之先生（须恺　张闻天　郝坤巽）
见《胡适来往书信选》上册

读《〈西游记〉考证》（董作宾）
载1923年3月《读书杂志》第7期

评胡适《五十年来之中国文学》（胡先骕）
载1923年6月《学衡》第18期

致胡适之先生的信（力子）
载1923年10月12日《民国日报·觉悟》

尝试二字的解释——为陆放翁呼冤（天放）
载1923年10月14日《民国日报·觉悟》

《努力周报》的功罪（中夏）
载1923年11月《中国青年》第3期

国学运动的我见（成仿吾）
载1923年11月《创造周报》第28号

评胡梁二先生所拟国学书目（徐剑缘）
载1923年11月22日《时事新报·学灯》

删诗（周灵均）
载1923年12月《文学周刊》（《京报》副刊）第17号

读胡适之《中国哲学史大纲·老子篇》（赵余勋）
载1924年1月1日《时事新报·学灯》

鲁迅致胡适信五封（1924.1.5；2.9；5.2；5；27；6.6）
见《鲁迅书信集》和《鲁迅全集》

整理国故的评价（郭沫若）
载1924年1月《创造周报》第36号

对于胡梁二先生的书目（胡湘蘅）
载1924年2月21日《时事新报·学灯》

读了胡适之的《庄子的人生哲学》以后（袁敦甫）
载1924年2月21日《时事新报·学灯》

论胡适与新文学（曹慕管）
载1924年3月25日《时事新报·学灯》

“胡适论”（L·T）
载 1924 年 4 月 9 日《晨报副镌》

糟糕的《国语文学史》（衣萍）
载 1924 年 8 月 7 日—12 日《晨报副镌》

实验主义与革命哲学（瞿秋白）
载 1924 年 8 月《新青年》第 3 期

“说不出”（鲁迅）
载 1924 年 11 月《语丝》周刊第 1 期

评评胡适之者（悠悠）
载 1924 年 11 月 21 日《晨报副刊》

未有天才之前（鲁迅）
载 1924 年 12 月 27 日《京报副刊》

评胡适之《〈红楼梦〉考证》（黄乃秋）
载 1925 年 1 月《学衡》第 37 期

罗素论胡适（毕书棠）
载 1925 年 2 月 21 日《京报副刊》

胡适之与善后会议（双林）
载 1925 年 3 月《向导》第 106 期

与胡适之先生论《三侠五义》书（李玄伯）
载 1925 年 5 月《猛进》第 9 期

沪案爆发后的胡适之（程劲）
载 1925 年 6 月 10 日《京报》

胡适之与感情（金源）
载 1925 年 8 月《猛进》第 21 期

胡适之的乌龟脑壳又伸出来了（F·M·）
载 1925 年 9 月《中国青年》第 96 期

答适之（章士钊）
载 1925 年 9 月《甲寅》周刊第 8 号

评胡适之的“新花样”（求实）
载 1925 年《中国青年》98—99 期

评适之《爱国运动与求学》（未艾）
载 1925 年 10 月《洪水》一卷 3 期

胡适不要“胡适”了（胡寄南）
载 1925 年 10 月 31 日《民国日报·觉悟》

《红楼梦》的本子问题质胡适之俞平伯先生（容庚）
载 1925 年《北京大学研究所国学门周刊》一卷 5—11 期

“胡译”（顾仁铸）
载 1925 年 11 月《洪水》一卷 4 期

写在“胡译”之后（为法）
载 1925 年 11 月《洪水》一卷 4 期

胡适捣的什么鬼
载1925年《中国青年》第102期

评胡适之的《荀子略传》(彭惜阴)
载1925年12月5日《时事新报·学灯》

谈《谈谈〈诗经〉》(丙丁(周作人))
载1925年12月24日《京报副刊》

国故研究者(圣陶)
载1926年6月《文学周报》第228期

与胡适之论李汝珍兼就教于周越然(王宗璠)
载1926年6月《燕京旬刊》第25期

东西文化问题质胡适先生(常燕生)
载1926年《现代评论》四卷90、91期

读胡适《我们对于西洋近代文明的态度》(范寿康)
载1926年9月《一般》一卷1期

注适之先生的态度(菊宏)
载1926年9月15日《晨报副刊》

读《一个态度及按语》(夏文运)
载1926年9月30日《晨报副刊》

胡适之与苏俄(老敢)
载1926年9月《国闻周报》三卷37期

胡适之与苏俄(前溪)
载1926年10月《国闻周报》三卷39期

与刘济书(驳胡适《国语文法概论》之第二篇《国语的进化》)(刘朴)
载1926年12月《东北大学周刊》第10卷12号

胡适之的中国天才谈(慧明)
载1927年5月12日武汉《中央日报》副刊第49期

《孔雀东南飞》的年代祛疑(张为麒)
载1927年11月《国学月报》二卷11号

《孔雀东南飞》年代的讨论(张为麒)
载1927年12月《国学月报》二卷12号

论《孔雀东南飞》致胡适之先生(张为麒)
载1928年《现代评论》七卷165期

评胡适的戴震哲学(太虚)
载1928年《海潮音》九年2期

再论《孔雀东南飞》答胡适之先生(张为麒)
载1928年《现代评论》七卷180期

《镜花缘》补考——呈正于胡适之先生(孙佳讯)
载1928年《秋野》二卷5期

评胡适之的《白话文学史》（杨次道）
载 1928 年 11 月《一般》六卷 3 期

评胡适《白话文学史》（素痴）
载 1928 年 12 月 3 日《大公报》文学副刊第 48 期

胡适《白话文学史》之批评
载 1929 年 5 月 27 日《大公报·文学》副刊第 73 期

评胡适之《白话文学史》（张大东）
载 1929 年 6 月《国闻周报》六卷 22 期

胡适《水浒传后考》质疑（朱希祖）
载 1929 年 1 月 7 日天津《益世报》学术周刊

胡著《章实斋年表》赘词（一士）
载 1929 年 9 月《国闻周报》六卷 37 期

胡适主义之根柢（连柱）
载 1929 年 12 月《萌芽月刊》一卷 1 期

胡适底受人尊敬（连柱）
载 1930 年 2 月《萌芽月刊》一卷 3 期

胡适之底乌托邦（乃超）
载 1930 年 5 月《巴尔底山》一卷 4 号

一条改良主义的死路——关于胡适的《我们走哪条路》（郑景）
载 1930 年 7 月《新思想》第 7 期

现代中国作家录（凌梅）
载 1931 年《读书月刊》一卷 1、2 期

活文学史之死——胡适之《白话文学史》批评（王礼锡）
载 1931 年 6 月《读书杂志》一卷 3 号

中国哲学史中几个问题——答适之先生及素痴先生（冯友兰）
载 1931 年 6 月 2 日《大公报·文学》副刊 178 期

胡适的新书《淮南王书》（张季同）
载 1931 年 7 月《图书评论》一卷 4 期

中国人权派的真面目（瞿秋白）
载《布尔什维克》四卷 6 期（1931.11）

知难行难（鲁迅）
载 1931 年 12 月《十字街头》第 1 期

胡适著《白话文学史上卷》（梁叔仪）
载 1931 年 12 月《图书评论》一卷 9 期

《胡适〈中国哲学史大纲〉批判》的批判（苏华）
载 1931 年《读书杂志》一卷 11、12 合期

替诗的音律辩护——读胡适的《白话文学史》后的意见（朱光潜）
载1932年《东方杂志》三十卷1号

同胡适先生讨论《淮南子》“吉祥受福”句（不失）
载1932年《鞭策》周刊一卷24期

我们最多只有两条路——对胡适之先生的答辩（董时进）
载1933年4月《独立评论》第48号

《井田制度有无之研究》述评（万国华）
载1933年1月《地政月刊》一卷1期

王道诗话（瞿秋白　鲁迅）
载1933.3.6《申报·自由谈》，收入《伪自由书》

评胡适之的佛教观（慧云）
载1933年3月《海潮音》十四卷3号

“光明所到……”（鲁迅）
载1933年3月22日《申报·自由谈》

出卖灵魂的秘诀（瞿秋白　鲁迅）
载1933年3月26日《申报·自由谈》

言论自由的界限（瞿秋白　鲁迅）
载1933年4月22日《申报·自由谈》

论贺方回词质胡适之先生（龙沐勋）
载1933年5月《中国语文学丛刊》创刊号

评胡氏《词选》（吴复虞）
载1933年5月《南音》第3期

井田制度新考（余精一）
载1933年《东方杂志》31卷14号

《诗三百篇》“言”字新解（吴世昌）
载1933年6月《燕京学报》第13期

论专制并答胡适之先生（蒋廷黻）
载1933年12月《独立评论》第83号

陈独秀与胡适（贺凯）
载《中国文学史纲要》（北平著者书店1933年版）

胡适（钱基博）
见《现代中国文学史》（光华大学1933年9月印行）

胡适先生给我的印象（章衣萍）
收《衣萍文存》（乐华书店1933年版）

话不是这样说的——读胡适《从农村经济谈到无为的政治》和《再论无为的政治》（永分）
载1934年5月《独立评论》第100号

胡适之

载1934年5月《人间世》第3期

胡适评传（王森然）

收《近代二十家评传》（北平杏岩书屋1934年6月版）

请教胡适之先生——读胡适之的《今日可做的建设事业》（傅葆琛）

载1934年5月《独立评论》第99号

《诗经》“言”字解驳胡（沈昌直）

载1934年6月《国学论衡》第3期

寄胡适之书（讨论《诗经》问题）（储皖峰）

载1934年《浙江大学文理科年刊》第2期

读《三论信心与反省》（吴其玉）

载1934年7月《独立评论》第109号

胡适之的“儒论”的旁证（胡鉴民）

载1934年11月28日南京《中央日报》

评胡适说儒（李源澄）

载1934年《国风》半月刊六卷3、4号

“尝试集”（朱湘）

收入《中书集》（生活书店1934.10出版）

古宋君臣们的民族复兴运动——驳胡适之《说儒》中“宋襄公复兴殷商野心”说（江绍原）

载1934年12月21日北平《华北日报》

力劝宋襄公复兴殷民族者谁耶？——评胡适的《说儒》（江绍原）

载1934年12月22—24日北平《华北日报》

论学校读经并质傅孟真胡适之（黄宝昌）

载1935年《安雅月刊》一卷5号

论尊孔并质胡适（黄宝庆）

载1935年1月《中央周刊》79号

胡适之在港之演讲（短评）

载1935年1月17日天津《大公报》

胡适的普及教育理论（陶行知）

载《生活教育》第24期

白话圣人胡适之外传

载1935年2月23日《星洲日报》

胡适的禅学（芝峰）

载1935年2月《海潮音》十六卷2号

文学革命者的胡适的再批判（侍桁）

载1935年4月《中山文化教育馆季刊》二卷2期

王国维《人间词话》与胡适《词选》(任仿秋)
载1935年6月《中法大学月刊》七卷3期

全盘西化的辩护(陈序经)
载1935年6月《独立评论》第106号

胡适与其所倡导的否定主义(鸣夏)
载1935年6月《宇宙季刊》二卷4号

胡适之(作家印象记)(吴卯)
载1935年8月23日北平《晨报》

胡适之考证成问题(关于蒲松龄死年)
载1935年8月26日北平《晨报》

评胡适《说儒》(李源澄)
载《国风》半月刊六卷3、4期

《说儒》质疑(贺次君)
载1935年《史学论丛》第2期

"蒲松龄死年辨"之商榷(邵恒修)
载1935年8月23日北平《晨报·艺圃》

读胡适"说儒"和冯友兰"原儒墨"(江绍原)
载1935年8月31日北平《晨报》

对"蒲松龄死年辨"之论战的荒唐考证结语(刘阶平)
载1935年9月《华北日报·图书周刊》第44期

记胡适(赵景深)
载1935年10月5日《立报·言林》

"新诗"("蘧庐诗话"之一)(陈子展)
载1935年10月23日《立报·言林》

答胡适之书(室伏高信)
载1935年11月《独立评论》第180号

关于新诗的路(任钧)
载1935年11月15日《申报·文艺周刊》第3期

胡适的悔恨(杨半农)
载1935年11月27日《立报·言林》

略论"胡适之体"(陈子展)
载1935年12月6日《申报·文艺周刊》第6期

读室伏高信答胡适之书(向愚)
载1935年12月《独立评论》第182期

胡先生"心坎里的真话"——评《敬答日本国民》及《答室伏高信先生》(三木)
载1935年12月《读书生活》三卷4期

孙行者和胡适（庶谦）

载1935年12月《读书生活》三卷4期

最近的诗论与诗话（伯韩）

载1935年12月27日《申报·文艺周刊》第9期

胡适之最近荒谬言论之清算

载1936年1月《现代知识》创刊号

论胡适的《四十自述》（林一平）

载1936年1月9日《申报》

新诗的出路与"胡适之体"（子模）

载1936年1月17日《申报·文艺周刊》第11期

关于新诗的形式问题（任钧）

载1936年1月17、31日《申报·文艺周刊》第11、12期

我也谈谈"胡适之体"的诗（梁实秋）

载1936年2月《自由评论》第12期

再答胡适之书（室伏高信）

载1936年3月《独立评论》192期

胡适的话不能代表中国大众的公意（方直）

载1936年4月《永生》一卷7期

调整中日关系的先决条件——驳胡适所撰《调整中日关系的先决条件》（海君）

载《人言周刊》三卷9期

《调整中日关系的先决条件》的批判（张秋山）

载《永生》一卷7期

从菲希德到胡适（叶奇峰）

载《永生》一卷7期

致胡适之先生的公开信（徐日洪）

载1936年5月《独立评论》第200期

关于"关于"——驳胡适《关于调整中日关系的先决条件》（海君）

载1936年5月《人言周刊》三卷14期

胡适先生的幻想（《中学生》编者）

载1936年5月《中学生》第65期

"国联还可以抬头"？（罗隆基）

载1936年5月27日天津《益世报》

胡适的《差不多先生传》（叶圣陶）

载1936年7月10日《新少年》二卷1期

胡适再见记（室伏高信）

载1936年8月《独立评论》第213号

我怀疑汉字的改革方法（金发）
载1936年8月《独立评论》第217号

论周作人胡适王了一对于汉字的意见（胡绳）
载1936年《生活教育》三卷1期

胡适之与徐仲可
载1936年9月9日《中央日报》

论中国本位文化建设答胡适先生（何炳松等）
收入《中国文化建设讨论集》（经纬书店1936年版）

胡适（郭湛波）
收入《近五十年中国思想史》（北平人文书店1936年版）

香港的华侨教育——以事实斥胡适“香港的教育非常发达”说（任予）
载1936年《生活教育》三卷12期

胡适论——对于胡适的思想方法及其实际应用之一考察（胡绳）
载1937年3月《新学识》一卷4期

质胡适著《章实斋年谱》（日本内藤虎次郎作　马导源译）
载1937年5月《中兴月刊》二卷5期

与胡适之论《诗经》“言”字书（杨树达）
载1937年6月《考古社刊》六期

驳“说儒”（原题《质问胡适》）（郭沫若）
载1937年7月《中华公论》创刊号，收入《青铜时代》

我们应行的和能行的宪政——评胡适《我们能行的宪政与宪法》（汉夫）
载1937年7月《读书》3号

胡适博士与叔孙通博士（钱亦石）
载《国民周刊》11期

《藏晖室札记》（书评）
载《图书季刊》新一卷1期（1939年）

评胡适《中国哲学史大纲》（聘之）
载1940年7月《再建旬刊》一卷17期

北大和北大人（柳存仁）
载1940年9月《宇宙风》乙刊第29期

《章石斋年谱》补正（吴孝琳）
载《说文月刊》二卷9—12期（1940.12—1941.3）

北大与北大人——胡适先生（朱海涛）
载1941年《东方杂志》39卷13期

记胡适之（希平）

收入《文坛史料》(1944年中华日报社初版)

胡适与哲学史(如蝇)
收入《文坛史料》

胡适在广州(粤士)
收入《文坛史料》

胡适之尊重女权(孔尊)
收入《文坛史料》

从胡适李守常诸人看"五四"时代的民主思想(张敏生)
载1941年7月《青年生活》(桂林)二卷1、2期

驳胡适之《说儒》(钱穆)
载1942年1月《学思》一卷1期

胡适《谈新诗》(叶圣陶、朱自清)
收入《精读指导举隅》(1942年3月重庆商务印书馆出版)

介绍五四新文化运动中的一个重要争论(艾思奇)
载1942年5月4日延安《解放日报》

胡适的《白话文学史》读后记(郑学稼)
载1942年10月《时代精神》七卷1期

《胡适文选》指导大概(叶圣陶、朱自清)
收入《略读指导举隅》(1943年1月重庆商务版)

胡适之与《竞业旬报》(陆丹林)
收入《革命史谭》(1945年8月重庆独立出版社版)

胡适老了
载1946年10月《野草》复刊号

胡适之与周作人的藤葛(迪吉)
载1946年10月《大刚报》,参见《胡适来往书信选》下册

胡适关心周作人到底!(迪吉)
载1946年11月《野草》新2号

《章实斋年谱》的新资料(陈监先)
载1946年11月6日上海《大公报·文史周刊》第4期

关于胡梁两先生所开"国学书目"(于椿)
载1946年11月《华声》半月刊一卷2期

胡适的独立与自由(韧)
载1946年12月《新文化》二卷10期

胡适博士的扯淡
载1946年《中华论坛》二卷6期

清理胡适之的脉络（夏康农）
载1946年《文萃》二年17期

胡适博士的迷茫（陈闲）
载1947年1月《野草》新3号

胡适的不办刊物（秦似）
载1947年1月《野草》新3号

胡适之和“好政府”（胡明树）
载1947年1月《野草》新3号

胡君适之《考据学责任与方法》书后（卢慎之）
载1947年2月5日上海《大公报·文史周刊》第15期

胡适之《墨辩新诂·小取篇》质疑（万中一）
载1947年3月《河南省立信阳师范学校校刊》1、2期

读胡适《醒世姻缘考证》（谭彼岸）
载1947年8月《宇宙风》第152期

考今一例（评胡适“古代特务制度”考证）（洪遒）
载1947年《群众》（香港）一卷8期

关于胡适
载1947年《新文化》三卷6期

替胡适改诗（郭沫若）
收入《天地玄黄》

适之博士近著抒怀诗“笺注”（张振亚）
载1947年5月10日《文丛出版社丛刊》第四集二年26期《新畜生颂》

胡适的昨日与今日（伯迦）
载1947年5月《时与文》11期

评胡适校长“察善明理”的“独立”思想（李季）
载1947年6月《大学》六卷1期

胡适的“方向”（老迁）
载1947年《时与文》二卷3期

“争取学术独立十年计划”的论战（赵镇乾）
载1947年9月《时与文》二卷3期

关于胡适的教育计划（陆志韦）
载1947年10月19—20日《益世报》

学术独立与大学教育——与胡适校长论大学教育（社评）
载1947年10月24日《和平日报》

北大的请愿与胡适（颖梅）
载1947年《群众》（香港）一卷40号

胡适论学术独立十年计划及其反响

载1947年11月《读书杂志》第144期

胡适转变了（念慈）

载1948年1月《创世》七期

胡适在台湾识字（黄纯青）

载1948.2.21台湾《新生报》

论胡适《给周鲠生的一封信》(马叙伦）

载1948年2月《群众》二卷7期

驳胡适《国际形势里的两个问题》(郭沫若）

载1948年3月《光明报》新一卷1期，收入《郭沫若文集》第13卷

以胡适为代表“自由的手”不干净（李章达）

载1948年3月香港《华商报》

斥帝国主义臣仆兼及胡适（郭沫若）

香港《自由丛刊》第12种《渡江前夜》

“三无主义”疏证（郭沫若）

载1948年5月14日香港《华商报》

胡适的胡说（怀湘）

载1948年《群众》(香港）二卷6期

胡适在五四时代（李伯澜）

载1948年5月《自由丛刊》第14期

司徒的失态与胡适的媚外

载1948年《时与文》三卷10期

论胡适（蔡尚钰）

载1948年《时与文》三卷11期

陕北观察家斥胡适派的卑鄙叫嚣

载1948年10月《群众》(香港）二卷41期

论胡适的自由主义（吕克难）

载1948年11月《中建》一卷8期

胡适与儒教（(日本）野原四郎）

收入《东洋的社会伦理之性格》

鲁迅题诗赠胡适（按：指《王道诗话》)

载1948年12月《人物杂志》三卷2期

论胡适南来（殷海光）

载1948年12月19日《中央日报》

闲谈胡适（姚驰原）

载1949年2月17日《公论报》

给胡适的一封公开信（陈垣）

载1949年5月11日《人民日报》

胡适在台湾（畋文）

载1949年《新闻天地》第67期

清算文化刽子手胡适（孟氧）
载1949年10月25—26日《光明日报》

二十五个留美中国团体致胡适的公开信
载1949年12月23日《人民日报》

北大和胡适（袁且）
载1950年12月17日天津《进步日报》

关于胡适的“文学革命”（（日本）井贯军二）
载1950年12月广岛大学《史学研究》第4期

对我父亲胡适的批判（胡思杜）
载1951年1月《中国青年》第56期

胡适论（林曦）
载1951年1月《中国青年》第56期

胡适之先生的旧体诗（杜呈祥）
载1951年5月台湾《畅流》三卷7期

李大钊与胡适——五四运动中的两条路线（黎明）
载1951年5月4日上海《大公报》

五四新文化运动中胡适的本相（阴法鲁）
载1951年5月4日《大公报》和《进步日报》

胡适之先生与新文学运动（杜呈祥）
载1951年9月台湾《民主宪政》二卷2期

胡适的心境老了（一士）
载1951年9月6日香港《中声日报》

闲话胡适（孤峰）
载1951年10月21日香港《自然日报》

替胡适之先生作一个注解（徐芸书）
载1951年10月台北《反攻》第47期

从我自己看胡适（顾颉刚）
载1951年12月16日《大公报》

胡适是怎么样一个人（静远）
载1951年12月27日天津《进步日报》

胡适这个人（沈尹默）
载1951年12月29日曼谷《全民报》

三话《红楼梦》——答胡适之先生（上、中、下）（潘夏）
载1951年12月—1952年1月台湾《反攻》50—52期

胡适的历史观点（吴泽）
载1951年12月16日上海《大公报》

“中华文化教育基金董事会”和胡适（周华）
载1952年1月22日上海《文汇报》

胡适与胡适时代（曹聚仁）
载1952年2月14日吉隆坡《中国报》

胡适的实验主义与其历史学的反动本质（漆侠）
载1952年5月16日《大公报》和《进步日报》

纪念五四，批判胡适（陆侃如）
载1952年《文史哲》五月号

即将归国的胡适博士（彭河清）
载1952年10月30日台北《中央日报》

平易近人的胡博士（王理璜）
载1952年11月22日台北《中央日报》

胡适幼年寓台生活（苏纯青）
载1952年11月29日台北《新生报》

台湾与胡适（苏纯青）
载1952年11月29日台北《中央日报》副刊

毛子水谈胡适之（柳江风）
载1952年12月3日香港《中声日报》

胡适之与傅孟真（景樵）
载1952年12月9日台北《中央日报》

胡适之先生与文学革命（陈纪滢）
载1952年12月台湾《畅流》六卷8期

胡适之先生在台湾（罗敦伟）
载1952年12月台湾《畅流》六卷9期

中国——以胡适为中心的文学革命（(日本)井贯军二）
载1952年12月《教育时报》1期

四十五年前的胡适（龚选舞）
载1952年12月17日台北《中央日报》

胡适的来去（马儿）
载1953年1月18日香港《自然日报》

台南与胡适（朱锋）
载1953年1月《台南文化》二卷4期

《胡适言论集》甲编（张敬）
载1953年4月台北《自由中国》八卷8期

评《胡适言论集》（甲编）（宋允）
载1953年5月台北《民主评论》四卷10期

胡适博士的思想立场（(日本)矢岛钧次）
载1953年《读书春秋》四卷2期

澄清对于胡适的看法（朱光潜）
载1953年《新观察》三卷9期

关于“胡适与白话文”（张超钧）
载1953年7月台湾《自由中国》九卷2期

对胡著《中国哲学史大纲》几点疑问（叶芝生）
载1953年台北《中国文化》第一期

胡适之先生新五四精神（罗敦伟）
载1954年3月台北《畅流》九卷2期

评胡适之先生《中国古代政治思想史的一个看法》（王寒生）
载1954年4月台北《民主宪政》六卷9期

批判胡适的“实验主义”学术思想（董书业）
载1954年5月号《文史哲》

胡适反动思想给予古典文学研究的毒害（陆侃如）
载1954年《文艺报》第21期

清除胡适的反动哲学遗毒（王若水）
载1954年11月5日《人民日报》

在教育科学战线展开对胡适的资产阶级思想的斗争（汪道祺）
载1954年11月29日《光明日报》

胡适的新诗论（（日本）大塚繁树）
载1954年12月《爱媛大学纪要》二卷1期

胡适的实验主义思想方法批判（任继愈）
载1954年12月1日《光明日报》

批判胡适反动的历史观（周一良）
载1954年12月9日《光明日报》

批判胡适在研究学术上的观点和方法（张凌光）
载1954年《人民教育》12月号

批判胡适的反动政治思想（汪子嵩等）
载1954年12月7日《人民日报》

批判胡适的资产阶级唯心的学术观点和他的思想方法（游国恩）
载1954年12月22日《光明日报》

批判胡适的文学观点和治学方法（罗根泽）
载1954年12月26日《光明日报》

“五四”运动前后胡适的政治面貌（曾文经）
载1954年12月27日《人民日报》

胡适的思想面貌和整理国故（李长之）
载1954年12月28日《光明日报》

胡适思想的反动本质和它在文艺界的流毒（蔡仪）
载 1954 年《文艺报》第 23、24 期

五四运动中的胡适和杜威（王若水）
载 1954 年 12 月 28 日《人民日报》

胡适的政治思想批判（李达）
载 1954 年 12 月 31 日《人民日报》

胡适哲学思想反动实质的批判(孙定国)
载 1954 年 12 月 15 日、29 日和 1955 年 1 月 12 日《光明日报》

胡适的政治思想批判（李达）
载 1955 年《新建设》1 月号

论胡适反动思想的流毒（夏康农）
载 1955 年《新建设》1 月号

胡适唯心论在史学中的流毒（稽文甫）
载 1955 年《新史学通讯》1 月号

胡适的魔术（稽文甫）
载 1955 年《长江文艺》1 月号

坚决清除胡适派资产阶级思想(李鉴尧)
载 1955 年 1 月 1 日《云南日报》

批判胡适的实用主义（艾思奇）
载 1955 年《学习》1 月号

胡适文学观批判（林淡秋）
载 1955 年 1 月 3 日《人民日报》

胡适学术思想批判（李达）
载 1955 年 1 月 3 日《长江日报》

胡适反动思想的实质（马清健等）
载 1955 年《文艺学习》1 月号

彻底摧毁反动的实验主义的美学体系（周来祥等）
载 1955 年《新建设》1 月号

两个人生（罗尔纲）
载 1955 年 1 月 4 日《光明日报》

清除胡适派资产阶级唯心主义在语文教学中的影响（旦方）
载 1955 年 1 月 4 日《重庆日报》

论胡适派腐朽的资产阶级人生观(胡绳)
载 1955 年 1 月 7 日《人民日报》

“五四”以来胡适派怎样歪曲了中国古典文学（何干之）
载 1955 年《人民文学》1 月号

坚决肃清胡适派的反动思想在古典文学研究中的毒素（陈中凡）
载 1955 年 1 月 9 日《新华日报》

论胡适实用主义的“真理论”之反动本质（罗克汀）
载1955年1月11日《光明日报》

“学者”——政治阴谋家（张沛）
载1955年1月15日《人民日报》

从实用主义到改良主义（王若水）
载1955年1月16日《人民日报》

斥胡适对《儒林外史》的诬蔑（王瑛）
载1955年1月16日《光明日报》

胡适这个人（荣孟源）
载1955年《中国青年》第2期

胡适是怎样一个人（黎少岑）
载1955年《新观察》第2期

批判胡适派的考据方法（吴文祺）
载1955年1月19日《解放日报》

胡适传布反动学术思想的根本目的（胡士莹）
载1955年1月20日《浙江日报》

胡适实用主义哲学的反革命性和反科学性（艾思奇）
载1955年1月22日《人民日报》

清除胡适反动理论在戏剧界的影响（陈丁沙等）
载1955年《戏剧报》1月号

必须认清胡适考据学的反动性（张志岳）
载1955年1月23日《光明日报》

批判胡适所谓“科学的方法”及其他（詹安泰）
载1955年1月23日《光明日报》

胡适实用主义对历史科学的危害（纪庸）
载1955年1月23日《新华日报》

批判胡适的“不朽”论（王庆淑）
载1955年1月26日《光明日报》

胡适是怎样忠实地为帝国主义效劳的（徐仲勉）
载1955年1月28日《光明日报》

实用主义者胡适是帝国主义狂热的帮凶（林异子）
载1955年1月28日《光明日报》

“述怀”诗考（唐弢）
载1955年1月30日《解放日报》

批判胡适在“五四”文学革命运动中的改良主义思想（刘绶松）
载1955年《文艺报》第1、2期

批判胡适在民间文学研究上的观点和方法（钟敬文）
载1955年《文艺报》第1、2期

奴才的哲学和嘴脸（解斯）
载1955年《文艺报》第1、2期

胡适是怎样歪曲和诬蔑《水浒》的（何家槐）
载1955年《新观察》第3期

从中国开始用铁的时代问题评胡适派的史学方法（童书业）
载1955年《文史哲》2月号

胡适反动思想在政治上的表现（李达）
载1955年《长江文艺》2月号

清除胡适唯心论观点的流毒（稽文甫）
载1955年《长江文艺》2月号

胡适的《尝试集》批判（林彦）
载1955年《西南文艺》2月号

展开对胡适的反动思想的批判（周渊）
载1955年《西南文艺》2月号

实用主义批判（胡曲园）
载1955年2月2日《解放日报》

鲁迅笔下的胡适（吴忠匡等）
载1955年2月3日《人民日报》

批判胡适的实验主义"考据学"（童书业）
载1955年2月3日《光明日报》

胡适反唯物论的历史观点批判（蔡尚思）
载1955年2月3日《光明日报》

胡适在对待我国文化传统中的帝国主义奴才面目（何鹏）
载1955年2月3日《安徽日报》

揭露美帝国主义奴才胡适的反动面貌（侯外庐）
载1955年《新建设》2月号

胡适在戏剧文学方面反动的唯心观点（颜振奋）
载1955年《剧本》2月号

胡适的治学方法和其反动本质（金应熙）
载1955年2月5日《南方日报》

胡适派文学思想批判（王元化）
载1955年2月5日《解放日报》

胡适和他的师父杜威（吴强）
载1955年2月5日《解放日报》

批判胡适的所谓"科学试验室的态度"与历史的态度（罗克汀）
载1955年2月5日《南方日报》

清除胡适派唯心观点在历史教学中的毒害（蒋年新）
载1955年2月5日《重庆日报》

肃清胡适在文艺学上的反动思想（楼棲）
载1955年2月6日《南方日报》

胡适的反动政治思想是什么？（汪子嵩等）
载1955年2月7日《北京日报》

论胡适政治思想的反动本质（彭柏山）
载1955年2月7日《解放日报》

肃清胡适反动思想在教育上的影响（毛礼锐）
载1955年2月7日《光明日报》

从鲁迅、瞿秋白文章中所看到的胡适（彭定安）
载1955年2月7日《辽宁日报》

谈谈胡适的考证（庞石帚）
载1955年2月7日《四川日报》

我与胡适——从朋友到敌人（吴景超）
载1955年2月8日《光明日报》

胡适——帝国主义的忠实的奴才（岳天）
载1955年2月8日《新华日报》

肃清胡适派资产阶级唯心观点对教学工作的毒害（杨招棣）
载1955年2月8日《浙江日报》

《老残游记》的反动性和胡适在《老残游记》评价中所表现的反动政治立场（张毕来）
载1955年《人民文学》2月号

鲁迅先生笔下的胡适（王景山）
载1955年《文艺学习》2月号

批判胡适的反动历史观点（张继安）
载1955年2月9日《光明日报》

清除胡适在戏剧方面的流毒（伟）
载1955年《戏剧报》2月号

批判胡适的《国语文法概论》（黄汉生）
载1955年2月11日《光明日报》

清除胡适反动思想在我国教育界中的遗毒（刘桂灼等）
载1955年2月11日《南方日报》

认清胡适反动哲学思想（王祝晨）
载1955年2月11日《大众日报》

胡适是怎样诋毁中国戏曲遗产的（王文深）
载1955年2月11日《四川日报》

驳胡适的非科学的考据方法（吴小如）
载1955年2月13日《光明日报》

充满毒素的《白话文学史》（谭丕模）
载1955年《文艺报》第3期

胡适的“历史癖”的实质是什么？（王崇武）
载1955年《文艺报》第3期

鲁迅和瞿秋白笔下的胡适（姚虹）
载1955年《文艺报》第3期

胡适串演的丑剧（徐开垒）
载1955年《文艺月报》2月号

胡适贩卖实用主义的目的何在？（陈仁炳）
载1955年2月17日《文汇报》

胡适对于吴敬梓和《儒林外史》的诬蔑（何家槐）
载1955年2月18日《北京日报》

肃清胡适在中学国文教学中的反动影响（李泽深）
载1955年2月18日《辽宁日报》

胡适的实用主义哲学的反动实质（吴玉黎）
载1955年2月19日《青岛日报》

清除胡适反动的文学思想（张绪荣）
载1955年2月20日《光明日报》

胡适这个人（灿）
载1955年2月22日上海《青年报》

胡适研究古典文学的方法及其恶劣影响（鲍正鹄）
载1955年2月24日《解放日报》

辟胡适的所谓“历史的进化的文学观念”（王瑶）
载1955年《北京大学学报》第1期

胡适在《西游记考证中》的诡计（董每戡）
载1955年《作品》第2期

胡适的反动思想的阶级本质（江柱等）
载1955年2月26日《长江日报》

胡适的反动历史观（吴玉黎）
载1955年2月26日《青岛日报》

胡适派所谓民主政治的反动的实质（黎澍）
载1955年《学习》3月号

胡适、杜威、罗素是怎样开始破坏中国的新文化运动的？（阴法鲁）
载1955年3月3日《光明日报》

肃清科学研究工作中胡适思想方法的流毒（任继愈）
载1955年《科学通报》2月号

批判胡适的思想方法（贺麟）
载1955年《新建设》3月号

胡适——真理的敌人（黄枬森）
载1955年3月3日《北京日报》

胡适的反动哲学观与文学观的一致性（徐之梦）
载1955年2月19日《黑龙江日报》

胡适在新文学运动上的作用的重新估价（钟敬文）
载1955年《新建设》3月号

批判考古学中的胡适派资产阶级思想（夏鼐）
载1955年《考古通讯》第3期

批判胡适实用主义哲学（金岳霖等）
载1955年《北京大学学报》第1期

从对待哲学遗产的观点方法和立场批判胡适怎样涂抹和诬蔑中国哲学史（冯友兰等）
载1955年《北京大学学报》第1期

胡适的“独立评论”的剖析（张俊彦等）
载1955年《北京大学学报》第1期

胡适实用主义的唯我论与虚构论的反动本质（仝增嘏）
载1955年3月1日《解放日报》

胡适怎样利用宗教（王雨田）
载1955年3月23日《光明日报》

中国共产党成立前后马克思主义者如何和胡适的反动政治主张作斗争（许世华）
载1955年3月13日《北京日报》

评胡适所谓“老杜的特别风趣”（郭预衡）
载1955年3月13日《光明日报》

胡适在抗日战争前夕是怎样媚外和帮凶的（北中）
载1955年3月25日《北京日报》

胡适《白话文学史》批判（李长之）
载1955年《人民文学》3月号

胡适是怎样贩运杜威教育思想的（韩落）
载1955年3月24日《重庆日报》

批判胡适的反动文学思想——形式主义与自然主义（王瑶）
载1955年《文艺报》第6期

胡适教育思想的错误及其在教育学上的影响（潘懋元）
载1955年《厦门大学学报》第1期

胡适与黄兴（李敖）
载1955年3月27日台北《中央日报》

胡适的反动文学思想批判（黄药眠）
载1955年《新建设》4月号

胡适怎样歪曲了中国古典文学（韩文佑）
载1955年4月12日《天津日报》

胡适文学史观批判（褚斌杰）
载1955年4月17日《光明日报》

论胡适派反动的资产阶级的哲学史观点和方法（汪毅）
载1955年《文史哲》第4期

胡适对待祖国历史的奴才思想（白寿彝）
载1955年《新建设》4月号

彻底批判胡适派资产阶级唯心主义思想是贯彻祖国过渡时期总任务的一个严重问题（潘梓年）
载1955年《科学通报》4月号

胡适在“五四”文学革命中做了些什么？（以群）
载1955年《文艺月报》4月号

批判胡适的庸俗进化论（葛懋春等）
载1955年《文史哲》第5期

胡适四十年来反动政治思想的批判（郑鹤声）
载1955年《文史哲》第5期

胡适——爱国学生运动的死敌（肖超然等）
载1955年《中国青年》第9期

批判胡适派为封建买办统治服务的“民主”“自由”论（胡华）
载1955年5月4日《大公报》

批判胡适的“井田辩”及其他（孙力行）
载1955年4月28日《光明日报》

批判胡适的实验主义“史学”方法（童书业）
载1955年《文史哲》第5期

批判胡适的考据方法（高亨）
载1955年《文史哲》第5期

批判胡适反动的考据方法和校勘方法（赵俪生）
载1955年《文史哲》第5期

批判胡适的唯心主义文学观点（刘大杰）
载1955年《复旦学报》第2期

胡适文学史观点批判（何其芳）
载1955年《人民文学》5月号

清算胡适的反动政治思想（孙思白等）
载1955年《文史哲》6月号

西洋“汉学”与胡适（周一良）
载1955年《历史研究》第2期

清除胡适思想在历史考据中的恶劣影响（田余庆）
载1955年《历史研究》第2期

批判胡适的实用主义历史唯心论（袁良义）
载1955年5月26日《光明日报》

看看胡适的“历史态度”和“科学的方法”（范文澜）
载1955年《历史研究》第3期

批判胡适所谓“文学改良”的几个论点（戴镏龄）
载1955年《中山大学学报》第1期

清除胡适反动思想对祖国古典文学遗产的毒害（詹安泰）
载1955年《中山大学学报》第1期

批判胡适的“吾我篇”和“尔汝篇”（潘允中）
载1955年《中山大学学报》第1期

批判胡适的《西游记考证》（冯沅君）
载1955年《文史哲》7月号

古典文学研究中胡适怎样歪曲文学的社会意义（胡念贻）
载1955年《文学研究集刊》第1册

批判胡适夸大他个人在新文学运动中的作用（曹道衡）
载1955年《文学研究集刊》第1册

对胡适疑古论的批判（丁则良）
载1955年《东北人民大学“人文科学学报”》第1期

批判胡适的多元历史观（稽文甫）
载1955年《历史研究》第5期

批判胡适反动实验主义的历史考据学（李光壁）
载1955年《历史教学》九月号

论胡适在禅宗史研究中的谬误（任继愈）
载1955年《历史研究》第5期

斥胡适对伟大的史学家司马迁的诬蔑（麦若鹏）
载1955年10月27日《光明日报》

从《白话文学史》中看胡适对语言的见解的反动本质（韩允符）
载1955年《东北人民大学“人文科学学报”》第1期

论考据学在文学研究中的作用——兼评胡适的资产阶级唯心主义考据学及其毒害（陈炜谟）
载1955年《四川大学学报》第2期

批判胡适研究歌谣的错误观点和方法（赵卫邦）
载1955年《四川大学学报》第2期

胡适对中国文学史“公例”的歪曲捏造及其影响（余冠英）
载1955年《文艺报》第11期

胡适《读〈楚辞〉》批判（孟志孙）
载1955年《南开大学学报》第1期

自然主义是胡适反动文学思想的主要倾向吗？（毛星）
载1955年8月7日《光明日报》

批判胡适唯心主义语言学思想（张清常）
载1955年《南开大学学报》第1期

批判胡适“文法的研究法”（马国藩）
载1955年《文史哲》第12期

肃清胡适在教育上所散布的反动“自由”思想的毒害（邵鹤亭）
载1955年7月25日《光明日报》

批判和肃清胡适的反动教育思想（杨荣春）
载1955年8月8日《光明日报》

新文学运动与新文学问题——中共批判胡适文学思想的分析（金达凯）
载1955年12月台湾《民主评论》六卷3期

胡适所说词的言韵起源论（（日本）大塚繁树）
载1956年8月《中国语学》第53期

鲁迅与胡适（（日本）森都有人）
载1956年11月《中国研究》第3期

关于《胡适文存》（李敖）
载1956年《大学杂志》一卷5、6期，收入《胡适研究》

胡适与黄纯青（李敖）
载1956年12月21日台北《中央日报》

论胡适先生的三无主义（张铁君）
载1957年1月台北《国魂》140期

从读《胡适文存》说起（李敖）
载1957年3月台北《自由中国》十六卷5期

胡适与梁启超（李敖）
载1957年3月15日台北《中央日报》

胡适与徐志摩（李敖）
载1957年4月5日台北《中央日报》

胡适先生对苏俄看法的四阶段（李敖）
载1957年4月《大学杂志》二卷6期

胡适思想与中国前途（殷海光）
载1957年5月台北《史语所集刊》28卷

胡适的文艺思潮（(日本）木岛廉之）
载1957年6月《中国文艺座谈会笔记》（九州大学）第10期

胡适与中央研究院（朱家轩）
载1958年3月3日台北《中央日报》

禅佛教的问题——围绕着胡适与铃木大拙的讨论（日本）藤吉滋海
载1958年3月《佛教文化研究》6、7合刊

迎贺胡适之先生归国就职（陈纪滢）
载1958年5月台湾《畅流》十七卷5期

胡适之对于我们现代思想的影响（毛子水）
载1958年5月台湾《文星》二卷1期

胡适博士埋首新著（李青来）
载1958年11月13日台北《中央日报》

胡适与国运（殷海光）
载1959年5月《自由中国》二十卷9期

“五四”文学革命运动的真面目——批判胡适、胡风及其他反动分子对文学革命的歪曲（以群）
载1959年《文艺报》第8期

谈谈“我的朋友”胡适之先生（上、下）（季夏）
载1960年《大学生活》五卷11—12期

胡适之先生思想已转向中国人文主义及理性主义乎？（学粹杂志社）
载1960年8月台湾《学粹》二卷5期

分析胡适的思想（惟悟）
载1960年12月《香港佛教》7卷

胡适影印乾隆甲戌本《红楼梦》（赵聪）
载1961年《大学生活》六卷21期

播种者胡适（李敖）
载1962年1月《文星》九卷3期

由文章谈到胡适（马五）
载1962年1月17日台北《自由报》第201期

谁是新文化的播种者（叶青）
载1962年1月《政治评论》七卷10期

胡适之与“全盘西化”（徐高阮）
载1962年2月《文星》九卷4期

小心求证“播种者胡适”的大胆假设（郑学稼）
载1962年2月《文星》九卷4期

胡适之言行评议（学粹杂志）
载1962年2月《学粹》四卷2期

蒋廷黻痛悼胡适之（于衡）
载1962年2月25日台北《联合报》

绩溪同乡谈胡适博士（吴心白）
载1962年2月25日《公论报》

胡适论资本主义和胡风（高叔康）
载1962年3月《民主潮》十二卷6期

胡适先生走进了地狱（李敖）
载1962年3月《文星》九卷5期

一个伟大书生的悲剧（徐复观）
载1962年3月《文星》九卷5期

一个学术独立计划的注解（徐高阮）
载1962年3月《新时代》二卷3期

五四巨人最后历程亲记（罗敦伟）
载1962年3月《畅流》二十五卷3期

中国的良心——胡适（余光中）
载1962年3月《文星》九卷5期

“但恨不见替人”（梁实秋）
载1962年3月《文星》九卷5期

我所能够知道的胡适之先生（韵笙）
载1962年3月《民主潮》十二卷6期

我们应该赶过他（王洪钧）
载1962年3月《文星》九卷5期

国语运动中的胡适与赵元任（朱信）
载1962年3月4日《联合报》

胡适北平“脱险”记（敖凤翔）
载1962年3月5日台北《新生报》

我对胡适之先生的哀思（左舜生）
载1962年3月《民主潮》十二卷6期

胡适之先生和中国科学的发展（吴大猷）
载1962年3月《新时代》二卷3期

胡适之先生哀词（毛子水）
载1962年3月《文星》九卷5期

胡适死了“胡适思想”仍然活着（陈立峰）
载1962年3月《文星》九卷5期

胡适的毁及其辩（罗敦伟）
载1962年3月《新时代》二卷3期

胡适与政治（王士杰）
载1962年3月《中国一周》620期

最后的酒会——记一代学人胡适博士的死（风舟）
载1962年3月《现代知识》50期

再论谁是新文化底播种者（叶青）
载1962年3月《政治评论》八卷2期

敬悼胡适之先生（胡秋原）
载1962年3月2日《自立晚报》

倒在战场的老将军（胡秋原）
载1962年3月《文星》九卷5期

追忆胡适之先生（蒋复）
载1962年3月《文星》九卷5期

追念胡先生（陈咸森）
载1962年3月《民主潮》十二卷6期

为“播种者胡适”翻旧帐（李敖）
载1962年3月《文星》九卷5期

深夜怀友（叶公超）
载1962年3月《文星》九卷5期

适之先生二三事（黎东方）
载1962年3月《文星》九卷5期

悼大师话往事（苏雪林）
载1962年3月4日台北《新生报》副刊

寒风凄雨哭大师（苏雪林）
载1962年3月2日台北《联合报》

中西论战与胡适之
载1962年3月14—24日《自立晚报》

论胡适之旧诗词（南湖）
载1962年3月26日台北《中央日报》

胡适之先生与新诗（覃子豪）
载1962年3月4日《联合报》

悼念胡适之先生（杨一峰）
载1962年3月《畅流》二十五卷3期

悼念胡适博士（关德辛）
载1962年3月台北《新中国评论》二十二卷3期

敬悼胡适之先生（沈云龙）
载1962年3月《新中国评论》二十二卷3期

敬悼胡适之先生（张其昀）
载1962年3月《中国一周》619期

敬悼胡适之先生（李璜）
载1962年3月《民主潮》十二卷5期

敬悼胡适之先生（夏涛声）
载1962年3月《民主潮》十二卷5期

敬悼胡适之先生（李雄）
载1962年3月《畅流》二十五卷三期

怀念胡适之先生应有的反省（宏政）
载1962年4月《民主潮》十二卷6期

怀念适之先生（陶希圣）
载1962年4月《自由谈》十三卷4期

适之先生二三事（刘真）
载1962年4月《自由谈》十三卷4期

开庭"审"胡适（苏雪林）
载1962年4月《作品》三卷4期

追念适之先生（谢冰莹）
载1962年4月《民主宪政》二十一卷10期

悼胡适之先生和齐如山先生（穆中天）
载1962年4月《文坛》22期

适之先生《康南耳君传》的最后校改（胡颂平）
载1962年4月《文星》九卷6号

"胡党""反胡党"及有关中国文化问题之争论（上、下）（许冠三）
载1962年《大学生活》七卷22、23期

从"一无所知""有无灵性"为胡适先生辩护（李彭龄）
载1962年4月《文星》九卷6期

论白话文和白话文学的运动（郑学稼）
载1962年4月《文星》九卷6期

我看胡适之先生（蒋廷黻）
载1962年4月《文星》九卷6期

我和胡适之先生（凌鸿勋）
载1962年4月《自由谈》十三卷4期

我对胡适之先生的认识（梦泽）
载1962年4月《自由太平洋》六卷4期

三次茶会忆大师（岳荪甫）
载1962年4月《自由谈》十三卷4期

读《胡适之先生纪念集》后（费友仁）
载1962年4月《大学生活》119期

蔡元培为胡适之释辩及其提倡新文化运动之积极（简三）
载1962年4月1日《星岛日报》

一个新闻记者眼中的胡适之先生（于衡）
载1962年4月《新时代》二卷4期

浅释科学与民主，追悼适之先生（唐德刚）
载1962年5月《海外论坛》月刊三卷5期

胡适与中国现代化运动（金耀基）
载1962年5月《大学生活》八卷1期

胡适之先生论诗（梁实秋）
载1962年5月《新时代》二卷5期

我印象中的胡适之先生（安黎）
载1962年5月《建设》十卷12期

我与胡适之先生（周德伟）
载1962年5月《文星》十卷1期

胡适之先生生平及其贡献（李书华）
载1962年5月《大陆杂志》二十四卷10期

记普林斯顿大学葛斯特东方图书馆追悼胡适之先生著作展览会及其相关之史料（庄申）
载1962年5月《大陆杂志》廿四卷10期

谈胡适在《新青年》发表的信和文（田尚明）
载1962年5月《文星》十卷1期

胡适博士上世源流及生平事迹考（胡钟吾）
载1962年6月《中国一周》634期

江冬秀夜忆胡适（赵炜）
载1962年7月31日台北《自立晚报》

胡适与丁文江（上、下）（朱文伯）
载1962年《民主潮》十二卷11—12期

胡适氏底"盖棺论定"（上、中、下）（金耀基）
载1962年《大学生活》八卷3—5期

胡适与梁漱溟对儒家思想的争论（芮陶庵）
载1962年7月香港《崇基学报》一卷2期

胡适博士的盖棺记（李焰生）
载1962年7月《政治评论》八卷10期

纪念胡适之先生（陈之迈）
载1962年7月《传记文学》一卷2期

胡适之先生写字的故事（胡颂平）
载1962年8月《文星》十卷4期

谈胡适（孙陵）
载1962年8月《政治评论》八卷11期

胡适之先生的人口言论（张敬原）
载1962年10月《新时代》二卷10期

胡适之先生的最后历程（凤之）
载1962年10月16日台北《新闻报》

我当了四年的学徒（胡颂平）
载1962年12月《传记文学》一卷7期

我所认识的胡适之先生（毛子水）
载1963年3月《传记文学》二卷3期

《故院长胡适先生纪念论文集》序（李济）
载1963年3月《传记文学》二卷3期

胡适先生与中国公学（杨亮功）
载1963年3月《传记文学》二卷3期

适之先生的博士学位及其他（胡颂平）
载1963年3月《传记文学》二卷3期

我的先生胡适之（洪炎秋）
载1963年3月《传记文学》二卷3期

胡适先生逝世一周年（李璜）
载1963年3月《民主潮》十三卷3期

评介《丁文江传记》（李敖）
载1963年3月《文星》十一卷3期

纪念胡适之先生逝世周年（孙德中）
载1963年5月《文星》十一卷5期

胡适先生中文著作目录（徐高阮）
载1963年台北《中央研究院历史语言研究所集刊》第34本

胡适先生中文遗稿目录（徐高阮）
载1963年《史语所集刊》第34本

胡适先生诗歌目录（胡颂平）
载1963年《史语所集刊》第34本

胡适先生西文著作目录
载1963年《史语所集刊》第34本

胡适传（毛子水）
载1963年《文星》十一卷5期和《新时代》三卷3期

胡适先生与民主的修养（王洪钧）
载1963年《文星》十一卷5期

适之先生博士学位补遗（胡颂平）
载1963年8月《传记文学》三卷2期

胡适的诗（苏雪林）
载1964年2月24日台北《中华日报》

胡适之先生的治学与治事（杨亮功）
载1964年2月《传记文学》四卷2期

从适之先生的墓园谈起（胡颂平）

载1964年2月《传记文学》四卷2期

胡适之先生反对袁世凯独裁帝制和对推翻北洋军阀的功绩（陶元珍）

载1964年2月《新中国评论》二十四卷4期

回忆一颗大星的陨落（杨树人）

载1964年2月《文星》十三卷4期

关于《胡适评传》（李）

载1964年3月《文星》十三卷5期

胡适与西潮（质素）

载1964年4月22日台北《中央日报》

读《胡适评传》（梁实秋）

载1964年5月《文星》十四卷1期

同宗因缘（胡惠宣）

载1964年5月《传记文学》四卷5期

评《胡适评传》（碧屏）

载1964年7月《文星》十四卷3期

我评《胡适评传》第一册（吴柳彬）

载1964年7月《文星》十四卷3期

初期的新诗——胡适与朱自清（(日本)横山永三）

载1964年9月《山口大学文学会志》15期

文苑风云五十年第三章之三——胡适（上、下）（陈敬之）

载1964年《畅流》29卷12期至30卷1期

怀胡适先生谈留学政策（黄季陆）

载1964年10月《传记文学》五卷4期

胡适与新诗（美莹）

载1965年2月24日《台湾新闻报》

胡适之先生逝世三周年（毛子水）

载1965年3月《传记文学》六卷3期

胡适的时代和他的思想（上、下）（郭湛波）

载1965年5—6月《文星》十六卷1—2期

跋《胡适给赵元任的信》（周法高）

载1965年5月《新天地》四卷3期

胡适论绝句（宋哲）

载1965年6月《新天地》四卷4期

胡适与《竞业旬报》（吴崇文）

载1965年10月台北《新闻报》

《胡适手稿》第一集研究二则（费海玑）
载1966年4月《大陆杂志》三十二卷7期

《胡适手稿》第一集研究自记（费海玑）
载1966年5月《出版月刊》12期

《水经郦道元注》的真凡例（费海玑）
载1966年《大陆杂志》三十三卷6期

《胡适手稿》第一集研究（费海玑）
载1966年7月2日台北《国语日报》

《胡适手稿》内《直隶河渠书》资料卡片的价值（费海玑）
载1966年9月《大陆杂志》三十三卷6期

胡适弃农学文（春馥）
载1966年9月22日台北《新闻报》

胡适博士吃花酒（春馥）
载1966年10月24日台北《新闻报》

关于胡适之先生的一种第一手资料（陈方迈）
载1967年2月《传记文学》十卷2期

怎样精读胡适的书信（费海玑）
载1967年2月《出版月刊》第21期

也谈胡适的书信（吴春富）
载1967年3月《出版月刊》第22期

读胡适的《淮南王书》（费海玑）
载1967年《大陆杂志》第34卷4期

胡适与陈衡哲的一段往事（郭学虞）
载1967年5月《传记文学》十卷5期

胡适先生的序跋导读（费海玑）
载1967年5月《出版月刊》第24期

胡适著《丁文江的传记》（左舜生）
载1967年6月10日台北《中央日报》

胡适手稿与思想（费海玑）
载1967年《现代文苑》三卷7期

"春风风人，夏雨雨人"（章君谷）
载1967年《中外杂志》三卷4期

章太炎与胡适之的一些是与非（赵家铭）
载1967年10月《传记文学》十一卷4期

胡适与中西文化（房志荣）
载1967年12月《现代学苑》四卷12期

胡适（（日本）吉川幸次郎）
载1968年《东亚季刊》2—4期

蔡元培与胡适（赵家铭）
载1968年《传记文学》十二卷1期

胡适先生的一封信与一篇文（徐高阮）
载1968年《传记文学》十二卷1期

胡适之与诸桥辙次的笔谈录（陈之迈）
载1968年《传记文学》十三卷3期

《胡适手稿》第二、三、四集总说论（费海玑）
载1969年3月18日《国语日报》

《胡适手稿》第五集要义（费海玑）
载1969年8月5日《国语日报》

胡适之与章行严（梁敬錞）
载1969年12月《传记文学》十五卷6期

中国近代文学的诞生与鲁迅、胡适、陈独秀（(日本）相浦杲）
载1970年《野草》1期

抗战期间两“过河卒子”——胡适之与陈光甫（吴相湘）
载1970年《传记文学》十七卷5期

介绍《中国中古思想史长》
载1970年台湾《国立中央图书馆馆刊》四卷1期

胡适之红学批判（陈庆浩）
载1970年9月《红楼梦研究专刊》第8辑（香港广华书局出版）

胡适关于《水经注》的校勘成就（(日本）山口荣等）
载1970年12月《中国水利史研究》第5期

胡适“但开风气不为师”（吴相湘）
见《民国百人传》第一册，传记文学出版社1971年出版

胡适之先生（徐讦）
载1972年《传记文学》二十一卷3期

适之先生对学术界的影响（毛子水）
载1972年《传记文学》二十一卷3期

鲁迅在评《红楼梦》中对胡适派的批判（许怀中）
载1974年《厦门大学学报》第1期

意象派对胡适的影响（(日本）釜屋修）
载1974年4月《野草》第14、15号

评胡适的《水浒》考证（余秋雨）
载1975年《学习与批判》第10期

金圣叹腰斩《水浒》——兼驳胡适吹捧金批本《水浒》的谬论（闻仲）

载 1975 年《红旗》第 10 期

评胡适的《水浒》考证（余凡）
载 1975 年《红旗》第 11 期

评胡适《水浒》研究中的唯心主义（江南）
载 1975 年 11 月 15 日《光明日报》

胡适传（余秋雨）
载 1975 年《学习与批判》六

胡适的禅宗史研究（（日本）八木信佳）
载 1975 年《禅文化研究所纪要》

胡适的白话诗《蝴蝶》——写于论《论尝试集》之前（上、下）（（日本）牧户和宏）
载《帝塚山大学论集》9 期（1975）和 14 期（1977）

我与适之先生诗文上的交往（胡健中）
载 1976 年《传记文学》二十八卷 5 期

剖析五四运动时期胡适的一个反动纲领（朱宗震等）
载 1976 年 4 月 22 日《光明日报》

胡适诗作年谱（（日本）牧户和宏）
载 1976 年 6 月《野草》第 17 期

关于敦请胡先生担任行政院长及其他（陶希圣）
载 1976 年《传记文学》二十八卷 5 期

追思胡适林语堂两博士（何联奎）
载 1976 年《传记文学》二十八卷 6 期

留美时代胡适的白话诗（（日本）牧户和宏）
载 1977 年 5 月《帝塚山大学论集》15

胡适的“女孩论”和“四人帮”的“现实感”（苍梧）
载 1977 年 6 月 11 日《辽宁日报》

回忆胡适之先生与口述历史（唐德刚）
载 1977 年 8 月《传记文学》三十一卷 2 期

“不要儿子，儿子来了”的政治（唐德刚）
载 1977 年 9 月《传记文学》三十一卷 3 期

三分洋货，七分传统（唐德刚）
载 1977 年 10 月《传记文学》三十一卷 4 期

论胡适之的诗（周策纵）
载台北《传记文学》第三十一卷 5 期

照远不照近的一代文宗（唐德刚）
载 1977 年 11 月《传记文学》三十一卷 5 期

胡适是怎样阅读《老残游记》的？((日本)樽本照雄)
载1977年11月《大阪经大论集》120期

“新诗老祖宗”与“第三文艺中心”(唐德刚)
载1977年12月《传记文学》三十一卷6期

关于胡适的“白话诗八首”((日本)阵之内宜男)
载1977年《中国综合研究》2期

传记·史学·行为科学(唐德刚)
载1978年1月《传记文学》三十二卷1期

国语·方言·拉丁化(唐德刚)
载1978年3月《传记文学》三十二卷3期

“我的朋友”的朋友(唐德刚)
载1978年4月《传记文学》三十二卷4期

胡适博士头衔索隐(潘维疆)
载1978年4月17日纽约《星岛日报》

从胡适博士被考据谈起(胡祖强)
载1978年5月13日纽约《星岛日报》

驳斥胡适大观园即随园的谬说——从随园历史说到新发现的《随园图》(下孝萱)
载1978年《扬州师院学报》第1、2期

胡适博士头衔索隐补述(潘维疆)
载1978年5月29日纽约《星岛日报》

较好的一半(唐德刚)
载1978年5月《传记文学》三十二卷5期

历史是怎样口述的(唐德刚)
载1978年6月《传记文学》三十二卷6期

我所记得的胡适之先生几件事(章元羲)
载1978年6月《传记文学》三十二卷6期

胡适乃真博士(唐德刚)
载1978年7月《传记文学》三十三卷1期

胡适博士学位的风波(汤晏)
载1978年7月《传记文学》三十三卷1期

《胡适的自传》编译说明(唐德刚)
载1978年8月《传记文学》三十三卷2期

胡适博士学位考证（夏志清）
载1978年11月《传记文学》三十三卷5期

《胡适杂忆》序（周策纵）
载1979年1月《传记文学》三十三卷1期

《胡适杂忆》序（夏志清）
载1979年1月《传记文学》三十四卷1期

急剧倒向反动营垒的胡适（郑春燕）
载1979年4月30日《解放日报》

胡适评传（李立明）
载1979年4月香港波文书局出版的《中国现代作家评传》

我所认识的胡适（柳无忌）
载1979年6月《传记文学》三十四卷6期

忆记《胡适杂忆》（刘绍铭）
载1979年7月《传记文学》三十五卷1期

五四运动与新旧“红学”（吕启祥）
载1979年《北京师范大学学报》第2期

五四时期的“问题与主义”论战（谭双泉）
载1979年《湖南师范学院学报》第2期

从鲁迅为胡适删诗谈起（亦坚）
载1979年《上海师大学报》第2期

中国新诗的开步——重评胡适的《尝试集》和他的诗论（蓝棣之）
载1979年《四川师院学报》第2期

论五四新文学运动中胡适的作用（孙昌熙等）
载1979年《文史哲》第3期

试论胡适在五四新文化运动中的作用和地位（朱文华）
载1979年《复旦学报》第3期

五四运动与早期新诗（杜元明）
载1979年《诗刊》第5期

胡适和五四运动时期的白话文运动（胡曲园）
载1979年6月3日上海《文汇报》

许多学者认为发表胡适研究《水经注》遗著，不因人废言，分清政治与学术界限，有利于百家争鸣
1979年7月16日上海《文汇报》

胡适的《红楼梦考证》在红学史上的地位（魏同贤）
载1979年《红楼梦学刊》第2辑

评胡适"五四"前后的哲学思想（胡曲园）
载1979年《复旦学报》第3期

评胡适的"大胆假设，小心求证"（全增嘏等）
载1979年《复旦学报》第3期

胡适"五四"前后文学主张剖析（张新）
载1979年《复旦学报》第3期

重评胡适的《尝试集》（秦家琪）
载1979年《南京师院学报》第3期

胡适《尝试集》重议（文振庭）
载1979年《江汉论坛》第3期

评胡适的《尝试集》（龚济民）
载1979年《辽宁大学学报》第3期

重新评价胡适的《尝试集》（周晓明）
载1979年《破与立》第5期

从《文学改良刍议》到"问题与主义"论战——评五四前后胡适的哲学思想（丁祯彦）
载1979年《学术月刊》第5期

评胡适的《中国哲学史大纲》卷上（潘富恩等）
载1979年《复旦学报》第4期

论胡适早期的白话诗主张与创作（朱德发）
载1979年《山东师院学报》第5期

胡适的白话诗《人力车夫》((日本)牧户和宏)
载1979年11月《咿哑》第9号

胡适与五四时期的新文化运动（耿云志）
载1979年《历史研究》第5期

胡适历史考证方法的分析（赵俪生）
载1979年《学术月刊》第11期

五四时期的胡适（陈铁健）
载收入《五四时期的历史人物》（中国青年出版社1979年11月出版）

评五四文学革命中的胡适（易竹贤）
载《新文学论丛》1979年第2辑至1980年第1辑

胡适与五四新文化运动（耿云志）
载1979年《中国现代文学研究丛刊》第1辑

试评胡适的小说考证（陆树仑等）
载1980年《中国现代文学研究丛刊》第1辑

读《孤八行》与《僮约》札记——兼谈胡适《白话文学史》有关论点（王进珊）
载1980年《徐州师范学院学报》第1期

给胡适在红学史上应有的地位（薛瑞生）
载1980年《西北大学学报》第1期

乾隆时人是怎样看《红楼梦》的原作者的——兼评胡适对《红楼梦》作者的考证（曾扬华）
载1980年《北方论丛》第1期

对批判“新红学派”的再认识（蔡义江）
载1980年《北方论丛》第1期

回忆胡适《中国哲学史大纲》对我的影响（胡曲园）
载1980年《书林》第3期

为胡适画像（唐弢）
见《鲁迅的故事》（中国少年儿童出版社1980年3月出版）

现代诗人及流派琐谈——《新青年》之群（向远等）
载1980年《中国现代文学研究丛刊》第2辑

对胡适“大胆假设，小心求证”渊源的几点看法（李兴芝）
载1980年《山东大学文科论文集刊》第2期

一九七九年关于胡适研究的情况
载1980年上海《社会科学》第4期

重评胡适的《尝试集》（刘扬烈）
载1980年《广西民族学院学报》第4期

从胡适与吴晗来往信件看他们的师生关系（汤晏）
载1980年《传记文学》三十七卷2期

重评胡适的《水浒》考证（欧阳健）
载1980年《学术月刊》4—5期

刘海粟与胡适（谷苇）
载1980年《随笔》第10期

初期白话诗简述（向远）
载1980年《中国现代文学研究丛刊》第3辑

无须提前“搞臭”——李大钊、鲁迅和胡适之间的关系札记（王锦泉）
载1980年《中国现代文学研究丛刊》第3辑

关于胡适与《新青年》关系的一点考证（王德禄等）
载1980年《中国现代文学研究丛刊》第4辑

闲话胡适（石原皋）
载 1981—1984 年《艺谭》（安徽）

论胡适的《尝试集》（吴欢章）
载 1981 年《艺谭》第 1 期

也谈胡适的《尝试集》（陈真）
载 1981 年《海南师专学报》第 1 期

重评《文学改良刍议》（邓必铨）
载 1981 年《江西大学学报》第 1 期

胡适《文学改良刍议》之我见（周芳芸）
载 1981 年《四川大学学报》第 2 期

鲁迅与胡适关于《西游记》的通信及争论（顾农）
载 1981 年《晋阳学刊》第 3 期

论鲁迅与胡适（吴定宇）
载 1981 年《中山大学学报》第 3 期

评“五四”时期的鲁迅与胡适（易竹贤）
载 1981 年 6 月《鲁迅研究》第 3 辑

胡适的《红楼梦考证》和新红学的产生（郭豫适）
见《〈红楼梦〉小史续稿》（上海文艺出版社 1981 年 6 月出版）

鲁迅与胡适（史若平）
载 1981 年《齐鲁学刊》第 5 期

胡适与辛亥革命（曹伯言等）
载 1981 年《华东师范大学学报》第 5 期

陶行知与胡适逸闻（刘心林）
载 1981 年《文教资料简报》7—8 期

港台学术界关于胡适的论争情况（徐瑞岳）
载 1981 年《文教资料简报》第 10 期

胡适和俞平伯建树的“新红学”（韩进廉）
见《红学史稿》（河北人民出版社 1981 年 11 月出版）

最早替曹操平反的是谁？（艾仁）
载 1982 年《艺谭》第 1 期和《社会科学战线》第 2 期

评“五四”时期胡适文学主张和创作实践（严恩图）
载 1982 年《艺谭》第 2 期

评“五四”时期胡适的文学主张（朱德发）
载 1982 年 2 月《文学评论丛刊》第 11 辑

新诗运动初期“形式主义改良”辨（李新宇）
载 1982 年《齐鲁学刊》第 2 期

胡适论（任访秋）
载1982年《河南师大学报》第2期

鲁迅和他同时代的中国小说史家（许怀中）
载1982年《海峡》第1期

胡适与宋明理学（李兴芝）
载1982年《中国哲学史研究》第3期

论胡适《中国章回小说考证》方法论（朱文华）
载1982年《江淮论坛》第6期

评胡适《中国哲学史大纲》（屈志伟）
载1982年《南宁师院学报》第3期

《女神》与《尝试集》比较观（吴奔星）
载1983年《四川大学学报丛刊》第17辑《郭沫若研究专刊》第四集和《天津师专学报》第2期

论鲁迅与胡适的“历史联系”（黄艾仁）
载1983年《鲁迅研究》第2期

“整理国故”的再评价（魏绍馨）
载1983年《文学评论》第3期

评胡适的历史成就及其理论与方法
载1983年《历史研究》第4期

鲁迅与胡适（任访秋）
载1983年《社会科学辑刊》第3期

鲁迅的小说史研究与胡适的小说考证（李鸿然）
见《鲁迅与历史、文学及其他》（1983、6长江文艺出版社出版）

胡适一九二四年在辽宁的两次演讲（杨志和）
载1983年《社会科学辑刊》第5期

《史记·屈原列传》岂容否定
——驳胡适的“五大可疑”论（卢文晖）
载1984年《四川师院学报》第3期

论五四文学革命运动中的胡适（张德之）
载1984年《辽宁大学学报》第4期

二、胡适研究专集和专著目录索引

《尝试集》的批评与讨论（胡怀琛编）

上海泰东书局 1921 年 3 月初版。

目次：序（上）

《尝试集》批评（胡怀琛）

讨论的信：胡适致张东荪的信；胡怀琛致张东荪的信；刘大白致李石岑的信；胡怀琛致李石岑的信；刘大白致李石岑的信；胡怀琛致李石岑的信。

诗的音节（朱执信）：胡怀琛致朱执信函；朱执信答胡怀琛；胡怀琛致朱执信先生第二书；朱侨致胡适之函；对于胡适之通信的意见；刘伯棠致胡适之函；批评《尝试集》到底没有错（胡怀琛）；胡涣致李石岑函；胡怀琛致李石岑函；胡涣致李石岑第二函；胡怀琛致李石岑第二函。

（下）

《尝试集》正谬（胡怀琛）

讨论的信：胡怀琛致李石岑的信；王崇植给胡怀琛的信；胡怀琛给王崇植的信。

评胡怀琛《尝试集正谬》（吴天放）

讨论的信：胡怀琛解释胡涣吴天放二君的怀疑；胡怀琛给胡适之的信；胡适之答胡怀琛先生的信。

评《尝试集正谬》及《尝试集》里的原作（井湄）

读胡怀琛先生的《尝试集正谬》

诗学讨论集（胡怀琛编）

1924 年晓星书店出版。

除讨论的信函外，内收《胡适之派新诗根本的缺点》（胡怀琛）、《〈尝试集〉批评与讨论的结果到底怎样？》（王庚）等文。

评胡适反党义近著（二集）

光明书店 1929 年—1930 年出版。

第一集汇集张振之、潘公展、王健民、陶其情、虚白、灼华、无任、方岳等在上海《民国日报》、南京《中央日报》、《时代》、《真善美》和《新生命》等报刊上评论胡适《知难，行亦不易》、《人权与约法》的文章九篇。

第二集汇集杨杏佛、潘公展、陈光虞、进珊等评论胡适《新文化运动与国民党》的文章四篇。

胡适《中国哲学史大纲》批判（李季著）
神州国光社1931年12月出版。

胡适与郭沫若（谭天著）
上海南星书店1933年4月出版。

本书“胡适”部分目次：一、新文化运动的展望；二、《中国哲学史大纲》估价；三、活文学与死文学；四、国学书目的高低；五、《章实斋年谱》；六、《淮南王书》与《戴东原哲学》；七、所谓实验主义；八、好人政府与官迷；九、知行问题；十、人权讨论与约法见解。

胡适批判（上、下）（叶青著）
上海辛垦书店1933年10月（上册）、1934年8月（下册）出版。

目次：第一部分　在哲学方面的胡适；第二部分　在科学方面的胡适；第三部分　在思想方面的胡适；第四部分　在政治方面的胡适；第五部分　在文学方面的胡适；第六部分　在历史或国故方面的胡适。

胡适《中国哲学史》批判（严灵峰著）
福建民报社1940年出版。

胡适之传（胡不归著）
杭州萍社1941年12月出版。

目次：

序；

卷上：胡适之先生传：一、家世；二、生在上海；三、少年时代；四、到美国留学；五、从订婚到结婚；六、北大教书；七、文学革命运动；八、欧游及归国后；九、中国公学的复兴；十、再转北大；十一、香港和两广之行；十二、他为什么要做驻美大使；十三、华盛顿外交的活跃；十四、他所著的书；十五、思想学术；十六、他和朋友；十七、他的生活；十八、做人的态度。

卷下：胡适之先生五十岁年表。

师门辱教记（罗尔纲著）
桂林建设书店1944年6月出版。

目次：序（胡适）；自序；一、初入师门；二、蒲松龄的生年考与《醒世姻缘传》考证的启示；三、回乡省亲偶然的走上研究太平天国的路；四、重入师门；五、史学研究会与北京大学考古室；六、煦煦春阳的师教。

1959年胡适在台北自印改题为《师生五年记》，并写有《后记》。

论胡适与张君励（夏康农著）
上海新知书店1948年5月出版。

“论胡适”部分目次：一、前言：

二、论其人的特性和通性并勾画轮廓；三、“拿证据来”：（1）“新青年”时代，（2）“努力”的时代，（3）北伐及其前后，（4）抗日战争及其前后；四、结语。

胡适思想批判（第一辑）
三联书店 1955 年 3 月出版。

目次：中国科学院郭沫若院长关于文化学术界应开展反对资产阶级错误思想的斗争对《光明日报》记者的谈话；三点建议（郭沫若）；批判胡适的反动政治思想（汪子嵩等）；五四运动前后胡适的政治面目（曾文经）；五四运动中的胡适和杜威（王若水）；胡适的政治思想批判（李达）；清除胡适的反动哲学遗毒（王若水）；胡适的实验主义思想方法批判（任继愈）；肃清学术研究中实用主义方法论的毒害（陈元晖）；批判胡适反动的历史观（周一良）；彻底肃清反动哲学思想实用主义的影响（杨正典）；批判胡适哲学思想的反动实质（孙定国）；我们对于《红楼梦》研究的初步意见（山东大学教师集体讨论）；胡适反动思想给予古典文学研究的毒害（陆侃如）；批判胡适的资产阶级唯心的学术观点和他的思想方法（游国恩）；批判胡适的文学观点和治学方法（罗根泽）；胡适的思想面貌和国故整理（李长之）；胡适思想的反动本质和它在文艺界的流毒（蔡仪）。

胡适思想批判（第二辑）
三联书店 1955 年 3 月出版。

目次：胡适思想批判（李达）；论胡适反动思想的流毒（夏康农）；论胡适派腐朽的资产阶级人生观（胡绳）；胡适反动思想的实质（马清健等）；论胡适底实用主义的“真理论”之反动本质（罗克汀）；从实用主义到改良主义（王若水）；两点批判；一点反省（贺麟）；胡适实用主义哲学的反革命性和反科学性（艾思奇）；批判胡适所谓“科学的方法”及其他（詹安泰）；批判胡适的“不朽”论（王庆淑）；胡适唯心论观点在史学中的流毒（嵇文甫）；批判胡适主观唯心论的历史观和方法论（北大历史系）；两个人生（罗尔纲）；批判胡适派的考证方法（吴文祺）；彻底肃清实验主义在历史学中的余毒（金陶斋）；必须认清胡适考据学的反动性；检查胡适在教育方面的反动影响和胡适思想对我的影响（陈友松）；清除胡适贩运的教育学说（弋丁）；胡适的文学观批判（林淡秋）；彻底摧毁反动的实验主义的美学体系（周来祥等）；“五四”以来胡适派怎样歪曲了中国古典文学（何干之）；坚决肃清胡适派的反动思想在古典文学研究中的毒素（陈中凡）；清除胡适反动理论在戏剧界的影响陈（陈丁沙等）；批判胡适在“五四”文学革命运动中的改良主义思想（刘绶松）；批判胡适在民间文学研究上

的观点和方法（钟敬文）；“学者”——政治阴谋家（张沛）；胡适是怎样一个人（黎少岑）；胡适这个人（荣孟源）；胡适是怎样忠实地为帝国主义效劳的（徐仲勉）。

胡适思想批判（第三辑）
三联书店 1955 年 4 月出版。

目次：胡适反动思想在政治上的表现（李达）；揭露美帝国主义奴才胡适的反动面貌（侯外庐）；鲁迅笔下的胡适（吴忠匡等）；论胡适政治思想的反动本质（彭柏山）；我与胡适——从朋友到敌人（吴景超）；批判胡适在研究学术上的观点和方法（张凌光）；实用主义批判（胡曲园）；批判胡适的所谓“科学实验室的态度”与“历史的态度”（罗克汀）；斥胡适对《儒林外史》的诬蔑（王璜）；保卫我们珍贵的文学遗产（王文深）；胡适是怎样歪曲和污蔑《水浒》的（何家槐）；胡适在对待我国文化传统中的帝国主义奴才面目（颜振奋）；胡适派文学思想批判（王元化）；肃清胡适在文艺学上的反动思想（楼栖）；《老残游记》的反动性和胡适在《老残游记》评价中所表现的反动政治立场（张毕来）；批判胡适的《国语文法概论》（黄汉生）；批判胡适的实验主义“考据学”（童书业）；胡适的治学方法和其反动本质（金应熙）；论人民群众和个人在历史上的作用（沙英）；批判胡适的反动历史观点（张继安）；批判实验主义教育学（曹孚）；胡适反动思想对我的影响（郑亦庄）；肃清胡适反动思想在教育上的影响（毛礼锐）；杜威的反动思想在心理学上所表现的两个例子（陈书）；肃清胡适派资产阶级唯心论观点对教学工作的毒害（杨招棣）。

胡适思想批判（第四辑）
三联书店 1955 年 6 月出版。

目次：学习辩证唯物主义和历史唯物主义（郭沫若）；反对资产阶级唯心主义的重大意义（潘梓年）；鲁迅和瞿秋白笔下的胡适（姚虹）；胡适的反动思想的阶级本质（江柱等）；实用主义的政治思想的反动本质（高一涵）；胡适派所谓民主政治的反动的实质（黎澍）；胡适、杜威、罗素是怎样开始破坏中国的新文化运动的？（阴法鲁）；实用主义的葫芦里装的是什么药？（夏澍）；唯心主义是科学的敌人（胡绳）；肃清科学研究中胡适思想方法的流毒（任继愈）；批判胡适实用主义思想方法底伪科学性（葛力）；实用主义批判（周谷城）；批判胡适的思想方法（贺麟）；胡适——真理的敌人（黄枬森）；胡适的《尝试集》批判（林彦）；胡适是怎样诋毁中国戏曲遗产的（王文琛）；充满毒素的《白话文学史》（谭丕模）；胡适对于吴敬梓和《儒林外史》

的诬蔑（何家槐）；胡适的反动哲学观与文学观的一致性（徐之梦）；清除胡适反动的文学思想（张绪荣）；胡适研究古典文学的方法及其恶劣影响（鲍正鹄）；胡适在新文学运动上作用的重新估价（钟敬文）；胡适的“历史癖”的实质是什么？（王崇武）；论英雄创造历史的唯心主义历史观（蔡尚思）；肃清胡适在中学国文教学中的反动影响（李泽深）；对批判胡适派主观唯心主义思想的一点体会（吴征镒）。

胡适思想批判（第五辑）
三联书店1955年7月出版。

目次：实用主义的“科学”方法是彻头彻尾的诡辩（何思敬）；胡适实用主义的唯我论与虚构论的反动本质（全增嘏）；胡适怎样利用宗教（王雨田；实用主义——客观真理的死敌（章世鸿）；论胡适派反动的资产阶级的哲学史观点和方法（汪毅）；马克思主义唯物论和实用主义唯心论的根本对立（夏甄陶）；中国共产党成立前后马克思主义者如何和胡适的反动政治主张作斗争（许世华）；胡适在抗日战争前夕是怎样媚外和帮凶的（北中）；彻底清除胡适反动思想对历史学的影响（天津史学界）；胡适对待祖国历史的奴才思想（白寿彝）；胡适《白话文学史》批判（李长之）；评胡适所谓“老杜的特别风趣”（郭预衡）；批判胡适的反动文学思想——形式主义与自然主义（王瑶）；胡适的反动文学思想批判（黄药眠）；胡适教育思想的错误及其在教育学上的影响（潘懋元）；我控诉杜威这个大骗子（陈鹤琴）；批判胡适教育思想中的“民主主义”概念（刘付忱）；胡适是怎样贩运杜威教育思想的（韩落）；实用主义的反动的教育目的论（孟宪承）。

胡适思想批判（第六辑）
三联书店1955年8月出版。

目次：彻底批判胡适派资产阶级唯心主义思想是贯彻祖国过渡时期总任务的一个严重问题（潘梓年）；实用主义——最陈腐、最反动的主观唯心论（马特）；批判胡适的庸俗进化论（葛懋春等）；实用主义的生物学上的根据到底是什么？（杨钟健）；哲学史与政治（冯友兰）；胡适四十年来反动政治思想的批判（郑鹤声）；胡适——爱国学生运动的死敌（肖超然等）；批判胡适派为封建买办统治服务的“民主”“自由”论（胡华）；批判胡适的“井田辩”及其他（孙力行）；批判胡适的实验主义“史学”方法（童书业）；批判胡适的考据方法（高亨）；批判胡适反动的考据方法和校勘方法（赵俪生）；批判考古学中的胡适派资产阶级思想（夏鼐）；胡适怎样歪曲了中国古典文学（韩文佑）；胡适在“五四”文学革命中做了些什么？（以群）；胡适文学史观批判（褚斌杰）；胡适文学史观点批判（何其芳）。

胡适思想批判（第七辑）
三联书店 1955 年 10 月出版。

目次：批判胡适实用主义哲学（金岳霖等）；批判实用主义者杜威的世界观（金岳霖）；从对待哲学遗产的观点方法和立场批判胡适怎样涂抹和诬蔑中国哲学史（侯外庐）；批判胡适《中国哲学史大纲》底实用主义观点和方法（冯友兰）；批判反动的与反科学的实用主义心理学（高觉敷）；清算胡适的反动政治思想（孙思白等）；胡适的《独立评论》剖析（张俊彦等）；西洋"汉学"与胡适（周一良）；清除胡适思想在历史考据中的恶劣影响（田余庆）；批判胡适的实用主义历史唯心论（袁良义）；批判实用主义反动的唯心史观（王庆淑）；看看胡适的"历史的态度"和"科学的方法"（范文澜）；批判胡适所谓"文学改良"的几个论点（戴镏龄）；清除胡适反动思想对祖国古典文学遗产的毒害（詹安泰）；批判胡适的《西游记考证》（冯沅君）；古典文学研究中胡适怎样歪曲文学的社会意义（胡念贻）；批判胡适夸大他个人在新文学运动中的作用（曹道衡）；辟胡适的所谓"历史进化的文学观念"（王瑶）；批判胡适的《吾我篇》和《尔汝篇》。

胡适思想批判（第八辑）
三联书店 1956 年 4 月出版。

目次：对胡适的疑古论的批判（丁则良）；批判胡适的多元历史观（嵇文甫）；批判反动实验主义的历史考据学（李光璧）；论胡适在禅宗史研究中的谬误（任继愈）；斥胡适对伟大的史学家司马迁的诬蔑（麦若鹏）；批判胡适关于宪法问题的胡说（张晋藩）；从《白话文学史》中看胡适对语言的见解的反动本质（韩允符）；论考据学在文学研究中的作用（陈炜谟）；批判胡适研究歌谣的错误观点和方法（赵卫邦）；胡适对中国文学史"公例"的歪曲捏造及其影响（余冠英）；胡适《读楚辞》批判（孟志孙）；批判胡适唯心主义语言学思想（张清常）；批判胡适的》"文法的研究法"（马国藩）；肃清胡适在教育上所散布的反动"自由"思想的毒害（邵鹤亭）；批判和肃清胡适的反动教育思想（杨荣春）。

〔注〕在三联书店出版《胡适思想批判》同时，人民出版社出版了《胡适哲学思想反动实质的批判》、《批判胡适的实用主义哲学》等；新文艺出版社出版了《胡适思想批判资料集刊》；湖北人民出版社出版了《胡适反动思想批判》；上海出版公司出版了《批判胡适实用主义的反动性和反科

学性》；华南人民出版社出版了《胡适是怎样一个人》；通俗读物出版社出版了《清算胡适的反动政治思想》；河南人民出版社出版了《胡适思想批判文集》等书。

故院长胡适先生纪念论文集

台北"中央研究院"历史语言研究所1962年印行。

胡适研究（李敖著）

台北文星书店1964年3月初版。

目次：前记；

播种者胡适；

附录：由文章谈到胡适（马五）；谁是新文化的播种者（叶青）；小心求证"播种者"的大胆假设（郑学稼）；我们应该赶过他（王洪钧）；

为"播种者胡适"翻旧帐；

附录：再论谁是新文化底播种者（叶青）；论白话文和文学的运动（郑学稼）；谈胡适在《新青年》发表的信和文（田尚明）；开庭"审"胡适（苏雪林）。

三人连环传（1、梁启超与胡适，2、梁启超与徐志摩，3、胡适与徐志摩）；

胡适先生走进了地狱（附录：文章忌刻薄）；

胡适对苏俄看法的四阶段；

关于《胡适文存》；

评介《丁文江的传记》。

本书香港文艺书店、台湾远景出版社均印行过。

胡适评传（第一集）（李敖著）

台北文星书店1964年初版；远景出版社1979年重版。

目次：关于《胡适评传》；

楔子；

一、可怜的县太爷（1841—1895）；

二、可怜的小寡妇（1873—1918）；

三、半个台湾人（1891—1895）；

四、被拧肉的时代（1895—1904）；

五、"努力做徽骆驼"；（1904）；

六、"依跟我来"（1904—1906）；

七、《竞业旬报》（1906—1908）；

八、少年诗人（1907—1909）；

九、"无忘城下盟"（1908—1909）；

十、从逛窑子到上北京（1909—1910）；读《胡适评传》（梁实秋）。

胡适的政治思想（杨承彬著）

台北"中国学术著作赞助委员会"1967年出版。

师友记（毛子水著）

台北传记文学杂志社1967年初版。

目次：胡适传；大家所要一识的胡适之先生；胡适之先生对于我们现代思想的影响；胡适之先生哀词；胡适之先生给我们的遗产；我所认识的胡适之先生；胡适之先生逝世三周年等。

胡适文存索引（童世纲编）

台北学生书局 1969 年 3 月出版。

胡适著作研究论文集（费海玑著）

台北商务印书馆 1970 年 7 月出版。

目次；一、重视证据法学；二、马伯乐谈中国传统及真孔子；三、胡适先生研究《水经注》的经过；四、《胡适手稿》第一集研究；五、真历史和假历史；六、读胡适的《淮南王书》；七、胡适先生的序跋导读；八、怎样精读胡适的书信；九、《胡适手稿》第二、三、四集总说；十、《胡适手稿》五集要义；十一、《水经郦道元注》的真凡例；十二、《胡适手稿》内《直隶河渠书》资料卡片的价值；十三、全祖望行谊考；十四、历史写作的新方法；十五、全祖望及其教育方法；十六、我怎样说佛教经论；十七、郦子发凡；十八、全祖望先生行谊平议；十九、美国哲学的省察；二十、存在哲学与今儒之关系；二十一、海德格哲学非佛子辨；二十二、论儒释一妇；附录：徐高阮编：胡适先生中文遗稿目录。

胡适杂忆（唐德刚著）

台北传记文学出版社 1979 年 3 月初版。

目次：周策纵先生序；夏志清先生序；回忆胡适之先生与口述历史；“不要儿子，儿子来了”的政治；三分洋货，七分传统；照远不照近的一代文宗；“新诗老祖宗”与“第三文艺中心”；传记·史学·行为科学；国语·方言·拉丁化；我的朋友的朋友；较好的一半；历史是怎样口述的。附录：周策纵《论胡适的诗》。

胡适之先生年谱简编（胡颂平编）

台北大陆杂志社 1979 年 3 月再版。

胡适（尹雪曼编著）

华欣文化事业中心 1979 年出版。

胡适著译系年目录与分类索引（华东师范大学图书馆编）

上海人民出版社 1984 年 1 月出版。

目次：（一）胡适著译（中文部分）系年目录（1906—1980）；

（二）胡适著译（中文部分）分类索引（政治、哲学、无神论宗教、文化科学教育、语言文字音韵训诂、文学艺术、史学、图书学与图书馆学、书信、综合性论著汇辑）。附录：一、胡适著作评论资料索引；二、胡适西文著作目录；三、胡适日文著作目录；四、胡适年表；五、胡适姓氏、别号、笔名录。

胡适之先生年谱长编初稿（胡颂平编）

台湾 1984 年出版。

胡适研究论稿（耿云志著）

四川人民出版社 1985 年出版。

编 后 记

一、胡适是一个颇有争议的历史人物。在“胡适研究论文选编”中，适当顾及不同历史时期、不同观点的文章。

二、胡适不是专治文学的，他在社会科学领域的各个方面几乎都有所涉猎。然而不管是史学哲学，还是禅宗佛学，都跟文学有着密切的关系。因此，关于胡适的著译年表、著译目录和研究资料目录索引，除某些外交、时论之类的演说和文章以外，一般文字都尽可能作了收录。在收录中，也无法完全划清品种类别，只好以时间先后为序。

三、胡适自己和研究文章中政治观点反动的文字，除适当删节外，为尊重历史真实和研究的需要，有的作了保留，不一一说明，请读者注意。

四、限于条件，港台和海外的资料只收录了能找到的一部分。由于水平和时间的限制，疏漏和错误之处在所难免，欢迎批评指正。

编　者

1984年7月10日

怀念陈金淦同志

《胡适研究资料》就要问世了，然而它的编者陈金淦同志却和我们永别了。含泪读过书稿校样之后，写上几句话，以作对金淦同志永久的纪念吧。

金淦同志长期从事教学工作，据我所知，他对事业是极端认真负责的，深受同事和学生的敬重。我和他的接触是从编辑这部《胡适研究资料》开始的。在一次资料工作会议期间，我们长谈了一次，给我留下深深的印象。他有较好的业务功底，他的治学态度和方法，他对一些问题的独到的见解，都使我非常钦佩。在编这部《胡适研究资料》的过程中，我收到过他不少来信，他为搜集整理资料花费了大量的时间和精力。做过这方面工作的人都有体会，一份有价值的资料的获得往往要跑多少图书馆，翻遍多少报刊杂志，有时要冒着酷暑和严寒，甚至顾不上饮食。金淦经受这些艰苦的时候，病魔已经偷偷侵入他的体内，他当时虽还意识不到生命的危机，但疲倦、吃力他是感到的。他以对事业高度负责的精神和惊人的毅力完成了这部资料的最后的工作。金淦同志离开了人世，他留下的不仅仅是对教育事业的贡献，也不仅仅是他的著述（包括这部《胡适研究资料》)，还有他那可贵的献身精神。我相信，这精神对于那些为了从事研究而阅读这部有价值的书籍的人们，会起到激励和鞭策的作用。

金淦同志多次表示这部资料尚有不少使他感到遗憾的地方。限于客观条件，有些资料实难搜集到，如他在《后记》中所说，“港台和海外的资料只收录了解到的一部分”。随着时间的发展，金淦同志的遗憾，是完全可以得到弥补的。

金湓同志是重情谊的，他在给我的每封信中都要提到为他搜集资料提供方便的许多图书馆，还有许多真诚地帮助过他的同志，特别是阎纯德同志无私地将其所有的全部资料提供给他，他是深受感动的。

《胡适研究资料》问世后，有助于胡适研究，金湓同志的愿望也就达到了，他是会感到欣慰的。

马良春

1988年12月1日北京

《中国文学史资料全编·现代卷》总目

28	林纾研究资料	薛绥之　张俊才　编
29	赵树理研究资料	黄修己　编
30	叶紫研究资料	叶雪芬　编
31	冯文炳研究资料	陈振国　编
32	叶圣陶研究资料	刘增人　冯光廉　编
33	臧克家研究资料	冯光廉　刘增人　编
34	李广田研究资料	李岫　编
35	钱钟书 杨绛研究资料集	田蕙兰　马光裕　陈珂玉　编
36	郭沫若研究资料	王训诏　等编
37	俞平伯研究资料	孙玉蓉　编
38	六十年来鲁迅研究论文选	李宗英　张梦阳　编
39	茅盾研究资料	孙中田　查国华　编
40	王礼锡研究资料	潘颂德　编
41	周立波研究资料	李华盛　胡光凡　编
42	胡适研究资料	陈金淦　编
43	张天翼研究资料	沈承宽　黄侯兴　吴福辉　编
44	巴金研究资料	李存光　编
45	阳翰笙研究资料	潘光武　编
46	“两个口号”论争资料选编	中国社会科学院文学研究所现代文学研究室　编
47	“革命文学”论争资料选编	中国社会科学院文学研究所现代文学研究室　编
48	创造社资料	饶鸿競　等编
49	文学研究会资料	苏兴良　等编
50	鸳鸯蝴蝶派文学资料	芮和师　等编
51	左联回忆录	中国社会科学院文学研究所《左联回忆录》编辑组编
52	中国现代文学总书目·散文卷	俞元桂　等编
53	中国现代文学总书目·诗歌卷	刘福春　徐丽松　编
54	中国现代文学总书目·小说卷	甘振虎　等编
55	中国现代文学总书目·戏剧卷	萧凌　邵华　编

56 中国现代文学总书目·翻译文学卷　贾植芳　等编
57 中国现代文学期刊目录汇编　唐沅　等编
58 抗日战争时期延安及各抗日民主根据地文学运动资料　刘增杰　等编
59 老舍研究资料　曾广灿　吴怀斌　编
60 文学的“民族形式”讨论资料　徐廼翔　编
61 陈大悲研究资料　韩日新　编
62 刘半农研究资料　鲍晶　编
63 曹禺研究资料　田本相　胡叔和　编
64 成仿吾研究资料　史若平　编
65 戴平万研究　饶芃子　黄仲文　编
66 丁玲研究资料　袁良骏　编
67 冯乃超研究资料　李伟江　编
68 柯仲平研究资料　刘锦满　王琳　编
69 李辉英研究资料　马蹄疾　编
70 梁山丁研究资料　陈隄　等编
71 马烽 西戎研究资料　高捷　等编
72 邵子南研究资料　陈厚诚　编
73 沈从文研究资料　邵华强　编
74 司马文森研究资料　杨益群　司马小莘　陈乃刚　编
75 闻一多研究资料　许毓峰　等编
76 萧乾研究资料　鲍霁　等编
77 徐志摩研究资料　邵华强　编
78 袁水拍研究资料　韩丽梅　编
79 周瘦鹃研究资料　王智毅　编
80 苏区文艺运动资料　汪木兰　邓家琪　编
81 文艺大众化问题讨论资料　文振庭　编